长江人文馆
Humanities

THE FIRST WORLD WAR:
A COMPLETE HISTORY

第一次世界大战史

（英）马丁·吉尔伯特/著

李广才/译

长江出版传媒　长江文艺出版社

图书在版编目（ＣＩＰ）数据

　　第一次世界大战史/（英）马丁·吉尔伯特著；李
广才译.－武汉：长江文艺出版社，2020.7
　　（长江人文馆）
　　ISBN 978-7-5702-1135-7

　　Ⅰ.①第… Ⅱ.①马…②李… Ⅲ.①第一次世界大
战－历史 Ⅳ.①K143

　　中国版本图书馆 CIP 数据核字(2019)第 112722 号

责任编辑：施柳柳　王天然　　　　　责任校对：毛　娟
封面设计：天行云翼·宋晓亮　　　　责任印制：邱　莉　胡丽平

出版：长江出版传媒　长江文艺出版社
地址：武汉市雄楚大街 268 号　　　邮编：430070
发行：长江文艺出版社
http://www.cjlap.com
印刷：中印南方印刷有限公司

开本：640 毫米×970 毫米　　1/16　印张：29 插页：1 页
版次：2020 年 7 月第 1 版　　　2020 年 7 月第 1 次印刷
字数：453 千字

定价：45.00 元

作者介绍

马丁·吉尔伯特，丘吉尔唯一官方传记作家，牛津大学历史学博士，20世纪最为杰出多产的历史学家之一，著有各类专著共88部，连续入选六届英国首相的智囊团。以色列总理奥尔默特是其忠实的读者。1990年，马丁·吉尔伯特"因其著作和研究深刻影响了我们这个时代"，被英国政府授予不列颠帝国勋章；1995年，"因其为大英帝国的历史和国际关系作出的贡献"，被英国女王封为爵士。2009年，马丁·吉尔伯特被特聘为政府首席政策顾问；2013年，成为英国枢密院官员。英国前首相布朗称："马丁是我最亲密的朋友、人生的导师，是智慧之河的舵手。他的许多见解成为我们这个时代权威的观点。撒切尔夫人、布莱尔和我，都从他的著作中获益匪浅。即使面对历史中无法言说的黑暗困难之境，他的思想也使我们以不同的视角看待世界，同时保有人类对于信仰最纯真的信念。"

内容简介

　　不列颠帝国勋章获得者马丁·吉尔伯特爵士，呕心四十载，逐一踏访数十个一战主战场，手握丘吉尔有关一战的私人资料，亲访百位一战将军与老兵，研读数十万份资料、档案、回忆录、信函，与参加过一战的英国前首相哈罗德·麦克米伦进行了历时长达五年的深入讨论，写就了这部全面深入的《第一次世界大战史》。

　　马恩河战役、伊普尔堑壕战、新沙佩勒之役、加里波利登陆战、凡尔登之战、索姆河反攻、亚眠转折战，马丁·吉尔伯特以一战关键战役为主线串联全书，以层层推进的叙事，扣人心弦地还原了战场上的激烈对抗和帝国统治者与将领的野心谋略。全书通过一战中还是士兵的希特勒、隆美尔、戈林、罗斯福、戴高乐，一直流亡的列宁、托洛茨基、斯大林，战争伊始就为和平奔走的爱因斯坦等众多独特的视角，勾勒出宏大的时代背景，见证了一战如何影响了一批未来的缔造者。坦克、飞机、潜艇、航母、速射机枪、野战炮、毒气等大量现代战争武器的成熟运用在本书中也得到完整而清晰的呈现。一战之后，随着帝国瓦解、皇权终结、制度变迁，信仰、道德、价值、艺术也经历了沧桑巨变。

　　《第一次世界大战史》被撒切尔夫人、约翰·梅杰爵士、哈罗德·麦克米伦、哈罗德·威尔逊、托尼·布莱尔、戈登·布朗六位英国首相，跨越二十年一致推荐；并荣获英国《卫报》锡安奖、戴维奖、林德和布拉德利基金会奖。《纽约时报》评价其为"迄今为止最好的单卷本第一次世界大战史"。

前　言

在第一次世界大战中，共有 900 多万名陆海空军士兵战死，据估计另有约 500 万平民在被占领期间、在轰炸中遇难，或死于疾病与饥饿。1915 年土耳其人对亚美尼亚人展开的大规模谋杀，以及战争期间流感的大爆发，是战争带来的两大破坏性副产品。1915 年末，塞尔维亚人逃离塞尔维亚是另一个有大量平民丧生的残酷片段；协约国海军对德封锁也同样如此，共造成 75 万多德国平民死于非命。

1914—1918 年打了两场截然不同的战争。第一场战争是军人之间的战争，是被占领下的商船水手和平民的战争，这场战争中的个人苦难难以估量，在前线的战壕中尤为如此。第二场战争是战时内阁和君主，宣传家和理想主义者之间的战争，其中充斥着政治与领土的野心和理想，和阵地战一样，它也鲜明地决定了帝国、国家和民族的未来。尤其在1917—1918 年，阵地战与意识形态战曾出现过数次融合，并催生了新的民族与政治力量。战争灼痛了欧洲的肌肤，在欧洲人心灵上留下创伤，同时也改变了欧洲的历史和命运。

几十年来，我曾到访过许多与这场战争相关的战区和战场。1953年，在我的一位历史导师艾伦·帕尔默的鼓励下，我游历了数个地区，这些地方的战争纪念碑让我认识到看待此次战争的不同视角：到维也纳，那里的霍夫堡宫和包尔豪斯广场令人回想起年迈的皇帝和他手下的外交大臣；到卢布尔雅那，这里曾以莱巴赫之名为人所知，是斯拉夫民众寻求摆脱奥地利而独立的城市之一，而那里的军人则为自己扮演的维持哈布斯堡帝国统治的角色而懊恼；我还到过 1917 年面临奥地利大军压境的威尼斯。

1957 年 6 月，在萨拉热窝，我站在加夫里洛·普林西普于 1914 年 6月打出那致命一枪的地方。十年后，我随同父亲来到西线战场，我们在阿拉斯驻足，此处东面的军人墓园是 1917 年和 1918 年战役的最后遗迹；

我们又来到伊普尔，每晚 8 点钟在此倾听伊普尔消防队的两名队员在梅宁门高声吹奏的《最后一班岗》。嘹亮的号角声在梅宁门巨大的拱顶下方响起时，所有车辆都应声而止。号手们的部分薪酬由卢迪亚·吉卜林的遗产支付，吉卜林唯一的儿子在卢斯战役中丧生。在纪念碑式的大门、墙壁及廊柱上，镌刻着 54896 名在 1914 年 10 月—1918 年 8 月中旬战死于该突出部的英军士兵的姓名，这些人具体的长眠之地已无从查考。

我还到访了萨拉热窝弗朗茨·斐迪南大公的遇刺地点——可以说一战正是从这里爆发——15 年之后，我又动身前往法国雷通德附近的一片林中空地，去观看 1918 年 11 月德国签署停战协定的那节火车车厢的复制品。1940 年 6 月，希特勒坚持还要在同一节车厢内接受法国投降。两次大战之间的许多联系都提醒我们这两场战争之间只隔了 21 年的时间。在一战的战壕中作战的许多人，在二战期间已跻身领袖的行列，如希特勒、丘吉尔和戴高乐，还有的成了二战中的将领，如隆美尔、朱可夫、蒙哥马利和甘末林。胡志明在一战中就志愿参加法军，以越南人的身份担任勤务兵，哈罗德·麦克米伦曾在西线战斗并负伤，最终在二战之后担任英国首相。

1957 年，我来到了俄土边境的战场旧址，走进了曾在战争第一年中就有数十万亚美尼亚人被屠杀的城镇。十年后，我置身加沙的军人墓园中，因有地震的可能，那里的墓碑都很低矮，碑上记载着英土之间最激烈的一场战斗中数千名士兵的丧生。我在耶路撒冷城外站立，曾有两名英军士兵一早起来就在这里搜寻鸡蛋，却看到一群要人朝他们走来，其中有牧师、伊玛目和拉比，这群人没有给英军士兵食物，反而将圣城交到他们手中。自 1969 年起，我连续三年来到加利波利半岛，在半岛的许多登陆海滩、冲沟和山头上，朗读阿斯皮诺尔-奥格兰德的两卷本官方战史及其他著作片段。望着它那现代静谧的美景，回想起 1915 年这里曾发生过苦战，这种对比始终在我心中萦绕。

我撰写《丘吉尔传》期间，也曾在农场庭院内朗读丘吉尔每天在这些庭院内所写的、从西线战场的战壕中寄给妻子的信件。信他坦承了那些不能像他一样返回的人们所遭受的苦难，他自己六个月后就得以返回伦敦安享平民生活。1914 年战争爆发之前，丘吉尔应德国皇帝之邀，观摩德国陆军的维尔茨堡军事演习，他在从此处写给妻子的私信中说："尽管战争对我有莫大的吸引力，其危急局势令我心痴迷，但我每年都有更深刻的感觉——也能在林立的枪炮当中衡量这种感觉，战争是多么邪恶、丑陋与野蛮。"

40 年间，许多老兵对我讲述过他们在各个战场上的经历。1954—

1955 年，我还是一名年轻士兵时，去过老人们的家中，那些经历过堑壕战的疲惫不堪的幸存者们正在生存和死去。1960 年我开始进行历史研究，此间我遇到过参战各方军队中的许多老兵。他们的回忆及他们留存的信函和档案成为我们得以窥见过去的一扇窗口。一战史学家约翰·惠勒-贝内特爵士曾给我以鼓励，1962 年我以初级研究员身份进入牛津大学默顿学院时，我的三名资深同仁也给我以鼓励：阿利泰尔·哈迪、雨果·戴森和迈克尔·波拉尼，他们都分别见证过那场遥远战争的最高尚与最丑陋的方方面面。哈迪与戴森曾是西线战场的士兵，波拉尼曾任奥匈帝国陆军医官。

撰写《丘吉尔传》期间，我见到了 80 岁高龄的萨沃里将军，他曾参加加利波利之战，还让我将手指穿过他颅骨上被一枚土耳其子弹打出的空洞。后来，他又继续在美索不达米亚和西伯利亚服役。一名也曾在加利波利参战——并因此荣获维多利亚十字勋章的航空兵——理查德·戴维斯，从钱包中取出一张战时的厕纸，上面印着德国皇帝的肖像，旁边写着"用我给你擦屁股"。

大战最初几星期在西线服役的另两名士兵也通过他们的友谊和文字深深地影响了我。一个是法国画家保罗·马兹——曾获优异功勋章、带金属勋带的军人奖章和法国战功十字章，在一战后来到英国居住，1940 年 6 月德军攻入巴黎时，他逃离法国。他在西线担任侦察专家四年，亲历了英军发动的历次重大进攻。第二名军人是英国政治家、少将爱德华·路易斯·斯皮尔斯爵士——曾获十字勋章，一战后进入议会。1940 年 6 月，他把戴高乐将军带到英国。马兹和斯皮尔斯在牵涉一战的书籍和谈话中，都描绘出了弗兰德斯战场上的战斗与情绪，士兵的希望，以及自 1914 年宣战到 1918 年停战的漫长的四年中经历的苦难。

1976 年 9 月 3 日，我至今对那一天记忆犹新，那天我与安东尼·艾登（时为艾冯郡伯爵）在他的威尔特郡家中共进午餐。他谈起了二战的片段，二战爆发恰好距当时 37 年。他 20 岁的儿子、皇家空军少尉西蒙于 1945 年 6 月在缅甸的战斗中阵亡。我们在谈话中多次提及一战，包括英国 1915 年做出的援助塞尔维亚的决定，及俄国 1917 年退出战争造成的冲击。艾登最清晰的记忆是在西线战场的战壕中被告知他的弟弟尼古拉斯 1916 年战死于日德兰海战。尼古拉斯·艾登在"不倦"号战列巡洋舰上掌管一个炮塔，整舰被击沉时，年仅 16 岁。

哈罗德·麦克米伦也对我创作《丘吉尔传》的工作，通过信件以及我和他的寓所长谈，给我提供了帮助。我也才了解到他那精巧的字体、无力的握手及稍显不雅的拖着脚走路的步态都是 1916 年作战行动中所负的伤造成的。

我的足迹告诉我,欧洲没有一处地方能免除一战的记忆,没有哪个地方没有一战纪念碑。华沙和里尔,布鲁塞尔和贝尔格莱德在两次大战中都曾在被占期间艰难度日。军队从布拉格和布达佩斯,从柏林和维也纳,从君士坦丁堡和雅典,从巴黎和罗马,从伦敦和纽约,从开普敦和孟买出发,奔赴战区。那些曾经陷入惶恐和绵延战争的人们,返回后发现,至少在欧洲的城市中,物资匮乏与哀伤情绪已经取代了先前短暂高涨的热情。每座城市中的纪念碑都记录了这一损失。

战役构成了战争的框架和每日报道的内容,但呼应着战斗者脚步的是哗变、罢工和革命,这是数百万人在工厂和劳动营中进行的抗议。芥子气是战斗者面临的意料之外的风险。潜艇将数千名商船水手、士兵和平民送入了毫无标记的坟墓。空袭又增加了平民遭遇的恐怖。战线后方数百万市民面临的只有饥馑与匮乏。

我本人的研究工作让我写出了几部著作,一战在其中占据重要地位,包括《霍勒斯·朗博尔德爵士:一位外交官的肖像》,该书从一位身在柏林的英国外交官的视角考察了一战的爆发;《丘吉尔传》第3—4卷,其中分别叙述了达达尼尔海峡之战,西线战场和弹药之战;《第一次世界大战地图集》,覆盖了每一块战场及各方交战的方方面面。在《放逐与回归:为了犹太人民族家园的斗争》中,关于战争对于中东地区犹太人和阿拉伯人热望的冲击分三个章节加以介绍。

也是在 1964 年,我将《1900—1945 年间的欧洲大国》一书的手稿交付牛津大学的一家打印机构后不久,这家机构的负责人瓦维卡太太就找到了我。在书中我将发动 1914 年战争的部分责任归于奥地利,这就令她十分困惑并心绪不宁。她在维也纳出生,在维也纳上学;由于是犹太人,她于 1938 年被驱逐出奥地利,但她确切地知道奥地利对 1914 年战争事件不应承担任何责任。应该谴责的是塞尔维亚人和俄国人(而且应由我本人做出谴责)。

这段插曲给我造成了强烈冲击,给我造成同样冲击的还有瓦维卡太太描述的战后维也纳令人绝望的饥饿,以及她所见到的哈布斯堡帝国战后被瓜分的不公。

对某些人而言,这是一场惩罚与净化之战,对其他人则是要以战止战。它的名称"大战"(Great War)表明它拥有迄今为止前所未见的规模。然而,接下来却发生了另一场更具破坏力的世界战争,以及世界各地的"局部"战争。据 1994 年 1 月估计,全球各地正进行着 32 场大小战争。在对这些现代冲突的探讨中,一战继续保有着自己的一席之地。

1993 年 12 月 26 日，在我撰写本书期间，一名英国电视记者在评论波斯尼亚没有为圣诞节实行停火一事时，就以深深的战壕为背景，报道说："环绕维泰兹的战壕体系使人想起一战，全是淤泥。"画面上显示的战壕并不显得特别泥泞，里面没有进水，也没有受到猛烈的炮火轰炸。但一战的画面经历了数代人留存了 80 余年。一段相对较短的时间，一场持续了四年零三个月的战争，竟激励、困惑又搅乱了随后的整个世纪。

一战引起的某些政治变革就像战争本身一样对生命和自由造成了破坏，又使暴政维持了 50 多年时间。一战带来的疆域变动，本来旨在将长期的错误纠正，但直到今天仍在不断造成争议和冲突。

1923 年，卢迪亚·吉卜林在《大战中的爱尔兰近卫军》一书的前言中写道："对这些记录的编纂者而言，唯一的奇迹就是，从战争的旋涡中竟能查找出事实的真相。"由于最初的枪声是 80 年前打响的，各位专家都已对战争的重大、不为人知的片段及各种谜团进行了探索。本书尝试就这一事件展现我本人的研究、阅读、情感和视角，该事件和多年后的"犹太人大屠杀"一样，在西方世界留下了一道烙印。同时，本书也试图在将领、谋略与巨大数字的框架下，讲述个人的故事。

如果用单独一页来记载一战中战死的 900 万名士兵当中每个人的事迹与苦难，他们的战时希望，战前生活与爱情，那么就将写出相当于本书规模的 2 万本书。普通历史中的个人苦难难以尽述，但所有的历史学家都尝试去做。1993 年 12 月 3 日，迈尔·罗农在《耶路撒冷邮报》上发表了有关一战的两本书的评论中有三个简短的句子令我震撼："1914—1918 年数百万人在弗兰德斯的污泥中挣扎或死去。谁还记得他们？即使名字被刻上墓碑，到如今也已无人问津。"

没有哪本著作能够调正失衡的天平，即使已有数本著作开始尝试为此而努力，其中就包括近期英国的林恩·麦克唐纳和法国的斯特凡妮·奥杜恩-鲁佐的作品（迈尔·罗农评论的作品之一；另一本是诗人艾萨克·罗森堡的传记，他战死于 1918 年愚人节的一场战斗中）。在本书中，我已尽力在更广阔的战争叙述中，让个人的痛苦居于必要的地位。

马丁·吉尔伯特
1994 年 6 月 20 日
于牛津大学默顿学院

1914 年 6 月 28 日,弗朗茨·斐迪南大公夫妇在遇刺当天来到萨拉热窝。

逮捕加夫里洛·普林西普(右侧被执者)。

普林西普被监押于奥地利特雷西恩施塔特军事监狱。

1914 年 8 月 1 日，慕尼黑民众欢迎战争到来，其中有 25 岁的奥地利人阿道夫·希特勒(圆圈及小图)。

1914 年 9 月 2 日,英军自蒙斯退却开始后,在古尔奈休整。这名站立的军官——阿克赖特中尉——后来驾驶飞机作战时战死。

俄军士兵据守战壕，已拔出刺刀，准备应战。

1914 年 9 月 10 日，后撤途中的苏格兰士兵在下茹瓦尔堡渡过马恩河。

1915 年在弗兰德斯，英军士兵为毒气攻击做好准备。

1916 年 7 月 1 日,索姆河会战首日,士兵跃出战壕,选自一部英军战地影片中的一帧。

1917年2月27日,英军士兵进入库特。10个月前,另一支英军曾在此投降。

1917 年 8 月 12 日，中国劳工在布洛涅卸下每袋重 100 磅的燕麦。

1917 年 9 月，苏格兰与南非士兵在波蒂泽(Potijze)抓获的一名德军战俘。

德国皇帝、兴登堡和鲁登道夫正在研究一幅地图。

东线的和平：1918年1月7日，新年过后重启和谈时，俄国代表团（穿黑大衣的约费、加拉罕和托洛茨基）抵达布列斯特-立托夫斯克。

1918 年 4 月，被德军毒气致盲的士兵抵达贝蒂讷附近的一个前线急救站。每名战士都用手扶住前面战士的肩膀。

暂时屈服：1918 年 5 月，在亚眠附近，三名英军战俘正由俘虏他们的德军看管。

未来的胜利者:1918 年 8 月,霞飞、普安卡雷、英王乔治五世、福煦和黑格在博凯讷。

西线战场:1918 年 11 月 11 日 11 时,一战结束时的美军士兵。

1918 年 11 月 11 日,一名美国海军、一名美国红十字会护士及他们两侧的两名法军士兵共同庆祝停火协定签署。

目　录

第一章　战争的前奏

20世纪的第一个十年中，政治家、作家、小说家和哲学家都曾反复论及大国间的战争。但很少有人理解与殖民地冒险相对的欧洲之战的本质。已知的只是优势兵力打击遥远、屠弱的敌人时发起的迅猛冲锋，机关炮对阵长矛、巨型海军炮对阵古老火炮的胜利。无论这些冲突对于参与其中的人们而言多么令人胆战心惊，国内的普通大众却丝毫也感受不到这种恐怖。

为什么要害怕欧洲爆发战争？就在1914年战争爆发前不久，一名法军上校——1870年德国入侵时只是个十来岁的少年——正听到一群年轻军官为战争的前景而举杯，还为发生冲突的可能而大笑。他提出一个问题，让他们的笑声戛然而止："那么你们是否认为战争永远欢快，总是滑稽可笑？"他的名字是亨利-菲利普·贝当。在两年后的凡尔登，他将见证20世纪最惨烈的一场军事屠杀。

笑声被贝当打断的那些法国军人都继承了法德两国间的世仇，这种仇恨在40多年前的1871年5月11日达到巅峰。就在这一天，德国铁血宰相奥托·冯·俾斯麦在美因河畔法兰克福的天鹅饭店，签下了那份将阿尔萨斯全部和洛林大部割让给德国的协议。这一天，在德占城市梅斯鸣响礼炮庆祝胜利。1931年，英国史学家巴兹尔·利德尔·哈特写道："在法国耶稣会圣克莱门特学院的教室内，枪炮表达的信息不需诠释。孩子们一跃而起。校长更加冷静地站起身，叫道：'我的孩子们！'——然后再也说不出别的话，就低下头，双手并拢举在胸前，仿佛是在祷告。这一恐怖时刻的记忆并未从学生们的头脑中抹去。"其中的一个学生就是19岁的费迪南·福煦，他一想到自己尚未参战失败便已降临的事实就恼恨不已。

新统一的德国内部并非所有人都对战胜法国心满意足。随着帝国工业实力的增强，德国的其他野心也在蠢蠢欲动。殖民扩张、像英国一样强大的海军、对亚洲穆斯林施加影响，以及在欧洲协调当中发挥主导性作用等方面的热望，都强化了德国的自卑心态。刚刚于1870年统一的德国，要参与这场谋求力量与影响、帝国与尊重的角逐，似乎已经姗姗来迟。再发动一场战争的需要，以及为打赢这场战争而发展强大军事实力的必要就是退役德国骑兵军官弗雷德里希·冯·伯恩哈迪发表于1912年的著作《德国和下一场战争》一书的结论。1870年，伯恩哈迪作为征服者策马穿行巴黎。在书中，他强调了德国需要发动这场战争，否则就将在这场势力的角逐中败北。"为建立一切自然法则提供基础的自然法则就是，"他写道，"为生存而斗争的法则。"发动战争"有其生物学上的必要性"。比他小40岁的德国士兵们很快就会到战场上验证这一充满信心的理论，并为验证理论而死去。

1870年的战争是19世纪欧洲大国之间爆发的最后一场战争。色当一役，双方各有3000名士兵罹难。在随后的法国内战中，超过2.5万名巴黎公社拥护者被处死于巴黎，刽子手是法国人自己。战争及其劫后余波，以这个例子，让其造成的重大人员伤亡及其难以预知的、甚至邪恶的后果，为世人所知。1870年后，德、法、比利时和英帝国都曾在海外发动战争、遭遇失败或制造屠杀。拿破仑三世之子帝国亲王就是1879年在伊山德瓦纳战役期间及之后死于祖鲁人之手的数百万名英军士兵之一。1894年，霞飞中校率领一支法军纵队穿过撒哈拉沙漠以征服廷巴克图。在世纪之交，一名德军上校法金汉在多国共同镇压中国义和团的运动中，得到了无情残忍的名声，此时德国皇帝将德军比作匈奴人，说出了一句最终反用于他们自身的话："正像1000年前的匈奴人在其首领阿提拉率领下赢得的名声令中原人不寒而栗，"他说，"也要让德国之名以这种方式在中国为人所知，使中国人不再敢对德国人轻慢斜视。"①

在五年之后的英国议会下院，豪斯曼情绪化的警告得到了时年26岁的保守党议员温斯顿·丘吉尔的呼应。丘吉尔在印度、苏丹和布尔战争中久经战阵，返回伦敦时却听到人们在为一支能与欧洲敌手作战的军队而大声疾呼。"听到议员们，甚至大臣们平静而又口若悬河地谈起欧洲

———————

① 古代匈奴人发源于今蒙古国境内，公元4—5世纪从里海沿岸入侵欧洲，匈奴王阿提拉在位时势力达到极盛。攻入德国后，阿提拉被罗马、哥特联军阻截于沙隆附近的马恩河畔。哥特人作为一个条顿部落，属于德国人先祖中的一支。

大战时，我时常感到诧异。"1901年5月13日，他刚当选议员三个月后就这样宣称，过去的战争是"小规模职业军人组成的常规军"打的，而在未来，当"广大农民被动员起来被迫彼此作战"时，一场欧洲之战将以"被征服者的毁灭和征服者遭到几乎同样致命的贸易失调和精疲力竭"而告终。

丘吉尔警告说，民主将比旧时代的王庭和内阁"更具报复性"："人民的战争将比国王们的战争更加恐怖。"在十年后的1911年8月9日，正当德国为索取大西洋沿岸海港摩洛哥而煽动起对英法发动一场战争的狂热时，德国社会民主党领袖奥古斯特·倍倍尔就对德国国会提出警告：欧洲战争可能引发革命。人们都笑他杞人忧天，一位议员朝他大喊："每场战争之后，局面都变得更好！"

导致战争爆发的竞争心理无法因反战情绪而减弱。20世纪的最初十年在这些国家出现了次数极多的此类竞争和仇恨，对它们而言，和平、贸易、工业化和民族繁荣的传播，似乎是真正的必要、挑战和机遇。在法国，领土被德国吞并带来的损失激起了40多年的民怨。法国爱国者莱昂·甘贝塔的忠告"永远想着，决不说出"一直回响在法国人民的耳中。覆盖在协和广场上的斯特拉斯堡塑像身上的黑布时刻从视觉上提醒人们失去的东部两省。卡尔·贝德克尔撰写的出版于1900年的《巴黎旅游指南》对这尊遮盖之下的雕像进行了评论："斯特拉斯堡通常都覆盖着沉重的黑绉绸，旁边摆放哀悼用的花圈，用以纪念阿尔萨斯的割让。"德国一方有很大的领土野心，尤其是在其东部疆域之外。德国人鄙视俄国，希望吞并沙皇俄国境内的波兰西部各省，还要设法让德国影响力扩展到波兰中部，进入立陶宛及波罗的海沿岸。似乎威廉二世的帝国意欲修正彼得大帝200年前打破的平衡，彼得崩殂40年之后，叶卡捷琳娜二世再次将这一平衡打破。

尼古拉二世统治下的沙俄也不乏其自身的野心，尤其在巴尔干地区，塞尔维亚——当时一个斯拉夫国家的斯拉夫人斗士，正持续努力，为向海洋扩张领土而斗争。俄国也自视为一个为在奥地利统治下的各斯拉夫种族而斗争的战士。沿俄国与奥匈帝国边界居住着三个少数斯拉夫族裔，俄国想在他们面前扮作斗士：乌克兰人、鲁赛尼亚人和波兰人。

奥匈帝国自1848年起就由皇帝弗朗茨·约瑟夫统治，该国试图通过平衡其境内少数民族从而维持其本身的庞大构架。1867年，为调解德意志人和马扎尔人的相互争端，弗朗茨·约瑟夫登上了奥地利的帝位和匈牙利的王位。二元君主国的奥地利一方，设立了一种复杂的议会制度，目标是在立法机构中给予每个少数族裔以一席之地。即使如此，哈布斯堡家族安于现状不去干涉和改变事物的欲望，也与试图约束奥地利在南部统治的眼中钉的欲望发生了冲突，这个眼中钉就是不断扩张的（或至少仿佛如此）的塞尔维亚公国。

在英国，海军上将们和议员们，连同小说家和新闻记者们，都惧怕德国的海上霸权。1914年孟夏，人们得知德国即将拓宽基尔运河，使德国舰船得以更加安全而迅捷地由波罗的海驶入北海的消息后，这种恐惧陡升。反德情绪成了大众媒体的常规主题。人们反复呼吁自由党政府引入义务兵役制，以免战争爆发时过度依赖小规模的职业陆军。自由党内阁对这些呼吁进行了抵制。

欧洲结盟体系反映了各国的诸多恐惧。两大同盟国——德国和奥匈帝国——之间因外交及情感纽带而形成了千丝万缕的联系。自1892年起，法俄两国也同样如此，而英国则分别与法俄两国达成了协议以减少未来冲突。英法之间虽未签订条约，但也于1904年签订了友好协约，以解决他们在埃及和摩洛哥的海外领土争端，而且自1906年起也开始就军事问题进行磋商。这些协议及磋商机制就形成了人们所称的英、法、俄"三国协约"，其对同盟国形成了一种令人恐惧的包围。德国皇帝威廉二世对此尤为敏感，他梦想着德国会受到人们的敬畏和尊重。作为维多利亚女王的孙子，他显然憎恶着自己的叔父爱德华七世和维多利亚女王的另一个孙子乔治五世，那个身兼国王与皇帝之责的，印度次大陆数千万子民的统治者。

在波茨坦的王宫内，威廉二世回想起自己的先祖、普鲁士陆军的缔造者威廉一世的威仪。卡尔·贝德克尔1912年评论说，"无数名士兵，尤其是近卫团中经过精挑细选的士兵，构成了城镇街道上的独特风景"。在波茨坦还有一座威廉一世骑马的青铜像，1900年由威廉二世揭幕，基座前方端坐着胜利女神。胜利女神在罗马时代本是恺撒的主神，1814年在对抗拿破仑的战争中被时任年轻勤务兵的亲王在奥布河畔的巴尔以浮雕形式加以装饰，1871年德军胜利攻入巴黎时，也出现了同样的情形。充满讽刺意味的是，在10世纪被首次提及，作为德国军力和帝国表率的标志的波茨坦，用贝德克尔的话说，却是"由斯拉夫人最早建立的"。任何斯拉夫人都没有声称对波茨坦拥有主权，即使是1945年俄国人作为胜利者、占领者和和平缔造者要在此与西方盟友会面。

自1900年后带有标记清晰的国界的欧洲地图上显示，许多边界自1815年起就未曾改变，还有的边界自1871年以来就一成不变，这就遮盖了强烈的不满情绪，其中不少是因为种族根源。

塞尔维亚自数十年前赢得独立，成为第一个现代斯拉夫国家起，就是一个内陆国，它要在亚得里亚海得到一个出海口，却被奥地利阻隔，而且奥地利1908年就吞并了土耳其前省份波斯尼亚-黑塞哥维那。此次吞并不仅公然违反了1878年的《柏林条约》——英国亦为其签约国——也促使奥地利完全控制了超过300英里的亚得里亚海海岸线。波斯尼亚也可用作军事基地，有需要或时机成熟时，奥地利可借此对塞尔维亚发起攻击。

奥匈帝国境内的每个少数民族都试图与某个邻国发生联系，如塞尔维亚、意大利和罗马尼亚，对于捷克人和斯洛伐克人、斯洛文尼亚人和克罗地亚人而言，则想以某种形式自治，甚至独立建国。在德国、奥匈帝国和沙俄统治下的波兰人从未放弃独立的希望，拿破仑曾对此予以激励，但被一代代德国皇帝、俄国沙皇和奥匈帝国皇帝压制了一个世纪。

斯拉夫人的野心对奥匈帝国的威胁，在奥地利参谋长康拉德·冯·赫岑多夫男爵致哈布斯堡帝国皇储、皇帝的侄儿弗朗茨·斐迪南大公的信函中得到了解释。"南方斯拉夫种族的统一，是一场巨大的民族运动，我们既不可对此掉以轻心，又无法对其加以控制。问题是这种统一是否会发生于帝国的边境之内——即以塞尔维亚的独立为代价——还是让帝国承受代价而处于塞尔维亚的主导之下。"假如塞尔维亚成为斯拉夫人统一进程中的领导者，康拉德警告说，奥地利将要付出的代价是失去其南部的斯拉夫各省，由此将失去几乎其全部的海岸线。与塞尔维亚地位上升相关的领土与威望的损失"将使帝国屈居于小国地位"。

众多国家与民族之间相互矛盾的恐惧与欲望并未引发一场欧洲之战，但假如战争会在两大国之间爆发的话，这些恐惧与欲望就构成了等待引燃的多重导火索。如果战争到来，它将成为潜藏已久的野心及复仇雪耻的难以抗拒的机会。工业上强大，军事上自信的德国，不愿见到其西面和东面的邻邦——法俄两国——紧密结盟。为求制衡，它紧紧抓住其南部邻邦奥匈帝国这个患难伙伴，不论该伙伴有多么尾大不掉，多么容易分崩离析。德国还于1882年将意大利引上自己的轨道，由此造就了"三国同盟"。

1898年，德皇赴君士坦丁堡拜会土耳其苏丹阿卜杜勒·哈米德，又声势浩大地赴耶路撒冷朝圣——三大一神论宗教领袖都在此设下华丽的拱门供他乘马穿行而过——向奥斯曼土耳其帝国和整个伊斯兰世界表明他们可以把德国看作朋友。到1914年，已有三幢显眼的石屋耸立在朝向死海的橄榄山顶上：一幢是俄国的耶稣升天教堂，标志着圣彼得堡自1888年起就对东方怀有的野心；第二幢是英国人约翰·格雷·希尔的私宅，1914年春由犹太复国主义者为一所犹太人大学购得，标志着新生的民族热望；第三幢是以德国皇后之名命名的奥古斯塔–维多利亚疗养院，建于 1909 年，它毫无疑义地昭示了德国的利益与野心。

1907 年英国与俄国签署协约。尽管该协约主要目的是解决英俄之间在遥远的波斯和阿富汗问题上长期存在的争议，但这对德国似乎构成了更进一步被围困的证据。德国东方野心的一个表现，就是自 1899 年起，推进修建一条从柏林起始，直通巴格达，并继续向东延伸的铁路，将君士坦丁堡作为连接欧洲和亚洲的枢纽。将旅客、物资和火车车厢从博斯普鲁斯海峡欧洲沿岸的锡尔凯吉车站运往亚洲沿岸的海大帕夏车站的轮渡，是德国野心的另一标志。

德国人已制订计划，要使这条铁路穿过土耳其的欧洲部分，继续向南延伸，直达地中海东岸的加沙、红海之滨的亚喀巴和波斯湾附近的巴士拉等港口。一条支线将向东延伸，进入远处的波斯油田，这就对英俄两国七年前在该地区建立的影响力构成了直接挑战。1906 年，当时占领埃及的英国，为抵制德国可能在红海之滨的亚喀巴建成火车站，从土耳其手中将西奈沙漠东部的荒地并入了其占领下的埃及。这就使得英国火炮可以从埃及长驱直入，进入小小的塔巴湾，从塔巴湾轰击亚喀巴的铁路联轨站和港口设施——假如德国利用这些设施损害英国利益的话。

德国对围困的恐惧是由于法、俄、英三国通过协议与对话逐渐结盟。1909 年 1 月，阿尔弗雷德·冯·施利芬——四年前退役的德国参谋本部前总长，就未来战争发表了一篇文章，对英、法、俄三国，甚至对意大利的问题提出了警告："所有努力已经就绪，要将这些大国联合一处，以对同盟国展开协同攻击。在特定的时刻，吊桥会被放下，城门洞开，百万大军恣意妄为，跨过孚日山脉，越过默兹河、涅曼河、布格河，甚至伊松佐河和蒂罗尔附近的阿尔卑斯山，四处劫掠、蹂躏。似乎存在巨大危险。"德皇在向他的指挥官将领们高声朗读此文时，评论说："写得太棒了！"

1911 年，英国切实拥有摧毁德国主导的柏林—巴格达铁路线上至少一个枢纽的实力已有五年。英法两国协同行动，阻止德国在大西洋沿岸的摩洛哥阿加迪尔港开埠。一艘德国炮舰驶入港区时，英国人威胁说如果它不驶离，就要与其兵戎相见。威胁发挥了作用，但同样也留下了深深的积怨。

公众的感知未必与事实相一致。英国商人也能像德国商人一样利用柏林—巴格达铁路，而且在铁路董事会内除 11 名德国董事外，还有 8 名法国董事。但一想到这条近 2000 英里长，横跨欧洲、安纳托利亚①和奥

---

① 安纳托利亚，土耳其亚洲部分（小亚细亚）旧称。——译注

斯曼帝国阿拉伯人各省的德国雄心的标志，就令英国感到屈辱，乃至威胁，因为英国在波斯湾和印度洋也有自身的帝国利益。

这条铁路沿线只有塞尔维亚居于德国实力与联盟范围之外，而穿越该国的路段仅长 175 英里。对德国而言，英、法两国不断让其因嫉妒而引发震怒。虽然德国自己的海外殖民地包括非洲的大片区域和广阔的太平洋地带，而且其中任何一块都未经特别积极的殖民和开发。对德国而言，帝国领地是实力的象征，而并非标志着国家雄心和繁荣的显著进步。

英德摩擦的另一诱因就是德国皇帝想要在海军实力上与英国平起平坐，即使德国的海外领地并不需要维持一支与英国规模相当的海军；北海两岸一意孤行的民族主义者使这一矛盾更加深化。1912 年，德国在 12 年中通过第四部海军法案，又为本已庞大的海军部队增加了 1.5 万名军官和士兵。英国海军大臣温斯顿·丘吉尔提议双方同时暂停海军扩张，但该提议被德国严词拒绝。丘吉尔的论断，即强大的舰队对英国是必需品，而对德国则是"奢侈品"。丘吉尔的论断从根本上说是正确的，因为英国要为英属印度和范围广大的其他帝国事务负责；但这却惹恼了德国人，他们自认为在一切方面都与英国不相上下，却被视作屈居人后。在英国一方，由于害怕不断扩张的德国海军对北海构成威胁，于是他们欢迎俄国海军扩张。1914 年 5 月 12 日，英国内阁欣然提及："俄国波罗的海经深思熟虑的大规模扩军，必定有助于提升我方在领海水域相对于德国的地位。"

1912 年第一次巴尔干战争中，塞尔维亚取得的对土耳其的胜利令德国受挫。这个小小的斯拉夫国家在军事和领土上取得的成功，不仅威胁到奥地利在巴尔干各国中的主导地位，也威胁到德国独霸土耳其的野心。土耳其欧洲领土落入塞尔维亚之手，却让俄国人拍手称快。俄国人作为斯拉夫人的统帅，同时作为与德国毗邻的波兰人与波罗的海各省人民的领袖，煽动起了对德国的仇恨。条顿人相对斯拉夫人的种族概念是冲突的一个推动力，而且这种冲突也未必不受人欢迎。1912 年 12 月 8 日，德国皇帝在与参谋总长冯·毛奇伯爵、海军参谋长冯·米勒上将和海军国务大臣冯·铁毕子上将的探讨中，对他们说——据米勒日记记载："奥地利必须有力反击斯拉夫人（塞尔维亚），否则它就将无法控制奥匈帝国境内的塞尔维亚人，那么战争对我们而言也将不可避免。"皇帝又补充说，德国舰队"将被迫对英国作战"。

会谈中，毛奇提议："皇帝列出的对俄战争的声势，应更为妥善地预备。"德皇表示认同，说假如战争在奥地利和塞尔维亚发生冲突之后爆发的话，新闻报纸必须开始就德国"伟大的民族利益"而"教化德国民众"。米勒上将向未出席会谈的宰相特奥巴尔德·冯·贝特曼-霍尔韦格传达命令："人民不可以在欧洲大战爆发时怀有'德国为之而战斗的利益何在'的疑问。人民反而应该事先习惯于这场欧洲之战的想法。"①

公众心理上接受战争的意愿问题为毛奇所理解,他也对此特别关注。在1913年初,他就和贝特曼-霍尔韦格一样,尽力警告奥地利参谋总长和海军国务大臣不要与塞尔维亚交战,尽管当时塞尔维亚就图谋侵占阿尔巴尼亚。1913年2月10日,毛奇对奥地利参谋总长康拉德·冯·赫岑多夫将军说,他确信"一场欧洲之战注定迟早要来,其中的关键问题是全体德意志人和全体斯拉夫人之间的斗争",而且,"为此次事件做好准备是所有坚持日耳曼思想与文化的各国的共同职责"。然而,毛奇还警告说,这场战争要求民众有牺牲的决心和普遍的热情。只是此时时机尚不成熟。

1913年6月,丘吉尔在与德国驻伦敦海军随员米勒上校的私下谈话中重申了双方均暂停海军扩张的提议。米勒厌恶英国人,也不希望柏林外交部或皇帝依从丘吉尔的调和建议,于是询问铁毕子上将他该如何行事。铁毕子建议他尽量简短地汇报他与丘吉尔的谈话,以给人造成一种虚假的印象,即丘吉尔只是在试图拖延德国海军扩张,因为他害怕英国将无法维持其现有的海军优势。由此,丘吉尔的动议就遭到严重歪曲,德皇对其产生了偏见。近一年后,德国外交大臣戈特利布·冯·雅戈对德驻伦敦大使抱怨说:"最令人难以忍受的就是您的海军随员所做的不公正的报告。能否请您对他稍加限制?对英国政策持续不停地歪曲与诽谤格外令人忧心,尤其高层总是以此为由对我横加指责。"实际上,这些指责是皇帝发出的。

德国不断增强的实力在各方面都显而易见。1912年春,德国常备军已增至54.4万人;到1913年春,则又增加至66.1万人。同年10月,德国宰相引入新一轮扩军时说:"仍有一件事是确定无疑的,假如欧洲燃起战火,让全体斯拉夫人对抗日耳曼人,那么原本属于土耳其欧洲部分的土地现在被斯拉夫民族占领,就会让我们在军力平衡上处于不利地位。"

---

① 我在牛津圣安东尼学院的同事伊曼努尔·盖斯在他发表的有关战争起因的文件中指出,米勒上将对此次重要会谈的记载"是不见于《大政治》的又一篇文献——原因很明显"。(1914年7月,42页,注4)。《1871—1914年间欧洲各国内阁大政治》是1922—1927年间出版于柏林的一部39卷本关于战争起因的德文档案。

为解决巴尔干战争的直接后果，日耳曼人需抗击斯拉夫人，德国没有出面，其邻邦和盟友奥地利则承担了这个责任。奥地利施压造成的结果，就是土耳其同意阿尔巴尼亚独立，这就有效切断了塞尔维亚通往亚得里亚海的出海口路线。与此同时，娶了德皇之妹为妃的希腊国王通过从土耳其手中吞并色雷斯海岸地区，阻断了塞尔维亚通往爱琴海的通道。

有的民族感到屈辱，有的不满，有的认为受到了威胁，还有的民族充满了信心。新闻报纸煽动起危机感和被掠夺的情绪。各国政府擂响了种族主义、爱国主义和军事实力的鼓点。遥远大陆上的沙漠与沼泽似乎都提供了扩张的前景，但相互匹敌的国家之间的竞争就让连修筑一条穿越沙漠的铁路都看似挑衅。并非某一次竞争或某一个争议地点和地区引发了这场大战，而是一切竞争和争议共同造就并激起了战争的情绪与可能：首先让人们意识到战争，然后使其变为可能，最后让人们渴望战争。"我厌倦了战争，厌倦了开战的叫嚣，厌倦了常年的武装备战，" 1913 年6 月，在为真理而争论不休的时刻，贝特曼-霍尔韦格对一位友人说，"各大国现在都应该再冷静下来，全力追寻和平途径，否则就将会出现大家都不愿见到的战争爆发，各国都将无法幸免。"

在持续发酵的"令人渴望的战争"的概念当中，领土上的贪婪和成功的征服都发挥了各自的作用。1912 年战胜土耳其后，意大利就吞并了土耳其庞大的北非省份利比亚。一年后，保加利亚也以同样方式打败土耳其人，获得了一个爱琴海的出海口，可以直通地中海。地处内陆的塞尔维亚认为奥地利独霸波斯尼亚和达尔马提亚海岸就是要阻挠其在亚得里亚海取得出海口，于是在不到两年的时间内发动了第二次巴尔干战争，占领了阿尔巴尼亚。由此塞尔维亚就暂时性地获取了亚得里亚海一段漫长的海岸线。

1913 年 10 月是德国最大的一次军事胜利的 100 周年纪念：普鲁士、奥地利、俄国和瑞典在全面战争（Battle of Nations）中将拿破仑击败于莱比锡。[①] 为纪念此次胜利，德国皇帝在一次旨在强调德国传统历史军事实力的仪式上，为此次的胜利纪念碑揭幕。出席仪式的还有奥地利参谋总长康拉德将军，德皇向他表明，假如奥地利采取行动，将塞尔维亚

---

①　我的一位导师卡尔·莱泽曾在 1957 年给我上的一次指导课上指出莱比锡（和波茨坦一样）原为斯拉夫人定居点。莱比锡之名源于斯拉夫语词汇 lipa，意为"酸橙树（欧椴树）"，该城于公元 1000 年由斯拉夫人部落建立。莱泽在1933 年后因希特勒迫害犹太人而离开德国，他是研究日耳曼人和斯拉夫人之间的千年斗争的专家。

驱逐出阿尔巴尼亚的话，他将密切支持。"我支持你们在那里的行动。"德皇吐露说。其他大国尚未做好准备。"几天后，你一定要回到贝尔格莱德。我一贯积极主张和平，但这也有限度。我阅读过大量战争文献，也知道它究竟意味着什么。但最终的时局已迫使一个大国无法继续袖手旁观，而必须拔刀相助。"

塞尔维亚侵占阿尔巴尼亚只是一次短暂的胜利。1913 年 10 月 18 日，奥地利政府向贝尔格莱德发出最后通牒，要求塞尔维亚军队在八天内撤出阿尔巴尼亚。塞尔维亚被迫依从。当天，英国外交官艾尔·克罗准确并带有先见之明地提出："奥地利为求单方解决一个此前均被认作攸关所有大国的问题，而挣脱了各国协调一致行动的束缚。"一天后，德国代理外交大臣阿尔弗雷德·齐默尔曼博士对英国驻柏林大使爱德华·戈申爵士说："我很惊讶，奥地利皇帝支持了一项在某种情况下可能导致严重后果的政策，而且他已经这样做了，更加显而易见的是，德国不可能会对奥地利提出稍做收敛的建议。"

在以上最后的十几个字当中隐藏着欧洲战争的种子。奥地利的最后通牒发出后，德国皇帝就给奥地利皇帝弗朗茨·约瑟夫和皇储弗朗茨·斐迪南大公发去了贺电。德国的此次称许，艾尔·克罗在 1913 年 10 月底评论说："证实了人们的印象，即德国对外佯装其反对奥地利，并为此感到遗憾，事实上却大力鼓动了其盟友。"奥地利国内注意到，俄国新闻报纸均不鼓励俄国为维护塞尔维亚而采取最终会导致俄奥冲突的任何行动。

奥匈帝国对外表现出了屹立不倒、长治久安的信心。"没有奥地利，局势将不堪设想，"俾斯麦在 1888 年如是说，"奥地利这样的国家不会消亡。"1913 年 12 月 2 日，维也纳举行大弥撒庆祝皇帝弗朗茨·约瑟夫登基 65 周年。此前没有哪一位欧洲君主能在位如此之久。但他既无法遏止国内人民的民族主义热望，也无法阻止外来势力对他们煽风点火。1914 年 1 月 19 日，奥地利加利西亚总督向维也纳内政部报告说："近来亲俄政党的煽动……已变得更为活跃……加利西亚在东正教推动下持续不停地俄罗斯化，应引起行政官员的更大注意，以便对其进行打压。"

1914 年最初几个月，英国为维持其最现代的战舰运转而不停搜寻燃油来源，于是抢先于德国，为在波斯油田占有绝大部分份额而展开谈判。而德国的铁路修造者们已经在这里设立工地并划定了界限。与此同时，曾两次提议英德两国暂停海军扩张的英国海军大臣温斯顿·丘吉尔向他的资深内阁同僚提议，由他建立与德国海军大臣铁毕子上将展开秘密磋商的通道。丘吉尔解释说，他的目标就是要结束"在领海水域过度不均衡地集结舰队"的局面。外交大臣爱德华·格雷爵士反对这项提议，认为如果会谈的消息泄露，那么"最疯狂的报道将会铺天盖地袭来，我们将要不断向外交部的大使们解释，还得反复向媒体否认那些会被归咎于我们的事件。"格雷的资深立场占据了上风。

尽管英德磋商未能达成，但在1914年春夏之际，战争似乎并不太可能爆发。各主权国家之间的争议可以提交海牙国际法庭加以解决，该法庭设立于1900年，反映了文明世界有决心不去卷入相互毁灭的冲突当中。欧洲全境内的社会主义者严词谴责战争思维，敦促各地的工人阶级不要成为资产阶级战争狂热的帮凶。银行家与金融家，与和他们展开竞争的拥有土地的贵族一样，都感到自己属于更宽泛的国际组织，这类组织不论通过贸易还是通过联姻结成，都不会因为战争而获益，而只会让自己蒙受损失。各方达成协议，要化竞争为合作。1913年8月13日，英德秘密协商在葡属非洲领地建立潜在势力范围。该协议旨在让英德两国最终控制安哥拉和莫桑比克，它于1913年10月20日签署，两天前，奥地利刚向塞尔维亚发出关于阿尔巴尼亚的最后通牒。似乎即使一场由紧邻德国的欧洲强国引发的巴尔干危机，也没有任何理由损害到英德关系。

在政治思维层面上，英国作者诺曼·安杰尔在其《大错觉》一书中论断说，战争带来的后果是，即使获胜的交战国，也会在经济和金融方面遭受超乎寻常的损失。他的警告最初发表于1909年，后被译成法、德、意、俄等国文字，到1913年，其英文版已累计重印十余次。安杰尔强调说，英、美、法、德等工业大国，"都正在丧失发动战争的心理冲动，正如我们已失去以宗教差异为由杀死邻人的心理冲动一样。"反过来还能怎样，他问道："现代生活中工业活动占据绝大的比例，而其中的军事成分微乎其微，怎能让战争的本能压倒和平发展的本能而存在下去？"甚至普鲁士的容克阶层"也变得更像科学家，而不再像过去那样好勇斗狠"。

大国敌手虽公开宣扬好战观点，但彼此之间都因自由贸易和工业上的相互依存而相互紧密维系，指出这一点的并非只有安杰尔一人。1914年6月，英、德投资者共有的一家公司获得了美索不达米亚石油勘探的垄断权。所有欧洲各国轮船的船舱中装载的都是彼此生产的农产品和工业制成品。德、法、英、俄等国的汽车和卡车，一旦战争爆发，就必定用来运送军队和给养，而它们的运转都必须依赖仅在德国生产的博世磁发电机，这种部件只能由欧洲各国的汽车制造商从德国进口。如果战争到来，磁发电机的供给中断，那么这个微小而又至关重要的零件就必须要由人们来重新发明，从白纸上的设计画图开始，一切归零。

用于生产炮弹的爆炸成分硝化甘油的溶剂丙酮，是欧洲各国相互依存的又一个例子。丙酮的生产方式几乎全靠木材蒸馏。德国和奥地利是两大木材出口国，另两个木材出口大国是加拿大和美国。生产 1 吨丙酮至少需要 80 吨的桦木、榉木或枫木。如果爆发战争，那么英国境内的所有森林都不足以生产一年所需的至少 100 吨丙酮。进口木材是战争实力的重要组成成分。战争爆发六个月后，英国对合成丙酮的需要变得极为迫切，需要科学家能在其中发挥核心作用，但直到 1916 年 2 月，合成程序才有望投入使用。德国完全垄断的一个领域是双筒望远镜的生产。1915 年 8 月，英国被迫利用一名瑞士中间人，订购 3.2 万副德制双筒望远镜用于西线战场。

世纪之交以来欧洲各国不仅在贸易上互相依存，而且每位欧洲国家元首都通过联姻与其他国家元首沾亲带故，由此而建立的联系似乎牢不可破。德国皇帝与他通过联姻而来的表兄俄国沙皇定期进行友好通信联系，对彼此使用昵称，用英语说就是"威利"与"尼基"。他们互通的信函中不会散发出硫黄味和火药味。然而，陆海军的持续扩充、新型空战科技的发展，以及欧洲大国间的竞赛隐含着的不祥的弦外之音，这是友好通信、自由贸易和常识都无法掩盖的。

1914 年最初的几个月，德国皇帝派遣一名高级军官，利曼·冯·桑德斯将军赴土耳其担任奥斯曼帝国陆军顾问，这就惹恼了俄国人。1914 年 5 月 12 日，德国参谋长毛奇伯爵在卡尔斯巴德对奥地利参谋总长康拉德男爵说，再拖延对俄战争"就意味着我们在逐渐坐失良机；在幅员与人口方面，我们无法与俄国匹敌"。八天后，乘汽车从波茨坦前往柏林时，毛奇对国务大臣戈特利布·冯·雅戈说他害怕俄国会在近两三年内加强军备，使其武装达到巅峰，还说德国现已别无选择，而要"在我们仍有一线希望时，发动一场预防性战争，以便击败敌人"。毛奇在乘车途中对雅戈提出的建议是，国务大臣应"将我方政策定位为尽早发起战争的挑衅"。

5 月 29 日，美国总统威尔逊特使豪斯上校从柏林致信总统："局势异乎寻常。军国主义疯狂横行。除非有人能为你带来一种完全不同的解读，否则某一天就会有重大突变骤然降临。"豪斯警告说，欧洲没有人能够做出这种解读。"有着过多的仇恨和过多的嫉妒。一旦英国默许，法、俄两国就将威逼德国和奥地利。英国不想让德国被彻底粉碎，因为那样它就要被迫独自与其自古以来的宿敌俄国进行清算；但如果德国坚持不断扩充海军，那么英国就将别无选择。"到伦敦后，豪斯对英国外交大臣讲起了柏林的情形，"空气中似乎充满了武器撞击的铿锵之声，人们都蓄势待发，准备开战"。

甚至当豪斯上校写下这些充满预感的话语时，英、德两国仍在就"巴格达铁路协议"进行磋商，要在小亚细亚共享经济机遇，避免领土冲突。但和平带来的经济利益并非当年夏季争论的唯一利益问题。6月初，德国宰相贝特曼-霍尔韦格对身在柏林的巴伐利亚州长胡戈·冯·莱兴费尔德伯爵说，德国境内有些团体期待战争会让德国国内局势朝着保守的方向出现一种进步。然而，贝特曼-霍尔韦格却认为，"恰好相反，有着难以预料的后果的一场世界大战，将加强社民党的巨大权威，因为他们鼓吹和平，将会推翻许多君主"。

6月11日，一支特地从维也纳请来的交响乐队在树木翁郁的伦敦北郊的卡昂木屋中，为参加盛大晚宴和舞会的来宾进行了表演。东道主是叶卡捷琳娜二世的曾孙、沙皇的第二个表兄米哈伊大公，客人是欧洲的贵族名流，以英王乔治五世和王后玛丽为首。嘉宾和为他们演奏的乐师都不会有任何理由感到异样，只感到一阵轻松惬意。不过就在任何特定平静与满足的时刻，都潜藏着恐怖的危机。

对于生活在奥匈帝国境内的斯拉夫人，以及对于生活在自己的独立王国中的塞尔维亚人而言，由大公表弟统治的沙皇俄国，是有着永久魅力的守护者。1914年5月，奥地利议会首席捷克议员卡雷尔·克拉马尔博士向他的一位德国朋友表达了他就"由圣彼得堡统治的斯拉夫人邦联"进行的思考，这种结果将会让俄、奥两国间爆发一场战争，它将于哈布斯堡体系在战争中崩溃之后形成。

一种不稳定的感觉高悬于整个庞大的奥匈帝国架构之上。二元君主国元首、奥地利皇帝兼匈牙利国王弗朗茨·约瑟夫已到83岁高龄。他的侄儿、皇储弗朗茨·斐迪南大公据说强烈厌恶匈牙利人主导他的王国，因此他就制订了将整个帝国分割的计划，让匈牙利人为主的那一半国土不再由匈牙利人专有，并给塞尔维亚人和克罗地亚人更大的自治权。1914年春，大公至少在纸上深入思考了未来要在匈牙利组建的"人民议会"，以大规模限制匈牙利人的势力，途径是赋予匈牙利境内各个非匈牙利少数民族更大的权力，其中包括两个斯拉夫种族——斯洛伐克人和克罗地亚人。

1914年6月12日，德国皇帝前往布拉格附近的科诺派斯特，与弗朗茨·斐迪南大公共度周末。这是放松与狩猎的时光。主要的严肃话题是德皇近来对匈牙利首相蒂萨伯爵的青睐，而弗朗茨·斐迪南则厌恶蒂萨的影响力。德皇与奥匈皇储还谈到了俄国沙皇在同一周末到黑海之滨的康斯坦察对罗马尼亚皇室的拜访。似乎大公也曾向德皇顺便问起，正如德皇八个月前透露过的那样，德国是否仍愿支持奥匈帝国捣毁塞尔维亚的"黄蜂巢"的行动，奥地利确信，这场行动会在波斯尼亚—黑塞哥维那儿搅动起反奥情绪。德皇答复说，奥地利应在局势恶化前采取行动。他感到奥地利不必害怕俄国会为塞尔维亚而进行干涉，因为俄军尚未做好战争准备。由此看来，奥地利即将对塞尔维亚采取的行动将得到德国的全力支持。

德国皇帝离开科诺派斯特，返回位于波茨坦的皇宫。九天后，他来到基尔参加一年一度的易北河帆船赛——"基尔周"，这是民族聚会、舞蹈和欢乐的时刻。虽然新开的基尔运河代表着德国海军对英国的威胁，但英国一个战舰中队却作为嘉宾出席，其四艘战列舰和三艘巡洋舰就与德国大洋舰队并排停泊。两国海军的军官和士兵们欣赏这场盛典时登上彼此的舰船，热情地互相赞誉。他们在参加一名因庆典活动的空中事故而丧生的英军飞行员的丧礼时，都站在一处，脱帽致敬。

乘坐"流星五号"赛艇的德国皇帝居于辉煌赛事的中央。6月26日，他身着自己的英国海军元帅制服，登上了"英王乔治五世"号战列舰。从技术上看，他是以英国皇家海军高级军官的身份出席活动的。他登舰后还上演了一出滑稽剧：英国驻柏林大使馆参赞霍勒斯·朗博尔德爵士当天特地穿上大礼服，戴上高顶礼帽。"海军元帅"认定这名外交官衣着不甚得体。他指着那顶高顶礼帽宣布："如果再让我看到这顶帽子，我就要把它砸扁，没有人在船上戴高顶礼帽。"

6月27日傍晚，英海军中队指挥官在"英王乔治五世"号战列舰上设宴款待德国军官。朗博尔德数星期后回忆起在整个赛事期间，"我无法不被德国与我国海军人员之间存在的真挚热忱所打动"。6月28日，举行了一场游艇赛，英德两国观众同样热切地观赛。德国皇帝本人也驾驶自己的游艇"流星五号"参赛。当他在基尔湾内时，一封装在香烟盒内的电报被投掷到他的游艇上。皇帝读到：两星期前曾在科诺派斯特招待过自己的哈布斯堡帝国皇储弗朗茨·斐迪南大公与妻子一起被刺杀于波斯尼亚首府萨拉热窝。比赛被取消，"基尔周"也被终止，德皇匆匆赶回他那座位于波茨坦的皇宫。

第二章 "欣喜若狂"

1914 年 6 月 28 日—8 月 4 日

哈布斯堡帝国王储遇刺发生于土耳其人打败塞尔维亚人的科索沃战役纪念日，1389 年的这次战役，是让所有塞尔维亚人蒙羞的集体记忆。1914 年 6 月 28 日，赴萨拉热窝展开正式访问是特别不明智的行动，这一天是集体郑重缅怀的一天，也是塞尔维亚的民族纪念日，在聚集围观大公与夫人乘车穿过城市前往总督官邸的人群中，有一名 19 岁的波斯尼亚塞尔维亚人，加夫里洛·普林西普，身上带着一把手枪。他是当天出现在街上的六名密谋者之一，他们梦想着波斯尼亚能够挣脱奥地利的枷锁，变为塞尔维亚的一部分。

当天早上，普林西普的一名同伙向大公乘坐的汽车投掷了一枚炸弹。炸弹被弹到一旁，炸伤了紧随大公之后的那辆汽车，致使大公参谋人员中的两名军官受伤。大公确认伤者已被送往医院，刺客也已被抓获后，就坚持继续前往市政厅，展开访问。一到市政厅，他就带着一丝愤怒责问："你们就这样用炸弹来欢迎客人吗？"然后市长正式欢迎他驾临该城。欢迎仪式后，他就要求乘车前往医院探视两名负伤军官。在他这段计划外的行程中，汽车司机弗朗茨·乌尔班走错了路，拐上了一条窄道，无法调头，于是他就减低车速，准备倒车。

为同伙错失刺杀大公的良机（也许还因这一良机没有降临到自己头上）而深感失望的加夫里洛·普林西普当时碰巧就站在距离汽车减速地点十码之外的人行道上。他突然看到他那个"未被击中"的靶子正在朝他移动。他抢步上前，开了两枪，起初仿佛无人受伤，乌尔班迅速将车子开上了正路，但他的两名乘客都已被击中。上午逃过一劫，还因安保措施不周而大怒的斐迪南大公，就在行车途中因流血过多而死，他的妻子也死在了他身旁。

普林西普和他的两名同伙曾在塞尔维亚接受黑手党恐怖组织成员的训练，这个民族主义组织心狠手辣，塞尔维亚政府也欲除之而后快。密谋者的行动得到了黑手党领袖季米特里耶维奇上校（亦名阿皮斯）的鼓动，他誓与奥地利为敌。这些密谋者在贝尔格莱德拿到武器后，就于5月被偷运过奥地利边境进入波斯尼亚。他们的目标是对奥地利的统治展开沉痛打击。1878年，土耳其人在统治波斯尼亚数百年后被赶了出去，但该地区随后就被并入了奥地利，这就打击了当地塞尔维亚人的建国热望。弗朗茨·斐迪南大公亲赴波斯尼亚，督察该地区驻防的两个军的演习，这对塞族人造成了特别的刺激，因为这两个军可以在某一天奥地利发动的对塞尔维亚的进攻中，被用作先头部队。

密谋者不知道的是，他们射出的子弹的受害者对于帝国境内包括塞族人在内的民族主义者的建国愿望不乏同情。在宫廷及政界，人们都知道他希望将奥匈二元体制转变为奥、匈和南斯拉夫的三元体制，让帝国境内的斯拉夫人也能享有匈牙利人自1867年就已享有的分治与自治的权利。这种对斯拉夫人建国愿望的同情，以及大公与非皇室也非高级贵族阶层的夫人的婚姻，都使他疏远了他的皇帝叔叔，据说皇帝对自己侄儿遇刺发出的第一句评论就是："高高在上的主宰已重建了秩序，哎，这是我原本无力维护的一种秩序。"对他而言，显然并非那名刺客，而是上帝阻止了他的侄儿的非皇室婚姻可能引发的后果。

弗朗茨·约瑟夫有关"高高在上的主宰"的评论是由闻听此言的帕尔伯爵讲给他的副手马尔古蒂上校听的，上校十年后将这句话记了下来。弗朗茨·约瑟夫的最新传记作者写道："这句刻薄的评论回应了皇帝先前对这桩贵配贱的婚姻的担忧，因为它侵入了神圣的王朝血脉，但该评论显得极度夸张，仿佛不足为凭。另外，消息于一个星期天传出，当时上帝的深不可测也许距离他那受到惊吓的心灵表面很近。"[1]

恰恰就在14年前，弗朗茨·斐迪南大公就在他叔叔的威逼之下发誓：不让他未来的任何子女继承皇位。皇帝始终害怕一旦弗朗茨·斐迪南承袭了他的大位，就会违背誓言。这一危险此刻解除了。新王储——

---

[1]　艾伦·帕尔默，《哈布斯堡的黄昏：皇帝弗朗西斯·约瑟夫的生活与时代》，伦敦：韦登菲尔德和尼科尔森出版社，1994年。1952—1954年，艾伦曾担任我的历史老师；他对于历史的热情，当时仅为他那些幸运的学生所见，后来就通过出版15本以上的专著传播给更广大的受众。

他在位期间的第五位——是他的侄孙卡尔大公。"我此刻如释重负，不再担忧。"他评论道。

暗杀发生后，皇帝个人的解脱之感并不为公众所知，也无法对后果带来任何影响。对此事的愤怒，以及对更大范围的塞尔维亚人阴谋的恐惧，导致了维也纳和布吕恩都爆发了反塞族骚乱。英国总领事从布达佩斯发回报告说："盲目仇恨塞尔维亚以及一切塞尔维亚事物的浪潮正席卷该国。"奥地利外交大臣贝希托尔德伯爵和参谋总长康拉德·冯·赫岑多夫男爵都将此次暗杀事件看作一个弱化塞尔维亚国力的机遇。他们自己心中也不确定究竟应该吞并塞尔维亚的部分还是全部领土，还是要在战争中将塞尔维亚击溃，索取巨额赔偿，而不提领土要求。约瑟夫·弗朗茨并不倾心于采取行动，害怕奥地利攻击塞尔维亚会招惹其他大国，尤其是俄国，因为泛斯拉夫情绪会迫使俄国向塞尔维亚提供支援。匈牙利首相蒂萨伯爵也同样踌躇不决。7月1日，康拉德注意到："蒂萨反对与塞尔维亚开战；他感到焦虑，害怕俄国会对我们发起袭击，害怕德国会弃我们于不顾。"

德国皇帝从基尔返回柏林后，一直对战争念念不忘。"塞尔维亚人一定要剿灭，而且刻不容缓！" 6月30日，他在德国驻维也纳大使发来的电报的边缘写道。电报上，大使评论说，只需对塞尔维亚实施"微小惩戒"，德皇就在旁边写道："我不希望如此。"然而，这些评论所预想的都不过是奥地利速胜塞尔维亚，而不能产生其他后果。当天，英国海军中队起航驶离基尔港时，英国海军上将向德国舰队示意："过去是朋友，永远是朋友。"同在6月30日，英国外交部高级文职人员阿瑟·尼科尔森致信英国驻圣彼得堡大使："我相信，刚刚发生于萨拉热窝的惨剧不会造成进一步的复杂事件。"

7月3日，柏林有消息称柏林—巴格达铁路将继续向南延伸至巴士拉，让德国在波斯湾获得一个出海口，由此就可以通过陆路到达印度洋。1914年夏，英国与德国就铁路问题签署协议不过数月时间，由此说明这条铁路不是两国冲突的诱因。

德国对奥地利的态度至关重要。7月4日，德国驻伦敦大使利赫诺夫斯基亲王刚从柏林返回，就对英国陆军大臣霍尔丹勋爵说他对德国舆论"十分担忧"。"柏林的普遍情绪"，利赫诺夫斯基报告说，就是"不应再任由塞尔维亚策划密谋或搅扰奥地利，德国一定会支持奥地利采取的行动"。同日，德国驻维也纳大使奇尔施基伯爵对一名资深奥地利官员说，德国将"赴汤蹈火"支持奥匈帝国；又补充说："奥地利越早出击越好。昨天打要比今天打好，今天打要比明天打好。"

7月5日，德国皇帝给这条建议加上了一个德国积极支持的核心框架，他对奥地利驻德国大使瑟尔杰尼伯爵说，"俄国根本没有为战争做好准备"，还说奥地利既已认定有必要对塞尔维亚开战，"假如我们未能利用完全对我方有利的当前时机"，那么奥地利将追悔莫及。德皇补充说："假如奥匈帝国和俄国之间不免一战，德国将站在奥地利一方。"

当日晚些时候，仍在波茨坦时，德皇就对德国宰相贝特曼-霍尔韦格和普鲁士陆军大臣法金汉将军说，他"不认为会出现任何重大战争动向。沙皇不会为谋杀大公的人们助阵，而且俄、法两国尚未为战争做好准备"。德皇解释说，正由于这种原因，"没有必要采取任何特别部署"。然后他就返回基尔，并于7月6日上午乘豪华游艇"霍亨索伦"号到挪威海域进行一年一度为期三周的巡游。

大公遇刺事件已过去一星期有余，维也纳的愤怒、贝尔格莱德的不安和柏林的轻松惬意就是当时的秩序。德国皇帝动身巡游后，欧洲最新经受的一次震荡期似乎开始平息。在维也纳，人们仍在就如何应对塞尔维亚展开秘密辩论。7月7日，奥匈帝国内阁七名成员聚集商讨德国皇帝所说的德国援助问题。主持会议的是贝希托尔德，他主张立即对塞尔维亚不宣而战。

会议上的压倒性情绪是支持开战，要让塞尔维亚版图缩减，使其成为奥地利的附庸。只有蒂萨伯爵向皇帝提出抗辩，次日就上书说如果奥地利对塞尔维亚开战，"将引发人类史上最大规模的世界之战"：蒂萨认为这场战争将使俄国和罗马尼亚与奥匈帝国反目成仇，使帝国陷入"十分不利"的境地。

德国人对蒂萨的担忧置之不理。德国驻维也纳大使奇尔施基伯爵前往会见贝希托尔德时，就强调了德国想要对塞尔维亚采取行动的愿望。"他对我说，"贝希托尔德告知蒂萨，"他已收到柏林发来的一封电报，他的帝国主宰指示他在此尽一切所能强调宣称柏林希望针对塞尔维亚采取行动，而且如果我们错失良机而不出手，那么德国将对此无法理解。"对俄国的恐惧继续对德国人造成影响。7月7日，贝特曼-霍尔韦格评论说："未来取决于俄国，俄国不停膨胀，如同梦魇一般，就在我们卧榻之侧。"次日，他就告知利赫诺夫斯基亲王，"不仅柏林的极端分子"，还有冷静的政治家都对俄国不断增强的实力和俄国迫在眉睫的进攻忧心忡忡。

7月8日，弗朗茨·斐迪南大公遇刺八天后，英国高级将领霍勒斯·史密斯-道里安爵士，在同学聚会的晚宴上说他们都应使自己顺应"即将到来的战争"。他后来回忆说："挑剔的朋友们对我进行了善意的挖苦，说我当天傍晚为何会变得如此忧郁。"三天后，在阿平厄姆学校的演说日，校长以传道般的语调缓缓地说："如果一个人不能为国家所用，那么他就不如死去！"薇拉·布里顿作为嘉宾出席了此次活动——她的哥哥爱德华和好友罗兰·莱顿都在该校就读，她后来回忆说："此言一出，现场一片令人窒息的寂静。"

7月9日，刺杀事件发生11天后，爱德华·格雷请德国驻伦敦大使利赫诺夫斯基亲王到外交部同他会面。然后他就对大使说，如果维也纳内阁感到因萨拉热窝事件而被迫对塞尔维亚采取严厉姿态，即使在当前关头，英国政府也正致力于劝说俄国政府对奥地利采取一种冷静而调和的态度，"然而，"格雷又警告说，如果奥地利的行动唤醒了斯拉夫人的情绪，无法使俄国人"继续保持被动"，那么英国也将采取措施。究竟会采取什么措施，格雷并未明言。就在当天，格雷的首席外交顾问阿瑟·尼科尔森爵士带着某种程度的信心致信英国驻维也纳大使："奥地利是否会采取严厉行动，我有自己的怀疑，我希望暴风雨横扫而过。"

假如尼科尔森知道一份来自萨拉热窝的秘密报告已送到维也纳，那么这种乐观看法也许就会在7月13日得到证实，报告称，没有证据显示此次刺杀案牵连了塞尔维亚政府。然而，奥地利惩罚塞尔维亚的愿望依旧强烈，坚信德国会支持其采取的惩戒行动。贝希托尔德最终让皇帝弗朗茨·约瑟夫确信奥地利严惩塞尔维亚不会受其他大国干涉时，老皇帝勉强同意由奥地利发出最后通牒。贝希托尔德成功的劝说是迈向战争的第一步，尼科尔森完全错误地相信了他。

在维也纳，秘密与公开的辩论仍在继续：是否应针对塞尔维亚采取行动？尼科尔森的乐观评论是对他的一名下属发出的警告做出的回复，这名下属发出的警告称"不明智的盲目反塞尔维亚政策在奥地利根本无人理睬，而这一点在充满威胁的局面中正是应当注意的问题"。这名青年军官的说法是对的，他就是罗伯特·范西塔特。20年后，他本人当上了外交部最高长官，极力反对对德国采取绥靖政策。

奥地利最后通牒尚未发往塞尔维亚，人们的危机感开始消退。7月16日，诺曼·安杰尔在伦敦就国际局势和"大型军事篝火"的危险性发表的谈话中，对主要为社会主义者的听众们说："我相信，年青的一代日益下定决心，不想成为最为无益的事务的受害者。"

甚至在诺曼·安杰尔对"年青的一代"寄予厚望时，维也纳的老一代人的犹豫不决却在逐渐告终。7月14日，奥地利大臣会议做出决定，要在一星期后发出最后通牒。两天后，德国大使利赫诺夫斯基亲王从伦敦写信给德国宰相，信中不无尖刻地说奥地利当局在斐迪南大公遇刺事件中属于自作自受，派遣斐迪南大公去萨拉热窝就是将他送入了"掷弹者的行列当中"。就连塞尔维亚外交大臣都曾致信身在维也纳的奥地利财政大臣——该大臣对波斯尼亚-黑塞哥维那负责——说此行很不明智。但此时一切已成过往，被盖上了"机密"的印章。柏林上层当局收到了通知，知道了奥地利的最后通牒将要发给塞尔维亚的具体日期，并未提出任何异议。德军上下已为战争做好了准备。7月17日，参谋次长瓦尔德泽将军从柏林致信外交大臣冯·雅戈："我要在此等待一跃而起；我们参谋本部已经全部做好准备。"

雅戈和德皇一样，也确信俄国不会出兵干预。7月18日，他告知身在伦敦的利赫诺夫斯基："奥地利表现得越是坚决，我们越积极支持奥地利，那么俄国就会越早停止反对行动。确切地说，圣彼得堡免不了大肆吵闹一番，但归根结底，俄国当前并未做好战争准备。"

奥地利最后通牒最终于7月19日拟定。这些条款将暗杀事件和贝尔格莱德政府联系起来，共提出15项要求，包括塞尔维亚对反奥宣传发出谴责；成立奥、塞两国联合委员会调查此案；塞尔维亚发布通令谴责军方介入此次谋杀；而且塞尔维亚还要郑重承诺停止在波斯尼亚进行的阴谋活动。塞尔维亚还将被迫采取行动惩罚任何传播反奥宣传的人们，不论这些人是在学校，还是在各类民族主义团体当中。此外，奥地利还将参与与阴谋案相关的人员的司法程序和处罚过程。

出席7月19日奥地利大臣会议的与会者们，包括康拉德·冯·赫岑多夫将军在内，都清楚塞尔维亚将拒绝这些条款，都清楚奥地利随后将发起某种形式的惩罚性军事行动。康拉德最为热衷于战争，确信奥地利将因战争而在波斯尼亚边境地带侵占新的领土。

7月21日，弗朗茨·约瑟夫同意了最后通牒中开列的条款，部分原因是确有某些塞尔维亚团体卷入了暗杀阴谋，另一个原因是害怕塞尔维亚扩张带来的威胁。次日，俄国外交大臣谢尔久斯·萨宗诺夫警告奥地利不要采取极端行动。俄国的此次警告来得过迟，而且其中也未提及武力威胁。

奥地利的最后通牒仍未发出。7月23日，英国财政大臣劳合·乔治在议会下院说，"文明"将轻而易举地通过"某种理智而有秩序的公断"解决国家间出现的争端。他说英、德两国关系正处于近年来最好的阶段。下一个年度预算在军备方面有所减少。7月23日傍晚，奥地利的最后通牒发至贝尔格莱德，要求48小时内答复。

7月24日，格雷在读到奥地利发给塞尔维亚的最后通牒时，将之称为"一个国家签发给另外一个国家的最为可怕的文件"。当天，俄国大臣会议通过秘密决议，要动员起 13 个集团军，以"最终"展开对奥地利的行动，同时公开宣称俄国"无法继续漠然置之"。次日，第一艘德军战舰驶过新拓宽的基尔运河，这是德国第一次显示其有能力让自己的舰船迅捷而又安全地从波罗的海进入北海。此事是奥、塞两国危机笼罩下的一次进展，却给英国造成了威胁。

奥地利发出的最后通牒对欧洲大陆造成的后果显然十分严重。然而，英国却有些人自认为已脱离欧洲。首相阿斯奎斯对英王乔治五世说，欧洲"距离一场活生生的末日决战（Armaggedon——原文如此）已经为期不远"，但就英国而言，"我们毫无理由不去作壁上观"。英国海军大臣温斯顿·丘吉尔在写给妻子的信中说，欧洲正在"一场全面战争的边缘"，还说奥地利的最后通牒是"曾经拟订过的此类文件中最为傲慢无礼的一份"。英国驻柏林代办霍勒斯·朗博尔德爵士致信妻子："从现在起两小时后，规定的最后期限就要过去，星期一之前，奥地利军队就可能已经进入贝尔格莱德。只有上帝知道到时候究竟会发生什么，我告诉你——你知我知——我们如能摆脱这场骇人的欧洲之战，实际上来个全面的脱离，那么我们将是十分幸运的。"

塞尔维亚不愿接受奥地利提出的范围广泛的要求，但它更不愿激怒它的强大邻国对它发起攻击。防御与生存的需要之间的矛盾难以调和。当天皇帝弗朗茨·约瑟夫命令奥地利部分动员，然而动员过程直到 3 天后才开始启动，而且头绪繁复，直到 16 天后才告完成。

7 月 25 日下午 3 时，塞尔维亚动员起来。三小时后，该国对最后通牒做出了回复，按照奥地利的要求，同意反奥煽动分子将得到惩处，颠覆行动将受到镇压。所有与大公遇刺案的相关人员，也将按照要求被绳之以法。至于奥地利所坚持的在塞尔维亚境内参与司法程序——这也是十条要求中最极端的一点，塞尔维亚请求仅将这条要求提交海牙国际法庭裁定。

塞尔维亚对奥地利做出答复后，奥地利大使吉斯尔男爵就离贝尔格莱德而去；而塞尔维亚的答复在多数外部观察家看来都是和解乃至屈辱的。塞尔维亚政府害怕与奥地利隔多瑙河相望的首都会立即遭到攻击，于是马上采取自我保存的行动，向南迁至外省地方小城尼什。塞尔维亚意料之外的一个问题引起了国际的关注和乐趣：塞尔维亚陆军参谋长普特尼克将军在波希米亚温泉做完水疗养，乘火车返回时，在布达佩斯被警方扣押。将军竟被匈牙利人逮捕，这让皇帝弗朗茨·约瑟夫勃然大怒，命令给他派一趟专列返回塞尔维亚，并向他致歉。

奥地利和塞尔维亚尚未开战。一个问题是准备仍不充分。7 月 26

日，康拉德就曾向贝希托尔德解释说，至少还需几个星期时间才能对塞尔维亚发起全面进攻。在俄国，备战进程甚至远不如奥地利，沙皇在强调俄国不能对塞尔维亚的命运无动于衷的同时，又于7月27日提议与奥地利对最后通牒的答复开启谈判。奥地利拒绝为之。同日，英国倡议举行英、法、德、意四方会谈，"以期发现问题避免僵局"，但这一努力仍被德国回绝，理由是这类会晤"不切实际"。当天，英国陆军部指示史密斯-道里安将军严密防护英国南部"一切薄弱地点"。

一场全面欧洲战争的前景就迫使那些迄今尚未受到挑战和尚未得到检验的意识形态观点在实际演进的危机中发挥效用。7月27日，英国自由党政府的一个工人阶级成员约翰·伯恩斯就在日记中写道："为什么四个大国要对塞尔维亚开战，无人能够理解。"我们必须"竭尽全力"避免战争。他认为"我的特别使命就是使我自己，使我坚持的原则，使我对工人阶级的信任，与这场蓄谋已久的，有着弥天罪孽的战争相分离。"

伯恩斯当天在一次内阁会议上表达了自己的想法。会议结束后，劳合·乔治告知一名首席自由党新闻记者："毋庸置疑，我们首先一定要参与即将爆发的任何战争。据他了解，没有哪一位大臣对此持支持态度。"然而，与会人员确实一致同意第1、第2舰队不应分散返回各自的船籍港，此时这两支舰队恰巧基本完成了六个月前制订的演习动员，正在英吉利海峡波特兰港集结。丘吉尔意识到英国可能会被同盟国体系拖入战争，就于当日下午获取了阿斯奎斯的批准，组建军火及油库特别武装队，并通知所有海军指挥官："欧洲政局使'三国同盟'与'三国协约'各方绝对难免一战。这不是预警电报，而是要准备好去追踪敌方军舰。"

德国最高统帅部正在敦促奥地利对塞尔维亚采取军事行动，而且要速战速决，以消除迁延日久带来压力的危险，危机在奥地利军队尚未占领贝尔格莱德之时就要得到解决。在柏林，还有一种情绪认为更大规模冲突仍有望得以避免。"我们目前还未参战，"7月27日，皇帝对一位友人说，"而且如果我能，我就会阻止开战。"次日，在一封发自柏林的电报中，奥地利大使告知贝希托尔德伯爵："我们已收到紧急命令，要立即行动，要在世人面前展现'既成事实'。塞尔维亚要在战争扩散之前受到严惩。"德国最高统帅部热切地希望看到奥地利在国际社会做出反应前发起攻击，于是他们敦促奥地利不必等到完成动员，因为完成动员几乎还需要两个星期时间。

在奥地利发出最后通牒的五天里，英国率先在欧洲各国中给奥地利施加压力，敦促其不要攻击塞尔维亚。英国还拟订方案，准备让奥地利与俄国和解。但奥地利驻柏林大使，在顺带提及英国给维也纳的调停提案时，强调说德国政府"绝不会认同这帮人的想法，因而已经下定决心反对他们的提议，而且只是通报他们以让英国人满意。"7月28日，英国驻维也纳大使向伦敦提出警告说："推迟或干预对塞尔维亚的战争无疑会给这个国家带来巨大失望，该国面对战争的前景早已欣喜若狂。"

接着就出现了诡异的一幕，这个片段直到战后才得以解密。德国皇帝当天上午初次读到奥地利的最后通牒和塞尔维亚的答复全文之后，看不出奥地利有任何理由宣战，就在塞尔维亚的答复的空白处写道："维也纳取得了重大道义胜利；但取得此次胜利，一切开战理由均已失去，吉斯尔本应老老实实地待在贝尔格莱德。据此，我根本不应该发布动员令。"他继续提议说："为让奥地利取得可见的'荣誉满足'，奥地利军队应该暂时占领贝尔格莱德取得保证。"然后就可以开始谈判来终结此次短暂的军事冲突。"我确信，"皇帝向雅戈写道，"多瑙河帝国的愿望已经获得整体上的同意。塞尔维亚就个别问题做出的极少保留在我看来都完全可以通过协商解决。但其中包含最屈辱的条款'城市与世界'宣言，为此一切宣战的理由都已失去。"

此时，这类调解的劝告已经过时：当天下午，皇帝刚写下这些并不好战的话语一小时后，奥地利就对塞尔维亚宣战，确信假如战争扩大，德国肯定会来支援。第一次世界大战的第一场军事冲突已经开始。此时交战国仅有两个：奥地利和塞尔维亚。尽管俄国和德国都进行了战争准备，但它们也并非完全无法避免相互开战。战争是否会扩大？负责英国海军事务的温斯顿·丘吉尔得知奥地利宣战的消息后，就写信给妻子说："我不知道那些愚蠢的皇帝和国王是否无法拯救国家于地狱并恢复王权，但是我们全都在一种乏味的全身僵直症的恍惚当中随波逐流，仿佛这场行动根本事不关己。"

这些话语不只是毫无实际意义的深夜沉思：7月29日上午，丘吉尔就向英国内阁提议，欧洲各国君主"应为和平目的而被召集一处"。但尽管德国皇帝对塞尔维亚的答复过迟地表示了满意，欧洲各国君主都不愿停止此次向着战争的进军，因为各国陆、海军部都曾努力确保其战争准备尽可能超前。当天，正当德军舰队开始动员时，英军舰队就奉命驶往其北海军事基地，使英国可以阻止德国对英开展的海上攻击的条件就位；开战时还可保护经由英吉利海峡被运往法国的英军部队。

7月29日，柏林还有一线希望让英国保持中立，当时德国皇帝的弟弟亨利亲王正在驾驶游艇参加英国的考斯赛艇周，并在几天前赴白金汉宫拜访了他的表兄英王乔治五世，他报告说国王乔治对他说："我们将竭力不卷入其中，将会保持中立。"德国皇帝的一位传记作家写道："虽然亨利亲王早已表明他不善准确报告他的英国亲戚的话语——也许未能理解语言上的细枝末节，但皇帝对这条消息的重视程度却要高于伦敦发来的其他任何报告及他的海军情报部门进行的评估。"① 海军上将铁毕子对英国将保持中立的问题表达怀疑时，皇帝答道："我听到了国王亲口所说的话，这对我而言就足够了。"

塞尔维亚边境要塞战云笼罩，奥地利即将对这里万炮齐发，7 月 29 日俄国公开号召其广大民众中的一部分人拿起武器。当日俄国并未对奥地利宣战，只是命令总兵力约 600 万人的军队局部动员。俄国士兵和火炮都上路飞驰，赶往沿奥地利交界地带分布的兵营和防御工事。俄国陆军大臣苏霍姆林诺夫将军原想发起全面动员，但被沙皇否决。至少一位君主仍希望战争能够避免。但此时人们都特别关注陆军与舰队，各地权威都在向陆军大臣和参谋本部转移。

身在柏林的霍勒斯·朗博尔德 7 月 29 日经过皇太子宫门外时，碰巧皇太子殿下乘车赶到。"人群发出疯狂的欢呼。空气中弥漫着不可名状的激动情绪。显然即将发生一场重大事件。大参谋部橄榄灰色机动车都在朝四面八方穿梭。"

俄、法两国都要敦促英国对法俄联盟做出承诺，想使其公开声明如果德国对法国开战，则英国将会作为法国的盟友介入而捍卫法国。但格雷拒绝做出这样的承诺，即使俄国外交大臣萨宗诺夫提出的论点并不涉及军事行动，而仅牵涉威慑。萨宗诺夫认为，如果英国坚决支持法、俄两国，那么战争将不会爆发。如果它无法采取这一立场，则会出现血流成河的景象，英国也将被拖入冲突当中。意大利政府也发出了同样的声音。但英国政府仍无意做出这样的承诺。7 月 29 日，格雷对法国驻伦敦大使说："如果德国卷入其中，法国也卷入其中，我们仍未做出应采取何种措施的决定，这是我们应该要去考虑的情况。"

此刻，德国却试图让英国隔绝于这场冲突之外，在 7 月 29 日发出的一封密电中提议，假如英国保持中立，德国将不攫取除殖民地之外的法国领土。该提议被格雷拒绝。后来该提议被披露时，英国国内都因德国的这种挖苦和讽刺而义愤填膺。

在俄国首都圣彼得堡，有传言说奥地利的企图也许会"极大地"超

---

① 艾伦·帕尔默，《德国皇帝，第二帝国的统帅》，伦敦：韦登菲尔德和尼科尔森出版社，1978 年，172 页。

越对塞尔维亚领土的惩罚性占领。塞尔维亚的独立国家地位也许岌岌可危。7月29日，俄国开始局部动员时，恰好奥地利内河低舷铁甲舰开始对贝尔格莱德发起首轮轰击。俄国的反奥情绪被煽动起来。沙皇一想到即将与德国开战就惶恐不安，于是他直接向德国皇帝发出呼吁，两位君主已互相友好通信20余年。"要尽力避免欧洲之战的大灾难，"沙皇（用英文）发电报说，"我以我们之间长期友谊的名义，请求你尽你所能阻止你的盟友做出过激行为。"这份签名为"尼基"的电报，由德国皇帝——签名是威利——发给沙皇的电报（也用英文）做出了回复："我正在施加我最大的影响力，以促使奥地利人直接与你达成令人满意的谅解。"

7月29日下午晚些时候，沙皇受到德国皇帝发来的电报的鼓舞，就向自己的军事将领通电，取消全面动员，并授权实施局部动员。他此时就向德国皇帝提议，将奥、塞问题移交海牙国际法庭受理。当天夜间，德国皇帝向华沙提议，"在奥、塞冲突中保持旁观者地位，而不要卷入这场前所未见的最恐怖的欧洲战争中去"。接着皇帝提出会为增进俄、奥之间的谅解而提供帮助。沙皇因这项提议而兴奋，想到将他刚刚下令进行的局部动员撤销，但外交大臣萨宗诺夫和俄军参谋长雅努什科维奇都奉劝他不能如此：帝国各地的车轮都已转动起来。午夜后，沙皇再次给德国皇帝拍发电报："我们需要你对奥地利施加强大压力，以使其与我方达成谅解。"

奥地利并不准备将其与塞尔维亚的争端提交海牙。德国皇帝也无力阻止自己的参谋本部以相应的措施对俄国的局部动员做出回应。当德国实施局部动员的消息传到圣彼得堡时，萨宗诺夫和雅努什科维奇就劝说沙皇签署了全面动员令。没有全面动员，俄国暴露在外的波兰各省将面临危险。

7月30日下午4时，沙皇签署了俄国全面动员令。俄国民众却为能与受到围困的塞尔维亚斯拉夫同胞团结一致而热情高呼。俄国并不希望利用此次动员与奥地利开战，而是要以动员相威胁以制止战争，但这一希望最终落空。如果奥地利准备在其与俄国边境展开动员，他就是在以自己的300万兵力对抗600万俄军。7月31日上午，德国宰相贝特曼-霍尔韦格给身在维也纳的贝希托尔德发去电报，敦促奥地利不要针对俄国展开动员。但就在同一个上午，也在柏林，德军参谋总长毛奇上将，却建议身在维也纳的奥地利参谋总长立即开始动员。贝希托尔德评论道："谁代表柏林的意图：是毛奇还是贝特曼？"奥地利确信假如俄国宣战，德国将立即提供支援，于是该国动员起来。当天下午，德国向俄国发出最后通牒，要求其于 12 小时内"停止一切针对我方及奥匈帝国的战争准备。"俄国拒绝了这一要求。

德国确信会迅速战胜庞大、笨拙的俄国战争机器，于是准备向俄国宣战。然而，德国首先请求法国在万一德俄两国开战时保持绝对中立。法国不允。自 1894 年起，法国就与俄国结盟。它也立即将自己的军人召集到战旗下：近 300 万法军士兵开始走进火车站、涌入兵营，共有 4278 列火车被调配用于执行此次大规模备战行动。不过，尽管下达了动员令，但法国仍就对德宣战问题而犹豫不决。"希望仍然存在，尽管乌云越聚越浓，"丘吉尔在 7 月 31 日致妻子的信中写道，接着就向她概述了英国内阁已知的最新进展，"我以为德国正意识到对抗他的力量有多么强大，正在缓慢地限制它那个愚蠢的盟友。我们正在尽力安抚俄国。"

外交途径和个人的犹豫对于避免滑向巨大灾难已经无能为力。7 月 31 日，法国驻柏林大使朱尔·康邦和比利时陆军大臣伯恩斯男爵都呼吁他们的美国同僚杰勒德采取行动避免战争。杰勒德未收到华盛顿的任何指示，但他立即致信贝特曼-霍尔韦格："阁下，为阻止这场战争，难道我们的国家不能有所作为，我个人不能有所作为吗？我确信威尔逊总统会批准我渴求和平的任何行动。"他没有收到答复。

在法国，对动员呼声做出回应的热情空前高涨。法国社会党十年来一直在宣扬工人阶级跨越国界的团结。该党机关报《人道报》及其领袖让·饶勒斯，都曾致力于创立一项法德联合反战的社会主义政策。此时饶勒斯又徒劳地呼吁欧洲工人阶级联合起来，工人阶级协同一致要求停止一切战争措施和动员行动。7 月 31 日，各阶层的爱国热情不断高涨，他被一名疯狂的民族主义者暗杀。

并非只有饶勒斯一人看到了战争狂热潜在的危险。7 月 31 日，一位德国工业大亨瓦尔特·拉特瑙便在《柏林时报》上发表一篇文章，就德国盲目忠诚于奥地利而发出抗议。"没有这一忠诚的保护，"他写道，"奥地利根本不可能冒险尝试它刚刚迈出的这一步。"诸如奥地利官员介入调查塞尔维亚阴谋案之类的问题"并非一场国际战争爆发的理由"。拉特瑙七年后遇刺身亡，但这篇文章就埋下了对他指控的叛国罪的种子，战争结束时，这项指控就被加在他身上，而他却在这场战争中投入了自己的一切工业专有技术和个人精力。

那些以为战胜俄国就会带来机遇的德国人陷入一种两难困境。如果法国在德军向东进犯俄国时聚集全部兵力对德宣战，那么德国就可能在西线遭到重创，甚至会被武力占领。为避免这样的命运，一项计划早已制订完成，每位德军将领都熟知其细节，即首先迅速击败法国，然后掉转德国全部兵力打击俄国。该计划是 1891—1905 年间担任德军参谋总长的阿尔弗雷德·冯·施利芬的杰作，他花了 12 年完善该计划，要尽力使之万无一失。

"施利芬计划"完成于 1905 年，他设想德军穿过比利时和荷兰来到法国北部，绕过防守严密的法国国境，而从北面大举直扑巴黎。甚至在退役后，施利芬仍在继续完善他的"计划"。1912 年 12 月，就在他死前不久，还在进行"计划"的最后一次修订。继他担任参谋总长的毛奇将军将荷兰排除在突袭路线之外，缩短了攻击距离（1940 年，希特勒将路线复原），但由于对俄战争有可能一触即发，经修订的"施利芬计划"就变成了避免两线作战和赢得西线胜利的根本途径。

要在六个星期内占领巴黎、战胜法国，然后德军即刻挺进俄国，这是个精细、精确而且令人欣慰的筹划。7 月 31 日，英国质询法、德两国，它们是否会尊重比利时的中立，英国负有条约义务维护比利时中立。法国保证会对此予以尊重，德国未予答复。

欧洲各国首都都陷入焦虑，同时开始频繁活动。"奥地利可供动员的一切在位人员都立即启程，"贝蒂·坎利夫-欧文 8 月 1 日在君士坦丁堡回忆说，她丈夫在此担任英国使馆武官，"我为帕拉瓦西尼女侯爵（大使夫人）感到深深难过，作为一名英国女士，她的内心可能已被撕裂。她的两个儿子都参加了奥地利陆军。她立即动身前往维也纳，自然是想在他们赶赴前线之前见到他们。"当天德国大使馆第一秘书卡尼次伯爵对贝蒂·坎利夫-欧文的丈夫说："亲爱的朋友，英国多年来全部的兴趣都在于爱尔兰问题和女性的普选权——那么为了别人的争吵而烦心又有什么用呢？你们必须首先管好自家的事。"

在慕尼黑，一次公众集会 8 月 1 日在音乐厅广场举行，群众兴高采烈地为战争爆发的消息而欢呼。当时被摄入镜头的群情激昂的人们当中就有奥地利出生的阿道夫·希特勒，此时他在靠出售自己创作的水彩画勉强维持不稳定的生计。法国画家保罗·马兹 8 月 1 日正在巴黎，当天他听到巴黎各处的人们都在高呼"到柏林去"。在协和广场，他看了一个法国骑兵团"潇洒地走过广场，军官们戴着白手套，马蹄声和朝骑兵们扔来鲜花的人们的欢呼声混杂一处"。一整天的时间里，士兵们就这样穿过巴黎城，前往火车站。"当炮兵经过时，炮身都被用花彩装饰，女人们跳上前车亲吻士兵。"当天，俄国赴巴黎军事代表团团长伊格纳季耶夫伯爵给圣彼得堡发电报说，法国陆军部长正"严肃建议俄国侵入德国，并进军柏林"。戈洛文将军评论说，这一要求"相当于要让俄国在严格的字面意义上自杀"。

当天，沙皇又向德国皇帝发出了另一次呼吁，以尽力阻止俄、奥开战。"在上帝庇佑下，我们久经考验的友谊一定会成功阻止喋血事件的发生。"他在电报中说。然而，德国皇帝先前对奥地利的鼓励是加深危机的一个因素，此时他决定信守诺言，一旦俄国袭击奥地利，德国就会对奥地利提供援助。当天下午 5 时，皇帝下令全部德军部队动员。数分钟后，他抓住了一场更大规模战争能被避免的迹象：伦敦的利赫诺夫斯基发来一封电报，显示英国可能愿意保持中立，还愿确保让法国在俄、德交战中保持中立，只要德国不从西面袭击法国。"这样我们只需对俄国发动战争，我们全军只要向东进发。"德皇就这样热情而一厢情愿地对德军参谋总长赫尔穆特·冯·毛奇评论说。

毛奇立即指出袭击法国的计划不容改变。一切都已行动起来。德军一个师，正从特里尔向西进发，准备夺取卢森堡铁路，这是"施利芬计划"的一部分，是东线战场的必要战争准备，以防止两线作战局面的出现。德皇对此不予采信，命令向特里尔发一封电报，中止一切军事活动。后来，在当夜 11 时，皇帝转变了立场，他对毛奇说，曾被寄予厚望的英法两国的中立保证全是幻影，西线的战事应该继续。停在特里尔的军队奉命继续前进。

"今天 300 万人躺在恐惧和命运的魔咒之下，"一份伦敦的晚报在 8 月 1 日宣称，然后又继续诘问，"难道就没有人能去打破这一魔咒，没有一丝光亮投射到这一寒冷而黑暗的景象当中吗？"不为这份报纸撰稿人所知的是，身为沙皇和德国皇帝两人表兄的英王乔治五世，已在当天给沙皇发了电报："我不禁想到有某种误会导致了这种相持不下的局面。我万分急切地不想错过任何避免此次恐怖灾变的机会，这一大灾变当前正威胁着整个世界。"

乔治五世想让沙皇"仍能保留谈判与和平的开放立场"。爱德华·格雷爵士希望王室的这项动议会产生某种效果。"如果大国之间在开战之前，能获取一点暂缓的时间，"他给英国驻柏林大使发电报说，"那么就有可能维持和平。"格雷发往柏林的电报及乔治五世发往圣彼得堡的电报都分别于 8 月 1 日傍晚被交到各自的收件人手中，这两封电报和沙皇发给德国皇帝的电报一样，都来得太晚了。当晚，德国驻俄国大使普塔莱斯伯爵来到圣彼得堡的俄国外交部，向萨宗诺夫递交了德国的宣战诏书。

"这是你们做出的犯罪行动，"萨宗诺夫对大使说，"各国的诅咒将降临到你们身上。""我们是在捍卫自己的荣誉。"大使回答说。"你们的荣誉与此无关，"萨宗诺夫宣称，"你们可以发一言而阻止这场战争；可你们不想这样做。"大使泪流满面，在外交大臣搀扶下才从厅中走出。

德国已对俄宣战。"妻子和领着孩子的母亲陪着后备部队走了一程又一程，要将分别的时刻尽力推后，人们见到了残酷的场景，"英国驻圣彼得堡大使馆武官诺克斯上校后来回忆说，"但是女人们只是默默啜泣，没有人大哭大叫。军人们通常都严肃而沉默，但人群在街头相遇时都相互鼓舞。"为对德国及一切德国事物表示蔑视，为纪念彼得大帝于1702年建立的圣彼得堡，后被改为俄语的"彼得格勒"（彼得之城）。①

8月1日夜间，俄国外交大臣和英国大使乔治·布坎南共进晚餐，布坎南的女儿梅利埃特后来回忆说："当晚萨宗诺夫先生被叫走四次；电话铃声不断响起；屋外的广场上挤满了高唱国歌的人们。到深夜时分，人们围住了使馆大门，为英国舰队而高呼，人们始终在问同一个问题：英国是否会援助我们，英国是否会支持他们？"

当晚，德军攻入卢森堡，迈出了经过长期准备计划击败法国的战略的第一步。这是一次小规模行动，几乎算不上一场小仗，其目标是占领铁路与电报枢纽。

战争物资的争夺开始了。在法国，50架为土耳其政府制造的单翼飞机被法国当局征用。在英国，两艘正为土耳其建造的战列舰也同样被征用，其中一艘根据土耳其的命令，一旦建成后就要加入德国大洋舰队。在但泽，德国当局准备征用两艘正为俄国建造的轻型巡洋舰。"已经出现了最大程度的兴奋，这种状态现仍在持续，"8月2日霍勒斯·朗博尔德从英国驻柏林大使馆写信说，"想到随后几个月会出现的情况就令人胆战心惊。"

8月2日，德军巡逻队自1871年以来首次越过法国边境，打了几场小规模战斗。在距德国瑞士边界不远处的荣什里，一名法国士兵——安德烈·珀若下士——战死，他是这场战争中遇难的第一个法国军人，而整场战争中共有100多万法国人丧生。当日，英国海军开始实施全面动员，并下令追击两艘德国舰艇，一直驶过地中海，来到土耳其。英国还秘密向法国做出保证，如果德国舰队进入北海和英吉利海峡袭击法国船舶，那么英国舰队将"尽其全力援助"法国船只。

然而，德国的作战计划所依赖的并非在北海和英吉利海峡利用海军击败法国，而是取决于迅速经由陆路穿过比利时。为达成这一目的，德国于8月2日下午7时向比利时发出了一封期限为12小时的最后通牒：

---

① 布尔什维克党人为纪念苏联的创立者列宁，而将彼得格勒改称列宁格勒。1991年，该城名称又被改回原来的名称圣彼得堡。

德军部队必须被给予穿过比利时的自由。比利时人严词拒绝。按照 1839 年的《伦敦条约》，英国、奥地利、普鲁士、法国一致同意比利时永远作为独立的中立国而存在。该条约仍然有效。"假如比利时政府接受所传达的提议，"布鲁塞尔通知柏林，"就将牺牲国家的荣誉，背叛我国与欧洲的约定。"

8 月 3 日，德国对法国宣战。德军越过了比利时边境，德国迈出了胜利的第一步。当天，贝特曼-霍尔韦格在国会发言称："我们正在犯下的过失——对此我毫不讳言——即将在我们的军事目标实现后被我们努力补偿。法国被征服后，比利时也将获得自由。"在法国，奔涌的爱国热情影响了每个阶级：阿尔萨斯和洛林将被收复；1870—1871 年的耻辱将得到昭雪。当天在慕尼黑，奥地利公民阿道夫·希特勒请求巴伐利亚国王批准招募建立一个巴伐利亚团。次日，他的请愿就被批准。

至此，英国仍置身事外。英国内阁大臣中并不存在明确的绝对多数支持对德战争，英国政府已要求德国不要越过比利时边界。这并非虚张声势。伦敦发给柏林的最后通牒即将在 8 月 4 日夜间 11 时到期。在英吉利海峡已布设水雷，以防止德军战舰突然进犯。为此次布雷行动而被耽搁的汽船包括南非开来的一艘，船上有一名乘客是 44 岁的印度律师甘地，他坚称生活在英国的印度人也应取得"他们的战争份额"，尽管许多印度民族主义者信奉的观点是印度人与他们的主子卷入的冲突无关。

距英国发出的最后通牒到期还有七个小时，德军部队就进入了比利时。当晚 11 时，英国对德宣战。在柏林，英国使馆外迅速聚集起一大群人，他们砸烂玻璃窗，朝里面投掷石块，肆意谩骂。次日一早，德国皇帝特使在对使馆遇袭事件道歉时评论说，尽管如此，这仍向英国大使显示了"人们对英国背弃德国的行为及对与德国一道在滑铁卢并肩战斗的忘却，感受到的深深的失望"。特使还说皇帝曾经为作为英国海陆军元帅而骄傲，但此刻他宁愿"丢弃这些荣誉"。大使及其随员准备离开柏林。霍勒斯·朗博尔德后来回忆当时的情形，使馆的三名德国仆人，在收到提前给付的一个月工资后，就表现出了最后的蔑视，"脱去了身穿的制服，往制服上吐痰，用脚在上面乱踏，还拒绝帮忙将行李箱搬到出租车旁。"为期一个世纪的外交礼仪、尊重与适宜得体都已经耗尽。

英德两国准备在战争中投入巨大精力，甚至要多于他们投入到贸易与工业、帝国扩张、文化以及发展更加美好的社会当中的精力。曾尽力阻止奥地利袭击塞尔维亚的爱德华·格雷爵士此刻就在比违背比利时中立地位更加宽泛的平台上支持对德开战，他对美国驻伦敦大使说："我们面临的问题是，如果德国取胜，它就会主宰法国；比利时、荷兰、丹麦，也许包括挪威和瑞典等国的独立都将变为泡影；它们作为独立国家的存在将变成虚幻；它们的所有海港都会任由德国支配；德国将主宰整个西欧，这将使我们无容身之地。在这样的情况下，我们无法作为一流国家存在。"只是英国政府最初却拒绝对法国做出正式承诺。

8月，意大利、葡萄牙、希腊、保加利亚、罗马尼亚和土耳其保持中立，冷眼旁观，同时着眼于未来可以获益时加入其中。在欧洲其他地区，另一些国家坚定而永久地不进入冲突圈之内。荷兰、瑞士、西班牙、丹麦、挪威和瑞典始终没有参与这场战争及其后的整个过程；它们也没有作为交战国参战，虽然对某些国家而言，这反倒成了有利可图的贸易方式。步枪、机枪和火炮打响的第一发弹药，不仅代表着战斗情谊、勇敢、痛苦和折磨，还标志着军火贸易新时代的到来。

到1914年8月14日夜间，五大帝国已经开战，奥匈帝国对阵塞尔维亚；德意志帝国对阵法、英、俄三国；沙俄帝国对阵德国和奥匈帝国；英、法两大帝国对阵德国。许多人认为战争会在圣诞节前落幕，最久也只会拖到1915年复活节，即使这样，在枪炮声归于沉寂后，也会有数万名士兵丧生。每支军队都相信自己会在数月之内将对手击溃。德军确信自己不久就可以在巴黎香榭丽舍大街胜利行进，而法军则同样自信地以为他们即将在柏林大街的菩提树下阅兵。贝蒂·坎利夫-欧文回忆起8月5日在君士坦丁堡的情形："德国人启程时眼中都闪现出胜利之光，其中最凶狠的要数卡尼茨伯爵本人，他承诺会在几个星期后发回一张明信片！——但就在这几个星期里，他在马尔变成了阶下囚。"

正当德国外交官满怀希望离开君士坦丁堡时，德国的和平主义者们正在和欧洲其余地区的同道者在宁静的德国南部小镇康斯坦茨集会，召开教会友谊促进会世界联盟的成立大会。8月4日，英、法、德三国教会人员以及各国代表——战争让他们深恶痛绝——却在被迫抵达湖畔会议地点数小时后放弃会谈，并匆忙返国。

第三章　开局之战

1914 年 8—9 月

　　1914 年 8 月 4 日早晨，数百万名士兵构成多国军队的先头部队，正在兵营集结，或向前线进发。在东面，被派往东普鲁士边境地带的俄军决意要向柏林挺进。在阿尔萨斯-洛林边界，法军跨入德国时坚信自己会收复失地，并为过去的失败和羞辱报仇雪耻而进抵莱茵河。再向北面，在比利时与德国边界上，德军的推进势头正猛，眼看就要扫平比利时进入法国北部。1870 年，一支普鲁士军队就在巴伐利亚、萨克森和符腾堡团的支援下，一举攻入巴黎。1914 年，德国统一以来首次由一支德军部队试图效法其普鲁士先驱者。

　　8 月 4 日，对德宣战的英国在欧洲大陆没有驻军。约翰·弗伦奇爵士统率下的一支英国远征军尚有待集结、武装，并被送过海峡，在前线就位，但仍未做出决定要派出这支部队。爱德华·格雷爵士意识到英国不愿卷入欧洲事务，他于当天在对国会的发言中说，根本不存在英国派兵的"义务"。德国海军部确信它可以阻止英军抵达英吉利海峡法国港口或北海比利时港口。但当德国海军上将告知德军参谋长毛奇将军，他们可以在英军部队横渡这些水域时采取有效行动，毛奇拒绝了他们的提议，说道："这完全没有必要，如果西线的陆军能够在解决法国和比利时的同时，解决掉 16 万英军，那会对我们有利。"

　　德国战争机器的自信还存在另外一个表现：德国皇帝 8 月 4 日在亚琛颁布了"行动日命令"，号召他的第 1 集团军"剿灭背信弃义的英国，践踏弗伦奇将军的那支小得无足轻重的军队。"①

自德军进入比利时的第一夜起，躲藏在沟渠和附属房屋内的比利时"自由射手"们，就尽其所能朝满怀自信而轻松愉快地占领比利时东部乡村的德军发起狙击。这种持续不断的狙击令德国占领军懊恼不堪，他们认为在战场上打败敌军后，自己就不应再受到更多的袭扰。德国第2集团军军需总监埃里希·鲁登道夫将军后来回忆起当时的情形，在战后的第一晚，他就被"清脆的枪声惊醒，有几枪还是朝着我们所住的房屋射来"。这是在比利时小镇赫尔夫。英国历史学家约翰·特拉恩评论说："8月4日还完整无缺的赫尔夫，不久后就完全变了样。"一名德国记者数日后到访该城时，发现它"已被夷为平地"。他报道说，城内的500幢房屋"仅有19幢依旧挺立。这里尸体遍地，到处弥漫着烟火味。教堂已变为一堆破烂的废墟。"

赫尔夫曾全城被困，以让其整体为夜间的狙击负责。德军坚称比利时人在利用平民实施此项任务，以便在前线后方造成破坏。比利时人答复说，建制严整的独立陆军分队、掉队士兵及平民卫士都会对此负责。他们说这是抗击侵略者的合法战争行动。国际法支持的是"自由射手"一方。1907年的《海牙第五公约》不但禁止交战国军队像德军进入比利时那样过境中立国领土，还规定对此类行动的抵抗本身不应被视作敌对行为。

在德军的最初几次野蛮报复后，比利时政府就禁止了一切地方性抵抗行动。它无法诉诸国际法保护自己的公民，于是就通过把他们圈禁于安全地带的方式来实施保护。比利时强烈的军事抵抗令德军感到受挫，于是他们很快就将针对比利时平民的报复行动看作一种至少能够阻止前线后方的滋扰的途径。他们将比利时的军事抵抗看作一种徒劳的困扰，这一点显然可以从德国驻布鲁塞尔公使团第一秘书冯·施图姆男爵的一阵爆发当中看出，他8月5日对美国外交官休·吉布森说："啊，可怜的人们！他们为什么不会给蒸汽压路机让路？我们无意伤害他们，但假如他们阻挡我们进军的道路，他们就会被碾成尘土。"

当天，德军对比利时的首个重要军事据点列日发起进攻——这里共有守军3.5万——却未能攻下该城12座堡垒中的任何一座。甚至进攻者当中还出现了片刻惊慌，但在鲁登道夫灵活机动的指挥之下，攻坚行动

---

① 在未来的数十年中，这些"无足轻重的老兵"当中的幸存者们，经常会出现于许多英国城镇和乡村，引领一年一度的停战日游行。德国皇帝的话常被错误地翻译成有羞辱性的"可鄙的孤军"。

暂时中断。他驱策 1500 名士兵从堡垒之间迂回攻入该城。一天后，8 月 7 日，中央城堡宣布投降，但外围堡垒依旧久攻不下，德军必须将其各个击破，否则这一障碍就会阻止他们进军，并挫败他们的计划。

截至此时，在大量的欧洲军队当中，几乎各国均采取义务兵役制，只有英国拥有一支纯粹的职业化军队，规模很小，训练有素，但缺乏欧洲各国军队的数量优势。8 月 6 日，英国内阁就是否应将这支军队派遣到法国一事进行了讨论，这支英国远征军全部兵力为六个师。首相阿斯奎斯和外交大臣格雷都担心假如这支部队被派到欧洲，那么英国本土就可能会陷入险境。格雷特别想让这支远征军留在英国，在当晚召开的战争会议上，基奇纳勋爵指出这场战争可能会演变为一场持久战，由此他坚持认为这六个师中的两个师应该留在英伦，用于本土防御。虽然他语惊四座，但与会者一致同意其余四个师应该调往法国。与投入战斗的 300 万奥匈帝国士兵、400 万法军、450 万德军和近 600 万俄军相比，英国对这场欧洲冲突作出的贡献，即使在最大程度上，也只能说极小：在战争爆发时，仅有 5 万名武装士兵。

英国政府还谢绝了一项地方出兵的提议。大战爆发时，爱尔兰民族主义党领袖约翰·雷德蒙就提出要建立一支爱尔兰军队，使其成为一股完全由爱尔兰人组成的兵力，和英格兰、苏格兰与威尔士军队并肩作战。由于不想让他当时计划的正常执行程序遭到干扰，基奇纳就拒绝了这一提议。可他忽略了这样一个事实，通过组建一支爱尔兰军队可以正确地引导爱尔兰民族情绪远离叛乱与恐怖活动。最终有 16 万爱尔兰人志愿参加英国军队，其中 4.9 万人战死。但某些爱尔兰爱国者因雷德蒙的提议遭到拒绝而义愤填膺；其中的一位休伯特·高夫——他本身也是英国远征军中的高级将领——就在 40 年后的回忆录中写道："基奇纳的拒绝又为爱尔兰的历史增加了血腥的一页。"

8 月 7 日，为增加英军兵力，基奇纳公开招募 10 万名志愿兵。"申请者挤成一大群，而且都坚持不懈，"《泰晤士报》报道了伦敦的一个招兵点的情况，"必须要依赖骑警来控制人群，每次开大门，只放进去六人。"根据该报报道，没有人喧哗，也很少有人显出激动的神情，"但其中有一种热烈的暗流，而且没有通过一项或另一项测试的人们不免有些失落。"在和平时代，正规军每天招募的人数不足 100 人，此时志愿兵们以每天 1500 人的速度自告奋勇参军作战。仅在伦敦一地，在这项行动开始四天内，每小时就有 100 人宣誓入伍，为应对数量不断攀升的员额，皇家骑兵卫队阅兵场搭起了特别大的营帐。

战争爆发前，自由党和工党圈子中，以及在工会运动中都依旧强烈的反战情绪，此刻也开始逐渐消失。8月6日，就在基奇纳发出呼吁的前一天，独立工党机关报《工人领袖》就为激起反战情绪而劝告其读者："英国工人们，阻止战争。你们和欧洲工人阶级没有争端。他们和你们没有争端。争端只在于欧洲的统治者之间。不要把他们的争端变为你们自己的争端。"然而，8月7日，《曼彻斯特卫报》一贯反战的编辑斯科特却未曾出席一次抗议英国参战的公众集会。作为一名首要的富有影响力的自由党人，他在解释自己缺席的原因时，对集会的组织者写道："我强烈认为战争不应发生，我们也不应成为参战一方，但一旦已经参战，我国的整个未来就万分危险，我们别无选择，只能竭尽所能，确保胜利。"

几乎每个交战国都有类似的竭尽所能的态度。8月7日，在维也纳，25岁的哲学家路德维希·维特根斯坦，就从剑桥大学的教师职位上辞职归国，志愿在奥地利陆军担任一名炮手，尽管因患双层网膜疝气使他有资格免服兵役。"最初他只是成功地跟随一个军队修车队来到了加利西亚，"他的妹妹赫莫伊恩后来回忆说，"但他始终没有停下向前线移动的脚步。"她说："军事当局误以为他要找点轻松的差事去做，而他频繁与他们交涉的目的却是要去寻找更加危险的任务。"因此经常闹出可笑的误会。

在每个交战国，当局都逮捕并监禁被他们认作是危险的敌方的外来人员。8月8日，在距俄国边境40英里的西加利西亚诺伊马特市①，奥地利警察逮捕了已流亡至此数年的一名俄国人——弗拉基米尔·列宁，怀疑他是俄国派来的奸细。奥地利社民党领袖维克托·阿德勒受到当局青睐，因为他的政党已宣称支持战争，他匆忙向维也纳保证说，如果列宁获释，他就一定会发起一场积极的反沙皇反协约国的运动。

在德国，宣战前一星期一直意志消沉的工业家瓦尔特·拉特瑙于8月8日会见了柏林的陆军总部部长朔伊希上校，要为战争提供支持。拉特瑙指出，德国不可或缺的战争资源仅可维持"有限的几个月时间"，就提议说"要避免德国遭到窒息的命运"，于是数日后就由他来主管特别成立的"战争原料部"。该部门可以在德国境内调配、在被占领地区征用、从国外购买，或在必要时用人工合成方式生产金属、药品、黄麻纤维、羊毛、橡胶和棉花等军用原材料。拉特瑙的使命是维持德国的战争实力，但作为平民犹太人，他频繁遭到军队指挥官的敌视，而这些人的战斗实力却是由他帮助维持的。

---

① 1919年起改称新塔尔格（波兰南部）。

拉特瑙意识到，德军的原材料可能未必能满足一场长期的无休止的战争运行所需。一场长期战争的前景甚至引起了德国皇帝的警觉，8月10日德皇召见美国大使杰勒德，大使后来回忆说："德皇相当沮丧地谈起了这场战争。我想为他打气，就说德军部队很快就会攻入巴黎，但他回应说：'英军改变了整个战局——一个顽固的民族，他们会使战争僵持不下，不可能速战速决。'"

和平主义情绪并未因炮战的开始而消退。7月就在反战的社会主义者们，到了8月依旧反战。在俄国，社会民主党的孟什维克和布尔什维克两大派系都反对战争，在俄国议会下院杜马，两派都对军事信贷议案投了反对票。8月10日，法国驻彼得格勒大使莫里斯·帕莱奥洛格声称："1812年以来，神圣俄国的集体灵魂从未如此强大有力地自我显现。"尽管如此，两大协约国仍担心反战情绪在俄国境内扩散。8月11日，比利时政府劝说其新任命的国务大臣——社会主义者埃米尔·王德威尔德——给俄国杜马中的社会民主党议员发一封电报，敦促他们支持为战争做出的努力。王德威尔德是第二国际执行主席，在俄国深受爱戴。同年6月他曾赴圣彼得堡，试图使俄国社会主义政党的两大派别和解。他那封支持战争的电报在俄国付梓，打印好的副本在工厂内广泛传播。

王德威尔德的这封电报不但没有激起人们的爱国热忱，反而使社会主义队伍变得更加分裂，促使列宁一到瑞士就出版了他的《战争论》，并将其偷运进俄国。列宁在报纸上读到德国国会内的社会主义议员已经站出来支持战争时，他最初还不肯相信，以为这是德军参谋本部编造的假消息，用来诱骗德国工人阶级接受这场战争。列宁认识到德国境内势不可挡的爱国主义力量之后，他就将目光投向了遥远的俄国无产阶级。

战争打响时，奥地利呼唤起其波兰少数族裔的民族热情，服务于帝国的战争需求。8月6日，一小支来自奥地利加利西亚省的波兰火枪队越过俄国边境朝凯尔采镇进发。他们当中的骑兵都将马鞍顶在头上，满心希望会从俄国劫掠到战马。正当这支"解放军"靠近凯尔采时，当地手捧鲜花的波兰妇女们夹道欢迎，但城中男子们都因害怕俄国报复而躲在家中。与一支俄军巡逻队的短暂遭遇让他们受到惩罚，这支波兰火枪队随即返回了西加里西亚。

列宁希望在革命事业中从遥远的地方激起俄国境内的反战情绪，这一希望也受到了奥地利人和德国人的欢迎与激励。俄国内部的任何动荡都会有助于两国对抗庞大的俄军。同在8月6日，奥地利政府决定向乌克兰解放者联盟提供资金，以鼓励反俄与谋求分裂的煽动力量。亚美尼亚和格鲁吉亚的社会主义者也受到鼓励，将沙皇的战败看作推动独立的途径。

在定居柏林的人们当中，就有德皇威廉物理研究所新任所长阿尔伯特·爱因斯坦。"欧洲，在精神错乱当中，已经启动了几乎令人难以置信的事物，"他在 8 月 19 日致一位友人的信中写道，"在这样的时代，人们就会意识到自己属于一个多么可悲的动物物种。我平静地追求自己与世无争的研究与思索，同时只能感受到遗憾与反感。"

在远离欧洲冲突，但又与其密切联系之处，德军军官克雷斯中校于 8 月 11 日和土耳其陆军大臣恩维尔·帕夏进行了会晤。克雷斯对恩维尔说，两艘德军战舰，即战列巡洋舰"戈本"号和轻型巡洋舰"布雷斯劳"号已逃脱英国海军的追踪，来到达达尼尔海峡入口处，现正请求获得批准进入海峡。恩维尔明知这会构成对英国的敌对行为，并将土耳其引入德国的战争轨道，仍发出了许可。克雷斯接下来问道，假如英国战舰仍要追击德舰，那么英舰是否会遭到炮火袭击？恩维尔再次给出了肯定的回答。当时在场的另一名德国军官，汉斯·坎嫩吉塞尔后来回忆说："我们听见了达达尼尔海峡前的铁吊闸门降下时的铿锵声响……我们大家都纹丝不动。克雷斯告辞后，我就继续进行汇报，仿佛什么也没发生一样。"

这两艘战舰在名义上被出售给了土耳其，为维持土耳其名义上的中立，它们的名称也被分别改为"谢里姆苏丹"号和"米迪里"号，两舰的德国指挥官海军上将苏雄就在舰上挂起了土耳其旗帜。英国提出的让德国军事使团撤出土耳其的所有要求都被德国人和土耳其人拒绝。但并未出现战争冲突，只有系锚于君士坦丁堡外海面上的两艘德国舰船发出挑衅。在北海，德军在 8 月的第二个星期遭到海上挫败，当时德国"U-15"号潜艇受到一艘英军战舰的撞击而沉没，这是德国在这场战争中损失的第一艘潜艇。

欧洲战场上的战斗变得持续而惨烈。8 月 13 日，法军分队在迪南附近遭到猛烈的德军炮火袭击，因为他们的动向被一架德军侦察机发现。一名法军排长率领士兵冒着炮火前进，奉命阻止赶来的德军步兵通过一座桥梁。抵达桥梁时，他因膝盖中弹而倒地。片刻之后，副排长就倒在他身上，死去了。这名中尉排长后来回忆说："子弹打入死者和躺在周围的伤者身体时发出钝响。"他费力地挪动自己的身体，这是夏尔·戴高乐接受的战火洗礼。他被送往巴黎的医院，退出战斗，但他仍迫切地想要返回前线。

8 月 12 日，奥地利军队攻入塞尔维亚。在位于萨瓦茨河的塞尔维亚一侧的沙巴茨城，出现了令人毛骨悚然的场面：许多男性平民被聚拢一处枪杀，孩子们惨遭屠戮，妇女被强暴。德军越境比利时的过程也同样伴有野蛮事件，这令英、法在惊异之余，也让两国坚定了自己的决心。8月10日，在林斯茅村有十名男性村民遭集体枪杀。十天后，那慕尔附近的昂代讷村也遭受了苦难，冯·比洛将军发布于8月22日，贴在列日城内墙壁上的印刷公告宣称："昂代讷村村民在向我军展现和平意愿之后，又以最为卑劣的方式对他们发动袭击。在我授权之下，率领该部的将军已将该城化为灰烬，并枪杀110人。"

两天后，8月25日凌晨，一艘德国齐柏林飞艇在安特卫普上空投下数枚炸弹。在一幢房屋内，有六名市民被炸死于床上。这些庞大、速度缓慢、比空气轻的机器，曾像飞机一样引发了陆地居民的无限惊奇。随着战争的到来，人们开始害怕齐柏林飞艇会给所到之处带来死亡，并将城市毁灭。一位研究飞艇的历史学家写道，它是"那个时代的氢弹，是悬在德国敌手们畏缩头顶上的可怕的达摩克利斯之剑。"[1] 开战后的数月里，法国漫画家 R. 德尔维尔画了一幅德国皇帝骑着一艘齐柏林飞艇飞过天空的漫画，德皇旁边是乘坐飞毯的死亡天使，他戴着德军头盔，手握铁十字勋章——恐怖的空战战果的回报。

当日晚些时候，在比利时军队从安特卫普向卢万发起一次成功反击后，德国驻卢万占领军出现了恐慌。此次恐慌由一匹逃跑的战马引发。德军哨兵不知道发生骚乱的原因，于是开枪射击。有人呼喊："英国人来了！""法国人来了！"还有人呼喊："自由火枪手来了！"这对该城及其居民而言意味着不祥。接下来的五天内，驻卢万的德军部队就将房屋付之一炬，将平民处死。美国外交官休·吉布森8月28日到访该城时，一名德国军官对他说："我们要将它彻底摧毁，不能让两块石头叠放！一块也不行，我告诉你，我们要教会他们尊重德国。未来几代人都会来到这里，见到我们的作为！"

卢万1/5的房屋被毁坏，圣皮埃尔教堂被大火严重烧毁。这些行为不仅震惊了英、法两国公众，还让协约国宣传家们取得了一次初步胜利。暴行的传说被迅速放大，并被迅速渲染得极度血腥，其中包含这样的语句"残害过于血腥难以描述""血流成河"，以及"无辜死者堆积如山"，后面跟着"人类高叫复仇"的劝诫。蓄意对比利时教堂的破坏又让人们将新的罪责归咎于德国高层。一张法国早期的明信片展现的是耶稣本人在唾弃德国皇帝，并离他而去。德国皇帝却徒劳地想要抓住救世

---

① 雷蒙德·劳伦斯·赖姆尔，《齐柏林飞艇！一战争夺制空权的战斗》，伦敦：康维海洋出版社，1984年，31页。

主的手，一座受损严重的大教堂处于背景当中。

8月12日，正当德军为攻克列日据点而击溃比利时军队的最后抵抗时，英国远征军渡过了英吉利海峡，后面由19艘战列舰构成一面保护盾。十天中就运送了12万人，未损失一人一舰。此项行动保密十分成功，甚至在持续运兵开始十天后，德军最高统帅部仍然在怀疑是否真正有英军部队抵达法国，这些运兵船也没遭到德国海军的袭扰。毛奇将军与英军会面于战场的愿望终于实现了。

最早一批英军部队确已抵达法国当天，驻比利时的一位英国高级护士伊迪丝·卡维尔就致信《泰晤士报》，提出"英国民众的捐款"应被寄往她所在的医疗所，因为"陆军伤员不得不在欧洲大陆接受治疗，目前主要在布鲁塞尔。我所在医疗机构由大量英国医护人员组成，可供救治数百名伤员，而且救治的伤员人数正在与日俱增。"她是在寻求"来自英国民众的"捐款。她的这封信发表于8月15日，标题为"布鲁塞尔的英国医护"。

英、法两国与奥匈帝国并不存在任何争议。奥地利首富的儿子是英国议员。担任英军部队驻苏丹总监察官的是奥地利人鲁道夫·斯拉京爵士。奥地利驻伦敦大使门斯多夫伯爵是英王乔治五世的一个表弟，和英王私交甚密。但在8月12日，英国对德宣战八天后，在英国远征军开始渡过海峡行动当天，英、法两国就对奥匈帝国宣战，声称当时驻扎在法德边境的一小支奥军分队"对法国构成了直接威胁"。

英国驻维也纳大使，为毫无争端的两国竟然开战而感到沮丧，他请求贝希托尔德伯爵向奥地利皇帝转达他"深深的遗憾"，他还希望皇帝"能以完好的健康状态和强大的精神力量顺利度过这段悲伤的时期"。奥地利驻伦敦大使忧心如焚，当着美国驻英大使的面谴责德国和德国皇帝，并"拧着双手在房中来回踱步"。在布鲁塞尔，休·吉布森在8月15日的日记中写道："昨天报纸宣布法国已对奥地利宣战。今天早上还传来了门的内哥罗（黑山）要将奥地利从地图上抹去的消息。现在我们每日提出的问题是：'今天谁宣战了？'"

这些额外的宣战声明，扩展了这场冲突的地理范围和人群界限，此时不费一兵一卒，但最终会被证明要付出高昂的救赎代价，这种代价超出了任何人的想象。根据现有礼仪程序，所有交战国大使都要打好包裹，锁好官邸，并返回各自的首都。英国皇家海军拨出一艘驱逐舰供奥地利大使调遣，送他自己及另外200名奥地利臣民——这些人本应被英国扣押——渡过英吉利海峡，在英国政界和外交界为大使这样一位受人爱戴的人物的离去感到难过的同时，平民却为此深感愤怒。礼仪程序很快就显得过时，但尚未被完全抛弃。

英国缓慢而日益着重地将自己推向前台，成为奥匈帝国境内斯拉夫少数族裔的领军者。首先，英国开始着手捷克人的事业。8月19日，俄国人从彼得格勒发表了两份宣言，一份承诺战后会建起一个重生的波兰，"拥有宗教自由、语言自由和自治政府"，另一份号召奥匈帝国统治下的各民族揭竿而起，独立建国。8月20日，沙皇在接见捷克领袖卡雷尔·克拉马尔时，特意对他说，俄国将满怀希望地期待战败奥地利后，"圣瓦茨拉夫①王朝的自由、独立的王冠在罗曼诺夫王朝皇冠的光辉中闪耀"。

8月20日，英国《泰晤士报》背离真相赤裸裸地宣布在布拉格爆发了捷克人革命，称伏尔塔瓦河水"被捷克人的鲜血染红"。另有同样错误的报道说某些捷克政治家，包括民族主义领袖托马斯·马萨里克，都已被处决于赫拉德恰尼城堡。而事实上，他不仅拥有人身自由，还在五个月后辗转来到瑞士。开战两个月后，英国一份首要的保守党报纸预测："这个二元帝国的种族马赛克拼图会裂成碎片，我们希望形成新的更加稳定幸福的欧洲版图组合。"然而，在维也纳，奥地利战胜俄国的希望也激起了扩张主义者的反思。8月12日，就在英国对奥地利宣战当日，奥地利外交官们就探讨了将包括华沙在内的俄国波兰各省并入哈布斯堡领地的事宜。

军队和帝国体系都卷入了冲突。前后不过一个星期，沙俄帝国就在波兰实行了某种形式的战后自治，而哈布斯堡帝国试图对波兰实施某种形式的政治兼并。为实现后一目的，奥地利当局于8月16日许可波兰领袖约瑟夫·毕苏斯基在奥地利领土上的克拉科夫组建最高全国委员会，要为波兰人和奥地利人并肩向华沙挺进的那一天而奋斗。毕苏斯基对他的波兰同胞及他的奥地利主子作出的第一个贡献就是组建了一个波兰军团。他亲率该军团第1旅的1万余人，对抗俄军。

在俄国，至少在参谋总长、大公尼古拉的心目中，仍有希望速战速决，打赢这场战争。8月21日，莫里斯·帕莱奥洛格从彼得格勒向巴黎发消息称："大公已下定决心，让军队全速前进直捣柏林和维也纳，尤其是柏林，要绕过托伦、波森和布雷斯劳要塞。"

康拉德将军派遣军队越过奥地利边境进入俄属波兰时，奥地利军队就于8月23日沿一条175英里宽的战线展开行动。哲学家维特根斯

---

① 瓦茨拉夫一——三世，是公元10—14世纪历代波希米亚公爵和国王。——译注

坦就在他们当中，守卫着一艘被俘俄军内河炮艇上的一盏探照灯。凌晨1时被唤醒，并被召去守卫那盏探照灯时，"我几乎光着身子跑到桥边，"他在日记中写道，"我确信我马上就要当场死去。"但这只是一个假警报。"我惊恐万分，焦躁不安，大声抱怨。我感受到了战争的恐怖。"

当天上午，沙皇在莫斯科出席了圣母升天大教堂举行的庄严仪式祈求胜利。在西南方700英里开外的战场上，在俄属波兰克拉希尼克城附近，奥地利骑兵的迅速推进被俄国步兵和机枪突然遏阻。

8月23日，日本对德宣战，使军事冲突进一步扩大。柏林的餐馆拒绝做日本客人的生意，几天内就有许多日本平民被拘押于鲁勒本营地——柏林附近的一个跑马场，场内建筑已被改为俘房收容所，其他日本人此时平安抵达瑞士。日本宣战后，德国在前25年中取得的太平洋岛屿，远离德国本土而且军力弱小，也被迫与日本对阵。当爱德华·格雷爵士想要限定日本可以作战的地域时，丘吉尔就对他写道："你可能会在不经意间就因伸得过长的一条粉笔而引来杀身之祸——这一点不容遗忘——我们仍不安全。风暴还没有真正来临。"

自大战之初，海上战争也事件不断。8月6日，一艘英国轻型巡洋舰"安非翁"号触到一枚德国水雷后，立即沉没。随舰下沉的包括舰上全体乘员，以及他们从埋设那枚致命水雷的布雷艇上抓获的德军战俘，共计150人葬身水底。8月12日，形成两大海上封锁圈：英国封锁了货船抵达德国北海岸港口的航线，法国的封锁则切断了通往奥地利的亚得里亚海港口的贸易。

战争也在空中打响，每个交战国都利用各自规模不大的空军进行侦察和空袭。最早遇难的英、法、德军航空兵都是在8月12日殒命。尽管他们都并非死于战斗。那名德国人——空军上尉雅诺——曾作为土耳其飞行员参加1912年的第一次巴尔干战争，他在法国北部的一次坠机事件中遇难。那名法国人——布里杜中士——在返回基地时坠机身亡。两名英国航空兵——斯基恩少尉和机修工巴洛——在乘坐他们的双座飞机前往法国途中，坠毁于多佛附近。

在东线战场，德军部队已于8月14日追击着前方的俄军，进至距华沙不足50英里的地域。次日，在西面，列日终于在鲁登道夫的猛烈攻击下陷落。"攻陷列日！"成了德国报纸报道胜利的大标题，同时也成了英法两国报纸醒目而令人恐惧的标题。第二天，法军的战果也没有给法国带来多大补偿。当时法军严格依照战前考虑到与德国开战的情况而制定的"第17号作战方案"，跨境进入阿尔萨斯。他们成功占领了边境城镇坦恩和阿尔特基克，但数日后他们向米卢斯推进的努力却被打退。① 德军通过巧妙的后撤，诱使法军来到暴露于密集火炮和机枪火力之下的一线。"战况出现了惊人的逆转，"福煦将军评论说，德军猛烈的火力在法国进攻者当中造成了巨大破坏，"惨重的损失令他们彻底迷茫而动摇，他们猛地向后撤退，近十天后才停下撤退的脚步。"

所有正规军都已参战，每个交战国都呼吁人们志愿参军。英国最初于 8 月 7 日发出的呼吁"你的国王和国家需要你！"就在全国上千个公共讲坛上被重申、润色。在德国，奥地利出生的阿道夫·希特勒曾被奥地利军队以身体原因为由拒绝参军，他于 8 月 16 日志愿参加巴伐利亚步兵团，这回他的申请得到了批准。在西线战场，后备军官瓦尔特·布勒姆在参加第一次作战后激情飞扬地写道："真是令人难以置信的美妙，简直如梦似幻。难道整场战争只是一个游戏，一类体育运动？难道比利时军队只是一群野兔？"

基奇纳给即将过境法国的英军部队下达的作战日命令在法军司令部引起一阵哄堂大笑。基奇纳建议准备踏上盟友土地的士兵们："总要彬彬有礼，细心体贴，与人为善。绝对不要做损坏和破坏财物之事，要永远将劫掠看作可耻行为。"士兵们必须始终保持警惕，抵制"酒色的诱惑。你们必须绝对抵制这两种诱惑，在以严格的礼仪对待每一名妇女的同时，你们必须避免任何亲密关系"。每名军人都收到了这条建议，而且要将其记在自己的军人薪书当中。这是"当前活生生的笑话"，人们对驻法军司令部的英军联络官爱德华·刘易斯·斯皮尔斯上尉说，"我们运过来的是一所好学校，而不是一支军队。"

各处德军士气日益高涨。8 月 17 日，两支俄军部队，一支由伦嫩坎普夫将军（名字听上去像德国人）率领，另一支由萨姆索诺夫将军率领，开进了东普鲁士。在一条长为 35 英里的战线上，萨姆索诺夫遭到了德军第 1 军团指挥官（此人有着令人迷惑的名字：弗朗索瓦将军）的挑战，迫使萨姆索诺夫违背上级命令开战。在斯塔鲁波嫩进行的这场战斗中，弗朗索瓦抓获了 3000 名俄军战俘后，后撤到更加巩固的据点。

尽管德军在俄国领土上取得了此次胜利，但参谋本部显然已意识到更严峻的危险正威胁着东普鲁士，该地区事实上在俄军侵入前已无兵可调去击败法国。到 8 月 19 日，伦嫩坎普夫已进至贡宾嫩。东普鲁士德军总司令普里特威茨将军惊慌失措。"我必须要撤到维斯瓦河"，他在电话

---

① 坦恩在战争结束前一直由法军占领。从坦恩向西南延伸的景色优美的山路自 1918 年起用 1914 年法军参谋长（后来的总司令）之名被命名为"霞飞路"。

中对弗朗索瓦将军说。如此规模的撤退相当于将整个东普鲁士拱手相让。普里特威茨歇斯底里般地给德国皇帝大本营打了电话，此时他甚至怀疑自己能否守住维斯瓦河一线，"因为一年中的此时，这条河水位最低"。

高级参谋官马克斯·霍夫曼上校指出，只有先发制人，首先一举击败俄军，德军部队后撤时才能免除敌方优势兵力持续不断的袭扰。为避免在后撤中总是出现惨烈激战，霍夫曼建议普里特威茨将军队转移至可以对两支俄军部队展开同样猛烈攻势的地方。然而，普里特威茨却无心再战，8月22日他和他的参谋长被召回。指挥体系中出现了一个决定性的转机，为统率东线德军，毛奇起用了已退役的67岁的兴登堡将军。他还将列日征服者鲁登道夫将军任命为兴登堡的参谋长，德军最高统帅部尤其对鲁登道夫寄予厚望。然而，必须将鲁登道夫派往东线，就已清楚地表明德军全盘谋略当中的一个缺陷：必须在东线极度严谨地作战，然后德军才有望在西线取得决定性胜利。

鲁登道夫一到东普鲁士，就发现霍夫曼上校的奇谋已经奠定了取胜的基础。但两支俄军部队已进至该地区深处，威胁着州府柯尼斯堡。和西线战场一样，这里的战争也不再只是冲锋的骑兵和骑兵后跋涉的步兵。"从未看过，将来也无疑不会再有这样的一场战争——打得如此凶残，"霍夫曼在8月23日的日记中写道，"俄军在将一切焚毁。"8月26日，俄军攻陷的城市中就有居于东普鲁士正中央地带的拉斯滕堡①。

8月27日，战役在弗罗格瑙和坦嫩贝格两村旁的马祖里湖打响。在战斗的关键时刻，鲁登道夫几近神经崩溃，他甚至提议将弗朗索瓦将军召回②，并取消霍夫曼设计的对萨姆索诺夫部队的包围。兴登堡面对战斗的紧张和风险却能岿然不动，坚持采用霍夫曼的计划。战斗得以继续。28日晨，鲁登道夫敦促弗朗索瓦将军将其向前推进的部队调往支援前线上的一个薄弱地带，但弗朗索瓦拒绝执行，继续向前追击俄军。"他甚至未将自己的行动通报给鲁登道夫，显然犯下了违命的错误，"研究这场战役的英国史学家艾恩赛德将军写道，"无疑正是因为弗朗索瓦的不

---

①　1944年，拉斯滕堡成了希特勒的大本营，这里也是刺杀希特勒的"七月炸弹密谋案"的现场。

②　一名德国将军名叫弗朗索瓦看似令人迷惑，但有人认为德国为勇敢者颁发的最高奖章"蓝十字勋章"（Pour le Mérite）更加令人迷惑。该奖章由1740—1786年在位的普鲁士国王腓特烈大帝创制，他对法语的喜爱程度超过了德语（甚至与伏尔泰用法语通信）。他是英王乔治一世的侄子，而乔治一世的母语和口语都是德语。

服从命令，鲁登道夫才取得了数日后的重大胜利。"

到 8 月 30 日，萨姆索诺夫的军队被击败。"沙皇曾信任过我，"挣扎赶至一片树林中的安全地带时，他对他的参谋长说；但不为他们所知的是，这里已被德军占据；他说，"但经此惨变，我还有何面目回去见他？"数十万俄军全线溃退。士兵们为能更快奔逃而抛下武器，但他们中的多数人都会很快遭遇似乎无处不在的敌军。在长达 28 天的混乱后，整个东普鲁士终于重新完璧归德。取胜的德军宣称他们抓获了 3 万名负伤战俘和 9.5 万名未负伤战俘，并缴获 500 支枪。缴获的战马也有数千匹。共动用 60 列火车将此役的战利品运回德国。

鲁登道夫在神经康复后，就亲笔起草了呈交德国皇帝的捷报。他最初提议在弗罗格瑙开战，是霍夫曼提议将战役起点改为坦嫩贝格。500 年前就在这里，一群条顿骑士——其中也有一个名叫兴登堡——被斯拉夫人和立陶宛人的大军屠杀。艾恩赛德将军将坦嫩贝格战役描述为"此次战争中任一交战方曾遭受的最惨重的失败"。有 3 万多名俄军士兵战死。一支德军搜索队在一座尸体堆成的小山上发现了一名满头白发的将军的尸体，头上有子弹打出的伤口，手中握着左轮枪。他就是俄第 1 集团军指挥官亚历山大·萨姆索诺夫将军。

在东线其他战场，奥地利军队面对俄军的进攻，战果要逊于德军，原因主要是和他们对阵的是俄国的优势兵力。8 月 18 日，阿历克谢·勃鲁西洛夫将军攻入奥属加利西亚时，他指挥着 35 个俄军步兵师。此外，另一个原因是进入塞尔维亚的奥军部队也陷入困境，他们最初攻下萨瓦河塞尔维亚一侧的沙巴茨城后，在沿亚达尔河走廊进军途中，就遭遇到了塞尔维亚斗士的顽强抵抗，决心将他们彻底赶出塞尔维亚。面对挫折，奥军怒气难消，就在莱希尼察将 150 名塞尔维亚农民聚集并枪杀。战争中的暴行正在不断升级。

塞尔维亚的反攻由普特尼克将军策划，三星期前他曾被奥地利人扣押于布达佩斯。为期三天的亚达尔战役使奥地利军队的后撤进入低谷，这也是协约国各方取得的首次胜利。"这场战争对我们而言也令人毛骨悚然，"一位塞尔维亚军官评论说，"但看到那些逃兵时，我就忍不住摇头大笑。"一星期后，奥军就已撤离沙巴茨，并沿萨瓦河退回奥地利境内。为给奥地利的此次失败找到借口，维也纳新闻局就宣称所有奥地利军队都要为对俄开战而集结一处，还说入侵塞尔维亚应仅被视作"一次惩罚性远征"，而真正的进攻将会在"更为有利的时刻"发起。

只为这一次"惩罚性远征"，奥地利付出了高昂的代价：至少有 6000 名奥地利军人战死，3 万人受伤，4000 人被俘。但塞尔维亚的损失也同样惨重：3000 名塞尔维亚士兵战死，1.5 万人受伤。双方共计战死的 9000 人只是一个统计数字：和这场战争的每一次战斗中的统计一样，数字无法表达作战中面临死亡时的 9000 个个人的痛苦与恐惧，也无法揭示人数更多的父母双亲、兄弟姐妹和孤儿寡妇由此而遭受的痛苦。报道此次战役的《泰晤士报》战地记者评论说："奥地利士兵丧生者的统计有些难度，因为刺鼻的腐尸气味从树林和未被收割的田地中飘来时，才能发现这些地方曾有人倒下。"

奥地利在塞尔维亚遭到挫败与德国在比利时取得的成功构成了强烈反差。打下列日后，德军迅速穿过比利时，迫使比利时政府从布鲁塞尔后撤至安特卫普。8 月 17 日，比利时军队试图在蒂嫩①拦截德军，但未获成功。比利时军队损失惨重：有 1630 人死伤。两天后，大小仅次于列日的比利时那慕尔要塞被围。2.7 万驻军面对的是德军的 5 个师。"这次猛攻在第 5 集团军司令部造成了某些焦虑，"驻该军司令部的英军联络官斯皮尔斯后来回忆说，"但人人都不曾想到该城在其九座堡垒的拱卫之下，竟然未能支撑数日，便让朗勒扎克将军渡过桑布尔河②，当时如果他能在右侧堡垒稳住阵脚，他就能对袭击者发出致命一击。"

战略意图和军事现实差异频出。在布鲁塞尔，美国外交官休·吉布森在 8 月 19 日的日记中写道："人群从东面涌入城中，他们或多或少都惊慌失措，还有小股骑兵也退入该城，外表疲惫，毫无斗志。显然出现了一次溃败。"同日，在西线战场最南端，在法军进至阿尔萨斯向米卢斯挺进之处，600 名法军士兵就在齐里斯海姆和弗拉克桑顿两村中战死。他们已进至距莱茵河不足 10 英里的地带，但无法再前进一步。普莱西耶将军也在死难者之列，他是死于 1914 年的战场上的第一位法国将军。

次日 8 月 20 日，正当那慕尔各要塞遭到德军优势炮火袭击，德军部队攻入了布鲁塞尔，这是 1870 年巴黎沦陷以来首个被征服的军队占领的欧洲国家首都，布鲁塞尔自拿破仑时代就未曾被占领。当天举行了一次阅兵来庆祝德国的胜利。此次阅兵的特色之一是 100 辆架有机枪的机动车；骑兵团和炮兵连都由各自的乐队引领；为步兵纵队开路的是横笛和军鼓。"某些团的出场令人眼前一亮，"一份英国报纸报道说，"军队神采奕奕，给市民们留下了深刻印象。"

---

① 蒂嫩，法语名 Tirlemont，是比利时佛罗明-布拉奔省的一个城市。——译注

② 桑布尔河，默兹河的一条支流，发源于法国北部皮卡地大区埃纳省，在那慕尔注入默兹河，全长 180 公里。——译注

在征服的辉煌中，或在休整时，军队才能尽力忘却战场上的现实。但对那些正在前线作战，或正在前线奔袭的人们而言，一个新的严酷的世界正在冲击着交战军队的传统规约。在斯皮尔斯上尉——他前两个星期一直都在法第 5 集团军处——看来，这一时刻就在 8 月 20 日的傍晚到来，他当时正与一位法国军官坐在一座山头上俯瞰沙勒罗瓦以南的桑布尔河河谷的田野、城镇和乡村。"那里犬吠羊走。一个女孩唱着歌，走在我们身后的小路上。从右面的一座小农场里传来士兵们的欢声笑语，他们正在那里埋锅造饭。天光逐渐暗去，远处黑暗逐渐来临。随后没有片刻预警，我们被突然惊起，极目向我们心中想不到的景象望去，我们见到整个地平线上都燃烧起熊熊烈火。"

德军炮兵已沿着宽阔的战线发起炮火轰击。无数处大火沿着北方天空的轮廓，同时开始熊熊燃烧。"一阵恐惧的战栗向我们袭来。战争似乎突然带上了我们此刻才意识到的残忍、无情的一面。此前，它一直都是我们曾想象的战争，严阵以待、猛烈攻击。但此刻我们第一次感受到，仿佛某种极度残忍的恐怖'事物'正向我们袭来，要将我们控制。"正当这名英军军官和那名法国军官看着轰击持续，大火四处蔓延时，他们显然都已想到"要生存就必须在筋疲力尽时继续前行，要在身体提出抗议准备倒下死去时继续挺进，要在视力疲劳得看不见目标时仍继续射击，要在有获得拯救的机会即将长眠时继续保持清醒。我们还意识到要驱动身体超负荷运转，要强迫心灵在其已向思考之力屈服时活动，只有绝望和绝望的力量，才能带来动力。"

这将被一切战场上的所有军队所证实，他们所处条件甚至要比斯皮尔斯在那个骇人的启示录般的时刻所能想象到的更加恶劣。随着各路军队的迅猛推进，8 月第三个星期的一个最显著的特征就是平民的逃亡。冯·比洛的军队向沙勒罗瓦推进时，数千名比利时人从该城及其周围乡村跑出。斯皮尔斯在希迈——法第 5 集团军司令部已撤至此处——见证了平民的逃亡，他后来回忆说："我们首次接触到大恐慌。这些人跑在了被吓破胆的、背井离乡的民众的前头，他们后头跟着某些骇人的恐怖事物，将所见到的一切杀尽、烧尽、毁尽。"

同在 8 月 20 日，法军部队在莫朗日被击败，他们经历的是这场战争中最早的一次屠杀：他们的战友已于六天前带着强烈的自信攻入洛林。法第 2 集团军正在后撤，据报道，他们当中的许多人都已临近忍耐的极限。其中的第 20 军由福煦将军指挥，他后来回忆说："道路被补给品路障和从尼斯开来的豪车封锁。21 日我们被迫继续后撤……我去了南锡。他们想撤出南锡，我说：'敌军距南锡还有两天行程，而且第 20 军就挡在那里。他们不会轻易穿过第 20 军的阵地。'"福煦是对的，他的部队在后撤开始三天后发起反击。德军即将抵达该城东南八英里处的栋巴勒村时，就陷入了恐怖的共 48 门 75 毫米火炮齐射当中，被打得溃不成军，后退至西侧三英里开外的勒莱奥蒙农场①。吕内维尔的德军也被驱逐出去，《吕内维尔条约》于 1801 年在这里签订，该条约将法国东部边界推进到莱茵河左岸。

在德军短暂占领下的吕内维尔，南面 10 英里处的热尔贝维耶，都出现了针对平民犯下的暴行。德军部队还越过了连接吕内维尔和栋巴勒的道路，进入维特里蒙村。虽然他们在 48 小时后被驱逐，但此时他们已将未被他们在此前的轰击中损毁的每幢房屋都点上了火。

8 月 21 日，就在隆维以西的比利时边境之内的布莱德村，一名 23 岁的德军排长，正率领所在排中的三人向前推进。他看到有 15—20 名法军士兵正靠在村口处的一幢农舍喝着咖啡。这名年轻军官没等排里的其余士兵聚集，就率先开火，打死打伤其中的半数法军，并及时抽身，率领全排出击，攻占半个村庄。当日晚些时候，他再次发起袭击。他在向上级解释时说道："由于我不想率领我排陷于被动，于是决定袭击被调遣至我们对面的敌军。"27 年后在北非令英军闻风丧胆的埃尔温·隆美尔，就这样勇敢地崭露头角。

到 8 月 22 日凌晨，两个德国集团军，一个由冯·克卢克，另一个由冯·比洛指挥，都已盘踞在了比利时中部的一片广阔地带。他们进入比利时境内的最深处距离德国边境 100 余英里，超过了到北海港口奥斯坦德和敦刻尔克的一半路程。有三个国家的军队试图阻止德军的此次推进，比利时军队扼守那慕尔要塞，一支法国军队在沙勒罗瓦以南作战，英国远征军恰巧在冯·克卢克麾下的德第 1 集团军向南意欲穿越蒙斯直逼法国边境时，抵达了蒙斯城。两支德军共计 58 万人，法、英军队总人数不足 33.6 万人，其中约 3.6 万人为英军。法军情报部门对德军兵力的估计有误，原以为德军有 15 个军在向前推进，但实际上却有 28 个军，其中有五个整建制军，一齐穿越比利时扑来。

瓦尔特·布勒姆中尉思考着此刻正沿 20 英里宽的战线迎着德军部队挺进的英军，他写道："英军士兵？我们通过连环漫画得知他们是什么样子；穿猩红的短军上衣，头戴上翘的小帽，用熊皮做成兜住下唇的帽带，却不兜住下巴！这方面有不少笑话，俾斯麦还说过派警察去把英国

① 战后建起纪念碑以纪念法军在这里取得的胜利，但在 1940 年法国沦陷后被德军捣毁。法国人又于 1950 年重建该碑。

兵都抓起来。"

　　这类笑话很快就要终结，因为身穿卡其布军装的英军士兵已经在蒙斯—孔代的运河沿岸驻防。

第四章　从蒙斯到马恩河

1914 年 8—9 月

1914 年 8 月 22 日上午 7 时，就在蒙斯东北方三英里处的卡斯特乌村外，英国近卫龙骑兵第 4 团的一个中队发现一群德军，他们身穿陆军灰色制服。枪声响起，这是 100 年来在除克里米亚之外的欧洲大陆上，英军士兵在战斗中打响的第一枪。英国官方历史中就记录了此次战斗。E.托马斯下士用步枪射击后，他的指挥官霍恩比上尉就拔刀冲锋。德军后退。三小时后，两名英军航空兵——文森特·沃特福尔中尉和乔治·贝利少尉——就从他们所在的莫伯日基地起飞，飞往蒙斯和苏瓦尼上空执行侦察任务，飞至昂吉安上空时就被德军炮火击落，两人全部遇难。

一小时后，上午 11 时 15 分，英第 5 集团军的一个炮兵连发现一股德军正越过一道山脊，要对英军部队的一条前哨线发起袭击。炮兵连开炮。"我方炮弹在距德炮兵连不远处落地，"第 5 集团军指挥官高夫将军回忆说，"我转身严厉地对炮兵连长说：'看在上帝的面上，打他们啊！'连长叫福尔曼——他是个杰出的军官，但他的答复令人沮丧：'这些火炮就只能打这么远了。'"英军火炮发射的是 13 磅重炮弹，射程及炮弹重量都无法抗衡对面的德制 77 毫米野战炮。"没过多少分钟，"高夫补充道，"德军炮弹就朝我们劈头盖脸打来，对我方炮击做出回应。"

8 月 22 日一整天，德军都在迎着法军部队朝英军防线以东推进。在罗西尼奥尔，一个标记直至今天依旧显示着战斗的残酷。法军墓园中有 874 座坟墓，不远处的另一座公墓中埋葬着身份不明的 1108 名士兵的遗骸。为将德军赶出讷沙托，法军出动五个营，人人枪上膛刀出鞘，对抗德军的九个营。战斗开始时，德军一挺机枪一阵扫射就击倒了三名法军营长，当时他们正在路边谈话。向罗西尼奥尔发起刺刀冲锋 48 小时后，霞飞下达命令：进攻前要有炮火掩护，步兵必须克制，要等到冲锋距离极短，确定可以抵达目标时再发起冲锋。

正当法军部队在罗西尼奥尔遭遇惨败时，在三英里外的雅慕瓦涅，一个未受攻击的法军殖民地师却无动于衷。其指挥官赖布卢瓦将军没想去支援友邻部队。后来霞飞将军以"不能称职"为由解除了他的指挥权。赖布卢瓦抗辩说他并未收到调兵命令。同在 8 月 22 日，维尔通附近的法第 5 军士兵出现恐慌，不顾军官让他们转身面向德军的劝告，而败退至特朗库尔。此次突发的仓促后撤，就使两支毗邻法军部队暴露于沉重的侧翼打击之下。

被赶出沙勒罗瓦的法第 5 集团军请求英国远征军前来支援。8 月 22 日深夜，朗勒扎克将军致电约翰·弗伦奇爵士，请他于次日向正将法军向南推过桑布尔河的德军西侧一翼发起攻击。英军总司令指出他无法实施该计划，朝他麾下部队推进的德军已经造成了不小的压力。然而为使朗勒扎克避免遭到侧翼包围，弗伦奇设想让英军部队坚守蒙斯至孔代运河 24 小时。

8 月 23 日晨，在蒙斯东北，运河北岸的奥堡，有人看到一群身穿灰军装的士兵从米德尔塞克斯团的英军士兵所在地旁的丛林中走出。一名英军炮手也看到了他们，他曾任英国驻上海公使馆卫兵，当时就在近旁的德国公使馆由德军部队守卫。他从这些逼近的士兵的陆军灰制服和头戴的软帽认出他们是德军。英军首先开火。他们的指挥官阿布尔少校被子弹贯穿头部而死，是一战中战死的第一个英军军官。随着步枪激战的继续，他的副手诺尔斯上尉也英勇战死，接下来战死的是汉考克少尉。经过较长时间交火后，双方互有伤亡，英军后撤。

英军司令部的心态乐观坚强，"我已将第 5 集团军扼守的防线向前推进了一大步，"约翰·弗伦奇爵士当天下午告知朗勒扎克，并解释了他继续扼守蒙斯运河的原因，"并感到我的阵地要在条件许可的情况下尽可能地向前，因为到明天早晨我才能够做好充分准备发起进攻行动。""明天早晨"发起进攻的希望就是一个妄想。弗伦奇致电朗勒扎克前的六个小时内，英军部队遭到了兵力多得多的德军进攻，次日更有可能后撤，而不太可能继续挺进。

蒙斯战役打响了。这是英军首次参与的西线战场上的阵地战。英军的参战曾被冯·毛奇蔑视，被德国皇帝嘲讽，尽管这位经常自相矛盾的皇帝还说过英国拥有持久战的实力。8 月 23 日，在持续的雨雾当中，两军开始了激战。

战争出乎意料地降临该地区，蒙斯近郊的村民一早就身着礼拜日的盛装前往教堂。这里的战斗最为激烈，他们常被困于敌对战线之间。在数量上更为庞大的德军，却为英军步枪的强大火力而感到诧异：发射频率极快，让德军经常误以为英军在开机关枪。"他们损失非常惨重，"史密斯-道里安将军后来回忆说，"因为他们一开始就排成紧密队形，特别便于我军瞄准射击，直到数千人被击倒后，他们才采用更为散开的队形。"[1]

8月23日一整天，英军都在奋战坚守阵地。能令他们引以为傲的是他们不足3.6万人的兵力，仅比威灵顿1815年在滑铁卢指挥的部队多4000人，英军自那时以来就没有在欧洲大陆战斗过。德军也被对手的顽强不屈——甚至在重炮火力压制下依然如此——所震撼。"如果我们以为英军因久经战阵而已经善于作战，"一名德军上尉回忆说，"那我们就想错了。他们使用精确瞄准的火力迎接我们。"对瓦尔特·布勒姆而言，数日前的大笑已无处寻觅："无论我向哪边看，不论左边还是右边，都有死者和扭曲、颤抖的伤者，伤者发出可怕的呻吟，鲜血从新打出的伤口冒出来。他们显然非常善战，这些该死的英国人。"

战役打响两星期后，就有人传说一位天使已经驾临，他"身穿白衣，骑白马，手持喷火的宝剑，"直面进犯的德军，"禁止他们再前进一步"。蒙斯的天使不只是那个战斗、行军与疲惫的时代的唯一的幻觉。"如果像报纸上说的那样，在休整时看得到天使，那我们今夜就见到了天使，"列兵弗兰克·理查兹后来就三天后从勒卡托的后撤回忆说，"行军，行军，一小时接一小时，脚步不停；我们的持续行军已进入第五天，中间几乎不眠不休……史蒂文斯指着路的一边说：'那边有座精致的城堡，看到吗？'但那边什么也没有，几乎人人都产生了幻觉，我们全都快筋疲力尽了。"

蒙斯战役之后，在巴伐利亚兰茨胡特城，一名13岁的学生在日记中写道："全城各处旗帜飘扬。法国人和比利时人根本未曾想到他们会被如此迅速地斩断。"这个学生的名字是海因里希·希姆莱。

8月23日并非每支法军部队都被"斩断"。在翁艾，德军已成功渡过默兹河，并向东进至距迪南1.5英里处时，指挥一个后备旅的芒然将军，就匆忙率领两个步兵营与一个骑兵团前往营地，并经过一系列刺刀

---

[1]　史密斯-道里安善于制造惨重损失：1879年在祖鲁战争期间，800名欧洲士兵当中有40人在德班西北110英里处爆发的伊山德瓦纳战役中幸存，他就是其中之一。

冲锋，将德军赶出了村庄。

8月23日，约翰·弗伦奇爵士得知朗勒扎克的第5集团军面临那慕尔即将沦陷的危局正在后撤时，他的第一反应就是要坚守自己的阵地。"我要在部队此时占领的阵地上经受敌人的进攻，"他在当天傍晚早些时候通知他的一名指挥官，"因此你们必须采取一切措施在夜间巩固阵地。"但此刻要展开进攻已经过迟，也过于草率。随着朗勒扎克的后撤，约翰·弗伦奇爵士认识到他的部队面临着被拦腰斩断的危险，午夜时分，他就命令英国远征军后撤。

英国远征军开始向南后撤时，约翰·弗伦奇爵士得知比利时最后防守的据点那慕尔已落入德军之手。震惊之余，他想到约翰·莫尔爵士1808年退守科伦纳之时命运多舛的后撤，于是他下令立即防守西南200英里外的勒阿弗尔港。当伦敦讨论他的这道命令时，有人害怕连勒阿弗尔也会防守不住，认为距战场近400英里外的大西洋沿岸的圣纳泽尔都应加强防御。战争似乎不仅在圣诞节前就有可能完全结束，它还有可能以德国的胜利而告终。丘吉尔在得知那慕尔陷落后不久就召见了基奇纳勋爵。丘吉尔写道："虽然他外表看似平静，但他脸上却大不相同。我下意识地感到这张脸仿佛因被猛击一拳而扭曲、变色。"

8月25日，英国报纸披露了此次战斗的报道。当天的《泰晤士报》评论说："战斗已连成片，目前战局对协约国不利。"但该报还做出了可怕的警告："昨天坏消息不断，我们恐怕更多噩耗还将接踵而至。"在8月26日黎明的战场上，骑兵指挥官艾伦比将军想到，如果英国远征军中止向南的行军，就可能像1870年法军在色当一样，被全军包围、俘虏。然而，史密斯-道里安警告说他的士兵们事实上已经彻底疲惫。"如此说来，我认为你也无法逃脱。"艾伦比说，史密斯-道里安答道："我要杀开一条血路。"当英国远征军参谋长得知士兵们想要迎难而上，发起进攻时，他就晕了过去。①

随后在勒卡托进行的战斗激烈得令人生畏。在一个地点，德军的机枪优势发挥了决定作用。但因英军攻势猛烈，结果德军高估了和自己对抗的兵力。此役为数千名英军赢得了宝贵时间，确立起相对良好的秩序后，远征军后撤又重新展开。军官和士兵们的极度疲惫甚至在指挥层也显而易见。艾伦比本人就被他的参谋人员发现因疲劳过度和心灰意冷而用肘部撑住膝盖，将头埋于手掌中。

英军的一个营因在勒卡托作战而筋疲力尽，无法组织迎战，就后撤

---

① 他是阿奇博尔德·沃尔夫·默里爵士，后来人称"绵羊"默里。

至圣康坦。营长约翰·埃尔金顿中校在此答应了市长提出的签署一份投降文件的要求：假如德军在他们休整期间入城，那么营长就率众投降。市长不想让圣康坦变为战场，就坚持这一要求。当天德军并未进城，埃尔金顿的骑兵也与英军主力会合，但那份投降文件却被公之于众。埃尔金顿受到军法审判并被开除军籍。他不顾一切想要证明自己有决心继续战斗，于是就加入了法国外籍军团。

继续前行的同时还要继续战斗。德军中尉瓦尔特·布勒姆回忆起两名英军军官率领 25 名步兵发起的攻击，他们已与其所在营主力失去联络，却一直战斗到仅剩最后四人。这四人被俘，其余全部战死。

和蒙斯天使一样，另一个更加持久的幽灵在 8 月的最后一个星期首次在战场上隐现。正如英国官方战争医疗史记载："1914 年中有多名士兵因其从蒙斯后撤的经历而'崩溃'，最后被撤离法国返回英国。"一个月之内，神经疾病专家戈登·霍姆斯中校"就看到频繁出现重症歇斯底里病患者，而病因却都是轻微子弹和炮弹创伤，甚至只是背部、手臂和腿部的轻微擦伤"。到 1914 年底，共有 100 多名英军军官和 800 多名英军士兵接受了针对神经疾病的治疗，官方历史将他们当中多数人的疾病称作"一种可导致个人暂时受到影响使其无法继续服役的严重心理失能"。到战争结束时，就有多达 8 万名军官和士兵因包括后来所称的"弹震症"在内的精神疾病而退出战壕，其中许多人还因此无法再胜任任何军队工作。

8 月 27 日，法军在里绍蒙发起反攻，德军近卫团指挥官艾特尔·弗雷德里希亲王看到他的士兵开始溃退。他当即抓起一面军鼓，开始擂鼓助威。看到德国皇帝的次子站在潮水般的混乱当中临危不惧，德军士兵们不再恐慌，并将进攻者击退。然而，这还仅仅是一场小规模局部胜利，因为当天朗勒扎克将军对德第 2 集团军发起了大规模反攻，结果迫使远处的德第 1 集团军暂停从北面包围巴黎的攻势，调转兵锋驰援其处境临危的战友们。当日，霞飞为福煦将军创立了一个特别司令部，抽调其他部队组建第 9 集团军，以制止德军进犯。福煦的一名参谋官是魏刚上校。① 这支临时组建的部队饱含热情，决心为法国赢回优势。

战争又获得了新的动力，抛弃既定的、失败的方案以及即兴的创新。战争也在激起对抗。8 月 27 日，在发表于英国独立工党机关报《每日公民报》上的一篇文章中，社会主义者记者克利福德·艾伦号召工人阶级发起一场大规模反战抗议行动。艾伦宣称："如果我们通过一场大规模

---

① 1940 年，时任法军总司令的魏刚支持与德国开展停战谈判。

全国行动来不断谴责英国参加这场战争——这不仅仅是一般性战争，那么社会主义的声音将不会在外交家为一场邪恶战争正名的论战中永远保持沉默。"

　　每个交战国的外交官的姓名都在 8 月份为人所知，因为各国政府都发表了关于导致战争爆发的外交函电及备忘录，这些内容都被精心拣选以显示引发冲突的责任完全在于别国。克利福德·艾伦在出版他的反战文章单行本时就写道："我们不应通过派遣大使的日期和时间来为人类的苦难寻找借口。"

　　正当反战情绪与持续的爱国热情抗衡时，基地位于北非，兵力 1 万有余的法军外籍军团就被入伍申请和赴欧洲参战的申请所淹没。8 月 21 日开始招募新兵，此后的几个月内，共有 3.2 万名非法国人加入该军团，其中近 5000 名意大利人，3000 多名俄国人，还有 1467 名瑞士人，1369 名捷克人，1000 名德国人（他们全部要去抗击德国），还有 100 多名美国人。这些美国人当中有来自匹兹堡的威廉·塔乌，他于 8 月 30 日从基地军营致信家人："我要参加这场史上规模最大，也许是最后一次的战争，不论我在其中扮演多么微不足道的角色；这场战争显然已演变为文明与野蛮之战。上述最后一条原因也许好高骛远、不切实际，但假如你们能听到从前线退下来回到这里的法国、比利时和英军士兵的故事，你们就会完全相信。"

　　8 月末，英军退却时仍顽强战斗，法军在吉斯进行的一次反攻给他们提供了莫大帮助。当时 3000 名皇家海军陆战队员被运至北海对岸的奥斯坦德，渡海途中并未遭遇德军潜艇，英国远征军前路似乎出现了转机。有消息说这支海军陆战队已经进行过大幅扩充，这令德军最高统帅部心神不安。然而又有传言说这些人并非英军士兵，而是俄军士兵，他们渡海从俄国北部来到苏格兰，再乘火车迅速南下，来到海峡港口。消息中提到原规模为 8 万人，后兵力增至"近 100 万人"。

　　据说英国游客就曾看到这些俄国人"皮靴上带着雪"，从各个火车站乘车南下。《泰晤士报》报道这条传闻时，俄军已在苏格兰利斯港登陆，"并趁着夜色乘坐数百列火车直奔南部沿岸各港口"。他们会从这里被送过北海来到比利时。"有确切消息称来到全国各处的迟到的旅人们都看到接连不断的长长的列车一列列驶过，车上的百叶窗都放了下来，但仍能瞥见某些车厢里挤满了头戴皮帽，留大胡子，面露凶光的家伙们。"

　　在七天时间里，就在奥斯坦德近旁，并非传说中的俄军，而是皇家海军陆战队使德军产生了这支部队规模已经剧增的印象。然后这支部队就回到了英国。英国国内余下的最后一个师也被派至法国，假如德国入侵，那么英伦诸岛就毫无正规军防御可言。英国到了危险关头，德国拥有充足兵力，完全可以从东海岸发起大规模进攻。如果大雾或运气相助，进攻的舰队甚至可能避开皇家海军的拦截。但在 8 月 28 日，海军在和赫利戈兰拜特进行的作战行动中，摧毁了三艘德军巡洋舰，并将另外三艘击伤，共有 700 名德军和 35 名英军战死。英军舰船不易被击沉，入侵的危险开始远去。"人人都因我国海军的首次行动取得的胜利而兴高采烈。"指挥这场战斗的英国海军上将在写给妻子的捷报中说。英军还从一艘被击毁的德国巡洋舰上救起了 200 名德国海军士兵，这似乎清楚地表明了侠义精神依旧存在。

总司令约翰·弗伦奇爵士怀疑尽管战场上的法军兵力远多于英军，但他们也未必能阻止德军迅猛的攻势。到 8 月 30 日，德军已将英法军队向西南赶过了埃纳河。8 月 31 日，攻击热尔贝维埃的法国殖民地军队遭到德军机枪袭击后被全歼。不远处，一个法军后备团花了 1.5 小时占领了德军防线，但当法军作战计划要求进行三个小时的进攻时，已被法军占领的德军阵地遭到了法军炮火的持续轰击，这导致取胜的法军严重受损，被迫退回到起点。数天之内，一个兵力超过 14500 人的师就因减员而仅剩 8000 名战斗人员。

8 月 31 日，约翰·弗伦奇爵士告知伦敦，他有意将英国远征军后撤至巴黎后方，让法军部队单凭一己之力听天由命。他们全部需要"休整与补给"。他带着刻薄的语气补充道，假如伦敦能使他的步兵增加六倍，使他的骑兵增加四倍，"那么我将不必用法军提供支援而在六星期内直捣柏林"。没有这些便不可能实现大规模的援军，他想到让英军部队脱离法军，并完全退出战线。

有关弗伦奇态度的消息让等他来支援的部队指挥官们目瞪口呆。8 月 31 日，霞飞直接呼吁法国总理勒内·维维亚尼进行干涉以"确保陆军元帅弗伦奇不会过快后撤，还要确保让他下定决心截住英军防线前的敌军"。新设立的英国战争会议对其总司令的态度颇感惶恐，于是基奇纳勋爵就被派往法国亲自解释英国必须为法国提供持续的支援。9 月 1 日，两人于巴黎会面，会面后，基奇纳就向伦敦发去电报，报告了此行已取得成功："弗伦奇的军队已重返前线，而且他要依据法军动向坚守阵地。"

经过连续 6 天向南行军后，朗勒扎克将军的第 5 集团军已退至克拉奥讷。斯皮尔斯上尉亲眼见证了法军遭受的苦难。"垂着头，红军裤和蓝军衣都已变成尘土色，跌跌撞撞走入队伍，撞到被丢弃的马车，撞到彼此，拖着脚走在望不到头的道路上，他们眼中沾满尘埃，模糊了远处灼热的地表特征，让他们只看得清前方不远处被丢弃的背包、俯伏的士兵，以及偶见的被丢弃的枪支。濒死的马匹因疲惫而颓然倒在地上，还有大量死马被丢弃在路旁。

在德军防线最右端的内里村，德第 4 骑兵师于 9 月 1 日穿过晨雾，来到英第 1 骑兵旅的三个团守卫的阵地。英军炮兵 L 连因德军出乎意料的迅猛推进而感诧异。受到进攻时，该连战马的缰绳仍未从拴马桩上解开。两分钟后，英军两门火炮及其炮手都被包围。人们操纵着那一门剩余的火炮继续战斗。他们的指挥官布拉德伯里上尉虽然已受了致命伤，但仍坚持指挥发炮直至死去。他和另外四名持续发射炮弹的士兵当中的两人被授予"维多利亚十字勋章"。"对于第一次战争中的骑兵而言，"斯皮尔斯将军写道，"L 连在内里村作战的故事是深藏于内心的神圣事件，他们可以骄傲而默默地给它献上表达情感的祭礼，献上他们对自己所钟爱的皇家马拉火炮的敬意。"

布拉德伯里上尉在内里村的作战行动将德第 4 骑兵师打散，使其无法在即将到来的决定命运的战斗中发挥重要作用。

英法军队继续向马恩河一线退却时，一架德国飞机就飞临巴黎上空，投下数枚炸弹，并空投传单宣布法军和俄军都已被击败。就在数千名比利时难民从北面涌入该城时，数千名巴黎人却沿公路向南、向西，乘火车或船只离开这座城市。人们砍倒树木，搭起路障，并在入城的主路上挖掘战壕。法国政府向来毫不迟疑地遵从舆论，于 9 月 2 日迁往波尔多。政府的南迁造成了更大规模的民众外逃。和平时期巴黎人口近300 万人，此时 100 多万人已经逃离。当天在布鲁塞尔，新任命的德国总督陆军元帅冯·德·戈尔茨男爵发布公告称："对敌对行动的惩罚不仅要降临于有罪者，也要降临于无辜者，这在战争中极端必要。"这就清楚显示了军事占领下的严酷现实。

9 月 1 日午夜前一小时，法军最高司令部获取了一条宝贵的军事情报。极为精确、详细地透露了德第 1 集团军准备采取的下一步动向。一名德军军官驾车从冯·克卢克的司令部赶往他所在师的指挥所，但他走错了路，径直开进了一个法军巡逻队当中，随后被杀。他的粗帆布包被送到法军情报官法加尔德上校面前，里面装有食物、衣服，还有浸透鲜血的各类文件，法加尔德在这些文件中发现一幅地图上面不仅标示着冯·克卢克所属部队的精确部署——它本身就是拥有巨大价值的情报，上面还用铅笔标出了冯·克卢克次日意图进军的路线。他们不准备向南奔袭莫努里率领的法第 6 集团军并直取巴黎，而是要向东推进追击英国远征军，并到达马恩河。

当夜，德军向东南方向推进的最远一线到了隆蓬村，这里是英国远征军和朗勒扎克将军指挥的法第5集团军之间未曾设防的地点。这类两军接合部位永远是薄弱地点。由于偶发事件，英法军指挥官握有一把金钥匙。法国人确切知道应将其第4集团军部署在何处，毕竟他们不必守卫巴黎以避免其遭受正面打击。

英国远征军9月2日抵达马恩河。"部队已恢复斗志，"史密斯-道里安将军在日记里写道，"身体状况也日益好转，他们所想的只是向前挺进，打击敌人，但法军此时仍在后撤，他们的愿望就无法实现。"鉴于德军推进极其迅速，而且其进军方向无法预料，德军骑兵巡逻队于9月2日俘虏了《泰晤士报》战地记者——曾让英国为其有关蒙斯撤退的报道而恐慌的阿瑟·莫尔，就不足为奇了。①

次日，英国远征军跨过马恩河后就将身后的桥梁炸毁。13天里他们后撤了近150英里。仿佛德国皇帝对这支"小得可怜"的军队的嘲讽即将被证实。然而这支后撤的军队一路奋战，进行了十余次后卫作战。他们每夜只睡四个小时——有时睡眠更少，已经疲惫不堪，一名军官提到他们时说："我从未想到过如此疲惫、如此饥肠辘辘的人们竟然还活着。"另一名军官，后来以作战英勇而荣获"维多利亚十字勋章"的乔治·鲁佩尔中尉在日记中写到这些士兵"因长途行军而身体羸弱，因始终担忧无法逃脱的敌人的枪口而心理疲惫"。鲁佩尔接着写道："在这种情况下，出现恐慌和无法自控的迹象就不太值得大惊小怪了。"

9月3日，一艘德军潜艇"U-21"号在北海用鱼雷击沉了英军"探路者"号巡洋舰，这是因触鱼雷起火沉没的第一艘战舰，259名海军士兵遇难。潜艇是新型战争武器，相对于海面船只，它有着来去无踪的优势。德军有意利用其潜艇编队摧毁协约国海军和商船航运，阻碍对方，并消泯被击沉船只所在国的士气。对抗措施已经存在，包括猛烈撞击、利用别船从水面攻击、深水炸弹、布雷区，甚至空袭。破译敌方无线电通信有助于展开上述行动，英军在这项技术中逐渐遥遥领先。但直到战争结束之时，德军潜艇一直在造成破坏，让协约国海运蒙受灾难。

德军潜艇取得首次胜利的当天，英军飞行员达尔林普尔-克拉克中尉就在法、比边界附近执行英军在大战中的第一次对地空袭任务。据官

---

① 按照战时礼节程序，作为非战斗人员和新闻记者的莫尔数日后获释。后来他参加了英军，并曾在加利波利和萨洛尼卡作战。在二战中，他曾在东南亚担任蒙巴顿勋爵的公共关系顾问（1944—1945年）。

方报告记载，他"向约 40 名德军投下一枚炸弹——有些显然已被炸伤"。其他飞行员和装甲车中队密切配合，骚扰沿高速公路开车行进的德军机动巡逻队。英国驻敦刻尔克领事向伦敦报告说这些联合攻击"十分成功"，令向前推进的德军措手不及。

比利时军队也有效利用了装甲车中队。当他们遭遇一辆相似的德军装甲车时，两军装甲车的相似之处不仅在于外层装甲，德军和比利时军队都在装甲车上安装了同样的武器——刘易斯机枪，该机枪由美国的艾萨克·牛顿·刘易斯少校发明（刘易斯之父在他出生时就预见到了他的发明天分），经反复交涉，美国陆军部才批准他将该型机枪出售到比利时和德国。该机枪每分钟可以打出 100—500 发子弹。鲍威尔回忆说，在比利时作战期间，"我见到大腿粗细的树木几乎被这些武器发射的铅弹流切断。"

9 月 3 日，数支德军骑兵巡逻队已进至埃库昂，这里距巴黎仅八英里，巴黎军民正在等待德军来袭。传来消息说，在西北面，德军已抵达塞纳河，在蓬图瓦兹炸毁了河上的一座桥梁。巴黎人害怕他们的城市会像两星期前的布鲁塞尔一样任人宰割，他们心情十分沉重。但 9 月 3 日，该城守军长官加列尼将军发出一份严肃的公告，出乎意料地让人们心情开始好转。公告写道："我已收到命令要抗击侵略者，保卫巴黎城。我誓将这道命令执行到底。"

为保卫巴黎，加列尼将新组建的军队交由莫努里将军指挥。这支军队在外围坚守，也在等待规模巨大的猛攻。但德军已陷入法军后撤造成的包围圈中，法军后撤已将他们引至巴黎东面和马恩河南岸，极大地拉长了其补给线和交通线。德军追击退却的英法军队，不去侵占巴黎却要越过马恩河，他们失去了占领法国首都的大好机会，因为就在 9 月 4 日，英法军队准备在马恩河南岸与敌决一死战。"根据安排，我们今夜再向塞纳河退却 12 英里，以利用黑暗遮蔽我方行动，"史密斯-道里安在日记中写道，"同时也要避开灼热的日光，因为日光一直在折磨着士兵和战马。"

战争刚开始两个星期，英军就有超过 1.5 万人战死、负伤或被俘。英国宣战一个月后，阿斯奎斯 9 月 4 日在伦敦市政厅发表演说时宣称英国"要等到比利时蒙受的冤屈得到昭雪后，才能将宝刀插回鞘中"。这些冤屈已被广泛公开。阿斯奎斯发表演说两星期后，《泰晤士报》上刊出一封信，援引了一位英军一等兵在勒卡托战役之后所说的话："德军不喜欢寒冷的钢刀。他们双膝跪地，虔诚祈祷，但他们对待平民的方式让我们热血沸腾，我们对他们毫无怜悯。"

有关英军从蒙斯后撤的"亚眠报道"的后果在随后的一星期里继续在英国国内引发反响。"我认为你应该意识到《泰晤士报》星期日刊登的报道造成的伤害,"也曾担任战地记者的温斯顿·丘吉尔9月5日致信该报业主,"我以前从未见到过哪个战地记者写过如此惊慌失措的东西,这就让《泰晤士报》的权威能变成,也已经变成所有心存怀疑的国家攻击我们的武器。"按照首相要求,丘吉尔亲自起草了一篇特别公报,并于当日下发,公报列出了此次撤退的更多细节,并试图让英国公众确信一切正常。"毫无疑问,我军士兵已确立超越德军的优势,"丘吉尔写道,"他们也清楚,任何与偶数相关的事物的结果不会存在任何疑问。"在英国现存的志愿兵役制之下,这种"偶数"几乎已不可能实现,但这篇匿名公报却并未提及这一点。然而丘吉尔却在战争爆发三年前,为帝国防御委员会撰写过一份文件,其中他按照详细顺序列出了即将呈现在人们面前的事件:随着德军进攻进入第40天,其进攻动力开始逐渐丧失,随后这种丧失就开始加速。

33天的时间里,德军部队一直在继续推进。他们徒步走完这段路程,扛着沉重的包裹、武器和弹药。随着行军时间与距离的增加,他们进攻的动力开始减退。后勤也逐渐开始与他们作对。要修复比利时境内和法国北部被蓄意破坏的铁路就需要2.6万名德国铁路建设工人,他们的工作逐渐变得无法完成。比利时铁路网共长2500英里,到9月第一个星期,仅有300—400英里得到了修复。在第1、2集团军迅速挺进时,给当月的战斗带来更大危险的是,弹药被用火车运到的铁路终点站距离前线部队越来越远。8月25日,第2集团军铁路终点站距前线20英里。这段距离必须用公路运输,公路经常拥堵,还需克服恶劣路况,长长的列车运来的物资必须被转移到单个卡车、带篷货车及马车上。到9月2日,这一距离就增至95英里,而到9月4日就增加到100多英里。一段铁路上的火车运行尤为艰难,在为第1集团军所用的列日—昂斯之间的路段偏陡,需要四台机车牵引及推动,才能使列车前进。第1、2集团军所有列车都必经列日,因此列日经常拥堵。沙勒罗瓦以南仅有的两条铁路为第2集团军补给运输所需,但这两条铁路都只铺设了单轨。

随着补给问题的日益严峻,德军的战斗士气也因每天遭遇的敌军对抗而低落,敌军的退却也令他们无暇休整,不停战斗。然而,他们没有觉察到一场反攻即将展开。"法军继续后撤被认定是理所当然的事,"一名德军军官后来写道,"战俘们没有显示任何迹象,没有泄露只言片语,报纸上也没给出任何警告。"

马恩河战役开始于9月5日。"决定法国命运的时刻即将来到,"霞飞向士兵们宣告，"大家必须记住，回头反顾的时代已成过去；要集中全力攻打敌人，将其击退。"无法前进的部队"必须不惜一切代价守住赢得的阵地，宁可战死在脚下的阵地上，也不后退一步"。誓词最后说："当前条件下任何形式的软弱都不能容忍。"英军阵地上也同样感受到了这一时刻至关重要。"我巡视各师时发现士兵们因想到向前冲，而不是向后退而兴奋异常。"史密斯-道里安在当天的日记中写道。

英国远征军距巴黎最近，驻马恩河与塞纳河之间。德军收到的命令很简短："如遭遇英军，就将其击退。"但当天英军就将德军击退，此后的连续八天内也同样如此，骑兵向北迅速推进，并由自行车巡逻队及飞机协助其侦察。骑兵之后的步兵也同样诧异于未遭遇任何抵抗。"有令人兴奋的迹象表明敌军已丧失士气，"埃德蒙兹将军回忆说，"路旁的田野散落着空瓶，村民报告说德军普遍酗酒。实际上，某些英军火炮司机在割草时就曾发现过酩酊大醉的德军士兵，藏身于草垛当中。"

9月5日，德军遭遇的部队还有103名法军军官率领的5000名摩洛哥本土人。为缓解摩洛哥军队面临的压力——此刻正要败退，近旁的一个营奉命向德军发起冲锋。负责指挥的上尉在率领士兵跑步来到德军机枪持续袭击的空旷地带时被当场击毙。中尉夏尔·德·克尼利埃则代替负责指挥的上尉率队来到一个可以俯卧还击之处。士兵们均已掩蔽就绪后，他仍站立不动，发出命令："距敌500码时，各自开火！"然后，他就中弹倒地。一名想要救他的中士也被当即击毙。哭喊声响起，"中尉被打死了，但仍要继续前进！"士兵们继续向前时，科尼利埃死了，他的功勋迅速成了法军爱国热情的一个凝聚点。

科尼利埃中尉支援过的摩洛哥军人和其他法军部队一道，在接下来的12天内不断将德军向后击退。和参加此役的其他部队一样，他们也取得了胜利，只是胜利的代价极其惨重，46名军官及4000余名士兵战死，参战者死亡率为85%。然而并非伤亡人数，而是行动的迅捷决定了战斗的结果。9月6日，海军提督铁毕子元帅警觉地提出："我们尚未成功围困并俘虏大批敌军；因此，法军利用其铁路系统始终不停地占领新的阵地。"当天，原本预计会与德军在巴黎郊外遭遇的莫努里将军，离开自己的营盘向东杀出，攻击位于乌尔克河畔的德军右翼。他动作神速，进攻猛烈，结果大量德军被迫调离马恩河主战场前来迎击。

为对付这一额外的攻击，莫努里就恳请加列尼派兵增援。两个"半自动手枪"步兵团刚从突尼斯返回巴黎。征用2000余辆巴黎出租车后，加列尼就将这些新到者送上前线。德第1集团军指挥官冯·克卢克将军评论道："只有一位将军敢于违反一切战争规则，在距离其基地极远之处遥控战争，对我而言很不幸，这个人正是加列尼。"

马恩河战役持续四天。它标志着施利芬计划的破灭，使德军在西线取得速胜的可能性彻底消失。参战的部队规模庞大，127.5万德军对阵100万法军和12.5万英军，战斗的残酷反映了英法军队挽回败退局面的决心。在居巴雷农场的战斗中，法军抢占一处高地架设机枪，以便可以从500码距离之外，朝德军连夜挖掘的一条战壕全线开火。德军曾多次试图投降，但法军不予理睬。法军最后停止射击时，6名德军军官及87名士兵走出战壕投降。还有450多人待在战壕内，他们或死或伤。

9月7日，英军继续北上，盼望着能够短暂休整的士兵们全部面向北方，"洋溢着兴奋而决绝的精神，"战时参谋官弗兰克·福克斯爵士写道，"想到我们追击德军的时刻终于来到了，这真是令群情振奋。"但随着进攻的继续，死亡继续按照其偶然性规律降临。

9月7日，德国皇帝乘车前往战区，但听到炮火轰鸣后，护驾的上校害怕一支法军骑兵巡逻队会突破不断后缩的防线，俘虏德国的最高统帅，于是皇帝撤离战区。当天，一支德军——普鲁士近卫队——发起反攻，但被福煦的第9集团军炮兵击溃。"法军炮兵出其不意地采取行动，"德军官方历史记载，"各处准备的反攻都被消灭在萌芽状态……对我军而言，9月7日是开战以来最糟糕的一天。"当天，毛奇将军反思了一个月以来战争中飞溅的鲜血，写信给妻子说："我想到此处时，经常因恐惧而不能自已，我感到必须由我来为此次恐怖局面负责。"现实的层面也给德国敲响了警钟。"现在确定无疑的是，英国正从亚洲调回大批军队。"海军提督铁毕子上将9月7日在家书中写道，而他的舰船却根本无力拦截。

英法军队的信心与日俱增。9月8日，约翰·弗伦奇爵士的一名参谋人员在寄回伦敦的家信中写道："似乎入侵的狂潮已开始退却，并无重大战斗。人们都倾向于认为他们已尽全力，目标将唾手可得。"然而，战局的脆弱也于当日显现：一支德军骑兵在炮火掩护下发起突袭，令福煦的第9集团军三个师及他统辖下的一个后备师惊慌失措，逃往后方。他们在溃逃中就丢弃了费尔尚普努瓦村，这使位于普勒尔的福煦前方司令部几乎处于前线。① 法军士兵向夜间阵地退却六英里后，他们才被说服停下脚步，并开始重整旗鼓。

德军不清楚他们面对的法军已退却多远，就心满意足地进入了法军

---

① 普勒尔（Pleurs）是法国北部马恩省的一个城镇。法文 pleurs 意思是"泪水"。——译注

阵地，并开始掘地为壕。某些士兵还踏上了费尔尚普努瓦村荒凉的街道。但当天上午的战斗并未成为战功。利德尔·哈特在他撰写的《福煦传》中评论道："实际上，'胜利'的德军只是像盲目的醉汉一样跌跌撞撞地前进，除报告他们自己的'极度疲惫'外，无法向最高统帅部就战局给出任何观点。"

福煦立即采取行动填补德军此次出乎意料的进攻造成的空缺。他命令发起反攻，本已在退却的德军因此而出现恐慌。他们先前的攻势只是从属于德军展开更大规模的后撤的战略。福煦意识到这一点，在9月8日夜间提交给霞飞的报告的结尾处写道："因此，局面一片大好；命令第9集团军发起的进攻似乎已成为确保德军右翼后撤的一个途径。"据说这条充满信心的信息就被"升格"为宏大的宣言："我的右翼已经揳入，我的中路让出道路，形势一片大好，我要发起进攻。"

当晚，冯·克卢克将军差一点就被一个法军骑兵巡逻队俘获，他们深入敌阵，攻打了米隆堡以南的德空军基地后，就移师克卢克设于此处的司令部。"所有参谋人员都抓起步枪、卡宾枪和左轮枪，"四年后他回忆说，"为的是击退法军骑兵可能发起的冲锋，他们排成一线卧倒，形成长长的一条射击场。黄昏火红的夕阳和傍晚的彤云为这一小支战斗队罩上一层诡异的光晕。"得知法军中队已被击退后，冯·克卢克将军说："这些莽撞的骑兵错失了一次立大功的好机会。"

9月8日，法第5集团军发动夜袭，攻取了马歇昂布里村，该军在从比利时长途后撤时由朗勒扎克指挥，其新任指挥官弗朗谢·德·埃斯比雷将军决心迫使冯·比洛做出决断。为面对德·埃斯比雷，冯·比洛放弃了蒙米赖，并占据一条直通巴黎的防线。这条位于马尔尼和勒图尔之间的南北向防线，为法军开辟了进至马恩河畔的路线。冯·比洛所部被截断，无法联络冯·克卢克及第1集团军，于是他下达了向马恩河方向后撤的命令。

德军遭遇的这些困难中，福煦的反攻热情虽常因慎重和拘谨而有所缓和，但已获得了新生。9月9日，他的部分士兵再次在德军反攻下败退时，他就发布了真正宏大的公告。"我请求你们当中的每个人，都要闪现出生命中的最后一点火花，我们的民族向来都经得起终极考验，"他宣称，"敌军当中出现的混乱是我军取胜的先兆。我们只要为已经开始的努力持续注入动力，我们就一定能够阻止敌军的进击，将他们赶出我国的土地。但人人都必须相信胜利属于坚持到最后的人。这份荣誉与法国的安全已摆上天平。再加把劲，你们一定能取得胜利。"

法军后撤持续了数小时。福煦的一名指挥官对他说："除撤退外，全军上下别无问题。"这是危急时刻，第9集团军后备部队指挥官埃杜将军对福煦说，甚至连有序后撤都已经来不及了。对此，福煦的回答是："你说你既无法坚守，又无法后撤，那么唯一可行的就是进攻。"进攻预计于两个半小时后发起，而且"不论条件如何"都要展开。事实上，疲惫不堪的法军此刻还未受到真正考验。四个小时前，进击的德军就已止步，因为他们收到了冯·比洛将军下达的撤退命令，当时英军四个师正挺进在他和冯·克卢克的军队之间的真空地带。

随着德军后撤，也出现了数起残暴对待卷入其中的平民事件。9月9日当天，德军部队撤离马恩河北岸的瓦尔德村时，有20名伤兵就被留在村公所，但他们却带走了20名年长的村民作为人质。三人逃脱，七人被杀害于行军途中。77岁的茹尔丹先生和78岁的米亚尔德先生都精疲力竭、体力不支，被用枪近距离杀害。67岁的梅尼尔先生倒地后，他的头颅被用步枪枪托砸碎。在德军重新占领索姆皮期间，一位77岁的法国老人雅克曼先生被囚禁于家中，并遭到一名德军军官的反复毒打，突然一枚炮弹落入老人家中炸死了这名军官。结果因受此次虐待，雅克曼在该镇被解放两天后去世。这些都是这场战争中偶发的暴行和单个受害者，这场战争最终结束前还要再夺去数百万人的生命。索姆皮再次被德军占领期间，在马恩河南岸，德军的一枚炮弹炸死了两个法军旅的旅长——巴尔巴德将军和阿蒙上校。

9月9日，德军被驱赶过马恩河，到13日被赶过埃纳河，战役打响后，德军已退却60英里。直至1940年夏季到来之前，德军再也没有如此接近过法国首都，在谋划与策略失败之处，复仇与空袭闪击取得了成功，另一届法国政府，也同样逃至波尔多，却呼吁停火。但在1914年，却并未出现这样的崩溃。正当法国政府准备迁回首都之时，德军大规模侧翼运动本身，却遭到侧翼包围。法、英军队匆忙北上，向英吉利海峡沿岸挺进，要奋力阻止德军继续向西推进，同时也要防止德军切断英军的跨海峡补给线。

奔向大海的竞赛是在西线战争发挥决定性作用的第二个阶段。约翰·弗伦奇爵士警告伦敦不要低估德国的军事实力。"别无他法，只能靠最优秀的军官率领的训练有素的部队来抗击他们，"他于9月7日，在德军后撤期间致信基奇纳，"他们的一切行动都有完全一致的目的，各部之间配合默契；为忍耐他们遭受的疲劳，他们必定被置于绝对的铁的纪律之下。"

德军也认识到了前不久还被他们蔑视的对手的品质。"从河畔的灌木丛中，"一名德军军官在退却途中写道，"第二道战斗者的行列就跃起、推进，人与人之间至少有 10 步的空隙。我们的火炮发出火光，自然至多只能打中一人。这条第二道作战行列就坚持战斗，并推进得越来越近。他们身后 200 码远处又涌来第三拨、第四拨。我们的火炮疯狂发射，但只是徒劳无功。第五道、第六道作战行列又已冲来，当中有着清晰的间隔。太完美了，我们心中充满仰慕。整个宽阔的平原此刻布满了这些身着卡其军装的士兵，不断朝我们逼近。"

"整整五天里，我们都在追击敌军，"约翰·弗伦奇 9 月 10 日在致友人的信中写道，"德军简直已坠入地狱。就在今天我们抓获了数百名俘虏，截断了大量运输线路，并缴获 10—12 门火炮——地面上随处可见死伤的德军。昨天情况也大致如此，前天也一样。但这与他们在法第 5、第 6 集团军面前遭受的损失相比就不值一提了。他们事实上正在疲于奔命，我们则穷追不舍。"

德军后撤期间，福煦进入了费尔尚普诺瓦村，此时他见到德军士兵在一夜狂饮之后因受突袭而不知所措，"他们肯定曾经狂饮，因为数百人就睡在酒窖中的酒桶旁。我看到他们当中的某些人像猫一样在屋顶奔跑，然后飞来的子弹将他们打下来。"

在默兹河前线的凡尔登南面十英里的特拉瓦永堡于 9 月 8 日被包围。德军的密集炮火对该地连续轰炸五天。德国特使两次"以皇帝的名义"呼吁该堡垒投降。守卫者答复"决不"后，德军就在半小时内向这里发射了 236 发炮弹，五天内共发射炮弹 1 万枚。一枚炮弹炸毁一条狭窄的地下通道顶棚后导致 22 人被砸死，当时他们正通过这条地道与守城主力会合。法守军屠桑少校及一支独立分队的 472 名士兵，凭借 12 门火炮和两挺机枪坚守五日，但最终无力回天。法军最高司令部决定从凡尔登完全撤出，但当地陆军指挥官萨拉伊将军拒不从命，坚守该城及其堡垒。

德军无法胜利攻入巴黎，他们又在西线战斗了四年，1918 年 8 月他们也像 1914 年 8 月一样充满了必胜的希望。但他们在一个月前做出的一举击败法国，然后再以全部兵力转而进攻俄国的计划破灭了。速胜的战争已成过去的战略和未来的梦想。德国被迫同时进行东西两线作战，这就使其永远处于危险当中。法国要被迫在自己的领土上奋战。俄国和奥地利试图分别在西面和东面收复失地。距圣诞节还有三个半月时间，但每个交战国都不得不寻求新的战略，乃至新的盟友。

第五章　掘地为壕：堑壕战的开端

1914 年 9—10 月

　　德军在西线速胜的计划破灭，他们被追赶着逃离马恩河时，为了不被俄军穿过其加利西亚边境，奥地利军队正奋力作战赶回国内。1914 年 9 月 10 日，霞飞发出"胜利在于步兵的双腿"的追击马恩河北岸德军的命令当天，在俄属波兰边界之内的克拉斯尼克，俄军击败了一大股进犯俄国领土的奥地利军队。在更南之处的奥属加利西亚，俄军取得的一次胜利让康拉德命令奥军后撤。"今天一早，我们就已净身弃船，"路德维希·维特根斯坦在 9 月 13 日的日记中写道，"俄军对我们紧追不舍。经历了最恐怖的场景，30 个小时不眠不休，感到十分虚弱，无法获得外援。"

　　速胜论的思维告一段落，每个交战国家都试图获取别国境内不满民族的帮助。为给英国制造困难，德国驻华盛顿武官帕彭（他于 1932 年当选德国总理，1933 年任希特勒的第一副总理），于 9 月 13 日同英国前外交官罗杰·凯斯门特会谈，凯斯门特希望利用德国援助让爱尔兰取得独立地位。凯斯门特向德国人提议组建一个爱尔兰旅与德军并肩战斗。"他们热衷于此，"他在次日致友人的信中写道，"现在比以往的盼望更加热切，因为他们已意识到此事对他们事业的道义价值。德国将为爱尔兰这个弹丸小国而战，正如英国为比利时而战一样。"

　　为推进这一目标，也为争取德国支持爱尔兰境内爆发民族起义，凯斯门特就化名乘船从纽约来到德国。抵达三个星期后他就劝说德国政府发表正式宣言："假如这场大战进程出乎德国意愿，将德军部队带上爱尔兰海岸，那么他们将登陆该岛，不是作为劫掠破坏的侵略军，而是作为友邦政府军，德国对这个国家及其人民的期盼，仅是其民族繁荣和国家自由。"

爱尔兰士兵将不会作为爱国者和解放者与德军并肩作战，但自战争爆发时起，波兰军人就在和奥地利军队并肩作战，希望奥地利战胜俄国能使他们重建波兰人国家。奥地利人鼓励毕苏斯基率领的波兰军团将自己看作波兰国民军的前驱。为抵消这支部队对所有波兰人的吸引力，俄国人就要求其统治下的波兰人将俄国的胜利认作对波兰人的建国热望有益之事。愿意在军中作为一个波兰实体而战斗的波兰人组建了志愿的普拉维军团。随后又出现了波兰步枪旅。正如犹太人在与犹太人作战（如维特根斯坦所在的奥地利军队和将他们打得节节败退的俄军中的犹太人），波兰人也在对抗波兰人。

少数民族的希望可以用不同寻常的方式引发。在东线战场，第一枚圣乔治十字勋章——相当于英国的"维多利亚十字勋章"，由沙皇颁给作战极其英勇的人——得主是一名犹太士兵列奥·奥斯纳斯。按照英国报纸《约克郡先驱报》的说法，奥斯纳斯的英勇行为"为俄国境内的犹太人赢得了自由；为他的种族赢得了此前无法享有的在俄陆、海军担任军官的权利，而且他已令俄国政府欣然宣称自此帝国境内的犹太人享有全部的公民权"。该报评论说："可以肯定的是，没有哪个人因获得'维多利亚十字勋章'而为帝国某一类特定臣民带来如此辉煌的结果！"事实上，俄国犹太人在战争期间并未取得正式公民身份；而且他们也难逃那些为了俄国的军事失利寻找替罪羊的俄国城乡居民的反复恶毒攻击。①

根据传到英国的报告，奥斯纳斯是一名志愿兵。由于基奇纳做出的呼吁，志愿兵的地位突然变得十分重要。9月12日英国宣布自大战六个星期前爆发开始，已经令人惊异地招募到478893名志愿兵。英国并未实行欧洲大陆的义务兵役制，但也已招到一支庞大军队。②

这些志愿兵中有不少人都在特种"兄弟营"中服役，这类兄弟营完全由来自某特定城镇，或来自某职业或行业圈子中的人们构成。第一个"兄弟营"在伦敦组建——一星期内就成立了总人数为1600人的"股票经纪人营"。许多城市随即效法，其中布里斯托尔市民营和利物浦兄弟营成立较早。格拉斯哥决定成立两个营：但招募的人员很快就组建了三

① 奥斯纳斯于1914年9月5日获颁该勋章。上述引文出自1914年10月18日的《约克郡先驱报》并重印于第28期的《炮火——一战史杂志》，该杂志编辑为皮科克。皮科克还撰写过《1914—1918年大战中的约克》。

② 该数字仅比1918年英国实行义务兵役制招募的人数少1.6万人。

个，其中一个营的人员全部是来自该城电车部门的司机、售票员、机械师和劳工。他们被称作电车营，他们构成了高地轻步兵中的第 15 营。第 16 营几乎完全由该市基督少年军的前任与现任成员组成。①

这一模式在英国各地反复出现。甚至反战的工党党员也都支持招募志愿兵的行动。曾因公开反战情绪而受抨击的拉姆齐·麦克唐纳，支持了其所在选区莱斯特内征兵的呼吁。一个月内，就组建了 50 个兄弟营。"基奇纳大军"正在成形，也正逐渐为战争做好准备。其素质如何，此时只能靠猜测。一位职业军人对该军能力深表怀疑。他就是亨利·威尔逊将军。这些志愿兵是一支"可笑而反常的军队"，他在日记中写道。他们将变成欧洲所有军队的笑柄。德国人用 40 年"持续不断的努力"才利用义务兵役制建成了他们的军队。"通过志愿兵役制，我们将永远无法实现同样目标。"

在法国，9 月 12 日出现了更进一步的报复行动。两名德国骑兵被法军杀死于兰斯西南的布伊村附近。德军宣布是村民杀死了这两个人，于是就将村庄捣毁。在比利时，正当德军自马恩河的败退不可扭转之时，比利时陆军发起一次大规模反攻，以期德军能从与英、法对抗发挥决定意义的南部战场上调兵回援。到 9 月 13 日，比利时四个师的兵力已在维尔德村外围集结，这里位于安特卫普以南 18 英里，在被德军占领的布鲁塞尔以北约 12 英里处。

维尔德依旧在德军手中。北面两英里处的马利纳被迅速攻占，卢万也被再次攻取。德军部队及其奥地利攻城加农炮就得以随意将火力转向仍由比利时人控制的最后一个位于战略要地的比利时城市——安特卫普港，比利时军队不久前刚从这里进至前往布鲁塞尔的中途，此刻加强了该城外围堡垒的防御。

尽管在战场上遭受了出乎意料的猛烈突袭，但协约国指挥官的乐观依旧不减。9 月 13 日，比利时军队在维尔德战败的当天，法、英将领就在霞飞的司令部召开了一次会议。当前冲突的首要特征是德军持续从马恩河后撤。与会者讨论了还需多少天才能将德军推回德国边境之内的问题。英国的亨利·威尔逊将军说需要四个星期。某些法国将军说也许需要三个星期。胜利仍有望在圣诞节前来临。

"失败"与"胜利"已变为口头禅。"伤亡"也同样如此，伴随该词而来的是混杂在"战死""失踪""负伤"之间的统计数字。"惨重伤

① 基督少年军（Boy's Brigade）是一个基督教青少年制服团体，在世界各地设有分支。——译注

亡"几乎与每一场胜利或失败相联系，可以表示有数百，乃至数千人丧生。所有交战国的报纸每天都发表军官的讣告和伤亡名单。没有几名读者不认识前线的某个人。9 月 13 日，福煦将军得知他的女婿和独子均已战死。他们是三个星期前在比利时边境地带的战斗中遇难的。当消息交到福煦手中时，他请自己的参谋人员让他自己安静一会儿。半小时后，他将他们再次召集起来说："现在我们继续工作。"后来，他致信一生的挚友米勒将军说："经慎重考虑，我已将消息透露给我妻子，她此刻仍在普卢热昂。尽管身为军人就应不顾一切，但我一想到会在那里出现的忧伤，令我可怜的女眷们怨哀的情形，我就浑身战栗。就我而言，必须化悲痛为力量，这样才能不辱使命。"这封信中，福煦还对米勒自身的"忧伤"表达了同情，因为米勒的女婿也已战死，而他的女儿听到噩耗后因哀伤过度而死。这些悲剧发生一个月后，米勒也与世长辞。

9 月 14 日，毛奇将军遭到解职，不再担任德军参谋总长。战争爆发仅六个星期，他就因马恩河战役而遭到了报应。一位历史学家将他描述为："一个有教养的、敏锐的士兵，闲暇时喜爱演奏大提琴，阅读歌德和梅特林克①的作品，并对基督教科学家有关信仰疗法的教导很感兴趣。"② 失败已在强者当中找到其第一个替罪羊。伤亡名单令毛奇觉得无法容忍。

所有交战国中总有个别士兵无法面对高强度的战斗。9 月 16 日，刚转入现役三天的 22 岁的英军士兵乔治·沃德，就在两名战友负伤后离开战场，告诉他的军士长说他也被击中。六天后，沃德回到所在营报到，却被发现并未受伤，于是受到军法审判。他的军长，上将道格拉斯·黑格爵士出席了这场审判，并在庭审文件上写道："我认为有必要树立榜样，以尽可能防止对敌时出现怯懦。"沃德被枪毙，并被掩埋于埃纳河畔。和三个星期前被处死的列兵海格特一样，他也和那些战死却没有坟墓的士兵一道，名列在茹瓦尔堡纪念碑上。③

---

① 莫里斯·梅特林克伯爵，1862—1949 年，比利时诗人、戏剧家、散文家。他的散文体剧作《马莱娜公主》和《普莱雅斯和梅丽桑德》确立了他在象征主义运动中的主导地位；1911 年获诺贝尔文学奖。——译注

② 艾伦·帕默，《现代史名人录》，伦敦：韦登菲尔德和尼科尔森出版社，1960 年，234 页。

③ 列兵海格特和沃德是一战中因当逃兵或怯懦而被枪毙的 300 多名英军士兵中的最初两名。1988 年解密军法审判记录后，就发起一场运动要为他们全部恢复名誉。因为那些被处死者都在忍受着弹震症或其他战场疾病的折磨。1993 年，英国政府驳回了谅解的呼吁。

当逃兵的惩罚并非总是死刑。战场上严峻道德恰好和国内高涨的自我牺牲精神和严肃的表情相匹配，二者都于 9 月 19 日被英国财政大臣劳合·乔治表达出来，当时他在女王音乐厅对一大群听众发表演说："曾淹没整个国家的奢侈与懒惰的巨大浪潮正在消退，一个崭新的英国正在呈现，我们首次看到根本性的事物在生命中至关重要，而此前我们因表面的繁华而对此视而不见。"在俄国，这种情绪早已被表达出来，那是在大战爆发之初，由社会民主党以更乏味的政治方式在杜马发表宣言表现出来的："通过战场上的痛苦，俄国人民的兄弟情谊将得到加强，而且将引发共同愿望以使我国免除其恐怖的内患。"

道德上的高调，不论是"根本性事物"还是"兄弟情谊"，都需要由能在战场上赢得胜利的能力来支撑。但在大战爆发七个星期后，第一声警钟就被敲响：法军缺少弹药，这阻碍了其枪手和炮手利用德军后撤立下战功。9 月 19 日，霞飞直接上书陆军部长亚历山大·米勒兰，请求至少每天向他运送 5 万发弹药，才能保证持续进击。米勒兰两天后复信说该数字无法达到，尽管他对在三个星期内，每天供应 3 万发的能力"并未绝望"。他继续对霞飞写道："在你那边尽一切可能避免浪费。请确保让杂役人员收集起战场上遗留的弹壳，我们将用以偿付居民们为此投入的一切。"

为寻找未爆的炮弹，霞飞搜索了后方各处的炮兵连，包括巴黎和敦刻尔克。这都是紧急应对，甚至是绝望的措施，远非七个星期前"直捣柏林"的胜利呼喊所能相比。

9 月 22 日，英军首次对德国开展空袭，轰炸了科隆和杜塞尔多夫的齐柏林飞艇库。"完全取得了突袭的效果，"英军资深飞行员报告说，"附近的大批德国人四散奔逃。"然而，当天德国"U-9"号潜艇一小时内就用鱼雷击沉三艘英国巡洋舰——"阿布基尔"号、"克雷西"号和"霍格"号；虽有 837 人获救，但仍有 1459 人葬身海底。这是整场大战中英国海军遭受的最惨重的灾难。一个星期后，阿斯奎斯指示海军部"不受限制地在北海布雷，如有必要就以拿破仑的规模布雷"。

土耳其参战时，为寻求对抗土耳其的盟友，英国试图获取麦加谢里夫之子阿卜杜拉的支持，同时为回报阿拉伯人参战，提出让阿拉伯控制土耳其帝国的大片地区。在中立的华盛顿，威尔逊总统向英国政府提出抗议，英国对德海上封锁已对美国舆论造成"恶劣影响"。同在北美，加拿大军队准备开始跨越大西洋，决心要在战争结束前参加战斗。

战争能否像许多人原来预想的那样在圣诞节前结束受到了怀疑。一名参加海上竞赛的德军士兵在家书中写道："我感到这场战争将持续较长时间。哎，即使它还要持续一年，我也要坚守。"写完这封信不久，他就在战斗中身亡。

9月26日，在凡尔登和图勒之间的圣米耶勒，德军包围了法军的罗曼营堡垒。守军孤立无援，还受敌军炮火及榴弹炮猛攻，但他们仍对敌方一再的投降要求不屑一顾。烟熏攻势最终迫使他们出洞。根据一个月后《纽约时报》刊登的一篇报道："当勇敢的守军中的幸存者昂然走出时，他们看到最近的敌手在他们前方交叠起武器，以认可他们英勇的抵抗。他们被允诺了最有荣誉的投降条款，军官们可以保留武器，他们前往荣耀战俘营途中，各处都表达了对他们的崇敬和仰慕。"共有五名军官和300名士兵被俘。

德军决意要直取比利时和法国海岸线。罗曼营陷落当天，德军炮兵就开始轰击拱卫安特卫普的要塞。列日和那慕尔均已沦陷，安特卫普拥有的最后一道要塞链环就变得更为重要。在伦敦，基奇纳和格雷认识到必须要尽可能长期坚守安特卫普。他们害怕一旦进攻该城的德军将其攻下，后者将迅即移师直指海峡港口，迫使英军退守法国西部，同时还可能对英伦诸岛构成威胁。即使只坚守一个星期也会使英军得以在弗兰德斯构建防线，并可由此发起攻击解放比利时，随后将德军赶回德国。

基奇纳决心加强安特卫普防守能力以使其能继续坚守数日，他立即调遣英军重炮及炮兵前往该城，并要求法军也采取同样措施。9月30日，阿斯奎斯致信友人维尼夏·斯坦利："比利时军队已极度丧失'士气'，且因已经开始的炮轰安特卫普而惶恐。他们正将其档案与珍宝运来此处，还谈起将政府所在地迁往奥斯坦德。基奇纳已向他们提出一些好的建议——即不要在意对他们的要塞的轰击，而要在过渡地带以铁丝网加固城市防御，并挑战德军向前冲锋。"

10月1日，英国内阁决定派遣正赶往支援法国北部的弗伦奇爵士的一个整师前往守卫安特卫普。次日上午，德军攻进了该城的两个要塞。当晚基奇纳和格雷召见了丘吉尔，并强调在比利时安特卫普持续抵抗对法国境内的战斗也极为重要。丘吉尔提出亲自前往安特卫普，并就战局进行汇报。他当夜即离开伦敦，接下来的三天时间都是在该城的战壕和工事内度过，还与布鲁塞尔陷落后迁来该城的比利时政府进行了商谈，希望该政府加强抵抗决心。但是，丘吉尔在10月4日发给基奇纳的电报中说，比利时军队"疲惫而消沉"，特别是因为要塞与城市之间的地面因一定程度上的有意蓄水而水满为患，他们就无法挖掘战壕进行自我保护。

为延长该城的防守以使英国远征军得以在德军之前抵达沿海地带，

比利时政府请求英国派出援军。10月4日派出了可被派遣的皇家海军师中的2000人，次日又派出了另外的6000人。这些军人中有诗人鲁珀特·布鲁克，他和另外数百人一道，刚在不久前志愿参加该师，这个师是丘吉尔在大战爆发时亲自组建的。他们都被直接从英国兵营调出，当时他们当中的2/3刚刚开始训练，某些人从未开过步枪或用过挖壕锹。他们从奥斯坦德出发，乘坐的伦敦公共汽车的侧面依旧标示着和平时代的停车路线和终点站：班克、霍尔本、皮卡迪利、牧羊人丛林和斯特兰。

皇家海军师中仅有一个经过全面训练的旅，所以本没指望该师能够长久独立为战。2.2万名英国职业军人，一个整建制师就在这个紧要时刻离开英国，跨过海峡，来到奥斯坦德。"绝对必要的是，"基奇纳10月5日给丘吉尔发电报说，"支援比利时的军队正在渡海，他们的军队抵达之前不应撤退。"对安特卫普市民而言，有8000名英军援兵驻守该城，似乎解救已经来临。"英国人万岁！"和"汤米·阿特金斯（英国兵）万岁！"的呼喊声在全城街道上响彻云霄，不绝于耳。①

英军部队的到来似乎让远处隆隆的炮声也变得大不相同。"加农炮的轰隆声变得越来越轻，"路易丝·麦克10月5日写道，"仿佛德军已被逐渐驱赶到远处。"这是一种幻觉。虽然次日更大规模的2.2万人的英军部队抵达奥斯坦德，但法国政府食言，不派遣其部队参战，使得英军犹豫不决，退缩不前。

10月7日夜间晚些时候，一直猛攻要塞的德军利用奥地利造17英寸榴弹炮开始对安特卫普本城发起袭击。第一发炮弹落到大教堂附近。轰炸程度之惨烈令守卫者无法还击。英制6英寸海军炮和4.7英寸榴弹炮都无法匹敌奥地利12英寸榴弹炮。滞留奥斯坦德的英军师因法军在根特止步不前，结果也不愿向前进发。"法国人令我们失望，"10月8日，阿斯奎斯在致维尼夏的信中写道，"同时比利时陆军又极度令人难以信任，哎！目前已别无选择，只得命令我们的海军士兵今晚从战壕撤出。"阿斯奎斯之子当时正处于包围圈中，他后来就这句对比利时人的评论向维尼夏解释说，"比利时军人仓皇逃窜，必须用刺刀威逼才能让他们返回要塞当中，而当时手中拥有巨型榴弹炮的德军正在5—6英里的安全距离之外。"10月9日全天，攻城加农炮继续轰击该城。次日一早，经历两昼夜的破坏之后，安特卫普无法继续坚守。据说比利时人的国王（娶

---

① 使"汤米"成为英国兵绰号的汤米·阿特金斯是皇家威尔士燧发枪手团列兵，曾参加美国独立战争。1829年威灵顿公爵选择该名字用于记录士兵功劳簿。

的是一位巴伐利亚公爵的女儿）在投降之前开了最后一枪。①

安特卫普持续的抵抗为英国远征军在马恩河战役之后赢得了时间，实现从其位于巴黎东北的阵地向弗兰德斯和海峡港口的运动。安特卫普城内，亚历山大·鲍威尔见证了一场持续五个小时的阅兵，由取胜的 6 万名德军士兵参加，他们齐步走过，接受军管总督海军上将冯·施罗德和指挥官冯·贝泽勒将军的检阅。在乘马举矛的骑兵团队走过之后，走来的是德国海军师的海军士兵，"然后就是身着深蓝制服的巴伐利亚陆军，穿浅蓝制服的萨克森步兵，随后就是奥地利军队——他们曾高效操纵巨型火炮——身穿的银灰色制服令人赏心悦目。"57 名英军士兵在安特卫普被围期间遇难，936 名被俘并被送至德国境内的战俘营，1600 人退至中立国荷兰，他们在荷兰被拘押至战争结束。

"这场战争真是白色人种迄今为止的最大疯狂。"10 月 4 日，海军上将铁毕子写信给妻子说，"我们正在大陆上相互灭绝，而让英国渔翁得利。而且，背信弃义的阿尔比恩成功地将我们变为世人面前的罪人。"对被占领下的比利时公民而言，德国的统治在当年秋季已令他们不堪重负。10 月 5 日，军管总督陆军元帅冯·德·戈尔茨男爵发布了一份通告："将来，被损毁的铁路和电报线附近的村庄都将受到无情的惩罚（不管他们在所牵涉事件中有罪与否）。有鉴于此，已从易受此类袭击威胁的所有村庄中抓到了人质。一旦有损毁铁路、电报、电话线的迹象，这些人质就应被当即击毙。"

这是德国人的无情，在英国被称作"可怕"。与此对照的是瓦尔特·拉特瑙五天后写给宰相府的一封私信，开战两个月来宰相府内就产生了巨大的疯狂，此时这位负有搜寻战争关键原材料的使命的人却提出了"真正的和平"。拉特瑙认为，和平应以建立一个欧洲经济体系为基础，该体系应使德国、奥地利、法国和比利时融为一体。这一体系的建立将远胜于所有战绩。拉特瑙接下来指出与邻国结成经济联盟也包括未来的政治联盟。八年后，拉特瑙担任外长时，就以这些观点为基础制定政策；这些思想也让他被暗杀于反犹的极端民族主义者之手。

在加利西亚，俄军继续向奥地利腹地挺进，甚至有俄军骑兵已过境进入匈牙利。"奥地利人目前看来已岌岌可危，"9 月 26 日，马克斯·霍夫曼将军评论道，"他们已靠军队牟利 20 年，而此刻正在为此付出代

---

① 跨越战线的战前王朝纽带还有一条：比利时王后伊丽莎白是用其父最喜爱的妹妹奥地利皇后伊丽莎白之名命名，伊丽莎白皇后在世纪之交被一名无政府主义者刺杀。

价。"但因为有霍夫曼本人提出的战略支撑，加上兴登堡和鲁登道夫两股大军的联合，俄属波兰各省——俄国18世纪将这些地方吞并——正在缓慢地受到践踏，而且高强度的战斗也给波兰带来了结束近150年的俄国统治的可能。新的主宰者——德国人——是否会给予波兰自治或独立的问题依旧悬而未决。德国极端民族主义者主张在德国和波兰之间建立起永久缓冲区，该区将从俄国领土上切割而来，而且要将其中的1600万波兰人驱逐到俄国境内，以便为德国定居者腾出地方。

各中立国家心怀各自的国家利益与野心，观看着每日战事的演进，无法看清结果，只能依旧冷眼旁观。正在寻求盟友与军队的协约国各方感到各中立国家不愿参战。意大利与奥地利有共同边界，它还渴望占领亚德里亚海沿岸领土，显然就变成了协约国各方争取的对象。然而意大利政府却坚守中立。中立在10月10日受到了挑战，当时还是社会主义者的未来的意大利法西斯首领贝尼托·墨索里尼在一份社会主义报纸上发表文章，呼吁他所在政党逆转其反战立场并敦促意大利支持协约国一方参战。他希望战争引发革命从而推翻君主制。对于迫切想让意大利成为盟友的法国政府而言，重要的是出现有影响力的声音支持其作战，而最终目标却无关紧要。为使墨索里尼支持战争的观点在尽可能大的范围内传播，法国政府为其第一份独立报纸《意大利人民》提供了资金，并按月为他提供资助。第一个月的经费是由法国社会党的一名政治家转交给他的。①

爱国热情，而非经费，让德海军上尉卡尔·勒迪在大战爆发后立即前往英国执行间谍任务。他用伪造的美国护照从柏林出发，首先来到爱丁堡，随后到罗赛斯，然后到利物浦，随时向中立国瑞典发电报报告英国海军备战及部署情况。勒迪还就英国的防空战略进行汇报。英国审查人员读到他的电报后起疑，就拦截了下来，唯一一份允许发送的是他对有关俄军已过境英国前往法国的传言的报告。

10月2日，勒迪在前往昆斯敦英国海军基地途中被捕。他在威斯敏斯特市政厅受到军法审判并被判处死刑，由行刑队在伦敦塔执行枪决。在他受刑的早晨，他对看押他的军官说："我认为你不会与一名间谍握手吧？"对此，那名军官答道："的确不会，但我会和勇敢者握手。"勒

① 第一期《意大利人民》出版于1914年11月15日。六个月后俄国政府也在探讨向墨索里尼提供类似的经济援助，以促使意大利立即参战。1917年10月，意军在卡波雷托战败之后，英国情报机关也为他提供资金以抗击其国内的反战情绪。

迪被处死后，一名英军情报官员写道："他毫无畏惧，绝无退缩，而是像所有英国人所希望的那样死去——平静而不做作，他骄傲地意识到自己已完成使命，这支撑起了他的勇气。"但在柏林，他的形象却并非如此高大。"我们必须承认，"勒迪所在间谍组织的首脑写道，"他处理重要工作方面的能力几乎为零。"

10 月 3 日，在奔向大海的竞赛中，德军部队进入了比利时的伊普尔城。两天后，首次空中交战出现在法国上空，当时两名法军飞行员击落了一架德军飞机，机上两名乘员全部遇难。10 月 8 日，16 艘德国齐柏林飞艇就被英军飞行员、皇家空军上尉雷金纳德·马里克斯炸毁于位于杜塞尔多夫的飞艇库内。① 这是首批被英军飞机摧毁的齐柏林飞艇。奔向大海的竞赛逐渐让英法占据了优势。

暴力致死已成常态，对此人们会产生各种不同的情绪。10 月 14 日，一个最亲密的朋友不幸死于炮弹后，史密斯-道里安将军在一封私信中写道："那些出师未捷就已步入永恒的人们都是英雄，应该受人景仰，而不是哀悼。"在前一天掘好的坟墓中，有一座是为 26 岁的中尉伯纳德·蒙哥马利准备的，他伤势极重，人们都认为他必死无疑。当他率领他的兵力为 30 人的排向梅泰朗村发起冲锋时，一枚德军子弹打穿了他的胸膛。一名士兵试图给他包扎伤口时被击中，倒在他的身上。两人躺在那里动弹不得时，德军仍在继续开火。蒙哥马利膝部再中一弹。那名士兵被打死。四个小时后，抬担架者才能够将蒙哥马利抬出。他已失去意识，据信即将死去。他的一位传记作者评论道："他一贯拒绝合作，此刻他又要拒绝死亡，部队转移的时刻到来时，他们不得不带他一起行动。"②

10 月 15 日，德军成功进入比利时海港奥斯坦德。"我们不受欢迎的程度真正异乎寻常。"海军提督铁毕子造访安特卫普后，在当天致妻子的信中写道。几乎比利时全境都处于被占领之下，数以万计的比利时难民已抵达英国，激起反德情绪。10 月 17 日，伦敦《旗帜晚报》大标题为："赶走伦敦客栈中的敌人，并列出了那些'今日已正式宣布清除了德国人与奥地利人的客栈'。"

---

① 1916 年马里克斯在巴黎附近试飞一架飞机时失去了一条腿。1939—1945 年间他在海岸运输司令部服役，1945 年退役时军衔为皇家空军少将。

② 阿伦·查尔方特，《阿拉曼的蒙哥马利》伦敦：韦登菲尔德和尼科尔森出版社，1976 年，62 页。在二战中，蒙哥马利在北非统率第 8 集团军（在阿拉曼击败隆美尔），后指挥第 21 集团军，从诺曼底进至吕讷堡荒原，他在此接受了比利时、荷兰境内和德国西北部全部德军部队的投降。

英、法、比军队竭力防守，德军进攻的极限已经到来。已进至最西端的数支德军部队在多个地点被赶回东面，赶过了法国和比利时边界。法国的阿尔芒蒂耶尔城被英军收复。10月18日在阿尔芒蒂耶尔死难者中就有丘吉尔的表弟诺曼·莱斯利。"这场不断蔓延的战火正在吞噬一切宝贵的东西，而终点仍十分遥远"，丘吉尔在写给表弟的母亲莱奥妮·莱斯利的悼唁信中写道，"英军在开战以来的几个星期内就在世人面前恢复了其在阿让库尔、布莱尼姆和滑铁卢的荣光，诺曼也为此发挥了应有的作用。"

同在10月18日，伊普尔被从德军手中收复。英军计划以此为起点至少将德军击退至梅宁路和鲁莱斯一线。然而，在梅宁路数英里处及通往鲁莱斯的铁路沿线上，德军已制止了英军的进军。19日一天中，奉命"进至梅宁"的罗林森将军犹豫不决：英军飞行员和比利时难民都报告说德军援兵正飞奔而至。距伊普尔仅12英里的梅宁，依旧处于德军之手。

德军士兵，尤其是战线后方的德军后备军，仍对未来的胜利充满信心。10月20日，距前线不远的一名德军列兵致信他从前的房东："我们一到目的地，我将立刻给你写信，并给你我的地址。我希望我们会打到英国。"这名士兵就是阿道夫·希特勒。九天后，他就将参加战斗。

丘吉尔决心阻止德军士兵打到英国，他也害怕英国海军不愿向运兵船开火，他于10月22日告知他的海军部官员："应准确无误地下达命令，要用鱼雷或炮火击沉所有据信向英国运送德军部队的运输船。在公海上不得与运兵船展开谈判，亦不接受其投降。"抵达英国海岸的德国运兵船如"立即全员"投降，则可"按条件许可尽可能人道地"对待，但相关英国官员"应确保敌军不会因实施任何人道行为而取得任何优势"。只有当战斗全部停止时，且运兵船的战斗力未受影响，在水中漂流的德军才能成为战俘。而以上针对入侵企图的终极可行性方案最终在两次大战中均未付诸实践。

10月21日上午，驻比利时帕斯尚尔村的英法骑兵逃离该村朝伊普尔退却，这座村庄正位于伊普尔和鲁莱斯之间的一块高地上。他们并未遭受攻击，而只是想靠近大城市附近以便获得更大程度的安全。双方都开始挖掘战壕，并将战壕连成一线，其中有机枪位、防空洞、通往后方的交通壕和靠近敌方前沿阵地的地道。炮兵观察哨、气球和空中巡逻密切注视着远处的任何动向。自英军一方的伊普尔至德军一方的梅宁—鲁莱斯之间形成的战壕线，即伊普尔突出部，在四年当中成了历史上最残酷战斗的战场。然而，在当时看来，伊普尔以东发生的那些小规模战斗仿佛在这场斗争中转瞬即逝。"在我看来,"约翰·弗伦奇爵士在10月21日傍晚给基奇纳勋爵发电报说,"敌军正在奋力地打出最后一张牌,我相信他们终将失败。"那"最后一张牌"最终远远不止一系列骑兵小仗。第一次伊普尔战役中德军试图将英军全部赶出该突出部,这是他们实现突破直抵北海和海峡沿岸的更大战略计划的一部分。

德军不仅在伊普尔,而且在更南面的梅西讷和新沙佩勒都唱着爱国歌曲前进,力图将英军击退。但德军的宏大战略却仍不见胜利的希望。迅速的运动战已成过去。争夺的目标变成了村庄、山头、杂树林和道路。10月21日,首次参战的德军炮兵赫伯特·祖尔茨巴赫就在日记中写道:"我们向前推进,初次瞥见这片战场,然后就必须习惯这恐怖的场面与印象,死尸、死尸和更多的死尸,村庄的瓦砾和废墟。"德军步兵刚攻占普勒梅斯克村,"敌我双方的尸体倒在一处,"祖尔茨巴赫写道,"步兵的强劲火力将我们驱赶出我们占领的阵地,越来越猛的英军火炮也来助阵。我们此刻位于一片牧场,到处可见死牛,还有几头无主的幸存奶牛。被强攻摧毁的乡村废墟仍在冒烟。英军仓促挖成的战壕里填满了尸首。由于敌军步兵与炮兵不断开火,我们又被赶出这块阵地。"

战壕线开始拥有其独特的不变的致命逻辑。尽管英军在科特基尔的胜利被作为一次"突破"上报总部,但并未展开后续尝试。与此同时,德军的高爆炸药炮弹——英国人称之为"煤箱"或"杰克·约翰逊",法国人称之为"马麦酱炸弹"——在战壕中爆炸,持续造成协约国人员伤亡。[①] 德军抵达大海的希望与英军推进至比利时腹地的愿望同样渺茫。在伊普尔突出部进行的战斗,已演变为对该突出部本身的争夺,其最宽地带也不足8英里。10月25日,就在梅宁路以北的罗伊特尔,威尔特郡军团的一个营几乎全军覆灭,极少数幸存者被俘。

在伊普尔以南,印度士兵首次在西线战场作战,就于10月25日夜间在瓦显蒂和梅西讷之间击溃了敌军的进攻。在法国的官方战史里记载,一名名叫塞波伊·奥斯曼·汗的印度士兵身中两弹后仍拒绝撤离阵地。只是"炮弹碎片从他双腿上削下一大块肉时",他才被人抬到后方。为表彰他树立的"伟大榜样",他被授予印度服役优异勋章。印度军队差不多在两个月之前从印度次大陆启程。

10月26日,印度军团发起了其在西线战场上的首次进攻。他们的

---

① 杰克·约翰逊是1908—1915年间获世界重量级拳击冠军的美国黑人。英国人为这些炮弹起的两个外号都因其爆炸时会冒出黑烟,其下落前人们会先听到低沉的吼声。野战炮弹被称作"飞砰弹"。

一名英国军官汉普-文森特以及九名士兵也于当天遇难，文森特是印军中第一个战死的英国军官。在四天当中，又有四名英国军官和四名印度军官以及 200 多名印度士兵战死。当天在伊普尔突出部坚守梅宁路以南的克赖西克村的多名英军士兵就被炮火炸死或活埋，远处的英军炮兵不清楚这里已被友军占领，向村中开了炮。德军火炮的轰击已持续近 56 个小时。1950 年曾参加朝鲜作战的史学家安东尼·法勒·霍克利就写道："士兵们逐渐从我们的所有四个营中向后败退。身强力壮的士兵冲出战壕寻找他们战友的遗骸；伤者艰难地徒步走向后方；还有从被活埋的恐怖经历中恢复的士兵——他们幸运地被战友找到、挖出；不少士兵已近崩溃，因为他们过度疲劳，频繁见到好友遇难或负伤而震恐，持续不断地认定自己也即将死去。"①

不过，法金汉仍对冲破英军防线抱有希望。当天德军试图在新沙佩勒发射含刺激性物质的炮弹，但未获成功。② 但在守卫新沙佩勒南侧的英军营长及副营长战死后，德军部队就在英军战线上冲出一个缺口。

印度营中来自远方的战士——他们刚刚渡过印度洋，跨过红海，越过地中海——回应了填补这一缺口的紧急号令。夜幕降临，印军士兵在铁丝网防线交错的沼泽地带举步维艰，终于艰难地走到缺口后，却有明亮的探照灯引导德军机枪火力将他们压制。

10 月 28 日东方出现第一缕曙光时，印军就发起进攻，冲入新沙佩勒村，展开街垒巷战和徒手搏斗。一名德军士兵投降时仍害怕被刺刀刺死，而一名锡克教徒拍着他的后背安慰他"不必害怕！"然而，就在取胜数小时后，德军发起持久反攻，并将印军逐出村庄。后撤途中，他们遭到德军火炮和机枪的猛烈攻击。从新沙佩勒撤出的 289 名士兵中，仅有 68 人撤至他们发起攻击的起点所在的道路。为表彰印军尉官马拉·辛格在此次退却中表现出的英勇，他被授予军功十字勋章，他是大战中获此殊荣的第一位印度军官。在随后的 6 天战斗中超过 25 名英国军官及 500 多名印度军官与士兵战死，1455 人负伤。

当天，英国内阁在伦敦开会，决定将英国最现代的战列舰"大胆"号在爱尔兰北部海岸外被德军水雷炸沉一事列为机密。将此事保密的主要论据，阿斯奎斯的妻子后来在日记中写道，就是西线的英军部队已经"十分疲惫"，"而且该舰被炸沉的消息一旦传到德国，将会让德国人发

---

① 安东尼·法勒·霍克利，《一支军队的覆灭》，伦敦：阿瑟·巴克尔出版社，1967 年，122 页。

② 该物质为联茴香胺氯磺酸（dianisidine chlorsulphonate）。

出危险的欢呼"。①

德军援兵此刻正飞速赶往前线的整个英军战区。德军攻势于10月29日清晨5时30分发起。两天前，德军的一份无线电通知已被截获，它给出了此次攻击发起的准确时间。但因炮弹短缺，英军炮兵的每门大炮每天仅供应九发炮弹，于是就无法利用这条重要的情报。战斗中，赫伯特·祖尔茨巴赫所在炮兵连采用伪装以防被从空中发现。他在日记中写道："英军飞机空投传单说我们应该投降。但他们投降才更加明智！"他又写道："在前线，一个撒克逊连队单独行动发起大胆攻击，结果该连几乎全军覆没。"

当天首次投入战斗的部队中就有李斯特步兵团，该团在吉卢维尔特外围一天的战斗中就损失了349名士兵。"我可以骄傲地说我团像英雄一样奋战，"阿道夫·希特勒在写给前房东的信中说："我已被擢升为准下士，并近乎奇迹般地获救。"

对法金汉将军而言，吉卢维尔特的战斗是攻占伊普尔并向大海挺进的必要而（他希望是）短暂的序曲。当晚，冯·法贝克将军向即将在10月30日凌晨重启战端的德军部队下达了新的进攻命令："此次突破将具有决定性重要意义。我们必须，由此也必将征服，并永久解决这场持续数百年的冲突，结束战争，并向我们最憎恶的敌人打出致命的一击。我们要终结英国人、印度人、加拿大人、摩洛哥人和其他垃圾、软弱的敌手，他们只要一遭遇猛烈的攻击，就会大批投降。"

冯·法贝克将军就这样劝诫与鼓舞为此次重要进击而已处于他统率之下的部队。他们的这场吉卢维尔特战斗打了四天，希特勒也在他们当中。战斗十分残酷：英军一个营遭到了20分钟的近距火炮轰击，其营长及275名士兵遇难；幸存的54人全被德军俘获，而且已全部负伤。吉卢维尔特依旧被控制在英军手中。

10月30日午后，德军部队突破了通向小齐莱贝克的英军防线。爱尔兰近卫军奉命前往坚守新的防线。借着赶往前线途中小憩的时间，一名连长在日记中记录道："路中央躺着某英军骑兵团一名士兵的尸体，他的马横卧在他旁边，也已奄奄一息。一名妇女从旁边经过，她将家中一切值钱的东西都背在了背上，手上还牵着两个很小的孩子。她对旁边的人们毫不在意，但我看到那两个小孩扭过脸去，不看那具尸体。"

---

① 两个星期后，德国人才知道"大胆"号被击沉的消息：1914年11月14日，美国报纸《费城大众纪实报》发表了一幅该舰正在下沉的照片。这张照片是由"奥林匹克"号邮轮上的一名乘客拍摄的。

当夜，巡逻的爱尔兰近卫军士兵能看到他们的德军对手"戴着锥顶头盔"，在摇曳的农舍灯光中现出身影，正前往第二天早晨要发起攻击的阵地。"两年之后，"他们的历史学家写道，"我们的火炮将会在他们的电话线旁守候，等敌军集结完毕，就将这些营完全从地球表面消灭。但此时我们还没有那些火炮。"① 当晚福煦同意派法军部队增援英军战线，他向约翰·弗伦奇爵士提议："坚持到底，始终坚持，你就能取胜。"

10月31日上午，德军发起新的攻击，将英军逐出吉卢维尔特。"当天更为令人惊恐的是，"法勒-霍克利写道，"英军一个营得知他们的德军对手将某些伤者用棍棒打死或用刺刀刺死，还剥去了所有俘虏的衣服，夺走他们的手表、钱包和小饰物。"还出现了"偶发的野蛮报复"，但在整体上，这种野蛮行为并不常见。正午刚过，一枚炮弹击中了突出部内的英军司令部，炸死一名将军和多名参谋军官。下午，吉卢维尔特再次落入英军之手。但英军总司令几乎已完全崩溃，因为他见到数百名负伤的英军士兵溃退。"我已别无选择，只能走上前去和第1军一起战死。"弗伦奇爵士当天下午对福煦说。但那位不屈不挠的法国人毫不犹豫地答道："你绝对不可以谈起死亡，必须永远想着胜利。"

承诺向英军防线派遣六个营的法军援兵后，福煦还为英军总司令写出了他自己的战略思考："决不后退，这一点至关重要；因此士兵们必须处处就地掘壕，坚守他们此刻所占领的土地。""任何大股部队向后方的运动都会引起敌军的进攻，并在我军部队中造成混乱。这种想法必须被彻底否定。"

在约翰·弗伦奇爵士统率下的84个英军步兵营中——三个月前每个营的原兵力为军官三名，士兵966—977人——此时仅有9个营兵力在350—400人之间；26个营遭受重创，兵力在200—300人之间；21个营兵力降至100—200人之间。这些英军营中有18个兵力已不足100人。尽管兵力遭到如此的锐减，但英国远征军在加拿大军、印军和法军的支援下守住了伊普尔突出部。10月最后一天在突出部内阵亡的英军军官中有巴滕堡的莫里斯亲王。他在率领所在营战士越过一块开阔空地时，一枚炮弹在他身旁爆炸。向他的士兵道别后，他就被用担架抬往一个陆军包扎站，他死于途中。和德国皇帝一样，莫里斯亲王也是维多利亚女王的一个孙子。

11月2日，英军战线右翼由法军部队接管。伊普尔城虽仍遭德军炮

---

① 卢迪亚·吉卜林，《大战中的爱尔兰近卫军》，伦敦：麦克米伦公司，1923年第I卷，38页。

火轰击，却依旧处于联军之手。三天后，德军再次尝试向海岸推进，沿瓦显蒂山脊攻击伊普尔南路。但由于炮弹短缺，法金汉希望进行的首轮轰击规模被迫缩减。11月5日，参加瓦显蒂附近战斗的德军士兵当中就有希特勒。他因参加此次作战，后来就被授予二级铁十字勋章。"那是我一生中最幸福的一天，"他在致房东的信中写道，"诚然，我的多数荣获这一勋章的战友都已接近死亡边缘。"在参战的前十天中，李斯特步兵团的3600名士兵当中已有700多人阵亡。

11月11日，普鲁士近卫军奉命而来，要夺取伊普尔本城。进攻前发起了开战以来最为猛烈的火炮轰击，这得益于前一个星期有意囤积炮弹。德军部队在短时内冲破了英军前线，但又被击退。在战斗中，英军一个营看到似乎有一拨儿德军部队正冒着烟雾朝他们冲来。几分钟里，这些灰色身影似乎并不在动。后来，随着浓雾散去，他们才看清那并不是一排冲锋的敌军，而是由德军的尸体构成的一道堤岸横亘在他们的阵地前方。

在伊普尔以北的迪克斯迈德，陆军第3近卫炮兵团的一个几乎完全由学生构成的营，迎面攻上了法军机枪阵地，但最终几乎被全歼。在这场劫难当中幸存下来的学生里就有19岁的里夏德·佐尔格，他后来担任德国驻日本记者，并成为斯大林手下最为成功的间谍。[①]

第一次伊普尔战役行将结束。在战斗进行的最后数小时中，英军一名高级军官菲茨克拉伦斯准将——他曾在布尔战争期间荣获"维多利亚十字勋章"——失望地感到在久争不下的波勒岗森林发起全新的攻击已不可能，于是他就亲自前去查看能否采取具体措施。他由此也成了该战役中最后的伤亡者之一。

在这片南北不足十英里，东西不足五英里的地域内就有5000多名英军和5000多名德军士兵阵亡。德军未能实现其直通加来的突破。英军继续占领伊普尔，德军仍在梅宁，从三面用炮火压制伊普尔，希望使英军无法在此立足。两军都开始加紧在前线地带修造战壕、交通壕、防空洞和据点。在两军之间，从大海一直延伸到阿尔卑斯山，这片弹痕遍地，几经争夺的荒凉的无人之境仍会出现持续的小规模战斗。两军都有日渐强大的炮兵部队的支持，能够限制他们各自造成破坏的唯一因素就是炮弹短缺。

---

① 佐尔格的成功在于就德国为其于1941年6月入侵苏联做出的准备向斯大林提出警告。他随后被捕，并被日本人处决。斯大林本人未参加一战，当时他被沙俄当局流放到偏远的西伯利亚小村。

第六章 临近圣诞：烂泥、软泥和毒虫

1914 年 11—12 月

正当西线战场各国军队定下心来深挖战壕，扩展工事，同时还向彼此展开狙击、空袭及间歇性发射火炮时，前线上的危险与负担和首都对此的感知之间的差距正在拉大。史密斯-道里安将军后来回忆说，1914年 11 月，他短暂返回伦敦时，"身在英国的人们丝毫也没有意识到前方正在进行一场艰苦的战斗，也想不到我们只是没有后备的单薄一线，随时可能会被敌军突破，这些都令我震惊。他们的心中似乎只能想到在我看来荒唐可笑的、担心英国遭受入侵的恐惧。"

1914 年的整个冬季，英国为"基奇纳军队"的招募工作持续进行，对这支预定于 1915 年春投入战场的军队展开过大张旗鼓的宣传。10 月21 日《潘趣》发表了一幅漫画，画上潘趣先生对一名职业足球运动员说："没错，你能在绿茵场上赚到钱，但今天只有一种场地，你可以在其上获得荣誉。"这张漫画后来还被制作成了海报。11 月 7 日，工党议员托马斯（15 年后任负责殖民地事务的国务大臣）在伦敦发表演说称，如果数千名适合参军的年轻人觉得还能够去看足球赛，"那么这些年轻人就或者不了解时局，或者是懦夫和叛徒"。一个月后，保守党议员威廉·乔因森-希特斯招募了两个足球营。当中的第一个，即米德尔塞克斯兵团第 17 营。

在 10 月的德国，帝国政府决定遏制因入侵比利时而在中立国和交战国中引发的反战情绪。选择的形式是一篇文明世界宣言，签字者为 93 名德国艺术家、诗人、史学家、哲学家、科学家、音乐家和神职人员。"我们将作为一个文明国家将这场战争进行到底，该'宣言'宣称，我们像热爱家园一样崇尚歌德、贝多芬和康德的神圣遗产。"签字者中有X射线发现者伦琴和现代戏剧先锋代表马克斯·莱因哈特。在该"宣言"的标题中，"文明世界"的德文为"Kulturwelt"。德国的敌人们立即就此做起了文章，他们嘲讽德国文化（Kultur）的现实，说它是一切暴力与暴行的根源，造成了对每一座城镇的轰击和每个教堂的毁灭，还引发了个人的野蛮行径。[①]

一篇与之对抗的宣言，题为"告欧洲人民宣言"，就立即由德国首屈一指的和平主义者、柏林大学生理学教授、杰出心脏病学家格奥尔格·弗雷德里希·尼古拉起草，他在宣言中呼吁让欧洲知识分子统一做出回应，以便在战后建成统一的欧洲："通向这一目标的第一步就是让所有真正珍爱欧洲文化的人——所有被歌德有预见性地称作'善良欧洲人'的人们——贡献力量。他们一致发出的声音甚至在今天也能高过武器的铿锵撞击声，尤其是假如有已经久负盛名执掌权威的人士加入他们当中的话，我们决不能丢弃对此的希望。"

尼古拉在许多柏林的大学教授中寻求签字者。但仅有三人同意在宣言上签字。其中之一，80岁的柏林天文台台长威廉·福斯特在宣言的正式文本上签了字。另两名签字者都是新近来到柏林的科学家：来自海德堡的奥托·比克和来自瑞士的阿尔伯特·爱因斯坦。这是爱因斯坦首次公开涉足政界。

法国北部的陆地战争正在转变为战壕与铁丝网之间的阵地对抗，而在海上，鱼雷则在各个海域都确立了其霸主地位。10月15日，德国"U-9"号潜艇，继9月击沉三艘英国巡洋舰后，又在北海用鱼雷击沉了英国巡洋舰"猎鹰者"号：舰上525名英国海军士兵葬身海底，只有21人获救。两天后，一枚德国鱼雷在南中国海炸沉一艘日本巡洋舰"高千穗"号，舰上271名日本海军士兵丧生。10月26日，一艘在英吉利海峡航行的法国大轮船"冈托姆"号被误认作运兵船，被德军"U-24"号潜艇用鱼雷击中，40名比利时难民被溺死。

德军潜艇的威力，尤其对商船和邮轮而言，相当巨大。但在德国潜艇指挥官和他们的皇家海军对手之间愈演愈烈的智斗中，英军方面在10月份取得了一个宝贵的优势。10月13日，俄国帝国海军给伦敦送去了从"马格德堡"号德军巡洋舰上搜到的德国海军密码本。该舰在芬兰湾搁浅，并受到俄国海军火力攻击。舰上德国信号员正准备销毁该密码本，

---

① 我1980年在波兰旅行时，就看到"德国文化"（德文：Deutsch Kultur）字样被用大号字体粉刷在奥斯维辛的一座火葬场的废墟上。

就被炮弹碎片炸死。俄国人准备将他的尸首抬走埋掉时发现了该密码本。由此，英军密码破译人员能够开始艰难地解读德国海军无线电情报并定位他们的对手。

在太平洋，德海军远东中队在海军上将马克西米利安·冯·施佩的统率下，正给英国商船带来大规模破坏。11月1日，在克罗内尔海岸外，冯·施佩与"好望角"号和"蒙默斯"号巡洋舰带队的英军舰队遭遇。这两艘巡洋舰都被击沉，1500名英国海军遇难，其中包括他们的海军上将克里斯托弗·克拉多克爵士。这是自1814年新生的美国海军在尚普兰湖击败英军舰队后的100年来，英国海军的首次重大失利。

自大战爆发第二天起，德帝国海军就在北海布雷。此次布雷超出了敌军的三英里界限，违反了1907年的海牙第二公约：对此英国发表一份宣言，并受到英国首相的强烈支持，该宣言说，整个北海都必须被认作是英国的"军事区"，而且其中部分海域将布雷。驶入北海的中立国船只"遇险后果自负"。如果开往德国的船只到英国港口中转，须接受军备给养物资的搜查，卸下"非法"物资之后，方可在护航下驶过雷区。

英国与德国在北海的做法有着本质的不同。德国的布雷措施导致数百艘中立国船只被炸沉，而英国的封锁仅会给拒绝赴英国港口中转的船只造成危险。两年之中，因美籍商船拒绝遵守英军的封锁规则，仅有五艘美国船被炸沉，四名美国人丧生。

在东线，德军继续在俄属波兰境内推进，而俄军部队则进入奥属加利西亚更深的腹地。德军进入俄国的波兰各省时，当地民众转而疯狂对待与他们共同生活了数百年的犹太人。犹太商店、家园和教堂都遭到洗劫。在俄军占区，据法国驻俄大使帕莱奥洛格所说，天天都有犹太人被绞死，罪名是私下同情德军，想让德军取胜。有25万名犹太人在俄军中作战的事实也无助于对抗偏见。数十万名犹太人被从他们位于罗兹、彼得库夫、比亚韦斯托克和戈罗德诺的家中赶走，他们还被赶出了数十个其他城镇和乡村。他们上路时将能带的东西装上马车，卷成包裹，向东进发，最终要在俄国内地，远离战争的喧嚣之处找到一处保护区。

在东线战场上，伤亡人数的规模甚至要远大于西线。10月12日，《泰晤士报》驻俄军特别战地记者斯坦利·沃什伯恩，就在罗夫诺医院基地写道："人们在这些望不到头的伤者病房徘徊时，就会越来越强地感到人类能够承受，并在现代医疗的帮助下，从中康复的极限。人类躯体如此脆弱，无法想象它竟能承受如此恐怖的滥用而仍能康复，最后竟能完好如初。我们看到一名士兵的头被子弹贯穿。伤口经处理，结果两星期后他就几乎全好了。"还有被击中胃部、膀胱和肺部的士兵，他们

"迅速康复，仿佛被枪击只是正常人的日常工作的一部分而已"。

这个星期，奥地利、德国军队当中谣言四起，都说巴黎已落入德军之手。辟谣之后，哲学家维特根斯坦就想到了战争绝望的前景，想到了所有德国人的未来。10月25日，他在俄军前线对面的内河炮艇上写道："它使我今天比以往更加恐怖地感受到了我德意志种族所处的可悲位置。因为在我看来已经几乎可以肯定的是我们无法战胜英国。英国人——世界上最优秀的种族——不能败。然而我们却能败，也将败，如果不是今年，那么就是明年。想到我们的民族即将被打败，就令我极度沮丧。因为我是纯种的德意志人。"

这些悲观思维似乎不会带来战争的下一步进展，因为就在10月29日凌晨时分，在远离东线战场之处，德国取得了重大胜利，并让俄国新添了负担：当时自8月中旬起就停靠君士坦丁堡海岸外的两艘德国战舰——"戈本"号和"布雷斯劳"号——轰击了俄国的两个黑海港口——尼古拉耶夫和敖德萨，并在俄国海上航道内布雷。一艘俄国布雷舰被击沉。这两艘战舰随后又轰击了塞瓦斯托波尔、费奥多西亚和新罗西斯克，引燃了约50座汽油库和粮仓。由于这两艘德国战舰悬挂的是土耳其旗帜，通过此次短暂轰击，德国和奥地利就得到了一个共同对抗协约国的盟友。指挥整个行动的德国海军上将苏雄在致妻子的信中说："我已把土耳其人投进了火药桶。"

轰击北海港口立即使战争扩大，德军最高统帅部确信他们将因此获益。11月1日，英军在士麦那海港袭击了一艘土耳其布雷舰，但此类可能做出的报复却看似微不足道。[1] 次日，英国一艘轻型巡洋舰轰击了土耳其红海港口亚喀巴。土耳其守军溃逃后，一个英国皇家海军分队登岸炸毁了邮局。11月3日，英、法战舰轰击了达达尼尔海峡的土耳其要塞。北岸堡垒赛迪尔巴希尔遭袭，其火药库被炸。同日，俄军部队越过土耳其东部边界。

土耳其做出的回应是向协约国各方宣战，而且它也并非全无准备。一个多月以来，德军军官埃里希·韦伯上校就一直在负责达达尼尔海峡的工事。封锁水道及组织布雷。英国海军进行短暂的轰击后，德军即派遣4名军官及160名士兵前来加速强化土耳其的防御。他们布设了水雷，其中包括土耳其人从黑海找到的俄国水雷，从士麦那海岸外找到的法国

---

① 两艘英军驱逐舰参与了此次攻击。其中一艘上的指挥官坎宁安上校，在二战中担任第一海军大臣（1943—1946年）。另一位指挥官普伦蒂斯1915年4月28日在达达尼尔海峡战死。

水雷，甚至还包括第二次巴尔干战争遗留下来的保加利亚水雷。布雷工作由德国海军的格尔上校展开。德军炮手驻扎查纳克和启利德河，这段海峡是任何入侵舰队的必经之地。德国炮兵军官韦尔勒中校建起八个榴弹炮炮塔，正对达达尼尔海峡。

随着土耳其参战，又一个帝国已经身不由己地受制于战争的起落。德国认为土耳其参战让同盟国集团获得巨大优势，但英国人带着一丝确定的轻蔑看待敌手势力的扩大。"是奥斯曼帝国政府而不是我们，"阿斯奎斯11月5日在伦敦市政厅宣告，"已敲响奥斯曼家族在欧洲以及亚洲统治的丧钟。"两天后，4500名英印士兵——他们三星期前就已从孟买起航——登陆波斯湾头的法奥，这里位于土耳其偏远省份美索不达米亚。"我厌恶土耳其人，"阿斯奎斯夫人在这一星期的日记中写道，"我真心希望能将他们扫出欧洲。德国顺势胁迫了土耳其，但除威胁埃及外，我怀疑它还能奈我何。"丘吉尔想让5万名俄军士兵从阿尔汉格尔斯克和符拉迪沃斯托克（海参崴）出发，从海路攻击加利波利半岛上的土耳其人。"其他军事行动均属不必要，"他在致爱德华·格雷的信中写道，"攻占加利波利半岛需付出的代价必定会十分高昂，但从此将不会再有对土耳其的战争。5万名能征善战的士兵加上海上霸权，这就能终结土耳其的威胁。"

这年冬季并未对加利波利采取军事行动。对俄军进行的问询引出的是令人惊愕的报告：80万名新兵已准备奔赴前线，但他们均未配备步枪，且俄军军官抱怨说他们的士卒"可以就地取材果腹——冻土豆和萝卜，也能忍受严霜，但土地里却长不出弹药"。丘吉尔提议希腊也许可以"代表协约国对加利波利发起攻击"，但希腊人尽管怀有对君士坦丁堡的蓄谋已久的构想，却不愿与土耳其兵戎相见，于是就陷于同情协约国的首相维尼泽洛斯与明显亲德的国王康斯坦丁——其妻为德国皇帝之妹——之间的分裂。当月，只有美索不达米亚的土军遭遇到军事进攻：11月7日登陆法奥的英印军队攻占了巴士拉，并于两星期后推进至库尔纳——底格里斯河与幼发拉底河的合流之处。5名英军、60名印军和300名土军阵亡。有1000多名土军被俘。奥斯曼帝国最偏远地带已由英军控制，土耳其对英属阿巴丹油田①的威胁已被解除。

在中立国瑞士，被流放的俄国布尔什维克领袖弗拉基米尔·列宁注视着冲突的扩大。"刺刀的时代已经开始。"他写道。由此，他预测，国内各阶级之间的战争将会爆发，这正是革命和工人阶级胜利的序曲。11

---

①　阿巴丹位于今伊朗。——译注

月 12 日，为期一天的彼得格勒罢工初步宣告了布尔什维克的目标。对俄国稳定更为不利的是，沙俄警察在多个部队中发现了布尔什维克小组，尤其是在铁路营中，而俄军的交通保障就取决于此。

在德国，以格奥尔格·尼古拉为首的知识分子小组于 11 月 6 日发起成立"新祖国联盟"，呼吁"立即实现不吞并别国领土的正义和平"，并呼吁在战后建立一个国际组织，其宗旨在于防止未来战争。爱因斯坦是该联盟创始人及活跃支持者之一。参加联盟会议的弗兰齐斯卡·鲍姆加特纳-特拉默在 50 年后回忆说，爱因斯坦讲话时，"总是对人类关系的未来显出极度悲观"。她记得"有一次我走到他身边时，因听到德国接连胜利的消息及由此导致柏林人盛气凌人的高傲及幸灾乐祸的表情而沮丧，'教授先生，这样下去如何是好？'我焦虑地问。爱因斯坦看着我，举起右拳，答道：'由它说了算！'"

11 月 18 日，东线战场上重新部署的德军进至罗兹，并几乎将该城围住：守卫要塞的 15 万俄军面对的是 25 万德军。俄军高级将领命令后撤，以免被完全包围，但沙皇的叔叔、俄军总司令尼古拉大公却撤销了这道命令。

罗兹争夺战规模浩大。一处战场中已处于被包围险境的德军三个师突破了俄军封锁，并成功转移此前俘获的 1.6 万名俄军和缴获的 64 门重炮。突围期间，共有 1500 名德军士兵战死。从西线紧急召集的德军援兵到来过迟，无法利用俄军颓势。尽管德国希望取得比坦嫩贝格更大的胜利，但该目标已无法实现。"他们试图击退的庞大队伍只是后退了一小截，然后就屹立原地，无法撼动。"一位史学家写道，"两军气力均已消退，因失利、战斗和沼泽地带的艰险而疲惫；冰霜肆虐，寒风呼啸；气温降至（华氏）零下 10 度。冬季到来让德、俄两军都无法正常活动。"[1]

为在罗兹胜出，兴登堡被任命为陆军元帅。在更南面，英陆军驻俄军武官诺克斯上校深感沮丧，他在 11 月 25 日的日记中写道："现代战争造成巨大伤亡，但我害怕对此进行补充的必要性俄国仍视而不见，如果我们被迫在冬季推进，我们的损失将比现在增加两倍。"冬季给交战各军带来了特有的恐怖。"夜晚我军数名士兵在战壕中冻死。"诺克斯写道。一名被俘奥军军官的日记披露，仅一夜之间，他所在连就有一名军官和六名士兵被冻死。俄军阵线下达了为士兵供应热茶的命令，但一名俄军指挥官说："这类命令下达容易，执行难，因为此时天天都有勤务

---

[1] 约翰·W. 惠勒-贝内特，《兴登堡：木巨人》，伦敦：麦克米伦公司，1936 年，44 页。

兵在给战壕中的军官送午餐时被打死。"

在奥地利前线，俄军部队短暂进入了奥属西里西亚，并第二次进入匈牙利。康拉德将军清楚帝国境内各少数民族有意趁奥地利疲弱之机以求自立，就于 11 月 26 日在波希米亚、摩拉维亚和西里西亚实行军管。然而，皇帝弗朗茨·约瑟夫对此严词拒绝，他相信战乱无法破坏他的多民族帝国，但康拉德在制订军事计划时，总是将斯拉夫人——不管是波兰人、捷克人、斯洛伐克人、斯洛文尼亚人还是克罗地亚人——面对俄军时不会尽心尽力的因素考虑在内。①

11 月 28 日，有消息传来，说俄军部队已进至距奥属波兰首府克拉科夫不足八英里之处，维也纳出现了片刻慌乱。但在利马诺瓦附近，奥第 4 集团军经 17 天激战，击退俄军，并将其赶至东面。利马诺瓦之役打响时，奥第 3 集团军将俄军部队赶出了匈牙利北部城镇巴特费尔德，又将其推过喀尔巴阡山脉，并在两星期内夺回了杜卡拉战略隘口。奥匈帝国所受军事威胁已经解除。

12 月 1 日，俄国发布学生动员令，这虽能增加武装部队人数，但同时也使布尔什维克的学生组织者可以渗入军队。12 月晚些时候，东西伯利亚警察向彼得格勒报告说，沿跨西伯利亚铁路转运的士兵正受到反战宣传的影响。在彼得格勒城内，俄第 6 集团军参谋长报告说，有不明身份的平民"以慰问为借口同从前线返回首都的伤兵进行谈话，并在谈话结束时试图向他们传递传单，审视之下，这些传单都是呼吁结束战争的公告"。12 月 21 日，俄第 1 集团军指挥官报告说随着预备役人员的到来"也出现了社会主义宣传的迹象"，他正在采取措施扑灭此类宣传。

为寻求盟友以对阵土耳其人，沙皇于 12 月 30 日到访高加索前线，对亚美尼亚教会领袖说："最绚美的未来等待着亚美尼亚人。"此言既出，数十万亚美尼亚人的命运就被置于危险当中，因为土耳其从自身出发将亚美尼亚少数民族视作第五纵队活动、反叛与不忠的源头，且并未为打压反亚美尼亚情绪采取任何行动。在两大战区陷入危险当中的另一个少数民族是犹太人。10 月，俄国市民为德国在俄属波兰取得的胜利寻找替罪羊，开始野蛮对待维尔纳、格罗德诺和比亚韦斯托克的犹太人，而且俄军士兵都被告知"如果不是因为犹太徒——叛徒，普鲁士军队早

---

①　散布于哈布斯堡帝国境内各地的一个少数民族是犹太人。一战当中，三位奥匈帝国陆军元帅和八位上将都是犹太人。其中之一，陆军元帅约翰·格奥尔格·弗朗茨·胡戈·弗里德兰德就被德国人从维也纳驱逐至特来西恩施塔特犹太区，1944 年又被转入奥斯维辛，后来命丧于此。

已彻底溃败。"12月，土耳其新任驻巴勒斯坦军事指挥官耶马尔帕夏聚拢起500名俄国犹太移民并发出命令将他们由海路从雅法遣送至埃及。德国出生的犹太复国主义者阿图尔·鲁平试图为他们而从中斡旋，但未成功。他在日记中写道："当晚在港口，我不忍观看一户户人家——老人、母亲和孩子们——仓促打好包裹被驱赶上混乱不堪的小船。"

耶马尔帕夏的土耳其爱国主义让他对潜在盟友视而不见。他从君士坦丁堡启程经由贝鲁特时，绞死了不少阿拉伯民族运动的领导人物。在耶路撒冷，他发现一批犹太复国主义者已加入当地奥斯曼化委员会，并获许可招募一支犹太民兵以协助保卫巴勒斯坦防止协约国进攻。耶马尔对这一姿态不予理睬，将这支民兵遣散，还宣布任何携带犹太复国主义文件者都将被处死，并将奥斯曼化委员会两名首要支持者驱逐出巴勒斯坦：戴维·本-古里安和伊扎克·本-兹维。两人都被戴上手铐，押上雅法的船只，雅法港口主管还发出通告："永久驱逐出土耳其帝国。"数周后，他们踏上了前往美国的征程，去为协约国召集犹太复国主义者，并协助在协约国军队内部征募一支特别犹太人军团。①

美国在欧洲冲突中严守中立。但战争带来的商业利益方面并未受到中立的妨碍。事实上，中立还促进了贸易和商业利益的取得。11月3日，丘吉尔在伦敦与伯利恒钢铁厂董事长查尔斯·施瓦布达成协议为新近参战的浅水重炮舰之所需购买8门14英寸口径火炮。这些火炮本来是伯利恒钢铁厂为一艘德国为希腊而建造的战列巡洋舰而制造的。四天后，两家美国公司接受了英国海军部发出的订单，要提供20架水上飞机，4架要在布法罗，6架在长岛制造。战争物资的第一波膨胀潮就开始跨过大西洋延至英法两国。接下来就是英国订购的潜艇，在严格保密的情况下被用海船运过大西洋。

海战也从未止息。11月9日，在印度洋，澳大利亚战舰首次参战，其"悉尼"号巡洋舰击沉德突袭舰"埃姆登"号。在"埃姆登"号为期七个星期的航程中，它已俘获8艘非武装协约国商船，并击沉15艘，让船上装载的货物如煤、茶、橡胶、牛，甚至赛马等都沉入水底。在槟城港，该舰击沉了一艘俄国巡洋舰和一艘法国驱逐舰。10月抵达迪戈加

---

① 两人后来都在巴勒斯坦委任统治地为犹太人的建国大业发挥了主导作用。1948年，本-古里安任新建的以色列国首任总理；1952年，本-兹维担任该国第二任总统。

西亚岛①时，一名法国居民为向其表达欢迎，向该舰赠送了新鲜鸡蛋和蔬菜：他不知道战争已于两个月前爆发，还自以为是地解释说该舰有战争迹象的外表表明它正在参与一次德、法、英世界海军演习。

11月26日，英战列舰"堡垒"号在希尔内斯装载弹药时，因内部爆炸而被摧毁，舰上793名海军士兵遇难，仅有12人幸存。12月8日，在南大西洋，海军上将冯·施佩准备对马尔维纳斯群岛发起攻击。海军上将斯特迪率领的英国海军部队将其击退：海战中，四艘德军战舰被击沉，2100名德海军士兵丧生。英军仅有10人遇难。八天后，四艘德战列巡洋舰轰击了英国东部的斯卡伯勒、惠特比和哈特普尔等港市，杀死40名平民，并致使数百人受伤。②

德军对这三座英国海岸城镇的轰击，让英国在宣传上取得了一次胜利。此后，德军就被描述为"斯卡伯勒的婴儿杀手"。此事也震惊了英国，因为这是1690年以来敌人首次伤及其无辜平民。温妮弗里德·霍尔特比——一名16岁的女学生——对此次袭击进行了描述，当第一波炮弹坠落时，她正在学校："正当我们穿过校门时，另一枚炮弹就在近旁爆开，"她在致友人的信中写道，"接着就传来命令'快跑！'于是我们就快跑。我们就在清晨的天光中狂奔，在泥泞而高低不平的道路上奔跑，耳边回响着震耳欲聋的声响，实际炮弹停止发射后，回声依旧不断——它已停下不再发射，我们仓促穿上鞋的双脚在泥路上打滑。整个城镇上空都笼罩一层浓烟，那是虚无缥缈的黄色，使这里看似远在天边的梦幻之城。只有道路实实在在，还有胸前绷紧的痛——这不是恐惧，但某种不可解释的事物令人痛苦，但在某种怪异的程度上，这并非完全令人不快。"

正在形成中的空战，尽管规模不大，但随着1914年底的临近，也显示出某些重要进展。11月21日，三架英军飞机展开了战争中的首次远程空袭：从法国贝尔福市起飞，前往康斯坦茨湖畔的腓特烈哈芬，轰炸齐柏林飞艇库，每架飞机投下四枚炸弹。一艘齐柏林飞艇被炸伤，一只氢气罐被炸毁。一名紧急迫降的英军飞行员受到德国平民攻击，受重伤，被迫由德军士兵对其展开救援。腓特烈哈芬遭空袭后两日，法军第一个轰炸机大队组建。12月1日，德军飞机被首次安装无线电设备，使它们

---

① 迪戈加西亚岛，印度洋查戈斯群岛最大的岛屿，有战略意义的英美海军基地1973年在此建立。——译注

② 斯卡伯勒，北约克郡渔港，旅游胜地；惠特比，英格兰北部约克郡临海小镇；哈特普尔，英格兰东北部北海岸港市。——译注

可以在飞越前线时随时报告敌炮兵及步兵部队所处位置及动向。此类侦察任务成了空战当中的一个重要特征。还有需要检验的新设施。12月6日，一架法军飞机投下的一支金属箭，给一名乘马的德国将军造成了致命伤。

在巴尔干半岛，奥地利12月1日实现了其占领贝尔格莱德的目标。五个月前欧洲唯一的开战目标此刻已经达到。然而，塞尔维亚人继续顽强奋战，并在两星期后夺回贝尔格莱德，他们俘获了4万余名奥军士兵，并缴获133门重炮。进入贝尔格莱德时，塞尔维亚人找到了撤退中的奥军留下的1万名塞尔维亚战俘及1000匹战马。

1914年冬季，美国战地记者约翰·里德遍访塞尔维亚各地。他从南部城镇尼什展开旅程时，就看到"衣衫褴褛、污秽不堪的士兵，他们脚上缠着破布——跛行，挂拐，断手缺腿，刚被从极度拥挤的医院中放出，仍因斑疹伤寒而全身青紫、打战。因伤寒已在城中流行，那里6—10人同居一室，直到各处都挂起黑旗——咖啡馆窗上贴着用黑纸写的死亡通知"。来到贝尔格莱德时，他前往大学，"这里也变为一大片呻吟的废墟"，他解释说，"奥地利人已将此处当成一个特别目标，因为这里曾是泛塞尔维亚宣传的基地，在学生组建的秘密社团中就有谋杀弗朗茨·斐迪南大公的凶手。"

里德又造访沙巴茨，他在此与一位艺术家旅伴被告知了奥地利人在短暂的占领期间对这里犯下的罪行。"士兵们被像野兽一样放入城中，烧杀淫掠，无恶不作。我们看到被毁的欧洲大饭店和被肢解的乌黑的教堂，那里圈禁了4000名男人、女人和孩子，四天无水无粮，然后他们被分成两组——一组被当作战俘送回奥地利，另一组在奥军面向塞尔维亚军队推进时，被驱赶到前方。"有人给里德看了一张拍摄于莱克尼查村的照片，"上面显示有100多名妇女和儿童被用锁链穿在一起，头已全被打掉。"在他发表于1915年的著作中，他向协约国读者证实了同盟国的野蛮行径。[①]

11月底在伦敦时，丘吉尔得知他的密友休·道内已经战死。他还收到密友、同为议员的瓦伦丁·弗雷明的来信，正在西线战场服役的弗雷明，试图描绘战争场面。"首先令人印象最深的是，"弗雷明写道，"绝

---

①　里德因其著作《动摇世界的十天》中对亲眼看见的布尔什维克革命的记述而出名。他死于1920年，葬于莫斯科红场。他发自塞尔维亚的报告于1994年重印，一篇《泰晤士报》文章题为：《1915年的简述预言了当今波斯尼亚的恐怖》。（《泰晤士报》1994年3月26日）

对无法尽述的现代火炮的蹂躏，不仅施加于其射程之内的一切人、动物和建筑，还施加于大自然的外表本身。想象一片宽阔地带，宽为十英里左右，从海峡延伸至巴勒（巴塞尔），这里确定无疑地散布着士兵的尸骸及他们简陋的坟墓，这里的农场、村庄和房舍都变成了漆黑的、模糊一片的乱石堆，这里的农田、道路和树林当中弹坑遍布，死去的马、牛、羊改变了这里的地形地貌，它们令人厌恶地扭曲、破碎，以各种姿态散布于各处。"在这个地带，日与夜都因"各种射弹的不断呼啸与坠落，因邪恶的烟柱和火焰，因伤兵的哭号，因各种动物——被抛弃者、饥饿者或负伤者——可怜的叫声而变得可怕"。

沿这条"死亡地带"，延伸着两条或多或少平行的战壕，其间有200—1000码的距离。在战壕当中，弗雷明解释说："蹲伏着一排排士兵，他们身穿或棕或灰或蓝色军装，沾满污泥，蓬头垢面，因持续紧张而眼窝深陷，他们无力回应从3、4、5及更多英里外不断朝他们射来的炮弹，却积极欢迎步兵从一侧或另一侧发起的冲锋，将此看作与自己等同的人类发起的攻击，而不是与无形的不可抗拒的机器的抗争，从各方面看，你我都将一致认定这种奇异思维只会带来毫无效益的后果。"弗雷明在信的末尾写道："不管交战双方的每一名士兵多么想让这场战争立即结束，它都将成为一场持久之战。"①

11月23日，丘吉尔在致妻子克莱门蒂娜的信中问道："我不知道，假如军队突然同时宣布罢工，并声称一定要找到其他方式解决争端，那结果又将如何！然而，就在士兵中爆发新的雪崩以融混冲突的同时，冲突却在随时扩展。"当晚就在伊普尔突出部，德军部队攻破了印军在菲斯蒂贝尔坚守的战壕。出现了多次徒手肉搏，数条堑壕失守。驻法印军官方历史所称的"不妥协命令"由该军司令、陆军中将詹姆斯·威尔科克斯下发，"原战线必须于破晓前收复，且要不惜一切代价坚守。"

11月24日，印军收复了原失守战壕，并抓了100名德军战俘。战斗结束时，人们才发现印军下士达万·辛格·内迪在头部两度负伤的情况下坚持战斗。就在战斗结束，他所在连列队时，连长才看见"他的鲜血已从头顶流至脚下"。他被授予"维多利亚十字勋章"。当日，在该阵地近旁的一个战区，英国军官德·帕斯中尉率领两队印军士兵冲入一条德

---

① 弗雷明，女王陛下牛津郡轻骑兵上尉，1910年起任保守党议员（丘吉尔当时属自由党），1917年5月20日在西线战场战死。其长子彼得后来成为一名杰出的旅行家和游记作家，次子伊恩是"詹姆斯·邦德"系列小说作者；两人在父亲死时都还年幼。

军战壕的地道内，该地道已深入印军阵地内 10 码远。结果该地道被摧毁。11 月 25 日，德·帕斯展开了更为冒险的行动，他和一名印军士兵冒着德军机枪炮火前进 200 码，以救回倒在无人地带的一名身负重伤的印军士兵。

次日，德·帕斯再次跃进来到战线前方的一个地道尽头处以修补受损的胸墙。见到一名德军狙击手正在射击时，他试图对他射击，但他自己却被击中而遇难。驻法印军官方历史就他写道："他是典型的、完美的英军军官。他将完美的人格魅力和极度的勇敢融于一身，使自己成为士兵的偶像。他死后被光荣地授予'维多利亚十字勋章'。他赢得这枚勋章所付出的代价无人能及。"尽管该历史并未说出，但德·帕斯这名伦敦人也是一名犹太人。

11 月 25 日，法国炮兵轰击了摩泽尔河东岸的阿尔纳维尔村，这里位于梅斯以南十英里。此战被一名法国发言人称作"开启了对德占领土的新的进攻"。但并未收复任何领土。在更西面，法国平民被从桑皮涅村撤离，因为害怕德军会摧毁普安卡雷总统故居，假如总统造访该村，德军还有可能会将其俘获。德军利用重型奥地利远程攻城加农炮成功摧毁了总统故居——勒克楼，该型火炮 8 月在摧毁比利时要塞时也曾发挥奇效。

在西线法国战区的战场上，霞飞指令伊普尔突出部的英军部队向德军战壕发起有限进攻。此举并无战略目标，也不指望突破战壕防线，其更为有限的意图即与更南面的法军发起的一系列进攻相结合，以支援俄军。法、英两国政府希望将尽可能多的德军士兵牵制在西线，就会缓解俄军在东线面临的压力。其中的一名士兵就是希特勒，他于 12 月 2 日获得铁十字勋章。他在两天后写给房东的信中说："尽管极度紧张，缺少睡眠，但我依旧精神饱满，这真是纯粹的奇迹。"

贝当将军冬季视察前线后报告说，厚厚的淤泥阻滞了法军的前进。在英军战区，仅因冬季的"战壕脚"一项就有 2 万名士兵因伤致残。英军总司令约翰·弗伦奇爵士 12 月 10 日视察阵地时发现这里"已变为一片泥潭"。"在世界的这个角落，"史密斯-道里安将军回忆说，"仿佛绝无石块和沙砾，雨水将土壤变为一种貌似稠粥的稀泥，而它却无法让人维持生命。走到路旁就会立即下陷。"保护性胸墙一被建起"就逐渐沉没，战壕中浸满雨水，所以要存有任何遮蔽之物，就必须不断干活"。

战斗持续进行，但双方均未取得优势。"昨夜我们占领了五条战壕，"威尔逊将军在 12 月写道，"但主要因敌方炮弹，我方又被从其中四条赶出，恐怕我军损失约 1500 人。动向看好，但代价高昂。"12 月 16

日，已有 2000 人战死的印度军团，又奉命前进至日旺希附近夺取德军前线战壕，在此次失利的尝试中又有 54 名士兵战死。两天后，印军奉命再次进击，但"目标必须有理有利"。此次袭击最初取得了成功，随后，驻法印军官方历史（写于 1917 年）记载："敌军无法通过正大光明的手段击退我军，于是采取了'德国文化'的子孙特有的伎俩。一群德军举手做投降状进至一条交通壕。他们靠近时，我们发现了他们身后准备随时向我方现身的士兵发射的机枪。这伙大胆的敌军得到了应有的招待。"

冬季的来临让西线战场的情况雪上加霜。在 12 月 18 日进攻日旺希的战斗中，与印度军团相邻的一组高原军团无法开枪射击，因为他们的多数步枪都被污泥堵塞，结果全被德军俘虏。当天，在苏格兰近卫团坚守的一处战线，他们对德军战壕发起攻击，官方史学家阿特金森称"此次行动计划不周"，让该营死伤过半。阿特金森评论说，此次战斗的命令表现出的"乐观精神无法显示出对地面状况及前线整体状况的细致了解，亦无法准确评估袭击有现代化步枪与机枪固守、又有铁丝网地带防御的坚固阵地会遭遇的困难。催生这道命令的情报是德军有多个师已被从西线调往东线。但他们并未将这些铁丝网随身带走！"

在日旺希，德军于 12 月 20 日发起一次反攻，夺回了两天前失守的地道。这些地道是从主战壕延伸出去的狭窄战壕，距敌方战壕往往只有几码远，这里经常发生徒手肉搏。天气也带来其他危险。驻法印军官方历史评论说："恶劣天气正在资敌作战，因为夜间如注的暴雨已使战壕难以支撑。许多地方的射击踏台已被冲毁，结果士兵们无法站到足够的高度以在胸墙上方射击。"此外，"战壕中淤泥和冰冷的积水已过膝，某些地方都已过腰，致使大量步枪被堵塞而不敷使用。"由于这些"无处不在的稀泥"，战壕已变成"确定无疑的死亡陷阱"。只能进行最缓慢的行动："士兵们的皮靴，甚至连他们的外衣都在行动时被淤泥脱去。"

德军下达了后撤的命令，但在执行过程中，德军在一条印军战壕下方爆响了地雷。此后就频繁出现从己方阵地下方向敌方战壕下方挖掘地道，并将其一段炸毁的战法。驻法印军战史就此次地雷袭击的后果评论说："耶茨上尉率领的 E 连现已荡然无存。"

当德军残酷对待被俘伤兵的细节被传到各协约国首都时，冲突中的野蛮引发了极大愤慨。法军发现一本德军日记，将其移交英方，并重印于第 1 集团军的每日简报上。"放眼我方战壕，怒容满目，更不必说我方士兵表现的兽性，"这名德军士兵在 12 月 19 日的日记中写道，"将负伤的英军殴打致死，都给我带来严重影响，结果我这一整天都不想做任何事。"苏格兰近卫军 12 月 18 日对日旺希发起进攻数日后，英军阵线都义愤填膺，因为他们听说一名英军伤兵费力地爬回后，腿部被德军击中两枪，随后他抵达英方胸墙时，被蓄意杀害。堑壕战期间每日发生的事件都极端残酷。

在这些战争恐怖当中，参战士兵又面临一种新的危险。12 月 22 日，丘吉尔告知他的海军部官员说约翰·弗伦奇爵士已发布命令，要对西线上任何竖起白旗的德军士兵"立即开火，经验表明德军习惯性而系统性地滥用这一标记"。由此，"任何升起白旗的德军舰船也应按此原则遭到射击"。"显然无助"的船只可被允许投降，但万一存有疑虑，该船就应被击沉。在一切海战中，"应即刻对挂白旗船只开火"。

1914 年圣诞节到了，各战区都同时出现了和平主义情绪的爆发，因为欧洲各国部队都要庆祝他们共同的救主的诞生。近五个月以来，战争的惨烈程度都在与日俱增。突然，随着平安夜里黑暗的降临，在前线的部分地带出现了短暂的息事宁人的行动。"我们和德军展开了对话，他们急于在圣诞期间安排一次停火，"苏格兰近卫团的 25 岁的中士爱德华·赫尔斯中尉在其所在营的作战日志中写道，"一位名叫 F. 默克尔的侦察兵外出时遇到一支德军巡逻队，结果他们给他一杯威士忌和几支雪茄，并请他带回口信说假如我方不向他们开火，他们也就不向我们开火。"当夜，在五天前发生激战的阵地上，火炮均已沉寂。

次日一早，德军士兵走过英军铁丝网防线，英军士兵走出相迎。"他们显得非常友善，并交换帽徽、徽章等纪念物，"赫尔斯记录道。英军送给德军士兵"他们自己十分珍爱的"葡萄干布丁。然后双方做出安排以安葬战死于 12 月 18 日夜间的英军士兵，他们的遗体仍大都卧于他们被射倒之处，即靠近德军前线的铁丝网边。"德军将遗体送到中点线上，我们就将其埋葬，"赫尔斯在营作战日志中写道，"英军与德军分队排成一线，一名德军牧师和一名英军牧师就轮流做祷告。整个事件进行当中，气氛都显得庄严肃穆。"

这个圣诞节，德军与其敌手的亲切交往几乎出现在英军面前无人区内的一切地带，也发生于法军和比利时阵地的某些地方。这种行动几乎全由德军士兵发起，采用的手段是传递口信或歌唱。在普卢赫斯泰尔特附近，会说德语的英军军官阿姆斯上尉与其士兵共同听了德军唱的《小夜曲》，又喊："再来一个！"结果又听了舒曼的《两名掷弹兵》。随后双方士兵都离开各自战壕，并在无人地带相见，这时就出现了阿姆斯所称的"友好交流"，随后双方唱了两首告别歌曲：德军唱的是《莱茵河畔的哨兵》，英军唱的是《觉醒吧！基督徒》。

"这是我曾度过的，也是有可能度过的最奇异的圣诞节，"萨珀·戴维在日记中写道，"我们很难相信究竟发生了什么。"同样身在西线的萨珀也在与己方相对的战壕中与德军交换了纪念物。其他英军士兵还与德军步兵一道进行了追野兔的游戏。有些士兵还在无人地带踢起了足球。英军少尉吉来斯皮就被带入德军阵地，看到一块牌子已被竖起以追思在早前一次进攻中攻入德军战壕后被杀死的一名英军军官。

布鲁斯·班斯法瑟撰写的战壕童话《子弹与兵营》是英国最受欢迎的战时著作之一，书中回忆起在圣诞节当天"在距德军战壕约半程的无人地带加入涌动的人群。令人感觉甚为怪异：这些人就是那些爱吃香肠的恶棍，他们选择发动这场地狱般的欧洲争端，同时也将我们和他们一起拖入极端窘迫的处境当中"。这是他首次近距观察德军。"当天双方都不剩下丝毫仇恨；而且，我方继续战斗的意愿一度失去；打垮他们的想法也已消减。"在一个地点，班斯法瑟用自己的铁丝网切割工具来与一名德军军官交换两枚大衣纽扣。"我最后一次看到这样的小事，"班斯法瑟两年后回忆说，"就是看到我的一名机枪手——参军前曾当过业余发型师——给一名驯服的德国兵剪去了不自然的长发，自动理发器在他脖颈后侧爬行时，德国兵就耐心地蹲在地面上。"

"我想我今天见到了任何人所能够见到的最非凡的景象，"杜根·蔡特少尉在阿芒蒂耶尔附近的战壕中给母亲写信说，"今天上午 10 点钟，我目光扫过胸墙，瞧见一名德军正在挥舞双臂，随后另有两名德军走出他们的战壕，还有几人朝我们的战壕走来。我们正要向他们开火，发现他们都没带步枪，我们的一名士兵就出去迎接他们，两分钟后，两条战线之间的地带挤满了双方的士兵和军官，他们相互握手，互祝圣诞快乐。"

蔡特告诉母亲，此次亲切交流持续约半小时，后来战士们都被召回各自战壕，但随后就又重新开始。"当天其他时间，无人再放一枪，士兵四处随意走动，在开阔地带搬运柴草和木柴。我们也为双方死难者举行了联合葬礼，他们原来一直倒卧在双方战线的中间地带。"①

法国外籍军团所处阵地也出现了停战，举行葬礼和交换雪茄、巧克力等事例。有一个团员是 1913 年毕业于哈佛大学的维克托·查普曼。"双方全天均未交火，昨夜彻底寂静，"他在 12 月 26 日致父母的信中写道，"尽管我们奉命保持警惕。今天早上，年轻而英俊的土耳其士兵奈迪姆开始站在战壕上方向对面呼喊。谨慎的葡萄牙士兵韦斯康索莱多斯

---

① 1993 年蔡特少尉所写信件的传真图案入选伦敦帝国战争博物馆圣诞卡片图案。

警告他不要这样暴露自己，自他说话开始，他就逐步暴露了自己的头部。他转身要下到壕中——倒下了！一枚子弹已钻进他的颅骨后方；呻吟，一摊鲜血！"

约翰·弗伦奇爵士后来回忆说，他听说双方士兵亲切交流后，"我就立即下令防止再出现此类行动，并责令当地指挥官严格负责，这样下去会引发大量问题。"一位研究1914年圣诞节停战的史学家皮科克提到英军第7师参谋部于节礼日发布命令说此类非战争行动必须停止。①

在空中，战斗并未因圣诞节而停止，当天有九架英军水上飞机袭击了库克斯港的德国齐柏林飞艇库。冰冷的浓雾使飞行员们无法锁定飞艇库，但他们飞过两艘德军巡洋舰上方时，使其中一艘出现恐慌，它试图移出锚泊地时与另一艘相撞，导致两舰全部受损。同日，一架德军水上飞机在格雷夫森德附近的克利夫村投下两枚炸弹，幸而无人受伤。

阿尔萨斯境内的法国外籍军团亦无圣诞停火。他们在圣诞节当天不同于外籍军团驻守其他地区的部队，而奉命持续战斗。在朱塞佩·加里波第中校——意大利爱国者加里波第之孙——率领下，他们对德军阵地发起进攻。战死者中有中校的侄儿——布鲁诺·加里波弟上尉。在米卢斯以西，西线战场的最南端，法军部队在节礼日对施泰因巴赫展开战斗。争夺该城的战斗在其最后阶段演变为逐街争夺，共持续五天，共有700名德军和600名法军战死后，法军部队最终被击退。

远离前线之处，1914年圣诞节还出现了首批俄军战俘死亡事件，他们都是四个月前在坦嫩贝格战役中被俘的，被关押于柏林西南30英里的维滕贝格。在维滕贝格，他们每日口粮包括一条1千克重的黑面包（十人分吃），及用土豆粉和蚕豆做成的稀汤，几乎没有燃料给他们的囚房供暖，室内的一条窄垫子要供三人使用，轮流铺盖。不同于英法战俘，俄军战俘收不到国内寄来的食物包裹。一名想要伸出援手的英军军官描述他们"骨瘦如柴，面色惨灰，身染寄生虫病"。

饥饿、寒冷和虚弱让他们出现伤亡，斑疹伤寒的爆发令问题更加严重。爆发期间，一名德国医生来到营内为个人在马格德堡的研究工作采集了一些细菌学样本，即行离开。六名被俘英军医官竭尽所能提供帮助。其中三人感染该病死亡。

在英国，圣诞节过后的一星期内，100多名反战的基督徒在剑桥大学三一大厅聚集，召开了为期四天的会议，讨论战争的教义挑战。与会参加辩论的有长老会牧师理查德·罗伯茨，他很快就因其绥靖主义观点

---

① 《炮火，一战史记录》，1994年第28期，30页，皮科克（辑）。

而被迫离开他所在的北伦敦教堂。与会者面临双重困境，对国际道德——如捍卫法国反对侵略，和基督教道义之间的冲突。经过四天的争论后，与会者总结说："首先，英国有光荣义务援助法国；其次，战争不符合基督教教义。"

战争的"非基督教"本质并未受到普遍认同。为回应剑桥大学的基督教和平主义者，牛津大学的一位首席古典学者艾尔弗雷德·齐默恩就在一本将协约国的战争努力与弘扬民主的斗争相联系的论文集的序言中不留情面地写道："认定基督教与战争格格不入的人们似乎会保留一种僧侣主义和被动无政府主义的生活观，与政治社会中的成员身份不相协调。欧洲顶层神职人员都支持战争，并为参战士兵送上祝福。"12月26日，爱尔兰诗人凯瑟琳·泰南在《旁观者报》上发表了一首诗，随后就被伦敦大主教温宁顿·英格拉姆反复援引，诗中表现战死沙场有着神圣动机：

> 为免得让上天充满须发皆白的老人，
> 上帝，就充满欣喜地使少年
> 在悲戚与荣耀的一天屈身，
> 而在夜晚召唤他们升天。

上帝"召唤他们升天"：在高加索前线俄军基督徒和土军穆斯林在土耳其东部的高山隘口激战时，上帝不同的两面就出现了冲突。俄军被逐渐驱逐出土耳其土地，穿过俄军1818年侵害土耳其利益而建立的边境。在高加索前线的萨勒卡默什的战斗期间，两军发生激烈交战。尼古拉大公迫切地希望俄军部队不被继续击退，他呼吁英国让英军在土耳其采取行动，以便将土军部队从东面引开。基奇纳发起，并由丘吉尔支持的英国回应，就是用军舰对达达尼尔海峡的土耳其海港发起袭击。

赞成在达达尼尔海峡采取行动的论据令人信服。英军战舰可以在不受干扰的情况下在爱琴海集结。如有必要，已在前往埃及途中的澳大利亚部队即可登岸，与被基奇纳认定为劣等的土耳其军队战斗。在萨勒卡默什，俄军正在击退土军，他们引开敌军的需要虽然不再强烈，但仍显急切。从西伯利亚调来的俄军，也许已经打破高加索战场的平衡，但被需要用来守卫华沙。英军不必费西线战场上的一兵一卒就可以对俄军提供支援。

在英国战争会议内部，西线战场的僵局为进攻土耳其带来了另一理由，他们认定这一进攻将会迅速告捷。"就没有将我们的陆军送到弗兰德斯以受铁丝网的消耗之外的其他选择了吗?" 12 月 29 日,丘吉尔向阿斯奎斯提问。三天后,劳合·乔治也表达了同样观点,他敦促"捣毁德国身下的支柱以将其击败"。劳合·乔治提议可针对奥匈帝国采取行动,也许可以沿达尔马提亚海岸登陆。数星期后,经大量协商,以阿斯奎斯为首的英国战争会议就确定土耳其是应被捣毁的支柱。"将要采取措施向土耳其人示威",1915 年的第二天,基奇纳通知土耳其政府。

每个军、团或地区的历史都同样讲到当年 12 月的险境与惨败。研究伦敦郡议会的战争努力的史学家文森特·威克斯——他本人后来也曾在西线战斗过 15 个月——描述当时的堑壕战"到处是淤泥、黏泥和毒虫,巡逻队走在无人地带,还有夜晚的运粮队。劳动队和埋尸队,因为不断有人因炮弹、炸弹、地雷和狙击手而伤亡,还会突然出现轰击、空袭和小规模战斗,随时面临寒冷与潮湿、无聊与不适,每分钟都伴有死亡的危险。"

仅按伦敦郡议会记载,1914 年 12 月两个星期的静态堑壕战中,就有六名成员战死。和平时代,他们曾在电车公司、公园、教育部门和精神病院任职。阿瑟·詹姆斯·韦布远在贝克斯利区精神病医院担任卫生员。8 月起在掷弹兵卫队担任列兵,他于 1914 年 12 月 29 日在拉巴塞附近遇难,不远处就是一所法国精神病医院。他是 1914 年最后伤亡的人员之一。当天,丘吉尔致信阿斯奎斯:"基奇纳宣称我们前方只有'少年和男人'时,他说错了;你我一致认定我们前方有着优秀的令人胆寒的军队时,我们说对了。战争已使 5000 多名士兵战死或负伤,即可证明这一简单的事实。"然而,还有更多的死亡为这一年画上句号:12 月 30 日,一个军事法庭宣判两名曾藏匿于谷仓中的英军士兵死刑。两个星期后,他们并肩被射杀。在战壕以及大都市内,人们日益认识到战争将长期持续,而且堑壕战将是其一大主题。

堑壕战当中的痛苦与伤亡,与事关领土热望的平静探讨,却属于并行不悖的两个世界。12 月 3 日,已同德军在太平洋岛屿和港口交战的日本政府,获取了英国的承诺:日本可以占领赤道以北的德国领地。该协议令澳大利亚政府大为光火,该国一直希望占领这里的大片领地供其殖民之用。在中立国意大利出现了敦促参战的声音,以便让意大利在分割胜利的红利时,不被排斥在外。贝尼托·墨索里尼通过他那份由法国资助的报纸,又通过公开演说,表达了意大利政府应当参战的观点。"中立国向来无法主导局势,"他在帕尔马发表演说宣称,"它们永远沉沦。只有鲜血能够推动历史的车轮。"

当战争与个人的生命相碰撞时,"鲜血"和"历史"等字眼就不再容易引起诗情画意。8 月随各协约国外交官及夫人撤离君士坦丁堡，并最终抵达雅典的贝蒂·坎利夫–欧文回想起当时的情形："我们看到国内报纸——收到国内来信——听到国内消息！哎，对我们当中某些人而言是噩耗！在这里，杰拉尔德·维尔斯利勋爵听到他勇敢的弟弟在法国战死；在这里，我们在阵亡将士名册中见到了在幸福的和平年代久已相知的朋友们的名字。对我而言，他们的名字似乎直立纸上，仿佛烫金字体印刷。是的，'强于死亡，高于生命'，而且永不磨灭——但——它却令人痛心。它令人心痛至极——想到我们无法再和他们紧握双手，无法相互微笑致意就令人心痛。一块阴影笼罩了我心，由此世界也更加阴暗。"

这种阴暗最显著地反映于自五个月前开战以来法军的伤亡数字中：30 万人战死，60 万人负伤、被俘或失踪。正如一位史学家指出的，这五个月中的死亡人数超过了整个二战中英军战死的人数。①

---

① 阿利斯泰尔·霍恩，《光荣的代价：1916 年的凡尔登》，伦敦：麦克米伦公司，1962 年，328 页。

第七章　求破僵局

1915 年 1—3 月

1915 年开局之时，喋血丝毫没有止息。1915 年初，在塞尔维亚前线的奥、塞两军中均爆发了斑疹伤寒。为显示对塞尔维亚的支持，英国女性志愿者给塞尔维亚送去了 100 多吨医用物资和药品。在英国方面，1915 年初遭遇了一场海军灾难：其战列舰"可畏"号被德国潜艇击沉，547 名海军士兵葬身水底。在西线战场，堑壕战中的大批军队每前进数百码都要付出惨重伤亡。在香槟地区的佩尔特附近，经 12 次进攻和 20 次反攻，法军向前推进不足一英里。在梅斯以南的克松，法军被赶出高地后，又将其夺回，法军官方声明宣称："我们发现的死难者分属五个不同军团。"

对战壕、高地、丛林、杂树林的争夺，似乎不断让人们用胸膛去抗击子弹。然而，身在伦敦的阿斯奎斯却收到了同僚寄来的一封信，信中说："可以在短期内装配起大量蒸汽拖拉机，并为其安装小型装甲车身，车内可安排人员并设置机枪，该车就可防弹。夜间使用时，此类车辆丝毫不会受到敌军炮火的任何影响。履带结构将使其可以轻易跨越战壕，整车自重将能够摧毁一切铁丝网障碍。"写信者就是温斯顿·丘吉尔。他的信件标志着坦克在实际形成当中的第一步。

每个交战国都在寻求新的盟友和新的战区。1 月 5 日，基奇纳勋爵在英国战争会议称——据官方会议记录记载："达达尼尔海峡似乎是最适宜的目标，可以在此处与舰队联合发起进攻。"如果取胜，即可恢复与俄国的交通；解决近东问题；吸纳希腊、保加利亚和罗马尼亚参战；并使目前被封锁于黑海的小麦和海船可供利用。战争会议秘书汉基上校做了更进一步的阐释。他说，在达达尼尔海峡取胜，"将使多瑙河成为我军一条运输线，可以直捣奥地利心脏地带，并使我军海上实力在中欧发挥作用。"

各协约国不仅希望将希腊、保加利亚和罗马尼亚拖入战争，而且想将意大利引入其轨道。德、奥两国也同样在寻找盟友，尤其是用来针对俄国。有待争取的一个小而活跃的队伍就是俄国的布尔什维克党人，其多数领袖都在瑞士流亡。布尔什维克党人并未预计到奥、德两国政府会同情他们的革命事业，但柏林和维也纳的决策者们都急于支持布尔什维克主义的扩张，为的是一个并不太牵强的希望，即布尔什维克党人将破坏俄国政府的稳定，并减弱沙皇发动战争的能力。

1月7日，彼得格勒的一个布尔什维克小组就向士兵、工人和农民散发传单，号召他们不去支付每月应付的租金。同日，在君士坦丁堡，富裕的布尔什维克党人亚历山大·赫尔芬德找到德国驻土耳其大使说："德国政府的利益是和俄国革命者完全一致的。"赫尔芬德解释说，布尔什维克党人的目标就是彻底摧毁沙皇制度，并将俄国分成多个小国。如果无法在俄国国内引发大革命，那么德国就将无法在战争中击败俄国。赫尔芬德的谈话引发了德国对激发俄国革命的与日俱增的兴趣：这一兴趣因战场上的僵局而得到强化，其巅峰就是促使列宁过境德国领土返回俄国。三个月后，德国政府通过一名爱沙尼亚中间人向列宁提供经费，以激励他进行反战活动。事实上，列宁无须激励。①

1月19日夜间，德军对英国发起首次空袭：两艘齐柏林飞艇飞越北海，来到诺福克海岸。四名平民丧生，两名死于雅茅斯，另两名死于金斯林。在西线，德军在苏瓦松战役期间俘获5000法军。在伊普尔突出部，德军部队持续对英军防线施压，几乎已使伊普尔本城无可固守。虽经多次进攻，但伊普尔以南的梅西讷依旧为德军占据。"我们依旧固守原有阵地，并持续滋扰英军和法军，"希特勒1月20日在致房东的信中写道，"天气非常糟糕，我们经常一连数天泡在齐膝的水里，还要顶着猛烈的炮火。我们迫切希望能够暂憩。让我们祝愿不久之后整个前线都能向前推进。局势不可能永远继续这样下去。"

德国在对土耳其施加更大的军事影响时，也有人日益清晰地看出近东地区是英国最易有效打击并损害的地区。1月21日，热情高涨的土耳其教

---

①　支付给列宁的经费总额为20万—25万马克，当时相当于5万—6.2万美元。1923年，布尔什维克党开始偿还这笔资金时，因通货膨胀导致马克贬值，这些马克的价值已低于一美元。

授恩斯特·雅克就对德国皇帝说，此时身在土耳其的普鲁士军官很快就将隔苏伊士运河眺望这条英国连通印度的生命线。结果皇帝勃然大怒："你肯定是疯了。我的军队不会为此目的而前往那里。"当时在场的一名德国海军上将看来，皇帝"显然被一场长期战争的想法吓怕了"。

在被德军占领的北海沿岸上空，英军飞行员正在学习新的空袭战法。1月23日，两名年轻飞行员——理查德·贝尔·戴维斯和理查德·皮尔斯——每人都从低空向停泊于泽布吕赫防波堤沿线上的德军潜艇投下八枚炸弹。戴维斯在攻击发起时就因大腿部中弹而受重伤，但他不顾失血和剧痛而持续进行空袭。他因表现英勇而被授予优异服役勋章。①

在西线战场，每日不断的小规模冲突和炮火冲击使伤亡人数不断攀升。但德军士兵仍在盼望会如期取得迅速的胜利。"我们要在这里坚守，直到兴登堡削弱俄军的抵抗，"希特勒1月26日写信给房东说，"然后就会出现报复行动！"然而，当年不会，下一年也不会战胜俄国。

在法德两军对峙的阿贡讷地区，1月29日，德军中尉埃尔温·隆美尔率领他手下的一个排去夺取四座法军碉堡。爬过法军铁丝网后，隆美尔呼喊排中战士跟上，但无人听从。继续呼喊后，隆美尔被迫跑回，并警告该排排长说："立即服从我的命令，否则就枪毙你。"随后，整个连一举爬过了这道铁丝网。占领这四座碉堡后，他们又打退了法军的一次反攻，但侧翼遭到猛烈炮火的袭击，于是他们被迫后撤。隆美尔因在此次行动中表现出的英勇而被授予一级铁十字勋章，这是他所在团中第一个获此殊荣的军官。团里很快就出现了一句流行语：隆美尔在哪里，哪里就是前线。

1月30日，德军向阿贡讷发起新的进攻，700名法军成为俘虏。

在海上，死亡人数并不取决于战斗激烈程度，而是取决于舰船大小及其下沉速度。1月13日，霍佩上校指挥的德国潜艇"U-22"号，误用鱼雷击中柯尼希上校的"U-7"号潜艇，致使该艇上乘员除一人外全部遇难。柯尼希和霍佩是最要好的朋友。同日驶离威廉港的另一艘潜艇"U-31"号失踪：据信该艇已经触雷沉没。②

———————

① 1913—1914年，戴维斯和皮尔斯都曾任丘吉尔的飞行教练。1940年皮尔斯被擢升为轰炸机司令部总司令。

② 1914—1918年间沉没的199艘德国潜艇（全属现役的300艘）中，有超过15艘下落不明。据信这些潜艇与另外40艘一样，都被水雷摧毁。然而，"U-31"号潜艇却与众不同，它六个月后在英国东海岸漂流上岸。所有艇员均已丧生：六个月前在海底过夜时，他们显然都被毒气熏死。该潜艇的油箱被各个击破之后，它又受到了更大的浮力，并漂到海面上。

　　1月24日，在多哥海滩外海面上，英国利用俄国人先前送给他们的德军密码本意图拦截德国战列巡洋舰中队。英国取得的此次胜利令国内士气大振。15名英国海军士兵丧生，但在德军旗舰"赛得利茨"号上，死难人数为192人。在"布吕歇尔"号上，782名德国海军士兵葬身水底。

　　在英吉利海峡，1月30日，第一艘海船被德国潜艇在不经警告的情况下就用鱼雷击沉。德潜艇取得的此次成功被迅速复制。2月1日，驻巴黎美国外交官约翰·库利奇在日记中写道："另一艘小型商船刚被德军击沉，就在梅西河口，此事让我们感到一阵恐怖。德舰因无法再前进一步而恼怒，结果就不遗余力地进行破坏。"

　　当天，德国宰相批准了帝国海军的请求，即对所有向协约国各方运送粮食和给养的一切船只——包括中立国船只——发起潜艇袭击。德国2月4日发表宣言将该决议公开，宣言称英国及爱尔兰周边水域成为"战区"。宣言指出，"尽管德国海军部队收到明确指令要避免攻击可以识别的中立国船只"，但鉴于海战当中偶发事件频繁，鱼雷攻击中立国船只的事件"无法持续避免"。

　　德国人为展开此次扩大化潜艇战给出的理由是对英国向德国实施的"饥饿封锁"进行"报复"：英国前一年11月在北海布设了雷场。甚至连美国都因"整体默许"英国措施而遭到德国的痛责。德国宣言发表五天后，美国警告德国政府说拟议中的潜艇战构成了"对中立国权益的不可原谅的侵犯"，而且如果有美国船只和美国公民申明因这项新的政策而受到损害，则德国将为此而"负上全责"。美国将采取"任何必要措施"，以保障美国人民生命财产安全。这些措施究竟可能是什么并未得到解释。

　　在地中海东岸，土耳其军队穿越西奈沙漠，跋涉130英里，途中利用德国工程师事先秘密掘好的水井，于2月3日夜间抵达目的地——苏伊士运河。次日一早，5000名土军在德国军官克雷斯中校率领下，试图横渡运河。运河河面上架起三座浮桥，约60名士兵成功抵达运河西岸，但他们却被印军击退，从海上发起轰击的英军战舰及装甲列车上的火炮为印军提供了支援。土耳其再派遣2万名士兵渡过运河的希望受到打击，同时德国也无法再设想夺取伊斯梅利亚后在埃及境内煽动反英起义。此役中有200名土军战死，另有700多人负伤。

　　因战俘人数不断增加，各交战国政府都设立了特别机构以获取有关他们的信息，尝试安排交换重伤人员，及抗议虐待俘虏。一名荷兰人参访了德国境内的三座战俘营，即鲁勒本、多贝里茨和布尔格，后于2月

4 日报告说，布尔格战俘营"简直充满恐怖——德国境内对英国的仇恨令人难以置信，我害怕可怜的战俘难免要为此而受苦了"。然而，一名谋求英国利益的美国外交官却不以为意。"从天而降的天使也无法使鲁勒本营的战俘们心满意足，"他在致一名英国外交官的信中发出抱怨后继续写道，"除非天使能打开牢门放他们离开。"不过抱怨仍在继续：在居斯特洛战俘营，囚犯们因每月只被允许写一封信和三张明信片而暴怒。板球和戏剧表演能帮助他们消磨时光，但无法减轻被囚禁当中的压力、挫折与单调之感。在措森，战俘营的部分地点被辟为穆斯林、印度教徒和黑人专区。在该营中央，"奉德皇之命"建起一座清真寺。

战争爆发时居住在德国境内的英国臣民就从德帝国各个角落走来，还有许多航海商人因其船只被扣押于德国港口或在海上遭到德国突袭舰船的劫持被关在此，锡克教徒、非洲黑人和马来人也在其列。他们当中大多数人都被监押于鲁勒本营。他们会为一点小钱而为其他狱友完成某些并不体面的任务，其中之一，英国自由职业摄影师珀西·布朗，就是在执行一项任务时，从荷兰境内无意越过德国边境。他后来说非白人囚室"是整个战俘营中最快乐、最洁净的。多数有色人种都在玩耍、唱歌、跳舞。他们的生活是永不停歇的音乐会……西印度人和马来人都低声敲奏摇篮曲，这是低沉而抚慰人心的音乐，其中没有强烈的节奏和不和谐音符。在牢房的中央是五名黑人经办的一个充满笑声的洗衣作坊。他们在熨平洗净的衣服时都伴随烙铁触碰衣物而哼起轻快的灵乐。在入口处后方，我们的皮匠按照尤克里里琴清唱的腔调跳起一种奇异的小步舞蹈，而六七名'顾客'就耐心地等待他们把木底鞋做好。"

德国境内的俄军战俘则无此幸运。加拿大列兵莫文·西蒙斯就在帕纳温克尔战俘营见证了某些"精疲力竭，形同死尸"的俄军战俘每天被迫劳动 17 小时后拒绝再去干活的情形。造反发生数日后，德军士兵赶到。宣布成立新的劳动队，所有不愿加入的俄军战俘都被命令去绕圈跑步。"一小时后，他们都苦苦求饶，向着催促他们继续跑步的士官们喘着粗气说出他们所知道的唯一一个德文词——'同志，噢，同志'。他们用自己的语言恳求、祈祷，但他们得到的答复只是刺向面前的刺刀。他们人头攒动，舌头伸出，口冒白沫，赤红的眼中现出怒火——其中一人倒在一名士官脚边，士官就俯下身帮他合上眼睑，以查看该战俘究竟已失去意识还是佯装如此。他查看并证明后一种情况属实，于是长官就踢这名俄军让他站起来。他是带着善意这样去做的，然后这一令人疲倦的竞赛就继续进行。"

在空中，对于轰炸效能的希望往往事与愿违。俄军持续对波兰境内德军控制的火车站的轰炸未能让德军止住前进的步伐。2月12日，德皇表达希望称"要竭尽全力展开"对英空战。一张目标清单被列出：军事基地和堆栈、营房、油料库以及伦敦码头。根据德皇特别要求，不得对王宫和居民区进行攻击。德皇命令发出一星期后，三艘齐柏林飞艇就被派出，但在日德兰海岸外因遭遇暴雨而受损。3月初再次试图袭击英国时，被派出的齐柏林飞艇被劲风吹回，飘过北海，然后在比利时沿岸的尼乌波特被防空炮火击落。

德皇鼓动空袭英国的当天，一名英国特工正在探访一名法国难民——德·布雷希涅小姐，她自愿返回家乡里尔，并向英国发送情报。回到里尔后，她伪装成修女，居住在女修道院内。她所需的无线电设备被分块用福克斯通和波兰港市弗拉辛之间的常规商务轮渡偷运给她。由于需给设备提供电力的发电机噪音过大，她要通过无线电接收指示，复信则使用信鸽。她就这样持续工作了两个月，随后被捕。被抓时，她将身上携带的报告吞入腹内。她被判处终身监禁，结果在停战前两个月死去。

在这个"危急时刻"，采取的新战术是在堑壕战中引入一种新的元素：地下通道，挖掘于敌方战壕下方，中贮炸药，在攻击发起前夕引爆、炸死、震荡并迷惑敌方守军。2月17日，英国采矿工程师、保守党议员约翰·诺顿·格里菲斯在劝说陆军部建立特备隧道工程连以展开战壕下作战后，招募了第一批志愿者。他们全部是和平时期的矿工，愿意冒险在战区挖掘隧道。一星期后，这批志愿者就已身在法国。被由向导引向战壕时，狙击手枪声响起，他们的向导倒地身亡，这让他们初尝了战争的滋味。他们自身的努力也将在未来的攻势中值得大书特书一笔：1917年，他们的爆破将一座德军防空洞炸成半塌之后，发现四名德军军官仍坐在其中，表情安闲，而外表毫无损伤。英军士兵进入时，他们一动不动，他们均已被震死。

在达达尼尔海峡，英军于2月19日继续上一年11月进行的单日海军轰击。无可抵御的15英寸口径火炮将海峡的两个外侧堡垒赛迪尔巴希尔和库姆凯尔炸成齑粉。德海军上尉魏尔曼战死。当晚他被埋葬于半岛时，身裹国旗，脸朝麦加。六天后又进行了轰击，赛迪尔巴希尔和库姆凯尔仅剩废墟。然而，在这两堆废墟上能够竖起，也将竖起火炮。

在东线战场，战斗规模依旧令人望而生畏。2月22日，德军攻占普扎斯内什，俘获1万名俄军。三天后，德军被赶出该城时，又有5400名德军士兵被俘。西线战场的战斗虽未经如此的大起大落，但也丝毫未减：2月26日，德军首次使用火焰喷射器以打击凡尔登附近的法军战壕：一战中共有 653 次进攻中用到火焰喷射器，这是其中的第一次。但因战壕有深层防护，火焰喷射器除取得突袭效果外别无他用。首次攻击之后次日，法军发起传统形式的反攻并取得胜利，两天后的 3 月 1 日，法军士兵被首次分发了手榴弹。当天一支 70 余人的德军步兵分队首次藏身装甲盾之后向前推进，人员半数死伤，但仍未能楔入法军战壕。参战的法军当中就有新晋升的上尉戴高乐。3 月 10 日，他的手部被弹片击伤，虽然按堑壕战的标准这只是轻伤，但因伤口感染，戴高乐被迫住院两个月。

3 月 10 日，英军试图突破德军在新沙佩勒的战壕，并夺取西面近一英里处的欧贝尔村。战斗打响时，342 门火炮对德军战壕发起了 35 分钟的火力齐射，85 架侦察机在一定程度上引导了发射的炮火。在此次短暂的火力网中就打出了比整个布尔战争中都要多的炮弹，这显示在 15 年间战争的性质已出现骇人的转变。

这次火力齐射后，英印军队各师沿着一条 4000 码宽的战线发起进攻。在进攻的中心地带，经四个小时的激战和徒手肉搏，新沙佩勒村被攻占，四条德军战壕易手。但在距欧贝尔最近的北部战区，一条 400 码长的德军防线未受到炮火轰击。负责轰击该战区的火炮射程不足。在此战区进攻的士兵分三波发起冲锋，越过中部的无人地带，朝一条完整的铁丝网冲去。"最初人们以为攻击者成功进至德军战壕，"官方历史记载道，"因为后方无人看见前方任何战士返回。"事实上，近 1000 名进攻人员已全军覆没。

新沙佩勒战役进行期间，指挥链条相当繁复，各级在确定该采取何种行动时，都耗费大量时间。电话线已被德军炮火切断。口信经常冗长而不清晰，须传令兵来回反复传递。有十多条重要信息在途中交叠，要有待发出新的信息以澄清造成的混乱。曾多次出现情报失误：德军最初的实力被高估，某些地点的德军实力被夸大。3 月 11 日上午刚过，英军进攻在支援炮火停止发射五分钟后发起，结果出现惨重伤亡。一位军官向其上校长官问道："我军是否必须前进，你会下令吗？"上校答道："不会，这样做只是在浪费生命，无法推进 20 码远，更无法推进 200 码远。各条战壕未被炮火击中。如果炮火无法击中战壕，那么唯一的途径就是从右翼推进。正面进攻无法让我们更加接近敌方战壕。"

战役进行到第三天，英军上午击退了德军发起的进攻，就在正午之后他们也发起进攻。两小时后，这一努力被迫中止：许多部队都已伤亡殆尽。然而，黑格却要依靠当天尚未参战的士兵。"情报显示我方阵地前的敌军已丧失士气，"他告知这些士兵，"印度军团及第 4 军将不计损失冒着敌军炮火推进，如有可能还要启用后备部队。"当晚，这道命令被传达到执行该命令的部队时，出现了一定程度的惊慌。印度军团的一位指挥官埃杰顿准将告知他的长官威尔科克斯将军："此时发起进攻不大可能取胜。"威尔科克斯取消了此次进攻，并对刚刚赶到印军司令部的黑格说："敌军阵地未经侦察，不宜以庞大军队对其发起夜袭。"

黑格接受了威尔科克斯的主张，但此时要阻止第4军各支部队向北进发为时已晚。官方历史记载，在第4军发起的这些攻击中——此役中的最后攻击，士兵们三昼夜处于炮火之下，因疲惫而沉睡，"必须使用武力才能将他们唤醒——这一过程十分漫长，因为战场上覆盖着英军与德军死难者，他们在黑暗中与沉睡者并无差别"。

战役结束时，宽2000码，纵深1200码的一小块突出部被占领，1200名德军士兵被俘。这些战果的代价高昂：7000名英军、4200名印军伤亡。黑格的高级参谋官查特里斯将军写道："我恐怕英国将被迫习惯比在新沙佩勒更为惨重的伤亡，然后我们才能摧垮德国军队。"3月12日，科尔文·菲利浦斯从伊普尔突出部写信给母亲说："驻守这里的人们似乎认为战争将会相当短暂，哎，我不知道；在我看来，我看不出有任何事会阻止它永远持续下去。"

新沙佩勒之役结束不足一个星期，3月18日就出现了强攻达达尼尔海峡的企图。协约国一方意欲让此战成为战争的一个转折点，如若成功，就让其结束西线战场的僵局，新沙佩勒之役本来就旨在取得突破，却演变为代价高昂的战例。3月18日的作战意图为突破海峡进入马尔马拉海，然后再渡过马尔马拉海抵达君士坦丁堡。

英国战争会议就应如何展开对达达尼尔海峡的攻击进行了长久而细致的讨论。不仅丘吉尔——他的皇家海军战舰构成了此次攻击的主力，而且他的英国战争会议的同僚也都预计可以迅捷穿过达达尼尔海峡，随后土耳其首都就会因多艘战舰出现在其海岸线上而出现恐慌。基奇纳勋爵确信，如果舰队突破海峡，加利波利半岛上的土耳其守军不待英军一兵一卒登岸就将望风而逃，而且不必经过更多激战，"君士坦丁堡守军、苏丹守军，就连色雷斯的土耳其陆军也无可能退守至其亚洲海岸"。

仅凭战舰即可取得此次胜利，基奇纳还认为通过耐心和明智的谈判，欧洲境内残余土军部队"也许就会投降"。爱德华·格雷在战争会议发言说，一旦海军在达达尼尔海峡取胜，"我们就有望让君士坦丁堡发生政变，"土耳其就会抛弃同盟国各方，并重返其先前的中立。丘吉尔甚至在考虑可否让土军士兵作为协约国军队内的雇佣兵服役。其他大臣则期待此次海上胜利可以让希腊、保加利亚和罗马尼亚参加协约国一方作战。人们都想到一旦英国海军控制了马尔马拉海，即可与俄国海军兵合一处，沿多瑙河长驱直入，直捣奥匈帝国心脏地带。进攻达达尼尔海峡成了绕开西线战场上的僵局，沿多瑙河开辟新战场，并支援俄国的新战略，英国战争会议全体成员都对此寄予厚望。劳合·乔治将其优势总结于下发至该会议的一篇备忘录中。"让保加利亚、罗马尼亚和希腊与塞尔维亚协同作战，就意味着将150万大军投入奥地利侧翼，这不仅将缓解俄国面临的压力，还可间接支援法国。此举将使各方局势均衡，还将让我们有时间重新装备俄军部队。"

印度总督哈丁勋爵也表达了积极的热情，他认为在达达尼尔海峡取胜将对波斯和阿富汗此前存在的亲德情绪产生"强烈影响"。他指出，这还可以使俄国粮食得到利用，由此印度的筹粮压力将得到"极大缓解"。最后，对那些以为海军胜利势不可挡的人们而言，胜利也让他们头脑中想起领土的扩张。基奇纳勋爵希望英国吞并奥斯曼帝国的阿勒颇及亚历山大勒塔①等叙利亚城镇。海军部意图吞并整个幼发拉底河流域，从乌尔法到巴格达再向南延伸到巴士拉，以阻止俄国进入温暖的波斯湾水域。殖民地事务大臣刘易斯·哈考特希望英国能够吞并安纳托利亚南部港口马尔马里斯，赫伯特·塞缪尔想让英国在土耳其管辖下的巴勒斯坦为犹太人建立民族家园。

因在达达尼尔海峡取胜能够带来的领土扩张利益对许多国家都具有吸引力，这就鼓励这些国家积极从正面看待英法计划。击败土耳其后，俄国将接管东部省份亚美尼亚，土耳其首都君士坦丁堡也将成为俄国囊中之物，英国已在1908年的秘密对话中就此对俄国做出过承诺。希腊因英国对俄国的此项承诺而无法取得君士坦丁堡，但将被赠予南部省份士麦那，此地希腊裔人口众多。假如意大利加入协约国一方作战，它将获取安纳托利亚南部省份阿达纳。将派战舰与英军并驾齐驱的法国将得到包括黎巴嫩在内的土耳其叙利亚省。保加利亚如参加协约国一方作战，获取的回报将是保留71年之前从土耳其手中夺取的爱琴海港口亚历山德鲁波利斯。② 还可以将马尔马拉海港口赠予希腊、罗马尼亚，乃至保加利亚。

对达达尼尔海峡的进攻发起于3月18日，众多民族的独立渴望，许多领土的改变都与此役的胜利息息相关。法军派出四艘、英军派出六艘战列舰参与的此次战斗取得了成功。海峡入口处的土军堡垒早在几日前

---

① 亚历山大勒塔，今伊斯肯德伦。——译注
② 在1945年的波茨坦会议上，斯大林要求使亚历山德鲁波利斯成为俄国的爱琴海港口。

就由于海军轰击而无法用于战斗。三小时后，海峡之内的雷场堡垒就因遭受攻击而不敷使用。沿达达尼尔海峡入口处布排的几道水雷随着战舰的行进已被排清。

向前行进的战舰与海峡沿岸的查纳克港之间仅剩九道水雷，英军已将其识别，并准备好进行排雷。但出乎意料的是，"努斯雷特"号小型土耳其汽艇十天前布下的一道平行于海岸的 20 枚水雷却引发了巨大混乱。协约国的十艘战列舰中有三艘被炸沉：英军损失了"无敌"号和"海洋"号，而法军则损失了"布维"号。另一艘法军战列舰"高卢人"号遭到重创，必须抢滩。英军"不屈"号战列舰也在触到一枚水雷后被迫退出战斗。在"布维"号上，62 名海军官兵葬身海底；而在被炸沉的英舰上，仅 47 人丧生。英、法两国海军上将一致认为这是可以接受的战争风险。

对于监督土军炮兵的德军军官而言，协约国海军 3 月 18 日发起的攻击几近功亏一篑，因为他们自己的弹药也已见底。"我们可算相当走运。"韦尔纳中校评论说。他的炮兵连打出 1600 发炮弹，共有 139 发直接击中协约国战舰。他的士兵中有三人战死。有金属管指向天空的伪装炮队用于欺骗协约国舰上炮手。

英国海军上将急切地想要于次日重新展开进攻，此议也得到了丘吉尔的鼓励。两人相信如果战舰强行通过海峡进入马尔马拉海，则半岛上的炮兵部队将腹背受敌，英法舰队深入马尔马拉海将使土耳其军队丧失士气，令他们停止战斗。但由于天气骤变，随后英军高级将领日益迫切地希望看到军队登陆，以从后方打击残敌，这就使进攻一拖再拖。

3 月 19 日上午，就在海军刚刚受挫之后，英国战争会议继续就战胜土耳其能带来的成果而进行讨论。格雷提议，取悦英国统辖下的穆斯林臣民，尤其是印度帝国的 6000 万穆斯林，以及在阿拉伯、叙利亚和美索不达米亚建起一个由大英帝国扶植的伊斯兰国家。基奇纳着眼于英国与穆斯林世界的未来关系，提议将伊斯兰世界的中心麦加的控制权转移到英国手中。印度事务部坚持认为土耳其的巴士拉省"必须成为大英帝国的组成部分"。劳合·乔治甚至提出在土耳其帝国给德国提供"某种支柱"，以对抗俄国未来的主导地位。为期一天的挫败并未浇灭未来胜利者在领土扩张方面的奢望。

基奇纳勋爵选择的登陆加利波利半岛，或如果 3 月 18 日仅有海军参加的进攻取胜，乘舰穿过达达尼尔海峡直捣君士坦丁堡的联军总司令就是上将伊恩·汉密尔顿爵士。汉密尔顿抵达达达尼尔海峡时，刚好目睹了海军从战舰上发起的攻击，攻击被迫取消后，他就听说海军上将已命他做好准备再次发起攻击。此刻，汉密尔顿在想象使其将士登陆，以配合海军发起的下一次进攻。正如他当晚在致基奇纳的电文中所写："在目前看来，显然舰队将无法继续以当前的速度展开行动，假如事实果真如此，那么士兵们就必须巧妙应对。"汉密尔顿又补充道："此役必须是一场目的明确而持续不停的军事行动。"

基奇纳此时正在策划让一支大军登岸。丘吉尔虽然依旧坚信再次由海军进击必获成功，但他无法劝说他的海军顾问相信这一点，自此刻起他被迫屈居人下，负责军事策划的是基奇纳，而基奇纳对此讳莫如深。十天后，俄军黑海舰队攻击了博斯普鲁斯海峡要塞，除此之外，任何由海军在达达尼尔海峡迅速取得重大胜利的可能均已成为过去。俄军五艘战列舰、两艘巡洋舰和十艘驱逐舰参加了此次行动。次日出现大雾，因而俄军无法展开行动。随后，两艘俄驱逐舰被驻有德军军官的"戈本"号击沉，俄军舰队后撤。在达达尼尔海峡，劲风甚至使最简单的扫雷行动都无法进行。达达尼尔海峡和博斯布鲁斯海峡仍牢牢处于土耳其控制之下。

奥斯曼帝国突然瓦解的前景已不复存在。曾与英国战争会议同样兴奋地期待君士坦丁堡会立即投降的希腊、保加利亚和意大利等国政府依旧保持了谨慎的中立。罗马尼亚默许了150枚德军水雷经由其领土运抵土耳其。英国、澳大利亚、新西兰和法军部队在埃及和爱琴海集结时，英军在陆上取得了对土军作战中显而易见的胜利。3月20日，英国政府签署秘密谅解备忘录，其中规定为回报俄国对于英国在奥斯曼帝国其余地区及波斯中部的中立地区的意愿采取的友善态度，俄国将吞并君士坦丁堡及博斯普鲁斯海峡，超过土耳其欧洲领土的一半，以及达达尼尔海峡的欧亚海岸，包括加利波利半岛本身。英国将攻占加利波利；而俄国将对其实施统治。

1854年，英国恰是为了防止俄国成为君士坦丁堡及海峡霸主，才派军赴克里米亚作战，与俄国开衅。1878年，狄斯累利派遣舰队驶过达达尼尔海峡以警告俄国人远离土耳其首都。此时英国却同意假如其正在集结的军队能在对加利波利半岛的攻击中取得军事胜利，则俄国将成为领土问题上的获益者。

在东线战场，勃鲁西洛夫将军率领的俄军继续将奥地利军推后至喀尔巴阡山脉。3月20日，就在俄国得到有关君士坦丁堡与海峡的秘密承诺后，勃鲁西洛夫在斯莫尔尼克附近俘获2400名奥军。3月22日复活节，俄军在奥克纳发起突袭，切尔克斯人骑兵踏遍了奥军阵地。① 克罗

---

① 切尔克斯人主要为逊尼派穆斯林，居住在高加索北部。——译注

地亚中士约瑟普·布罗兹（后用名铁托，成为南斯拉夫共产党统治者）后背被长矛刺中。"我晕了过去。"他后来回忆说。然后，"切尔克斯人开始屠戮伤者，甚至用刀将他们上下乱砍。幸运的是，俄军骑兵赶到出事地点，制止了他们的大肆杀戮。"布罗兹被俘。当日，奥地利堡垒普热梅希尔投降，在猛烈的暴风雪中，数百名伤兵因无法得到及时救治而被冻死于旷野；而奥军高级指挥官乘飞机逃脱。此次胜利取得了辉煌战果：缴获重炮 700 门，抓获奥军战俘 12 万人，其中包括 9 名将军，另缴获火炮 700 门。

德皇在沙勒维尔大本营听说普热梅希尔被攻陷，受到沉重打击，幸好英国海军在达达尼尔海峡遭到挫败令他得到些许心理补偿。"此役将抵消另一场战斗产生的效果，"海军提督铁毕子在沙勒维尔写道，"但在各个战场俄军都在疯狂进攻，奥军招架不住，这已令我军紧张。兴登堡已近山穷水尽的地步。"勃鲁西洛夫很快即可重复其在普热梅希尔取得的胜利。3 月 25 日，他再次夺取武普库夫山口，并俘获 8200 名奥军士兵。

在彼得格勒和维也纳，在巴黎、伦敦和柏林，随着战场上的僵局与喋血愈演愈烈，爱国主义的鼓点也敲得愈发响亮。当天，阿尔伯特·爱因斯坦从柏林致信法国作家、和平主义者罗曼·罗兰："后代子孙讲述欧洲取得的成就时，我们是否要让人们说 300 年艰苦的文化努力只是将我们从宗教狂热主义演进为疯狂民族主义？在当今的两大阵营中，学者们也表现出仿佛他们自八个月之前突然不由自主地迷失了本性。"

土耳其呼吁德国提供援助。3 月 26 日，利曼·冯·桑德斯将军在英法军队集结于距加利波利半岛最近的岛屿上准备对其发起进攻时，来到半岛就任土耳其第 5 集团军指挥官。在德国施压之下，罗马尼亚、保加利亚都默许德国武器经由其领土辗转运至土耳其，英国做出的外交抗议毫无效果。另有德军飞机飞抵查纳克为土军提供空中侦察。

对英国决策者而言，在达达尼尔海峡即将取胜的心理依旧存在。3 月 25 日，殖民地事务大臣刘易斯·哈考特向战争会议成员下发了题为"战果"的备忘录，他在其中暗示，英国一旦击败土耳其，就能将美索不达米亚"作为向印度移民的一条通道"而兼并，并让圣地①成为美国的委任统治地。身处达达尼尔海峡前线的汉密尔顿将军也充满信心，他

---

① 耶路撒冷、伯利恒和拿撒勒实际均属巴勒斯坦地区。丘吉尔曾提议将巴勒斯坦移交比利时，以补偿其在被德军占领期间遭受的苦难。塞缪尔希望英国获取该地作为犹太人民族家园。基奇纳希望海法成为英国港口及输油管线终端，以使地中海东岸和美索不达米亚北部（摩苏尔）油田连成一片。

于 3 月 30 日告知海军上将德·罗贝克，"最明智的程序"将是用海军重新发起攻击。"敌方的抵抗突然崩溃的可能性永远存在，"汉密尔顿写道，"如果你想要取胜，就一定要给我预留足够多的轻型巡洋舰，以确保我在有必要的情况下发起军事打击。"

等到三个半星期之后，此次军事打击才被发起，而汉密尔顿仍在想象海军取胜之后，登陆作战将不必进行。与此同时，双方都为在阿斯奎斯所称的"光荣东方"进行的陆战在兵员、武器和弹药方面展开了准备。汉基上校发出了一声警告的强音：他于 4 月 12 日致信阿斯奎斯称，军队在加利波利登陆就是"利用所知的土军炮弹短缺及低劣的作战实力而进行的孤注一掷的赌局"。当天似乎就有证据显示英军所认定的土耳其军队软弱无能的观点属实，因为此刻在美索不达米亚，土军对坚守古尔奈和巴士拉的英法军队发起进攻，被击退。在巴士拉西南的沙伊巴，6000 人的英印军队击溃了 1 万余人的土军，这进一步激发了英国的自我优越感。六天后，一架英军飞机向查纳克的德军飞机库投下六枚 100 磅重的炸弹，摧毁了停放在机库内的飞机。

3—4 月，英军部队和给养都集中于地中海东岸，准备对加利波利半岛发起攻击。土耳其人也同样不停奔忙。由查纳克而来的希腊人、亚美尼亚人和犹太人组成劳动营，奉命从事加固半岛防御的工作。从半岛顶部的海丽丝岬到其狭窄腰部的布莱尔，工程都已启动并取得进展。

500 名德军官兵帮助土耳其人展开备战。半岛上六个师的土军就有两个由德军军官指挥。英军昼间展开空袭，迫使大部分的防御工作必须夜晚进行。"加利波利半岛上的防御加固得极端仓促，"海军上将德·罗贝克向汉密尔顿将军报告，"数千名土耳其人就像海狸一样劳动，修建战壕、棱堡及铁丝网障碍。我们虽然无法看见他们当中的任何人，但每天黎明都能看出他们夜晚的劳动取得的新进展。"这种夜晚的劳动在海丽丝岬包括在联军可能登陆的海滩布设铁丝网，并在俯视这些海滩的峭壁上挖掘出架设机枪的掩体。

1915 年 3 月，在前线及后方，在共同目标、英国挑衅以及共产党的煽动之下，反战情绪显著出现。在中立国瑞士，曾在和平年代身为工业化学家的英国间谍乔治·波利特，就更加巧妙利用德国的反战情绪，在德国国内建立起间谍网络。他手下的一名线人是"符合理想的俄裔犹太人"，此人认为如果德国取胜"将会让社会主义的历史倒退"，所以他愿意为英国提供帮助。他与一份社会主义报纸的编辑取得了联系，这位编辑在秘密策划试图发动反战政变，他还"与全德境内的社会主义者保持通信联络，这些人给他发送军事情报，希望能让他判明时机发动政变。

他们未曾想到这样做属于资敌或进行间谍活动"。

在柏林，4月1日举行了反战示威，示威领导者罗莎·卢森堡随后被捕入狱。德国其他反战人士准备前往中立国荷兰，要参加4月18日在海牙举行的国际妇女和平大会开幕式。来自12个国家的1000余名代表云集，但25名英国妇女代表却无法成行，只因为政府中止英德之间的轮渡运输，英国曾经由该路线跨过北海向德·布雷希涅小姐偷运谍报设备。

法国民众的反战情绪也正高涨。4月8日在西线战场，反战的法国小说家路易·佩尔戈在所属部队冲入防线后被己方炮兵误伤致死。法国外籍军团的一个团因军纪涣散而被裁撤。心存不满的各国志愿军——俄国人、比利时人和意大利人不得再隶属法军，而要回到各国各自的军队当中去。然后，他们就在严格的军纪管束之下，在各自国家的军队当中奋战，不少人英勇献身。

意大利仍在保持中立，但它也在寻找可以借以参战的领土方面的诱因。4月8日，意大利提出，如果奥地利愿意将特伦蒂诺、达尔马提亚群岛，及伊松佐河畔的戈里齐亚和格拉迪斯卡等城镇划归意大利，并承认意大利"主导"阿尔巴尼亚，则意大利就参加同盟国一方作战。一星期后，奥地利婉拒了这些要求。随后，意大利向协约国一方提出了更多要求，以作为参战换取的好处。协约国同意展开磋商，一位法国外交官就此评论道："意大利人急于向胜利者提供援助。"

俄军在喀尔巴阡山及亚美尼亚战场连战连捷，在各协约国之间造成一种快乐与惬意的心态。为激励俄国付出的战争努力，英国议员、中东地区旅行家马克·塞克斯爵士就提出在土耳其被打败之后，在巴勒斯坦的耶路撒冷、伯利恒和拿撒勒等地建立一个"俄国特别行政区"。在喀尔巴阡山奋战一个月后，勃鲁西洛夫将军占领了喀尔巴阡山顶的70余英里的地带——自杜克拉至乌斯佐克山口，对匈牙利平原构成威胁。

在高加索前线，俄军的持续推进引发了悲剧。土耳其人为他们自己遭受的人员和领土损失而怀恨在心，结果就谴责当地的亚美尼亚人暗中勾结入侵的俄军。自4月8日起，数十万名亚美尼亚男人被聚拢一处并遭到枪杀。同时，又有数十万名妇女、老人和儿童被驱赶过高山遣送至西利西亚①和叙利亚。4月15日，亚美尼亚人向德国驻君士坦丁堡大使呼吁寻求德国提供正式保护。柏林以担心此举会激怒土耳其政府为由而对此加以拒绝。到4月19日，有5万多名亚美尼亚人在凡（Van）省遇

---

① 西利西亚（Cilicia），古时小亚细亚东南地区，今土耳其阿达纳省。——译注

害。4 月 20 日，亚美尼亚人为主的凡城（City of Van）被土耳其军队包围；城内有 1300 名武装亚美尼亚人捍卫着 3 万平民。他们坚守 30 日，抵御了土军反复的攻城，最后俄军部队的到来让他们得到拯救，俄军还带来了沙皇向他们坚守城垣而发出的问候。

在奥斯曼帝国其他地方，对亚美尼亚人的杀戮和驱逐仍在继续。甚至在凡城被围期间，就有数万名亚美尼亚人被从埃尔泽鲁母赶出，并被向南驱赶过群山，赶过美索不达米亚北部。4 月 24 日被宣布为亚美尼亚人哀悼日。当日，亚美尼亚教会领袖凯沃尔克大主教请求威尔逊总统干预未果。在君士坦丁堡，德国大使来到土耳其外交部，表达了他所说的"任何看似基督教屠杀的事件都应避免"的希望。他被告知凡省的土耳其守军训练不精，"过分之举"未必能够完全避免。

西线的僵局并未阻止英军每日向无人地带发起的袭击，无法阻止双方持续的炮火轰击，也无法阻止每天的人员伤亡。4 月 13 日，议员威廉·格拉斯通中尉——历任四届首相的格拉斯通之孙——战死。[1]

4 月的第三个星期，西线战场的僵局又进入了新的、令人不快的阶段：德军意图结束僵局，取得胜利。4 月 22 日，第一次世界大战中首次用到毒气。当晚在伊普尔突出部内的朗厄马克附近，德军在五分钟之内释放了贮存于 4000 只钢瓶内的 168 吨氯气。袭击对象为散布于四英里前线上的两个师的法军——其一为阿尔及利亚师，另一个则为本土师——以及相邻的加拿大师。

毒气产生了毁灭性的效果。"数百名士兵，"约翰·弗伦奇爵士告知基奇纳，"都被熏得不省人事或濒于死亡。"阿尔及利亚士兵逃散，使协约国防线上出现一块 800 码长的空隙。戴着防毒面具的德军谨慎前进，抓获 2000 名俘虏，并缴获 51 门火炮。但后备部队未被派往前线占领此处空白地带，以充分利用此次成功。此次袭击仅为试验，并未被视作一种战术，德军也未想过将整个伊普尔突出部完全清除的可能性。

次日，德军又对朗厄马克附近的加拿大军队发起了第二次毒气攻击。

4 月 24 日，随着战斗的继续，德军火炮及机枪打死数百名穿过无人地带发起反攻的英印士兵。

当晚，自八个月前的蒙斯战役起就在西线战场的史密斯-道里安将军驱车前往弗伦奇的司令部，要敦促他不要再下达任何继续进攻的命令。他的使命未能完成。次日，4 月 25 日一早，1.5 万名英印士兵就奉命展开行动。为进攻部队下发了黄旗，以使他们能向英军炮兵显示他们

---

[1] 格拉斯通的另一个孙子格拉斯通于 1918 年战死。

所处位置，但这恰好能为德军炮手提供显著目标。

德军发起的这些进攻虽然导致 2000 名加拿大士兵丧生，但为将毒气战与步兵推进相结合，德军也经历了巨大困难。如果风向不利，就会给进攻部队造成巨大危险，他们向前推进就会走进自己造成的毒云当中。风向突然转变时也会带来重大危险，那些本来希望突入战壕抢夺毒气战胜利果实的士兵本身却受到毒气戕害，而失去战斗力。至于协约国部队，则在数日内就下发了简易而有效的防毒面具，内层衬着浸过化学药剂的亚麻布，紧急情况下也可用戴面具者的尿液浸润。直接威胁已经消除。

一种新式武器已变为普遍接受的发动战争的途径。"这种战法中最恐怖的一面是遭遇毒气的人们缓慢死去，"查特里斯将军在首次毒气袭击发生六天后的日记中写道，"我看到数百名可怜人被拖到空旷地带排开，拖到教堂前庭，好让他们能呼吸到尽可能多的新鲜空气，他们却因渐进性肺水肿而窒息——这是最为恐怖的场景，医生们也无能为力。"

第八章 加利波利登陆

1915 年 4—5 月

1915 年 4 月 25 日，西线战场上的英法军队因遭受毒气攻击而士气低落，就在同一天，被协约国各方寄予厚望的英法登陆战在加利波利半岛展开。和五个星期前海军对达达尼尔海峡的进攻一样，部队登陆的展开也是希望取得速胜。然而，不论迟速，胜利均未出现。和海军发起进攻时一样，在片刻之间，人们似乎已感到胜券在握。取胜的机会依旧存在，但因失误与厄运让协约国错失良机。

部队在加利波利半岛上选择了两个独立登陆地点：一个是半岛南端的海丽丝岬，一个在更往北处的美多斯城对岸。计划意图为南部登陆部队将土军驱赶至北岸登陆地点，使其遭到前后夹击。在代号"Z 海滩"的北侧海滩进行的首批登陆于黎明之前展开。两个月前，英军对土耳其的战斗力作了极低的估计，这就让基奇纳不无挖苦地评论说澳大利亚和新西兰军队执行他所称的"巡游马尔马拉海"的使命将游刃有余。因此，已抵达埃及正赶往西线战场的澳、新军队就转而被投入一举击溃土军的速决战当中，他们在"Z 海滩"登岸。也许因为出现航海失误，他们上岸的地点并非原定登陆地点加巴泰佩——这里一马平川，几乎可以直达半岛最窄处的中心地带，而是在阿里布尔努——更北面的小海角，在陡峭的楚努克贝尔高地之下。"转告上校，"负责首批登陆的指挥官海军中校迪克斯呼喊道，"这帮蠢货让我们在登陆点北面一英里处登了陆！"

登陆本身几乎未遭到抵抗。临近正午时分，加巴泰佩附近的一个土军炮兵连开始向登陆海滩上的士兵发射炮弹。许多士兵推进至陆地，结果因土军轰击而出现更惨重伤亡。但澳军仍在继续推进，占领陡峭地势，以直通高地。下午晚些时候，守卫楚努克贝尔山脊的土军连队弹药耗尽，开始后撤。此时，一小队澳军进至山脊，六个师的土军驻守该半岛，其中一个师的指挥官穆斯塔法·凯末尔当时正在主力部队前方视察，他遇到了正在撤退的土军士兵。在回忆录中他记载了随后的一段对话："你们为什么跑？""有敌人，长官。""在哪？""在那里。"

凯末尔向对面山头望去，澳军刚刚抵达那里。除非采取措施阻止他们，否则他们将占据更高的有利地势。"我们不能在面对敌人时逃走。"凯末尔对后退的士兵们说。"我们弹药打光了。"他们回答。"如果你们用尽了弹药，至少你们还有刺刀。"随后凯末尔命令土耳其分队止步，整备刺刀并面向敌军俯卧。"士兵们都卧倒后，敌军也悉数卧倒，"他后来回忆说，"从此刻起，我们就取得了优势。"澳军军官塔洛克上尉后来回忆说，一名土军军官站在不足 1000 码之外的一棵树下指挥作战。塔洛克向他开枪，但他岿然不动。

凯末尔部下最精锐的军团此时正在楚努克贝尔东坡进行例行的演习。他命令该部向前冲，随后率领 200 名士兵冲下山脊。他一马当先，抵达预定地点，看到在脚下 400 码远处，有一支澳军纵队正向上冲锋。他的每一支部下到来之后，他就对其加以组织，再命令其出击，就这样守住山脊，使澳军进退两难。一个炮兵连赶到。凯末尔冒着敌军火力，摇动第一门火炮，调整角度、发射，因为他知道假如该山脊失守，则半岛上的整个阵地都将被敌军攻占。

一名澳大利亚侦察兵从高地返回时，发现一群澳军士兵正围坐在阳光下，"抽烟，吃东西，仿佛在进行野餐"。这名侦察兵对他们说"数以千计的"土耳其军人正冲过来时，负责的军官答道："我做梦也想不到他们会返回。"土耳其军队沿布莱尔半岛的撤退路线被坚壁清野，澳军想以此展开更大规模的反攻。然而，又有一个土耳其团与两个阿拉伯团参加进来。战斗持续了一整天。澳军在通往山脊的途中只前进了 1/3 的路程便受阻。

一拨拨土军踏着先前死难战友的尸体向上冲锋时，被敌军的机枪炮火射倒。同时，越来越多的澳军伤员被送到后方狭小的缺口处。"那时不能休息，无法平静，"一名澳军士兵后来写道，"自破晓时分起，在一整天当中，渐趋腐败的死尸就始终在我们周围躺卧。我们多么渴望夜幕降临啊！我们多么希望这可怕的一天能够终结啊！我们多么盼望能够见到第一缕暗影降临！"

夜幕降临时，澳军与土军都已精疲力竭。两个阿拉伯团几乎已无法再战。整个夜间，凯末尔都在试图让其疲惫不堪的士兵将澳军赶回大海。澳军坚守住楚努克贝尔西坡，无法被击退。然而已有多人再从前线败退，"在如此的情形之下无法再整装备战。"指挥官伯德伍德将军报告说。伯德伍德继续指出，经一天激战，损失惨重的新西兰旅"已在一定程度上丧失士气"。他想要撤出滩头阵地。当他这一请求通过船只传递给总司令、将军伊恩·汉密尔顿爵士时，他回应说："你提供的情况确实严重。但别无他法，你们只能就地掘壕，坚守阵地。"他此前下发的命令是充满信心地以"君士坦丁堡远征军"开头。

汉密尔顿补充说南侧登陆部队将于次日黎明开始进军，"这将减轻你们所受的压力。"4月25日的事件已清楚表明，这相当于对南部战场将出现的情况进行了过于乐观的预估。

4月25日在海丽丝岬共有五个独立的登陆海滩，代号分别为"S、V、W、X、Y海滩"。在"V海滩"，2000名士兵——两个爱尔兰营和一个汉普郡营——隐藏于一艘运煤船"克莱德河"号内，并被有意搁浅于沙滩。已备好驳船桥以使士兵能从运煤船中直接冲上海岸。他们向外冲时，被从高耸的悬崖上射下来的猛烈的机枪火力压制住，赛迪尔巴希尔虽在两个月前被轰击成废墟，但废墟中还有韦尔勒上校指挥的炮兵连向协约国士兵开炮。沿"V海滩"更远之处，更多的士兵乘小艇和摇桨木船登陆。这些士兵也被炮火射倒，许多人还因负伤过重而葬身海底。第一个小时内因士兵伤亡惨重，于是等"克莱德河"号内其余士兵登岸后，就命令午夜之前暂停进攻。到土军被击退时，登陆部队大半伤亡。两名皇家海军中尉，一名陆军少尉，以及两名海军候补少尉被授予"维多利亚十字勋章"。

在"W海滩"，登陆部队为兰开夏郡燧发枪手团。1818年该团前身在西班牙半岛战争中与拿破仑的军队作战，得到的评价是"无法阻止这支惊人的陆军！"他们乘坐小艇，并由六艘蒸汽哨艇组成舰队向岸边推进，并划船走完登岸前最后的距离。抵达预定海滩后，他们发现先前进行的舰炮轰击并未对沿岸铁丝网造成重大破坏。许多土军士兵也都在轰击当中安然无恙，躲在散兵坑内，默默等待敌军进犯，他们的机枪随时等待击发。"我们乘船逼近的地带也许是一片荒芜，"英军军官雷蒙德·威利斯上尉后来回忆说，"随后就是'砰'的一声！我船尾桨就将惊得不知所措的船员向前抛落，海陆军试图冲出突降的、横扫沙滩与船艇的弹雨，却出现了巨大混乱。"

艇上人员拥挤异常，某些士兵被子弹击毙后依旧保持端坐姿态。士兵们纷纷从这些小艇上纵身跃入深水当中。他们背负着80磅重的背囊，再加步枪，其中许多被击中者都在装备的重压下沉入水底。还有人被当场打死。许多人赶至岸边后，在试图翻过铁丝网时被击毙。英海军有数发炮弹射程过近，也导致数人遇难。克雷顿上尉回忆说，他率部分人员抵达峭壁掩体时，"我就呼喊我身后的士兵，发出信号，但他喊着回复说'我胸口已被射穿。'后来我才看到他们全部都已中弹。"共计有 950 名士兵在"W 海滩"登陆。到该海滩被抢占时，有 6 名军官和 254 名士兵战死，另有 283 名官兵负伤。

因当天上午在"W 海滩"英勇作战，兰开夏郡燧发枪手团中有 6 人荣获"维多利亚十字勋章"，其中包括威利斯上尉。6 人当中的另一人——列兵基尼利——于不久之后在马耳他医院因伤势恶化而死。"早餐前荣获六枚'维多利亚十字勋章'"就成了兰开夏郡颇值得夸耀的一句话。① 从此，"W 海滩"就有了"兰开夏郡登陆点"之名。

海丽丝岬的六个海滩中有三处——S、X、Y——几乎毫不设防。登陆"S 海滩"的部队几乎未受阻挡。当一名土军战俘说该区域只有 1000 名守军后，登陆部队以为这名土耳其人指的是他们直接面对的地带，于是他们立即掘地为壕。事实上，他所指的是加巴泰佩以南的整个半岛。当天其他战俘清楚证实这 1000 名守军指的是包括克里西亚村和阿希巴巴高地在内的整个海丽丝岬地带的士兵后，登陆部队却不予采信。不过，他们却说对了一件事：此刻土军已无力击退将在楚努克贝尔发起的那种重大进攻。假如登陆部队了解实际局势，那么他们就有望在不遭遇真正抵抗的情况下进入克里西亚村及阿希巴巴高地。

在"X 海滩"，12 名土耳其军人组成的守备队一弹未发就举手投降，进攻者无一伤亡而登上峭壁最高处。随后，他们就转回"W 海滩"以支援那里进行的战斗。一名随军牧师后来描述了他们面临的景象：100 具尸体沿沙滩成排停放，其中有些破损严重无法辨认……某些兰开夏郡士兵死在通往峭壁的半坡上，他们冰冷、僵硬的手中依旧紧握步枪。

"W 海滩"上的土军遭到从其他海滩赶来的登陆士兵的侧翼攻击，兰开夏郡兵团残余力量及不断涌入的援兵最终使登陆部队兵力变为土耳其守军的十倍。在"Y 海滩"，登陆部队未遇任何抵抗就已抵达峭壁顶端。随着各处滩头被连成一片，似乎尽管第一天在"V 海滩"和"W 海滩"出现恐怖战斗，但将土军赶至北面，让协约国登陆部队占领欧洲海岸上所有要塞的战略预案依旧行得通。一旦实现这些目标，登陆目标也

---

① "早餐前荣获六枚'维多利亚十字勋章'"也是杰弗里·穆尔豪斯所著的《地狱基地》中的一章标题。

将实现：舰队将能驶过纳罗斯海峡直捣君士坦丁堡。

在"W海滩"和"V海滩"上的大屠场中登陆的部队一心所想的只是掘地为壕并照看伤者，在"W海滩"照料伤者的任务也变成了一场战斗。"无法挑选出伤势最轻的伤员，"一位医疗卫生员后来记述道，"士兵们缺手断脚，脑浆从碎裂的颅骨中渗出，肺脏从胸部的裂口中露出；许多被打得面目全非，我以为，他们的朋友也认不出他们是谁……一个可怜的家伙失去了鼻子和大部分脸，除对他进行小手术外，我们还不得不截去他的一只胳膊和另一只手，还要取出他大腿中嵌入的如鲨鱼牙齿的两颗子弹。这完全是被浪费掉的极其宝贵的一个小时，因为次日一早我就看到他被抬到停尸处。"4月26日夜幕降临时，有3万多名协约国士兵已经登岸。前两日作战伤亡人数已超过2万人。医院船将伤者运回埃及；不久后，医院船就和战舰一样，成为地中海东部常见景观。

在海丽丝岬，土耳其援军向前涌去。无法将英军登陆部队赶出海滩，他们就于4月27日后撤至半岛另一面的阿希巴巴高地前的阵地。为指挥南部战线，利曼·冯·桑德斯派出了德军军官汉斯·坎嫩吉塞尔。他于4月29日抵达半岛，数日后又有德海军军官博尔茨上尉的带有八挺机枪的32名德国海军陆战队员登上半岛。英军已于4月27日开始尝试登上阿希巴巴，却被从美多斯派下来的土耳其士兵击退。甚至英军的第一个目标——距登陆滩头仅四英里的克里西亚村也久攻不下：当天进攻土军的1.4万人中就有3000人死伤。

数日后，兰开夏郡燧发枪手团另派的四个营渡海赶至半岛增援先前派来的登陆部队，他们途中遇到一艘将伤员运往埃及的医院船。新来者兴高采烈地欢呼："你们灰心了吗？不会吧！"对此，驶向远方的医院船上传来的回答是："当你们抛洒热血后就会的。"

有一群登陆海丽丝岬的士兵不仅要与土军战斗，还要为了他们自己的民族理想而战斗。海军3月18日发起进攻后一日，犹太复国主义领袖弗拉基米尔·亚博京斯基就决定为战胜土耳其做出贡献，他认为此役的胜利将更加激起犹太人民的民族独立渴望；他曾见证了完全由犹太人组成的军事部队——锡安骡马军团——的成立，其成员是从巴勒斯坦逃到埃及的巴勒斯坦犹太人。这支500人的军队指挥官为英国军官帕特森中校，另有五名英军军官和八名犹太军官协同指挥，他们在此役期间始终奋战在加利波利半岛上。

纳罗斯海峡自始至终都处于土耳其控制之下，甚至步兵进攻也未对其造成威胁。有时在加利波利进行的无能与混乱的指挥对协约国部队的勇敢与顽强造成了践踏。英军总司令、将军伊恩·汉密尔顿爵士曾在印度西北边境担任指挥冲锋的军官，却在登陆进行中及随后的战斗中的大部分时间内都待在船上，从岸边观看战斗，或在远方的穆德洛斯岛上的司令部研究属下指挥官发来的报告。

德军将领统率下的土军受到他们自己的穆斯塔法·凯末尔的激励，能够将入侵的登陆部队压制于其两处登陆滩头。然而，英法登陆已取得成功：数万名士兵已经登岸，协约国取胜的前景已经足够让意大利于4月26日签订密约，参加协约国一方作战。

正如3月20日与俄国签订的密约规定，击败奥斯曼帝国之后，俄国将获取君士坦丁堡及海峡地带；与此相仿，意大利同意参战后，亦准备依据密约攫取大片领土。意大利想要获取的领土将来自被击败的奥匈帝国及被击败的土耳其。密约文本中对此做出了细致的规定。从奥匈帝国，意大利将获取特伦蒂诺、南蒂罗尔、的里雅斯特、戈里齐亚各县，以及格拉迪斯卡、伊斯特里亚半岛、北达尔马提亚及达尔马提亚海岸外众多岛屿。它还将在土耳其的安纳托利亚获取巨大的"势力范围"。意大利还将获赠北非与阿尔巴尼亚殖民地领土，还要接收亚得里亚海港口发罗拉和萨赞半岛。

俄国与意大利取得如此众多领土收益的前景，取决于在加利波利半岛上取得的胜利。最初，似乎确实存在取得速胜的希望。4月28日，一支1.4万人的部队自海丽丝岬向内陆推进两英里，几乎已进至阿希巴巴高地制高点，他们将可以从这里俯视并攻击土耳其的欧洲海岸。但经反复进攻，这些高地依旧处于土耳其人手中，他们下方的克里西亚村也同样如此。自最初登陆起，土耳其援军就被不间断地从君士坦丁堡地区以及安纳托利亚调来。

4月30日，相信必能将协约国在土耳其领土上建立的这两个小据点拔除的土耳其陆军大臣恩维尔帕夏，命令利曼·冯·桑德斯将军"将入侵者赶入大海"。该任务也无法完成。5月3日，基奇纳向英国战争会议保证说"无疑我们将取得突破"时，他也误判了形势。当晚，土耳其军队从海丽丝岬发起猛烈进攻，但最终被法军打退。

在加利波利半岛，和在西线战场一样，战壕乃至山脊都几经易手，但在通常篇幅的作战地图上，却无法标示战线的变化。海战仍在达达尼尔海峡继续，但毫无结果。4月30日夜间，英战列舰"尼尔斯勋爵"号在横跨达达尼尔海峡的地带发射了50余发12英寸口径巨型炮弹，使查纳克部分城区陷入一片火海。四星期后，该舰还将重复这一行动。5月1日，英国潜艇深入纳罗斯海峡防御阵地，击沉一艘土耳其运兵船"古伊杰马尔"号，船上共有士兵6000人。但查纳克的大火及英国潜艇在马尔马拉海的存在均无法对土军士气及协约国打破僵局的能力造成任何影响。

通过在别处取得迅速的决定性胜利来结束西线战场僵局的尝试已经结束。半岛上的战斗将持续到这一年的年底。但突袭的要素已经丧失，东西两线战场上的战斗依旧毫无停息，也依旧激烈，而对土耳其发动攻击正是要对此予以缓解。

海军3月踌躇满志，陆军4月斗志昂扬，此刻两者都遭遇挫败。厄运加上失误，以及随后土军防御部队出乎意料地表现出的顽强意志，共同粉碎了协约国关于一个能在战场取胜，并给版图增添领土的转折点的迷梦。

第九章 协约国危急

1915 年 5—6 月

1915 年 5 月 1 日，奥德联军开始了将俄军赶出喀尔巴阡山的攻势。率领部队的是奥古斯特·冯·麦肯森将军，火炮专家、德军上校布鲁赫米勒则制定了火炮战术。主攻发起前由 610 门火炮发起东线战场上规模最大的弹幕轰击，轰击持续四小时，共打出 70 万枚炮弹，其中甚至包括毒气弹。

24 小时后，俄军被赶出戈尔利采；五天后，他们又被赶出塔尔努夫。数千名俄军士兵倒毙战场之上。俄军连续几个月的胜利推进已经结束。喀尔巴阡山各隘口都逐一被奥德军队夺回。一星期后，有 3 万余名俄军士兵被俘。争夺山城萨诺克的战斗结束后，俄军司令官报告说他的军队"失血致死"。

在维也纳，奥地利外交大臣切尔宁伯爵认为时机已到，可以与俄国基于"放弃其对德奥所有征服目标的政策"而进行和谈。正如他在战争刚结束时对维也纳议会所说的，当时"俄军正在溃逃，俄国堡垒如牌屋般坍塌"，这正是整个战争中达成有利条款，与俄国实现和解的"唯一机会"。然而，柏林认为在戈尔利采获得的胜利只是彻底击溃俄军的序曲，这就让任何此类和谈都显得为时尚早。这个月中，德国六个最强大的经济与工业团体向宰相递交了一份请愿书，要求在战争胜利后取得一系列领土扩张及改变。

德国工业家及制造商提出的要求包括：在西面，让比利时在经济和军事上依赖德国，从法国夺取英吉利海峡沿岸，直至索姆河口，吞并法国北部产煤区，控制凡尔登、隆维及贝尔福等堡垒。请愿者还提出建立

"殖民帝国"，以充分满足德国的多方面经济利益，而这必定要英法付出代价；在东面，"至少"要吞并俄国波罗的海各省一部，以及"此处以南的"俄国领土，以便让德国即将在西面取得的制造业资源方面的巨大增益，"能因在东面吞并相当规模的农业领土"而达成平衡。所要求的全部领土上的总人口数为 1.1 亿人。这些要求背后的重要力量之一就是克虏伯铁厂的主要负责人阿尔弗雷德·胡根贝格。①

德军在东西两线皆有蒸蒸日上之感。在西线战场，德军 5 月 1 日反复使用毒气，几乎已将英军赶至伊普尔郊外。许多遭受毒气攻击的士兵被运至布钦格附近埃塞克斯农场中的一个战地救治站。

5 月 1 日，德军在东西两线均取得胜利，同日，一艘德军潜艇在西西里海岸外击沉美国商船"海湾之光"号。三名美国人遇害。同日，纽约主要报纸都刊登了德驻华盛顿大使馆发来的一份通告，其中包含下列警告："向准备开始大西洋航程的旅行者进行提醒，德国与英国及其盟友间存在战争状态"；悬挂英国和其盟友旗帜的船只"有可能在这些水域被摧毁；战区包括英伦诸岛附近水域"；而且，"乘船经由上述水域前往英国或其盟友的旅客后果自负"。这则警告旁边刊登着英国肯纳德轮船公司的广告：其客轮"卢西塔尼亚"号——"大西洋航运中最大、最快的客轮"——当天上午 10 时及 5 月 29 日起航。

"卢西塔尼亚"号客轮按计划当日起航，但驶离其泊位时，已晚点两个半小时。六天后，5 月 7 日，该船被鱼雷击沉于爱尔兰南岸海域。假如该船准时起航，那么德国潜艇就未必能将其发现。5 月 6 日，瓦尔特·施维格指挥的"U-20"号潜艇已经不经警告就击沉两艘英国商船"候选人"号及"百夫长"号。共发射四枚鱼雷；艇上剩余三枚。当晚，"卢西塔尼亚"号船长威廉·特纳收到英国海军部发来的无线电消息："爱尔兰南岸海域潜艇活跃。"当夜及次日清早，又发出了四次警告。

5 月 7 日上午 11 时 52 分，"卢西塔尼亚"号客轮收到海军部发来的第六份警告。所有英国船长航行时遵照的指导方针建议他们"避免途经海岬，因海岬附近惯常有潜艇潜伏，随时准备捕获猎物"，而特纳却即将途经三处海岬：布朗岬、加利角和金塞尔奥尔德角。指令另外强调：

① 1929 年，时任德国民族党党魁的胡根贝格曾向希特勒提供资金以进行反"凡尔赛条约"运动。后来，他又将自己的党派所得选票（约 300 万张）交希特勒支配，使其在掌权之后赢得国会多数席位。希特勒将两个政府部门交由胡根贝格掌管——经济部和农业部。1934 年，希特勒不再需要他时，胡根贝格就被弃置一旁。

"沿中路航线行进。"特纳已驶离爱尔兰海岸 12 英里，所处位置距离陆地约为 140 英里。指导原则是"全速前进"，但特纳已经减速。指导原则要求沿"之"字线路航行，但特纳依旧沿直线航行。这些指导原则自 2 月 10 日起生效，而有关沿"之"字路线航行的指导原则是在 4 月 16 日进行的详细说明。

5 月 7 日正午时分，"U-20"号潜艇发现"朱诺"号巡洋舰，但由于它正沿"之"字形路线全速航行，施维格上校就决定放弃追逐。一个半小时后，他就见到了"卢西塔尼亚"号客轮。他未经事先警告就打出一枚鱼雷。18 分钟后，"卢西塔尼亚"号客轮沉没。船上的 2000 名乘客中，共有 1198 人遇难，其中美国人为 128 人。美国驻柏林大使（错误地）以为美国政府会将其召回以示抗议，就请求一位重要的德国银行家保管自己的贵重物品，该银行家回复："请转告杰拉尔德法官，我愿意帮他保管贵重物品，但也请告诉他如果'毛里塔尼亚'号客轮明天出现的话，我们也要将其击沉。"

击沉"卢西塔尼亚"号，令美国舆论大哗，但威尔逊总统却无意摒弃中立。六天后，威尔逊总统在正式谴责德国使馆 5 月 1 日的"登报警告"时指出，"不经警告就做出非法与非人道行动"，无法被作为这一行径的法理解释加以接受。没过多久，德国就像"海湾之光"号事件后一样正式道歉。而德国报纸并未显示强烈歉意。天主教中央党报《科隆人民报》发表文章说："击沉大型英国轮船是具有道德意义的成功，要比物质上的成功更为重要。我们怀着欣喜的荣耀感思索我国海军新近取得的这场战绩。这将不会是最后一次。英国人希望通过饥饿而置德国人民于死地。我们要比他们更加仁慈。我们只是击沉了一艘英国客轮，船上乘客自担风险与责任，进入作战区域。"

"卢西塔尼亚"号客轮被击沉后，美国依旧保持中立。但美国境内有人质疑置身欧洲冲突之外的观念与道义问题。1915 年春，美国前总统西奥多·罗斯福在新发表的一部著作中利用德国占领比利时的事例辩称，美国政府应该毫不迟疑地谴责德军在那里犯下的"这类恶行"。他正告美国境内所有德裔人群"应以完全从美国利益出发的立场看待国际问题为荣，同样要以高尚国际道德要求看待这些问题"。罗斯福指出，但丁"在地狱里预留了耻辱的特殊位置，要安置那些既不与邪恶、又不与正义为伍的卑劣的天使"。唯一具有永恒价值的和平"就是正义的和平"。

罗斯福认为美国大张旗鼓地运送粮食以救助德国统治下的比利时人，就使德国人能够从比利时人手中夺取金钱和粮食，并许可比利时获取外援支撑。"职业绥靖主义者会十分擅长思考这一事实，即假如中立国愿意阻止对比利时的入侵——这一点只能通过使用武力的意愿与实力实现，那么他们就本已能够通过这种'战争'行动阻止更多的悲哀与痛苦殃及无辜的男人、女人和孩子们，而世界所有'和平'国家，此刻展开的有组织的慈善行动都无法将这些悲哀与痛苦消除。"

为敦促美国快速重整军备、强化军事训练及扩充海军建设，罗斯福表达的观点是假如英国在和平时代遵从了那些想要引入征兵制的人们的提议，"也许就不会爆发战争"，"因为那样的话，英国就能将规模和能力都与法军不相上下的一支军队立即投入战场"。他确信，假如英国曾进行更加充分的武装，那么它就有可能于 1914 年 8 月震慑住德国，他还进一步警告说，假如美国未能进行充分的防御备战，"那么安特卫普和布鲁塞尔遭受的命运终将有一天会降临纽约、旧金山，也许还会发生于某个内陆城市"。

至于美国应在冲突中发挥的作用，罗斯福讥讽了那些认为美国必须担任中立调停者的人们。他写道，假如欧洲各国需要和平，需要美国帮助它们达成和平，"那将是因为它们已经尽可能长时间地竭尽所能进行了战斗；而不会因为它们认定我们能够通过冷眼旁观来给它们说出廉价的陈词滥调，通过与它们进行挑剔的贸易，树立精神榜样，而同时它们却在抛洒热血以支撑它们全心全意相信的理想。"

5 月 9 日，法军在西线战场向维米岭德军阵地发起进攻。此战为英法军队初次突破巩固的德军防线的努力的组成部分。攻击发起前，法军炮兵在五个小时内连续发射了榴霰弹。随后，经过两分钟的沉寂，号手就吹响了冲锋号，士兵们就开始跃出战壕试图向前奔过两军之间的无人地带。前进 1000 码后，他们赶至第一道德军铁丝网。炮兵并未将其摧毁。士兵们利用随身携带的切割工具造成了必要的破坏，此时德军机枪手正朝他们开火。幸存者继续向前冲锋，来到下一道德军铁丝网。他们最终赶至预定目标，德军退守更加坚固的防线。某些士兵已前进三英里，来到维米村及日旺希村。在此他们却遭遇到己方炮兵袭击。法军部队中有外籍军团下辖的一个有着 3000 余人的团，进攻当中他们损失了指挥官——他被狙击手击中胸部，下辖三个营的营长及 1889 名士兵也在此战中战死。

5 月 9 日，英军也发起进攻，目标为弗罗梅勒及拉巴塞，以夺取两个月前的新沙佩勒战役中未能攻下的欧贝尔岭。在至关重要的炮火弹幕轰击中，仅有不足 8% 的炮弹中填充了高爆炸药，而且能够持续进行炮火弹幕袭击的时间只有 40 分钟，这就无法对德军铁丝网与战壕防御造成多大破坏。许多炮弹重量过轻无法真正损害德军的土建工事。还有不少炮弹有更大缺陷。一个德军团的作战日志记载，落在该团阵地前的炮弹为哑弹，美国造，当中未填装炸药而填充了锯末。某些炮弹用过度使用的废旧大炮打出，根本打不到德军防线附近。

由于预先轰击未获成功，英军士兵发起攻击时就无法突破几乎未受损伤的德军防御阵地。德军的团作战日志另外记载了这种情况，随着炮火轰击的结束，烟幕散去，"战争史上从未有过如此完美的易于打击的目标，英印士兵身着卡其军装并肩而来，俨然一道人墙。只可能下达一道命令——'开火！打到枪管爆裂！'"

5月9日对英军而言满是阴霾，他们在欧贝尔岭缺少弹药，并受到德军机枪火力压制。但当天也有了新的期待，基奇纳军队第一批士兵启程前往法国参战。首先离岸前往法国的是第9（苏格兰）师，这是前九个月当中在全英国范围内群情激昂地征募的志愿兵组成的新军一部。两星期后，又有第12（东部）师跟随第9师，两师均前往西线作战。新军的另外三个师已为加利波利半岛上的战斗做好准备。

基奇纳集团军中渴望作战的志愿兵辗转来到法国时，欧贝尔岭战斗中的英印军队正遭遇一系列惨剧。首次进攻未能突破德军防线之后，在无人地带受伤的战士们就被40分钟的炮火轰击炸死，这些炮弹刚好打到伤员们借以遮蔽的弹坑内。步枪旅的官方历史记载了如下对话：

罗林森将军："这太无法令人满意了。舍伍德林务员营在哪里？东兰开夏郡团在右翼的何处？"

奥格斯利准将："他们都已倒在无人地带了，长官，而且他们当中大多数人再也站不起来了。"

英军首次袭击失利之后，正在奔回己方防线安全地带的士兵遭到德军射击，但由于他们还带回不少德军俘虏，阵地上的英军以为德军发起了反攻，就从英军战壕向他们开枪射击。此次交火夹击后几乎无人幸存。参加过新沙佩勒战役的"老兵"劳里·科尔准将为维持秩序，就站到胸墙上喝令后退的士兵止步，但不幸被击毙。

当天午后，尽管有报告称空军侦察显示德军援兵正不断进逼，但黑格仍命令发起第二次进攻。此前曾在新沙佩勒成功发表抗议的印军指挥官威尔科克斯将军，对再次发起攻击的命令提出了抗议。第7师指挥官高夫将军也向黑格报告说，经对阵地进行"亲自侦察"，他已确信"再于白昼发起进攻必定失败"。只有第1师指挥官哈金将军对再次发起进攻充满信心。黑格认可了哈金的判断。

由身着方格呢短裙、吹奏风笛的苏格兰第1高地警卫团风笛手带队，英军又展开了进攻。他们遭到了德军机枪火力的猛攻。黑格命令"黄昏时分用刺刀推进此次进攻"时，战地指挥官均明确表示此类命令完全错误。黑格撤销了命令，但责令这些指挥官们务必于次日取胜。但 5 月 10 日上午与黑格继续磋商时，哈金、高夫和威尔科克斯这三名指挥官都申明，他们已没有足够的炮弹来发起次日的进攻。

欧贝尔岭战役的第一天，亦即此役持续的唯一一天，共有 458 名军官和 11161 名士兵战死、负伤。当天不断涌现英勇战斗的事例，共有三人荣获"维多利亚十字勋章"。但根本无法冲破德军防线，黑格终于同意此役不应再继续下去。"我们的进攻失败了，"查特里斯将军在 5 月 11 日的日记中写道，"而且败得很惨，伤亡惨重。这是赤裸裸的、最令人难过的事实。"

西线战场及加利波利半岛上的战斗都让先前人们自吹的轻易速胜的说法不攻自破。5 月 9 日，温斯顿·丘吉尔的弟弟杰克从加利波利半岛给他写信："和法国同样陷入一片围困之战当中。"和西线战场一样，付出惨重代价才能取得微小战果，5 月 12 日，在海丽丝岬附近，廓尔喀部队攻占了泰凯角。① 次日，在纳罗斯海峡由海军再次发起攻击的一切计划都被取消。当日上午，德国海军军官菲尔勒上尉指挥的一艘鱼雷艇发射鱼雷击沉英军战列舰"歌利亚"号，舰上 570 名英国海军官兵遇难。

在欧贝尔岭，英军炮火轰击失利，并因合格炮弹短缺而无法于次日再次发起进攻，这都令约翰·弗伦奇爵士大动肝火，他的士兵正在不对等的战场上遭到屠杀。此前他本人发出的命令是炮火弹药中 75% 应为榴霰弹，只有 25% 应为高爆弹。他对此未予提及，就决定将欧贝尔岭火炮弹药短缺的详细信息告知《泰晤士报》战地记者雷平顿上校。雷平顿上校使他了解的情况发挥出了毁灭性的效果，因为他发表了系列文章对英国政府的作战能力提出了批评。这是对自由党独断的战争政策的第一次严峻挑战。

约翰·弗伦奇爵士另派两名军官回到伦敦向保守党领袖安德鲁·伯纳·劳和极端不满的自由党内阁大臣劳合·乔治详细说明了炮弹短缺的情况。这一策略实施后，阿斯奎斯立即受到压力，被迫解散他的自由党政府，并将高级职位让给他的保守党对手，并建立军需部。两党内的政治家广泛认定这场战争不能再打成一场一党独断的博弈，还要有长期的战争计划和战备生产。5 月初之前，就应运抵前线的炮弹总数为 600 万枚，但实际运抵的仅约为此数字的 1/3。

---

① 泰凯角（Tekke）在土耳其语中的意义为奥斯曼帝国的伊斯兰托钵僧寺院。——译注

雷平顿关于法国战区炮弹短缺的第一篇报道发表于 5 月 14 日。两天后，第一海军军务大臣、海军上将费希尔辞职，这就是在向保守党领袖表明他对达达尼尔海峡战斗行动不满。西线战场的炮弹短缺及海军在达达尼尔海峡的失利，就共同迫使阿斯奎斯于 5 月 19 日组成联合政府，屈服于保守党压力，使其在最高作战决策机构中取得同等地位。保守党则坚持让丘吉尔退出海军部，以此作为加入联合政府的代价。虽然丘吉尔及其妻子克莱门蒂娜反复恳求说，他将在打击德军过程中对其发出"致命一击"，但保守党的这一决定依旧被执行。

新上任的海军部长是前保守党首相阿瑟·鲍尔弗。基奇纳继续留任陆军部，坚持继续在加利波利半岛上的陆战及西线战场上日益升级的消耗战。5 月 19 日，在北侧的登陆海滩之上，当时在滩头驻守的 1.7 万澳大利亚及新西兰部队击退了由 4 万名土军发起的大规模攻击。不足一个月前，人们还想象，军队在半岛所到之处，土军将望风披靡，但此刻这里的残酷斗争却只是要尽力去扼守凶险的半岛上的两处弹丸之地。5 月 22 日，在距加利波利半岛数千英里之处，奉命从苏格兰动身，要赶至该半岛参战的 214 名士兵在格雷特纳格林遭遇三列火车相撞事故丧生，这是英国 150 年的铁路历史上最严重的事故。①

三天后，就在加利波利半岛海域，德"U-21"号潜艇用鱼雷击沉英军战列舰"胜利"号，致使 100 余名英海军士兵葬身水底，该潜艇是由波罗的海驶入达达尼尔海峡的第一艘德军潜艇。这艘潜艇指挥官奥托·赫辛曾于八个月前击沉一艘英军战列舰，即第一艘被鱼雷击沉的英军战列舰。

赫辛的战绩令达达尼尔海峡附近的协约国军队人心惶惶。但他的辉煌战果不止于此。仅一天后，他就又将英军战列舰"庄严"号送入海底。随后，另外六艘英军战列舰立即撤往远处海港安全地带，舰上 14 与 15 英寸火炮再也无法从半岛外安全水域对准土军战壕了。英海军官方史学家朱利安·科尔贝特评论说："数十万名土军曾因损失与失利而沮丧，又因海上打来的重炮而士气低落，此刻竟看到他们最恐惧的舰船蜂拥逃窜，我方数千名士兵也看到这些舰船遭到的损失，他们知道他们在每天的战壕作战中除巡洋舰与驱逐舰外，就别无外援了。"②

---

① 总计有 226 人在此次火车相撞事故中遇难。

② 英国悬赏 10 万英镑捉拿赫辛中校，但他直到 1918 年仍在用鱼雷击沉协约国舰船。战后他在德国北部当上了一名种土豆的农民，居住地点位于距海岸 15 英里处的拉斯特德。

同盟国有理由为赫辛的战绩而欢欣鼓舞。但两天前，英军潜艇在后宫角击沉一艘土军鱼雷炮艇并向一艘土军战列舰发射鱼雷时，君士坦丁堡却开始惊慌失措。在半岛上的屠杀仍旧激烈，5 月 24 日，澳、新部队同意实施一次十小时的停火，让土军掩埋其 3000 名死难者。

在西线战场，尽管英军因炮弹断绝而导致欧贝尔山脊战役失利并被取消，但德军也无法利用毒气以有利于己方的方式打破堑壕战的僵局。5 月 24 日，德军在伊普尔突出部沿 4.5 英里宽的战线向英军的三个师施放毒气后取得了突破。当日，皇家爱尔兰兵团列兵 J. 康登战死：据信他是整场战争中死于该突出部的最年轻的士兵。根据他的墓碑记载，他当时年仅 15 岁。次日，第二次伊普尔战役结束时，英、加军队已沿 3000 多码的战线将战壕一线向前推进了 1000 码。他们还俘获了 800 多名德军俘虏。但付出的代价十分惨重：1.6 万人伤亡，而德军伤亡 5000 人。

5 月 31 日，一艘齐柏林飞艇飞临伦敦上空，投下 90 枚小型燃烧弹和 30 枚榴弹，导致七人遇难，35 人受伤。后来奉命负责伦敦防空事物的罗林森上校评论说："当时刚从弗兰德斯返回，刚于 5 月 9 日在欧贝尔山脊与一枚'杰克·约翰逊'（德国一种大口径高爆炮弹）有过亲密接触，我记得对我而言，在伦敦投下的数枚炸弹所造成的破坏绝对可以忽略不计。"九架飞机升空试图对这艘齐柏林飞艇进行打击，但未能成功，还有一架坠毁，机上飞行员遇难。

西线战场上出现了全面僵局：对无人地带展开小型进攻、零星炮击、狙击，并建立愈来愈深的铁丝网及战壕防御体系成了每日的模式。当月，在洛雷特圣母村的战斗中，有数千名法军士兵战死。今天，在山头的灯塔上，一盏探照灯每夜 360 度旋转照射，以作纪念。长久不熄的火焰在近旁燃烧。在藏骨堂内，长眠着 2 万个无名士兵的遗骸，都是从附近的战场上搜集而来的。藏骨堂对面的坟地内共有 2 万座独立坟墓。

在东线战场，运动战已经开始，奥、德部队重占了喀尔巴阡山隘口及隘口后的加利西亚土地。与英军在第二次伊普尔战役的最后五天抓获的 800 名德军战俘形成对照，德军 5 月 25 日宣布他们在桑河以东抓获了 2.1 万名俄军俘虏。一星期后，俄军就直奔普热梅希尔溃逃。

奥地利军队再次进入东加利西亚城镇斯特雷时，就宣布他们在喀尔巴阡山战场上的战果为 15.3 万名俄军战俘及 300 门火炮。俄军获取奥地利领土的希望迅速破灭。拿破仑战争结束后，俄国自己的东部领土首次出现岌岌可危的态势。在波兰战场，俄军几乎已被驱赶至华沙，德军使用毒气造成波利莫夫附近 1000 余名俄军伤亡；两星期后，德军再次发起毒气攻击，就将俄军驱逐至四英里后的布楚拉河畔。

5月23日，意大利对奥匈帝国宣战，这就开辟了第七块战场。① 主要战斗都将在意大利试图从奥地利夺取的两大山区展开，即南蒂罗尔及伊松佐河沿岸地带。意军展开了进攻，攻占了某些山头，但奥地利参谋本部在其军队横扫东线战场的时刻命令加强防御。"部队应在前方巩固阵地，设置障碍，坚守待命。"这是5月27日奥地利军队收到的战斗命令。

各个地方都急不可耐地搜寻弹药。6月1日，法国的100多万名已做好准备开赴战场的新兵就被转入兵工厂。当天，第一批女性被雇用为弹药工人。与弹药产量增加并行的还有新发明的出现：当年6月，迪梅奇将军设计了一种战壕迫击炮，该型火炮随后就被法、意、俄、美等国军队所用。从美国驶来十艘新潜艇，它们是宾夕法尼亚伯利恒钢铁厂为英国建造，并通过加拿大边境偷运过来的，以避免违反美国的中立法，在蒙特利尔集中之后，就被统一运过大西洋。

在俄国政府提议之下，法、美两国5月24日对土耳其人屠杀亚美尼亚人提出公开谴责，称之为"反人类、反文明"行动。宣言警告说，奥斯曼帝国政府"所有成员"都应为这些"非人类罪行"负责。6月4日，与德驻君士坦丁堡大使商议后，土耳其政府对协约国宣言做出回应，称该政府只是在行使自己的独立主权，还说发生于亚美尼亚地区的一切事件的责任应由协约国承担，因为他们最初在这里"组织并策动了革命运动"。

在俄军前线后方500余英里的宽阔地带——从奥斯曼帝国原首都布尔萨到十字军之城阿勒颇，杀戮仍在继续。在开始于6月17日，持续八天之久的比特利斯大屠杀中，有1.5万名亚美尼亚人遇害。在附近的塞特，数百名亚美尼亚人被谋杀，他们都是聂斯托里派基督徒和叙利亚东正教徒。7月，德、奥两国政府都决定发起抗议，而土耳其人却对此置之不理。德国驻阿勒颇领事瓦尔特·勒斯勒尔敦促柏林向土耳其当局提起他负责区域遣送问题的残酷现实，他却被告知尽管亚美尼亚人自身有应受谴责的"阴谋"，但德方已经尽其所能付出了努力。

五艘法国战舰采取人道主义行动，将4000名屠杀幸存者从叙利亚海岸运送至塞得港。无论这一行动本身是多么受人欢迎的姿态，但它终究无法对土耳其军队的行动造成影响。在七个月的时间内，有超过60万的

---

① 其他六块战场为东线战场、西线战场、南线（奥地利、塞尔维亚）战场、高加索战场、加利波利战场和美索不达米亚战场。战斗也零星发生于东非、中非（喀麦隆）、西南非和波斯。

亚美尼亚人被屠杀。同期被遣送的 50 万人中，有 40 多万人因向南前进至叙利亚和美索不达米亚途中的残暴与物资匮乏而丧命。到 9 月，就有多达 100 万的亚美尼亚人遇难，此事后来被称作种族灭绝，再后来又被称作种族清洗。另有 20 万人被迫皈依伊斯兰教。"亚美尼亚人遭受了巨大痛苦，"他们自己的抒情诗人阿韦季克·伊萨哈季昂次年 2 月写道，"痛苦骇人听闻、前所未见，无垠且深不可测的宇宙定然会体谅地将其衡量；字典中找不出文字来描述那种恐惧的骇人程度。任何一个诗人都无法找到言辞……"

为抗击土耳其军队，6 月 2 日，由曾在印度西北边境作战的老兵汤森将军率领的驻美索不达米亚英印军队就从古尔奈基地沿底格里斯河向北进发。当 100 名英国陆海军士兵进至阿马拉时，当地土耳其驻军害怕大军已近在咫尺，就举手投降，而当时大军距此尚远。阿马拉的 2000 名土耳其驻军，包括一整连的君士坦丁堡消防队，都同样害怕城中 2 万名阿拉伯居民的愤怒，就全部欣然投降。一名土耳其军官请求发电报给他在安纳托利亚的妻子："已安然被俘。"这给英军带来不少欢喜。他的请求得到了批准。

6 月 3 日，奥、德军队夺回了加利西亚的普热梅希尔要塞。俄国对加利西亚的控制已经基本结束。驻俄第 3 集团军的英军观察员写道："这支军队此刻已变为一群无害的暴民。"

在加利波利半岛，英法军队第三次发起进攻，试图攻取阿希巴巴高地。3 万余名英法军人参加了此次进攻。在一处战场，土军修建了伪装战壕。英军先对其进行炮轰，随后士兵就向其发起冲锋，结果发现真正的战壕正完好无损地位于后方，其中人员齐备。不过他们在付出惨重损失之后将其占领，并将土军击退，还缴获六挺机枪。然后他们就遭到了炮轰，这是土军有意为之，而己方炮火已误伤到他们，因为炮兵终于意识到轰击伪装战壕的错误。士兵们为逃脱这种双重炮火夹击，就在土军炮火打击之下，丢弃枪械逃回自己的阵地。他们的多数军官已经战死。

就在克里西亚对面，兰开夏郡燧发枪手团士兵的进攻取得了胜利，土军被驱赶到距克里西亚村半英里地域之内。但当坎嫩吉塞尔上校想要从该战线上的另一部位调来一个土耳其营助防此处战线时，一名土耳其高级军官正告他说："看在上帝的面上，上校，不要命令一名军人休整。假如别人看到了，他们就会全部开始休整，还要一口气跑回君士坦丁堡。"这是英国将军埃尔默·亨特-韦斯顿对土军的软弱加以利用的机会，但他却决定将自己的后备部队派往战线上法军未曾将土军击退的区域，皇家海军的一个营也差点在这里被摧毁。"这是个艰难的决定，也是个错误的决定。"一位史学家写道。① 该决定带来的后果就是冲上克里西亚的士兵们最终功亏一篑，被迫接受当天早上出发时靠前 500 码的新阵地。

当日，在一英里长的战线上，土军扼守的战壕有 250—500 码被攻下，但阿希巴巴仍位于土军战线后方。当天，将英法伤员转移至沙滩以准备撤离是十分艰巨的任务，因为土军不断进行狙击和炮火轰击。"正当我沿着战壕挪动时，"皇家海军军士长约翰斯顿在日记中写道，"我路过了许多堆积的死尸，丑陋的大苍蝇正在上面饱餐。十余名伤者正挤在侧壕当中，等待担架到来，然后就有可能将他们转运至基地。从沙滩向战壕中运送弹药的骡马车夫，以及锡安骡马军团的士兵在返回沙滩的时候，车上又已满载——负伤的士兵。"

至于死者，巩固阵地的需要意味着他们无法被随时掩埋。一位历史学家写道，在苏格兰步兵团阵地，死者"在从交通壕直至被攻占阵地，都被堆积于两侧，他们在这里造就了一条骇人的林荫大道。苏格兰步兵团士兵刚刚登上半岛不久，就由于出现不幸的心理失调，而必须将掩埋这些尸体当作他们登岸后的第一要务。这不是一个良好的开端"。开始埋葬时，他们都要作呕。"成百万的苍蝇爬到死者身上，"军士长约翰斯顿写道，"尸体被抬起放入墓穴中时，它们又如乌云般升腾起来，没等一锹泥土覆盖在尸体上，它们又全部降落下来，继续它们的大餐。"

土军 6 月 6 日发起反攻，为此制订初步计划的是坎嫩吉塞尔和两名德国参谋军官。土军进至无人地带时，他们遇到一名德国海军陆战队员，他是 6 月 4 日被英军俘虏的机枪队的一名成员——一等兵彼得斯。他在被带往英军战壕途中挣脱了控制，随后就趁乱向前线跑去。当他跳跃着跑过无人地带时，英军还以为这是他们自己人正在表现执着和英勇。不幸的是，土军看到这名身着海军制服的士兵，误以为是英军，就朝他开了火。他被迫在弹坑内栖身，在断水、断粮的情况下隐藏了两天。反攻中的土军找到他时，才将他解救出来。此后不久，英军又发起反攻，将土军赶回至英军原防线所在地。

第二次克里西亚战役已经结束。各方伤亡惨重：英军 4500 人、法军 2000 人，土军 9000 人。前往埃及的医院船不得不在途中多次暂停，来为不可救药的士兵举行海葬。驻亚历山大的医疗队副队长写道："我早上醒来就看到那些正等待进港的医院船，然后我就想，我们还能将这些

---

① 罗伯特·罗兹·詹姆斯，《加利波利》，伦敦：巴茨福德出版社，1965年，214 页。

人安排在哪里?"

和西线战场一样，在海丽丝岬，战壕都已被加深、加固，对垒的两军每天相互狙击或用火炮轰击。在海丽丝岬，土军不仅能从阿希巴巴方向开炮，还可以从南面，将炮弹从亚洲海岸打过达达尼尔海峡，从古代特洛伊战争的发生地特洛伊平原向英军开炮。

6月6日，德军试图对英国展开海空袭击。三艘齐柏林飞艇从德国占领下的比利时境内的飞艇库起飞。其中一艘出现了技术故障，几乎刚刚升空就被迫降落。另外两艘飞过了北海，但在抵达东海岸时因出现大雾而被迫返航。其中的一艘返航飞艇在根特附近被年轻飞行员、空军少尉雷克斯·沃恩福特发现，他冒着该飞艇不断发射的火力，奋力飞到它的上方。随后他就投下三枚炸弹，其中第三枚爆炸，将该飞艇击毁。这艘飞艇的十名乘员中有九人遇难，第十人为舵手阿尔弗雷德·米勒，乘毁灭中的齐柏林飞艇吊篮下落 8000 英尺后，幸免于难。该吊篮坠落于根特圣伊丽莎白修道院屋顶后，将他甩到 100 英尺之外。修道院起火。一名修女、一名儿童，以及一名试图抢救这名儿童的男子丧生。"尽管我们为此哀恸，"特蕾莎修女后来回忆说，"但我们心中都为沃恩福特少尉的英勇无畏和胜利而感到无比欣慰。战后，我们这家修道院就在墙上挂上牌匾，纪念这位年轻的飞行员，而且附近的一条街道也被用他的名字命名。"

齐柏林飞艇爆炸引发的冲击波让沃恩福特的飞机接连翻滚，还在片刻之间机头朝下飞行，使其剩余燃油漏尽。它滑翔至根特附近的一处机场，碰断了一条加油管，但备用油箱还有少量燃油。在德军战线后方度过 35 分钟，修好输油管并重新启动飞机引擎后，沃恩福特发现一群德军骑兵正朝这架飞机赶来。他连忙跳上飞机起飞，在离地时向这群骑兵叫喊道："代我问候德国皇帝。"英国媒体大幅刊载了他的这一战绩，他的表妹玛丽·吉布森写道："还带走了战争中其他令人沮丧的消息中的某些阴暗。"英王特地于战斗发生后次日亲自给沃恩福特拍发电报"授予你'维多利亚十字勋章'"。英王私人秘书在致海军部的附信中补充道："陛下感到如要授予他勋章的话，那就越快越好。"

英王并不知道这正体现了他的先见之明。十天后，沃恩福特护送美国记者亨利·尼达姆从巴黎附近的比克小机场起飞。在 2000 英尺高度，飞机进入旋涡，飞出旋涡后，其机尾脱落。降到 700 英尺时，飞机上下颠倒，令旁观者惊恐的是，沃恩福特和尼达姆被抛出，掉到地面。尼达姆当场丧生，沃恩福特一小时后死于医院。为沃恩福特举行葬礼后，又进行了公开招募行动，他在该行动中居于核心地位："不要让年轻的沃恩福特成为最后的英雄。"他死时年仅 23 岁。《每日快报》在布朗普顿公墓为他竖起一座纪念碑，表现的是他那架攻击齐柏林飞艇的飞机。

在伦敦参加沃恩福特葬礼的人们都不会知道，德国已在英国港口成功建立了七人的间谍网。6 月 15 日，法军密码破译首席专家卡蒂埃上校将拦截的大量德军无线绝密情报移交英军情报部门，让这些间谍暴露了身份。他们全部被捕，其中至少两人被处死于伦敦塔。德军间谍活动几乎已到末日，主要依靠中立国展开。其中两人，一名秘鲁人和一名挪威人，都在被捕后被枪毙。

在德国占领下的比利时，新总督冯·比辛男爵明确声称战争结束后，德国有意对其所占领土保留某种形式的控制。在 6 月 19 日发表的演说中，他解释了他的政策将有助于比利时的"福祉与繁荣"的理由。"我认为被压榨过的柠檬没有价值，已死去的奶牛不会产奶。同理，让在经济等各方面对德国十分重要的国家活下去，就是非常必要与重要的，而且，战争的创伤也需要尽快愈合。"1915 年晚些时候，比辛写了一份备忘录，其中他提醒人们对德国 1914 年前，未能使其法裔或波兰裔少数民族归化或满足的情况加以注意。"未来数年当中，我们必须坚持现存的专制政体，"他写道，"比利时必须如同现在一样被掠夺与占领，在未来也是一样。"在七个月之后的德国皇帝生日当天，他又宣称："我们必须坚持完成已经被赋予我们的使命。"

在西线战场，英军在 6 月末未曾发起攻击。19 岁的罗伯特·格雷夫斯在家书中描绘了"静态战线"上每日进行的炮火轰击与狙击。6 月 8 日，他所在营的 17 名战士被德军炸弹或榴弹炸死、炸伤。德军前线战壕距格雷夫斯所在阵地平均仅有 30 码距离。次日，在距德军占据的一条地道仅 20 码的一段战线上，"我走过时就用口哨吹出'农场少年'的曲调给自己壮胆，"格雷夫斯写道，"我突然看见一群人正俯身看着一个躺在战壕沟底的士兵。他发出的一种鼾声和周遭的虫鸣与兽吼汇合一处。我的脚边就是他曾戴过的军帽，上面溅着他的脑浆；不知为何，我将此看作一种诗意的虚构。人们可以和受伤士兵笑谑，并祝贺他们摆脱战争。人们可以对死者视而不见。但甚至矿工也无法对一个要等上三个小时才死去的，头的上半部被 20 码外射来的一颗子弹掀飞的士兵开起玩笑。"

法军部队在阿图瓦作战，徒劳地试图突破德军战壕。6 月 18 日，经过野蛮的徒手肉搏，多次小规模推进，占领并丢失某些山脊，以及 1.8 万人伤亡后，战役就被取消。在默兹-阿贡讷战场，法军为击退德军的一次进攻，就又有 1.6 万人战死或负伤。双方有数千人因猛烈的炮火轰击和残酷的堑壕战而被打得无影无踪：在阿图瓦"消失"的人员中就有小说家于勒·勒鲁，时年 34 岁。

6 月 27 日，薇拉·布里顿开始了她在一家英国医院第一天的护士工作，照看从西线战场撤回的伤员。当天，她听到一名住院的苏格兰中士评论说："我们要打垮他们，但他们会先让我们心碎！"在写于 6 月 29 日的备忘录中，贝当将军向其上司表明西线的消耗战将由"拥有最后一人的那一方取胜"。同日，英国政府在伦敦引入了"国家兵役登记法案"，这是从志愿兵役制转向义务兵役制的第一步。基奇纳的志愿兵——当时正在加入西线战场作战的新军，已超过 200 万人，但到 1915 年 6 月底，就已明显看出这些兵力仍然不够。这一星期，法军总兵力已达 500 万人。为保护前线人员，新装备不断送达各军：对法军单兵而言，最重要的就是钢盔；但钢盔永远供不应求：7 月生产了 18 万顶，8 月仅生产 5.5 万顶。随后不久，英国生产的钢盔也继之而来。

在美索不达米亚，自 6 月初攻占阿马拉以来，英军似乎有望取得一系列胜利，但此时困难却开始显现。6 月 27 日，英印军队袭击了纳西里耶土耳其驻军。三个星期前还能忍受的热浪，此时已变得无法忍受，温度已升至华氏 115 度（摄氏 45 度）。疯狂肆虐的蚊虫开始大量出现。和加利波利半岛一样，土军野战火炮不断地进行出其不意的精准发射。纳西里耶被攻占，但也应预见到警报的信号。土军退却后，又迅速在库特加固了新的防御阵地。英印军队准备穷追不舍时，疾病就开始扼杀士兵们的战斗力。正如一位研究此次战役的历史学家所写，"日射病与中暑令士兵们心神不宁、焦虑、脾气急躁，还让他们产生彻底的抑郁之感"。[①] 一名英军军官后来回忆起一场葬礼："我们下午 6 点钟动身，前往一英里外的墓园。我们还没走到一半，一名士兵就中暑倒下，然后就被一瘸一拐地搀到医院。正当尸体被放入墓穴时，一名拉绳子的士兵向前倒下，软弱无力地倒向墓穴，正好趴在尸体上。我们集合返回时，另一名士兵倒下。幸运的是，我们有一副额外的担架，结果一人躺在这副担架上，另一人就躺在来墓地时死者曾躺过的那副担架上，和我们一起返回。我们埋葬了一个人，而为了埋葬他，又损失了另外三个人。"

虽然士兵们忍受着酷热，还缺乏医疗补给，甚至缺乏新鲜蔬菜——尽管《泰晤士报》上刊载的报告不无溢美之词地说定期从孟买运来新鲜蔬菜——但仍制订了向库特进军的计划。

在加利波利半岛，穆斯塔法·凯末尔确信他能够将澳新军队赶出楚

---

① 巴克，《被忽视的战争：1914—1918 年的美索不达米亚》。伦敦：费伯出版社，1967 年，97 页。

努克贝尔，赶入大海。6 月 28 日，他率领 10 天前新调来的尚未参战的土军——一个师的兵力——发起了进攻。此次进攻被击退，新到的团被剿灭。凯末尔提出引咎辞职，但利曼·冯·桑德斯将军劝说他留任。他的勇气已经成为土耳其领土守卫者的激励力量。有一次，协约国一个炮兵连沿土军战壕一线系统性发射炮弹，炮弹落点距凯末尔极近，但他拒绝挪动，反而点燃一支香烟，并与战士们一道坚守战壕。随着轰击目标移到别处，一个神话已经诞生。

6 月 28 日，同样在加利波利半岛的英军从海丽丝岬发起进攻，意图将土耳其军队赶出克里西亚。虽未曾进至该村，但英军阵地左翼，被沿溪涧向前推进了 1000 码。英军一个营在进入土军战壕后，发现了刚刚准备好，供人享用的早餐：有饼干和硬煮鸡蛋。另有大量的雪茄烟。"还有令人毛骨悚然的发现，"英军史学家记录道，"27 日战死，还未曾掩埋的皇家都柏林燧发枪手团多名战士的遗骸。"①

土军发起的数次反攻被击退，一群土军士兵就突破防线在英军阵地及辅助战壕之间掘地为壕。他们似乎是在做出投降的姿态，但当英军士兵走到近旁以将他们带回时，土军就开火射击。随后他们就遭到了双向夹击，并被击溃。

加利波利半岛上的战斗曾被协约国寄予厚望，却已演变为另一场僵局：成了西线战场上的堑壕战的缩微复制品，此役本来是用于快速结束西线战场上的战斗，但其中的恐怖此刻却在一个遥远的战区再度出现。

---

① 弗兰克·福克斯爵士，《世界大战中的皇家恩尼斯基伦燧发枪手团》。伦敦：康斯特布尔出版社，1928 年，187 页。

第十章　同盟国蒸蒸日上

1915 年 6—9 月

1915 年 6 月 13 日，东线战场上的波兰骑兵在奥地利的命令下作战，受到波兰的民族主义热情煽动，他们在罗基特纳战胜俄军，取得胜利。九天后，奥军夺回了东加利西亚重要城市伦贝格，并已要蓄势待发进入俄国的沃里尼亚省。在波兰战场，德军持续取得进展：6 月 18 日，在克拉诺斯塔夫有 1.5 万余名俄军被俘。

7 月的最后一个星期，俄军参谋本部给俄指挥官传阅了一份有关布尔什维克的反战宣传的秘密报告。报告解释说，此类宣传就隐藏于国内寄给士兵的礼包中。俄陆军的一份报告称这"使战士们留在战壕中要付出超人的努力。"在俄军的这种不满当中，德军找到一种扰乱对手战斗力的途径。7 月 27 日，美国驻柏林大使杰勒德向华盛顿报告说，德国人正"从众多的俄军战俘中拣选出革命者和自由派，并给他们发放经费和伪造护照文件，然后再将他们派回俄国煽动一场革命。"7 月 30 日，身在彼得格勒的陆军大臣波普利万诺夫将军就对部内同僚发出警告："丧失士气、投降和开小差的现象正在大范围内出现。"

持续的战争让俄国出现了不受欢迎的变革的幽灵。7 月 15 日，就在波普利万诺夫发出警告两星期前，爱德华·格雷爵士会见了加拿大总理罗伯特·博登。"他怀着严重焦虑谈及战争带来的负担。"博登在日记中写道。在格雷看来，战争的持续"必定会导致现存的政权形式被推翻"。

1915 年 7 月，意大利在对奥战场上出师不利。在多洛米蒂山区，奥军击退了意军发起的 15 次单独进攻。在伊松佐河畔，意军尽管有以六敌一的数量优势，但前进不足一英里。在戈里齐亚高地，奥军将他们赶回，并抓获 1500 名意军战俘。在亚得里亚海，两艘意大利巡洋舰被奥军潜艇击沉。

协约国在达达尼尔海峡也同样陷入困境。1915 年 7 月，加利波利半岛上的英军两度拒绝前进。在纳罗斯海峡，土军的网状防御使法军损失一艘潜艇。

7 月 25 日，德军进攻已经箭在弦上，俄国人就将华沙的工厂后撤。[①] 1915 年 7 月，在土属亚美尼亚，土军部队击退了俄军的进攻，同时在战线后方黑海之滨的特拉布宗，多达 1.5 万名土军在 7 月 7—23 日践踏了这座以亚美尼亚人为主的城镇，屠杀了其 1.7 万亚美尼亚居民：仅有 100 人幸存。与此同时，在南面的幼发拉底河上游，数千名亚美尼亚人被屠杀于穆什周围各村庄。这些屠杀的消息传到协约国后引起了公愤：在伦敦，议会上院经过辩论，于 9 月 6 日发表谴责。随着战争的继续，先前的限制已被摒弃。英国准备在下次进攻中使用毒气；7 月 20 日，德国皇帝在德国海军参谋长冯·巴赫曼施压之下，取消了他先前发出的禁止轰炸伦敦居民区的命令。自此，只有有"历史意义"的建筑物才有望幸免于难。

7 月 9 日，协约国在遥远地带取得一次胜利：南非军队接受了德属西南非洲的德军投降。16 天后，南非吞并了这片领土。战争爆发还不足一年，就已经开始瓜分战利品。在欧洲，并未站在同盟国一方的保加利亚 7 月 17 日与德、奥签订密约，按照密约，它将获取色雷斯地区 600 平方英里的土耳其领土。随后它又得寸进尺，要求取得塞尔维亚和希腊两国的马其顿地区各省，以及罗马尼亚的沿海地区锡利斯特拉。

7 月 27 日，柏林的新祖国联盟对 93 名杰出德国知识分子联名发表的宣言表示支持，该宣言反对一切领土吞并，并呼吁达成妥协和平。爱因斯坦再次名列签字者当中。该联盟通过邮政发行包括伯特兰·罗素和萧伯纳在内的英国和平主义者言论选集时，他也对其表示了支持。这就让德国当局难以容忍。联盟办事处遭到袭击，被禁止出版任何作品，禁止其成员进行相互交流，联盟的两位秘书遭到监禁。这还只是全面禁止该联盟存在的序幕。

经 3 月在新沙佩勒、5 月在欧贝尔岭的惨败后，依旧由阿斯奎斯担任首相的英国多党联合政府决心在西线发起新的进攻。1905 年起就已淡

① 1941 年 7 月，德军再度横扫俄国时，斯大林命令将苏联西部的 800 家工厂迁至乌拉尔山、西伯利亚和苏联中亚地区，由此保存了苏联打赢战争的工业实力。

出内阁的资深保守党人，此时又成了战争会议的核心成员，试图在当年秋季取得突破。7月6日在加来召开的英法联席会议上，这一战役就获得了协调。出席会议的有法国陆军部长亚历山大·米勒兰、英国首相阿斯奎斯及其他高级官员。次日，在霞飞位于尚蒂伊的大本营，约翰·弗伦奇爵士认同了霞飞的观点，按照官方会议记录记载，即"整体战略局势要求展开这场进攻。而且他本人也将竭尽所能作战"。然而，曾出席加来会议的基奇纳却不留情面地致信帝国参谋总长、将军威廉·罗伯逊爵士："霞飞和约翰爵士告知我，他们将于11月将德军赶出国境之外。他们还曾在去年12月、今年3月和5月向我做出过同样保证。他们做了什么？所展开的攻击代价高昂，却一无所获。"

不发动攻势就无法取得速胜，不过劳合·乔治于7月17日宣称："逡巡不前的胜利就意味着胜利的脚印上完全沾满鲜血。"作为新任命的军需大臣，他在敦促女性赴弹药工厂劳动，以加速胜利的那一天的到来。在伊普尔突出部，甚至早在加来与尚蒂伊就新的攻击计划达成一致之前，残酷的战斗就在对垒的两军之间发生。一次是为争夺位于霍赫的地雷坑，它是英军对德军战壕发起的一次攻击中造成的。如此规模的地雷坑是两军必争之地，因为它能为将其占领的士兵提供掩蔽，还能掩护友军对敌发起射击。为将英军赶离位于德军阵地的地雷坑，德军动用了他们那些令人望而生畏的重型榴弹炮，英军称之为"米妮"或"呼啸的米妮"。

7月29日的进攻开始时，曾在霍赫的英军军官凯里中尉后来回忆说："这是我方士兵尚未面对过的令人惊恐的场面。除了能将多人炸成碎片外，它的爆炸本身也极其恐怖，任何位于100码半径范围内的人都会在数小时内失去理智，而且第7营还被迫再派遣多名士兵，仓促无助地赶往前线。"

由祖阿夫丛林向霍赫地雷坑发起攻击的所有参战部队此前均未曾来过这一段战线。7月30日，他们更加溃不成军，因为德军首次使用了火焰喷射器，用燃烧的汽油向他们喷来一条条火蛇。"突然出现了'咝咝'声，"凯里中尉后来回忆说，"地雷坑上方明亮的绯红色闪光将整个场景染得通红。我向前看时发现有三四条独立的火蛇——如同强有力的高压水龙，喷出的不是水而是火——朝我所在战壕喷射火焰。"被火蛇笼罩住的士兵们"就再也未曾出现过"。

当天下午，英军又对德军战壕发起进攻。"现在只能慈悲地想象，从后方15英里处的阵地发起进攻的人们未能弄清实际位置，"凯里评论说，"到3点钟，那四个营按计划登顶，却被我方无法定位的敌军机枪射倒，我方贫乏的炮火准备并未给敌军造成任何影响。许多士兵都在我方自己的铁丝网边被阻击，我以为没有人能跑到距丛林边缘 50 码之外的地方。"

1915 年夏，西线的僵局和东线的运动战形成了对照。8 月 5 日，德军进入华沙。战争开始几乎已一年整，又一座欧洲大都市被攻陷。1815 年以来俄国首次失去对波兰首都的控制权。这对同盟国而言是有象征意义的胜利。此刻，德国已将长远的眼光投向芬兰，1808 年赶走瑞典人以来，芬兰就成了俄国的一个省。8 月 8 日，德国皇帝授权组建一个完全由芬兰人组成的、兵力 2000 余人的营，该营将在东线战场上与俄军对阵。"此刻就开始为组建该营招募新兵，"芬兰民族领袖古斯塔夫·曼纳海姆后来回忆说，"这就谱写了芬兰近代史上最动人的一个篇章。当然，一切都必须以绝密的形式进行，而且这里到处都渗透着俄国警察。"新兵被偷运出芬兰，转运至德国。数百名芬兰人被指控帮助这些新兵叛逃，然后被关押于彼得格勒。但九个月之后，该营就已经参加作战。

德军继续向华沙以东进发，俄军节节败退，只留下维斯瓦河和布格河交汇处的新格奥尔吉耶夫斯克，以减缓德军前进的速度。但当该城的 9 万守军遭到围困时，德军又继续向东横扫。为制约新格奥尔吉耶夫斯克，他们从前线部队抽调出 8 万士兵集结一处。该城的堡垒和外围工事全都曾于 1891 年加固，为将该要塞摧毁，德军再次用到了曾于 1914 年 10 月有效攻破安特卫普的奥制榴弹炮，其中包括 6 门 16 英寸火炮，行动指挥官仍为安特卫普的征服者冯·贝泽勒将军。

围困新格奥尔吉耶夫斯克开始于 8 月 10 日，数日后对其展开炮火轰击。该要塞于 8 月 20 日投降，德军将全部 9 万名俄国守军俘虏，其中包括 30 名将军。

伴随战场上的恐怖斗争、战壕中每日的危险，及战俘营中严酷的物资短缺，各国军队中多数参战军官还都仍能获得国内的某些慰藉。西线战场上的英军军官能够定制伦敦哈罗德百货商店的特制盖篮，以便定期给他们运来额外的食物和其他奢侈品，还可以说服友人提供帮助。奥斯卡·考考斯卡就曾请求他的画作买主从维也纳为他将下列物品寄到东线战场：

6 双棕色厚袜，非毛

300 支好烟（要够劲的）

1 套丝绸内衣或类似物品

1 瓶白兰地或威士忌（带杯）

1 大听科斯滕斯威化饼

5 罐沙丁鱼

1 把质优的手电筒及 5 节备用电池

6 罐各色开胃小吃

3 罐蜜饯

1 把衣刷

1 听皮革防水油

1 盒萨罗提糖果

"如果你无法将所有物品装入一个标准包裹，"考考斯卡继续写道，"那就请分装 2—3 个包裹。我需要每一样东西，再次恳请你尽快寄来。"

8 月 6 日，德军攻入华沙后一日，大批英军在加利波利半岛上的一片新沙滩——苏夫拉湾——登陆，以期突破土军在加利波利半岛上的防御，并使协约国舰船得以开进纳罗斯海峡。此次登陆的目的是将安扎克阵地与南部连成一片，并将土军赶下楚努克贝尔高地，甚至赶下位置更高的柯加齐姆特佩，从而一鼓作气，将这些地方连成一片。

为将土军部队引下高地，他们策划进行两次牵制性进攻。第一次由澳军在他们位于安扎克湾上方陡峭的地形上展开，他们攻入了位于孤松的土军战壕，展开了岛上最激烈的一场战斗。孤松之战中英勇作战的士兵有 6 人获得了"维多利亚十字勋章"，进攻者中有 1700 人战死或负伤。当澳军加固其新占领的堑壕时，就必须从中清理出 1000 多具土军尸体进行掩埋。另有 4000 多名土军战死或负伤。

第二次牵制性进攻在海丽丝岬发起，克里西亚村和阿希巴巴高地再次成为争夺目标，但对这些地点的进攻被土军击退，土军伤亡人数为 7510 人，英军伤亡 3480 人。当日参加作战的有乔治·霍里奇少尉，他曾于 6 月的战斗中试图抢救伤员时肋下被击穿。他从埃及的医院返回时，恰好来得及参加 8 月的战斗。他一只手挂着手杖，另一只手持手枪，返回阵地时并未受伤。当晚一枚炮弹落入他所在战壕，结果令他再次身负重伤。

海丽丝岬攻击只是为在苏夫拉湾展开的最新一次登陆而进行的牵制性进攻。此次登陆取得了成功。澳大利亚、新西兰、印度、廓尔喀和英国军队登岸后，击溃了土耳其守军，穿过海岸平原，直奔山地而去。随后，将军们就开始犹豫：他们因进军神速而惊诧。西线战事已让他们思维定型，只能习惯于推进 100 码的"胜利"。几乎未受抵抗就推进半英里令他们迷惑不解。此次犹豫起到了决定作用，这带来了灾难。大部队在沙滩旁滞留，许多士兵出乎意料地享受到了畅游带来的轻松愉悦。

在更南面，在澳军的安扎克湾战线，1.6 万士兵 8 月 6 日沿海滩向北朝苏夫拉湾推进，后又转向内陆，意图夺取柯加齐姆特佩顶峰。就在此刻，坎嫩吉塞尔上校已来到柯加齐姆特佩。此前他奉命离开海丽丝岬，率领一个师的土军协助击退对孤松的进击，于是他向北进发，来到战场上最需要他的地方。他在此处看到一支澳军纵队正在 300 码开外的下方，趁着黎明的微曦向陡峭的山坡上移动。由于他身先士卒来到前方，他身边仅有 20 名士兵，于是就命令他们卧倒开火。进攻部队以为碰上了强大劲敌，于是也就地卧倒，寻求掩蔽，并准备守卫他们在山坡上的阵地。

高地依旧被控制在土军手中。当天，利曼·冯·桑德斯命令两个后备团登顶。柯加齐姆特佩被守住了。在沿山间鞍部更向南面的地方，一个新西兰营登上了楚努克贝尔顶峰，其间并未遭遇抵抗。新西兰士兵到达山脊时，发现了一挺土军机枪，机枪手们都已睡熟。但他们两侧尖坡——Q 山与战舰山——上的土军开枪射击，阻止援军赶到，新西兰军队试图击退他们，但最终被他们驱逐。一支毛利人分遣队无法面对土军强大的火力，于是到近旁的溪谷中寻求掩蔽。

8 月 9 日，协约国军队再次发起对柯加齐姆特佩的攻击。一小支英国及廓尔喀军队攻上山顶，用刺刀冲锋击退了土军的反攻。他们正准备将土军赶下远处山坡时，仍不知山顶已落入协约国手中的英军炮兵开始对这里开炮，受到轰击的进攻部队被迫撤退。

当天，坚守楚努克贝尔顶峰的新西兰部队遭到了穆斯塔法·凯末尔指挥的土军攻击。他们发起还击，土军顿时溃不成军。凯末尔的参谋人员建议沿东坡撤离，但刚刚晋升上校，并被德国人授予一级铁十字勋章的凯末尔却敦促他们和他的士兵们捍卫他们自己的祖国。[①] "不必惊慌，我的孩子们，"他一边沿土军战壕走动一边说，"不要着急，我们要选择最恰当的时机，然后我就冲到最前面。你们看到我举起一只手时，就要确保你们磨砺的刺刀全部出鞘，然后随我前进。"战士们听后原地待命。

楚努克贝尔顶峰上面对土军的是刚刚救援过新西兰军队的人员，基奇纳新军的两个营：北兰开夏郡忠诚军团第 6 营和威尔特郡第 5 营。这两个营此前从未参战。土军的六个营正在山的另一面山坡集结。由于亲

---

① 1915 年 9 月 15 日，凯末尔侥幸逃过一劫，当时皇家海军空中作战飞机轰炸了他所乘坐的指挥车。一场类似事件发生于 1944 年，时任诺曼底德军部队指挥官的陆军元帅隆美尔，也因自己乘坐的指挥车被一架盟军战斗机上的机枪火力击中而受伤。

自进行过侦察，凯末尔举起一只手，给出了前进的信号。土军端起刺刀朝阵地守军冲过去。北兰开夏郡忠诚军团遭受刺刀袭击后仅剩最后一人。威尔特郡营此时极其不幸，他们正在下方不远处的山谷内休息，早已将步枪和装备放下，于是只能转身逃命。

此时土军冲下山坡，意欲将英军彻底赶离这片山地。就在此时，附近尖坡上的新西兰机枪手开始射击，正在进攻的土军左翼被阻止。其右翼在到达一个名为"农场"的小高地后就与新军的另一支部队——第38旅——的士兵展开了徒手肉搏。

退至山顶后，土军依旧占据着楚努克贝尔。此时，英军战线比8月战役之前，变得更加深阔，但仍局限于半岛西侧。登上楚努克贝尔山顶的士兵们曾在片刻之间看见了下方远处的纳罗斯海峡水域的粼粼波光。后来，他们就再也看不到这片水域了。英军再也未能取得其8月6日的战斗目标。凯末尔则已被晋升为将军。

在苏夫拉湾，8月6日的成功登陆被继以三天的怠惰和不协调的作战。到8月7日上午，英军25个营已经登岸。"自昨日起在达达尼尔海峡出现了重大战斗，"海军提督铁毕子在当天的日记中写道，"显然局势危急。假如达达尼尔海峡陷落，那么世界大战将不利于用我们的方式定局。"

8月7日上午，土军仅有三个营开拔前往支援仍在苏夫拉岬作战的小规模土军部队。多数土军火炮和枪支都已撤往后方，以防被缴获。距一场小型战斗发生地点半英里处，英军六个营正在无所事事地闲坐。"我们都有这种感觉，"利曼·冯·桑德斯后来写道，"英军将领在海岸边拖延过久，而未能不惜一切代价从登陆地点向前进军。"

英军官方史学家阿斯皮诺尔-奥格兰德准将第三天在苏夫拉湾登岸，他做出的评价更为尖刻。他写道，由于"8月7—8日出现的犹豫与拖延，在苏夫拉湾抢滩登陆所获得的优势已经丧失殆尽。第9军已浪费了过长时间。以有利条件取得高地的机会已经消失。此刻将成为一场势均力敌的两支部队间的斗争，英军在明处——受阳光炙烤的平原地带，而土军则占据着有利地势。而且，土军绝对比这些刚离开英国的新兵更善于展开小规模战斗，更善于使用步枪；而且，一旦突袭的优势一去不返，英军取得胜利的希望就变得十分渺茫。"

8月9日，苏夫拉湾的英军部队成功占领了楚努克贝尔山系的一座小山——半月山，他们被击退时，就在一片混乱当中朝海岸奔去。共有5万英军和安扎克部队参加了为期四天的苏夫拉湾和楚努克贝尔的战斗，其中2000人战死，1万人负伤。有2.2万余名伤病人员撤离半岛，被用船送至埃及和马耳他的医院。8 月 13 日，埃及和马耳他的军事医院就已经报告满员。当日，攻击又重新开始。从苏夫拉湾滩头进发的军队抵达了 882 英尺高的特凯特佩下方的阿纳法塔岭，这里也属楚努克贝尔岭的一部分。他们在此停留，而不愿再像一星期前刚登陆时那样继续尽力向远处推进。

一名参谋军官赶到前面查看出现的情况。"我发现第 53 师处于一线挖掘得很浅的战壕内，人们站在胸墙上方各处，甚至还有士兵在战壕前方野炊，"他后来报告说，"没有进行任何工作，整体呈现一片涣散的气氛。我十分震惊地发现前线地带就是这种做派。前方看不到土军战壕或土军士兵，只有零星散乱的炮火和狙击。我在那里时发现我方左侧丛林中有某些士兵，数日以来都被认为是土军，事实上却都是英军。"

24 小时后，在德军军官威尔默少校指挥下，新组建的土军第 5 师发起反攻，将英军击退。

8 月 14 日，身在伦敦的基奇纳读到了汉密尔顿将军发来的有关苏夫拉湾登陆的报告。报告叙述了指挥官们不愿在初始阶段大胆推进，还揭示了此间出现的物资匮乏，如第 53（威尔士本土）师登陆时未带火炮和辎重，只有一辆战地救护车，这让基奇纳勃然大怒，当天就致信丘吉尔："我要采取措施，让真正的斗士取代这些将军们。"两天后，第 9 军指挥官斯托普福德及其下两个师的指挥官——第 11 师的哈莫斯利将军和第 53 师的林德利将军都被解除了指挥权。指挥第 10（爱尔兰）师的马洪将军辞职，后来他奉命指挥萨洛尼卡集团军。

"我们都在试图弄懂究竟这些人出了什么事，他们为何显得如此缺乏进取心，"丘吉尔的弟弟杰克——时任伊恩·汉密尔顿的参谋官——在战斗结束后致信汉密尔顿，"他们并非懦夫——体格上他们是和正规军一样身体健康的一群人。我以为这在一定程度上缘于他们所受的训练。他们此前从未有过开枪。他们刚刚参军一年，在此期间他们只经受过一种训练：堑壕战。他们曾被告知在各处掘地为壕，并预计敌人与自己相距 100 码远。读过所有战争报道后，他们就得知推进 100 码就是至关重要之事。"

杰克·丘吉尔继续解释说："他们登陆之后推进了一英里，就认为自己已经取得了了不起的成绩。随后他们就失去了参照的标准——没有其他部队在战场向他们显示怎样做才正确。他们似乎不知道自己应该做什么。推进如此之远是否正确——他们是否可能被拦腰截断或钻进埋伏圈？偶尔飞来的一颗子弹属于狙击，还是有枪支林立的一个隐秘战壕正等待他们……第 10、11 师无所适从。他们表现出了极度的无知。一枚炸弹在一群修筑工事的人们近旁炸开——至少在半英里开外。军官和战士们就停下工作，奔向低矮的海滩崖壁，并卧倒隐蔽！一颗地雷爆响后，附近的士兵就全都匍匐在地，以为自己遭到了炮轰！我刚听说第53师也好不到哪儿去。几声枪响就让他们从巧克力山仓皇后撤！只有那些能够身体力行的人们才能指责那些高级官员。但毫无疑问，这几个师当时完全脱离了控制。"

约翰·哈格雷夫当时就在苏夫拉的野战救护车上服役，他回忆起士兵们听说将领们被解职的消息时内心出现的情绪，当时已下达新的、攻击俯瞰萨罗斯湾的基雷奇特佩岭的命令。他写道，他们当时"群龙无首，迷失在战火当中——梦想着打起包裹回家去。"他又写道：多数士兵"都陷于沮丧的情绪当中——很多人似乎头脑一片空白或患上弹震症——不宜再冒着炮火继续作战。但当然，他们必须'继续作战'。"

土耳其军队让协约国部队无法在加利波利半岛取胜。此时他们的盟友继续在海上造成巨大混乱。8月13日，一艘德国潜艇在意大利多卡尼斯群岛中的科斯岛附近水域击沉了1.1万吨的协约国运兵船"皇家爱德华"号，1865名士兵葬身水底。8月17日，在东线战场，德军用1360门火炮发起轰击，还用到了16英寸海军炮，共发射85.3万发炮弹之后，终于占据了堡垒城市科夫诺。①

俄军要塞司令格里戈里耶夫将军未能炸毁奥斯坦德与彼得格勒之间的唯一一条铁路，还完整留下了涅曼河大桥——另据说他趁着夜色离开防空洞，并在未告知其参谋长的情况下在要塞沦陷之前就弃城而逃，于是他受到了军法审判，被判处八年苦役。在科夫诺军需仓库内，德军缴获数百万罐腌肉——这正是俄军前线的主要补给品——恰好可供他们自己的士兵享用。在更南面，德、奥军队进至布列斯特-立托夫斯克要塞，将俄军部队驱赶至布格河。

俄军在退却至布格河途中经历恐怖遭遇的消息被报告给时在加利西亚的古尔科将军："在数场战争中多次浴血奋战的人们告诉我，没有哪块战场上的恐怖能与整个民族遭到驱逐的可怕场景相比，他们不知道要到哪里去，也不知道能在哪里得到休息、食物和栖身之所。他们本身就处于恐怖当中，也增加了部队的苦难，尤其是运输队要走上到处人潮涌动的道路。许多次，我军被迫停下来打一场后卫战斗，才能让人群给部队让出道路……只有上帝知道这里正忍受着何种痛苦，流下了多少血

① 26年之后，盖世太保在科夫诺九堡大规模屠杀了来自科夫诺本城及东欧多个城市的数万名犹太人。

泪，还有多少生命成了无情的战争之神莫洛克①的祭品。"

俄军部队遭遇的困境在整个俄军部队内部散播了极度的不满，也让所有德占领土上的战俘营出现膨胀。8 月 17 日，在科夫诺陷落当天，德军战俘营当中的俄军战俘为 726694 人，另有 699254 人为奥军所俘；被俘俄军总人数为 1425948 人。② 监禁条件十分严酷。1915 年春夏之际，在加尔德莱根的战俘营监押的俄军战俘中爆发了斑疹伤寒。其中的 1.1 万名战俘中，有 300 人病死。到 1915 年 8 月，维滕贝格战俘营内斑疹伤寒大规模爆发，德军战俘营管理当局就让其中的 1.5 万名俄、英、法军战俘听天由命，在外围栅栏处布设机枪和猛犬。中立国家提出批评后，德军人员才返回该营地，改善其中条件。

8 月 18 日，基奇纳勋爵视察了位于法国的第 1 集团军司令部。恰好一个月之前，他还在痛斥英军在西线战场发动任何进攻取胜的尝试。此时他对黑格说，俄军在东线战场"遭到重创"。当天，布格河畔的弗沃达瓦落入德军之手，似乎俄国每天都要损失一座堡垒或一座城镇。为援助俄国，基奇纳对黑格说，英法两军必须在西线战场"精力充沛地行动"。正如俄国在 1914 年底的求援促成英法于 1915 年初进攻达达尼尔海峡，俄军 8 月在东线的损失也应促使英法在西线发起新的进攻。基奇纳对黑格说："我们必须用尽全力，竭尽所能帮助法军，即使我们这样做会遭受极为惨重的损失。"黑格在当晚的日记中给上述话语加上了下划线。

俄军在东线战场持续的失败在 8 月 19 日达到巅峰，新格奥尔吉耶夫斯克的 9 万名官兵投降，这就使基奇纳提议的在西线发起攻势显得更有理由，也更显紧迫。这个星期曾在伦敦陆军部见到基奇纳的丘吉尔后来回忆说："他没有正眼看我，脸上一副怪异的表情。我感到他要向我透露重大消息，于是我就等着。经过反复犹豫之后，他对我说，他已与法军达成一致意见：要在法国发起大型攻势。我就立即对他说这无望取胜。他说攻击的规模将恢复一切，包括达达尼尔海峡航道。他显出一种抑制不住兴奋的神态，仿佛一个做出了极端不确定的决策，又要马上将它付诸实施的人。"

英军的进击定于 9 月底在卢斯发起。8 月 21 日，丘吉尔出席了在马盖特举行的一次会议，与会者还有加拿大总理罗伯特·博登。会议期间

---

① 莫洛克神（Moloch）是以小孩为祭品的腓尼基人的火神；喻指要求重大牺牲的可怕力量。——译注

② 到 1915 年 8 月，德军还监押了 35 万名英、法和比利时战俘。

博登问道："弹药供应何时才能充足?"对此众人意见不一:博纳·劳回答说"大约需要五个月时间",但丘吉尔认为等到"次年中期才能齐备"。尽管存在这一警告,但此次会议仍决定基奇纳制定的此次进攻将会按时发起。

战争策略既由战场上的实际需要所维系,也受到国内爱国热忱支撑。这在所有交战国如出一辙。"我必须承认甚至在身居高位者中间也存在狭隘的民族主义偏见,这令我痛苦失望,"1915 年 8 月,爱因斯坦从柏林致信荷兰的一位物理学家同行,"而且,假如人们都认识到消息灵通的位高权重者都以缺乏人类同情心的方式行事,那么被当作'祖国'而受到崇拜的事物是多么令人感到悲哀。前方也无甚差别,到处都基本一样。"

在柏林,国会 8 月 20 日投票,使政府可以获取所需的一切额外战争经费。只有一人投了反对票,他就是卡尔·李卜克内西,他还要求立即举行和谈。不为李卜克内西所知的是,德国政府自己也提出了与俄国媾和,只是和谈的基础是德国要保留其在东线业已占领的领土,让其在西线自由集结兵力以击败英法。俄国政府答复说,只要俄国领土上还剩有一名德军或奥军士兵,就不会存在和平。又有 200 万人即将被征募参加俄国军队。

不过,德奥军队的进攻势不可挡。到 8 月底,俄军被迫放弃布列斯特-立托夫斯克堡垒、工业城市比亚韦斯托克和沃里尼亚城镇卢茨克,在此有 7000 名俄军被俘虏。战死的德军军官中有军旅诗人奥古斯特·施特拉姆上尉。①

在美国,人们为"卢西塔尼亚"号客轮上的美国人生命损失举行过多次愤怒抗议,但这并未导致美国对德宣战。8 月 19 日,非武装的白星班轮"阿拉伯"号在爱尔兰海遭到德国"U-24"号潜艇未经警告发射的鱼雷的攻击,导致 42 名乘客丧生,其中有三名美国人,但这也未能让美国在参战道路上前进一步。②

当日晚些时候,又出现了一场海上事件,德"U-27"号潜艇以火炮轰击并逼停一艘从新奥尔良向英国运送一批骡子的货运汽船"尼科西亚人"号。英国武装商船"巴拉龙"号悬挂星条旗,伪装成美国商船,

---

① 六天后,德国流行歌曲作者弗里茨·于尔根斯在西线战场上的法国战区(香槟地区)战死。

② 1915 年 11 月 22 日,美国政府拒绝了德国提出的为每一名在"卢西塔尼亚"号上丧生的美国人赔偿 1000 英镑的条件。

靠近"U-27"号潜艇。伪装的"巴拉龙"号上载有两门火炮和一个排的皇家海军陆战队员。该船降下星条旗，升上英国旗帜后，就朝"U-27"潜艇开炮。艇上12名乘员跳入水中。海军陆战队员们误以为这些就是当天早些时候击沉"阿拉伯"号的那些人，于是就朝他们开火。六名艇员在水中时就被击毙。余下的六名艇员奋力游到"尼科西亚人"号的轮机舱内，就在此处藏身。后来这六人都被陆战队员们找到并杀死，还将他们的尸体杂陈于船甲板上。德国驻华盛顿大使对滥用美国旗帜"谋杀德国海军士兵"表示抗议，美国国务卿罗伯特·兰辛对这一行径的描述是"令人震惊"。

8月15日，英军再次对苏夫拉湾上的土军占领的山头进行袭扰。八小时内，英军就将土军击退，但土军随后发起反攻，将进攻的英军赶回他们自己的战壕。参加攻击的军人中有一等兵弗朗西斯·莱德威奇——在皇家恩尼斯基伦燧发枪手团服役的爱尔兰诗人。他在战斗结束后致信友人："我右侧的一名受了重伤的士兵说：'不会太远了'，于是我就思考着是什么不会太远了。然后我想到他说的是死亡，我就不停重复那名垂死的士兵的话：'不会太远了'。但当土军开始后撤时，我想到了我所在阵地，就站立起来，轻声向我身旁的战士们呼喊，他们像野草迎着镰刀一样倒下，镰刀就是敌人。"莱德威奇继续写道："这就是地狱！地狱！没有人想过自己还会回来。就想一下吧，在原有250余人的D连中，仅有76人生还。"

英军在苏夫拉湾发起的最后一次进攻于8月21日打响，但此时土军已严阵以待，深沟高垒，装备完善，并下定决心寸土不让。英军主攻目标是楚努克贝尔山系内的低矮山头——60号高地和半月山，此前曾于8月9日对这里展开过进攻，虽然当时土军并未深挖战壕，但英军当时仍以失败告终。在布尔战争中荣获"维多利亚十字勋章"的英军中校约翰·米尔班克爵士奉命率军对半月山发起首轮攻击。在师指挥部领受命令后，他返回部队对战士们说："我们要占领一处据点，我不知道它在哪里，我相信别人也都不知道，但无论如何我们都奋勇向前，袭击我们遇到的任何土军。"士兵们在米尔班克率领下冲上山头。他在他们当中最先战死。

进攻60号高地时，一支150人的澳大利亚部队被土军机枪火力锁定，110人死伤。另一支部队也同样因伤亡惨重而被迫停止进攻。伤兵们俯卧在灌木丛中时，土军的炮火将其点燃，灌木的火势失去控制，士兵们身上的衣物都着了火，许多人还未获救援就已被烧死。长老会牧师吉利森和担架员——曾任卫理会牧师——皮滕德里格下士二人奔向前方将战士们拖出火海。次日上午，他们在试图展开类似救援行动时遇难。

攻打半月山时，第 87 旅指挥官、准将朗福德勋爵亲率士兵挺进，和其参谋官同时战死。他们的遗体未能找到。某些士兵在爬到山顶正下方的一片阵地时，转身就能望过平原对面，看见下方的达达尼尔海峡入口。但山顶依旧控制在土军手中。皇家恩尼斯基伦燧发枪手团的威廉·派克上尉当天位列后备部队，但他下定决心当天要登上顶峰，就召集志愿者向上方冲去。他和随他而去的人们都一去不返。恩尼斯基伦燧发枪手团的另一名军官，两个月前曾冒着炮火轰击而冲入土军战壕的杰拉尔德·欧沙利文上尉发起了另一次登顶冲锋："为我团的荣誉再进行一次冲锋。" 50 名士兵响应了他的号召，只有一人——一名负伤的中士——幸存下来，派克和欧沙利文的遗体再也没有找到。

攻击半月山是协约国在加利波利半岛上发起的最后一次攻势，按照参战人数比例计算，也是伤亡最为惨重、最不成功的一次战斗。在参战的 1.43 万人中，超过 5000 人战死或负伤。土军伤亡人数只及英军一半。利曼·冯·桑德斯将军后来写到了这场"艰苦的血腥战斗"。

英军四个师在四艘巡洋舰炮火支援下，未能突破土军防御。"我现在只能始终处于守势。"饱受磨难的汉密尔顿将军在 8 月 23 日发给基奇纳的电报中说。六天后，甚至一场策划好的对 60 号高地的攻击也被迫放弃。但基奇纳当天还对陆军部同僚们说："土军无法再坚持太长时间了。"这只是代价高昂的异想天开。此时意大利对土耳其宣战刚刚过去九天，意大利人也和基奇纳一样希望尽快打败奥斯曼帝国，让胜利者完全兑现其做出的有关领土问题的承诺。

一位新的将军，曾在西线参战的朱利安·宾爵士奉命前往苏夫拉湾指挥战斗。研究加利波利半岛战役的官方史学家阿斯皮诺尔-奥格兰德评论说："这位经验丰富的舵手来到了，但准备驶入港口的船却已触礁。"曾在整个战役期间在半岛上作战的阿斯皮诺尔-奥格兰德还回顾了当年 8 月出现的一个问题，任何跃跃欲试的指挥官都无力回天。"令士兵们饱受痛苦的主要问题，"他写道，"是一种特异性急性腹泻。广泛而言，自总司令以下所有人员都受到这一疾病的折磨，士兵们因而都非常虚弱，几乎全在以爬行的速度行军。"①

土军从所在高地俯视协约国部队所在的苏夫拉湾阵地，并抵御了协约国的一切进攻行动。8 月 29 日，土军单独发射的一枚炮弹就炸死了 11

---

① 阿斯皮诺尔-奥格兰德准将，《加利波利半岛军事行动》，伦敦：威廉·海涅曼出版社，1932 年，卷 11，368 页。

头骡子。两天后，宾将军的参谋长巴兹尔·布鲁克上尉在家书中写道：
"由于没有回旋余地，我们整日都遭到炮轰，这真的令人神经崩溃。谢
天谢地，他们还没有德国佬那样强大，但也相当令人讨厌了。"宾将军
本人亲自考察过局势之后，对汉密尔顿说，半岛上的高爆炮弹过度缺乏，
英军无法再次发起进攻。汉密尔顿否定了宾所说的"法国弹药标准"，
评论说："他在西线战场的经历使他对火炮数量及高爆炮弹储备等有过
高要求，认为这些物资对于取胜，尤其对于曾遭受惨重损失的部队而言
至关重要。"汉密尔顿补充说，宾还未意识到"假如他要等我们被武装
到那种程度，我们就必须要等到世界末日。"

巴兹尔·布鲁克在家书中还指出了加利波利半岛上和西线战场作战态
度的另一个差异之处："土耳其人都是了不起的绅士。他们从不向停泊在
港湾里的医院船射击，也不轰击医院，这和我们的德军朋友截然不同。"
但即使在加利波利，负伤后也未必能盼来医院船、必要的医疗救助或康
复。薇拉·布里顿回忆说，9月初"我们听说我们家族中出现了首次伤亡。
我们了解到一个来自爱尔兰的表兄在苏夫拉湾登陆后死于伤口恶化；原来
子弹打在耳后，伤势并不严重，但他在穆德洛斯躺了一个星期，无人照
管，最终他在拥挤的'阿基塔尼亚'号医院船上过迟地接受一位过度疲劳
的外科医生实施的手术时，已经患上脑脓毒病。我和表兄不太熟识，但听
到生命就这样由于地中海医疗服务不足而被抛弃，真令人震惊。"

"阿拉伯"号客轮被击沉后，英国客船都得到武装以进行自卫。第
一艘被击沉的武装客轮是"西方"号，它被击沉于9月4日。共有32名
乘客遇难。它遇到的对手是施维格上校指挥的"U-20"号潜艇。他不
会知道"西方"号船上载有刚从海中发现的早前乘坐被鱼雷击沉的"卢
西塔尼亚"号客轮的一名游客的遗体。

在西线战场，欧贝尔岭战役结束后，卢斯战役开始前，为期四个半
月的间歇只是相对意义上的间歇。每日都会进行炮击，涌现英勇事迹，
出现恐惧和死亡。伦斯特郡军团的希区柯克上尉所写日记记录了8月的
伊普尔突出部前线的"静态"场面。战线是在先前曾进行激战的地方新
建起来的。希区柯克写到前一场战斗中身着卡其军装的身影"以骇人的
姿态"悬挂在一段铁丝网上；写到在无人地带被打死的英军士兵；写到
战死在英军战壕的德军；写到"流动的火焰烧过后"残留的野草；写到
被德军零星炮火击伤的人们，他们等到抬担架者的到来，然后就被"再
次击中而死去"。

8月16日，希区柯克所在战壕受到准将巡视。"准将说该营任务完
成出色，阵地得到彻底巩固，然而他却对从胸墙上伸出来的一条德军的

腿表示了反感。"希区柯克被告知要将这条残肢埋掉。"我就喊来芬尼根，告诉他从胸墙上取下这条断腿。由于将它拉出来可能会毁掉整面胸墙，他就拿起一把铁锹，猛铲几下，就将它齐根铲断，我当时转过身去，看着另一个枪位，就听见他正向另一名战士抱怨：'那我现在究竟还能把我的装备挂在哪儿呢？'"

这段插曲显示的是士兵们的理智——与幽默——所能达到的外围界限。另一种做法是推倒胸墙，让更多生命遇险。当日晚些时候，附近防空洞的一名英军伤员被发现"已处于濒死状态"。"他似乎已在无助的情况下躺在那里好多天了。"次日，希区柯克记录了在一处坑洞中发现三名士兵遗体时的情形。"这是令人哀恸的景象，这三人中，一个躺在担架上的是病人，两名抬担架者横卧在他身上，担架的悬带依旧绕在肩头。他们是被同一枚炮弹炸死的。"

在比利时土地上作战的英军士兵并非完全被笼罩在友谊当中。列兵埃德蒙·赫德在 8 月 30 日的一则简短的日记中表现了战争的这一方面："抓到比利时平民，他们使用风车向德军飞行员发信号，经军法审判击毙。傍晚有雨。"赫德在一次进攻后走入德军战壕，就惊异地发现其中有比利时平民，包括妇女在内，私交德军。他和战友们更加惊异地发现，德军战壕中满是他们自己战壕中没有的东西：葡萄酒、奶酪、咖啡和雪茄。甚至连德军战俘——他数月后写道："都状态极佳，而且穿着上好的制服。"

反战运动继续从侧面煽动尽快结束战争。9 月 5—11 日，在瑞士齐美瓦尔德召开了一次国际社会主义者会议。俄国代表中有布尔什维克领袖弗拉基米尔·列宁和前孟什维克党人列昂·托洛茨基。会议发表宣言，要求立即实现和平，而且要发动一场全欧洲范围内的"阶级之间的"内战来实现其更具革命性的目标。

人们在齐美瓦尔德会议上探讨并呼吁实现和平时，空中的战争正在愈演愈烈。德军在一个赶集日对吕内维尔发起空袭，导致 48 名平民丧生，50 人受伤。9 月 7 日夜间，齐美瓦尔德会议正在进行，一艘德国齐柏林飞艇使伦敦城燃起大火。六名男子、六名妇女和六名儿童遇难，30人受伤。次日夜间另一艘齐柏林飞艇在霍尔本和布卢姆斯伯里投下炸弹，炸毁两辆公共汽车，导致 22 人遇难（流亡中的列宁曾居住于附近的克拉肯威尔）。罗林森上校回忆说，遭空袭后次日，"自市长大人以下，各阶层民众都采取措施，确保让自己参加表达不满的全面示威"。

伦敦人民强烈要求建立防空体系。罗林森被派往巴黎，巴黎的法军参谋长佩莱将军同意毫不迟疑地提供一门法国造 75 毫米装甲自行火炮。该武器两天后运抵伦敦。随后又订购了 30 门。为容纳新的防空部队，女沙皇叶卡捷琳娜的玄孙米哈伊大公就将卡昂木屋——恰好一年前曾在此举行过盛大舞会——贡献出来，听凭罗林森处置。最终在首都外围都设置了防空火力点，这就让齐柏林飞艇及后来的飞机都会被逐个火力点追踪。每个防空火力点都被命名：从北面而来的空袭者要经过狄更斯、波茨坦，然后是紫水晶和百乐餐。由东向西而来的空袭者要经过七巧板、红桃，最后来到锯齿小径。

伦敦人正在要求加强防空以回应他们遭受的第二次空袭时，齐美瓦尔德国际社会主义者会议却在呼吁立即实现和平。齐美瓦尔德会议闭幕五天后，阿尔伯特·爱因斯坦在瑞士沃韦拜访了法国和平主义者罗曼·罗兰。爱因斯坦对迅速结束战争并无奢望。"战胜俄国让德国的高傲与野心复炽"，他对罗兰说。罗兰在日记里写道："贪婪对爱因斯坦而言似乎是描述德国人的特征的最适宜的词汇。他们的驱动力，他们对武力的崇拜与信仰，他们开疆拓土的坚定决心，在各处显现。"爱因斯坦补充说，德国政府要比德国人民更加温和。"它本想将比利时人都驱逐出去，但无法做到——军官们以哗变相威胁。大银行、大企业和公司都能左右时局；它们希望能为已付出的牺牲得到预先赔付。"至于德国皇帝，他只是大企业和军官们的"工具而已"。"他正直、软弱，对这场战争已感绝望，他根本不想开战，但他极其易于操纵，就被裹挟着打了这场战争。"

在1915年9月的奥地利战场上，俄军曾一度短暂扭转一败涂地的战局，邓尼金率领勃鲁西洛夫麾下的第4师收复卢茨克。但该城十日后再次沦陷。9月18日，俄军战局出现更大规模反复，当日德军攻入俄属立陶宛最大城市维尔纳（维尔纽斯），俘虏2.2万名俄军士兵。两星期后，德军东线最高统帅部将其大本营迁至科夫诺城，1812年拿破仑就在该城目送他的军队渡过涅曼河，进军莫斯科。

对鲁登道夫而言，向科夫诺的迁移不仅是一个军事步骤。战前岁月中，俄国一直将德国排斥在波罗的海地区之外，这让德国一直怀恨在心。此刻这一平衡即将得到恢复。"我下定决心要在这些新占领土上继续数百年来德国人民为其文明付出过艰辛劳动的事业，"鲁登道夫后来写道，"当地人群的种族构成颇为复杂，从未形成过其特有文化，如果任其自由发展，他们最终会屈服于波兰人的统治。"他希望一旦打赢这场战争，立陶宛和库尔兰将由一位德国亲王统治，并成为由德国农民居住的殖民地。① 波兰似乎一直以来就是其强邻的玩物，届时将成为"德国主权下

---

① 库尔兰是今拉脱维亚西部的一个旧地区名。16—18世纪，库尔兰曾存在一个由波罗的海德意志人建立的小国——库尔兰公国。——译注

具有一定程度独立性的国家"。

东线被占领领土的日耳曼化已经展开。恩斯特·冯·埃森哈特-罗特将军被任命为负责六个行政区域的监督总长，独立于军方行事，在被占领地区组织起金融、司法、农业和林业体系。这些努力所带来的日耳曼特性是明显至极的。波兰人、立陶宛人和拉脱维亚的列特人受制于戒严法令。报纸受到审查。法庭审判由德国法官主审。所有学校教师都必须是德国人，而且必须用德语授课。波兰人要在维尔纳建立一所大学的请求被鲁登道夫亲自驳回。

在海上，德军潜艇继续展开沉船行动：9月19日，潜艇炮火在爱琴海击沉英国运兵船"拉马赞"号，致使311名印度士兵丧生；一个月后，德军潜艇又用鱼雷击沉英国运兵船"马凯特"号，导致140名英国士兵葬身鱼腹。然而当年秋季最惨重的海难，是英军潜艇在波罗的海击沉德军的"阿达贝特亲王"号巡洋舰，使672名德国海军遭到灭顶之灾：仅有三人生还。9月27日，在意大利布林迪西港，奥地利破坏者炸毁了意大利的"贝内迪托布林"号战列舰：456名意大利海军士兵丧生。

在战线后方，9月22日，四名法国公民被德军枪杀于里尔，理由是他们曾协助法军战俘抵达协约国阵线。在俄国，军队中的不满情绪在一切抗议行动中找到了发泄的出口。9月24日，500名预备役军人为抗议俄国议会杜马的休会而袭击了彼得格勒火车站的警察。在距离前线更远的后方，如顿河畔罗斯托夫和阿斯特拉罕都爆发了起因各异的抗议行动。五天后，2500名康复伤兵又在奥尔沙引发骚乱。甚至伤员也在大声疾呼反对战争，因为一旦身体复原，他们就又要回到战争中去。

在前线，这些纷扰的消息传来，在人们心中投下一片阴影。在白俄罗斯的切尔斯托维奇村，驻俄军中的英国护士佛罗伦斯·法姆伯勒在9月25日的日记中写到了此前数日内的情形："从俄国传来的消息根本谈不上是好消息；有关国内动荡的流言都仿佛朝我们吹来的恶风。据说面包正越来越少；在某些地区，饥荒正要将民众吞噬。数千名难民拥入大小城市后，带来的是瘟疫和罪孽。"

第十一章　协约国屡战屡败

1915 年 9—11 月

协约国为缓解俄国在东线的军事压力而发起的西线攻势于 1915 年 9 月 25 日开始，此时呼吁立即结束战争的齐美瓦尔德会议已闭幕两个星期。危机当中对盟友的需要不可忽视：假如俄国被打败，德国就可以从东线调遣重兵打击英法两国。

攻势分别于两个地区发起。法军攻击位于香槟的德军战壕阵线，英军在卢斯发起攻击。英法高层曾在 7 月的加来及尚蒂伊会议上就这些具体进攻行动取得过一致意见。在香槟，法军沿 15 英里宽的战线在德军阵地上打出一块两英里纵深的凹陷，并俘获 1800 名德军。巴黎热情报道了攻取德军拉库尔坦据点的消息，这里的交通壕和地下通道的深度与复杂程度都相当惊人。9 月 28 日，热内和 500 名军团战友参加了夺取兰斯以东的一个名为纳瓦兰农场的德军据点的战斗，此役有 300 多名军团团员死伤。

法军在香槟展开攻击时，英军也在卢斯发起攻击。首先沿一条 6.5 英里宽的战线发起炮火轰击。英军首次使用毒气，就用了 5243 个钢瓶，通过无人地带，施放了 150 吨氯气。受到毒气攻击后，德军有 600 名士兵当场丧生。英军在一处阵地推进了 4000 余码。有一个营在踢着足球、运球前进的士兵们的带领下，冲过了无人地带。

在前线上第 15（苏格兰）师所在战区，英军施放的毒气未能向前方飘至德军战壕。人们不敢向前冲入自己造成的毒云当中，此时，风笛手彼得·莱德劳就在英军胸墙上来回大步走动，并用风笛吹奏《勇敢的苏格兰》，而置环绕周身的毒气和德军射来的机枪子弹于不顾，他就这样

155

召集起了所在营的士兵。在被打伤后，他依旧在吹奏。苏格兰军人奋勇向前，夺取了头两道德军战壕。莱德劳被授予"维多利亚十字勋章"。

当天负责施放毒气的特别连中的一名士兵弗兰克·卡曾斯在日记中写道："一个可怜的小伙子在胸墙上晕了过去，随后栽倒在地。一个静脉被打穿的小伙子被送过来，我们就给他用了止血带。他下午2点钟仍在那里，他还可能再度昏厥过去。随后又一个被毒气熏倒的家伙被送过来。后来我们接收了一个腹部被洞穿的士兵，他逐渐流血而死。一名士兵腿部骨折。我们为他们都提供了帮助。一名苏格兰高地警卫团军官到来时，他的一条腿已被打烂，我们送他走过战壕时，他一针见血地评论道：'这条战壕真的是完全一团糟啊！'我们在战壕中一直忙碌到11时30分。然后我就来到地面，在两条战壕间穿梭，让士兵们更加舒适，并给他们送水。"

另一名负责施放毒气的士兵是唐纳德·格兰瑟姆，他也和卡曾斯一样，奉命照看伤员。加赛德、哈里斯和奥尔德里奇都是负责毒气钢瓶和管道的特种旅成员。格兰瑟姆在日记中写道："听到一名士兵被毒气熏倒后，我们就看到加赛德已不省人事，于是我们就将他拉过来，并带到附近的一座防空洞内……走进火力壕后，我发现哈里斯死在地上，头已被子弹打穿。在别人的帮助下，我们将他拖进防空洞。当时快到9点钟，我等到十多个小时后才将他的血从我手上洗去。我们给伤员包扎了一些绷带，并全都送到防空洞。全程背一名脚部受伤的士兵，又背另一伤员半程，帮助其他人。回我方防空洞后又赶去火力壕，找回奥尔德里奇（重度中毒），并背着他径直来到救治站。"

卢斯的死亡名单在密集程度方面超过了此前的任何一场战斗。9月25日，《泰晤士报》上的"光荣榜通知"占据了整整四栏。[①] 士兵付出了极大努力以保持斗志。未来英国首相哈罗德·麦克米伦次日随他所在团走上卢斯前线，他在写给母亲的信中说："川流不息的救护车从火线开来，从我们身旁经过。有些伤员非常兴奋。我看到一个家伙坐了起来，高兴地抚摸着一顶德军军官的钢盔。'他们逃走了！'他喊。"麦克米伦所在团等了三个小时，"几乎不停地唱着歌，'爵士乐'，还有音乐厅小调和令人伤感的情歌——一切歌曲。这真是太了不起了。"

次日，9月27日，麦克米伦所在团参加战斗，该团指挥官因毒气而中毒，副团长及其副官全部战死。麦克米伦本人头部受轻伤，右手被子

---

① 两天后，加利波利半岛上包括澳军的伤亡人员被刊出时，"光荣榜"占据了五栏。

弹射穿。① 他从医院致信母亲，说他"伤得不重，但吓得不轻"，而"多数军官都中弹了，这相当糟糕"。"相当糟糕"这寥寥数字掩饰了曾经遭受的深重苦难。

战役进入第二天，英军穿过卢斯推进至连接朗斯和拉巴塞的道路时，分两个地点越过该路，一个面对于吕什，一个面对布瓦雨果。他们在数量上占极大优势，但数十挺机枪在两个地点瞄准了他们。"可以清晰地看出有十条长长的纵队。"守卫于吕什的德军团日志记载。每条前进的纵队估计都有 1000 人，"这是前所未见，也不敢去想的打击目标。机枪手们从未尝试过如此直接的作战方式，也从未进行过如此高效的作战。他们沿敌军行列，不停地来回摆动枪身。"

五个月前，黑格爵士就曾在英国战争会议上说："机枪是一种被过度夸大的武器，每个营装配两挺就相当充足了。"他再次被证明大错特错了。德军团作战日志继续写道："士兵们站在壕内的射击踏台上，有的甚至站在胸墙上，向正在穿行空旷的草地朝我方袭来的大批敌军进行压倒性射击。由于整个射击场上到处覆盖着敌军步兵，射击产生了毁灭效果，他们成百成百地倒下。"在更南面，英军部队进至布瓦雨果时，也出现了类似的屠杀。德军团作战日志又一次给出了鲜明的画面，描绘了"成群密集的敌军一排接一排地出现在山脊上，某些军官甚至坐在马背上，简直把进军当作和平时代的野外拉练。我方火炮和机枪在他们前进的队伍中打出缺口。他们穿过布瓦雨果北部前线时，机枪火力锁定他们右翼，整营整营的敌军就被全歼。"

德军以其机枪之威令敌方闻风丧胆，他们将此处战场称作"卢斯停尸场"。在布瓦雨果附近，当英军第五次冲锋未能突破丛林地带，当伤员开始蹒跚返回英军阵地时，德军团作战日志评论说："自此至当天结束，德军战壕中再未向他们发射一弹，取得如此重大胜利之后，对敌怀有怜悯、同情的感觉是多么了不起的事啊。"

最后一次冲锋失败后，此次进军就被取消。被报"失踪"的军官中有卢迪亚·吉卜林的独子约翰·吉卜林少尉，失踪前他曾遭到丛林地带射来的枪炮火力的袭击。数年后，一名亲历此次攻击的士兵对卢迪亚·吉卜林讲起了当时的情况："德国兵在卢斯把我们打得够惨。我们参战时和我方阵亡者一样都不知道会出现什么，德国佬就用机枪把我们完全

---

① "这就解释了他晚年为何写得一手精妙的书法和握手时显得无力的原因，批评家偶尔还对此进行嘲讽。"阿利斯泰尔·霍恩，《麦克米伦，1894—1956 年》，伦敦：麦克米伦公司，1998 年，卷 1，38 页。

打出局。那一天的情况就是这样。"当时，杀死约翰·吉卜林的那一块炮弹碎片，也让鲁珀特·格雷森手部受伤，战后他简直变成了伟大作家的义子，而格雷森本人也是一位高产作家。1991 年他以 93 岁高龄去世。

另一位在卢斯奋战的军官罗兰·莱顿怒不可遏地致信其未婚妻薇拉·布里顿："让那些以为战争光荣辉煌，让那些喜爱口若悬河地煽动与劝诫，让如同巴力神的牧师呼唤他们沉睡的神祇般，以不假思索的热忱信念激发荣誉、赞扬、勇敢和爱国的人们，就让他们看一眼覆盖着一颗头颅、一条胫骨或肋骨的一小堆肮脏的破布，或看一眼这具侧卧着的骷髅，他倒下时还保持着下蹲姿势，除失去头颅外，依旧完美，破碎的军装还罩在他身上；让他们设想一下这一伟大而光荣的事业究竟如何将所有年轻而快乐的生命压榨成一堆散发着恶臭的腐尸？"莱顿继续发问："谁曾亲历，谁曾亲见，谁能说胜利就让他们当中的任何一人死得其所？"

法军方面，香槟攻势被宣布取得了成功，霞飞称战斗结束时共俘获 2.5 万名德军，缴获 150 门重炮。英军方面，卢斯战役是引发大量反思和沮丧的挫败。在卢斯参战的近 1 万名英军中，385 名军官和 7861 名士兵战死或负伤。哈金将军在战斗的第二天下午问生还者"出了什么事？"官方历史记载士兵们对他做出的回答是："我们不知道具体情形如何。但我们下次将会做好。"但人们心绪正在转变：在礼仪与爱国的堡垒——议会上院，新沙佩勒与卢斯这两场战役也全被描述为"失败"。10 月 8 日，视察约翰·弗伦奇爵士的大本营后，黑格在日记中写道："某些负伤者回国后说他们被赋予的是不可能完成的任务，而且他们还食不果腹。"

卢斯战役期间和之后，在一辆野战救护车上服役的约翰逊上尉注意到自蒙斯撤退以来战场上并未广泛见到的一个现象。基奇纳新军的许多年轻成员，那些 18—19 岁的志愿者们都患上一种被官方战争医疗史描述为"特定歇斯底里症（缄默症和震颤）"的病症而被从前线送到他的身边。

在东线战场，难民由战区向东的逃亡持续地增加着战线后方的混乱与苦难。佛罗伦斯·法姆伯勒在撤回莫斯科的途中于 10 月 5 日抵达中间站点布列斯特-立托夫斯克，她在当天的日记中写道："一切都混乱而迷茫。城市刚被德军的齐柏林飞艇空袭过，站点附近有两三幢房屋已被彻底摧毁，同时燃烧弹也在城中引发了巨大混乱。"

10 月 10 日，德国诗人里尔克从慕尼黑写出一封私信："难道无人能够将它阻止、终结吗？"但在中立国瑞士的一间公寓内，战争展现出了胜利的曙光。就在里尔克发问的那一天，列宁也在一封信中做出了评论："俄国传来的消息证实，革命情绪正日益高涨。"

9月，精力充沛的达达尼尔海峡海军参谋长，海军准将罗杰·基斯提交了一项新的计划：仅使用舰船攻破海峡。他的提议被舰队司令驳回。16天后，丘吉尔尖刻地评论道："在那些悲伤的日子里，横行于我方政治家和海陆军当局中的价值标准与比例意识都令我吃惊不小。将领们坚信能够冲破德军在法国的防线，他们在主攻部队后方聚集起大批骑兵，希望在敌方前线上开辟的广阔地带策马扬鞭；甚至即使无法取胜，也不致违背任何规划或犯下过失。但要数月间将这些力量投放到主攻战线上，则需要损失海军士兵的1%和十来艘旧军舰。这些冒险会让身着制服却不识时务的苍髯老者充满恐惧。但海军部和将领们要孤注一掷。舰队继续在达达尼尔海峡无所事事。陆军在法国面对德军防御已被打得七零八落。保加利亚携其30万士兵加入了敌方作战；而且作为战争因素的塞尔维亚已被彻底毁灭。"

在美索不达米亚，英军继续沿底格里斯河推进，卢斯和香槟的激战正酣时，9月26日，攻取库特的战役打响了。库特被攻下，但同时也显出某些警示迹象，当时印军似乎不愿攻击土军战壕，而且艰苦的条件让战士们口渴难耐，他们已失去了战斗力。这里还有另一个值得害怕的原因：战役打响后的第一个夜晚，在漆黑的夜色中无法搜寻到的伤员遭到了阿拉伯人的劫掠、肢解和谋杀。不过，攻取库特的结果似乎带来了希望，土军依旧未被视作一个强大劲敌。被缴获的土军武器中有一门拿破仑时代的波斯大炮：1802年制造。英军乘船赶了380英里海路来到这里。这条路对预计于11月发起的新攻势而言清晰可辨，据报道土军正在穿过泰西封直达巴格达的地带掘地为壕，距此地只有20英里。

欧洲战线后方，持续进行着对资敌者的惩治行动。在德占布鲁塞尔，经军法审判，49岁的英国护士伊迪丝·卡维尔于10月12日被处死，罪名是协助英法战俘及有意参加协约国部队的比利时人逃往中立国荷兰。在刑场上和她同时被处决的还有一个名叫菲利普·保克的比利时人。她向看守们要了几枚大号别针，然后就将裙角沿脚踝处别了起来，这样她被执行枪决后，裙角就不致向上卷起。她被四颗子弹击中，其中一颗贯穿心脏，令她当场死亡。

受审期间，伊迪丝·卡维尔已承认她被指控的所有罪名。维护英国利益的驻布鲁塞尔美国外交官提出了抗议，但毫无结果；其中休·吉布森直接向驻布鲁塞尔德国政治部门首脑冯·德·兰肯男爵进行呼吁，要他致电德皇本人干预。判决之后，兰肯说："现在就连德皇陛下也无能为力了。"战后这句煞有介事的评论被公开时，人们想到德皇也许颇为不悦。

在伊迪丝·卡维尔被处决的前夜，她对美国公使团牧师霍勒斯·加恩说："我在他们这里受到了非常不错的对待。但我站在这里，如同面对上帝和永恒的时代一样，我一定要说出这句话：我认识到只有爱国还是不够的。我确定对任何人都不怀有憎恨。"尽管她有如此的基督徒的悲悯之心，但她被处决后仍在英美两国激起一阵反德浪潮。煽动起这一情绪的还有一则杜撰的故事的流传：说她在前往刑场的路上就已昏厥过去，还说她是倒在地上时被负责行刑的军官枪杀的。这一想象出来的细节被《纽约论坛报》所描绘：画面上伊迪丝·卡维尔仰卧在血泊中，她的头部后方站立着身材高大的德军军官，头戴尖刺头盔，手执大号左轮枪。画面的标题为"上帝与我们同在"。

当年秋季，英、法、俄、意四国均遭到挫败。在伊松佐战场前线，一场霍乱的爆发使意军指挥官将各支成建制的部队进行隔离。副伤寒症也带来了危机。被疾病击倒的人中就有列兵贝尼托·墨索里尼，他任社会主义报纸编辑时曾欢迎意大利参战；其子于1915年秋季降生时，身为父亲的他正身处战壕，孩子就被命名为维托里奥·亚历山德罗，以求最终取胜，并用到了一位因作战英勇而脱颖而出的英国海军上校的名字。"雨水和虱子是意大利士兵面对的两大敌人，"墨索里尼在日记中写道，"炮火还在其次。"他所在战壕位于尼禄山上，高度超过海拔6000英尺。"我们不用武力夺取要塞，"他写道，"我们必须占领山头。"但这些山头被奥军用尽一切手段进行防守。

协约国屡战屡败，而同盟国却一路高歌猛进。10月5日，德奥军队动用170门重炮及420门重型迫击炮，对塞尔维亚展开大规模炮火轰击，拉开了入侵塞尔维亚的序幕。自此，尽管曾遭到1914年的挫败，但他们即将就刺杀斐迪南大公事件展开复仇，而且此时进行的是一场恐怖的复仇。同日，1.3万名英法士兵登陆萨洛尼卡，以图向北驰援塞尔维亚的防御，并且携带了四门英法海军火炮。但奥、德军队击溃了一切抵抗。塞尔维亚境内斑疹伤寒爆发，军力大受削弱，人民于10月9日撤离首都。同一天，奥军侵入塞尔维亚的盟友与邻邦门地内哥罗（黑山）。急于吞并塞尔维亚南部马其顿地区的保加利亚，也于两天后袭击塞尔维亚。同盟国又获得了一个新盟友。

协约国连忙驰援塞尔维亚，1941年，英国也这样为南斯拉夫防御提供支援。10月14日，首批法军部队抵达希腊与塞尔维亚边界时，另有1.8万名法军登陆萨洛尼卡。但法国主要忧虑的是西线战场上遭受的折磨。在 8 月 19 日的香槟，德军沿宽达十英里的战线施放了氯气和光气的混合气体，导致 815 名法军士兵丧生，另有 4000 余人受重伤。① 10 月 18 日，奥、德、保三国对塞尔维亚的入侵也让意军部队措手不及。意军占有数量优势，19 个师对敌 11 个师，1250 门火炮对阵敌方 604 门火炮，却未能攻占两个既定目标：萨波蒂诺山与圣米歇尔山。

因企图吞并塞尔维亚马其顿，保加利亚军队 10 月 21 日攻入马其顿地区首府斯科普里。法军在塞尔维亚战场上打响的第一枪针对的敌军为保加利亚部队，当时他们在保加利亚边界之外 20 英里处的斯特鲁米察火车站，并击退保军的一次进攻。一个新的战场已经开辟，这是当时正在开战的第 12 片战场。② 当地道路稀少，山岭耸峙，溪谷险峻，水流湍急。法军部队从内戈廷开拔，继续向北进发时，在通往韦莱斯的路上赶到瓦达尔河，于是他们奔向地图上标注的公路桥。抵达该桥所在地时，他们发现这座桥已于第一次巴尔干战争中被摧毁。

对奥地利的康德拉将军而言，此次对塞尔维亚发起的新的攻击取得速胜，就可能有望与俄国媾和，并结束这场战争，同时欧洲当前格局将会完整保留。他于 10 月 22 日在一份备忘录中向皇帝弗朗茨·约瑟夫提出这一想法，但几乎整整三年之后，和平才最终来到，而且届时哈布斯堡帝国早已彻底分崩离析。近在眼前的胜利让人们开始吹嘘并继续推进，却不知反思与妥协。10 月 22 日，德皇在波茨坦与美国大使詹姆斯·杰勒德举行的一次会晤中愤怒谴责美国对英法提供财政支援，并抗议"有大量美制潜艇"在美海军护航下驶向英国；"此战之后，美国最好当心一点，"他对大使提出警告，"战后我将不再容忍美国信口雌黄。"然而，他却很慎重地使自己与"卢西塔尼亚"号被击沉的事件脱离干系，他对杰勒德说，如果他对此早有耳闻的话，他就"不会许可"用鱼雷击沉这艘客轮，还说"一个绅士不会屠杀掉如此多的妇女和儿童"。

在战区，苦难与匮乏四处出现。到 10 月 24 日，保军已在塞尔维亚军队和试图给他们提供援助的法军部队之间钉入了楔子。三天后，德军攻占克尼亚热瓦茨，并将 1400 名塞军抓为俘虏。德、奥、保三国军队在

① 光气（碳酰氯）是 1811 年由约翰·戴维发现的。该气体无色，较重，毒性极强，今天用于制造聚氨酯塑料及某些杀虫剂。

② 此时其他主要战场为：东西两线战场、加利波利和美索不达米亚战场、高加索战场、塞尔维亚战场（克拉古耶瓦茨外围的激战持续到 11 月 23 日，后来塞军开始后撤至阿尔巴尼亚境内）、意大利—奥地利战场和萨洛尼卡战场。同时在东非、中非（喀麦隆）和波斯也在发生某些零星战斗。在埃及，10 万名英军及自治领部队正以逸待劳，等待德军率领土军对苏伊士运河发起攻击。

塞尔维亚横行时，协约国战区又遭到了淤泥和雨水的诅咒。在加利波利半岛，在拥挤、潮湿、不断遭受炮轰的战壕中挤作一团的士兵们根本不可能将土军赶下高地。在伊松佐和多洛米蒂战场，力图攻取顶峰的意军不断被击退，偶尔才会以极其惨重的代价换取最微小的战果。

11月4日，第三次伊松佐战役结束，此时意军中已有两万士兵战死，另有六万意军负伤。10月30日，意军在多洛米蒂山区曾感到片刻的欢欣鼓舞，因为加里波第之孙佩皮诺·加里波第将军攻占了名为帕内托恩的山村。然而，即便11月7日占领了海拔4662英尺的拉纳山口，他的军队仍于两夜之后被击退。①

在西线战场的香槟，德军部队——其中许多士兵刚被从俄国战场调回——将法军逐出拉库尔坦，一个月前，法军占领该城时曾赢得热烈喝彩。11月4日，德军还把法军赶出了马西热以北的前线战壕的一片900码地带，几乎全部守军战死，仅抓获25名俘虏。不过，法军以手榴弹为主要武器发起反攻，将德军击退。②

香槟的战斗十分激烈；在拉库尔坦和马西热地区，在五英里半径范围内，五座村庄被彻底毁灭：于尔吕斯、佩尔特莱于尔吕斯、勒梅希尼尔-于尔吕斯、塔于尔和里蓬。西面十英里之外，经过那瓦兰农场，另有两座被毁灭的村庄：莫龙维里埃和诺鲁瓦。在现代米其林地图上，这些战区当中遭受战争毁灭的遗迹，在80年之后依旧被用"废墟"的符号标注。

协约国在东线战场上战况最为恶劣，整个俄属波兰已全部落入德军之手。开战12个月以来，俄军战俘人数已增至174万人。在赫尔辛基，"甘古特"号战列舰和"鲁力克"号巡洋舰上的俄国海军士兵因被供应劣质食物及军官过于严苛而发起抗议。50人被捕。俄国财政大臣彼得·巴尔克匆忙由阿尔汉格尔斯克出发，经由英国赶至法国，寻求延长金融信贷以支撑起俄国的作战能力。战争进入第二个星期时，俄国就贷款100万英镑。而此时，这笔贷款已达5000万英镑，法国另承诺提供1亿英镑。巴尔克甚至还想要更多，但普安卡雷总统却爱莫能助。"我可以提醒巴尔克先生，"谈判议定书写道，"两国之间结盟的文本及精神均未

---

① 这些战斗发生于多洛米蒂山区博尔扎诺至科尔蒂纳的主干道上，今天这里已变成滑雪胜地。1930年的意大利北部旅行指南上指出拉纳山口"因大战期间这里发生的血战而知名"。现代旅游读本却将这一事实略去。

② 拉库尔坦和马西热战场东南十英里外就是瓦尔米村，1792年，一支普鲁士军队被法兰西共和国军队击败。在瓦尔米取胜的克勒曼将军后来在拿破仑手下担任法军莱茵河部队司令。

预见到俄国会请求我国提供贷款。"巴尔克于是打出了他那张王牌：并非黄金储备或担保所用原材料，而是威胁说，没有法国援助，俄国将无法继续这场战争。普安卡雷做出让步。德、奥军队将会从东线解脱出来，从而大举进攻西线的前景就是最有说服力的论据。俄国依旧继续作战，但它已在债务的漩涡中越陷越深。

有了新的贷款，俄国就能更大规模地进口战争物资，进口国甚至包括其十年前的敌手——日本。大批物资通过俄国海港阿尔汉格尔斯克进入，然后再经由铁路转运至遥远的战场。一年之后，俄国欠英国 75700 万英镑，欠美国 3700 万英镑。这项贷款账目下从英国进入俄国的物资包括 2.7 万挺机枪、100 万支步枪、800 万枚手榴弹、25 亿发子弹、300 架飞机和 650 台飞机引擎。俄国需要的还有铁丝网，战争爆发时，该国仅储备 1.3 万吨有余，次年又生产了 1.8 万吨。但就在这一年，俄国还从国外购买了 6.9 万吨，并运至阿尔汉格尔斯克。与运抵遥远北方的这一港口的所有物资一样，遭遇的问题是如何将这些铁丝网运至彼得格勒，然后再运往前线。这年 10 月，诺克斯上校途经阿尔汉格尔斯克时发现"港口物资堆积如山——铜、铅、铝、橡胶、煤，装入木箱后至少可以装载 700 辆货运汽车。这些物资有不少都露天存放。"每天仅有 170 车皮的物资被运离港口。一家英国公司正致力于提高铁路货运能力。

俄国人为增加向前线运送西方物资的规模，也在试图将摩尔曼斯克港和彼得格勒之间的交通线打通。来自伏尔加地区的 3 万名俄国劳工，加上 500 名芬兰人，签订了为期六个月的合同，来到这片天气寒冷、环境恶劣的地区工作。但这还不够，因为起初就有数百、随后又有数千人逃亡，而且剩余的人们几乎都不愿续签合同。最后不得不征用德、奥两国战俘，共征用 1.5 万名战俘前往修筑铁路，筑路大军中另有 1 万名中国劳工。一年半之后，这条铁路全线贯通。即使到了此时，其货运能力才开始稍有起色。

在加利波利，每日狂风与疾病肆虐，极大削弱了协约国士兵的战斗力。每天至少 300 名士兵因患病而后撤。英军新任指挥官查尔斯·门罗爵士奉命前往了解战况。10 月 28 日，他刚抵达前线就收到了基奇纳发来的一封措辞直白的电报："请尽快发来有关达达尼尔海峡头等大事的报告，亦即，是撤还是守。"门罗立即征求了海丽丝岬、安扎克和苏夫拉湾等战场指挥官的意见，究竟是否能对土军阵地发起新一轮攻击。指挥官们众口一词：士兵们无法继续持续作战 24 小时了。

10 月 31 日，门罗回复了基奇纳的电报，提议撤离。他得到了苏夫拉湾指挥官宾将军的支持，宾写道："我认为后撤才是明智之举。"安扎克阵地指挥官伯德伍德将军提出异议，唯恐英军后撤会让土军宣称取得了全胜，而且会对包括印度在内的各地穆斯林造成负面影响。决议未能达成，于是军队继续滞留半岛。

在萨洛尼卡，英军部队——某些刚从加利波利半岛调来——登陆，和法军一道为塞尔维亚而战，但两军进展缓慢。"你也许会问为何我们无法迅速推进，"爱尔兰第10师上尉戈登11月1日写道，"但确实有一个充分的理由，他们阵地坚固，我方兵力不足。"萨洛尼卡的条件让他幻想他能够再回到法国作战。"我们的一切行动都必须在漆黑的夜晚进行，经常要冒雨，所走的山间小路界限不清。"

11月5日，保加利亚军队攻占尼什，使德军拥有了从柏林直达君士坦丁堡的铁路线，同时，自此柏林通往巴格达的铁路运输经由塞尔维亚时畅通无阻。① 塞尔维亚各军顽强战斗，收复村庄并遏阻敌军进攻，但他们仍不断被击退。进攻中的奥军炮兵每发射50发炮弹，塞军仅能发射一发进行还击，他们的炮手还接连收到命令叫他们不要浪费炮弹。于是就只能仅在危急关头开炮了。

20万名塞尔维亚军民在焚烧掉最后的机动车辆及火炮之后，沿山区后撤100英里，进入阿尔巴尼亚寻求庇护。但在崎岖的山间行进三个星期导致了骇人的恐怖伤亡：共有2万名塞尔维亚难民死去。"参与此次后撤的人们，"韦林女士在她撰写的塞尔维亚战时历史中记载，"讲述了一个令人迷惑的故事，其中有寒冷，有饥饿，还有壮美的景色，有阿尔巴尼亚人的伏击，有覆盖着马尸的道路，还有在道旁垂死的人们。我们听说俄国和大英帝国的大臣们都躺在塞尔维亚外交大臣与其妻儿身旁的稻草上，而在旁边的空地上就躺着意大利和法国的部长和大臣们，还有领事、议员和仆人，乱糟糟一团。我们听说国王躺在一副担架上，用四头阉牛拉着，和普通士兵一样行进在崎岖难行的道路上。"

这些在山中前进的人们遭遇到各种痛苦，饥饿、物资匮乏、疾疫横行，这些令他们在这片艰苦地带的行动难上加难。从英国赶来救援塞尔维亚的人中有先锋电影制片人、成功的小说家、剧作家、插图画家玛贝尔·迪尔默。"在今天耶稣基督还有何机会？"她在一份公开呼吁书中写道，此时行进仍在继续，"与此相比，被钉上十字架也就不算死得很惨了。"发出此次呼吁后不久，她就在试图救助患病妇女儿童时感染伤寒

① 德国与土耳其之间（柏林—君士坦丁堡）的铁路线于1916年1月15日正式重新通车。三天后，德国皇帝从柏林出发，来到被占领的塞尔维亚城市尼什，任命（从索非亚赶来的）保加利亚国王斐迪南为德国陆军元帅。

而死。

人们缓慢向西行进时，又出现了另一个恐怖的危险。虽然阿尔巴尼亚宣布支持协约国，并对塞尔维亚人提供了帮助，但曾于1912—1913年间在塞尔维亚人手下遭受苦难的阿尔巴尼亚部落成员却袭击了前进的纵队，屠杀了数百名塞尔维亚人。

虽然塞尔维亚人是在寻求活路，但他们还是将2.4万余名奥地利战俘带入山中。塞尔维亚人走到阿尔巴尼亚海岸时，这些奥军战俘被关押于意大利和撒丁岛。他们当中有不少人也死于伤寒和霍乱。抵达大海的塞尔维亚士兵有26万人，他们大多都去了希腊的科孚岛，然后就在这里流亡，并盼望着他们能够有朝一日从奥地利的枷锁下解放塞尔维亚。此次向科孚岛的后撤动用了45艘意大利、25艘法国和11艘英国汽船，进行了1159艘次的护航运送。除人员外，另有一万匹战马也被运抵安全地带。一位史学家写道："这是敦刻尔克大撤退之前，历史上最大规模的海上后撤行动。"①

塞尔维亚的两大军事盟友——英军和法军——都退入希腊境内，保加利亚军队沿塞尔维亚原边界攻城夺地。这片战区和意大利—奥地利战场一样，地势高低错落，道路稀少，坡陡谷深。对协约国士兵而言，这里也远离故土。在被占领的塞尔维亚，数百名塞族人被处决，其他人只要稍稍流露民族主义情绪就遭到监禁，小股协约国军队根本无力拯救塞尔维亚的命运。但南斯拉夫民族主义以及建立大南斯拉夫王国的希望，却不会因奥地利施加的迫害而破灭。

11月7日，在撒丁岛外海域，载有大量意大利移民的意大利远洋邮轮"安科纳"号遭到一艘奥军潜艇的炮轰，随后又遭该潜艇发射的鱼雷击中，208名乘客丧生，其中有25名美国人。与此前德军潜艇击沉船只时一样，美国政府发表抗议，虽然不满于奥地利的答复，但并未采取后续措施。11月17日，一艘英国医院船在多佛外海触碰德国水雷沉没：船上船员及伤员中共有139人罹难。

11月14日，又开辟了一个新的战区，这就是最不为人所知的战区。当日，在意属利比亚沙漠地带——这里1912年前曾属奥斯曼帝国，塞努西部众为反抗协约国揭竿而起。在土军支援下，塞努西人朝位于索卢姆的英属埃及边界哨所开火，两天后，300名部众占领了西迪拉巴尼的佐

---

① 兰德尔·格雷，克里斯托弗·阿盖尔（辑），《第一次世界大战编年史》，卷1，1914—1916年，牛津：事实与档案出版社，1990年。在敦刻尔克，224318名英军和111172名法军撤退，总人数为335490人。

拉修道院。英军士兵奉命采取行动，但部众以沙漠为掩护，持续造成大规模袭扰。

英国驻埃及军官贾维斯上尉是沙漠战专家，他后来写道："从某些方面看来，这是敌方在整个战争中采取的最为成功的战略动向，因为这区区数千恶毒的阿拉伯人在一年多的时间内将其他战区迫切需要的3万大军牵制在西线，使我们被迫斥资用于沙漠列车、沙漠汽车及运输机，所投经费要我们这一代的纳税人缴纳24年的收入所得税。"

在原土耳其帝国的遥远尽头爆发塞努西起义五天之后，土耳其防线后方的欧洲上空又上演了英雄事迹，两名英军飞行员，理查德·贝尔·戴维斯——他曾于1月空袭泽布吕赫时负伤——和斯麦利轰炸了伊诺斯湾费尔里吉克的一个铁路联轨战。斯麦利的飞机被土军防空炮火击中，他采取迫降措施，却无法将其启动，于是就将该机摧毁。戴维斯从空中见此情景，就在附近降落，恰在一支土军部队逼近时抓着斯麦利，将他拖上飞机，随后起飞到达安全地带。由于此次"飞行的功绩在技术与勇敢上都无人能及"，戴维斯被授予"维多利亚十字勋章"。

5月以来，身处卑微的部长职位上的丘吉尔依旧试图说服他的内阁同僚们，假如陆战的计划与执行得到改进，并重新使用海军发起攻击的话，加利波利的战斗有望取胜。11月4日，门罗将军被派往萨洛尼卡战场，在加利波利取代他的是伯德伍德将军，伯德伍德还想再次对土军阵地发起一轮新的军事攻击。他的想法被基奇纳驳回，基奇纳于11月11日造访半岛，坚持迅速展开撤离行动。同日，核心内阁被缩减为五人组成的战争会议，丘吉尔被排斥在外。他即刻辞去政府职务并赶往前线，以中校军衔指挥一个营的兵力。

在加利波利，11月27日突降雷暴雨雪，夹杂冰雹的雨水沿沟渠和战壕冲刷着士兵和马匹。至少100名士兵被淹死。在暴风雪中驻守苏夫拉湾阵地的英军军官中有艾德礼上尉，他在回忆录中描述雨水"将我方战壕变为泥潭"的情形。[1] 下了两天寒冷逼人的暴雪之后，另有100人被冻死或因直接暴露而被冰雪侵袭而死。仅在苏夫拉湾一地就有1.2万名士兵因冻伤接受治疗。特别是对澳军与印军而言，零下的温度造成了痛苦的折磨。唯一令人欣慰的是数百万曾在尸体上大饱口福的苍蝇也都已死去：暴雪过后它们就已绝迹。

后撤已经无可避免，唯一的问题是如何进行。但基奇纳返回伦敦后，

---

[1] 1940—1945年，艾德礼任丘吉尔的战时内阁成员及副首相。1945年，他当选英国首相，组建了第三届工党政府。

却于9月2日询问加利波利半岛上的各位指挥官，假如萨洛尼卡战场上的四个师被调往苏夫拉湾的话（其中部分人员已先期来到），究竟有无可能再发起新的攻击。宾将军对此表示怀疑，他指出苏夫拉湾登陆平台被暴雨反复冲刷，雨水已使当地仅存的那些道路几乎无法通行，而且现有部队都没有足够的棚屋以遮风挡雨。后撤事宜再次回到议事日程上的首要位置。

在美索不达米亚，英军毫不动摇的作战计划不是后撤，而是再次发起进攻。11月21日，汤森将军再次攻击了土军的泰西封防御阵地，以此作为向距此近20英里的巴格达快速进军的序曲。但此前在巴士拉、古尔奈、阿马拉和库特曾经拥有的好运已一去不返。在泰西封参战的8500名英印士兵死伤过半。尽管土军遭受了两倍于此的伤亡，但他们并未像先前参战时一样恐慌与溃逃，不仅守住了阵地，而且还发起了反攻。英军此时距海岸已有400英里，无法指望任何援兵到来；土军却能利用仅在平均数小时路程之外的巴格达的资源。

进军至此，英军被迫后撤。此次退往库特的灰头土脸的旅程于10月25日开始。战斗幸存者们精疲力竭，士气低落：对伤员而言，后撤途中的每英里路程都因设施缺乏而造成巨大折磨。英军开始后撤不久，一个土军炮兵连成功动员起一支内河小舰队，使沿河岸后撤的英军时刻处于遭受攻击的恐惧当中。伤员从库特沿水路向巴士拉继续进发时，阿拉伯匪帮从两岸朝他们开火，他们无助地仰卧于载他们返回的船上，死者甚众。

在库特，英军加强了防御备战，以抵抗土军进攻。人们已经风闻高级德军军官、陆军元帅冯·德·戈尔茨正赶来执掌军队指挥权，另有3万土军前来支援。原本确信巴格达可以一举攻下的英国民众，面对的前景突然变为他们的一支军队会被截断并包围，这正和30年前戈登在喀土穆的情况如出一辙。伦敦的战时内阁向汤森提议撤离库特并继续沿河向南后撤时，他们收到的回复是汤森将军已经被敌军围困。

在西线战场的战壕中，冬季带来了寒冷和湿气，让部队饱受摧残。英国首相之子、36岁的英国议会议员雷蒙德·阿斯奎斯11月19日在致友人的信中写到他战壕日常生活里的另一个"令人不快的特色"，大量老鼠啃啮死尸，然后就"跑到人们脸上刺耳地尖叫并做出不雅的动作"。首相之子接着写道："近来有不少猫在尸体丛中安营扎寨，但我以为老鼠终会以多胜少，不过和所有战争一样，这也将无疑会变为一场消耗战。"

当月，在柏林，一位杰出的银行家对美国大使杰勒德说："德国人民已经厌倦了这场战争；克虏伯公司及其他大企业都在大发横财，还要坚持让德国吞并比利时以拖延这场战争。"这位银行家对美国大使说，普鲁士大地主也同样赞成继续这场战争，"因为他们的产品可以赚取4—5倍的利润，而他们的劳动却是由囚犯完成的。"

战争进入第二个冬季后，所有战区都可以感受到严冬的威力。但东线战场上的严寒并未阻止900名哥萨克士兵冒着14级冰霜，兼程三日，行进24英里，穿过普利皮亚特沼泽地赶到德军某师司令部。他们在此一举攻占了兵力为80余人的指挥部，俘虏了将军师长，但他后来饮弹自尽。东线战场的前线趋于稳定。德军已向东进至德温斯克和维尔纳，奥军再次占领了布罗迪和切尔诺夫策。俄属波兰已完全处于德军占领之下。为养活新占领土上的遗民，德国人于12月2日开始与美国外交官弗兰克·凯洛格博士举行会谈。

在达达尼尔海峡，新任英国海军上将韦斯特·威姆斯坚信重新由海军发起攻击，如同3月18日仅动用舰船，就将能够打通海峡，并使其始终畅通无阻。他向伦敦发了两封电报，说出了自己的计划并表达了此举必胜的信心。他的作战提议被驳回。他反倒要奉命全权负责加利波利半岛全面后撤的所有海军事宜。部队从安扎克、苏夫拉湾的后撤开始于12月8日。在苏夫拉湾，艾德礼上尉负责指挥坚守后撤滩头外围的一支后卫部队。在12天里，共有83048名士兵、4695匹骡马、1718辆汽车及186门重炮被撤走。一年之久的经海路抵达君士坦丁堡，海军在马尔马拉海耀武扬威击败土耳其帝国的迷梦破灭了。接下来要做的是从海丽丝岬将部队撤出。

土军在1915年底取得的胜利不仅限于加利波利半岛。在美索不达米亚，在奥斯曼帝国最南端，2.5万英印军队被8万土军包围于库特。围困开始于12月5日，守城者坚守147天，徒劳地盼望着援兵从巴士拉赶来。试图赶往库特的救援部队自身也不断遭受攻击：在谢赫萨阿德的一场战斗中，救援部队中有400多名士兵死伤。当地医疗条件极其恶劣，战斗结束11天后，新到的一支印军野战救护队发现仍有200名印军伤员及800名英军伤员躺在露天的泥地上，上无片瓦遮身，他们初次包扎的绷带一直没有换过。

在美索不达米亚的挫败并未减弱英国人发起新的努力以损害同盟国的信心，他们还是要通过使奥斯曼帝国解体来获取更大的领土收益。许多民族的独立渴望都岌岌可危。正如俄国出生的犹太民族主义者弗拉基米尔·亚博京斯基所写，虽然战争的后果仍不明朗，但"唯一能够想象到的可以打出'致命一击'的战区就是土耳其的亚洲部分。在该战区，战争似乎仍保留着其旧有特征：人员和物资规模更小，胜利的代价是较少的损失，取胜时可以神速挺进，攻占领土。这一真理不能被加利波利和库特的惨败所掩盖。达达尼尔海峡和美索不达米亚为何取得如此悲哀的战果，原因已尽人皆知，这些结果除表明玩忽职守三心二意的作战会带来风险外，并不能证明任何问题。"

直到欧战的最后阶段，亚博京斯基关于在亚洲取胜的忠告才得以实行，并被证明正确，使原本封闭的大片土耳其领土被瓜分，变为各国势力范围。不仅犹太人，甚至包括阿拉伯人的建国渴望也已被协约国在加利波利半岛取胜的前景所激发。7月14日，半岛上的战局尚不明朗，麦加的侯赛因亲王就致信驻开罗英国当局，请求英国承认"阿拉伯各国独立"。信中他还提出警告，假如此项要求无法于30日内允诺，阿拉伯人"将保留采取自由行动的权利"：这就是在稍加掩饰地威胁说要将他们的沙漠资源交付土军。

侯赛因亲王的请求于第二次加利波利登陆之后被送至开罗。土耳其叙利亚总督贾迈勒帕夏绞死了11名阿拉伯人领袖，但这也未能让英国对阿拉伯人的独立渴望产生更加正面的认同，而且其中一位被处以绞刑者阿布德·卡里姆·哈利勒曾希望在地中海东岸的贝鲁特与西顿之间发动抗击土耳其统治的起义，这样就完全可以为协约国部队再次登陆扫清障碍，并切断土耳其与加沙、西奈和苏伊士运河的交通线。

英国方面对侯赛因亲王的独立请求立即做出了稍显轻蔑的回应。"我个人建议在亲王建立的阿拉伯联盟的理想之外，奉上一个虔诚的渴望，"英驻苏丹总督雷金纳德·温盖特爵士提议，"要加上某些条款以确保他会绝对坚定地站在我们一方，届时我们在达达尼尔海峡取胜后，才有可能更具权威性地表达我方观点。"

英军在加利波利半岛取胜仍遥遥无期，此时土军中的一名阿拉伯参谋军官穆罕默德·谢里夫·法拉奇却逃离加利波利的土军部队，进入英军防线之内。接受盘查时，他说自己是先知穆罕默德后裔，想要被送往圣城麦加去觐见侯赛因亲王。乘船抵达开罗后，他于10月11日受到阿拉伯事务局的克莱顿上校的审讯，于是他披露说他是反抗土耳其统治的秘密组织青年阿拉伯联盟成员。他说，该联盟领袖分散于叙利亚和美索不达米亚，都希望通过与英国合作的方式换取阿拉伯的独立。

按照法拉奇的说法，土耳其人和德国人都愿意满足阿拉伯人的领土要求。这并非事实，但克莱顿及其开罗同僚都无法核实。在法拉奇受审的当日，保加利亚针对协约国展开动员。保加利亚军队即将介入加利波利半岛上的冲突，导致半岛战局更加危急。法拉奇对克莱顿说，假如英国立即宣布支持阿拉伯各国独立，并划清领土界限，那么马上就会在叙利亚、美索不达米亚和巴勒斯坦发动反土起义。次日，10月12日，克莱顿通电伦敦外交部，提议接受法拉奇的汇报中隐含的条件。克莱顿警告说，如果拒绝此项建议，将"无疑会把青年阿拉伯党人送入敌人的怀抱"。那样，阿拉伯"体系"将立即誓死反对整个奥斯曼帝国境内的协约国利益。

克莱顿的推理起到了决定作用：他的电报发出11天后，英国政府承诺支持侯赛因亲王曾追寻无果的阿拉伯独立。在亨利·麦克马洪爵士致亲王的信中，英国同意"认可并支持阿拉伯人在麦加亲王提出的疆域界限之内的领土上独立。"这些领土包括美索不达米亚和叙利亚大部，但在麦克马洪坚持下，却将"位于大马士革、哈马、霍姆斯和阿勒颇地区以西的叙利亚部分领土排除在外"。是否把巴勒斯坦排除在外留待以后商议解决，因为这一点在通信中并未提及。六年后，麦克马洪在致殖民地事务部的信中就此做出解释："将巴勒斯坦排除在外完全是我有意为之，因为这就将叙利亚更北部的沿岸领土排除了出去。"

围困库特开始于12月5日。12月7日，英国内阁决定让军队撤出苏夫拉湾和安扎克，但暂时不撤离海丽丝岬。一星期后，麦克马洪再次致信侯赛因亲王，告诉他阿拉伯人新近提出的要求——即阿勒颇与贝鲁特都不被排除于未来独立的阿拉伯领土之外——要由法国人进行裁决。就阿拉伯人未来必须发挥的作用，麦克马洪写道："至关重要的是，你要不遗余力地使全体阿拉伯人都参与我们的共同事业，敦促他们不要为敌方提供任何援助。我们之间的协议的持久效力要取决于这些努力的成功，取决于行动时刻到来后，阿拉伯人为支持我们的事业采取的更加积极的措施。"

英军未能在加利波利半岛及美索不达米亚取胜，这两次在遥远地带遭受的惨败，让英国有所忌惮，不再敢于劳师远征，推迟阿拉伯人反抗土耳其统治起义的时间成了协约国作战计划中不可分割的部分。1916年的阿拉伯人，正如1915年的意大利人和保加利亚人那样，想要先看到取胜及获取领土利益的前景，然后再决定参战与否。对英军而言，1915年的每一次失败都引发了强烈的挫折感，其中加利波利半岛与美索不达米亚的惨败尤为令人沮丧。12月20日，劳合·乔治在英国议会下院演说时，就表达了这样的情绪："调遣至此处为时已晚，抵达彼处为时已晚。达成此项决议为时已晚，重整旗鼓为时已晚，准备应战为时已晚！造化弄人。这场战争中的协约国军队的每一步行动都被'为时已晚'的魅影纠缠，除非我方加快行动，否则毁灭就会降临于我们抛洒大量热血的神圣事业。"

1915 年告终时，显然这场本应于 1914 年圣诞节前结束的战争也不会在 1915 年圣诞节到来之前结束。然而，英国政府却并不希望战争在巴尔干地区延续。12 月 4 日，在加来召开的一次会议上，阿斯奎斯为首的英国代表团坚持认为萨洛尼卡的协约国军队应当撤回。既然塞尔维亚已经战败，他们再继续驻扎该地就毫无意义。但在两天后于尚蒂伊召开的协约国间会议上，俄方、意方及塞尔维亚方说服法国同意让萨洛尼卡战场继续存在。为支持这一观点，沙皇亲自给阿斯奎斯发了一封电报，对加来决议表示遗憾。加来会议闭幕不到一星期后，基奇纳与格雷回到法国，并同意萨洛尼卡战场依旧保留，基奇纳向其同僚汇报说"良好情绪已经重新恢复"。

尚蒂伊会议上还做出了让协约国 1916 年在西线战场取胜的战略计划，霞飞取得英方同意，1916 年夏，英法两军共同发起一场联合攻势。这场进攻将于索姆河两岸沿 45 英里宽的战线发起。霞飞叙述的 1915 年在香槟及阿图瓦获取的"辉煌战术成果"将于 1916 年重演并被超越。霞飞属下专家报告说，德国正在耗尽其战略资源。基奇纳的新军已部署到英军前线，有着充足的火炮可以先期进行压倒性轰击，并有足够的弹药以供军队持续推进，索姆河战役将具有决定意义。

12 月 19 日，道格拉斯·黑格爵士取代约翰·弗伦奇爵士，继任驻法英军指挥官。这一天对数百万军人而言也是阴霾笼罩的一天，他在日记中沉痛地写到了他于午间发往陆军部的电报遭遇的命运，电报内容是询问谁将继他执掌第 1 集团军。"直至午夜 11 时，我尚未收到答复。随后已离开英国的威廉·罗伯逊爵士从新西兰圣奥默打来电话，说首相和基奇纳勋爵已到伦敦之外度周末，星期一之前任何事项都无法决定！而此时我们正在打仗！"

同日，即 12 月 19 日，德军对伊普尔突出部内的英军部队施放了光气，毒性要超乎氯气十倍，目的在于使英军出现恐慌及大规模撤退。英军虽曾于 4 月被这种新式武器弄得措手不及，但此刻他们已充分进行过防毒气训练，并配备了防毒面具。1000 名士兵被毒气熏中，其中 100 人丧生。当日风势强劲，将毒云向南吹过英军阵地，一直吹到远处的后方：由于防线有一定弧度，部分毒气被沿瓦显蒂岭吹至德军战壕。

德军盼望的英军恐慌并未出现，战线被守住了。在伦敦，薇拉·布里顿收到了其未婚夫罗兰·莱顿从西线战场寄来的一张铅笔便条："将于 12 月 24—31 日返家度假。圣诞节当日登陆英国。罗兰。"她在激动地设想着有可能在这个短暂的假期里结婚，甚至怀上孩子，"罗兰自己的孩子，如果他走了，这个孩子身上也可以寄托对他的思念。"圣诞节当日一整天她都在等他，夜晚就寝时，她想到第二天他们就能够相聚了。"次日一早，我刚刚梳妆完，正在轻抚浅蓝绉纱上衣的衣角，就传来了久已期待的消息说有我的电话。我想到终于能够听到我已等待 24 小时的那个声音了，就兴高采烈地冲进走廊。但消息并非来自罗兰……他不会在当天早上返家，那人却告诉我他已于 12 月 23 日在伤员运输站死于伤口恶化。"

罗兰并非死于激战正酣之时。和战争中的许多死难者一样，他的生命是在远离敌军的猛攻和大军的洪流之处被毁灭的。他所在的排换防时接管了一段战壕，那里的前线铁丝网亟须维修。他前往检查修补铁丝网人员要去劳动的区域，但这一地带已遭到洪水淹没，于是他就走了一条树篱之间开阔地带的暗道。此前驻守该战区的英军部队并未说过这里的交通壕早已被水淹没，也没说过德军偶尔会用机枪对这片开阔地带进行扫射。当晚的月亮几乎是满月，德军机枪就在树篱后方 100 码远之处。莱顿走到这片开阔地带时，德军开火，击中了他的腹部。两名士兵冒着生命危险将他背回战壕。次日的一个手术也无法挽救他的生命。机枪子弹打伤了他的尾椎骨。正如他未婚妻后来写道的，当晚，"阿平厄姆的纪录奖项保持者——他的特质让他参演了大战中的雄浑伟剧，却在病床上凄凉地死去了。"①

1915 年底西线战场的战局令人心惊胆战，战争刚结束时，原前线战地记者菲利普·吉布斯在其著作《战争的现实》中描述："我们的士兵从来都是泥水淋漓，一直没有干过。在战壕中他们湿淋淋，在防空洞中还是湿漉漉。他们入睡时还穿着被水浸过的军衣，脚蹬灌满水的军靴，喝着满是雨水的茶，不畏'欺凌'地吃下泥土，而他们都用'一笑置之'的哲学坦然应对，还有大笑，因为我常常在这些地方听到笑声，在炸弹的诅咒声的间隙中响起。"一场大雨过后水还没有排干，另一场大雨就让付出的劳动全部白费，"胸墙倒塌下来，雨水灌入；位置完全向德军火力敞开，头顶无甚遮蔽，弹片就随着雨滴和炸起淤泥的高爆炮弹落入战壕内。"

① 1909 年 9 月与莱顿一起进入阿平厄姆学校的 66 名少年中，17 人在一战中战死，或因战伤而死。其中的一名少年弗兰克·霍奇金森在整个战争期间一直作为平民俘虏被拘押于鲁勒本营；另一位名叫布赖恩·霍罗克斯，他在二战期间成为一名杰出将领，在北非协助击败隆美尔，并在诺曼底登陆期间执掌第 30 军。

11月降雨频繁，许多战壕中的积水都已没膝，甚至没腰。吉布斯回忆起前线的某块战区出现的情形，"德军因不适而不顾危险爬上了他们那些黏滑的胸墙，然后坐在上面以晾干他们被浸泡的双腿，还叫喊：'别开枪！别开枪！'我方士兵没有开枪，他们也都坐在胸墙上晾干湿腿，并朝着远处那些小如蚂蚁的灰色身影憨笑，后来这些事件被报告给统帅部——随后就传来了严厉的命令禁止'向敌方示好'。现身的每一名德军——当时胸墙随时倒塌——也都要被击毙。和以往一样，这场堑壕战中出现的情况也是半斤八两，但一想到英、德两军士兵在互相面对时竟然不相互展开厮杀这一玩忽的场景，就会对统帅部的尊严造成损害。某些士兵服从了命令。一名坐起并呼喊'别开枪'的德军士兵被击中头部。其他士兵则全部极度短视……不时有德军跑到我方，温顺地请求被俘。"

这年冬季发生的一个片段，在整个西线战场广为流传，吉布斯记述道：在一段德军胸墙上方，"出现了一块木板，用大字体潦草地写着：'英国人是蠢货！''从没有见过这么愚蠢的家伙！'一位中士说。几分钟后，这块木板就被步枪火力打成了碎片。随后又出现了另一块木板，上面写着：'法国人是蠢货。'为捍卫盟友尊严，我军又打烂了这块板子。第三块木板被竖起，上写：'我们全都是蠢货。大家都回家去吧。'这块木板也被打碎，但木板上传递的信息却引发大笑，重复这条信息的士兵们说：'这些话大部分都是真的。这场战争为什么要继续？打仗究竟有何意义？让那些发动这场战争的老家伙们自己来到霍赫打完这一仗吧。相互对阵的士兵彼此并无恩怨。我们都想回家，回到妻子身旁，回到工作岗位。'但双方都不准备首先'回家'。各方都已掉进陷阱——魔鬼的陷阱，无路可逃。"

吉布斯在书中对这口"魔鬼的陷阱"做出了如下描述："对己方的忠诚、军纪——其后还有极刑、旧传统的魔咒、尊崇战争的法则和服从统治他们的阶层、牧师分发的所有道义与精神宣传、报纸、将军、参谋官、家中的老人、洋洋自得的妇女、复仇的女神、深沉而单纯的对英国的爱；德国一方则有男子气概的荣耀、害怕懦弱——有1000种复杂的思想和情绪阻止双方士兵突破他们那张将自己缠绕其中的命运之网，并为反抗相互之间无休止的屠杀而从战壕中挺身而起，高声疾呼，'我们全都是蠢货！……大家回家去吧！'"

除虱、鼠折磨之外，当年冬季给士兵们带来特殊痛苦的就是"战壕足病"。"士兵们穿着野战靴，打着绑腿，连续数昼夜站在泥水当中后，脚部会完全失去知觉，"吉布斯写道，"接着就会'坏死'，随后会突然感到灼痛，仿佛在用烧红的拨火铁棒触碰。'换防'时，就有数十名士兵无法从战壕里走出去，他们被迫爬行或由战友们背出去。我见过数百名这样的士兵，严寒迫近就又出现了数千人。各营因战壕足病损失的人员比伤员还要多。前线将领们心神沮丧，诅咒着他们的士兵遭受的新的伤害。他们当中有人说这是由于该死的玩忽职守，其他人倾向于认为这是由于诈病，当时还有许多人故意自残，将自己的手指和脚趾打飞，以便脱离战壕。这些少年被战友背上在波珀灵厄附近的莱米停靠的救护列车时，脸上并未露出诈病的表情，他们双腿被包裹在一堆棉絮当中，动弹不得。这种痛苦如同殉难，就仿佛为了良心无愧而被捆绑在燃烧的柴堆上的烈士一样。第 49（西赖丁①）师的一个营中，1915 年冬季就有4000 多个病例。"

最终找到了治疗途径：用油按摩脚部，每日 2—3 次。但在该病持续流行期间，已经大幅削弱了各营战斗力。不过，吉布斯写道："士兵们凭借精神力量对抗所有的痛苦，将其抵制住，不会被其打败。"

1914 年在西线战场上自发达成的圣诞停火在 1915 年并未重演。"今年在我师战场不允许出现任何此类事件，"英军一个步兵旅在喜庆的节日到来前四天接到通知，"炮兵要于凌晨开始缓慢向敌军发起轰击，要像平时一样抓住每个机会给胆敢暴露自己的敌军造成伤亡。"

这些命令大体上得到了执行。史学家琳恩·麦克唐纳写道："普拉格斯特里特丛林附近的战壕中传出巨大声响，播放的是《茶花女》唱段，但仿佛突然出现了摔门的声音，咏叹调唱到一半就戛然而止。"在乌尔维赫姆附近，德军于圣诞前夜在胸墙上立起一棵圣诞树，树上挂着点亮的蜡烛。片刻之间，点点烛光在黑暗当中摇曳闪烁，飘忽不定，随后一名英国军官就命令立即开火，于是英国兵就这样将圣诞树打倒了。②

圣诞节当天也是一样。"我们速射五炮，迎接微笑而来的早晨，当日一整天我们都在持续缓射，"皇家炮兵下士潘克斯特记述道，"这就是我们接到的命令。某些炮兵连甚至打过去 300 多发炮弹。他们说这是赠给德国佬的圣诞礼物。但是我倾向于认为这样做的目的在于挫败亲敌情绪。"炮轰和枪击持续了一整天。库欣少尉亲眼见证了他所在营的一名士兵被炸死，一块弹片割断了他的股动脉。"担架员试图使用一条止血

---

① 西赖丁又称"西区"，是英格兰约克郡的旧区。——译注

② 琳恩·麦克唐纳，《1915 年，无辜者之死》，伦敦：霍德与斯托顿出版社，1993 年，592 页。琳恩·麦克唐纳为她的多部一战史著作积累的大量素材，受到包括本人在内的众多史学家的羡慕。

带处理这处致命的伤口，"库欣写道，"但这样做会给那个可怜的家伙造成剧痛，结果军医通过战地电话让我们取下止血带，就让他平静地死去了。这名军医显然曾'准备冒着生命危险出发走过开阔地带——因为交通壕已不复存在——来到我们身旁，但营长命令他留在营指挥所。我们不能为了挽救无望的生命而损失一名军医，而且他也不太可能及时赶到。'"

列兵·威尔克森就这样在圣诞节死去。他被埋葬在伊普尔附近的圣潘新爱尔兰农场军人公墓。战争末期公墓整修时，他的坟墓的确切位置已无从查考，因此他的名字就由一块带有"据信被埋于此处"字样的纪念碑所承载。他的身旁长眠着 4500 名战友及其他死者。① 加利波利半岛上，海丽丝岬的士兵们盼望着在几星期后撤离，圣诞节当天土军的炮轰和狙击又导致更多的死伤。当日殉难者中有 29 岁的皇家陆军医疗队上尉阿诺德·汤普森，他八个月前刚从牛津大学新学院毕业。②

在东线战场，同盟国对其实力充满了自信。在加利西亚，俄军发动了持续两个星期的攻势，尽管有 1000 门火炮——每门配备 1000 发炮弹——提供支援，但在 12 月 27 日战斗结束时，仍未能攻破奥军防线：6000 名俄军被俘。当日，英国内阁决定撤回海丽丝岬的军队，结束了协约国在加利波利半岛上的一切进攻。

到 1915 年底，同盟国开始蒸蒸日上。塞尔维亚已完全处于奥地利和保加利亚占领之下。俄属波兰和比利时则处于德国的掌控之中。在海上，持续出现毁灭性的击沉协约国船只的事件。德国制订的 1916 年取胜计划包括采用无限制潜艇战，及攻击守卫凡尔登及其外围要塞的法军部队。此次进攻的目的在于通过使法军减员从而将其拖垮。法金汉将军指望进攻凡尔登会在法军士气上造成一个"破裂点"。"如果我们能成功地令法国人民开眼见到这一现实，即在军事意义上他们已经别无指望，"他于 12 月 15 日上书德国皇帝，"那么这个破裂点就能找到，英格兰的宝剑将被从法兰西的手掌中打落。"法金汉当时相信，法军将坚守凡尔登，直到最后一刻，他对德皇说，这样的话，不论德军能否攻下凡尔登，"法国军队终将流血而死"。

———————

① 其中有 4272 名英国士兵、5 名印度士兵、254 名加拿大士兵、65 名澳大利亚士兵、23 名新西兰士兵、6 名南非士兵、3 名纽芬兰士兵和 1 名西印度群岛士兵。长眠于新爱尔兰农场公墓的还有另外 12 名无名士兵、6 名中国劳工和 1 名德军士兵。

② 参加一战的 1223 名牛津大学新学院学生中有 217 人战死。另有 38 名中学生已获该学院录取，但他们中学一毕业就志愿参军，全部战死。

历史学家阿利斯泰尔·霍恩评论说："有史以来，从来没有任何伟大统帅或战略家会提出让敌人流血而死，从而将其征服。这种恐怖而令人不快的景象，只能出自一战，并成为一战的特征，那些麻木不仁的将领们仅仅将人命看作微尘。"霍恩在他撰写的"凡尔登战史"中引述的两条评论显示了统帅们对待损失的态度。一条来自黑格之子，他说英军总司令"感到有责任避免再次探访伤员转运站，因为这样的探访会令他身体不适"；另一条来自霞飞，他在将勋章别在因伤致盲的士兵身上后，对他的参谋说："再也不要给我看这样的场面……我会失去颁布进攻命令的勇气的。"①

法金汉将军提出进攻凡尔登的理由时，他对俄国纾解法国承受的压力或从东面进行威胁的干涉实力不屑一顾。"即使我们不能指望会爆发大革命，"他在12月15日的备忘录中告知皇帝，"我们仍有理由相信俄国境内的问题将会迫使其在相对较短的时间内屈服。"为从内部削弱俄国，柏林当局于12月26日交给俄国犹太布尔什维克党人亚历山大·赫尔方特100万卢布，用于在俄国境内开展反战宣传。这笔钱是在德国驻丹麦大使说服柏林同意，只能通过革命使俄国背离协约国，而且在布尔什维克党内就有破坏沙皇及俄军权威的实力之后，才进行支付的。

1915年以海上灾难告终，正如这一年以海难开始一样。12月30日，在北海海域，一场意外的内爆炸炸毁了英军巡洋舰"纳塔尔"号，导致304人死亡。同日，在地中海东部海域，一艘德军潜艇未经警告用鱼雷击沉了半岛大东方公司汽船班轮"波斯"号：334名乘客葬身海底，其中有美国驻亚丁领事及另外一名美国乘客。沉船事件发生三天后，美国驻巴黎外交官约翰·库利奇在日记中沉痛地写道："一名美国领事在乘船前往亚丁任职途中遇害，也许这就会让兰辛先生买一箱便条纸展开口诛笔伐了。"他想对了：美国的中立地位依旧是整个战争场景中的一个既定特征。美国国务卿罗伯特·兰辛发出了正式抗议，但也仅此而已。

10月29日，法国国民大会通过一部法律，将位于欧洲领土上的英军阵亡士兵公墓"由法国人民无偿贡献出来，作为在那里倒下的人们的长眠之所"。战争开始80年后，这2000余座公墓依旧留在原地，有近5000名园艺师定期维护。甚至在战争还没有打完时，用以寄托哀思的纪念碑就已通过法律成了未来的圣物。

奋战12个月之后，西线战场上的双方战壕均未被对方攻破，德军作

①　阿利斯泰尔·霍恩，《荣耀的代价：1916年的凡尔登》，伦敦：麦克米伦公司，1962年，36页。

为法国、比利时征服者与占领者，高踞战壕沿线，远离本国国境。战线上的多座法国村庄被彻底毁灭，再未重建：圣米耶勒以东的雷尼埃维尔和勒芒瑙维尔就是两座这样的村庄，都于 4 月从德军手中收复。今天村口的路牌上都标示着："被毁村庄"。但冲突的性质就让坚守伊普尔突出部的英军强调说他们能守住伊普尔就是取得了重大胜利。该城本身频遭德军炮轰，已经被毁，但这一点也恰好证明了其坚不可摧的一面。

"只有条理井然、不屈不挠的德国兵才能将规模如此之小的城镇毁灭到此种程度，"曾经参战的一战畅销书作家、英国人伊恩·海伊评论说，"但——最有必要关注的就是这一点。我们在城内，德国兵在外面！由一道强大的半月形的缺乏想象力的战壕围住，战壕里也驻有冷漠得无法想象的骑士，伊普尔依旧将其被炸断的手指指向天空——破碎、无声，但仍不容侵犯；所有这一切都只是因为我们这个迟钝而没有准备的国家要信守誓言，与盟友同在。"

海伊在书中告诉读者，还有一个教训需要汲取："这种心态对德国佬而言是不可理解的，而我们相当满意地认为本该如此。"人们可以站立于某些"新近占领的高地"，瓦显蒂岭、梅西讷岭、维米岭和蒙希，"而且不仅要从这些高地，更要从某些道德高地回望那些已被胜利横扫的土地，你就可以千百次地对此感到惊奇，并非因为事做得好或差，而是因为此事竟然已经做完。"与道德上的自以为是相对的，就是醒来时"沾满污泥、浑身颤抖的士兵，他们又要面对另一天的苦难"。然而，这种"苦难"在海伊的叙述中并未占据一席之地。

无疑确定的是，随着 1915 年年底的临近，自暴自弃的情绪比上半年更甚。"我们不再用最后一丝激情来看待这场战争，"海伊写道，"我们已经见过它，与它四目相对。我们此刻唯一的目的就是要占尽身强体健的后继者的便宜，让他们发起必要的有效进攻，无情地让他们守在旗帜之下，直到胜利的黎明和永久的和平到来。"一位经验丰富的作家仍能运用"效率""旗帜"和"胜利"等词汇和概念。同样经验丰富的战士们却使用一套截然不同的语汇和截然不同的视角。

第十二章 "此战将结束于凡尔登。"

1916 年 1—4 月

　　1916 年初，同盟国在战场上蒸蒸日上，这反映在奥匈帝国境内少数民族所受待遇上。1916 年 1 月，德语被宣布为波希米亚唯一官方语言。警察手持棍棒，在布拉格街头驱散讲捷克语的人群。但在决策中心维也纳，奥地利的领导人认识到了战争带来的众多棘手问题，尤其是俄军尽管遭遇多次挫败，但仍在顽强奋战。"捣毁俄国战争机器绝无问题，"康拉德将军 1 月 4 日这样提醒蒂萨伯爵，然后补充说，"英国不可能被击败；一定不能急于在过于狭小的地域内媾和，否则即使我们不被彻底毁灭，也难免会元气大伤。"

　　英、澳、加三国不同于其他交战国，依旧采取志愿兵役制。康拉德提出警告的当天，英国武装部队人数为 2675149 人，均为志愿兵。在加拿大，自开战以来已按照志愿兵役制征召了 15 万人，并派遣四个师远赴西线战场。但加拿大总理罗伯特·博登爵士到访英国了解到任务的艰巨程度后，在 1 月 1 日的新年国情咨文中号召 50 万人参加战斗，而加拿大全国人口仅为 800 万人。

　　在英国本土也出现了实行义务兵役制的压力，此举将至少给武装部队再增加 200 万人的兵力。1 月 5 日，首相阿斯奎斯首次向议会下院提交了兵役法草案。在西线战场，阿斯奎斯的原政治同僚温斯顿·丘吉尔，正在度过他担任营长后的最初一段日子。1 月 17 日，他被召至阿兹布鲁克镇，聆听他的友人汤姆·霍兰上校就卢斯战役所做的讲座。他在致妻子克莱门蒂娜的信中描述了当时的场景："剧场里座无虚席，挤满了将军和军官……我甚至找不到座位，于是只得站在讲台一侧。汤姆讲得很好，但他所讲的只是无望的失败，只是被完全废弃的崇高的英雄主义，只是无谓地倒下的优秀苏格兰士兵……没有一丝渺茫的取胜的希望。仅在一个苏格兰师的1万人中，就有6000人死伤。哎呀，后来他问起此次讲座带来何种教训。我抑制住冲动，没有说出'别这样搞了。'但他们还会的，我对此并不怀疑。"

丘吉尔随营中战士进至普卢赫斯泰尔特村前线阵地时，他也与大家同担了战争的风险。一天早上，正当他动身赶往前线战壕时，一枚炸弹在他途经的已成废墟的女修道院地窖爆炸。"喷泉般的碎砖块升上空中，"他致信妻子，"我就从50码之外密切注视着，落到我近旁时我就躲闪。突然，就在爆炸发生的瞬间，我看到五六个黑色物体猛然朝我飞来——你要知道思维速度有多快，我还来不及想它们是不是碎片，是不是因同一次爆炸而飞出，还没想到如何逃脱，就看出它们都是被吓坏的鸟儿！"

丘吉尔在西线战场作战六个月，德军炮弹在近旁爆炸时，他曾多次九死一生。一次他正在兵营当中，一枚炮弹钻进他的卧房，并从中穿过，窜入有不少士兵容身的地下掩体后，竟未爆开。还有一次，他在前往战壕途中看到一门德国火炮在对前线进行系统性轰击，其炮弹爆炸地点愈来愈近。"我可以大致计算出下一发炮弹会在哪里落地，"他于三天后致信妻子，通往战壕的小路也在那座被毁的女修道院旁，"于是我说'下一发炮弹会击中女修道院。'果不其然，正当我们走到与之并齐的位置时，炮弹尖啸、怒吼而至，一阵碎砖散落，烟云笼罩，战士们跳起，狂奔，然后就从他们所到的坑洞和角落向外窥视。爆炸并未让我跳起——心跳也没有加速。我像勇士一样不介意炮响。但我感到——再向左20码，我就不再有需要去解决的纠缠，不用再去面对焦虑，不用再去遭遇仇恨和不公……给多舛的生涯画上完美的句号，一份最终的礼物——无足轻重的——送给这个不知感恩的国家：英国作战实力的枯竭程度无人知晓，无法衡量，无法祭奠。"

奥地利1915年底前完成对塞尔维亚的征服，1916年1月8日，4.5万名奥军和5000名波斯尼亚穆斯林进攻了塞尔维亚的邻国与盟友门的内哥罗（黑山），从而开辟了一片新的战场。空中、海上发起攻击，连同由500门火炮发起的弹幕射击，共同拉开战役的序幕。48小时后，门的内哥罗军队就被赶下海拔4850英尺的洛夫琴山——"亚得里亚海的直布罗陀"，并被赶回该国首都采蒂涅。1月11日，采蒂涅陷落。六天后，门的内哥罗投降。"可怜小小的门的内哥罗除叫喊之外，已经终结，"美国外交官约翰·库利奇在1月16日的日记中写道，"当该国遭难之时，无人前来伸出援手，因此它只得离去。"战争持续了九天。成功逃脱的门的内哥罗军队也随塞尔维亚逃亡者来到科孚岛。

当时不为奥地利人所知的是，就在他们进攻门的内哥罗的当天，最后一支英军部队撤离了加利波利半岛海丽丝岬。11 天中就有 35268 名英军被撤离运走，无一伤亡。为最后一次挑战土军，他们在身后埋设了饵雷、地雷，安放了假人哨兵和"时钟机构"步枪，水穿过沙罐滴到下层罐子上时，下层罐子就会落到触发装置上，从而使步枪开火。最后一个离开的曼尼恩中士后来描述道："我们已离开海滩一英里时，就收到命令全部去下层。此时岸边的一座高大的火药库爆炸了，我们能听见钢铁碎片坠落到驳船顶部的声音。海面上巨浪翻滚，我们的驳船就这样随波逐浪。我们晕船十分严重。人们说我们的船已失去控制，水手们证实了这一传言。我们已在波涛汹涌的海面上断缆崩舟，海岸却被敌方占据。但似乎没人过于担心。我们终于安然离开了加利波利半岛，这是出乎我们所有人意料之外的。"除士兵外，还有 3689 匹马和骡子被运离半岛。

敌军撤离加利波利半岛令土军顿感轻松，于是 3.6 万兵力被调遣至美索不达米亚。在高加索战场，尽管严寒天气让俄军中的 2000 名士兵因冻伤而失去战斗力，但其指挥官尤德尼维奇将军仍将土军赶出埃尔祖鲁姆，战斗中许多和土军共同作战的阿拉伯士兵开了小差。最终 2 月中旬进入埃尔祖鲁姆时，俄军俘获了 5000 名土军，但他们自身战斗力又因伤冻而减少 2000 人。追击埃尔祖鲁姆以西的土军时，俄军又新增了 5000 名战俘。这些在远方取得的胜利至少暂时令俄国国内士气大振。

德国继续将俄国境内的反战情绪看作减轻东线战场压力的手段，也许还能一劳永逸地将之终结。1 月 11 日，1 万多名俄国工人在黑海港口及海军基地尼古拉耶夫举行罢工。两星期后，罢工蔓延至彼得格勒，这里有多达 4.5 万名码头工人举行了罢工。俄国境内对战争的不满及俄国统治下少数民族的独立渴望都引起了德国注意。1 月 18 日，柏林接到其派遣间谍的通知，已与爱沙尼亚革命者凯斯库拉取得联系。不仅阴谋诡计，就连战场上的现实也似乎判明德国即将取胜。这一星期内，海军参谋长海军上将赫尔岑多夫踌躇满志地表示，海军潜艇当年年底之前就能痛打英国，使其退出战争。1 月 24 日新上任的德国公海舰队总司令、海军上将希尔也完全相信，他能使英国主力舰队在北海参战，并将其击败。

英国准备进行一场持久战，也同样信心满满。1 月 27 日，英国采取了实行义务兵役制的第一个步骤。美国在财政方面的持续合作使英国得以筹集到购买与生产武器的资金。

在德国，一场反美运动已经开始，其突出特例为一幅描绘威尔逊总统的漫画，画上的威尔逊总统一手放飞和平鸽，另一手却在将军火倾泻入协约国囊中。在 1 月 27 日德国皇帝生日当天，一面被涂黑的美国国旗覆盖在柏林的腓特烈大帝塑像上方，下面缀有丝质横幅，横幅上用烫金字体书写："威尔逊及其媒体并非美国。"这幅旗帜花圈的照片被发往德国各地。一家德国报纸宣称："腓特烈大帝在这个年轻的共和国挣脱英国的枷锁赢得独立之后，是第一个对其予以承认的，而要付出的代价却是在多年的斗争中流尽心血。他的继任者威廉二世，却得到了美国以伪善的言辞和向敌国提供战争补给的形式做出的回报。"

前线的德军士兵期待着皇帝陛下的生日，他们数日前曾向与他们对垒的英军喊话："我们是撒克逊人，29 日之后你方就能拥有我方战壕，并能活捉该死的皇帝。"还有某些更具激情的德军士兵试图为皇帝陛下的生日献礼，就于 1 月 28 日夜间袭击了索姆河南岸法军阵地，占领弗里泽村，俘虏或击毙当地所有法国驻军。次日一早，德军袭击了卡努瓦附近的部分由利物浦伙伴营镇守的英军防线，该营是抵达前线的第一个基奇纳伙伴营。德军被击退后，伙伴营士兵兴奋地发现一名负伤被俘的德军军官 O. 西伯特中尉佩戴着二级铁十字勋章绶带。他在当日晚些时候因伤死去。

协约国一刻不停地努力战斗。在美索不达米亚，英军对土军展开持续而艰苦的战斗，以期救回被围困在库特的守军，这在更易获取胜利的西线战争新闻中几乎湮没无闻。库特守军迫切期待的援军正向北奋进，不断遭遇土军无休止的抵抗，土军战术策划者为 72 岁的德国陆军元帅冯·德·戈尔茨。1 月 13 日进行的瓦迪河激战中，200 多名英印士兵战死，1400 人负伤。八天后的汉纳战役中，伤亡更加惨重，此役共计有2600 余人战死。英军所有的 46 门火炮根本不足以在进攻前打退土军或使其丧失士气。

参加汉纳之战的英国军官中有未来首相艾德礼上尉，他率领战士们冲出战壕，高高擎起一面大红旗，向英国炮兵显示前进步兵所到之处。先期炮火轰击取得了效果，在第一道及第二道战壕，土军均无明显抵抗。随后，艾德礼赶至第三道土军战壕，"我刚赶到那里，正要将旗帜插在地上，"他后来回忆说，"一块弹片就从后面打中我，如同飞起一脚，将我踢了起来。随后我就发现自己坐在列兵奥尼尔对面。两个小伙子赶过来问我是否受伤，我说我不知道。但我要站起来时，我发现我真受伤了，我动不了了。"在回忆录中，艾德礼记述道："我数年后才发现，我方炮兵发射的一枚炮弹令我大腿被一块弹片击中，臀部还嵌入一块弹头罩碎片，结果我就被迫被从战场上抬走。"

当晚在底格里斯河上的一艘医院船内，一名少尉眼睁睁地望着那些忍受折磨的伤员被抬上船后也得不到医疗救护。据说他曾对其属下中士评论说："我想我们眼前所见的就是近乎地狱的场景了吧？"中士挺直身板，仿佛在受阅中的士兵回答长官的提问："我认为是这样，长官。"

发动汉纳之役的目的在于解救被围困于库特的守军。在库特城中，与夏季的酷热形成鲜明对照，冻雨和寒风令进攻者状况更为凄惨，士气低落，许多伤员无法立即获得医疗救助。"卧于淤泥海洋齐脚踝深的水池中，"一位研究这段历史的史学家写道，"他们必定早已探明了痛苦的深度；在英军集体遭受痛苦的历史中，也许自克里米亚战争以来，没有哪次痛苦的历史能与 1916 年 1 月 21 日夜晚相比。"[①] "对库特整体而言，真是倒霉的一天，对我而言尤甚。"莫斯利在日记中写道，"约上午 6 时，四周仍漆黑一片，大水从 D 哨所灌入我方前线，淹没战壕的洪水深度已达人的颈部。工兵小心应对，持续努力，但仍无济于事。"土军也被洪水赶出其防御阵地，被迫后撤。"我们此前仅能看见他们的铁镐与军帽之处，现在竟一览无余地看见土军在顶上狂奔……我们欣喜地向着这帮混乱的人们开炮射击。"

负责指挥援兵赶赴库特的艾尔默将军不再确信自己能够取胜。"我对大量印军的士气颇感怀疑。"他于 1 月 24 日给汤森将军发电报，"我特别怀疑他们当中广泛存在自残现象。"甚至在另有外援的情况下，他也不认为有望突破库特。汤森回报说，他无法继续坚守"84 天"。但他同样对印军士兵不抱希望。"我们所需要的只是一两个全由英军组成的师，"他在致艾尔默的电报中说，"如果政府认为美索不达米亚值得坚守的话，此时尚有时间从海外征募优良白人，编成陆军一军，以挽救并坚守美索不达米亚。"

新的科技发明增加了作战的维度。1 月 29 日，一辆英军坦克开始投入试用。一年多之前，丘吉尔就曾鼓励发明家与技术专家进行有效设计，而当陆军部队对此冷眼旁观时，他就让海军部提供资金开展试验。他还对和他一样的同道中人进行鼓励，他们都相信坦克会成为结束堑壕战的有效武器，还能大幅减少已成为西线战场每次进攻特征的惨重伤亡。

在空中，德国依旧维持其蒸蒸日上的态势。丘吉尔在他从战壕中发出的信件里也强调了组建一支强大空军的重要性，以此给地面部队提供空中侦察和空中掩护。对英国公众而言，德军空中行动仍旧在制造恐慌。

---

① 巴克，《被忽略的战争，1914—1918 年的美索不达米亚》，伦敦：费伯出版社，1967 年，218 页。

1月31日，九艘齐柏林飞艇飞越北海来到英国上空：共在中部驻军投下389枚炸弹。① 其中一艘齐柏林飞艇返航途中坠海，艇上16名乘员全部遇难。

在海战中，2月1日出现了第一艘被空投炸弹击沉的商船，它就是被一架德军飞机击沉于肯特科诺克海岸外两英里海域的英国货轮"弗朗茨菲舍"号，船上13名船员遇难。一星期后，在贝鲁特海域，一艘德国潜艇用鱼雷击中法国巡洋舰"夏纳上将"号，遇袭四分钟后该舰沉入水底。舰上374名法国海军士兵罹难，仅有一人幸存。出击的德国潜艇为奥托·赫辛指挥的"U-21"号，曾在苏格兰海域击沉一艘、在加利波利海域击沉两艘英军战列舰。

2月中旬，英法及德国双方分别为实现在西线战场取胜的目标而制订了作战计划。德国的计划已接近完成，确信他们必将取得这场消耗战的胜利，其核心为对法国凡尔登要塞发起大规模持久进攻。18世纪，沃邦曾将凡尔登选作通往巴黎途中的重要堡垒，但1792年，仅经两天交战凡尔登就向普鲁士军队投降。凡尔登沦陷的消息引发了巴黎的恐慌，并直接导致了巴黎的九月屠杀。1870年，凡尔登遭受六个星期的围困之后向德军投降。1914年9月，霞飞命令萨拉伊将军撤出凡尔登，以成就其更大战略。但萨拉伊拒不从命。在整个1915年当中，德军前线战壕距该城中心仅十英里。此时它即将成为德军在1916年的主攻目标。德军策划攻击凡尔登时，英法军队正为当年夏季在索姆河取得突破而积极备战。英法两国确信此战必将取胜，就于2月14日在勒阿弗尔发表宣言，称在比利时恢复独立，而且德国占领期间在比利时国内造成的损失都获得财政赔偿之前，不能与德国达成和平。

2月21日，德军发起了对凡尔登的进攻。两个月前，法金汉曾向德国皇帝表明，法国决心从东面坚守这座位于通往巴黎要冲上的古堡，这就将"迫使法军参谋本部投入他们麾下的每一名士兵"，而不愿放弃这座堡垒，另找一条扼守巴黎咽喉的代价稍小的地点。1870年，凡尔登坚守的时间要长于梅斯、色当或斯特拉斯堡。此时它由两个主要堡垒拱卫，即杜奥蒙和沃堡，守军为50万人。德国投入的兵力为100万人。此役还将再持续十个月，一位史学家将其描述为"有史以来规模最大的消耗战"。②

① 截至1916年5月，共有550名英国平民在德国飞艇空袭中丧生。

② 约翰·拉芬，《布拉西战史，3500年的冲突：战役与战争全史》，伦敦：布拉西国防出版社，1986年。

战斗打响时德军用 850 门重炮发起了九个小时的弹幕轰击。一门克虏伯 15 英寸海军炮从近 20 英里外打出了第一发炮弹，命中大教堂。在进行了战史上前所未有的九小时密集轰击后，1.4 万名德军步兵朝法军防线冲去。炮火轰击已在前线战壕及防空洞内造成混乱，使大量士兵在无法逃脱的泥土重压下被活埋。"虽然德国佬发起了地狱般的炮轰，但我们仍将坚守阵地。"一支前线部队当晚向后方报告说。在该部队的 1300 名守军中，死伤已过半。一位下士评论说：每五名士兵当中，"就有两人被活埋于掩体之内，两人或多或少已经负伤，而第五名士兵正在准备应战。"

2 月 21 日，德军动用了毒气炮弹。次日，法军使用自己的光气炮弹予以还击。他们还从巴勒迪克山开辟了运送给养的路线，这条补给线很快就被称作"神圣之路"，捍卫这条补给线成了凡尔登之战的核心特征。德军则调遣 168 架飞机持续在该堡垒上空进行炮火侦察巡逻。

第二天的进攻中，德军使用了其突袭装备，总计 96 挺火焰喷射器。到第三天，他们已经前进两英里，俘虏 3000 名法军。当日，即 2 月 23 日，有流言说萨莫涅村已经落入德军之手，这让驻守该村的法军深受其害：人们开始相信这条流言后，刚刚抵达凡尔登的炮兵就开始对该村发起大规模精确轰击。守军遭受己方炮轰两个小时，轰击结束后，德军趁势占领该村。其中的一名被俘者贝尔纳中校被带到一位威严的来访者面前，此人来到战区就是要透过潜望镜观战，并准备见证凡尔登的陷落，他就是德国皇帝。贝尔纳告诉他："你们永远也进不了凡尔登。"

2 月 24 日，德军又推进一英里，另抓获 1 万名俘虏。法军部队仓皇逃离前线，或已溃不成军。一个主要由摩洛哥和阿尔及利亚部落士兵组成的北非师当日被投入战斗。面对大批德军挺进而来时，他们连忙转身奔逃。一名法军军官试图发出命令阻止他们，但毫无效果。随后，正如一位法军参谋官后来记述的，"一个机枪班从背后朝后退的士兵射击，他们就如同苍蝇落地一般倒下。"

2 月 25 日，德军攻占杜奥蒙堡。驻守的法军未曾想到德军推进如此神速，许多本可用于更持久地进行抵御的枪支已无从操纵，或已被挪作他用。这是法国的一场灾难，是德国的一次胜利。两名德国军官被授予功勋勋章。皇帝陛下近在眼前，可以亲自向他们表示祝贺。德军已准备好摒弃法金汉的观点——利用凡尔登之战让法国流血而死，反而要利用法国的软弱与混乱攻入该城。法军也许已经于当夜决定完全放弃凡尔登，撤出该突出部，并退至一条更加易于防守的战线。但事与愿违：午夜时分，贝当将军收到了防守凡尔登的命令。他已下定决心不让这座堡垒落入德军之手。"立即夺回德军已攻占的任何土地。"他强调。次日，他就发布了那道著名的命令——"他们无法通过"。

激战五天，杀戮不小，但战斗仍要继续。杜奥蒙堡依旧处于德军手中，但德军开展的猛烈炮轰及每日进攻，虽能给法国守军造成伤害，但未能让德军进入该城。2月27日开始的一个星期里，法军沿"神圣之路"向凡尔登送来了19万名士兵和2.3万吨弹药。这星期里，意料之外的冰雪融化使战场和道路变为淤泥的海洋，但淤泥不会阻止密集炮火的弹幕轰击，也不会减少持续的战斗。在凡尔登战役的最初五个星期内，每45秒就有一名德军战死，这相当惊人。法军战死者甚至更多。德国皇帝的传记作家艾伦·帕尔默曾写道："最终，在西线战场的这一片战区，德军为占领这块相当于柏林市区一半大小的弹痕遍地的废墟遭受了30余万人的伤亡。"

1916年2月，已征服塞尔维亚和门的内哥罗的奥军，又挥师直取阿尔巴尼亚。2月22日，都拉斯被占，意军及阿尔巴尼亚军队撤离该城前夕，意军杀死了900头骡和驴。阿尔巴尼亚领导人埃萨德·帕沙移驻那不勒斯，并在此建立阿尔巴尼亚临时政府。塞尔维亚流亡政府依旧滞留科孚岛。英法两国决心不容奥地利和保加利亚军队独霸巴尔干，就持续向萨洛尼卡增派部队。2月26日，法国运兵船"普罗旺斯Ⅱ"号在基西拉岛海域被德军潜艇击沉，930名士兵丧生，但1100名幸存者加入了萨洛尼卡部队，面对的不仅是奥、德军队的威胁，还有疾病。2月29日，一名英国医生致信萨洛尼卡英军总医疗官："你们大约还有两个月的期限，然后疟疾将军就会莅临战场。"

在凡尔登，面对每日居高不下的死亡率，指挥德第5集团军的德国皇太子于2月28日和法金汉将军召开了一次紧急会议。皇太子评论说，虽然已尽失突袭优势，但"重大道义与物质胜利"的前景依旧存在。实现此目的所需要的是大批人员、物资，"不以涓涓细流的方式，而要大规模地"持续这场进攻。这一观点获得认可。随后，3月2日，法军部队阻止了德军对沃堡发起的一次进攻。当日被俘的法军中有夏尔·戴高乐上尉。他大腿部被刺刀刺伤。德军也有众多人员受伤。他们如潮水般经过一位德国将军的指挥所时，将军描述说他们就如同"地狱中的景象"。德国表现派画家弗朗茨·马克于3月3日写道："数日以来，我除了人类头脑中能够绘制出来的最恐怖的事物外，一无所见。"次日，马克被一枚法国炮弹炸死。

3月6日，德军冒着猛烈的暴风雪，对默兹河左岸的莫尔翁高地发起攻击。初期的炮火轰击和2月21日一样密集。德军在布拉班特及尚普诺维尔渡河时，由一列装甲火车上的重型火炮提供掩护，而法军朝他们打出的多发炮弹均未能在柔软的、布满沼泽的地面上爆炸，由此德军出乎意料地取得了优势。莫尔翁守住了，但在为期两天的战斗中，1200 名法军士兵投降。为使其他士兵坚守阵线，左岸部队指挥官巴泽莱尔警告说，火炮及机枪将向任何继续后撤的部队开火。

攻打莫尔翁的战斗持续到第二天，德军攻占了附近的科尔波丛林。法军在马克中校率领下发起反攻，他率领部下前进时"挥舞权杖，还波澜不惊地抽着一支雪茄"，由此而变为这场战争中的一个传奇人物。① 冒着机枪火力和炮弹射击前进至距丛林 100 码的位置时，马克命令士兵端起刺刀，准备冲锋。德军指挥官已被击毙，结果群龙无首的德军节节败退。一小时后，这片丛林再度回到法军之手。马克奔向前方向指挥官表示祝贺时，两人同时被一挺德军机枪射出的子弹打死。马克死后，其麾下士兵丧失了士气，德军发起反攻，再次夺走了科尔波丛林。双方各战死数千人，但这片高地被守住了。

在默兹河右岸争夺沃堡的战斗中，另有数千人战死。沃村在 3 月曾经 13 次易手，但沃堡始终掌握在法军手中。德军指挥官古雷茨基-科尔尼茨将军风闻堡垒已经攻下时，他立即将消息传回德国大本营，大本营则将此次胜利公之于世。皇帝授予这位将军备受珍视的"功勋勋章"，但将军的属下士兵成四列纵队前去接管该堡垒时，却被全部击毙。沃堡居然未被攻下。胜利的霞飞向守军签发当日命令说："你们将会是人们所说起的——'他们阻断了通往凡尔登的道路！'"

3 月 20 日，德第 11 巴伐利亚师在冯·克诺塞尔率领下对位于马林库尔和阿沃库尔两村之间的凡尔登突出部西端发起进攻，冯·克诺塞尔曾因 1915 年攻占俄军据守的堡垒普热梅希尔而获得"功勋勋章"。最初攻击进展不顺，不少德军步兵在他们面对法军前线挖掘的启程地点被活埋，法军已经发现这些地点，并将其炸坍。但他们面对的法军士兵已经在战壕中坚守过久，早已士气低落。逃兵赶至德军阵地，将法军铁丝网中的细致通道和盘托出。德军发起进攻四小时后，法军阵地被攻陷，法军一个整建制旅被包围后投降，共有 2825 名士兵及 25 挺机枪，令报道该消息的德国战地记者忍俊不禁的是，还缴获了已准备下发的一整箱"战功勋章"。

两天后，德军准备乘胜追击，但法军机枪手从三面向德军开火，德

---

① 阿利斯泰尔·霍恩，《光荣的代价，1916 年的凡尔登》，伦敦：麦克米伦公司，1962 年，158 页。

军伤亡 2400 人后依旧寸步难行。曾为阿沃库尔的逃兵感到羞耻的普安卡雷总统，此刻终于能在片刻之间扬眉吐气了。

凡尔登的折磨仍在继续，戴高乐被送至美因茨的一家德军医院，随后又被关入东部地区的多家战俘营，他曾尝试过各种奇思妙想以图越狱。有一回，他来到距瑞士边境不足 60 英里之处，但直到战争结束，他一直都被拘押于德国。他在战俘营中从事的活动包括为 23 岁的难友、沙俄军官米哈伊尔·图哈切夫斯基讲授法语。图哈切夫斯基 1935 年被斯大林封为元帅，两年后就被斯大林处死。作为战俘，他取得了比戴高乐更大的成功。他第六次越狱时得偿所愿，返回了俄国，并重新担任现役军官。

为协助法国缓解在凡尔登遭受的压力，意军于 3 月 11 日在伊松佐战场发动了第五次战役。然而由于雨雪使山间战场无法通行，五天激战后此役也出乎意料地陷入僵局。战役之后，已经取得的为数不多的收获因奥军发射毒气炮弹而迫使他们撤离新占领的阵地，这些阵地悉数失去。

途经"神圣之路"——这条补给线是由作家莫里斯·巴雷斯冠以该名——法军每日向凡尔登开来 6000 辆卡车。总计每星期运来的 5 万吨物资和 9 万名士兵，持续被史无前例的战争中的战场及贪婪的火炮吞噬。法国调遣了相当于一个整建制师的兵力来守卫这条补给线，共铺下约 75 万吨钢铁以使其坚实。"法国殖民帝国的所有肤色各异的成员都在这里辛勤劳动，努力保持凡尔登生命线的畅通，"一位史学家写道，"孔武有力的塞内加尔人，在身形矮小、穿着黄色制服的孜孜不倦的安南人①身旁挥舞铁镐。"

3 月底，曾在伦敦工人学院开设英国文学课程的英国军官伯纳德·皮特中尉正住在阿拉斯以北的后备兵营中。他是一位热爱英国乡村的诗人，曾在致友人的信中说："您能否想到，我今天午后在未受污染的林间空地上诵读华兹华斯的诗篇，标记着已休眠的蝴蝶翅膀上已消退的可爱颜色和它们柔和的舞姿，我对战争中令人恐怖的邪恶感到憎恶，甚至开始作呕。"尽管曾数次参战，他却"暂时"逃脱了伤害。"此刻我指挥的是一个战壕迫击炮连，我感到这项事业与任何作战行动同样有趣。你知道我们全都渴望和平，不论通过和平手段还是经过愤怒的屠戮带来和平。毫无疑问，凡尔登之战会缩短战争进程数月时间。"

凡尔登外围每日进行的进攻与反攻致使攻守双方均伤亡惨重，但法

---

① 安南人是印度支那（今越南）沿海地区居民，该地区 1884 年成为法国保护地。

军决不放弃这座堡垒，正如德军确信让法军在此地流尽鲜血一样。在整整一个月的激战当中，杜奥蒙堡和沃堡之间的前后摆动的幅度不到1000码。除士兵外，战马也成了消耗战的牺牲品。马克在战死前的最后一封家书中惊呼："可怜的战马啊！"仅在一天当中，就有7000匹战马被法、德远程炮弹炸死，一门法国海军炮发射的一枚炮弹，就炸死了97匹。

在高加索战场，俄军得以持续进行轻快推进。3月3日夜间，俄军冒着猛烈的暴风雪用刺刀冲杀，夺取了比特利斯城，并俘获1000名土军。在黑海沿岸，俄军部队稳步向西推进，攻占里泽港。俄国在3月第一个星期取得的政治收益就是英国同意将俄国在波斯的势力范围向南延伸，该势力范围最初于1907年划定。

英军撤离加利波利半岛后，土军上校穆斯塔法·凯末尔被调往高加索战场，并被晋升为将军，同时还获得了"帕夏"的头衔。[1] 当时他年仅35岁。其他土军部队被派往美索不达米亚，英军在此于3月7日再度试图取得突破以救援被围困于库特的士兵。援军稳扎稳打，缓慢推进，已望得见被围困的城中的宣礼塔。但在距库特仅两英里的杜杰勒发起的进攻以失败告终。3500名进攻者死伤，艾尔默将军被困。援军溃退。库特围城依旧。

为将英、意军队牵制于北非，土军继续帮助利比亚境内的塞努西部族发动反英起义。以亚历山大为基地建立了一支西线沙漠特别部队用于保护埃及免遭进攻，并试图击溃塞努西部众。由威斯敏斯特公爵率领的装甲车分遣队奉命出动。他们和南非苏格兰旅一道，深入沙漠腹地，要找出兵力为7000余人的土耳其-塞努西师。其首要任务是解救塞努西人手中的92名英军战俘：原爱尔兰游船"爱尔兰"号——后被改造为皇家海军巡逻艇"塔拉"号，被德军潜艇用鱼雷于地中海东部海域击沉后幸存下来的海军军官与士兵，他们后来被德军移交给塞努西人。这些战俘全部被关押于一处遥远的沙漠营地——比尔哈凯姆。

3月17日，装甲车队抵达比尔哈凯姆。战俘们看到他们的到来都惊愕不已，迷惑不解地呆立于原地。他们当中大多数都患有痢疾，毕竟他们以沙漠蜗牛和草根为食已有数星期时间。为避免出现命运的逆转，公爵命令将塞努西卫兵全部处决。[2]

---

① 帕夏是旧时奥斯曼帝国及北非高级文武官员的称号，置于姓名后面。——译注

② 1942年5月26日—6月10日，"自由法国"部队守卫比尔哈凯姆堡垒免受德军步兵、坦克和飞机进攻。一座巴黎地铁站记录了此次英勇壮举。

在海上，英军3月22日成功试用了一种新型武器——深水炸弹，由一艘战舰在爱尔兰西南海岸外海域投下，摧毁一艘德军潜艇。但海军击沉船只数量的天平依旧在向德方倾斜。3月23日，一艘德军潜艇用鱼雷击沉了一艘被其误认为运兵船的福克斯通-迪耶普公司渡轮"苏塞克斯"号：共有50名乘客罹难，其中包括西班牙作曲家格拉纳多斯和三名美国人。同日，美国于两个月前向协约国发出的呼吁，即不对商船及客轮进行武装，被英法两国同时拒绝。

这场海上战争中，双方都开始无所不用其极。3月28日，柏林国会投票通过无限制潜艇战。两日后，一艘德国潜艇在北海击沉俄国医院船"葡萄牙"号，声称将其误认为一艘运兵船：115名病员、护士和船员遇害。五个星期后，驶往美国的"威尔士猫"号邮轮被德军潜艇击沉，导致五人丧生，该轮成为自"卢西塔尼亚"号被击沉以来德军潜艇击沉的第37艘非武装邮轮。

除潜艇战术外，占领过程也毫无怜悯可言。4月1日黎明，在德占比利时，德国占领当局处死了一名比利时妇女，加布里埃尔·珀蒂，她是众多分发秘密报纸《自由比利时》的人员之一。审讯中，她还坦承了自己从事的另一项活动，协助想要加入比利时军队的比利时人偷渡出境。审判结束后，她被关押狱中两个星期，德军希望对死亡的惧怕会让她供出其他同谋，但她在精神及身体的双重折磨下，始终坚贞不屈。

在奥斯曼帝国境内，也有人认为反抗政权就是爱国行为。土耳其害怕其治下臣民有独立建国的渴望，这种恐惧让亚美尼亚人和阿拉伯人饱受摧残。在贝鲁特，马龙尼教派基督徒优素福·哈尼早在战前就曾试图寻求法国支持让黎巴嫩取得独立。他和另外60人一致认定，必须邀请法国东进，成为黎巴嫩的保护国。他们还未能就此问题展开深入探讨并采取行动，就被土耳其当局逮捕。一位英国特工与这群被关押于阿莱狱中的人士取得联系时，他们当中有一人发出质问："英国人在哪？法国人在哪？我们为何沦落至此？"4月5日，优素福被绞死于贝鲁特。

整个4月，英军都在西线战场作战，但重大战役仍在凡尔登继续。到3月底，法军在此处的伤亡人数已达8.9万人，德军伤亡已达81607人。4月1日，德国皇帝宣称："发动1870年战争的决策制定于巴黎，此战将终结于凡尔登。"八天后，德军试图再次夺取莫尔翁，法军将其击退，战场上丢下2200名德军死者和伤者。当日，贝当劝诫部卒："鼓足勇气，我们要击败他们。"

在东线战场，俄军在纳罗契湖外围被击退，又因冻伤而有1.2万人遇难，但在纳罗契湖战役结束当日，即4月14日，勃鲁西洛夫将军制订了在下个月沿宽阔正面展开进攻的计划，而且就在英军为即将于6月发起的索姆河攻势进行策划的同时，勃鲁西洛夫也开始将其计划付诸实施。密集的德军在凡尔登参战似乎成了这两场攻势的一大吉兆。

俄军能在多大程度上发起一场强劲攻势依旧不得而知。4月10日，东正教复活节，奥地利战场出现停火，俄军四个团的士兵在这个庄严肃穆的节日越过奥军防线友好交往。奥军俘获了100余名俄军。4月18日，勃鲁西洛夫被迫签发了一份措辞强硬的命令："我最后一次宣布与敌接触仅会由枪炮和刺刀批准。"

当月在东线战场面对俄军的有理查德·佐尔格，他于1914年10月在迪克斯迈德的学生兵营内浴火幸存，又在1915年6月的加利西亚腿部负伤。他的双腿被弹片炸断。被送往柯尼斯堡医院治疗后，他留下了终身的足疾。由于作战英勇他被授予二级铁十字勋章。返校学习后他转向了马克思主义和共产主义，一生从事间谍事业，并最终导致他在二战中被绞死于日本。

1916年4月，各战场依旧战斗，并为更大规模战斗进行准备。已在西线战场战壕中作战四个月的丘吉尔4月4日在致妻子的信中写出了一种预感："我十分惧怕整体后果出现。我比以往更加强烈地意识到此次任务惊人艰巨；意识到我方行动方式有时几乎使我对胜利议题感到绝望。同样的这些领导人等待舆论和新闻报道已如此之久，此时会愿意成为不排斥任何一方的和平进程的倡导者——假如这一情绪在国内有所抬头的话。"

丘吉尔接下来向妻子发问："你认为我们发动攻势能否取胜，如果德军在凡尔登凭借其一切战术及科学都无法为之？我方军队不同于德军；当然，他们的参谋相当完善，在成功的试验中得到教导；而我方参谋仅代表我们可怜的一点点和平年代军队的脑力——几乎任何真正的能人都不会愿意与之为伍。在游戏中与他们相比我们只是婴儿。在这场日复一日的堑壕战中，他们的损失只是我方损失的一半。"

为已策划的英法索姆河攻势而进行的训练正在继续。4月25日，西格弗里德·沙逊作为受训的一员聆听了一名少校就刺刀运用所做的讲座。他后来回忆起那位少校曾讲过：

"如果你不杀他，他就杀你。"

"刺向他的眉间，刺向咽喉；将刺刀刺入他的肾脏，或刺他的大腿外围。"

"杀死他们，杀死他们；德国兵只有一个是好人，那就是死人！"

"迅速、愤怒、力量、狂怒、目标准确。不要浪费好钢。六英寸就已足够，刺穿敌人的脖子用得到一英尺钢刀吗？三英寸就结果了他，等他喘不上气时，就去另找一个。"

4月30日，德军沿3500码宽的战线，在四天中第三次对西线战场上的英军发起了毒气进攻。当时风速超过每小时九英里，毒气被吹到英军战线后方1.1万码远处。一份当时被列为机密的纪实报告，描述了草和其他植物"在毒气所经的距前线1200码范围内都已变黄。战壕中的老鼠被大量杀死。战线后方的土地上，有一头奶牛、23只牛犊、一匹马、一头猪和15只母鸡被毒气熏死……"士兵们都已得到充分警告要将防毒面具戴好，但正如这篇报告所写，"毒云飞速抵达战壕，浓度极大，如果哪位士兵在戴上防毒面具时稍做犹豫，或戴好后摸索调整的话，就必然中毒。"

当天毒气毒死了83名英军士兵，另有500名失去战斗力。那些"在战壕中迅速死去的"人们，该报告记载，都曾表现出"口吐大量白沫……突发性咳嗽等早期突出症状"。某些士兵"或因少量毒气进入防毒面具而导致眼部与肺部轻微发炎，或因能够闻到毒气气味而误以为面罩布料无法应对毒气且还会渗漏，于是就将面罩扯下，就这样成了毒云的牺牲品而倒下"。

4月中旬，协约国在萨洛尼卡战场获得了一股新的作战力量，当时首批12.5万名塞尔维亚士兵乘英法运兵船，在英法战舰护航下，从科孚岛来到萨洛尼卡。在此他们和兵力为4.2万有余的东方集团军会合。法、英、塞三国军队将在此处并肩作战。在四天的航程中，英法运兵船无一沉没。然而，在马耳他外海，英国战列舰"罗素"号却触雷沉没，导致124名海军士兵丧生。

在意大利前线，意军在山岭和积雪之间付出惨重代价，获得一点小胜。4月14日，加里波第之孙梅诺蒂·加里波第夺回了多洛米蒂山脉海拔9715英尺的蓬塔塞劳托峰，随后又将其失去。在美索不达米亚，在被围困的英军驻地库特城内的印度士兵被迫以自己的战马肉为食，后为减缓饥饿引发的阵痛而开始吃鸦片丸。1月以来赶往救援他们的部队仍未能取得突破，当时和他们对抗的土军已由德军军官指挥。俄军也无法从北面长驱而下从后对其展开救援，尽管俄军在高加索战场上又战败土军而取得更多胜利，并于4月18日攻占黑海港口特拉布宗。15名战士为将粮食送至库特，进行了勇敢的尝试，他们用明轮船"珠尔纳"号运载270吨粮食。在前两河船运公司雇员、海军少校考利及海军上尉菲尔曼率领下，他们已开进至距库特8.5英里的河面上时，在土军的钢丝网防线处起火，所有人员全部被俘。考利被土军处死，菲尔曼在土耳其拘押期间死去。两人死后都被授予"维多利亚十字勋章"。

显然库特守军无法坚守太长时间了。4月27日，包括劳伦斯上尉在内的三名英军军官，提出用价值100万英镑的黄金换取土军撤围，并让他们和南部的英军会合。"你们勇敢的部队将是我们最真诚、最高贵的客人。"土军司令这样答复。库特守军继续坚守，土军则在等待他们不可避免且近在眼前的崩溃。进入波斯的俄军，从炮台山口向西推进，已靠近美索不达米亚边界，但距巴格达仍有100余英里。

甚至在远离欧洲主要战区之处，在东非地带，英、比和南非军队也在持续与这里的德军部队作战。尽管出现过长途行军和激烈的遭遇战，但在勇敢无畏的冯·莱托-福贝克将军率领下的德军却不肯放弃。

战争已进入第21个月。1916年4月，德国社民党领袖卡尔·李卜克内西在德国国会打断宰相发言，声称德国不自由，德国人民不想要这场战争，从而激怒了大批爱国国会议员。在中立国瑞士的昆塔尔，国际社会主义者第二次代表大会于复活节星期一召开，以发出共同的声音。法德两国社会主义者均出席会议，并将这场战争谴责为资产阶级的阴谋，是为销售军火牟取暴利和侵占领土而打的一场战争。在这种氛围之下，俄国流亡人士列宁未能使与会代表相信他的观点，即这场战争来得正好，它是通过内战推翻资本主义制度前必要而不可避免的序幕。会议召开前十天，俄国秘密警察就报告说，在彼得格勒军事驾驶学校中约有2000名驾驶教官存在革命情绪。

社会主义的反战领袖们在昆塔尔集会的当天，一场反英起义在都柏林爆发。自开战以来，爱尔兰民族主义者罗杰·凯斯门特就一直在向德方施压，以使其严肃利用爱尔兰的反叛。凯斯门特努力之后，一艘德国小型商船"奥德"号，于4月2日将2万支步枪和100万发弹药送至爱尔兰大西洋海岸。三星期后，德军"U-19"号潜艇将凯斯门特本人从德国送上同一片海岸的特拉利湾。但皇家海军小型战舰"蓝铃"号将"奥德"号拦截，该船未能将货送上岸，就凿船自沉。凯斯门特乘充气救生艇登岸，四天后被捕，受审，并被以叛国罪处死。[1]

凯斯门特被捕后，复活节星期一起义按原定计划举行。但最后一刻的不安使其中一位领导人约恩·麦克尼尔取消了星期六发布的动员令。结果只有1000人而不是原计划中的5000人从自由厅出发前进至都柏林

---

① 1911年，凯斯门特在担任英国领事期间，在南非调查一件牵涉某英国公司的案件而被封为骑士。6月29日，他被判处死刑，次日就被剥夺爵位。他于1916年8月23日被处死于伦敦彭顿维尔监狱。

市中心。他们在这里攻占了邮局、法庭、圣史蒂芬格林等几处地点。就在邮局门前的台阶上宣布成立爱尔兰共和国，并朗读了宣言，宣言中德国人被描述为共和国在欧洲的"勇敢同盟者"；一位史学家就此写道："他们的所作所为温和地摒除了事实真相，即爱尔兰青壮年中的精英已与这些欧洲同盟者战斗了20个月。"[1]

派去攻打邮局的首批士兵是新征募的两个爱尔兰军团中的爱尔兰士兵：第3皇家爱尔兰步兵团和第10皇家都柏林燧发枪手团。"黑尔加"号炮舰从海面上开火，捣毁了叛乱分子设于自由厅的指挥所。尽管叛乱分子心高气傲，但由于未得到民众起义的支持，在一个星期后被镇压下去。战斗中，有64名叛乱分子被打死，至少220名无辜平民被封锁于叛军占领大楼内的枪炮火力当中；镇压叛乱过程中有133名士兵和警察遇难。15名叛乱首领被处死。第16位首领、数学教授埃蒙·德·瓦莱拉由于是美国公民，被免除死刑。[2]

1916年春，英国政府新设计两种勋章以颁给作战英勇者：军功十字章颁给军官，军功勋章颁给男女士兵。军功勋章本来主要用于颁给列兵，但首批受勋者中就有两名护士，她们因在复活节起义期间"冒着炮火顽强英勇行动"而获此殊荣。

英国在爱尔兰的经历表明，1914年秋季爆发于前线战场和海洋中的这场冲突，到1915年已与堑壕战并行发展融入视野，并超越了敌我两军的对抗。民族和政治意识形态，被彻底地煽动。

---

① 罗伯特·基，《绿旗》，伦敦：企鹅出版社，1972年，卷11，253页。

② 一战结束前，埃蒙·德·瓦莱拉被监押于多所英国监狱，二战期间他担任爱尔兰总理，尽力维持了爱尔兰的中立国地位，他甚至于1945年4月希特勒死时向德国驻都柏林大使馆发去唁电。

第十三章 "欧洲疯了，世界疯了。"

1916 年 4—6 月

正当英国全力镇压都柏林复活节起义时，其外交官正在通过与法国达成秘密协议分割小亚细亚。在黎凡特，法国将控制黎巴嫩沿海地区，及其首都贝鲁特。在叙利亚，要以大马士革为中心，建立阿拉伯君主制国家，并使其处于法国保护之下。英国将管辖港口城市海法和十字军之城阿卡，由此就控制了起始于美索不达米亚的输油管线所最终到达的海湾。巴勒斯坦将被置于英、法、俄三国保护之下。英国保护下的一个阿拉伯国将从地中海迁移至红海。

尽管设计了这一场大规模分割，但土耳其还远未被击败。该协议由马克·赛克斯爵士和乔治·皮科两人在巴黎协商——后被称作"皮科协议"——于 1916 年 4 月 26 日签订。三天后，被围困于库特的英印军队投降。这和三个月前的加利波利半岛撤军一样，对土军而言都是重大胜利。前一天，英军军官又提出交给土军相当于 200 万英镑的黄金，并保证任何获释士兵都将不再与土军为敌，但又被土军拒绝。汤森的军队投降后，走上了一条屈辱的被俘之路。

4 月 29 日，9000 余名士兵向土军投降。英国舆论哗然：在库特向可鄙的土耳其人投降的人数要多于在约克敦向北美大陆军投降的人数。[1] 2500 余名重伤、重病者获得自由，以换取英国拘押的同样数量的土军战俘获释。4 月 30 日，库特守军被驱赶着向遥远的安纳托利亚战俘营

---

[1]　1781 年，据估计有 7000 名士兵在康沃利斯带领下于约克敦向华盛顿统率的北美大陆军投降。

走去。

5月3日，一支俄军分遣队抵达美索不达米亚边界，随后就从广播中得知库特英军投降的消息，此时再赶往库特展开救援为时已晚。他们继续越过边界，攻占美索不达米亚城镇哈尼金，但无法继续前进。俄军始终未能实现其君主战前预定的抵达波斯湾温暖水域的计划。

1915年，在西线战场作战的印军士兵中有7000余人战死，在加利波利，遇难的印军为1700人，在美索不达米亚，印军损失超过了2.9万人。这里是他们伤亡最为惨重的地区。数千名负伤印军士兵从美索不达米亚被用船运至后方的孟买。《印度时报》编辑斯坦利·里德见到"接连不断的千疮百孔的士兵"而心生愤懑，发表了一篇痛斥当局无能的社论，那些处于恢复初期的悲哀痛苦的病人被用普通运兵船运回；数千名本应入院治疗的病人却乘坐状况不堪的运输船行动。

在离开印度次大陆参加一战的85万名印军士兵中，有4.9万人战死。印度还为协约国一方的作战作出了物资贡献，包括生产55500万发子弹和100余万发炮弹。约5.5万名印军士兵在印度劳动队内服役，担任屠夫、面包师、木工、鞋匠、裁缝和洗涤工。许多人在敌军的枪炮射程范围内干着重体力劳动。在德里，一座纪念拱门记录了印度的损失及其用鲜血对协约国战争努力作出的贡献。

5月6日，按照叙利亚总督贾迈勒帕夏的命令，21名叙利亚阿拉伯人，即"自治叙利亚"的首要支持者，被绞死：14人被绞死于贝鲁特，7人被绞死于大马士革；由此看出土耳其决心不放弃对整个帝国的控制。其中一名被绞死于大马士革的是君士坦丁堡奥斯曼帝国议会参议员阿布德·哈米德·扎赫拉维。他被套上绞索时，绳子被他的体重拉断。刽子手毫不犹豫，立即再次执行，并取得成功。5月晚些时候，又有两名阿拉伯人领袖被绞死，此次行刑地点为耶路撒冷，受刑者为加沙穆夫提艾哈迈德·阿里夫·侯赛尼和其子穆斯塔法。他们是在离开加沙前往汉志参加阿拉伯人起义时被抓获的。

处死这些人后，贾迈勒帕夏得到了"嗜血者"的名号。在整个黎凡特地区，反土情绪极其高涨。许多被处死者都曾希望将叙利亚和黎巴嫩从奥斯曼帝国分割出去，有些还曾设想请法国人来管理沿海地区。有数人已经尝试过煽动起义。但协约国无力利用此类活动：加利波利半岛的远征已于四个月前在耻辱中收场，美索不达米亚远征军已经溃不成军，而且萨洛尼卡战场使人们想起不久之前从海上登陆所遭遇的重重困难。25万大军登上了萨洛尼卡海岸，但除进行几场小规模战斗外，根本无法撼动壁垒森严的保加利亚军队。"他们在做什么？"克列孟梭嘲讽地发问，"挖土！然后就让他们在法国和欧洲得到'萨洛尼卡园丁'之名。"

在德军驻法国东部大本营沙勒维尔，美国驻德国大使杰勒德5月1日就德军潜艇持续击沉美国商船一事向德国皇帝提出抗议。德皇的答复谴责了英国海军对德国的封锁及美国对此的顺从。他说，他不能等到他的家人和子孙被饿死，而要"炸掉整个温莎城堡，炸死整个英国王室"。杰勒德代表美国，敦促皇帝陛下授权德国潜艇仅对战舰发动攻击。大使解释说，美方政策认为，潜艇有行使"访问与搜寻的权利，但不能向任何船只发射鱼雷或将其击沉，除非乘客及船员都已被置于安全地带"。

一星期后，德国政府做出了这些保证。它不想冒天下之大不韪，惹恼美国开衅。但大使在致国务院的信函中表示，他认为德国统治者将"在未来的某个时候，被舆论及冯·铁毕子和各保守派政党所迫，重新开始无情的潜艇战，有可能就在当年秋季，最迟也不会晚于1917年2、3月。"

在凡尔登，法、德两军的每日交战仍在继续。5月5日，德军取得小胜后，一名法军中士写道："怎么可能会有人越过我方周围的灭绝区域？"三天后，一座火药库爆炸，导致350名德军被炸死。5月19日，德军在对沙唐库尔的轰击中使用了新型的液体毒气弹，不过毒气虽然让轰炸效果更为恐怖，但未能撼动此处防线。贝当将军望着21岁的士兵们从凡尔登战场上撤换下来时，写道："在他们游移不定的眼神中可以感受到恐怖的场景，而他们的步态和举止则显示了彻底的失望。他们已被恐怖的记忆击垮了。"

在西线战场上的英军战区，哈罗德·麦克米伦中尉——一位未来英国首相，在5月中旬给母亲写了一封信，当时德军发动的一场进攻刚被击退："现代战场上最不同寻常之处就是其荒凉与空旷。"麦克米伦确信协约国所进行的是正确的事业，确信这一道义条件才有可能让英军士兵继续奋战。信中他批评了有关媾和的一切言论。"如果国内有任何人考虑或谈及媾和，"他在信中对母亲说，"您就可以实事求是地说军队虽已疲于应战，但仍准备在有必要的情况下继续打50年，直至实现最终目标。"他感到英国的日报"满纸胡言乱语，尽写些所谓我军的'疲惫'，国内民众似乎只专心致志于个人争吵，而大事（我感到）却被忽略或遗忘。"许多士兵"将永远无法承受压力，无法忍受我们每日所见的恐怖，如果不把这场战争看作战争之外的事件——'十字军东征'——的话。"

麦克米伦对母亲说，所有前线的协约国士兵都有着同样的信念，"我们进行着正确的事业，最终必将取胜"，因为人们都有着"心照不宣而且几乎未被意识到的信心"，即协约国军队"在士气上高于敌军"，终有一天这就会变为一种决定性因素。

在美索不达米亚，一场确定无疑的死亡行军已经开始，这预示着二战末期盖世太保组织的犹太人集中营囚犯的死亡行军。在库特被俘的近1.2万名英印士兵被驱赶着朝北面进发，无人顾及他们的福祉，也无人去设想他们的战俘身份。

行军于5月6日从库特开始。次日，俘虏们就被迫在无水源，又无树荫的情况下走完了15英里，而他们当中许多人的军靴都已在前一天夜里被偷去。走不快和摔倒的人们被阿拉伯看守们用皮鞭和棍棒猛打。一位奉命乘船赶往泰西封的军官目睹了俘虏们沿着对岸被驱赶前进的情形。"我方士兵眼睛从拉长的惨白的脸上盯视着，表情显出缓慢死亡的痛苦，他们还朝我们的船只伸出手。他们一步一步拖着脚向前走时，有人倒下，随后后面走来的卫兵就用棍棒不停地猛打。"

在泰西封城内，这位名叫莫尔西的上尉军官就见到这些行进的人们"口中流出绿色脓液而死，口不能闭合，苍蝇得以爬进爬出"。5月18日，战俘们行进至巴格达，美国领事布里塞尔先生向土耳其当局支付资金，让其中500人就医，并于预定时间让他们返回巴士拉。返程途中有160人因物资匮乏而死去。为保护仍在向北行军途中的数千名战俘，已抵达巴士拉安全地带的人们被禁止谈及他们身陷土耳其人手中及受阿拉伯人控制时的遭遇。在既无遮盖又无卫生设施的场地内停留三天后，这些战俘又继续开始跋涉。在提克里特，他们步履维艰地向北穿越该城时被投掷石块。① 被与士兵隔离开来的军官们看见了正在前进的他们，后来记述说那些体力不支者在爬出他们试图去休息的棚屋时遭到了石块袭击。这些人"不敢走到稍远处便溺，因为他们害怕人们会为抢夺衣服而将他们杀害"。另一位军官回忆说，遇到过一名被土军留在一处洞穴的英军士兵，"他显然已经数日未曾进食，但已经向下爬到河边。他精神错乱，语无伦次，始终认为自己是一条狗"。一名战俘在一处场院中的七具裸尸中发现可能还有一个人没有死时，就请一名阿拉伯看守给这人一点水。"为此，他拾起一只水瓶，并让我找出那人给他看。我一点也没有怀疑，就照做了，然后那个阿拉伯人就走到那人头边，撬开他的嘴，将瓶颈塞了进去。冒出一堆气泡，经过一阵痉挛似的扭曲后，这个可怜的家伙死了，他是被有意呛死的。"

汤森将军被用火车从摩苏尔送到君士坦丁堡，因为柏林—巴格达铁

---

① 提克里特后来是萨达姆·侯赛因的出生地（1937年），这里也成了他的权力中心，1991年美英军队对萨达姆统治的伊拉克发动了进攻。

路的安纳托利亚段已经建成。同在火车上的还有陆军元帅冯·德·戈尔茨的遗骸，他是在库特围城行将结束时死于巴格达的。汤森的士兵们正在屈服于强迫行军的耻辱和恐怖时，他本人却在君士坦丁堡外海中的普林基颇岛上得到一幢住宅，并在此居住到战争结束。

在被俘于库特的 2500 名英军士兵中，1750 人死于向北行军途中和条件惊人恶劣的安纳托利亚战俘营内。同时被俘的 9300 名印军士兵中，有 2500 人死去：死亡人数共计 4250 人。这场交织着痛苦与死亡的事件是这场战争中最为邪恶的一个侧影。

5 月 15 日，奥军在特伦蒂诺战场发起大规模攻势，有近 400 门火炮被用于先期的轰击。意军在惨烈抵抗后被赶下山头。攻势开始九天后突降暴雪，迫使进攻在尚未攻占海拔 4000 英尺的帕苏比奥山之前陷入停顿，但一星期后进攻得以继续，山头与隘口逐一沦陷。到 5 月 31 日，奥军已俘获 3 万名意军士兵。但穿越山区，沿崎岖地势展开的进攻却使进攻者筋疲力尽。区区 12 英里的进展在地图上微不足道，但对取胜一方而言却是一次重大胜利。

西线战场尚未发起攻势：一切都在为索姆河战役做着准备。英军每日越过无人地带对德军前线战壕展开袭击，这使战线双方的士兵始终处于备战状态。

在英国议会中，政府官员正在寻求更多资金以将这场战争进行到底。参加完六个月的堑壕战返回的丘吉尔在下院演讲时说："我每日自省，我们坐在这里时，我们前去参加晚宴时，上床就寝时正在发生着什么样的事件：每 24 小时就有近 1000 人——英格兰人、英国人，我们的族类——成为满是鲜血的包裹，被草草埋葬或被送上野战救护车。是那些身处前线战壕的士兵，而不是后方梯队中负责给养和驻守的人们，或国内的人们为此刻正在继续的恐怖煎熬忍受着一切惩罚。"

这些惩罚正被不间断地承受。5 月 23 日，凡尔登法军再度尝试夺取杜奥蒙堡，当时看来有望取胜。"第 124 团的两个连夺取了德军战壕，"目击者、连长夏·德尔维尔写道，"他们进入时未发一弹。"但他们仅有步枪和刺刀，"德军却用手榴弹开始反攻。这两个连无力应战，结果全军覆没"。第 3 营来对他们展开救援，"却被邻近战壕打出的弹幕击溃"。近 500 名士兵死伤，"死者被堆积到和胸墙一样的高度"。

在第 124 团中参战的有 21 岁的阿尔弗雷德·茹贝尔少尉。数日前，他跟在团乐队后方，倾听着"蒂伯雷里"乐曲走上凡尔登前线。5 月 23 日，他在日记中草草写下："人类已经疯狂！只有疯子才会去做现在所做的那些事！多么惨痛的屠杀。多么惨重的恐怖与灭绝！我找不到合适的言辞表达我的印象。地狱也不过如此恐怖。人类都疯了!"这是茹贝尔日记中的最后一条。当日或次日，他就被一发德军炮弹炸死，死于来自瞄准这块突出部的 2200 门德军火炮打出的一枚射弹。法军在承受每日的伤亡时，仅能用 1777 门火炮进行还击：这是钢铁与血肉的较量。

法军在作战中致力于守住凡尔登及其要塞。深处皮卡的英军则要越过深深的布满铁丝网的战壕与德军对阵。5 月 25 日夜间，西格弗里德·沙逊注视着一支 27 人的突击队在马默茨附近向前冲锋，他们脸被涂黑，"腰带上别着斧头，口袋中揣着炸弹和圆头棒"。但他们无法穿过德军铁丝网。随后就听到了枪声，双方互掷炸弹，突击队开始退回。沙逊向前跑去，发现一名伤员指着一个弹坑对他说："奥布赖恩受了重伤，就在弹坑下面。"于是沙逊就进了弹坑。德军再次开火。"这帮该死的家伙正从近距平射的角度朝我开火，"沙逊想，以为自己大限将至。几分钟过去，"如同过去了几个小时"，他发现奥布赖恩正在弹坑中的 25 英尺深处。"他在呻吟，他的右臂可能被打断，也可能快被打掉了，他的腿部也已中弹。"后来才知道，他的头部及躯干也都已中弹。

沙逊赶回英军战壕求助时，其他身负重伤的士兵也正被送来。其中一个人的脚被炸飞。"我找到一条绳子还有另外两名士兵，就跑去营救奥布赖恩，他此刻已经昏迷不醒。我们费尽力气才将他拖到弹坑的半壁；这时已过了午夜 1 点，天空开始泛白。我再次赶回战壕，想找来一名强壮的士兵，并想确保让担架就位。我们把他带了回来，结果怕什么来什么，我们发现他已死去了。"

米克·奥布赖恩下士自 1914 年 11 月起就一直在西线战场作战，曾参加新沙佩勒、费尔斯蒂贝尔和卢斯等多次战役。沙逊在为下一场战斗，即马恩河会战做好准备时，始终无法忘怀这一片段，两天之后又记起"奥布赖恩被打得血肉模糊的躯体支撑在坑边上——灯光照在脸上已面无人色、衣服被炸得零碎不堪，头发粘成一块贴在前额上——他原本追击德军时的兴奋、愉悦和勇敢以及欣喜都早已荡然无存。我们试图将他抬上坑边时，脚下松软的泥土不停地塌陷：他也是个大块头，足有六英尺高。但我们将他抬到胸墙上，再让他躺在担架上时，他已经死去了……"

5 月 31 日夜间，42 艘德军战舰驶离其北海锚地，攻击挪威海岸外的协约国运输舰船。他们也希望能和英国联合舰队正面遭遇，用其 24 艘战列舰、5 艘战列巡洋舰、11 艘轻型巡洋舰和 63 艘驱逐舰挑起战端，如果取胜的话，还有望打破日益收紧的英军封锁。

到 6 月 1 日下午 2 时，一支由 28 艘战列舰、9 艘战列巡洋舰、34 艘轻型巡洋舰和 80 艘驱逐舰组成的英国海军舰队朝他们直冲过来。两支令人望而生畏的舰队之间的冲突一触即发，让四名首要海军将领的素养与经验、能力与野心进行了一次巅峰对决：德军方面是希佩尔和舍尔，英国方面是杰利科和比提。首次交战是在下午 4 时之后，当时希佩尔和比提的舰船刚好能望见彼此。战斗当中，英国战列巡洋舰"不倦"号被击沉，1017 名士兵丧生。随后，战列巡洋舰"玛丽女王"号被炸毁，1266 名士兵遇难。

下午 6 时，在日德兰海岸外海域发生了第二场战斗，此战中杰利科对阵希佩尔，96 艘英军舰船被夹于 59 艘德军舰船与其海军基地之间。希佩尔的旗舰，战列巡洋舰"吕佐夫"号遭受 24 次正面打击而失去动力，但在其沉没之前仍击沉了英军战列巡洋舰"无敌"号，"无敌"号上仅有 6 人幸存，舰上其余 994 名海军士兵葬身水底。比提的旗舰"狮子"号也遭到重创。下午 6 时刚过，舍尔实施了早已操练过的后撤，返回基地，此时仅损失一艘老旧的战列舰"波默恩"号。

对德军而言，尽管损失要少于英军，但日德兰海战也无异于自断其臂。此战之后，他们决定不再冒险发动大型海军战役。德国损失了 1 艘战列舰、4 艘巡洋舰和 5 艘驱逐舰。英国则损失了 3 艘战列舰、3 艘巡洋舰和 8 艘驱逐舰。德国皇帝曾傲慢地评论："特拉法尔加的魔咒已经打破。"但德军舰队此后再未向联合舰队寻衅，而舍尔则向德国皇帝报告说，只能通过潜艇战打击英国贸易来取得胜利。

日德兰海战的结果也给英国造成了沉重打击，它本来可以在此类大规模海战中，利用其数量优势歼灭德国舰队的。一份稍显压抑的海军公报出现后，英国政府又责成丘吉尔草拟另一份公报，以更加有信心的观点看待此次战役。薇拉·布里顿回忆说，她所在的伦敦医院提出的问题是："我们究竟是要庆祝海军取得的光辉胜利，还是要为屈辱的惨败而哀恸，我们不得而知。每一份新报纸都是在模糊而不是去清晰界定这一重要区分。一个无可争辩的事实是数百名青年，其中不少都只是十余岁的海军少尉候补军官，就这样毫无获救希望地沉入海底，他们未曾设想到大海就是一座冰冷的无名坟墓。"

英国各艘战舰上共有 6097 名海军士兵葬身海底，德军战舰上丧生人数为 2551 人。

日德兰海战之后一日，德军部队对伊普尔突出部英军前线发起大规模攻击，沿 3000 码宽的正面向英军战壕突进 700 码。一名英军将领战死，另一名被俘。然而，48 小时后，某些被占阵地又被英军夺回。同日，勃鲁西洛夫将军率领俄军在东线战场上发起大型攻势。这是俄军为前一年在波兰的惨败雪耻复仇及收复喀尔巴阡山脉的良机。勃鲁西洛夫原本定于 7 月发起此次攻势，但由于奥军在意大利战场持续顽强防守，于是就决定提前发起进攻，以便迫使奥军自西向东调兵从而减轻意军所受压力。

在自普利皮亚特沼泽至布科维纳的 200 英里的前线上，惊人的 1938门火炮发起弹幕射击，由此开始了勃鲁西洛夫攻势。卢茨克奥地利守军的数量优势——20 万奥军对阵 15 万俄军——正如一位史学家所写："在枪炮火力的战争中并不具备多大重要性。"炮击数小时后，奥军前线战壕出现巨大混乱，带刺铁丝网上出现不下 50 处缺口。两星期后，一份递交维也纳的调查报告指出："除炮火对铁丝网掩体造成破坏外，整个作战区域经常被巨大厚重的尘烟云雾所笼罩，其中还掺杂着高爆炸药气体，阻碍视线，令人呼吸困难，这使大波俄军得以从被损毁的铁丝网进入我方战壕。"向前推进的俄军仅在一天内就俘获 2.6 万名奥军。

6 月 5 日，勃鲁西洛夫攻势进入第二天，卢茨克奥地利守军弃城逃走，俄军占领该城，这一意外事件令英国朝野震动，甚至也让西线战场上的英军部队吃惊不小。在冰冷的北海水域，正驶往俄国的英军战列舰"汉普郡"号在斯卡帕湾西北触到德国水雷沉没，舰上有负责战争事务的国务大臣基奇纳勋爵，他当时奉命前往俄国。船沉后，基奇纳也葬身水底。虽然他的内阁同僚们早已认定他能力欠佳，但公众认为是他使英国有力量平稳应对战争进程。有传言说他根本没有被淹死，而是被秘密送到俄国并准备发动新的攻势。

同在 6 月 5 日，与基奇纳之死相比黯然失色的消息是，哲学家伯特兰·罗素堡在伦敦市长官邸受到审判。尽管他充满激情地呼吁"尊重个人良心"，但还是因为出版支持蓄意反服兵役的小册子而被处以 100 英镑的罚款。同日，他的友人、受剑桥大学保护的哲学家维特根斯坦正在东线战场作战。在正受到勃鲁西洛夫的俄军进攻的奥克纳，他所在的炮兵连坚守阵地。由于作战勇敢，当时仅是一等兵的维特根斯坦被授予二级银质英勇勋章，这对军衔如此之低的士兵而言，是难得的殊荣。嘉奖令称："他不顾打到炮台上的猛烈炮火及爆炸的迫击炮弹，前去察看迫击炮发射点并将其锁定。这使该炮兵连得以直接成功摧毁两门重型迫击炮，这也被敌军战俘所证实。"他的连长高叫着让他隐蔽，但他全然不顾，继续查看炮火的打击效果。这名军官报告："由于这一突出举动，他对战友们施加了一种强大的平静安抚的作用。"

两位哲学家曾在三年前坐在一处，就真理与逻辑问题促膝深谈，此刻对战争的态度却大相径庭。

6月7日，勃鲁西洛夫在东线战场缓解了协约国所受压力，但协约国在西线命运再次遭到重创，沃堡在坚守三个月后，落入德军之手。守军曾在地下坑道内作战，与他们相伴的是无法掩埋的腐败尸体散发的恶臭，德军则对他们发起了一星期的大规模炮火轰击，其中还用到了毒气弹。被德军炮火打得遍体鳞伤后，他们仅剩下了最后的12加仑水。一只曾在前一次飞行任务中遭遇毒气的信鸽，传出了发自沃堡的最后一条消息："我们仍在坚守……亟待救援……这是我们最后一只信鸽"，随后就落地死去。这只信鸽被授予"荣誉军团勋章"。每日在战区内飞进飞出，为交战各军传递战报的数千只信鸽当中，它是唯一一只荣获过勋章的信鸽。

600名幸存的沃堡守军被德军俘虏。德国皇储对沃堡指挥官雷纳尔少校的勇气赞赏有加，不仅向他表示祝贺，还将被缴获的另一名法军军官的军刀赠送给他，因为他的军刀在作战中遗失。恐怖的战斗结束后出现如此的礼节表现了一种古代的侠义之风，但其他地方的战斗仍在继续。在沃堡以西的激战中，约20名法军士兵刺刀已经出鞘正准备作战，就被活埋于战壕当中。①

贝当始终坚持凡尔登不能陷落，但此时双方都持续出现惨重伤亡。在东线战场，勃鲁西洛夫继续向前推进。6月9日，在切尔诺维茨战场担任指挥官的奥地利将军普夫兰策尔·巴尔廷命令撤军。许多炮兵落荒而逃时，或丢弃火炮而使其落入俄军手中，或携带火炮逃走，因而让仍在坚守阵地的部队无法得到炮火掩护。维特根斯坦后来回忆起一次长途后撤时的情形，"他精疲力竭，坐在马鞍上，走在望不到头的队伍中，心中唯一一个想法就是坐稳，因为如果他掉下马来，他就会被踩死。"

6月12日，勃鲁西洛夫宣布自八天前部队开始推进以来，他们已俘获2992名奥军军官和19万名奥军士兵，缴获216门重炮，645挺机枪和196门榴弹炮。与他迎面对峙的奥军部队的1/3都已被俘。五天后，俄军攻占切尔诺维茨，该城是奥匈帝国最东部城市，也是该地区重要文化和商贸中心。

协约国6月取得的又一次成功是阿拉伯部队参战。在麦加亲王侯赛因率领下，阿拉伯人起义于6月5日在土耳其控制的城市麦地那之外发起。其最初行动尽管充满激情，但由于不成熟而失利。一支兵力为5万人的阿拉伯部队——其中持有步枪者为1万人——被土军击退。当日包

---

① 战争结束后不久，他们部分刺刀的尖端被发现已突出地面。这条战壕已成为法国的一座民族英雄纪念碑。

括劳伦斯上校(阿拉伯的劳伦斯)在内的六名英军顾问,秘密于红海之滨的吉达港登陆。

在远离东西两线战场大规模毁灭性作战之处,一片新的陆地战场已被开辟,这是当时仍在交战的第十个战场。6月7日,侯赛因宣布汉志脱离土耳其独立。四天后,两艘英军巡洋舰"福克斯"号和"哈定格"号开炮轰击了吉达北面的土军阵地。三架英国水上飞机对港内的土军阵地执行了飞行轰炸任务。阿军在吸取了初次进攻麦地那时的教训,就在一星期后的再次交火中对土军形成了数量和火力优势。6月13日,麦加落入阿军手中,三天后,阿军又攻占吉达。

空战已成了战区每日战斗的一大特征。法国飞行员马沙尔中尉从法国的南锡城起飞,飞临柏林上空,投下谴责德国及奥地利皇帝的战争罪行的传单,随后他又飞向奥占波兰领土上的霍尔姆,他在这里被俘,不过后来成功越狱。6月22日,法军轰炸机群对卡尔斯鲁厄展开空袭,造成200余名平民伤亡。在凡尔登,首位在欧洲参战的美国志愿兵、战斗机飞行员鲍尔斯利中尉被一名德军战斗机飞行员击落,但他未受任何伤害,成功逃脱。

6月22日夜间,德军为攻占凡尔登而进行最后一次重大尝试,当时德军炮兵使用了一种新型光气"绿色准星"。士兵和战马被这种恐怖的毒气烟雾熏死。治疗伤员的军医们自己也被击倒。死亡之雨持续了数个小时,随后3万名德军发起进攻。弗勒里附近的一个5000人的法军整建制师被全歼,凡尔登以北两英里处的蒂奥蒙堡沦陷。德军攻击部队当中有弗雷德里希·保卢斯中尉,他于26年之后率领德军的一个集团军群在斯大林格勒被围困并在失去兵力优势后向苏军投降。

当时在军中服役的德国大学生汉斯·福斯特后来记述了向弗勒里进攻的某些场景。"我们正前方是铁路路堤;右面则是路堤的一段弧线。55名法军士兵举起双手站在那里。一名下士仍在朝他们射击——我让他停下来。一位年长的法军举起受轻伤的右臂,冲我微笑表示感谢。"[1] 攻占弗勒里后,德军来到进入凡尔登之前的倒数第二座堡垒苏维尔堡之外,但是他们也没有足够的"绿色准星"毒气来发起第二次毒气进攻,于是在这座堡垒前止步。

尼韦勒将军发出的作战命令的最后一行是:"他们不能通过!"法军害怕一旦苏维尔堡陷落,凡尔登就将无法据守,于是连忙向英军求援。黑格决议于6月29日在索姆河发动英军攻势。法国总理阿里斯蒂德·白

----

[1] 1916年,福斯特在凡尔登附近战死。

里安6月24日亲自拜会黑格，请求他尽快发动进攻。黑格说此刻为时已晚，不过火炮弹幕射击仍能按预定开始，并维持五天时间。由此现代战争史上历时时间最长的集中炮火轰击开始了。

在德国，反战情绪也同样高涨。由协约国封锁导致的饥饿与死亡每天都在发生。1915年，封锁导致88232人死亡。1916年该数字上升至121114人。① 30余座德国城市爆发了抢粮骚乱。6月28日，5.5万名德国工人参加了一场为期三天的抗议罢工。德国国会的反战议员卡尔·李卜克内西因持续敦促士兵不要去战斗而被开除出国会，并被判处两年苦役。两个月后，他的刑期被增加到四年。

协约国也开始取得微小进展。在意大利战场，奥军发动的特伦蒂诺攻势中的第三次进攻终于逐见成效，6月28日夜间，奥军发起恐怖的炮火轰击，动用了氰化物毒气弹，对6000名熟睡中的意军造成重大伤害。然而次日风向转变，造成1000多名奥军士兵受伤，意军由此收复被迫放弃的战壕，并俘虏416名奥军战俘。在俄国战场，奥军在科洛米亚战役中遭遇重创，俄军抓获1万余名战俘，并于6月29日攻入科洛米亚。

在凡尔登，法军守住了苏维尔堡，凡尔登城受到的威胁已经解除，协约国需要经受的下一场考验已经近在眼前：英军预定要在索姆河取得突破。6月16日，黑格在致参谋本部的信中表达了自己的希望，"攻势向东大举推进，以使我军炮兵能够突破敌军已经做好准备的防线之外的开阔地带。"英军的罗伯特·莫尼少校在6月底的日记中写道："似乎在大约一个星期之内，我们就要欢腾雀跃着进入德军战壕——保重吧，我希望德军会为此而欢喜。"令莫尼印象深刻的是，"我们已经不遗余力地为此战的成功做准备——似乎毫无疏漏。"

应法军要求，先期的火炮弹幕射击于6月24日，沿12英里宽的正面发起。1500余门火炮和榴弹炮共打出1732873发炮弹。虽然这些炮弹中有不少只是在饱受摧残的地表掀起尘土，并未对德国守军造成预期的损害，其中还有不少哑弹，但此次轰击对德军的情绪和士气都造成了极大影响。在轰击的短暂间歇中，士兵通过无人地带以便报告德军前线战壕内的态势。一份覆盖6月25—26日的情报小结稍显不祥地进行了汇报："沿军队前线进行的突袭未能成功，在某些战区是因为机枪和步枪

---

① 换言之，由于封锁，1915年每天死亡241人，1916年每天死亡331人。1917年，每天因封锁而造成的死亡人数增至712人（当年死亡人数为25.9万人），1918年该数字为802人（当年死亡人数为293760人）：死亡平民总数为762106人。二战中，盟军对德轰炸造成的死亡人数与此相当（约80万人）。

火力密集。"6 月 28 日夜间，纽芬兰军团士兵进入无人地带以袭击与他们对峙的德军战壕，但按照一位观察家的说法，"他们转身逃跑。"

轰击的巨大规模让等待进攻的英军和加拿大军队充满信心。"这里炮声隆隆，"6 月 29 日，乔治·诺里少尉致信母亲，"而我则乐在其中。说到'用炮击垮'敌军，此次炮轰无与伦比——我以为我就是为此而生的。"当晚，纽芬兰军团士兵再次突袭他们对面的德军战壕，发现其中"全是德军"。按照同一位观察员的说法："他们杀死了许多，但自己也损失惨重。"在当晚进行的另一场进攻中，苏格兰步兵带回了 64 名德军战俘。原定于 6 月 29 日发起的攻势，由于天降大雨以及轰击未能达到预期效果而被迫延后 48 个小时，使攻击的突袭优势有所减弱。但进攻命令最终于 7 月 1 日下达，这场战争中的一次具有潜在决定意义的战斗即将打响。

在南大西洋当中，探险家欧内斯特·沙克尔顿在遥远的南极洲与世隔绝两年之后，终于踏上了南乔治亚小岛。在回忆录中，他提起自己向英国设于此处的小型捕鲸站站长索尔先生提出的第一个问题，以及索尔做出的回答：

"告诉我，战争是什么时候结束的?"我问。

"战争还没有结束，"他答道，"数百万人正在死难。欧洲疯了，世界疯了。"

第十四章　索姆河会战：
注定会有一场血腥浩劫

1916 年 7—8 月

英法军队 1916 年 7 月 1 日打响索姆河战役，目的在于通过大规模步兵进攻，突破德军阵线，制造条件让骑兵迅速前进，对这一突破加以利用，然后用骑兵取得最后胜利。在为此次会战集结起来的数万大军当中，就有鲁珀特·布鲁克的剑桥大学校友威廉·诺埃尔·霍奇森中尉。他时年 23 岁，被战友们称作"微笑的人"。

战斗于 7 月 1 日上午打响，在刚超过一个小时的时间内，英军共向德军阵地打出近 25 万发炮弹，平均每分钟打出 3500 发。隆隆炮响甚至在伦敦以北的汉普斯特德荒原上都能听见。早上 7 时 28 分，十枚地雷在德军战壕下方爆炸。两分钟后，英法军队沿 25 英里宽的正面发起进攻。

多数英军士兵在登顶时都携带了 66 磅重的装备：步枪、弹药、手榴弹、口粮、一件防水斗篷、四只空沙袋、一顶钢盔、抵御催泪弹的护目镜、野战纱布、一把镐或锹、一个装满水的水瓶及一个野战餐盒。埃德蒙兹将军在其撰写的官方历史中写道，笨重的装备让士兵"难以跃出战壕，无法快速前进，而只能缓慢移动，也无法快速起立或卧倒。"英军史学家彼得·利德尔评论说："最终，数千人就这样成了笨重而移动缓慢的靶子，他们迅速倒在地上，但根本就再也站不起来了，更不用说快速站起来了。"①

---

① 彼得·H.利德尔，《1916 年的索姆河会战：重新评价》，伦敦：利奥库珀出版社，1992 年，139 页。

　　战斗之初，年轻的苏格兰鼓手沃尔特·里奇站在被攻下的德军战壕的一堵胸墙上，看到自己周围的士兵都开始退却，就反复敲起"猛攻"的鼓点。他被授予"维多利亚十字勋章"。阿克林顿伙伴营的英军士兵在登顶后将几名通信兵留在了后面。他们在一座土丘后方观战。"我们看得见战友们向前冲去，已穿越无人地带，但他们就像牧草一样成片倒下，"一等兵伯里后来回忆说，"我为眼前的屠杀场面而难过，记得我还流下了泪水。我的确记得在塞尔村附近有一面旗帜挥舞发回信号，但这仅持续了数秒钟，旗语就已完全混乱。"

　　多达 100 挺德军机枪——多数都在装甲机枪位内躲过炮轰——朝着跃出战壕向前挺进的步兵开了火。许多士兵在排成纵队以穿过己方铁丝网上狭窄得出人意料的豁口时被打死。英军军官埃里克·迈阿尔-史密斯少尉在三天后写的家书中提及此役首日取得的"辉煌胜利"。"我知道我要解决的是四个德军，我也完成了使命。"迈阿尔-史密斯接着写道："我看到一批批德军朝我军进攻的士兵开火，知道他们已来到数百码距离之内，随后，发现已无力回天时，他们就扔掉武器冲向前方和我方士兵握手。他们多数都成功逃亡，并未被俘。某些受伤德军在接受包扎之后，就朝给他们包扎的人员背后开枪。他们就是蠢猪——认同我吧——我是亲眼见到这些事在眼前发生的。"

　　薇拉·布里顿的哥哥爱德华 7 月 1 日就在索姆河前线。在等候命令以备在第二拨进攻中登顶时，他的士兵就因第一拨进攻中后撤回战壕当中的大批伤员而失去勇气。随后，他们前方的无人地带内的一个营出现了恐慌。"我记不清自己是如何再次让士兵们集结一处，并让他们越过胸墙的，"布里顿几个星期后对他妹妹说，"我只记得我必须再次返回找到他们，即使在那一刻进行突破意味着一枚'维多利亚十字勋章'，我也要回去。"最后，正当他率领士兵进入无人地带 70 码时，他腿部中弹。他尝试继续率领士兵前进，但已无能为力，于是他就在弹坑内隐蔽。此时一枚炮弹的碎片刺穿了他的手臂。弹坑内还有另外两名士兵。"其中一人伤势严重，"他对妹妹说，"但另外一人根本没有受伤，只是恐惧过度。"

　　布里顿费力地爬回英军战壕。"我对此的记忆已经模糊，只是在途中我看见当天早上刚刚战死的士兵的手开始变成绿色、黄色。这令我相当恶心，于是我加快了脚步。"因他当天上午所表现出的勇敢，布里顿少尉被授予军功十字勋章。

　　马默茨和蒙托邦这两座德占村庄，以及一座德军据点"莱比锡堡垒"在 7 月 1 日被英军攻占。当日进攻的人员损失是一战中单日作战伤亡最为惨重的。1000 余名英军军官及两万余名英军士兵阵亡，2.5 万人受重伤。

在争夺马默茨的战斗中，攻打芒塞尔林地的德文郡军团的 159 名士兵被一挺嵌于村庄山脊上的耶稣受难像基座内的机枪射死，这里距士兵们发起进攻的地点仅 400 码。率军对这片林地发起进攻的英军军官马丁上尉曾预测说，如果耶稣受难像之处的机枪不被最初的炮火轰击端掉的话，就会带来致命危险。他在率领士兵朝向这一毫不减弱的火力点进发时被打死。他们被埋葬于该林地里的一条战壕内，坟墓上方的一条告示写着："德文郡军团坚守过这条战壕，他们仍要继续坚守。"埋葬在这条战壕内的军官中有"微笑的人"威廉·诺埃尔·霍奇森，在运送补给弹药回到这条战壕时，一颗子弹打中了他的咽喉。他的遗体旁还卧着他的勤务兵的遗体。

一位英军军官在索姆河战役打响十天后来到前线，他在日记中记下了随军牧师向他讲述的进攻马默茨村时的情形。"他的消息十分恐怖——我在意的所有人都走了：我连的所有四名军官阵亡，亲爱的哈罗德在德军阵前以最光荣的方式战死。他腹部被子弹击穿，同一颗子弹又打死了他身后的劳伦斯。在芒塞尔林地下方，伊斯卡里奥特心脏中弹，他周围的参谋人员全部被打死；'微笑的人'就在大约同一地点遇难，当时他刚将弹药运上来。"没有哪一名军官完全毫发无伤地通过。士兵们奋起作战——在没有军官的情况下向前继续推进，夺取了所有目标。

参加 7 月 1 日战斗的还有亨利·费尔德少尉。"感谢上帝，我不会因为听见炮声而畏缩。"他在四个月前致母亲的信中曾这样说。他所在的第 6 皇家瓦维克营兵力为 800 余人，在抵达塞尔附近的目标后遭到两翼不间断的德军机枪火力打击，被迫退回最初的战线。出动的 836 人中，520 人战死，316 人负伤。费尔德少尉也未能返回。

攻打塞尔村时，设菲尔德伙伴营的军士长约翰·斯特利茨和另一名在诗中寻求慰藉的战友被子弹打中。他在返回接受治疗时被告知他所在排的一名士兵身受重伤，无法一人独自走回救治站。斯特利茨立即重返前线要将这名士兵接回，但他此行一去不返。斯特利茨的弟弟哈里当天在驻阿尔贝一个救治站的一所野战医院工作。他后来回顾说伤员"如潮水般涌入，他们或徒步，或躺在担架上，或坐手推车、马车等到来。他们的伤口被包扎后就被安置到地板上等待撤离"。被认为无望活下来的人们就被搁在一边，然后人们就走了。"要完全无视他们求助的呼喊非常困难，"他写道，"但我们必须集中关注那些有可能活下来的人们。"

作战首日，索姆河畔的唯一一支自治领部队——纽芬兰营——几乎被全歼。在参战的 810 名士兵中，310 人阵亡，350 余人负伤。"这支部队表现得训练有素，勇气非凡，"黑格的一名师级将领德·莱尔将军告知纽芬兰总理说，"他们出师未捷的原因只是死去的士兵无法再前进一步。"

索姆河会战首日，其余战区进攻部队中有 500 多名士兵被德军俘虏。距离英军出发地点不足 10 英里的一个攻击目标巴波姆始终未能攻下，不论是在当天，还是在随后持续五个月的攻击中均是如此。

英军 7 月 1 日发起进攻的规模及火力密集程度对德军作战部署造成了直接影响，他们立即从凡尔登向索姆河调来 60 门重炮和两个步兵师，自此，德国不再寻求在凡尔登取胜。

索姆河会战打响时，凡尔登战役已进行了 132 天，凡尔登饱受煎熬的守军此刻面对的德军减少了数万人。法军在更南面向索姆河发动的进攻取得了比英军更大的战果，他们也未能推进至他们首日作战目标佩罗讷城附近。然而，他们却俘虏了 3000 名德军并缴获了 80 门德军火炮。

德军 7 月 2 日试图夺回蒙托邦，但被击退。次日，英军发起进攻，但未能夺取德军前线的村庄奥维耶和拉布瓦塞尔。索姆河南岸的法军取得了更大进展，一位德军将领的当日作战命令开头就直接声明："我禁止任意撤离战壕。"但到 7 月 4 日夜幕降临时，法军已俘获 4000 名德军士兵，并沿一条六英里宽的正面突破了德军防线。

次日奉命参战的部队中有外籍军团分遣队，他们当中有数十名美国人，其中包括哈佛毕业的诗人艾伦·西格（军团团员编号 19522）。在进攻壁垒森严的贝卢瓦昂桑泰尔村时，他所在部队由瑞士男爵德·恰纳率领。进攻中，他们被排成一列的六挺机枪纵射火力拦截。西格身受致命枪伤，俯卧在一个弹坑内，有人听见他在叫喊"喝水"，叫喊"母亲"。

入夜时分，贝卢瓦昂桑泰尔村已被军团攻下，此时已有 25 名军团军官和 844 名军团士兵战死或受重伤，占全部进攻人数的 1/3。

7 月 4 日，沿一条德军废弃的交通壕前行时，西格弗里德·沙逊途经"三具卧于壕中的严重受损的尸体：其中一人身材矮胖，髭须上翘，脸向下，身体侧卧，一手上扬，仿佛是在护头，一颗子弹击穿了他的前额，这人形骸正像一只娃娃。另一人尸体弓着腰，皮开肉绽，身体扭曲，脸上因烈日烘烤已长出黑斑，牙关紧咬，唇带笑意。"到了正午时分，在靠近前线之处，他又看到"30 具我方士兵遗体横陈于马默茨—卡努瓦道路旁，其中有些并肩仰卧，握紧的手指间凝结着鲜血，仿佛是在死亡的陪伴下握手。有一种无法名状的恶臭"。

英军战地记者菲利普·吉布斯于 7 月 4 日来到早前已被攻占的福利

库尔德军战壕，他回忆说："看似已经取胜，因为德军死尸躺在他们被打得残破不堪的战壕内，因为遭受毁灭的土地上弥漫着死亡的污秽和恶臭，因为我方炮火造成了极大的破坏，还因为我军各炮兵连在向前推进时还在向敌军阵地喷射着愤怒的炮火。但我走下台阶，进入德军防空洞时被它们的深度与强度所震撼。德国工业实力在对我们进行无声的谴责——而我们夺取了他们的作品，他们劳工的遗骸就躺在这些幽深的洞穴之内，是被我军投弹手向下掷出的手榴弹炸死的。我从这些肥硕的遗体旁退步。他们看上去仿佛丑陋的庞然大物，皱缩着卧在那里，在一堆散发着恶臭的衣服、炸弹棒、旧靴子和破瓶子中间。一群群死者横七竖八地躺在曾是战壕的泥沟中，我先前所见的炮火轰击当时令他们乱作一团。他们是被刺刀捅死的。我记得当时看到一名士兵——一个老家伙——后背靠着一堆土坐起来，双手半举。虽然他腹部被扎穿，尸体已经僵硬，但他脸上仍显露微笑。"

吉布斯评论说："胜利！……某些被打死的德军还只是懵懂少年，不应让他们为老家伙们的罪行搭上性命，还有的死者看不出年纪，因为他们的脸已不在，他们只是被破烂军服包裹下的块块腐肉。各处都散落着没有躯体的人腿和人的手臂。"

索姆河会战的首批伤员7月4日开始陆续抵达伦敦。当时在坎伯威尔一家医院的薇拉·布里顿后来回忆说："两星期内，庞大的车队不间断地来到，在整个闷热的7月，车队又偶有短暂间隔地来到，并一直持续到8月上半月。"从战壕赶来的这段历程中，人们都极度沮丧。"日复一日，我都在不间断抗击这种怪异与恐怖惊悚——从事护理行业多年以来我从未习惯于它——看到被覆盖的担架接二连三地进来，我心怦怦跳着跑上前去，去查看之前根本并不清楚的，每条棕色毛毯下隐藏的究竟是何种吓人的景象、声音或臭气，抑或是痛苦的伤情或转瞬即至的死亡。"完全事出偶然，被送到薇拉·布里顿所在医院的伤员中有她的哥哥爱德华。他将要在数月时间内留在英国，在极度的痛苦当中等待。

索姆河会战已变成每日对小树林及更小的村庄的争夺。7月6日，拉布瓦塞尔村被攻占。英军7月7日早上攻下的孔塔美松村，又于当晚沦陷。同日，英军进攻马默茨丛林，但被击退。7月8日，英军攻占特罗讷丛林大部，但德军猛烈的炮火轰击，又继以德军反攻，终将他们逐出。这些进攻当中数百人战死，数千人负伤。休·鲍斯特德后来回忆起他和士兵们被德军炮火锁定时的情形。"虽然炮弹就在我班所在地带中央炸响，但我们位于爆炸之处的三人却并未受伤，巨大的冲击波将我们肩上的装备震落，将我们的钢盔掀飞，并将大团的催泪气体吹到我方战壕上空。催泪气让我们不住地咳嗽、呕吐、流泪，看不清东西，但我们听得见受伤的战友们在瓦砾下呻吟。班里有六人——我们左右各三人——被完全炸烂了，被炸成碎片，另有六人负伤。"

在索姆河畔，和每次炮火炸死士兵、炸起士兵遗骸的大型战斗一样，无法确定查证已经战死的数十万士兵的身份；他们在纪念这些战斗的纪念碑上被加上"无已知坟墓"的标记。索姆河会战结束四年后，鲍斯特德收到伦敦陆军部发来的一封函件"询问我是否能就南非苏格兰营的列兵休·鲍斯特德的第 5100 号坟墓阐释见解，该坟墓的十字架于 1916 年在索姆河会战期间竖立于蒙托邦谷地。"于是他让当局确信他还幸福地活着。

索姆河会战进入第九天，某些地带的德军部队被击退一英里，其余地带的德军被击退近两英里。7 月 10 日，英军再次攻占了孔塔美松村其余区域。当晚凡尔登的德军发起了最后一次突破法军防线并占领苏维尔堡，从而进至凡尔登城的尝试。和 6 月 23 日一样，进攻以发射"绿色准星"毒气弹开始。但在上次毒气攻击后的两个星期中，法军士兵已被装配了能够有效应对该新型毒气的防毒面具。在稍后的进攻中，德军使用火焰喷射器歼灭了一个整建制营。该营 33 名军官及 1300 名士兵或者阵亡，或者被俘。

入夜时，已有 2400 名法军士兵被俘，苏维尔堡守军被炮火击溃。这日，一支不过 30 人的德军小队抵达该堡垒外城升起德军旗帜。堡垒内藏身的还有 60 名法军士兵和一名中尉：克莱贝尔·迪皮伊。迪皮伊率领士兵冲出城堡，收复了外城并抓获十名德军俘房，余者或战死，或逃跑。凡尔登守住了。

索姆河畔，英军推进仍在继续，最终于 7 月 12 日攻占马默茨丛林。被俘德军人数已超过 7000 人。7 月 14 日，英军大举攻入德军前线，隆格瓦尔和巴桑坦两地都已被攻占，特罗讷丛林再度安然无恙，此间又俘房德军 2000 人。为利用此次胜利打击德军士气，一架英军飞机奉命飞越战场前线，故意用无线电发回一条确定会被德军拦截的消息：德军防线被冲开一个宽 6000 码的缺口，此刻英军骑兵正在通过该缺口追击士气低落的德军。皇家空军战史学家琼斯评论说："虽然无线电上午 10 时传回的这条消息，有意夸大了当时的局势。但当天晚些时候的转折事件，使它有了一定的准确性。骑兵当晚通过。"

7 月 14 日，空中力量也在索姆河畔发挥了作用。皇家飞行队观察员斯托利布拉斯中尉在当天的作战日志中记载："一群德军步兵正在海伍德东南偏南的一条路上挖掘战壕。所幸英军第 3 飞行中队的一架飞机发现了这群步兵后俯冲至 500 英尺高度，并沿该战线来回飞行，用一挺刘易斯机枪向他们扫射。"

7 月 15 日，争夺德尔维尔丛林的战斗打响了，这是 15 天的徒手肉搏和猛烈炮火轰击当中首次对此地发起的进攻。战斗开始时兵力为 3000 余人的南非旅——鲍斯特德也在其中——奉命去攻占这片丛林。"我们排成一列纵队，在排长率领下穿过一座果园，"他后来写道，"史密斯少尉率先通过，但他身后的七人都被射死于直径不过几码的范围内，都是被一枪毙命，毫无拖泥带水。"

战斗打响的第二夜，鲍斯特德写道："我们差一点就被我们自己的'钢铁足球'全部消灭——那是能起到推进作用的长柄的球形炸弹。它们持续不断地在我们当中飞落达数小时之久，奇怪的是并未给我们造成伤亡，只是增加了我们的恐惧。"第三天，他率领一群狙击手继续前进，要将德军压制在沃特洛农场。"下午，我们三人就在那里度过，"他写道，"已有六名南非苏格兰营士兵在射击阵地上阵亡，但我们却能对走出沃特洛农场的德军进行有效射击，多次射击之后，德军不再敢轻举妄动。"数小时后，鲍斯特德因伤离开战场。"最令我感到轻松的一件事就是我终于有机会稍事休息了。"他后来回忆说，"在这五昼夜当中，我们几乎未曾合眼，我清晰地记得有时曾盼望中弹以便能够有一宵安眠。"

7 月 15 日，德尔维尔丛林左侧，英军已进至海伍德丛林。在一处战斗地点，一只前线传信鸽飞到英军炮兵司令部，带来消息请求对该丛林内的一个德军机枪位发起猛烈轰击。当天晚些时候，皇家飞行队空中侦察发现该丛林仅被部分占领：在西侧，英军部队对这架飞机发出的信号用旗语加以回复，但在东侧，德军却对其展开了火力扫射。次日，英军从所占领的丛林一侧撤回。丛林以南的公墓中坐落着 107 名英军、37 名新西兰士兵和 36 名澳大利亚士兵的坟墓，这是对当天战斗伤亡的不完整但永恒的纪念。

7 月 16 日，沿主体为波济耶尔村的山脊展开的德军防线受到了重型火炮的猛烈轰击。然而，降雨和迷雾使空中侦察无法进行，德军防线还远未被攻破，他们早已意识到英军即将发起进攻，于是加紧建立了新的机枪位。次日一早，英军步兵发起的先期进攻被密集机枪火力击退，结果连次日的进攻也被叫停。7 月 18 日，哈罗德·麦克米伦负伤。"我戴的那副眼镜肯定是被爆炸产生的冲击波炸飞了，"他第二天致信母亲，"因为我再也没有见过它。幸运的是，镜片没有被炸得粉碎，溅入我的眼睛。"一枚手榴弹在他面前炸开，他晕了过去。醒来后，他向身旁的下士询问那枚手榴弹爆开后发生了什么。下士答复说："呃，长官，我看到那个德军想要跑开。于是我开枪打他，他的钢盔被打飞，随后我又打他一枪，他的后脑勺就被掀开了。”

预定于 7 月 19 日由澳大利亚部队在索姆河北岸的弗罗梅勒发起牵制性进攻。在澳军中有不少士兵都曾在前一年夏、秋、冬三季在加利波利半岛作战，此刻根本不把艰巨的新任务放在眼里。这是澳军在西线战场进行的首次进攻作战，目标为阻止德军向索姆河沿岸派遣增援部队。战斗发起前夕，驻弗罗梅勒的澳军高级军官埃利奥特将军因德军阵地实力而感到惊恐，就请一名英军参谋官霍华德少校预估一下此战成败如何。霍华德答道，“如果您这样问我，长官，我就必须同样以男人对男人的方式向您作答：终将会有一场血腥浩劫。”

埃利奥特请霍华德将他的看法汇报黑格。他的汇报恰好与情报机关获取的信息相一致，即德军并未向索姆河调遣部队，因此没有必要将其压制住，这样看来展开进攻不再具有任何紧迫性。然而，黑格属下的军级将领，爵士理查德·哈金将军希望进攻能够继续，司令部记录提到“他相当确信此次作战必定成功，并认为他所支配的弹药足够支撑前线步兵向前推进，也能让其坚守。”被众人敦促同意推迟此次进攻后，哈金强调说：“部队就是为此而去的，早已备战完毕，正迫切等待出发，他认为此刻对计划做出任何改变都将对军队造成恶劣影响。”

弗罗梅勒以南两英里的奥贝尔岭高地是此次攻击要夺取的目标。进攻在低洼、潮湿的无人地带上朝一处防御严密的德军突出部——甜面包岭——发起，这处高地恰好俯瞰进攻者的行列。“我知道你们会为了我们那些在南面战斗的小伙子们而竭尽全力的。”哈金在战斗前对他们说。在有混凝土楼梯井加固的弗罗梅勒教堂塔楼上，德军能从一个特别设计的观察孔看到，前线及后方战壕在 18 日一整天都在为发起进攻做着准备，19 日下午晚些时候，又开始了为期一天的炮火轰击。由于己方炮弹落点过近，以及德军进行的猛烈炮火轰击，造成了首批澳军士兵伤亡。进攻开始时，突出部内的德军机枪也向澳军开火，先期的炮火准备未能将它们打哑。

首批士兵跃出战壕一小时后，埃利奥特将军报告：“每名站起身来的士兵都被击倒。伤员的汇报表明因缺乏支援，进攻正在失利。”伤员如同溪流一般涌回。英军在突出部另一侧发起的进攻，也在付出惨重的伤亡代价后被击退。随后，在距甜面包岭不远的一处作战地点，澳军抵达了德军的一条主战壕。“我们登上他们的胸墙，居高临下打击顽敌，随后还出现了惨烈的徒手肉搏，”战史学家埃利斯上尉后来写道，“此战和这场战争中的所有类似徒手肉搏一样，结束时澳军取得了绝对胜利，而德军已被全歼，或被终结。"

哈金将军原命令是要将甜面包岭"连夜"攻下，但事与愿违。破晓时分，更多伤兵试图返回澳军防线。其中多人都在无人地带列队，"想要回到我们当中，"威廉斯中士后来写道，"他们这样本身就成了德军机枪手的靶子。"最终返回的人们都仿佛"刚从噩梦中惊醒"，威廉斯回忆道，"当晚所受的折磨在所有人的脸上都清晰可见，尽管覆盖着淤泥和变干的汗水，但仍能看出他们惨白的脸色，眼睛呆滞无神，向前突出，眼中充满只有经历猛烈炮火轰击的人脸上才能带有的惊恐。"

当晚，一支澳军部队和某些英军士兵已进抵甜面包岭外围铁丝网，但他们无法将其突破。1918年11月停战不久之后来到这片战场考察的澳军官方战史学家比恩写道："我们发现无人地带中我军死者塞道。在甜面包岭以西的狭窄战区上，骷髅、遗骨和扯烂的军服遍地皆是。我在距突出部一角50码远处发现澳军的一个急救包，距此100码远的地方是一名澳军军官和数名澳军士兵的骸骨。在更远处，就在他们的侧翼，是几名英军——从他们的皮质装具就能够看出来。"

西线战场上的数百座公墓中，弗罗梅勒以北两英里的一座公墓内，建有410名澳军的坟墓，其中还镌刻着"失踪"于战场的淤泥和瓦砾当中的1298名士兵的名字。弗罗梅勒之战只是在更广阔的战场当中，在远离索姆河之处发生的一幕短暂的片段。然而此战伤亡惨重：澳军有1708名士兵战死，近4000人负伤。英军至少阵亡400人。德军死伤人数总计不足1500人。400名澳军士兵被俘，他们全都被德军驱赶着走过里尔。

进攻弗罗梅勒的目标，即让德军无法增援索姆河，未能实现。德军7月20日成功反击，恰恰说明他们的阵线未遭遇到真正危险。当日的索姆河畔发生一场史无前例，也许未来也不会再有的事件，一位英军牧师后来回忆说："1916年7月20日的一次持续半小时的战斗结束后，我听到了参战部队唯一的一回齐声、真心的欢呼，一架德军飞机在我军战线后方坠毁，背景中的半边都被染成鲜亮的血红色。场面特别激动人心，双方炮手都停止互射，驻足观看。"[1]

索姆河畔，对波济耶尔的进攻即将重新发起。"为何要彼此互战？和这些与我们毫无争端的人们作战？"澳大利亚年轻教师、列兵杰克·伯克在战斗打响四天前所写的家书中发问。一名德军士兵给写于7月21日的家书加上"在地狱的战壕里"的标题，其中写道："这真的算不上

---

[1] 克罗斯牧师，《第7师亲历奥地利战败记》，伦敦：迪恩出版社，1919年，35页。

一条战壕，只是被炮弹炸烂的一条小沟——毫无遮蔽，无法提供保护。我们两天就损失了 50 名士兵，里面的生活令人难以忍受。"

对波济耶尔的进攻于 7 月 22 日再度发起。德军士兵利用上次进攻之后的六天时间，在主战线前方的弹坑内布设了机枪阵地网络。从远处看，英军夜间进行的炮火轰击将整个天际线都变成了"火光闪烁的乱舞群魔"。新到的安扎克军团立即投入作战，没有时间与心情表达怜悯。澳大利亚军官莱恩中尉后来回忆起看到一名德军士兵发现我军人员朝他逼近时打算与他们同归于尽。"'出来，你……'，我军一名士兵叫喊。我听到了他的喊声，就朝他冲过去，高叫着让他朝那只猪猡开枪，否则我来开枪——由此他结果了那名德国兵。"

此次扫荡中有六名德军被打死，18 人被俘。"士兵们很兴奋地将炸弹丢进所能见到的任何孔洞当中。"莱恩回忆说。在一条防空洞的一角，列兵伯克发现某些装蛋糕的礼品盒上发件人字迹是儿童稚嫩的笔迹。"在另一个角落有一件被卷起的大衣，"他在一封家书中写道，"我将大衣展开，发现它浸透了鲜血，大衣两肩之间有一个被弹片打出来的弹孔，讲述着那个悲惨的故事。这件大衣的主人是一名德军，也许有人会说，他不值得同情。也许如此，但我忍不住要去很凄惨地想到给他寄来蛋糕的那个可怜的小男孩或小女孩。"

这是澳军在三天之内第二次在西线战场上浴火重生。当时的信件和后来人们的回忆都表明战斗打得惨烈而又残酷。艾文·马卡伊中校回忆起当时的情形，澳军向前推进时，许多德军"守在洞中一动不动，他们已被吓呆，必须用炸弹和刺刀才能让他们出来。其中某些始终未能出来。大量德军战俘出于纯粹的害怕，不愿穿过无人地带。他们就只能被杀掉。"波济耶尔军人公墓内有一座纪念 1916 年、1917 年及 1918 年攻击该山脊时战死的 14691 名士兵的纪念碑，他们都没有确切的坟墓。墓园中还有 690 块带有名字的墓碑。

7 月 25 日，澳军再次对波济耶尔发起新的进攻。一等兵穆尔黑德后来回忆起他所在连队进入一条德军废弃战壕后的情形，一名"灌下了满肚子朗姆酒的"上尉命令士兵"持续向前猛冲"。最终幸存者们返回时，都大喊"我们必须后撤，我们已被拦腰斩断，德军正向我们扑来"等等。那名上尉已在铁丝网地带被击穿心脏。不久之后，德军发起反攻，他们推进的势头被澳军炮兵打乱。"德国兵在山头上或三三两两或单个出现——有些带着背包，里面也许装着炸弹，有些刺刀已经出鞘，这时，我们群情激愤，在胸墙上站成一列向他们疯狂扫射，他们就像兔子一样被打倒，我目力所及范围内，无一人逃脱。射击距离约 400 英尺，每个人都似乎被 100 颗子弹打中。一名军官出现了，堂而皇之地向他的士兵们招手，让他们向前冲，随后就像一条口袋一样颓然倒下，已经遍体霰弹。我打出了 30 余发子弹，也出了一份力。"

稍后，战场上就出现了一段黑色幽默的时刻。"一个不幸的德国兵，"穆尔黑德回忆，"逃脱了我军步枪火力攻击，仅受轻伤，正在远去时，我军一发炮弹打中他后爆炸，仿佛经过有意瞄准，结果他就被炸成四处飞溅的碎片。噢，我们对此欢呼、大笑，仿佛这就是世界上最滑稽的事。"

澳军军官克拉里奇上尉的经历可没有这么滑稽。他当天负伤后被送往英国的一家医院。"我不想撒谎说我不害怕，"克拉里奇在战斗结束两星期后致父母的信中写道，"因为我的确害怕，而且试问死神狞笑着与你四目相对，地狱般的 5.9 英寸炮弹尖啸着飞来，弹片在周围造成死亡，此时谁不会害怕呢？我不知道自己是在忍受了多久之后才崩溃的。"他曾被活埋三次，还"对我所负的伤表示感恩，因为它让我得以脱离火线得到休息"。

7 月 25 日夜晚，黑格在日记中写道："整个局面对澳军司令部而言似乎新奇而陌生。此处的战斗与炮火要比在加利波利半岛上的一切经历更加激烈。而且，德军也是和土军截然不同的敌人！敌方今天对波济耶尔的炮击一直十分猛烈。"罗林森将军当晚在日记中评价了刚刚剪辑完成的有关此战的影片："其中某些片段很出色，但我剔除了许多死伤惨重的恐怖镜头。"

7 月 30 日，黑格收到伦敦发来的一封信函，写信者是上将、皇家参谋总长威廉·罗伯逊爵士，信中警告他说："鉴于当前局势，各位政要已变得稍显紧张。"罗伯逊解释说，这一关切就是："比如说，损失 30 万人，是否会带来真正严重的后果，因为，假如回答是否定的，那么我们就应满足于小于我方目前所做努力的某种战果。"同样是这些要人们，罗伯逊补充说，"还在不断询问为何我军在战斗而法军则已偃旗息鼓。可以认定减轻凡尔登所受压力的首要目标，已在一定程度上实现了。"

黑格毫无顾虑地认为索姆河攻势应当继续。"再等六个星期，"他复信说，"敌军将因财力不支而难以招募新兵。维持稳定的攻击压力就能使德国最终被彻底颠覆。"这一"稳定的攻击压力"仍在继续，但并未产生决定性的战果，而英军伤亡数字却在不断攀升。7 月 30 日，英军四个营——其中三个为利物浦伙伴营，对吉尔蒙村发起攻击，该村一星期前也曾抵御过一次类似进攻。浓雾使英军先期炮火准备几乎未能发挥作用，因为许多德军士兵在迷雾当中离开战壕，并在无人地带隐蔽。然而，进攻者向前冲去时，大雾未能对他们提供保护，而且，由于德军机枪手知道攻击必定发起的方向，就朝着向前推进的士兵开火，而进攻的英军却辨不清对方火力从何处射来。伙伴营的一队士兵进至德军战壕时，发现60多名德军藏身战壕底部，显然是为躲避火炮轰击。利物浦伙伴营战史学家评论说，最终只抓住一名俘虏，"也许为的是情报目的。"①

吉尔蒙村战斗刚结束后进攻者所写的、留存下来的信件，让人们看到带来死亡的无常令人不可捉摸。一等兵福斯特描述说："我们的中士刚给我们分完了定量的朗姆酒，就赶到了枪队所在的弹坑，此时，不幸出现了，一枚毒气弹循踪而来，落在了枪手们的中间。可怜的小伙子们，他们全都因这枚毒气弹而遇难。"下士海明威，在寄给妻子或父母或其他亲人的数十万封战时信件当中的一封里，记述了他的朋友、一等兵奎因之死："大约到了无人地带中途，在一个弹坑内等待我军发起弹幕射击时，我才知道乔就在我隔壁的弹坑内，我们相互微笑共勉。敌军机枪用火焰弹对整个区域进行扫射，出现了恐怖的声响，说话声已无法听见。死亡的铁流在我方弹坑上呼啸，从左翼射来，乔所在弹坑在我的左侧，结果他身体一侧中弹。他轻轻滑过——只有充满渴望的一瞥，一只手无力地向空中抓去，然后就平静地陷入遗忘，头枕着一只手臂。"

7月30日在吉耶蒙战死的利物浦伙伴营成员当中有一等兵阿瑟顿，他曾当过15年板球运动员，后来又担任伯格黑德奥克斯顿板球俱乐部球场管理员。他虽已婚，但仍志愿首批参军。他留下遗孀和四个女儿，其中最大的七岁，最小的刚两岁半。俱乐部为他做出特别呼吁筹集善款"以助其遗孀顺利度过未来的六年"，届时她的孩子们"就能用她们自己的收入来帮助她养家了"。

总兵力超过2500人的利物浦各伙伴营共有400人战死，让默西赛德郡陷入一片悲哀。许多死者尸陈无人地带，直到8月强烈的阳光将尸体变为枯骨。还有些被不断发射的炮弹炸起的泥土掩埋，直到战争结束11年后才被发现。

东线战场上，俄军继续将德、奥军队向西驱赶。7月第一个星期，共有3000余名德军被俘。英国护士佛罗伦斯·法姆伯勒再次见证了战争给胜利者及失败者双方造成的丑陋后果。她所在的战地医院当时已迁至巴里什。"战斗日趋激烈，伤员大批躺在我们的临时绷扎所门外，等待救治——无数人都是被用担架抬来的。有几个会爬进里面，哀求我们对

---

① 格雷厄姆·马多克斯，《利物浦伙伴营》，伦敦：利奥库珀出版社，1991年，116页。

他们进行已经刻不容缓的治疗。我们日夜奔忙，只能抽空小憩。晚上，死者就会被集中一处，然后将他们并肩放入在战场上为他们挖好的葬坑中。德国人、奥地利人、俄国人，他们平静地躺在一起，躺在'兄弟墓'当中。成群的苍蝇在敞开的墓坑被填埋前落满已逝去的弟兄们身上，增加了战场的恐怖气氛，而它们仿佛一层厚重的黑色棺罩。我记得第一次看到这层黑色棺罩动起来时，心里充满了恐怖的感觉。"

7月8日，俄军部队抵达地拉登，距喀尔巴阡山上的亚布洛尼察山口及匈牙利边境仅30英里。"天气真可怕，"路德维希·维特根斯坦在7月15日的日记中写道，"山区天气恶劣，屋舍不足，空气冰冷，有雨还有雾。真是令人备受折磨的生活。"16日，在与维特根斯坦对峙的战线上，佛罗伦斯·法姆伯勒在她的日记中写道："淤泥很深，高腰军靴陷入后，主人抬起脚，靴子仍在泥中。"四天之前，有两名护士被奥军炸弹炸死，前一天，也有一个被炸死。次日，70名身负重伤的士兵被带来。"一名年轻的鞑靼人被抬到手术台上。他不会说俄语，费力地尝试要对我们低声说些什么，但我们一点也不懂。我们的一名鞑靼司机被找来；他俯下身去，急切地询问，但没有听到回答。'他走了！'一个声音说。这位年龄稍长的部族人员走开时，他那饱经风霜的脸膛因哀伤而绷得很紧。"①

到7月底，东加利西亚边境城镇布罗迪已落入俄军之手，两星期内，多达4万名奥军被俄军俘虏。俄军的损失也相当惨重。佛罗伦斯·法姆伯勒的野战医院在24小时之内就收治了800名负伤士兵。多数都是腹部受伤，截肢也相当普遍。"有一条腿实在过重，我无法从手术台上将其搬开，"她写道，有人帮她将这条腿抬到"那个装满被截下、等待被掩埋的肢体的小棚子里，于是匆忙转身走开了；我走进我的房间，喝了几口水，吞下两片阿司匹林；那种令人窒息的感觉消失了，我又恢复了常态，但我的思绪无法被轻易调整过来：战争之后，等待这些失去手脚的人们的究竟会是怎样的命运？"

为遏止勃鲁西洛夫的攻势，兴登堡和鲁登道夫在7月最后一个星期接管了奥军战场的一大段区域。德军的一位指挥官博特默将军接掌了东加利西亚的大部分战场。普夫兰策尔-巴尔廷被迫接受一名德军军官汉

---

① 鞑靼人是一支讲突厥语的穆斯林人群，生活于克里米亚和伏尔加河流域。他们是于1783年叶卡捷琳娜二世在位时被归入俄国的。二战期间，斯大林将他们驱逐到中亚。

斯·冯·泽克特担任他的参谋长。① 德军士兵被派往战斗前线，奥军与德军连队合并组成混合营。甚至还调来了土军部队。"在土军到达之前，他们要从加利西亚调来的消息就已被大张旗鼓地宣传过，"霍夫曼将军在 7 月 27 日的日记中写道，"这对奥军而言无疑是奇耻大辱。"

德军战线后方，在德占比利时，德国占领当局付出了最巨大的努力来阻止 7 月 21 日比利时独立 85 周年的庆典。"我警告民众一定要避免举行各类游行示威活动，"布鲁塞尔和布拉班特总督胡特将军九天之前就已宣布，他还列出"公共集会、游行、聚集、高声演讲、学术仪式、在某些纪念碑前摆花、装修公共或私人建筑，及在营业时间关闭商店、咖啡馆等为应受惩罚的犯罪。"美国驻比利时公使团团长布兰德·惠特洛克评论说："按照无人能够追踪到源头的一种神秘的、心照不宣的领悟，当天出现的每个人都系着一条绿丝带，绿色是希望的颜色，虽然希望暂时受到了阻滞，但未能禁止比利时人怀有希望。"

德国人并未因这种爱国热忱的展示而发笑，当晚人们还对马林大主教、红衣主教梅西耶表达了短暂的支持，他当时乘汽车赶往马林。高达 100 万马克的摊派款被强加在布鲁塞尔市民头上，并被收缴上去。梅西耶写了抗议被占领下的过分之举的公开信，因而赢得了民众爱戴。

比利时国庆日过去六天后，发生于比利时境内的事件证实了英国人有关德军暴行的观点。7 月 27 日，德军在布鲁日处死了大东方铁道公司"布鲁塞尔"号汽船原指挥官理查德·弗里亚特上校。军事法庭判决弗里亚特有罪，罪名是试图撞沉一艘德国潜艇。弗里亚特是在取得被英国高度赞扬的战果十个星期后，在"布鲁塞尔"号每星期两次从哈里奇驶往荷兰角港途中被拦截时，遭德军逮捕的。他和船员被带到柏林郊外的鲁勒本战俘营。军事法庭上，德国人指责弗里亚特袭击朝他袭来的舰艇属于"海盗行径"。被监禁于鲁勒本的加拿大平民约翰·凯彻姆，战争爆发时正在德国学习音乐，他后来回忆说："对一个曾在鲁勒本哪怕居住了近一个月的人进行司法谋杀，令人震怒，还将战争引入了国内的战俘营，而此前从未有过这类事件。"

英国国内，爱国激情让人们对弗里亚特被处死义愤填膺，同样也使人对拒绝参军的人们充满鄙夷。一段时期内，有意拒服兵役者被谴责为懦夫和叛徒。7 月最后一星期，就有 200 余名这类叛徒被送到阿伯丁附近的戴斯采石场砸石头。政府设立的法庭判定了 4000 多人为真正有意拒

---

① 1920—1926 年，冯·泽克特任德国陆军参谋总长，他当时为德国陆军的重建奠定了基础。

服兵役者，于是给他们找到了其他差使：包括农业和医务工作。拒绝从事这类差使的人们就常常被投进监狱。很多情况下，反复拒绝做事就意味着被反复投入监狱，还有在达特穆尔的普林斯顿监狱采石场砸石头等苦役。

在继续保持中立的美国，7 月 22 日在旧金山举行了一场备战日游行。游行当中，反战的社会无政府主义者穆尼将一枚炸弹投向该市证交所。9 人被炸死，40 人被炸伤。穆尼被判处死刑，但又被减刑为终身监禁。他于 1939 年获释。

1916 年秋的每个战场上都出现了激烈作战，但战线并未出现具有决定意义的变化。在凡尔登以及索姆河畔，德军都远未从胜利走向胜利，反而正在流血致死。黑格确信，继续攻击将让敌人"遭到灭顶之灾"，于是他继续试图达到原为作战首日——7 月 1 日——设定的目标。7 月 23 日，澳军部队攻入波济耶尔，两名澳大利亚士兵被授予"维多利亚十字勋章"。德军虽进行过多次反攻，但仍逐渐被推过索姆河战场。7 月 31 日，瓦尔特·拉特瑙坐在办公桌前，在日记中写到他两年前在街道上目睹的"充满癫狂的兴奋"，当时对他而言就似乎是一场"死亡之舞"；预示着一个"黑暗而恐怖的末日"。

夏日骄阳下的索姆河畔，"天气不适合杀人。"哈罗德·麦克米伦 8 月 2 日在致母亲的信中说。六夜之后，德军袭击了伊普尔突出部的英军，袭击发起前先施放了毒气。一名 19 岁的列兵约翰·贝内特在突然听到惊心动魄的毒气警报后出现恐慌，就从战壕跑出回到后方。数小时后，当他返回所在营的支援战壕时，他看到 7 名士兵已在毒气攻击下死亡，另有 46 人受伤。他立即被捕，并被控以"临阵脱逃"的罪名。

贝内特受审过程中，他的营长暗示说贝内特在战争爆发六个星期前第一批招募，在面对炮火时精神崩溃。他被判处死刑。但在复议当中，一名准将提议减轻刑罚，但军长艾默尔·亨特-韦斯顿中将却不同意。他说，怯懦"对作战努力造成了重大危害，对其处以极刑旨在使士兵产生比临阵对敌更大的恐惧"。贝内特被执行枪决。当天另有两名士兵因开小差而被处死。

索姆河畔的战斗仍在继续时，数千名士兵因神经崩溃而离开战场。他们报告患病，被问及出现何种情况时，多数人给出的回答是："弹震症。"某些人显然的确如此，但对医疗当局而言却未必尽然。官方的作战医疗史写道："向士兵解释他的症状，是由于他在前线的艰苦经历造成的混乱情绪状况所导致的后果，而不是像他想象的那样，是因为爆炸的炮弹对他的神经系统造成某种严重扰乱，这变成了最常用且最成功的心理治疗方式。这种疗法简单易行，却颇具价值，士兵接受治疗后，再经过迫切需要的两星期住院休养，经常主动提出再赴前线作战。"

不过，真正的弹震症患者也在与日俱增，到战争结束时已达5万人。索姆河战役期间，由于神经崩溃和弹震症患者集中大规模出现，就在每个战区设立了特别诊疗中心。官方作战医疗史强调，军方当局的观点为心理崩溃的主体"和维持军队士气密切相连，因此每名因神经崩溃而无法作战的士兵都必须成为被详细问询的对象。除非该士兵的症状确需后撤，否则决不许可他后撤至基地"。

8月8日，索姆河畔的英军部队再次对吉耶蒙村发起攻击。此次攻击在最后一刻才策划，缺乏必要的炮火准备。士兵们离开战壕时，他们发现敌军炮兵正对无人地带进行精准射击。他们前进至死亡峡谷时，又遭遇德军密集的机枪火力。在利物浦苏格兰营作战的战区，20名军官中的10人及600名士兵中的96人战死或失踪。当晚，为搜寻散卧战场各处的伤员，该营军医诺埃尔·查维斯上尉率领一群志愿者走进无人地带。"我们找到了许多用于识别身份的盘片，"他在家书中写道，"由此就减少了悲惨的失踪名单。"事实上在所有个案中，"失踪"一词都意味着战死后未能找到识别身份的任何印记。

查维斯带回的伤员中有3名重伤士兵，他们当时就躺在距德军前线近25码的地带，其中两人后来不治身亡。"这次营救伤员行动取得成功，其令人惊异之处在于，"一名士兵回忆说，"他手拿并开启手电筒，行走在战壕之间，用口哨和叫喊声让伤员表明自己所在位置，以便被带回。"他对狙击手的子弹和偶然出现的齐射全然不顾，一直在黑暗中继续进行着搜救工作。搜救者们有一回还发现自己已经来到一条德军战壕上方。德军开了火，查维斯腿部中弹。因查维斯当晚所付出的努力，他被授予"维多利亚十字勋章"。

东线战场上，勃鲁西洛夫将军8月7日占领东加利西亚的斯坦尼斯拉夫城，俘获7000名奥军和3500名德军之后，未能对德占波兰、西加利西亚和匈牙利造成威胁，俄军向西推进似乎已经达到尽头。此间残酷的杀戮仍在继续。佛罗伦斯·法姆伯勒和她的俄国护士姐妹们一天清晨穿过曾经的战场，赶往前线。"死者仍卧于各处，"她在日记中写道，"呈怪异而不自然的姿态——在他们当时倒下的地方：蹲伏、弯腰、伸开肢体横卧、拜倒、俯卧……奥军与俄军并排而卧。还有被撕裂的破碎的尸体卧于块块黑色血迹浸透的泥土上。一名奥军士兵缺了一条腿，脸庞乌黑，肿胀；另一个脸被打烂，看去十分恐怖；一名俄军士兵，弯着腿在他身下，靠在铁丝网上，在不止一处敞开的伤口上，苍蝇在爬来爬去，里面还有别的像线一样的东西在动。"

十天后，佛罗伦斯·法姆伯勒报告说在她的绷扎所附近"有几群逃兵"。他们被聚拢一处又被送回战壕。两天后，一名因胃部受重伤而垂死的士兵向她要水喝。所有战场上人所共知的常识是，水会给这类伤员带来严重危险。"他的目光逼视着我的双眼；那是死者的眼光，但仍被剧烈的口渴感觉点亮着。我劝说我自己：假如我不给他水，他死时还要受到难忍的口渴折磨；如果我给他水喝，他也会死掉，但他所受的折磨将会减轻。在自己的软弱与同情的驱使下，我就伸手去拿水杯；他火热的目光正望着我，充满感激地悬在那里。我将一杯水放在他的唇边，但他突然抓住我的手臂，使杯底朝上倾斜。水溅到他张开的嘴里，洒到他的脸和枕头上，他却咕咚咕咚地大口吞咽着。我将手臂抽开时，水杯已经空了，他张开眼看着我；我在他目光中看出了由衷的感激和极大的解脱。但还没等我将水杯放回，一种怪异的水流声从他体内传出，从他口中涌出一股黏稠的、绿色液体；溅满了担架床，还流到地板上。他的双眼闭上了……他已停止呼吸。"

8月22日，勃鲁西洛夫的军队沿12英里宽的战区正面，与两个师的土军遭遇，他们一年之前曾在加利波利半岛作战。但奥军部队仍被击退。"现役军官经高级参谋部任命就高踞安乐椅上，"此时全面掌控加利西亚战场的霍夫曼将军在7月27日的日记中写道，"而且，所有这些不同的种族都混杂一处——不下23种互不相同的语言。谁也听不懂其他人说的话。"①

1916年8月，土耳其军队不仅活跃于加利西亚的对俄战场上，还在西奈半岛奋力抗击英军，再次试图抵达苏伊士运河。然而，在土军战线后方，十架英军水上飞机从停泊在海法港外的母舰上起飞，轰炸了海法—大马士革铁路线上的阿富拉及柏林—巴格达铁路线上的阿达纳土军军需仓库及铁路联轨站。土军也动用了自己的空中力量轰炸了塞得港，造成近50名平民伤亡，同时破坏了一艘英军皇家海军航空母舰。

在萨洛尼卡战场上，尽管8月初俄、意两国分别调来了5000及1.1

---

① 哈布斯堡帝国领地内使用多种主要语言（也为奥匈帝国军队规章所承认），它们是德语、匈牙利语、捷克语、斯洛伐克语、斯洛文尼亚语、克罗地亚语、塞尔维亚语、鲁塞尼亚语、意大利语、波兰语和罗马尼亚语。其他少数民族使用的语言包括乌克兰语、两种类型的阿尔巴尼亚语、意第绪语（德国犹太语）、拉蒂诺语（西班牙犹太语）、希腊语、土耳其语、罗姆语（吉卜赛语）、瓦拉齐亚语和亚美尼亚语。还有部分立陶宛、拉脱维亚、爱沙尼亚和芬兰军队在东线战场和奥匈帝国军队并肩作战，但并不隶属于后者。

万的兵力，但战线依旧维持在希腊—塞尔维亚边界处，并未出现前后移动。初夏时节，仍保持中立的希腊将坚固的鲁佩尔要塞拱手让与保加利亚军队，这里居高临下，俯瞰流入保加利亚的斯特鲁马河河谷。协约国认为这是背信弃义的行径，但希腊人声称他们已与协约国达成协议，既不帮助协约国，也不妨害同盟国。从希腊的角度看来，交出堡垒一事，属于中立行动。英国持续为促使希腊采取一种更亲近协约国的姿态而付出努力，他们毕竟要在希腊领土上作战。为此目的他们进行了一系列宣传活动。曾在战前数次到访德国的年轻英国历史学家卢埃林·伍德沃德，就被萨洛尼卡战场雇用，从伦敦散播消息，以便让希腊报纸刊载。"我记得有一个令人作呕的句子，"他后来写道，"是使用无线电从宣传部发来的：'春日暖阳之下，我军士兵正从杀死德军中获得无穷快乐。'"

当月在萨洛尼卡战场作战的英法军队攻占了一个废弃的路边车站和两座山头。然而，8 月 17 日，一支 1.8 万人的保加利亚军队向弗洛里纳附近的协约国军队发起攻击，这里的阵地由塞尔维亚军队扼守。保加利亚的军队司令已年过七旬，曾于 1870 年和普鲁士军队共同作战。"我们将在一星期内攻下萨洛尼卡。"保加利亚军队吹嘘说，在雅典，德军已在幻想胜利进入希腊首都。俄军在发起进攻的次日攻下弗洛里纳，确保在希腊北部获取一个小立足点。但由于英军卡车将塞尔维亚援兵源源不断地运来，保军更进一步的进击被打退。在战场东侧，就在一年前保军曾占领希腊色雷斯的一片楔形地带，皇家海军浅水重炮舰"皮克顿"号轰击了卡瓦拉附近的土军阵地，同时英军飞机空袭了内陆城市兹拉马附近保加利亚控制的铁路桥。

在意大利战场，8 月 4 日，意军在伊松佐前线发动第六次攻势，将奥军击退，占领了几座山头，并进入了攻击目标——戈里齐亚城。此次进攻中初露锋芒的意大利军人中有某军参谋长巴多利奥上校，他曾一度率领六个营参加战斗。[1] 两星期后，该攻势被取消时，意军已沿 15 英里宽的战线推进了三四英里的距离，并俘获近 5 万名奥军俘虏。但为取得此次胜利也付出了极其高昂的代价：多达 2 万名意军士兵战死，另有 3 万人负伤。

在高加索战场，穆斯塔法·凯末尔中将率领下的土军收复了东安纳托利亚城镇比特利斯和穆什，让俄军于 8 月 6 日遭到挫败。这让俄国主

---

① 此战之后，巴多利奥就被晋升为中将，时年 44 岁。1936 年，他率领意军征服阿比西尼亚（今埃塞俄比亚）。1943 年 9 月，他在意大利组建反法西斯政府，并与盟国协商停战。1944 年，他的政府对纳粹德国宣战。

导的"大亚美尼亚"构想前景黯淡。

在德属东非，英、比、南非军队仅能在外围缓慢推进，其高潮在于皇家海军对达累斯萨拉姆进行的成功轰击。德军尽管失去了其2/3的领地，但仍不愿放弃其不同凡响的作战，他们持续给比利时和南非军队带来失败，这让斯马茨将军告知妻子："我们正经历恐怖的艰难困苦。"两个月当中，他就要损失从全国各地运送物资的33500匹骡马。

在海上，德国潜艇继续在运输协约国粮食及战争物资的商船中间引发恐慌。仅"U-35"一艘潜艇，在地中海执行任务的25天里，主要通过炮火就击沉了54艘商船，其中包括32艘装载5万吨煤的意大利商船。海难的总死亡人数持续攀升：8月初，奥地利破坏者进入了塔兰托港，炸毁意大利战列舰"列奥纳多·达·芬奇"号，248名意大利海军士兵遇难。但海上作战并非总是青睐同盟国：三个月后，在芬兰湾袭击一支俄国海军巡逻队时，一夜之间就有七艘德军驱逐舰在雷瓦尔外海域的一片雷场被炸沉，1000多名海军士兵葬身水底。

每艘协约国战舰，以及每艘装载战争物资或粮食的协约国或中立国商船都容易受到德国潜艇的攻击。在四年的战争当中，有2000余艘英国海军舰船及商船被击沉，1.2万余名海军士兵及商船船员葬身海底。被协约国作战行动击毁的德军潜艇数量也同样庞大，共计200余艘，使德国损失515名海军军官及4849名海军士兵。按照东西两线战场上的作战规模，这些损失并不算大，但对那些曾在海上作战或航行的人们而言，这些损失就是这场危险的战争造成的高昂代价。

索姆河畔，对英、法军队而言，消耗而非突破已成了作战的模式。这是一场对丛林、杂树林、河谷、冲沟和村庄进行的争夺、占领、失去、再争夺的战争。8月17日，英国诗人、画家艾萨克·罗森堡在致友人的信中写道："我们现在忙得不可开交，这里的气候确实对健康不利；就连医生们自己也无法忍受。我们今天的经历令人兴奋，虽然这里在火线后方，在战壕之外，但仍有很多人被送上天堂或被送进医院，我自己就坐着手推车进了医院（这里经常是天堂的前厅）。"

8月18日，德军部队从勒兹丛林发起反攻。战地记者菲利普·吉布斯看见他们朝英军战壕推进，"肩并着肩，仿佛一根实心铁条"。这是"纯粹的自杀"，他写道，"我看到我军士兵将他们的机枪布设就位，然后这根活铁条的右端已熔开，接着就整个坠落到阳光炙烤的草地上。随后又出现了另一条。他们全都身材高大，毫不迟疑地向前推进，但他们走来时仿佛都清楚自己准备赴死。他们死了。这种比喻已经用滥，但恰恰就仿佛有某种无形的大镰刀将他们斩倒。"

　　吉布斯记述说，在这几个星期的作战当中，德军士兵所写、"被我军从死去或活着的敌军身上缴获的信件里，都充满着痛苦与恐惧的呼喊"。"我站在我生命中最恐怖的日子的边缘，"其中的一封写道，"这就是索姆河会战当中的日日夜夜，它开始于8月13—14日的一次夜间攻击。袭击持续到18日夜间，当时英国人在我们的尸体上用鲜血写下：'你们完了'。几个身心俱疲的半疯的可怜人，就是整个营里仅剩的人了。我们就是那几个人。"

　　吉布斯写道，德军许多营的损失"大得令人难以置信，但并未超过我军，到8月中旬，部队士气受到了严重动摇"。

　　在埃塞克斯郡沃利市的兵营中，8月18日进行了一场军法审判，审判的不是被控开小差的士兵，而是一名被指控拒绝服任何形式兵役及从事非战斗行业的和平主义者。他就是26岁的反征兵协会会长克利福德·艾伦，他对审判他的军官们说："我相信，不管每个人属于哪个国家，他的生命都天生宝贵而神圣。"他被判处三个月苦役，随后又被释放几个小时，经军法审判，每次都被判处更长的刑期。

　　8月的第三个星期，澳军已越过波济耶尔作战。"你们收到这封信时，我或许已经死去；不必担忧。"一名原银行职员巴杰中士在攻击发起之前致信父母。他于8月21日战死。三天后，8月21日负伤的伯特·克劳尔中尉致信妻子和儿子："就一句话，你们必须为随时发生最坏的事情做好最坏的准备。试图隐藏、掩盖毫无益处。我此刻极度痛苦。如果我要立即被送回国，我有一个愿望。现在气性坏疽已经开始出现，糟糕的是医生也束手无策，因为它已扩散至过远部位，无法将其切除，唯一的希望就是他们敷上的盐能够逐渐使坏疽消失，此外就别无指望了。"

　　克劳尔被用担架抬了四英里多路，穿过德军战壕前的空旷地带。一名抬担架者走在前面，挥舞着一面红十字会旗帜，和这种情况下通常出现的事一样，德军并未开火。克劳尔也将此事告知了妻子，然后他继续写道："越来越痛了。我非常难受，亲爱的，但你要看开一点，因为在这一点上我仍轻松。所以要振作起来，亲爱的，我还能写千言万语，但我的意识已经开始模糊。将我的爱带给你自己和亲爱的比尔，一定要照顾好他和你自己。爱你的丈夫，伯特。"数小时后，克劳尔中尉与世长辞。

第十五章　各线战场的战争

1916年8—12月

　　一片新的战场即将开辟。自1914年7月以来，罗马尼亚一直在顽强维持其中立，同时许可德、奥两国军事物资和人员过境其领土，支持土耳其针对协约国的备战。1916年8月18日，罗马尼亚政府决定利用它所希望的俄军对奥地利取得的持续胜利。当天，协约国与罗马尼亚签订密约，据此，罗马尼亚将获取三块渴望已久的土地：蒂萨河以东的奥匈帝国特兰西瓦尼亚地区、普鲁特河以西的布科维纳地区，以及整个巴特纳地区。

　　九天后，8月27日，一个新战场就已开辟，至少在纸上已实现其扩张梦想的罗马尼亚对奥匈帝国宣战。当日，罗马尼亚军队越过奥匈帝国边境进入特兰西瓦尼亚。具有德意志血统的斐迪南国王当天对枢密院说："既然我已征服我血统内的霍亨索伦，我就将无所畏惧。"

　　罗马尼亚军队挺进哈布斯堡帝国腹地时，另一位霍亨索伦的后裔——德国皇帝，出现了暂时的恐慌，他对身边最亲近的人们说："这场战争打败了。"同盟国面对俄国在东面的步步进逼，受到索姆河畔英军每日施加的压力，此刻罗马尼亚也已反目成仇。8月28日，为加强德国的作战实力，德国皇帝撤换了参谋总长法金汉将军，而代之以陆军元帅兴登堡。鲁登道夫被任命为兴登堡的副手，他的头衔富有新意而令人敬畏：第一军需总监。

　　兴登堡和鲁登道夫8月29日被召至皇帝陛下驾前接受晋升。他们敦促德皇立即毫不迟疑地开始无限制潜艇战，而不去管这会对美国及斯堪的纳维亚半岛国家造成何种影响。同日，兴登堡还致函陆军大臣，坚称到 1917 年春，弹药产量必须加倍，而火炮和枪支产量必须翻两番。

两星期后，随着最高作战司令部的成立，兴登堡取得了所有同盟国军队的有效指挥权。此事在德国皇帝主持召开的、有土耳其陆军部长恩维尔帕夏和保加利亚沙皇斐迪南一世出席的会议上达成一致。① 为加强萨洛尼卡战场，恩维尔已派去一个土耳其师，实力 1.2 万余人，前往接管保加利亚战线上的兹拉马—卡瓦拉战区。德军士兵也在萨洛尼卡战场参战：为夺取一座德军坚守的小村，英军就俘虏了 70 名德军士兵。

同盟国尽管在多个战场上分兵作战，在索姆河畔耗费热血，但仍处于蒸蒸日上的态势。德国皇帝的恐慌原本并无必要。罗马尼亚进入特兰西瓦尼亚攻击奥军，也许受到俄军在喀尔巴阡山攻势的极大推动，但并不持久。9 月 1 日，保加利亚对其巴尔干近邻宣战，准备和德军部队并肩从南面打过多瑙河。原参谋总长冯·法金汉将军奉命指挥从北面进发的主攻部队，其侧翼有奥军支援。罗马尼亚在地理环境上容易受制于这种双刃进攻。

9 月 3 日，南面的首批同盟国军队开始大举向罗马尼亚移动。此间，保加利亚飞机空袭了布加勒斯特。罗马尼亚呼吁伦敦和巴黎提供帮助。为减轻罗马尼亚战场压力，就在同盟国对罗马尼亚发动攻势的当天，法英军队又在索姆河畔发起了新的进攻。英军久已志在必得的目标吉耶蒙村被攻占，但海伍德丛林和士瓦本前哨这两个争夺激烈的地点却仍在德军手中。在索姆河岸边，克莱里和奥米耶库尔这两座村庄被法军攻占。

9 月 4 日的战斗持续了一整天。当日参战的军官中有首屈一指的爱尔兰民族主义者，36 岁的汤姆·凯特尔，他原为都柏林大学国民经济学教授，还曾担任议员，在战争爆发时加入英军。他写道，他这样做，"不是为了英国，而是为了弱小国家"而战斗：为了比利时。他在 9 月 4 日致弟弟的信中写道："我心态平和、喜悦，但极度焦虑地想要生存下去。如果我能活下来，我将毕生致力于为永久和平而奋斗。我曾亲历过战争，面对过现代火炮，也知道它会对肉体凡胎的人们爆发出何种震怒。"几星期前，凯特尔致信妻子："我也想要活下去，要利用我的思索与勤劳，赶走这个可恶的叫作战争的东西，而代之以谅解与情谊。"

9 月 5 日，在索姆河畔，英军攻占了 7 月 1 日战线以东三英里的勒兹丛林。当日进行的后续进攻中，爱尔兰军队攻占了金希村。赶往前线途中，交通壕内散发的腐尸恶臭极为强烈，某些士兵就在脸上涂了脚气粉。

---

① 早期保加利亚君主是以可汗作为称谓，后来称为沙皇，其间也曾使用王公称谓。——译注

进攻开始前，军官们都被分发了一条绿布，用以缝在军服后面作为爱尔兰爱国主义的象征。汤姆·凯特尔抚摸着布片对他的勤务兵说："孩子，我为它而死会备感骄傲！"当日率领士兵进攻村庄时他被打死。那名勤务兵在写给凯特尔遗孀的吊唁信中说："他背负了爱尔兰与欧洲的背囊。此刻他背负行囊的旅程已经结束，他守住了阵线。"

凯特尔被打死时，在他身旁的一名士兵后来写道："我们登顶时，我就在汤姆身后。他当时弯着腰，一颗子弹从他穿的钢制防弹背心的领口射入他的心脏。唉，他只挺了一分钟，他还将我的十字架抓在手里。随后博伊德想要把所有文件和物品从汤姆口袋中取出，以便留给凯特尔夫人，但几分钟后，可怜的博伊德就被炸成了齑粉。"

在 9 月 4 日的法军战区，距 7 月 1 日开战时的起点线四英里多的布沙韦讷村被攻占。然而，在法军已成功坚守内侧堡垒的凡尔登，被用作藏兵洞的塔瓦讷铁路隧道在当晚被炸毁，导致 500 余名法军士兵死难。这是一场事故灾难，由火药库发生的火灾引起。少数目击者后来描述了爆炸发生之后的情形，"一个破碎的躯体朝我飞来，确切地说是朝我倾泻而下。我看到三米开外，士兵们全然无助地在大火中扭曲。在不停爆炸的手榴弹当中，人腿和手臂就向空中飞去。"成功逃到隧道出口处的士兵们遭到德军炮火的轰击，又有多人被炸死。死于隧道中的有一名旅长及其参谋人员，还有两个地方连队的几乎全部士兵。大火整整烧了三天。人们最终能够走进去时，发现里面的人员无一生还。

法军准备在凡尔登发起反攻，塔瓦讷隧道灾难也无法动摇其决心。索姆河畔，战斗似乎已接近尾声。"想到我们的激烈战斗行将结束真是太棒了，"诺埃尔·查维斯在 9 月 7 日的家书中写道，"我军阵前的德国佬已被打得半死不活。我们倍感成功。现在的损失比开战之初要小得多了。"

罗马尼亚成功越境进入匈牙利后，新的罗马尼亚战区出现了德军迅速推进的景象。9 月 5 日，进攻多瑙河畔堡垒图特拉卡亚时，麦肯森将军俘获了 2.5 万名罗马尼亚士兵，缴获 115 门重炮。在东线战场，俄军继续推进，又俘获了数万名奥军战俘，9 月 11 日，阿里韦诺夫将军告诫俄军参谋本部说："我们的后备兵力已近枯竭。"勃鲁西洛夫攻势已临近尾声。索姆河畔，一场新的攻势正在逐渐就绪。"苍蝇再次成为恐怖的祸患，"哈罗德·麦克米伦从前线防空洞致信母亲，"而且周围堆积的腐尸散发出令人难忍的恶臭。"保罗·马兹带着一卷用红带子捆扎的地图走向战壕时，就听到一名士兵高喊："上帝啊，让他走过去吧，这家伙拿的是'和平条约'。"一天傍晚从战壕返回时，他"途经一个采石场，当天敌方发射的毒气弹造成的死伤人员正成行卧倒，准备在夜间向后方运送。他们的叫喊和呻吟声让我伸出援手，将他们带离毒气区域"。为此，他本人也受到了毒气的影响。

9月12日，萨拉伊将军在萨洛尼卡战场上发起了首轮攻势。法、俄、塞、英、意军队均参与其中。在山麓地带进展颇为顺利，但一到更高的山区，进攻就暂停下来。塞尔维亚士兵收复了数百码的塞尔维亚领土，但随即又被击退。法军也同样困难重重，他们的实际位置并未因萨拉伊发来的一连串电报而有所改观："尽全力向前挺进。""你方侧翼向前推进，我军成败在此一举。""前进、前进、再前进。"

协约国持续出击的另一片战场是意大利战场。9月14日，意军发起了其第七轮攻势。再次有数座山峰，包括7723英尺高的卡迪纳尔山，被攻占。奥军也再次守住了防线。

索姆河畔，9月15日，坦克首次投入实战，这给协约国的命运带来了具有潜在戏剧性的转机。49辆坦克参与了此次攻击，沿宽阔正面向前推进。其中十辆坦克被德军炮火击中，九辆出现机械故障瘫痪，还有五辆未能向前开进。但向前开进的坦克都推进了2000多码，占领了早已设定的目标——海伍德丛林和三座村庄：弗莱尔、马丁比希和库尔塞莱特。丘吉尔致信和他一样被剥夺权力的海军上将菲舍尔："我那可怜的'陆军战舰'被以小规模过早地投入了实战。这种想法当中确实能够产生真正的胜利。"黑格认识到这种新式武器的潜力，就要求陆军部生产1000辆。德国人在坦克试验方面已被远远甩在后面。

当天在进攻中利用坦克优势的部队包括近卫师。该师向前冲锋时，遇难者中有首相之子雷蒙德·阿斯奎斯，他在率领士兵前进时胸部中弹。为避免让士兵知道自己已受致命伤，他在倒下后点起一支香烟，后在被送往急救站途中死于担架上。

一位未来首相，哈罗德·麦克米伦当时就在近卫师中参战，9月15日身负重伤。15日整个上午，他躲在无人地带的一个弹坑内，上方距他几码远处，炮弹曾两度爆炸。起初他读了一阵希腊文版的埃斯库罗斯的《普罗米修斯》口袋书；随着下午的到来，"我服下了半粒吗啡，"他在致母亲的信中写道，"结果一觉睡到了下午3点50分。"当时有一位军士长，来到弹坑底下找到他，仿佛在阅兵场上一样向他请示："谢谢长官，您能动一下让我把您背走吗？"麦克米伦自己走路返回，后来又走到医院，被突然的一轮炮击锁定。"我当时非常害怕。"他写道。最初在阿布维尔医院，随后又被送回英国，医生们认定将他骨盆中的弹片取出过于危险：这让他在余生中都只能缓慢步行。直到战争结束，他都一直拄拐，伤口上还插着一根管子。

麦克米伦回忆起在他受伤那天曾看见一辆坦克，"那些怪物"当中的一只，陷入了一个弹坑中。这种笨拙的车辆甚至在投入数量极少时，也能证明其价值，因为首次投入实战 11 天后，英军就动用 13 辆坦克攻占了提普瓦尔村，该村从索姆河会战开始之日起一直未能攻下。同日，步兵在两辆坦克支援下进攻孔布勒，将其攻下，而在盖伊德库尔，坦克在空中侦察的支援下推进，就仅以 5 名英军伤亡的代价，俘虏了 500 名德军。

9 月 15 日，加拿大军队奉命开赴前线。他们于当日下午 3 时发起进攻，此时，列兵约翰·克尔率兵发起的一次冲锋已被载入加拿大军队作战的史册。正如来自埃德蒙顿的军队作战史编写者史蒂文斯中校所写："虽然他手指被打飞，但他仍跃出掩体，冲到战壕上方，向下朝敌军的投弹手展开横向扫射。他的惊人猛攻变成了压垮已受到重创的德军的最后一根稻草，60 余名未负伤的敌人投降做了战俘。将俘虏带到辅助壕后，克尔立即重返战斗，甚至未曾费心去包扎伤口。"因为此次的英勇事迹，克尔被授予"维多利亚十字勋章"。他是一个家庭中涌现的 14 位志愿兵之一。为求参军他和弟弟在隆冬时节从他们偏远的农庄步行 50 英里赶到了最近的铁路终点站。

新的德军最高司令部军事行动的主要焦点不是索姆河战场，而是罗马尼亚。9 月 15 日，兴登堡颁布命令："军队此时的主要任务是在东西两线、意大利和马其顿战场的一切阵地坚守，并利用其余一切能动员起来的军事力量攻击罗马尼亚。"不仅动用军事力量，德国为备战还征募了平民劳动：新制订的兴登堡工业计划涉及征募德国劳工，及强力遣送70 万名比利时工人，要将他们全部运至德国。9 月 16 日，曾敦促欧洲和解并缓和仇恨的德国犹太裔工业家瓦尔特·拉特瑙给鲁登道夫写了一封公开信，对遣送比利时工人表示支持。抗议者中有纽约的法利大主教，他宣称："你必须得回溯到米提亚人和波斯人的时代，才能找到与整个民族被完全奴役相仿的例子。"

美国总统威尔逊顺应美国民众对德国遣送比利时劳工表现的愤慨，指示美驻柏林大使詹姆斯·杰勒德向德国宰相交涉此事。"有比利时人受雇从事制造炮弹的劳动，这有悖于战争规则和海牙公约。"杰勒德对宰相说。"我不信。"宰相答道。杰勒德机敏地应对："我的车就在门外，我带您坐车四分钟就能到 30 名比利时人制造炮弹的劳动场所。"结果宰相婉拒了大使让自己搭车的提议。

9 月 16 日，新到东线战场的土军打退了俄军发动的毒气进攻。同日在西线战场，兴登堡在巡视康布雷期间命令在前线后方 5—30 英里处建起"半永久性"防线——兴登堡防线，这是一片防守严密的地带，协约国军队想取得任何突破以进入比利时或德国边境，都不得不在此停下脚步。当日在西线战场战死的有 32 岁的美国老中尉，服役于英军近卫团的迪尔温·帕里什·斯塔尔。斯塔尔生于费城，在哈佛读了大学，1914 年参战时担任法军救护车驾驶员，在加利波利半岛驾驶英军装甲车辆，后被调回近卫团，并随团参加索姆河战役。斯塔尔是规避了英军军规的 3.2 万名美国人之一，其中规定："下列人员在任何条件下都不应被征募或再征募入伍：(vi) 外国人。"

9 月 16 日当天有数千名士兵接到命令投入作战，其中就有列兵亨利·法尔，但他拒绝赶往前线的战壕。"我忍受不了了。"他说。后来，他大吼大叫，被拖向前方时，不停挣扎，随即就挣脱跑回。他 1914 年参战，此前他刚刚住院接受过弹震症的治疗。军事法庭判定他临阵怯懦，就将他处死。[①]

在萨洛尼卡战场，法、俄部队 9 月 17 日从保加利亚军队手中收复弗洛里纳，塞尔维亚军队此日攻取 7769 英尺的凯马卡兰山后，又被从山上赶下。两星期后，他们最终占领了该山位于塞尔维亚边界内侧地带的两座山峰。

9 月 17 日，德军飞机在土军防线后方击落了两架空袭土军阿里什基地的英军水上飞机，但随后又沿沙漠向西后撤 60 英里来到比尔谢巴。正如兴登堡所希望的，同盟国主力兵锋直指新的交战国：罗马尼亚。

9 月 26 日，冯·法金汉将军率部越过罗滕图姆隘口，进入特兰西瓦尼亚，并占领赫尔曼施塔特城，另俘获 3000 名罗马尼亚战俘。罗马尼亚决定参战仅一个月后，其领袖向匈牙利境内扩张的希望就破灭了。10 月 1 日，德军进至彼得罗沙尼，将罗马尼亚军队赶至边界。在更东面，他们在一星期后被赶出喀琅施塔得，后又被赶入特兰西瓦尼亚境内的山区来到罗马尼亚边境，10 月 13 日，又被赶过托尔兹堡隘口，赶到卢卡镇，这里已深入罗马尼亚境内六英里。

自 10 月中旬起，罗马尼亚的命运就悬而未决。10 月 19 日，麦肯森的军队突破了多布卢加防线，三天后进入康斯坦察城，缴获大量油料和谷物。在特兰西瓦尼亚战场，一个月后，隆美尔中尉因攻占 3937 英尺的莱斯库留山而建立奇功。

---

① 列兵法尔的外孙女珍妮特·布斯曾希望安德鲁·麦金利 1993 年提交议会下院的"列兵法尔案"会代表一战中因怯懦和开小差而被处决的所有军人，而赢得死后的谅解，但该法案未能通过。

德军在对英作战中，虽冒风险，但正在逐渐增强信心。9 月 2 日，16 艘德国海陆军飞艇对英格兰东部展开联合空袭，其规模此前未曾有过。十艘飞艇成功飞越了北海，在午夜到来之前飞抵伦敦上空。其中一艘在投下炸弹后，受到多架飞机追击，于是被迫在高射炮火力网中间穿梭飞行，最终于赫特福德郡卡夫里上空被鲁滨逊中尉击落。它由此也成了新型燃烧子弹的第一个受害者。这艘飞艇下坠时火光冲天，数千人聚集到街道上或站在屋顶上目睹了它的最终毁灭。

燃烧的飞艇将黑夜照如白昼，火光甚至在北面 35 英里处的赖盖特地区都可以看到。"这是众多伦敦市民等待已久的时刻，"研究齐柏林飞艇战史的史学家赖姆尔写道，"他们最终如愿以偿。"人们挤上街头时出现了完全的混乱。歌声、欢呼声和拍掌声似乎持续不断地在屋顶上回响。许多人还满怀爱国豪情地唱起"天佑吾王"，妇女和儿童则当街翩翩起舞。火车机车和工厂的汽笛长鸣，加入这些疯狂的刺耳噪音当中。兴奋的父母将蹒跚学步的孩子们举到窗口以见证这一事件，对许多人而言，即使在 60 多年之后，印象依旧清晰。

赖姆尔继续写道："人人都无法将目光移开，注视着那喷出火焰的艇身，在空中一动不动地停留了数秒钟，随后就从 1.15 万英尺高空头朝下倾斜着俯冲而下，一股刺鼻的、焚烧布料和木材的气味依旧在空中挥之不去。"数千名目击者当中有十岁的亨利·塔特尔。"我们打开房门，它就在那里，"他后来回忆说，"场面十分壮观，它看上去就像一根巨大的银色雪茄，此刻它移动速度非常缓慢。许多人都跑出家门，接着突然之间这艘齐柏林飞艇①喷出火焰，它就一分为二，成了一大团火球。人们难以相信眼前的情景：人们欢呼、舞蹈、歌唱，还有人吹起了风笛，就这样一直进行到深夜。住在我家的那个意大利人走到马路中央，用意大利语向天空高呼，还挥舞起一把大号军刀。所有的孩子们（我也在其中）都听他指挥来回齐步行进，万分欢乐地高呼。这是一种怎样的场景啊，我将永生难忘。后来，我们在学校得知这艘'齐柏林'飞艇是被皇家飞行队的鲁滨逊中尉打下来的。"

皇家飞行队的威廉·利弗·鲁滨逊取得此次胜利时，发射了红、绿信号弹以显示自己已获成功，目击飞艇毁灭的庞大人群意识到信号弹的含义，就迸发出震耳欲聋的欢呼声。鲁滨逊由于取得此次胜利而被授予"维多利亚十字勋章"，这是颁发于英国国土（领空）上的唯一一枚"维

---

① 从技术上讲，鲁滨逊所击落的并不是"齐柏林"飞艇，而是"许特兰茨"飞艇，它与齐柏林飞艇类似，但由不同的生产者设计制造。

多利亚十字勋章"。西线战场上的飞行员们经常牢骚满腹。一位飞行员评论说："我宁愿去轰炸毒气袋，也不愿每天打两次德军。"但鲁滨逊的战绩，本身就是一场胜利，也有助于提振国民士气。当他来到温莎城堡，从英王乔治五世手中接过"维多利亚十字勋章"时，庞大的人群聚集在那里为他祝福，为他欢呼。

利弗·鲁滨逊因9月2日所建奇勋而成了英国的民族英雄。两星期后，德国英雄曼弗雷德·冯·里希特霍芬男爵也开始造就战争中的神话，当时他在西线战场第一次打下一架飞机。曾在东线战场参战，轰炸俄军编队及铁路联轨站的里希特霍芬，此时要与英军少尉莱昂纳尔·莫里斯及其观察员里斯中尉进行空中对决："我的英国对手扭曲转向，呈'之'字飞行，"里希特霍芬在战斗结束后就即刻写道，"只有一个想法让我保持活跃状态：'不论如何，我面前的那个人一定得下去！'最终赶上了一个有利的时刻。我的对手显然已看不见我，这次他没有扭曲转向，反而平稳飞行。转瞬之间，我那表现优异的飞机就来到他的机身后侧，我用机枪打出连珠弹。我和他靠得太近了，甚至会担心自己和那个英国人相撞。突然我兴奋地大叫，敌机的螺旋桨已停止转动。太棒了！我已将他的引擎打成碎片；敌机被迫降落，因为它无法飞回自己的防线。"

里希特霍芬看着自己的对手从天而降。"那架英军飞机怪异地来回摆动着飞下。也许那位飞行员出了什么事。观察员已经远离视野之外。他的机枪显然已被废弃。显而易见，我已击中了那名观察员，他从座椅上跌落下来。那个英国人降落到我军某飞行中队机场附近。我特别兴奋，也随即降落，降落时心情十分迫切，差一点就把我的飞机撞碎。那架英军飞机和我的飞机并排停放。我冲到那架飞机旁，看到许多士兵正朝我的敌人跑来。我跑到后才发现我的设想没有错。我已将引擎打成碎片，飞行员和观察员都受了重伤。那名观察员当即死去，那名飞行员被转移至最近的救治站。我在那名死去的敌人的雅致的坟头上压上一块石头，以表达我对他的敬意。"

在海上，德国潜艇继续进行着破坏。9月22日，德国首要新闻通讯社报道："9月17日，我一艘潜艇在地中海击沉了一艘满载的敌军运兵船。该船43秒内沉没。"[①] 10月1日，德国皇帝向他的潜艇部门表示祝贺，因为他们业已击沉排水量为100万吨的协约国船只，其中多数为英

---

① 反战的维也纳人卡尔·克劳斯将这则新闻重印入他的讽刺宣传画，并配以标题"手执秒表"。1916年9月，德国潜艇在北海及地中海击沉船只共导致22名英国人遇难。

国船。一星期后，德国潜艇首次对美国东海岸海区发起攻击，此次由"U-53"号潜艇进行的攻击共导致五艘商船被击沉于楠塔基特岛外海域，其中三艘属英国，另两艘分属荷兰和挪威。此刻美国驻柏林大使正在乘船返回纽约途中，驶过出事海域附近。"我猜想我船船长稍稍改变了航向，"他后来写道，"但次日，燃油起火的味道一直持续了好几个小时。"数日后，威尔逊总统和杰勒德大使进行了四个小时的会谈，总统对大使说他"既想维持和平，又想缔造和平"。

在遥远的地中海，鱼雷对班轮的战争仍在继续。10月4日，一艘德军潜艇发动两次攻击，全部命中目标，首先击沉了肯纳德轮船公司班轮"弗兰科尼亚"号，致使12人丧生；随后又击沉法国运兵船"高卢"号，令600名士兵葬身海底。

在萨洛尼卡战场，疟疾正在削弱着英军士兵的作战能力。仅在一个月之间，就有300名士兵命丧此病。10月14日，协约国部队对保加利亚阵地发起大规模进攻，尽管动用了毒气弹，但仍未能攻下其第一道战壕。在海上，德军潜艇持续击沉船只。10月14日，英国班轮"玛丽娜"号在未经警告的情况下被击沉于灯塔岛外海域，船上18名乘客葬身海底，其中有六名美国人。当日在葡萄牙海域，美国汽轮"拉瑙"号也被德军潜艇击沉。此前两日，威尔逊总统就曾警告过辛辛那提商会："我认为中立状态现已终结，现代战争的本质不会让任何国家置身事外。"

索姆河畔，英军仍在试图到达其首日作战的目标。但雨水和淤泥使一切努力都严重受阻。10月2日，新攻占的勒萨尔村又被德军反攻夺回。英军官方史学家埃德蒙兹将军评论说："大雨如注，整个战区都已变成一大片泥潭。传递口信的士兵都会遭遇不幸。"五天后，勒萨尔村被再次攻占。

当日，英国达伯农子爵夫人在抵达阿尔贝镇后就在日记中写道："我离开巴黎时心情迫切而激动地想要看一眼英军战场，这里迄今对女性参观者都仍是禁区。"在军方扈从戴维森将军的陪同下向战场放眼望去，"我们看到前方波济耶尔—提耶普瓦尔地平线的德军炮火的弹幕射击。"她看了一个多小时的炮击。"我军几架飞机飞来，朝前线后方数英里处的机库飞去，我还听到人们讲述他们的英勇事迹，其中有一个名叫阿尔伯特·鲍尔的19岁的小伙子，有着高超的飞行作战技艺，他刚刚击落了他的第13架德军飞机，而且还活下来讲述自己的传奇。[1] 我们站了

---

① 鲍尔于1917年5月7日战死。他死后被授予"维多利亚十字勋章"，以表彰他在此前17天里特别突出地进行的英勇作战。

良久，注视着那地狱般恐怖的场面，但最终转过身时我们都感到一阵轻松。我们脚踩的地面，我们避开的弹坑，在短短一个月之前都还是战场上破碎的区域。当时就在这里，雷蒙德·阿斯奎斯辉煌的前程被断送，我亲爱的侄儿查尔斯·菲弗沙姆也在这里战死，就在此刻，在阿尔贝后面灰色的地平线上，仍有数千名同胞正在奋战，他们的战壕就是炮弹迅速而持续爆开的游乐场，戴维森将军认为德军立即就要发动进攻。场景中有撒旦、有黑暗之王的壮丽，但我心中最先想到的就是一种邪恶的感觉和对生命的浪费，战争的具体目标远远难以涵盖它带来的破坏、毁灭和人类苦难。"

达伯农夫人还看望了一家伤员转运站。"床很狭窄，"她写道，"在最粗糙的未清洗过的床单上，只有一条军用毛毯。军官帐篷中出现的唯一区别（从宗教角度观察）就是毯子上方盖有一条彩色棉被。除这一稍显冰冷而并不能带来安慰的差异标志外，其余都完全一样。军官营帐中的面孔几乎无一例外的都是少年的面孔。军队为腹部、胸口、眼部，及毒气坏疽的伤员都设立了特别帐篷，当然还为德军伤员建立起单独的帐篷。这些人当中有一个孤独的身影，他被遗忘在一副担架上，面壁而卧。不同于旁人，他一言不发，我们经过他旁边时，他也不转过身来，仍旧沉浸在孤单、可怜的回忆当中。"

10月12日，在索姆河畔，纽芬兰士兵在盖德库尔作战。英军在试验新型的徐进式弹幕射击，士兵们在设计用于摧毁德军铁丝网，并让他们惊慌失措的爆炸烟幕。英军能够在这种爆炸烟幕的掩护下向前推进。由于前进速度过快，或因炮弹射程过短，有1/10以上的进攻者死难。这些纽芬兰士兵中有上等兵雷蒙德·古德伊尔。这是他首次参战。向前冲锋时，他似乎被绊倒：他的连长上前想搀扶他起来，却发现一块弹片已击中他的腰下侧部位。研究古德伊尔家族的史学家戴维·麦克法兰写道："片刻之间，他那圆圆的，被熏黑的脸膛在他显大的锡盔下方显出迷惑不解的神情。他已被砍开，仿佛全速奔跑着冲上斧刃。"

甚至在冬季到来时，将领们依旧在所能做与他们认为应该做的事之间达成平衡。"恶劣天气迫使我们放缓进攻，"罗林森将军在10月14日的日记中写道，"这倒给了德军以喘息之机。德军炮兵组织更佳，其步兵也在顽强作战，但逃兵依旧投奔我军而来。而且，我们越用炮击，就有更多的战俘和逃兵来到我方。由此，我将在整个冬季或多或少加紧进攻，但我们也不能在明年减弱进攻势头。"一星期后，英军又在索姆河畔俘获1000名德军。

在凡尔登，法军于10月24日发起其在该年度进行的第一次攻势，夺回杜奥蒙堡并俘获 6000 名德军。在意大利战场日，意军发起了第八次伊松佐战役，俘获 5000 余名奥军士兵，并在特伦蒂诺地区收复了帕苏比奥山北坡，但俄军攻势已达极限，并在当年 10 月告终，当时近 20 万名俄国工人被卷入估计为 177 场政治罢工当中。此时，俄国能否再次发起军事行动已经悬疑，阿历克谢耶夫将军警告沙皇说后备部队只够继续维持五个月的战斗。1916 年底，俄军的一个审查局报告说士兵们都在扬言："战争结束后再找内部的人算账。"①

奥地利境内，卡尔·克劳斯的讽刺宣传画《火炬》甚至让反战观点在军营之内传播。为这张讽刺画做出贡献的一个人是维特根斯坦的友人保罗·恩格尔曼，他当时正在奥尔米茨城内养病，躺在病床上的他看到一群捷克士兵被带到他家对面的圣莫里斯教堂，要做参战前例行的弥撒。恩格尔曼离开病床，走进教堂向这些士兵致意，以圣灵的名义敦促他们不要去战斗，一位研究这一片段的历史学家评论说："自然而然，他是用德语讲这番话的，捷克士兵并不太能听懂。负责的军官只是友善地请他离开，并未采取更进一步措施。返回病床之后的恩格尔曼心中备感宽慰。"②

维特根斯坦到奥尔米茨看望了恩格尔曼，向他表述了就奥匈帝国而言这场战争黯淡的前景。不过他仍向奥地利财政部捐赠了 100 万克朗——他三年多的私人收入，以供购买一门 12 英寸榴弹炮，这是奥地利最强大的火炮之一。在俄军一方的战线上，也同样有一位爱国者，他就是年轻的骑兵格奥尔基·康斯坦丁诺维奇·朱可夫，他曾经因在罗马尼亚战场俘获一名德军军官而被授予圣乔治十字勋章。1916 年 10 月，在侦察巡逻途中，一枚地雷爆开，将他从马上炸下，令他的听力受损。他后来回忆说，被送到哈尔科夫医院后，"被分配到作战兵团时，心中充满喜悦"。③

11 月 3 日，在意大利战场，第九次伊松佐会战因淤泥过深而被取消：在这三天当中，9000 名奥军士兵被俘。但新兵将这一缺额迅速弥补。

---

① 至 1916 年 10 月 31 日，俄军损失估计为 467 万人伤亡，100 万余人失踪，207.8 万人成为战俘。

② 布莱恩·麦吉尼斯，《维特根斯坦的一生》，伦敦：达克沃斯出版社，1988 年，248 页。

③ 1941 年，朱可夫任苏军参谋长。他是二战中最成功的苏军统帅，领导了 1942 年的斯大林格勒反攻、1943 年的库尔斯克会战，1945 年还负责攻占柏林，并在柏林接受德国投降。1955—1957 年任苏联国防部长。

　　然而，在东线战场，俄军缺少新兵弥补战斗减员，使其取胜的希望变得渺茫。"明白无误的真相是，"诺克斯上校在 11 月 5 日的日记中写道，"在没有飞机和更重的火炮、弹药及其使用知识的情况下，驱赶俄军上德军阵线就无异于屠杀，而且是无益的屠杀。"此前的五个月里，总军需官杜赫宁将军就曾告知过诺克斯，俄军的损失"已经大大超过100 万士兵"。

　　开战两年零三个月以来，战场上的冲突虽然激烈，但在本质上都不具决定意义。同盟国自信会取得决定性突破，乃至会削弱敌军战斗意志，但这种自信都以法、英军队在西线战场上持续战斗，以勃鲁西洛夫在东线的推进，以意军在山区的顽强坚守而告终。德国皇帝总结说，也许需要政治天才的灵光一现，或至少有一种觉悟，要赢得波兰的民族舆论和对德意志事业的认同感。"让我们来建起一个波兰大公国，由它在德国军官之下执掌波兰军队，"他曾于当年夏季致信外交大臣冯·雅戈，"这样一支军队注定会在某一天到来，到时我们就能对其加以利用。"

　　到 1916 年 11 月，对波兰民族主义的激励及塑造，已在德占俄属波兰各省造成了抵抗俄国更进一步侵蚀的联盟与棱堡，使德国得以拥有更大回旋余地集中应对西线战场。11 月 5 日，德国拥戴的波兰王国宣布成立，定都华沙。波兰人感到德国做出此项提议时软弱无力，就施压寻求赋予他们政权及军事地位。"没有哪支军队不由政府来对其发号施令。"毕苏斯基就这样不友善而又实用地进行了评论。拒绝组建以他为首的政府后，他就将自己 1 万有余的波兰旅从鲁登道夫的统辖中撤出。

　　德国皇帝和鲁登道夫建立波兰王国的决策在更广阔的德国利益圈内甚至产生了更加事与愿违的后果，因为宰相贝特曼-霍尔韦格甚至在当时仍在试图与俄国单独媾和。不论在领土方面做出何种安排，但有一件事是确定无疑的，沙皇无法容忍从他的西部省份当中切下一块成立一个波兰人的共和国。俄德两国之间的秘密和谈，已由德国工业家胡戈·施廷内斯和杜马副主席普罗托波波夫在中立的斯德哥尔摩非正式举行，此刻并未继续。对此甚感宽慰的一个人就是列宁，他自流亡瑞士之时起，就担心俄德之间达成和平，这会阻碍革命在俄国爆发。

　　和平无望，战争必定继续，这就是 1916 年冬天到来时的现实。在鲁勒本监禁营当中，5000 余名平民两年来一直盼望着及早获释，但在英、德两国协议交换所有 45 岁以上的平民战俘后，仍未获释的人们就意识到他们将还要被监禁较长时间。一名返回的英国俘虏以色列·科恩于 11 月 6 日在第一部出版的该营历史著作的序言中评论说："数百场悲剧正在鲁勒本的砖墙和铁丝网栅栏后方秘密上演，除最密切相关的人群之外，这些悲剧将不为人知——牵涉的是被迫远离家人、被剥夺生计来源，以及每日被痛苦的焦虑折磨，对未来的斗争中物资匮乏的担忧和心灵的抑郁正令他们越来越难以适应。"

假如最根本的损失也能弥补的话，那么在鲁勒本，被剥夺自由，就被音乐会、戏剧和歌剧表演、辩论协会、图书馆、电影院、基督教堂及犹太教堂宗教仪式和体育活动所弥补。打板球时穿的是运动上衣和法兰绒裤。囚犯们还在艺术科学联盟的框架下组织了教育课程，最终建起17个系，拥有247名教师。营内的囚犯们相信爱因斯坦是为热学、光学和声学实验课程捐赠科学仪器的人之一。历史课由牛津大学教师马斯特曼讲授，他于1939年奉命负责将所有在英国境内的德国间谍全部"转化"为英国特工，这就是"双十字体系"。①

甚至还出现过一次模拟英国议会选举（举行于1916年8月3日）。结果为：女性普选候选人1220票、自由党924票、保守党471票。德国立即将该结果发表以抗议英国政府参战。然后，根据以色列·科恩所写，交换俘虏后仍留在营内的3000人根本并不反战：他们事实上"都是被剥夺了一切战争荣耀与战争补偿，于是就被迫以残障之躯在战争中续命"。

在各交战国首都出版的许多书籍和发表的文章中，"战争荣耀与战争补偿"往往都是一大主题。然而在萨洛尼卡战场，在冰冷的雨水中于11月10日发起的塞、法联合进攻，却蕴含着战争中司空见惯的恐怖和威胁。作为战略行动，它取得了成功，保加利亚军队被击退，越过塞尔维亚边境，协约国部队几乎进至塞尔维亚南部城镇莫纳斯提尔（比托拉）。此次推进期间俘获的1000名战俘中，有不少是刚刚赶来加强保加利亚防线的德军士兵。11月19日，塞、法、俄骑兵部队进入莫纳斯提尔城。随着德军最后一个炮兵连的撤离，率领一个法俄师首先入城的法国骑兵军官是缪拉上尉，他的祖先曾在拿破仑帐下担任元帅，于1812年攻入莫斯科。恰恰就在四年之前，在第一次巴尔干战争中，塞尔维亚人从土耳其人手中夺得该城。萨拉伊将军为此次胜利而欢欣鼓舞，就称之为马恩河战役之后法军取得的首次胜利。

1916年11月，索姆河畔战场上发起了最后一场攻势，要夺取的是昂克尔河畔的博蒙阿迈尔、博库尔和圣比埃尔迪维翁等村，这些村庄自7月1日以来抵御了一切进攻。进攻在浓雾中发起。英军向前推进时，一群群德军依旧严阵以待并持续开火。向博蒙阿迈尔进发以报告战局的

---

① 1915年6月—1918年3月，马斯特曼一直不间断地授课，后来他未能到堂时，就被发现已经越狱。两天后，他再次被捕。

保罗·马兹，"经反复徘徊之后才找到原来的德军前线，但在我找到之后，我认出了德军死者，就在这条前线后方跟进。"有一次，一个朋友迎面走来和他擦肩而过，"他看来疲惫不堪、仪容不整，但在他的提篮中的两只信鸽，眼中却闪烁着急切的热望。"前线部队与司令部之间的唯一有效沟通方式就是信鸽。

重新开战的首日英军就俘获了 5000 名德军。博库尔于次日被攻下，同日小说家"萨基"，46 岁的中士芒罗被德军狙击手打死。1915 年，芒罗有意谎报了年龄以便获准参军。战斗结束六天后，英军连长、卡迪·蒙塔古上尉——曾参加加利波利半岛作战的老兵——回忆起他抵达博库尔村废墟时的情形，"德军无法面对我军士兵，就数以百计地投降。这是令人惊奇的场面，他们从洞中奔出，毁坏自己的装备。"

蒙塔古上尉当时已经受伤，而他所在营营长伯纳德·弗赖堡中校在率军对德军战壕发起具有决定意义的进攻后，颈部被弹片击中。"爆炸之后，我产生了一种怪异的耳鸣，然后我就失去了知觉，"弗赖堡后来回忆说，"醒过来时，我头痛欲裂，当时我脸向下俯卧，温热的鲜血就从我鼻子和下巴滴下。起初我还以为我的头被炸开了花，但我用两根肮脏的手指找到了颈部的伤口。我看看我左侧的那名士兵，他蜷成一团，我挪动他的头，发现他脸色灰白，已死去多时了。"

由于"自己藐视危险而鼓舞众人"，弗赖堡被授予"维多利亚十字勋章"。他所在师——第 29 师——的官方战史在八年后叙述："由于弗赖堡中校积极主动，带队有方，英勇善战，昂克尔河战斗得以取得胜利。这也许是这场战争中最不同寻常的个人作战行动。"这也几乎成了弗赖堡最后一次作战行动，他头和眼上都覆盖着浸透鲜血的绷带，被送到伤员转运站时，由于失血过多，脸上也毫无血色，和那些注定要死去的伤员被安排到一个帐篷中，除止疼药片之外，不给他们提供任何治疗。后来，他听到有人轻声地命令将他抬到有望活下去的伤员的帐篷中，准备接受治疗。他无从知晓谁是他的救星。25 年之后，他在开罗一家旅馆的门厅中又听到了那个同样的声音，于是就问那人他是否曾于 1916 年 11 月到过昂克尔河畔。那就是曾救他一命的医疗官格里夫斯上尉，他当时指挥一艘医院船。

索姆河攻势中最后几场战斗的叙述出现在《每日镜报》和（士兵们读的）《巴黎每日邮报》上，作者是比奇·托马斯。他就战死的英军士兵写道："甚至在他横尸沙场时，他看来都比别人更显虔诚，更加坚忍不拔。"一名军官在家信中评论了托马斯对战斗的记述："他极大地发挥了自己的想象力，因为他的话有一半都不真实，而只是他认为会出现的情形。"真相在报纸上得不到描述，在家书中也只会偶尔提及。盖伊·查普曼中尉在 11 月 16 日夜间写下的简短日记中就捕捉到了这样的现实："第 1 连被打得惨不忍睹。劳德和扬格都身负重伤，军士长戴尔受伤。可怜的韦斯托，战死。弗利——他家族中的最后一员——战死，还有其他许多士兵，多得无法详述。"

查普曼写道，博库尔车站附近，是"五辆马车及车夫的骨架，这令人毛骨悚然地想到德军运粮车队遭遇的不幸。有一股令人作呕的恶臭，混合着被爆开的苦味、酸味、毒气、鲜血，开始腐败的尸体和瓦砾的气味。到处都卧着死者的遗骸。埋尸队正在不停歇地进行着劳作，昨天就埋葬了 800 名英军尸体和 40 名德军尸体——这证明了攻击部队每夺取几码阵地时要付出的是多么惨重的代价。去死吧，德国！"[1]

11 月 17 日晚上，索姆河战场降下了第一场雪。第二天夜间整个战役中的最后一场进攻打响了，英军沿昂克尔河向前推进了 1000 码。大雪和雾气对其造成不少阻碍。

四个半月的争夺、苦难和推进，并未带来决定性的胜利，甚至也未画上句号：一个师的战史记载，参加 11 月 18 日作战的两个连已完全消失，"被机枪火力彻底制服"。

索姆河战役临近尾声时，各方都在制订计划，准备在 1917 年发起新的攻势。他们同时也宣布了在索姆河畔付出的代价。11 月 1 日，英法军队宣布自 7 月 1 日战役打响以来，他们已俘虏 72901 名德军，缴获 303 门火炮、215 门迫击炮及近 1000 挺机枪。

双方也都在计算已达到前所未有的程度的死亡人数。自 7 月 1 日起的四个月内，战死于索姆河畔的英军达到 95675 人。法军在索姆河畔的死亡人数为 50729 人。协约国死于索姆河畔的士兵总数为 164055 人。那 7 万余名战俘甚为幸运，他们被送往后方，被送进战俘营，红十字会国际委员会监督着营内的条件。

在凡尔登，法军 11 月 3 日重新攻占沃堡。1916 年 11 月索姆河畔的战斗结束时，英军前线已向前推进了六英里，但距首日目标巴波姆仍有三英里之远。在此次规模巨大的人力对抗中，共有数十万士兵战死沙场。

---

① 盖伊·查普曼 1918 年被授予军功十字勋章。他后来成了杰出的法国史学家，随后于 1945—1953 年担任利兹大学现代史教授。随后出现的引文、蒙塔古少校的评论及该师战史录都出自另一名利兹大学史学家彼得·利德尔撰写的《1916 年的索姆河战役：报复》，利德尔在利兹大学图书馆有利德尔收藏文集，他收集士兵信件及证词的工作让所有研究一战的史学家都获益匪浅。

五个月中，凡尔登对峙的两军共打出 2300 余万发炮弹，平均每分钟打出 100 多发。凡尔登仍在法军手中，但此处的死亡人数高达 65 万人。和索姆河畔的死亡人数相加，五个月之内的死亡人数达到 964059 人：近乎 100 万人。这样，五个月中每天就有 6600 人战死，每小时 227 人，每分钟有近 5 个人。

在西线战场，经过索姆河和凡尔登这两大惨烈战役，德军 127 个师对阵的是法军 106 个师和英军 56 个师、比利时军队 6 个师和俄军的 1 个师：共计 169 个师。1914 年 8 月兵力为 16 万人的英国远征军，到 1916 年底兵力为 1591745 人。①

这些针锋相对的统计数字反映了对立各军继续战斗的意志与决心。1916 年结束时，德军在西线战场拥有 1.6 万挺机枪，俄军在东线战场也同样拥有 1.6 万挺机枪。三年前，这种快速、不间断连珠开火的武器，曾是欧洲对遥远异域的受鄙视的人们进行控制的象征：

> 不论发生何事，我们都能用上
> 他们所没有的马克西姆机枪

马克西姆的发明此刻已变成共有最高的文明价值、宗教、科学、文学、艺术、音乐的热爱自然的人们借以令对方喋血以取得胜利的途径。

---

① 该数字也将 125517 名澳、新（安扎克）士兵及 104538 名加拿大士兵包括在内。

第十六章　战争激化

1916 年 11 月—1917 年 6 月

1916 年 11 月 7 日，伍德罗·威尔逊再度当选美国总统。12 天后，他向各交战国发出照会，提议寻求终止冲突的途径。前一天，85 岁的奥地利皇帝弗朗茨·约瑟夫对有望开始和谈表达了"极度的满意"。11 月 20 日，尽管气管炎发作，但他仍旧如常处理公文。下午，医生们劝说他上床休息，但他发出命令要求次日一早就将他唤醒。"明天早上 3 点半，"他对自己的男仆说，"我的工作已经滞后了。"次日，11 月 21 日一早，他正如自己所希望的，开始处理公文。后来，当晚 9 点刚过，他就与世长辞了。①

新任奥地利皇帝和匈牙利国王是弗朗茨·约瑟夫的 29 岁的曾侄孙卡尔大公。即位之后，他收到的首批报告就是奥、德军队征服了罗马尼亚。11 月 23 日，麦肯森将军在济姆尼恰附近渡过多瑙河，奥地利工兵修建的浮桥大大加速了军队渡河。两天后，罗马尼亚政府开始撤离布加勒斯特，迁往北方城市雅西。

1916 年 11 月，德军在空中及海上都取得了成功。11 月 21 日，被用作医院船的远洋班轮"不列颠"号在爱琴海被鱼雷击中，沉船也将船上 12 人带入海底，救生艇被船的螺旋桨拦腰打断时，艇上数人也葬身水下。获救者中有一名女船员，她战前曾参与该船的姊妹船"泰坦尼克"号的那次致命航行。两天后，在西线战场上空，曼弗雷德·冯·里希特

---

① 1916 年 11 月还出现了另外一则讣闻，弗朗茨·约瑟夫死后三天，机枪的发明者（1889 年发明）海勒姆·马克西姆在伦敦逝世，享年 76 岁。

霍芬击落了一架由英军王牌飞行员——"维多利亚十字勋章"获得者——拉诺·霍克少校驾驶的飞机，这是里希特霍芬击落的第 11 架敌机。11 月 25 日，在大西洋里斯本海域，德国"U-52"号潜艇击沉法军战列舰"叙弗朗"号，舰上人员无一幸存。

11 月 27 日，七艘齐柏林飞艇空袭了英国，投下 200 余枚炸弹。两艘入侵的飞艇被击落，其中一艘是被英国飞行员射出的燃烧子弹击中，艇上 20 名乘员全部丧生。次日，一架德国水上飞机单独飞抵伦敦上空，向肯辛顿投下六枚炸弹。"我在伦敦外交部就听到了爆炸声，还以为战士们在威灵顿兵营进行步枪实弹射击呢。"资深外交官哈丁勋爵后来回忆说。无人被炸死，只有六人被炸伤。此次袭击是德国首次使用飞机而不是飞艇对英国首都进行空袭。

1916 年 11 月，在锚泊于迪耶普港的一艘瑞典船上，有两名身着便装者被逮捕，并被移送英国军方当局。他们的名字分别是阿尔伯特·英厄姆和阿尔弗雷德·隆肖。两人均为某机枪连列兵，他们在 10 月即将进入战壕参战时开了小差。参军前两人曾在索尔福德货场一起担任铁路员工。两人在受到军法审判后，于 12 月 1 日被双双枪决。英厄姆的父母被告知他"死于枪伤恶化"，隆肖的父母得到的消息是"他因多处受伤而死"。两人的名字都出现在索尔福德车站的铁路人员阵亡者名册上。战后，英厄姆的父亲得知真相后，请求战争公墓管委会在其子位于法国的坟墓上刻下如下铭文：

> 最早入伍者之一
> 被击毙于黎明
> 你的父亲以你为傲

为防止罗马尼亚普罗耶什蒂油田的原油落入奥、德军队手中，12 月 5 日，英国议员诺顿·格里菲斯组织了一场蔚为壮观的破坏行动，炸毁并从油罐中放走了 80 万吨的汽油。这是一种颇具戏剧性的姿态，但它并不影响战役的结果。12 月 6 日，德军部队进入布加勒斯特，最后入城的是骑着白马的麦肯森将军。同盟国此时已攻陷五座首都：布鲁塞尔、华沙、贝尔格莱德、采蒂涅和布加勒斯特。协约国却并未占据任何同盟国首都。

协约国对之采取行动的唯一一座首都就是雅典。希腊国王已拒绝允许协约国利用其首都向萨洛尼卡战场转运给养物资，11 月 30 日，法英军队在比雷埃夫斯登陆，12 月 1 日就与国王的军队发生交火。约 40 名希腊士兵战死，另有数名英法士兵阵亡。随后，协约国部队同意撤军。为确保控制东地中海的电报电缆，英军12月6日占领锡拉岛，并在两个月之内占领了整个基克拉泽斯群岛。在萨洛尼卡，亲协约国的希腊军队，在维尼泽洛斯率领下，宣布成立临时政府，并对德国和保加利亚宣战。但当维尼泽洛斯的追随者们想要控制雅典时，却被忠于国王的军队打败，希腊依旧保持中立。

在英国，战争的中心走向于12月6日出现转变。年迈的阿斯奎斯失去了斗志，就由劳合·乔治接任他的首相之职，丘吉尔在致友人的信中写道，这个政府中的第一人，拥有"作战所需的一切天赋或知识"。丘吉尔随后还警告说新政府面临的困难极其艰巨，"唯一的灾难还会再持续数月时间"。

12月12日，德国宰相贝特曼-霍尔韦格在国会发表演说之时提出在某中立国与协约国开启谈判。三天后，法军对凡尔登外围的德军堡垒发起猛攻，几乎将战线推到九个月之前的位置，俘获1.1万名德军士兵，缴获115门重型火炮。新任法军统帅尼韦勒将军带着胜利的喜悦对士兵们说："我可以向你们保证，我们必将取胜。"研究凡尔登之战的史学家阿利斯泰尔·霍恩，以更加实事求是的态度，带着经深入研究而产生的嘲讽，写道："双方在凡尔登均未'取胜'。这是一场不明确的战争中的一次不明确的战役；一场不必要的战争中的一场不必要的战役；一场没有胜利者的战争中的一场没有胜利者的战役。"

既然交战各方都已在为可能的和谈进行协商准备，那么战争是否会就此终结？12月20日，协约国尚未对贝特曼-霍尔韦格的和谈提议做出回应，威尔逊总统就请协约国各方提出其和谈条件。"总统是否认识到，"英国大使哈丁勋爵在回忆时问道，"在此刻支持和平，就等同于支持包含着所有恐怖的军国主义？"威尔逊总统在信中提到，美国"因其高傲而不屑一战"，此话在已经参战两年多的人们当中引发了特别的反感。威尔逊发出照会的次日，英国就做出了正式答复，答复者是已经担任首相12天的劳合·乔治。"我们要将信心置于不败的军队之上，不能将其置于破碎的信念之上。"他宣称。他还自认为自己是迄今最合适于全力推进这场战争的人选。他将不会让大家失望。劳合·乔治发表演说的次日，鲁登道夫对此做出的直接回应是敦促自己的上司立即发动无限制潜艇战。

虽然威尔逊总统提出干预，但战争仍不免激化。劳合·乔治谢绝美国照会的当天，全国兵役部就在伦敦成立，以协调征召更多的人参军作战。负责该部的是当地政治家、商人内维尔·张伯伦，他的表兄及密友诺尔曼当时正在西线战场参战。①

1916 年圣诞节前以及整个节庆期间，一切迹象均表明各个战场的战争都将持续。在西奈战场，澳、新军队已将土军赶至阿里什，这里距巴勒斯坦边境仅 20 英里，并于 12 月 21 日占领该沙漠城镇。在罗马尼亚，法金汉的军队 12 月 23 日俘获了 1 万名法军士兵：德国此时可以从欧洲的一大粮仓获取急需的粮食。在 12 月 25 日对部队发布的作战命令中，沙皇谢绝了威尔逊总统提出的照会。两天后，在爱琴海，一艘德国潜艇击沉了法国战列舰"高卢"号。12 月 30 日，协约国各方正式否决了贝特曼-霍尔韦格提出的谈判提议，称其"空虚而无诚意"。三天后，德国皇帝对亲信们说，战争结束时，"弗兰德斯海岸一定要属于我们"。

1914 年的圣诞停火已成往事。1916 年的西线战场不允许出现任何此类亲敌行动。一份法国前线报纸描述了索姆河南岸法军士兵的活动："圣诞节当天，我军约 20 名士兵聚集在阿布兰库尔附近从德军手中夺取的一条弥漫着腐烂气息的坑道内。我们提前 24 小时就赶到那里，以对该特定战区进行组织。我方人员已经步行了近 40 公里，又在令人作呕的汽车烟气中待了近四个小时。他们随身带来了三天的口粮，应该能让他们刚好度过圣诞节的夜晚。晚餐，我们就吃了粮食袋底下的残粮……那些袋子里面现在仍有点东西。"在索姆河畔的这片区域，"完全被淤泥覆盖——无水可喝。这两支军队——援军与被救援部队——度过了真正可怜的圣诞夜晚，还令人沮丧，另有数千个班，都只有炮弹来为他们的圣诞庆祝助兴"。

许多人强烈地希望威尔逊总统的介入将会带来和平。"显然，战争正在逐渐终结，"当时身在君士坦丁堡的出生于德国的犹太复国主义者阿图尔·鲁平，在 1916 年 12 月 31 日的日记中写道，"也许还要等上一段时间，但 1917 年将会为我们带来和平。"这在当时只是空想：尽管数十万士兵遭杀戮、伤害和俘虏，尽管威尔逊总统发出了和平照会，但各国军队仍在迅速扩充。在进行了两年零五个月的屠杀之后，战争仍将继续。1916 年 12 月，随着摩尔曼斯克至彼得格勒间铁路的贯通，俄国的作战能力得以增强。1916 年结束时，俄国总兵力超过 900 万人。德国有 700 万人，奥地利虽有 80 万士兵战死或负伤，但仍有近 500 万兵力。

1917 年也以海上的损失开始，德国潜艇在马塔潘（泰纳龙）角海域击沉英国运兵船"伊维尼亚"号，121 名士兵葬身海底。他们当时正驶向埃及，以与其他部队合力将土军驱赶过西奈半岛，再赶至巴勒斯坦。

---

① 1937—1940 年间，内维尔·张伯伦任英国首相。

九天后，一支英军部队将土军赶出了边境城镇拉法赫，抓获 1600 名战俘。此前一直是奥斯曼帝国前哨的整个西奈半岛，现已完全由英军控制。

罗马尼亚出生的巴勒斯坦犹太人亚历克斯·阿伦森，1916 年冬季在伦敦向英方提出帮助其找到将土军赶出巴勒斯坦的途径。他的家族已在巴勒斯坦建起间谍网：此刻他就让英国来进行决策。他们熟知加沙和比尔谢巴之间的水井和泉眼所在位置，这在进攻发起时会成为引导英军的至关重要的因素。经仔细盘查之后，阿伦森的提议被英方接受，于是他就奉命返回开罗。

除主要领土在亚洲的奥斯曼土耳其帝国外，1917 年开始时，有 11 个欧洲国家正在作战。最近卷入战争的国家是葡萄牙，其军队将要在西线战场走上协约国前线。协约国一方此时的成员有俄国、英国、法国、意大利、日本、葡萄牙、塞尔维亚（仅在其国土南部有一块弹丸之地作为立足点）、比利时（同样据守其破碎领土一隅）和罗马尼亚（刚刚迁都）。英军部队包括澳、新、印、南非、西印度群岛和加拿大分队。除土耳其外，同盟国包括德国、奥匈帝国和保加利亚。

民族独立的渴望逐渐在战争中发挥着更加巨大的作用。在阿拉伯半岛，阿拉伯人起义开展得如火如荼，包括劳伦斯在内的三名英国军官参与了对红海边的延布附近的土军阵地发起的一系列攻击，三星期后，三艘英军战舰还协助阿拉伯领袖埃米尔费萨尔攻占了沃季。捷克人、斯洛伐克人和波兰人也都在寻求奥匈帝国解体后在某种程度上实现他们各自的独立愿望。许多犹太人希望打败土耳其后会在巴勒斯坦建立某种形式的犹太人自治政权。1917 年 4 月，巴勒斯坦境内阿伦森家族领导下的犹太人间谍网内一名成员，与西奈半岛上的一支澳军巡逻队取得了联系。

尽管许多美国公民已在此前的德国潜艇战中殒命，但在各大国中，只有美国依旧保持中立。"我们将不会参战，"威尔逊总统 1 月 4 日向其国人保证，"如果我们参战，那就是对文明犯下的罪行。"然而，威尔逊从其驻柏林大使与德国宰相两天后的对话中得知，德国皇帝上个月提出的和平条件另有深意。虽然德国准备"从比利时撤军"，但其在一般条款中开列的"保证"显然不可接受：按宰相的说法，德国将永远占据列日和那慕尔，及"比利时各处的其他堡垒与要塞"，要"占有"比利时铁路和港口，比利时要有德国的军事存在，却不可组建自己的军队。

杰勒德大使对宰相说："我看你们没有给比利时人留下什么，除了让阿尔伯特国王有权在荣誉侍卫保护下居住布鲁塞尔。"宰相答道："我们无法允许比利时变成大英帝国的一个前哨。"

所有对比利时前途的探讨都将变为学术议题。德国皇帝已经几乎将美国逼入战争。1 月 9 日，他主持一场枢密院会议，会上引起持久争议的无限制潜艇战问题即将得到解决。首先发言的是海军参谋长赫岑多夫上将，他向皇帝陛下保证，实施无限制潜艇战六个月后，英国就将屈尊求和。皇帝向上将问及击沉船只会对美国造成何种影响，"我要向皇帝陛下保证，没有一个美国人会在欧洲大陆登岸。"赫岑多夫答道。接下来发言的是兴登堡，他指出新战法带来的重大益处是减少流向协约国的弹药。一直以来都反对该措施的贝特曼–霍尔韦格警告说这会将美国卷入战争，但此刻在陆海军参谋长都反对他的情况下，他只好请求收回自己的反对意见。

德国皇帝不再犹豫。无限制德国潜艇战将于 2 月 1 日开始，它打击所有运输船只，不论其悬挂何种旗帜，装运何种货物，都将遭到"最猛烈的打击"。德国潜艇首脑鲍尔准将对其指挥官解释说该决定旨在"迫使英国求和，从而决定整场战争的胜负"。1917 年 1 月，即实施有限制潜艇战的最后一个月中，德军潜艇已击沉 51 艘英国舰船、63 艘其他协约国船只及 66 艘中立国船只，总计超过 30 万吨，其中 1/3 为英国船。此时，美国商船也成为可以打击的目标，这些数字即将出现大幅提升。

在奥地利，实施新的作战措施并未使人们产生强烈的必胜信心：1 月 12 日，在维也纳，切尔宁伯爵在奥地利大臣会议上说有必要寻求妥协的和平。就维持哈布斯堡帝国的统一而言，这已变得极度迫切，因为协约国当天就在罗马尼亚发表宣言，承诺为哈布斯堡属地的所有子民的民族独立而奋斗，其中主要包括波兰人、捷克人、斯洛伐克人、斯洛文尼亚人、克罗地亚人、塞尔维亚人和罗马尼亚人。1 月 21 日，威尔逊总统在国情咨文中发出呼吁，"统一波兰"在战后要建成独立君主国，其领土要濒临波罗的海，在 1 月的最后一星期，该呼吁得到了俄国沙皇的公开支持。为寻求对其军事斗争的支持，在经过了一个世纪之后，波兰占领者们正在提出自己将会变为波兰的解放者。在俄国南部的战俘营中，在奥地利军中作战时被俘的罗马尼亚士兵签署了一份誓言，要与他们的前哈布斯堡主人们抗争。

在 1917 年的西线战场，交战各军的敌对虽不以任何进攻为标志，但仍是一场持续对抗的炮击、狙击和与淤泥奋战的斗争。1 月 12 日，诗人威尔弗雷德·欧文奉命随队赴博蒙阿麦尔附近的前线坚守四天。四天后，一回到他所在营的后备营房内，他就给母亲写信："就刚刚过去的四天，我没有借口欺骗您。我经受了七重地狱的苦难。我没有到前线，我到了前线的前方。我坚守了一个前方哨所，它在无人地带当中的一座'地下掩体'内。这座地下掩体被其中容纳的 25 个人'挤得非常紧

密,'"他解释道,"水漫过底部一二英尺深,只有上部约四英尺的范围
内没有水。一个入口被炸塌,就被堵住。到目前为止,另一个入口依旧
可用。德军知道我们在那里藏身,于是就决定不让我们待在那里。"

欧文所在掩体遭到 40 个小时的炮击,炮火时而密集,时而稀疏。他
告诉母亲,在星期日,"我几乎崩溃,想将自己淹死在缓缓上涨到膝盖
处的水里。到 6 点钟,我想到那是您会去教堂的时刻,炮击变得不再猛
烈,也不那么准确;这就仁慈地协助我尽职尽责,我爬行,蹚水,向上
爬并在水中挣扎着来到无人地带查看我的另一个岗哨。我花了半个小时
才挪动 150 码。"在欧文左翼的那个排,"掩体上方的哨兵已被炸得尸骨
无存"。

德国采取行动准备进一步激化海上战争时,德国新任外交大臣阿尔
弗雷德·冯·齐默尔曼博士制订了一项计划,假如无限制潜艇战会使美
国宣战,那么德国就会赢得墨西哥的支持和积极的结盟关系。他 1 月 19
日在发给德国驻墨西哥城大臣的密电中解释说,有了德国"慷慨的财政
援助",墨西哥就能"重新征服"它 70 年前失去的领土:得克萨斯、新
墨西哥和亚利桑那。德国与墨西哥将"共同作战,共同媾和"。

1 月 23 日,齐默尔曼的电报仍是严守的秘密,仍希望美国置身战争
之外的德驻华盛顿大使伯恩斯多夫伯爵,请求柏林支付 5 万美元用于对
国会中的个别议员造成影响。[①] 英国巧妙的破译手段使这封电报在传至
柏林之前两日就被伦敦截获。但在 2 月 3 日,距离此次收买美国而使其
中立的尝试还不到三个星期,德国"U-53"号潜艇就在锡利群岛海域
击沉了美国货船"豪萨通尼克"号,虽然一艘英国船搭救了"豪萨通尼
克"号上的船员,但所装运的粮食却遭受了损失。当晚,齐默尔曼在柏
林对美国大使说:"一切都会好起来的。美国不会采取任何行动,因为
威尔逊总统支持和平,别无其他。一切都将如常。"

齐默尔曼错了。当晚,威尔逊总统向国会宣布,他要与德国断绝外
交关系。他尚未宣战,但他已让为期两年半的战时外交走到了尽头。断
绝外交关系的消息直到次日上午才传到柏林。此时可用于作战的德国潜
艇只有 100 多艘,另有 40 艘正在维修。自开战以来被击沉的潜艇有
51 艘。

德军系统摧毁了原防线和兴登堡防线之间的地带,炸毁房屋、烧掉
农场,拔起果树,在仅剩的少数大楼中埋设地雷;掀翻道路,以使协约
国部队除无用的废墟之外一无所获。巴伐利亚王储、陆军元帅、集团军

---

① 在 1994 年这笔钱大约相当于 42 万美元(28 万英镑)。

群指挥官鲁普雷希特抗议毁灭范围过大时，鲁登道夫将他的意见驳回。协约国部队未遇任何抵抗向前推进时，都被破坏的程度所震惊。在巴波姆市政厅，被埋设地雷的楼房爆炸时，两名法国议员被炸死。英军某师参谋人员在德军已后撤的其他地带也遭遇了同样的命运。

德国此时正要与美国一决高下。然而，就德国最高统帅部而言，美国参战的危险已被从俄国传来的军力疲弱和后方存在反战情绪的消息所抵消。2月16日，霍夫曼将军在日记中写道："俄国内地传来了非常振奋人心的消息。似乎俄国已无法支撑到今年秋季以后。"十天后，500多名俄国人在彼得格勒街头抗议这场战争。英国驻俄陆军武官诺克斯上校早已将他对俄国不断下降的军事实力的评估发往伦敦。100多万名士兵已经战死，另有200万或者失踪（亦即已经死去），或者成为战俘。50多万人正在住院治疗，近150万人延期休假或被免除了所有未来服兵役的义务，还有近100万人当了逃兵。"这些人们平静地活在他们的村子里，丝毫不受当局滋扰，他们的存在被村中公众所掩盖，因为他们能为村子贡献劳动力。"如果损失仍像先前那样出现，那么前线士兵人数以及可以征召来的人员就不足以满足1917年作战的需要。

近两年前，协约国曾向俄国承诺，打败土耳其之后，俄国就能吞并君士坦丁堡和海峡地带。2月12日，俄国政府就其西侧边界问题再次寻求秘密保证。它提议通过放手让法国决定德国边界来实现此目的。法国驻彼得格勒大使在觐见沙皇时传递了法国的愿望：要确保其"收复阿尔萨斯-洛林，在萨尔河流域维持特别地位，在其跨莱茵河地区与德国达成政治分隔，并做出独立安排，以使莱茵河形成抗击德国入侵的一道战略屏障"。

沙皇"欣然对此表示原则同意"。大使向伦敦和巴黎报告说，在帝国权威的支持下，协商就已开始，谈判基础是俄国在近一年之前表达的原则，"在英法两国完全自由地为德国西部边境设限的同时，我们希望协约国各方也给我国以同样的自由来限定我国与德国及奥匈帝国的边界"。正当俄国军队和人民随时会搅起混乱之时，俄国统治者却仍在寻求一个即将胜利的大国所能取得的领土利益。

法俄两国就德国西部边界问题于2月14日达成协议。同日，俄国政府以绝密形式认可阿尔萨斯-洛林将"重新归属法国"。双方还一致同意法德两国边界"应在法国斟酌决定下"划定；法国将获取"萨尔河流域的整个产煤区"；莱茵河以西的德国城镇及地区将"完全脱离德国，并摆脱对德国的政治与经济依附关系"。等待最终决定的是俄国东部边界：这些磋商谈判从2月一直持续到3月。

2月22日，在意大利战场伊松佐战区，迫击炮弹意外爆炸让墨索里尼中士在战壕内受伤。他身旁的另外四人被炸死。他住院六个月，此间从他体内取出44块弹片及尖刺。为鼓舞国民士气，曾受到墨索里尼反对的意大利国王亲临医院探视这位爱国编辑。出院后，墨索里尼并未返回前线，而是回到了新闻行业，并用了五年时间走上法西斯道路和权力的宝座。

在萨洛尼卡战场，冬季的严寒使协约国部队进入莫纳斯提尔城后无法再前进一步。但德军始终在寻求途径将战争引入这一遥远地带。2月27日，15架德军三引擎飞机，每架载有四挺机枪，空袭了协约国阵地，导致多人伤亡。五天后，某些英军伤兵所住医院又遭空袭，他们就在病床上被炸死。第二次空袭一星期后，又有一家医院遭到轰炸，死者中有两名英国护士。

巴尔干战场是英国医护活动的一个重要焦点。英国境内存在着对塞尔维亚人的广泛同情，志愿者并不难寻觅。此外，皇家陆军医疗队为塞尔维亚士兵提供了6500多张病床。在莫纳斯提尔负责为"塞尔维亚救济基金"监督分发食物的哈利夫人是陆军元帅约翰·弗伦奇爵士的妹妹。在一次弹幕射击中，她被一块弹片击中而死。

德国潜艇战的一切限制都被解除，海难日益成为战争中每日出现的主题。在1月的最后一星期，由原远洋班轮改造的商务装甲巡洋舰"劳伦蒂克"号在爱尔兰海岸外触雷，350名海员葬身海底。2月15日，正驶往萨洛尼卡的意大利"米纳斯"号运兵船被"U-39"号德国潜艇发射的鱼雷击中，船上1000名士兵中有870名葬身水底。两天后，英国反潜舰"法恩伯勒"号击沉"U-83"号潜艇，艇上仅有两人幸免于难。英军舰长坎贝尔中校被授予"维多利亚十字勋章"。2月24日，法国班轮"阿多斯"号被鱼雷击沉于地中海。

随"阿多斯"号沉没而遇难的人员中有543名中国劳工，他们被从中国招募，要去西线战场上和其他国家劳工一道，从事繁重的体力劳动。沉船的消息传到中国，就对招募工作起到了威慑作用，但到战争结束时，各战区共雇用约10万名中国劳工从事体力劳动。法国政府许可在法国全境内的私营企业雇用中国劳工。他们在离开中国前签订的合同迫使他们每星期劳动七天，每天劳动10个小时，但会对"中国节日予以应有的考虑"，只是这种考虑并不经常出现。劳工们每天的报酬是1—2法郎。《泰晤士报》战地记者警告说，总是要防备他们耍花招，因为中国劳工"都有着自己的小把戏和伎俩。因为在西方人看来，中国人长得都完全一模一样，总可能会出现张三冒充李四领取薪酬的情况，而李四却已因患病而回国。因此，每名苦力都要提取指纹，并在苏格兰场的监督下严格登记。"

虽然中国劳工都被排除于作战任务之外而在后方劳动，但他们也难免遇到危险。在德军对英军敦刻尔克基地进行的一次空袭中，仅一枚炸弹就炸死 8 名、炸伤 15 名中国劳工。遭受多轮袭击后，该地受雇于法军的中国劳工发动了罢工。法军武装警卫奉命强迫他们重返工作地点。在随后出现的冲突中，有 2 名中国人被打死。劳合·乔治的回忆录中有一篇文章提到了这些工人，他们的 1612 座坟墓散布于法国北部的 20 多处战争公墓内。"当然有的时候，"劳合·乔治写道，"这些中国苦力会遭到空袭和远程炮击。但这似乎并未对他们造成多大干扰；在炮火之下，他们要比英属西印度辅助部队镇静许多，这些人也同样常到劳动队从事体力劳动。但袭击也会在别的方面使他们的劳动缺乏组织，因为如果有人被炸死，他们就全部停工去参加葬礼，对他们威胁和哄骗全不奏效，直到他们的丧礼彻底进行完毕，即使敌军空袭和炮击也无法驱散他们送葬的行列。"

负责管理中国劳工的人员人手配发一册由某英军少校编写的常用语手册，其中包括"少说多做""这顶帐篷里面没有打扫干净""你太不守规矩了，再这样下去，我就不得不惩罚你了"，还有"这间厕所是给欧洲人上的，中国人不能上"。一种能让中国人上的厕所是在河流上方用木板钉成的防波堤，木板之间的空隙就是"蹲坑"。

2 月 19 日，齐默尔曼敦促墨西哥对美国宣战，"夺回"得克萨斯、亚利桑那和新墨西哥的电报发出一个月后，这封电报又被伦敦破译，并立即被发往美国政府。在伦敦见到该电报的美国外交官的第一反应是"他们想打，为什么不去争夺纽约和伊利诺伊呢？"

3 月 1 日，美国公开了齐默尔曼的电报。害怕美国参战的美国人将该电报谴责为赝品，但两天后，齐默尔曼宣布它是千真万确的。又一枚钉子已被钉上美国中立地位的棺木上。

对土战争一年前曾遭遇挫败——协约国被迫撤离加利波利半岛，又失去了库特；在 1917 年的最初几个月，数个战场上又出现了强劲势头。在美索不达米亚，英印军队再次持续沿河推进，于 2 月 24 日抵达库特，并俘获 1730 名土军。就在十个月前，近 1.2 万名英印士兵在这里被俘，并被驱赶着向北走上残酷的死亡行军之路。

在波斯，土军部队被从哈马丹推后至克尔曼沙阿（莎赫塔兰）。在阿拉伯半岛的汉志铁路，50 名阿拉伯军人在英军军官加兰上尉率领下，在桃伟拉沿铁路发起攻击。在巴勒斯坦沿岸，一艘英国皇家空军游艇

"马纳加姆"号将资金运给为英国效力的犹太间谍集团，在十字军港口安普斯利特将现金转交对方。在西奈半岛与巴勒斯坦交界处，英军部队占据了土军的两座边界哨所，分别位于奈赫勒和比尔哈萨纳。协约国为1917年设定的目标是将土耳其势力赶出耶路撒冷。美索不达米亚英军占领泰西封后三日，再次重演了一年前英军惨败前的情景，英军又一次距离巴格达不足25英里。英国东方学者格特鲁德·贝尔评论说："这是德国控制近东的迷梦的终结。他们在这个地区将不会见到阳光。"在她写下这些话的次日，土军就已开始撤离巴格达；随着4.5万英印军队的迫近，城内9500名土军正在撤出。

土军撤离巴格达时，德军炸毁了广播电台。但有七架新飞机未拆除包装，仍完好无损地等待着征服者的到来。英军15天行军100多英里，于3月11日进入该城。"对于那些根本不了解任何背景情况的英军而言，"一位史学家写道，"这是一次令人迷惑不解的接待。穿着丝质长大衣，打扮得像约瑟的波斯人；戴红色土耳其毡帽，穿着不合体的欧式服装的东方犹太人；曾于前一晚挤在教堂中过夜，唯恐逃窜的土军得知自己尚在的亚美尼亚英俊的难民；富于贵族气质的戴长头巾、披着黑色长袍的穆斯林们，在英军穿过南门走过城中村时，都挤上街头向他们欢呼。这是一场喜庆的展示，一场宗教狂欢节——而汤森将军的士兵们痛苦蹒跚着走过同样的街道时，却未曾出现此情此景。"① 那些士兵仍在被拘禁于更北面的安纳托利亚。

在战线后方，被占领土上的苦难仍在继续。被从比利时遣送至德国的70万名身强力壮者都在农场和工厂中劳作。在塞尔维亚，尼什附近发生的暴动被奥地利和保加利亚军队无情镇压，2000多名塞尔维亚人被处死。反战宣传不仅在俄国，也在法国传播，2月底，尼韦勒将军告知当局，和平主义宣传已开始渗入他的部队。

堑壕战的局势也令士气低落。3月26日，一份西线战场法军士兵创编的前线报纸，对于已成为战壕体系的诅咒的淤泥评论说："淤泥如同庞大的章鱼般虎视眈眈，在平安夜蜷缩进弹坑并将其填满。受害者到来后，他就将其剧毒的口水喷到他身上，让他瞎眼，将他缠绕、埋葬。又有一人'失踪'，又有一人离去。人们像死于子弹一样，也同样死于淤泥，只是死得更加恐怖。士兵们在淤泥中沉没，更有甚者，他们的灵魂也沉没其中。但在深深的淤泥当中，撰写英雄事迹的平庸的新闻记者何

---

① 巴克，《被忽略的战争：1914—1918年的美索不达米亚》，伦敦：费伯出版社，1967年，377页。

处寻？淤泥遮盖了军衔的条纹，其中只有受苦的怪兽。看，在那潭淤泥顶上漂浮着斑斑血点——那是受伤者流出的鲜血。地狱不是炮火，那还不是终极苦难。地狱就在淤泥当中！"

在东线战场，许多俄军军官都无法维持军纪。2月17日清晨，大量前线骑兵中队都下发了实弹，并奉命乘马赶往前线后方一定距离之外的骑兵司令部。他们事先未曾获知此次行动的目标。他们当中的格奥尔基·朱可夫后来回忆说："很快，一切都明朗起来。从一处街角走来了高举红旗的游行行列。我们中队长快马加鞭，引领着其他中队长，朝团部奔去。一群军官和工厂工人正从里面走出来。"

接下来一名"高大的骑兵"就对着聚集的士兵发表了讲话，告诉他们工人阶级、农民和士兵不再承认沙皇。他说："俄国人民想要终结帝国主义的屠杀；他们想要和平、土地和自由。"他的简短讲话结束时，士兵们齐声高呼结束沙皇统治，结束战争。"虽然无人指挥，"朱可夫写道，"但士兵们知道该做什么。他们高喊、欢呼，和抗议之声夹杂一处。"

在整个东线战场，布尔什维克党人都在呼吁士兵们不要作战，而要加入士兵委员会，以宣传革命诉求。煽动行为从前线蔓延到城市，再扩散到首都。3月3日，在彼得格勒的普季洛夫军火工厂爆发了罢工，该厂是俄军主要武器弹药供应商。英国大使的女儿梅里埃尔·布坎南回忆说，当晚，"该城贫民区的一家面包店遭到抢劫，第一支哥萨克骑兵小队到涅夫斯基酒店巡逻。"随后三天，市民上街索求面包而引发骚乱。到3月8日，据估计有9万名工厂工人参加罢工。当日，在莫吉廖夫，沙皇致信皇后说他非常想念过去曾每晚玩过的半小时考验耐心的游戏，他接着写道："我要在业余时间里重新开始玩多米诺骨牌。"他还在日记中写道："在我所有的业余时间里，我都在读一本有关尤利乌斯·恺撒征服高卢的法文书。"沙皇也已开始被隔绝于其国家的情绪与改变之外，这一点上他要更甚于德国皇帝。3月10日，正当全国总罢工在俄国发起时，彼得格勒宣布实施戒严令。

美国尚未参战，俄国已陷入混乱当中，协约国已到了危急存亡关头。但美国还将维持多久的中立无人能确切回答。2月25日对美国中立地位的又一次严重挑战出现了：一艘德国潜艇在灯塔岛（Fastnet Rock）外海域击沉了肯纳德轮船公司班轮"拉哥尼亚"号，包括四名美国人在内的12名乘客葬身海底。然而，美国并未做出迅速而有决定意义的回应。3月5日，正当革命的红旗在彼得格勒街头飘扬时，伍德罗·威尔逊在美国国会发言称："我们坚守武装中立。"一个星期后，美国汽船"阿尔冈昆"号船在未经警告的情况下被鱼雷击沉。随后四天里又有三艘舰船被击沉，这些进一步的挑衅行动都未能使美国宣战。

3月10日，在彼得格勒，此前一直柔弱，但此时大权独揽的俄国议会杜马的权威受到了彼得格勒工人苏维埃和工农代表们的挑战。在孟什维克党员布林斯·采列捷利领导下，工人苏维埃从民众投票和民众对战争的不满中获得了权威。然而，尽管沙皇的权威受到杜马和彼得格勒苏维埃的竞争，但他仍在位于距首都450英里的莫吉廖夫的前线军事大本营努力执行君主的日常公务，并维护俄国国家利益。3月11日，他授权法俄就欧洲未来国家边界问题谈判进入收尾阶段。近一个月前，俄国事实上已同意法国自由决定西线边界。此刻，在3月11日，经过在彼得格勒和巴黎进行的多次后续谈判，法国秘密同意认可俄国"在划定其西侧边界方面拥有完全的自由"。

这一"自由"并不长久。3月12日，沙皇离开莫吉廖夫返回首都时，彼得格勒的1.7万名守军加入了街头群众针对他进行的抗议示威。忠于沙皇的士兵和警察试图维持秩序时出现打斗场面，但他们无法以少胜多。上午11时，利廷尼矿区法庭被纵火焚烧，随后全城各处的警察局都遭到攻击和焚烧。第一次俄国革命已经开始。[1]

俄国内部斗争在加剧。3月13日，俄军"阿芙乐尔"号巡洋舰正在彼得格勒维修，该舰舰长在前往该舰途中被革命水兵杀死。同日在距首都不远的喀琅施塔得海岛海军基地，哗变的海军士兵谋杀了40名军官与军士，并逮捕了其余100多名军官。次日，即3月14日，沙皇专列要进入首都时，就在普斯科夫被革命者们命令停下。当日在彼得格勒，彼得格勒苏维埃发布了其"一号命令"：所有武器都归当选委员会控制，不当班时不再向军官敬礼。英国大使之女报告了当天听到的两名士兵之间的对话："我们要建成共和国。""是的，共和国。但我们必须要有个好沙皇来担任共和国元首。"

3月15日，沙皇仍在专列上，无法回到首都。由于通往首都途中的主要车站都已被革命群众占领，他被迫绕道普斯科夫。当日上午，总司令阿历克谢耶夫将军从莫吉廖夫通电所有军队指挥官，敦促他们和他一道呼吁沙皇逊位。他得到了负责北方战场的鲁斯基将军的支持，鲁斯基此时正与沙皇同在普斯科夫，他坚持认为只有沙皇逊位才能避免出现混乱状态。阿历克谢耶夫收到的大量复电表明，军方已经不再拥护沙皇的

---

① 由于俄国当时使用俄历，1917年3月爆发的革命被称作俄国"二月革命"。本书正文中始终使用公历日期（俄国国内也于1917年底改用公历）。

权力。勃鲁西洛夫将军强调说只要沙皇逊位就能既保住君主，又能维持俄国继续作战的能力。甚至连拥护君主制并在罗马尼亚战场独当一面的萨哈罗夫将军，也倾向认为沙皇逊位是劝说士兵继续作战的唯一途径。甚至沙皇的叔叔，前总司令尼古拉大公也持同样观点。到当日下午 2 时 30 分，阿历克谢耶夫将他收到的所有复电发送给身在普斯科夫的鲁斯基。

鲁斯基将军带上这些电报去见沙皇。片刻之后，沙皇就向这些抗议屈服。其叔叔与大众意见一致，这对他产生了尤为强烈的影响。未经进一步协商，他给阿历克谢耶夫发去电报："以我所热爱的俄国的战争、安宁和拯救的名义，我愿意从宝座上退位，将之传给皇储。我要求所有人真心诚意地为他效忠。"

战争已经赶走了协约国的第一位君主。已经持续 300 年的沙皇帝国体系已经终结。① 俄罗斯帝国的旧有威仪、幸存阶级和权力结构已全部告终。沙皇认可的密约，那些从土耳其、德国或奥地利已经获取或将要获取的领土均已不再有效。

杜马搬迁至塔夫利宫，并在此建立临时政府。与之对抗的是彼得格勒苏维埃，它依旧开会议事，对新政府形成了抗衡局面。3 月 16 日下午，在苏黎世，列宁平静的研究工作被一位挥舞着报纸冲进来的流亡同志所打断，他宣称："你还没听到消息吗？俄国爆发革命了！"这让列宁大吃一惊。但在彼得格勒，杜马主席罗江科却对英国驻俄武官说："我亲爱的诺克斯，您一定要放心，一切都将如常。俄国是个大国，它能双管齐下，在发动战争的同时应对革命。"

临时政府将沙皇制度下的政治限制一扫而空，由此也增强了自身权威。政治犯被予以特赦，并被从西伯利亚流放地放还。令许多士兵感到失望的是，临时政府宣布俄国将继续参战。列宁立即对此项决议进行谴责，于是临时政府自身提出口号"一切权力归苏维埃！"

两大抗衡的权力中心在俄国首都运转。在临时政府顶层，俄国新总理利沃夫亲王敦促积极参战。为对抗此项决定，彼得格勒苏维埃为每支作战部队都任命了政治委员。政委们的主要任务就是敦促士兵们不要去参战。革命的势力强大而不受限制。3 月 17 日，刚刚退役的俄国海军总司令涅佩宁上将被一名海军士兵谋杀。反战情绪十分强烈。但就在次日，外交部部长保罗·米利乌科夫发表声明向世界宣称：俄国将与其协约国

① 俄国罗曼诺夫王朝的第一位统治者米哈伊沙皇 1613 年即位。整个俄国的首位统治者、留里克王朝的伊凡雷帝于 1480 年建号"沙皇"。

友邦共同作战，"俄国将和它们并肩打击共同的敌人直至最后一刻，毫不停歇，毫不畏缩。"逊位沙皇于3月20日返回莫吉廖夫大本营，并对士兵说他们应忠于临时政府，也要忠于继续这场战争的决心。

1917年3月，随着俄国陷入政局动荡，各片战场继续出现僵局，对垒军队都无法取得决定性优势。德军也自索姆河畔后撤，他们的新防线未受损失。在空中，加拿大飞行员比利·毕晓普击落了他的第一架德军飞机，他后来声称共在西线战场上空击落了27架德军飞机。在萨洛尼卡战场，首次使用毒气弹发起进攻的保加利亚军队未能突破协约国阵地。在美索不达米亚，英军推进至巴格达后方，占领了位于巴格达东北方35英里处的巴古拜，而英军司令莫德将军请求协约国推进阿拉伯人的自由。巴勒斯坦境内的英军袭击了加沙土军阵地，但尽管兵力超过土军一倍有余，他们却无法攻入加沙城。交战期间，德国侦察机为土耳其守军提供了至关重要的帮助。

在海上，3月19日，"U-64"号潜艇在撒丁岛海域击沉法国战列舰"丹敦"号，导致296名法国海军士兵葬身海底。两天后，美国油轮"黑尔顿"号在一块被特别宣布为"安全区"的荷兰海域被德国潜艇击沉，20名美国船员罹难。威尔逊总统4月24日召集国会开会。八天前，德奥联合最高司令部已同意提供铁路便利，以让列宁及追随他到瑞士的32名布尔什维克党人返回俄国，因为人们知道他将成为俄国境内动荡的一股重要力量，放他回国有利于让俄国退出战争。四天后，列宁同意乘火车经由德国返回俄国。他知道——也害怕，假如他经过协约国领土返回，即乘火车穿越法国，再乘船从英国回到俄国北部，那么协约国为确保让俄国继续参战，就很有可能将他逮捕。

俄军士兵仍在战斗。4月2日，从波斯挺进的俄军部队与自巴古拜进发的英军部队在美索不达米亚城镇克孜勒拉巴特会师。但就在次日，在东线战场上，德军俘获了1万名俄军俘虏。美国尚未宣战，但就在4月1日，在布列斯特附近，美国武装汽船"阿兹特克"号被鱼雷击沉，28名船员殉难。"一定要为民主而打造安全的世界。"威尔逊总统次日宣布。在协约国部队参战及后方医院从事救护等工作的美国数千名志愿者当中有533名哈佛大学毕业生；截至此时，他们当中已有27人战死。

4月1日，英军攻占萨威丛林，这里位于圣康坦以西四英里，圣康坦大教堂的尖塔可以从新前线的战壕看见。当日作战的有诗人威尔弗雷德·欧文，他率领所在排，冒着德军的炮火弹幕冲到德军战壕时发现德军已经后撤。炮火轰击令他心绪不宁，他倒在铁路路堤上沉沉睡去，随后就被一颗炮弹炸到空中，一位传记作家评论道："这次侥幸逃脱，似乎无助于使他获救，他身旁的另一名军官的遗体已被肢解。当他返回基地时，士兵们发现他在颤抖、惶惑，而且言语不清。也许他的勇气受到连长的质疑，连长甚至还将他称作懦夫。"[1]

尽管连长提出质疑，但一位医生将他诊断为弹震症，于是欧文被送往埃特勒塔特医院。在这里他用画着城市边缘的悬崖的明信片写了家书："我现在仿佛置身天堂。第 1 总医院。医生、卫生员和护士姐妹全部都是美国人，都莫名其妙地来自纽约！我可能会获准去划船，甚至去游泳。"

伍德罗·威尔逊似乎希望找到中止这些谋杀的途径，但德国政府却蔑视他的动议。德国政府相信他们有范围广泛的民众支持。阿尔伯特·爱因斯坦 4 月 3 日从柏林家中致信身在荷兰的友人，谈及他周围更年轻的科学家和教授们的极端民族主义。"我确信我们应对的是一场心灵的瘟疫。我无法理解在个人行为中完全正派的人们究竟为何会对整个事务采取一种如此完全相对立的观点。这可以与殉道者、十字军和焚烧女巫的时代中的情况相比。"

德国无限制潜艇战已经开展两个月。4 月 4 日，美国参议院投票，以 82 票对 6 票的绝对优势赞成开战。两天后，众议院也以 373 票对 50 票的优势赞成开战。同日，4 月 6 日，美国对德国宣战，这无疑事关美军部队会在战场上发挥的潜在影响。美军兵力至少有 100 万人，在预定期间还会有 300 多万人要在美国开始接受军事训练，然而，要完全掌控规模如此之大的招募、训练、跨地中海运兵，以及到法国之后的给养等问题，至少要一年或更长时间。美军规模很小，其最近一次军事经历仅限于赴墨西哥执行惩罚性作战任务。

建立一支远赴欧洲作战的军队的任务最初进展缓慢。美国对德宣战整整一个月之后，驻德州的原美国墨西哥远征军司令约翰·潘兴将军才从其任参议员的岳父处收到一封半加密的电报："今天告诉我你的法语口语、阅读、写作水平如何。"他还未能回复说他能"极其流利地讲法语"，就已被任命为即将赴欧洲作战的美军部队总司令。

1917 年 4 月，德、奥两国出现了不祥之兆。美国正逐渐成为积极的参战国。俄国虽然多次出现士兵逮捕、谋杀军官的事件，但仍未退出战争。协约国在人力与资源方面均已超过同盟国。然而，德、奥两国有着不可剥夺的地理优势，即"内部交通线"的优势。铁路、公路与河道将

---

[1]　多米尼克·希伯德，《威尔弗雷德·欧文：最后一年》，伦敦：康斯特布尔出版社，1992 年，10 页。

它们的军队、工厂和各自首都连成一片。纽约与伦敦、英国与法国之间的联系及重要的粮食与原材料的海运都可能会，也遭到了潜艇攻击的阻碍。柏林、维也纳、布达佩斯和贝尔格莱德之间的沟通却无法被有效干扰。

协约国的道义愤怒在4月8日被激化，当时英国汽艇"托林顿"号被德国潜艇"U-55"号击沉于西西里海域，"U-55"号不仅摧毁了该汽艇的一艘救生艇，导致其中的14人遇难，还使汽艇上20名乘客依附于潜艇艇身时有意下沉，导致这些人全部葬身海底。

当天还出现了旨在摧毁协约国一条支柱的动向：列宁及其32名布尔什维克同志从苏黎世动身，开始了返回俄国的旅程，乘专列穿过德国与瑞典，再乘船渡过波的尼亚湾回到俄国。德国皇帝得知这条计策后，就将其批准。奥地利年轻的卡尔皇帝却警告他说，在俄国爆发一场成功的布尔什维克革命将会对欧洲各国君主带来威胁，其中有五个国家的君主"已在这场战争中逊位。"①

德国人为列宁提供了便利，这让他于4月16日到达彼得格勒。他在彼得格勒的芬兰火车站发表了首场演说，其中的词句对德国甚为不祥："要不了多久，在卡尔·李卜克内西的召唤下，德国人民要把枪口对准那些资产阶级剥削者。"

在西线战场，协约国的新攻势发动在即。4月5日，在一次对德军阵线发起的出击中，曾在前一年的9月在英国上空击落一艘德国飞艇而荣获"维多利亚十字勋章"的利弗·鲁滨逊本人被击落，他被德军俘虏。战争结束前，他一直被监押于战俘营，数次越狱均以失败告终。他荣获勋章的战功并未使俘获他的德军对他另眼相待。"德国佬想尽各种办法骚扰、纠缠、凌辱他。"一位狱友后来回忆说。曾尝试越狱者常受到特别虐待，被一位战俘营指挥官谑称"英国的里希特霍芬"的鲁滨逊，就频繁遭到惩罚与羞辱。

英军士兵在西线等待发动新的攻势。4月9日，复活节星期一，英加军队同时从阿拉斯和维米岭发动攻势，在前期的空中准备斗争中，英军飞行员在五天内想要为侦察行动扫清空中障碍，却有75架飞机被击落，19名飞行员丧生。4月9日清晨，英军发动的进攻取得了成功。兴登堡防线被突破，5600名德军被俘：45分钟之内，几乎整个德军前线战

---

① 这五个有君主逊位的国家分别是比利时、塞尔维亚、罗马尼亚、门的内哥罗（黑山）和阿尔巴尼亚。这些国家的君主全都是由于同盟国进行成功的军事行动而逊位的。

壕体系都被攻占，两小时后，第二道战壕也被攻破。最初数小时内，加军也取得了胜利，俘获4000名德军。

4月9日的成功在一定程度上来自一种新型的炮火部署，即"滚动式"——后被称作"徐进式"——弹幕射击，由此火炮随攻击目标稳定而系统性地向前推进，而步兵则利用炮火对守军的震慑效果及对防守的破坏而紧随炮兵之后。徐进式弹幕射击是由旅参谋长艾伦·布鲁克在阿拉斯设计并付诸实施的。①

德军第三道防线却比前面的任何防线都更加坚固，甚至在部分地点被攻占的情况下，仍能针对协约国的新进攻展开顽强而严密的坚守。随着时间的流逝，本来应在步兵前面推进的英军坦克却因机械故障和淤泥而落后于步兵。马匹拉动的火炮难以逾越新占领的德军战壕：这里对于那些从未将火炮运过前线的炮兵而言构成了意料之外的尴尬障碍。"胜利"一词也并非意味着胜利者所遭受的苦难要少于失败者，不论是在此次进攻，还是在其他进攻中，情况都是这样。4月9日，加军战死者中有厄尔·亨布罗夫，他曾于上一年10月在索姆河畔加拿大野战医院服役。那时，他曾在日记中写下："老鼠不多，但德国佬却忙于使用毒气。"作战首日在阿拉斯战死的还有英国诗人爱德华·托马斯，他十分热爱英国的乡村风光。4月9日遇难的另一名英军士兵是41岁的伦敦人维尔内德。1916年在索姆河畔负伤后，为返回前线作战，他谢绝了在陆军部从事文案工作。他在率领所在排进攻哈夫兰库尔丛林时，被机枪火力击中。

4月9日夜间，攻击部队试图在意料之外的严寒暴雪中入眠。至少一名士兵因冻伤而死。4月10日，攻击得以继续，指挥官艾伦比将军得到消息称，德军正调遣援兵赶来，于是感到继续进攻更加迫在眉睫。进攻的第二个夜晚，艾伦比确信突破敌军已在自己的掌握之中，就向麾下各部指挥官发消息称："所有士兵都必须理解第3集团军正在追剿残敌，而且必须要随时承担风险。"艾伦比最新的传记作家劳伦斯·詹姆斯评论说："这道命令传到前线战士耳中后，人们对其难以置信。"

胜利在即的想法甚至次日依旧强烈，在黑格的坚持下，骑兵奉命向前推进，以图通过德军防线上似乎正在变宽的缺口。人马冒着风雪挺进时，都高声唱起伊顿公学的校歌"欢乐赛艇歌"。然而，艾伦比后来写道，他们被"钢铁和机枪阻止"，后来又被击退。

战斗打响后的第三日，即4月11日，艾伦比攻占为第一日设定的一

---

① 1941—1944年，布鲁克任帝国参谋总长——英国最高军事长官。

个目标——蒙希勒普鲁村。但就在暴雪下得更加频繁之际，德军援兵赶到战场。对多数进攻者而言，连续三天的作战已经让他们达到了忍耐力的极限。一位前线军官警告艾伦比说士兵们"在忍受严寒，体力已经透支"。黑格此刻也敦促他小心行事，向艾伦比指出值得"大冒险"的时刻已经过去，让步兵继续发起进攻只会无谓地造成人员伤亡，还说："我们必须竭尽所能用炮弹来替代士兵。"艾伦比却试图再次发起步兵攻击，派遣一个苏格兰营向前推进，却遭到设定于错误时间发起的英军徐进式弹幕射击的误伤，损失惨重，随后又遭到布置巧妙的德军机枪的射击。

4月14日，皇家纽芬兰步兵团的十人在485名战友殉难和身负重伤的情况下，对抗德军一个师的兵力，坚守蒙希勒普鲁村五个小时，直到援兵到来，这十名战士英勇作战的事迹被广泛传颂。在维米岭，加军占领了4500码的德军防线，并俘获4000名德军士兵，但他们自己的损失是至少有3598人战死，7000余人负伤。当日，三名英国将军不顾军中传统就不断攀升的伤亡数字直接向黑格提出抗议。艾伦比辩称他的士兵在战壕中蹲伏过久，已经忘记该如何打一场越野运动战。4月15日，黑格命令结束此次攻势。按照西线战场的标准，艾伦比可以自认为是胜利者，他们已在德军阵线上沿十英里宽的正面造成一个四英里纵深的凹陷。

阿拉斯战役期间，英国的空中损失也同样居高不下：131架飞机和316名飞行员，占驻法皇家航空队总实力的1/3，这个月被称作"血腥四月"。在法军战线后方，约瑟夫·维耶曼上尉于4月16日开始了一系列成功的空中对决，让他后来荣获带有13片棕榈叶和11颗星的英勇十字勋章。[①]

4月16日，在阿拉斯战役终结的次日，法军独自对埃纳河畔的德军发起进攻，沿25英里宽的前线动用50个师。此次攻势由尼韦勒将军策划，因此被称作"尼韦勒攻势"，尽管法军首次动用坦克，但进攻仍然带来灾难。进攻600码后，他们的士兵遭到阻击，他估计伤亡人数约达1.5万人，但实际却近乎达到10万人。在参战的128辆坦克中，有32辆在第一天就被打得不敷使用。原计划投入战斗200架飞机，但在战役打响时仅得到131架，这些飞机在空战中都被德军战斗机击败。当天，战斗决策当中的每个要素都带来了灾难，甚至连使用非洲黑人士兵朝德军阵线冲锋都是如此。"塞内加尔士兵在机枪火力下损失惨重，"一位史学

---

① 1938—1940年，维耶曼任法国空军参谋长。1943年，他成为自由法国驻北非轰炸机部队司令。

家写道，"他们脱离队伍，四散逃去。"

　　正当西线战场尼韦勒攻势即将溃败时，巴勒斯坦的英军再度进攻以图攻占加沙，此次兵力再次超过土军一倍。而且为确保取胜，他们投入了 8 辆坦克，并在巴勒斯坦战场首次使用毒气弹，但进攻依旧失败。坦克不适用于沙漠条件，其中 3 辆被土军缴获，加沙依旧在土军完全控制当中。英军发出求援的信号：意、法两国军队都将从欧洲赶来，参加下一次的进攻。

第十七章 战争、逃兵、哗变

1917 年 4—7 月

美国仍远离战争，其影响力尚未为人们所感知，此时德国三大盟友当中的两个——奥地利和保加利亚，已开始寻求某种途径来与协约国进行和谈。通过驻瑞士外交官的活动，他们于 1917 年 4 月 12 日提出动议，要试图找出可以接受的条款。但协约国情绪却不容妥协：美国参战似乎让钟摆决定性地朝有利于协约国的方向摆动。五天后，17 名法军士兵在预定的进攻发起前不久逃离战壕，这让人们在埃纳河畔初尝了即将变为风暴的不祥事件。

在埃纳河侧翼，芒然将军深入德军防线四英里，但当该战役于 4 月 20 日被取消时，尼韦勒将军承认无法取得突破。在空中，西线战场上的德军依旧维持了蒸蒸日上的态势：4 月 21 日，里希特霍芬男爵庆祝了他取得的第 80 次空中作战胜利。次日，就在不久前仍是沙皇俄国不可分割的领地之内，德军部队攻入赫尔辛基。

4 月 23 日，在西线战场，为减轻德军对法军日益增加的压力，也为减少不断呈蔓延之势的法军哗变造成的潜在影响，英军部队再次在阿拉斯以东的蒙希勒普鲁作战。八天前，黑格应三位将军的请求中止了这场攻势，此刻他不愿重新发起进攻，但法军态度甚为坚决。重新发起攻势首日，战死者就有薇拉·布里顿的友人杰弗里。她的另一位挚友维克托曾于两星期前在阿拉斯附近头部中弹，导致双目失明。和战争中多次发生的事件一样，一位士兵所写书信在他遇难之后才被送达其收件人。在他战死之前三天，他曾写信提及希望自己不要在关键时刻出现差错，说起自己"怯懦得可怕"，还提到他要为他的学校而英勇作战。杰弗里在信的结尾处写道：“假如命运许可，我以后还要再写信。”

薇拉·布里顿随后评论道：“唉，我想，命运不允许，而我也将无缘再见到信封上他那优雅大方的书法了。”她写道，杰弗里是试图在进攻发起前与他左翼的营取得联系时被狙击手打死的。“他胸部中弹，此时已说不出话来，只是专注地凝视着他身旁的卫生员。他倒下的地方被细心地做了标记，但在战斗结束后，他的遗体却已不见，此后也未能找到。”薇拉·布里顿的哥哥爱德华，在索姆河畔负伤康复，从西线战场上写来家书：“亲爱的孩子，我已无更多的话可说；我们已几乎失去了能够失去的一切，而我们得到了什么？诚然和你说的一样，爱国主义已变得老套而乏味。”

黑格希望对阿拉斯展开的攻势能够继续。5月1日，艾伦比受到惨重伤亡的困扰，他请求黑格下令将其取消。某些部队因淤泥和低能见度而在没有充分支援的情况下冒进，“就因自己的鲁莽而被隔绝并迷失。”然而，黑格却认定还可取得更多的利益。两天后发起的夜间进攻中，挺进部队因黑暗而彼此失去联系。但该攻势仍要继续，在艾伦比提出异议后，它又持续了六天。然而，5月7日，艾伦比警告黑格说此时正被投入作战的后备部队“仅完成一半训练，还无法正确使用步枪”。

按照黑格的命令重新发起的进攻中，英军战死者人数多达德军两倍。5月10日，当时身为政府反对派的丘吉尔在英国议会下院指出美军部队要等到1918年才能做好作战准备，他接下来问道：“在战场能够感受到美国军力之前，我们不应该将残存的英法军队浪费到仓促的进攻行动中去，难道这还不够显而易见吗？”无人对他做出回应。美军到来之前还会出现更多次进攻。艾伦比提出的抗议也同样无果：他向黑格提出抗议数星期后，就奉命返回伦敦，得知他将不再在西线战场上指挥作战。他确信自己已被解除兵权。

艾伦比的指挥权被移交给维米岭的胜利者——宾将军。艾伦比被调往远方的开罗，担任埃及远征军司令。那里的英军及英联邦部队曾两次试图穿越西奈半岛进入巴勒斯坦，他们两次均被加沙城外的土军打败。艾伦比不主张再次出击，要么死守前线，要么发动第三次失败的战斗。劳合·乔治未被过去的失利吓住，给艾伦比下达命令：“圣诞节前拿下耶路撒冷。”对于一个在西线战场上频繁遭到挫败与伤亡的国家而言，占领圣城将会成为一份意料之外的奇异的圣诞礼物。

对英国和英联邦国家而言，因为战死者人数及标记他们的坟墓的需要，5月21日促成了帝国战争公墓委员会的设立。该委员会依据皇家特许状负责标记及维护所有战死于战争期间的英联邦部队成员的坟墓、修建墓园及纪念碑，以及做登记与记录等方面的职责。曾于 5 月发生激战的阿拉斯周围，就有 100 余座墓园标记着冲突的地点及伤亡情况。在距阿拉斯车站 1.25 英里处的一座纪念碑上铭刻着 1917—1918 年在该地区作战的士兵中 35928 名失踪者，以及在西线战场坠毁飞机上的飞行员和机组人员的名字，这些人都没有已知的坟墓。在附属于纪念碑的墓园中有 2600 余座带有姓名的坟墓，他们是来自英国、加拿大、南非、新西兰、印度、英属西印度和纽芬兰的士兵；其中还有一名法军、一名俄军及 23 名德军。

在萨洛尼卡战场，英军对多伊兰湖北面的保加利亚阵地发起 12 小时的进攻。经过两天的先期炮火准备，英军希望将保加利亚军队赶出其第一道战壕，然后再将火炮向前推进，将他们赶出第二道防线。进攻定于入夜后开始。进攻发起前半小时，保加利亚军队就借助探照灯光，发动了他们自己的弹幕射击。但进攻仍按原计划展开。保加利亚军队战壕被两度攻占，又两度沦陷。

进攻线上横亘着一条峡谷，名叫瑞莫深谷。这里炮弹猛烈爆炸，人们被炸起后撞上岩石表面而死去。来自德文郡和威尔特郡的士兵们首先来到这条深谷，最终都被德国海军火炮远距离杀死，这种武器用于陆地时更具地狱般的杀伤力。战斗持续到黎明。虽有某些部队被迫返回己方战壕，但另外的部队则占领保加利亚军队第一道战壕，并抵挡住了四次连续的反攻。白天来临后，保加利亚士兵允许英军抬担架从深谷中找回伤员。一名医疗勤务兵甚至获准进入保加利亚阵地铁丝网中间的一段缺口，将负伤卧于距其前线胸墙仅十码处的一名士兵救出。

原计划法军要同时在莫纳斯提尔战场发动进攻，但由于大雪而被迫延期。4 月 26 日重新发起进攻时，英军一个旅在跨过瑞莫深谷之后行进速度过快，就遭到了己方炮火的袭击。战斗中，5000 余名进攻者被打死打伤。

在彼得格勒，尽管临时政府主张继续开战，但苏维埃却作为一个与之并列的权力源头而行事，它也成了反战的焦点。在东线战场，反战运动迅猛发展，但尚未得到普遍支持。4 月初，俄第 109 师与和他们对阵的德军部队亲近。一支忠于政府的俄军炮兵部队向叛军开火，然而该部队指挥官豪斯特中尉，却逮捕了下令开炮的两名炮兵军官。

4 月 20 日，豪斯特与所在团的另外十名军官出席了特别召集的俄第 12 集团军大会，要求在双方同时放下武器的条件下立即实现和平。然而，虽然此次大会的参与者只有士兵而无军官，但大会并未对他们表示支持。大会"主席"——一位名叫罗姆的犹太士兵，被迫进行干预以防豪斯特及其同仁遭到其他士兵的攻击。在彼得格勒，英国武官诺克斯上校提议应将豪斯特与其同党逮捕。陆军部副部长雅库博维奇对他说，这是军队无能为力也不敢为之的，尽管军队曾公开宣称其已加强维护军纪的权力。雅库博维奇还对诺克斯说，后方的新兵训练站送来的 1000 余名新兵中，只有 150—250 人能够被送上前线。在军火工厂，技师都已被开除。布尔什维克党人还在不间断地进行反战宣传，4 月 23 日，党的机关报《真理报》质问俄国士兵"你们愿意为了英国资本家劫掠美索不达米亚和巴勒斯坦而战斗吗？"

4 月 24 日，在前所未有的分裂行动中，乌克兰要求脱离俄国自治。俄国工厂的罢工已使俄国的煤产量比上一年下降了近 1/4。4 月 27 日，已抵达彼得格勒 11 天的列宁主持召开了彼得格勒布尔什维克党会议。

同日，喀琅施塔得海军士兵宣布他们支持布尔什维克党人，并宣布他们拒绝执行临时政府发布的命令。两天后，俄军总司令阿历克谢耶夫将军告知陆军部：各方消息都表明"军队正在系统化瓦解"。霍夫曼将军从德国审视俄国时局，在次日的日记中写道："我们正给俄国人空投下大量报纸和传单，我们在尝试采取种种措施买通他们。"霍夫曼接着写道，俄国革命"是我们的天赐良机"。但在 5 月初，仍有 5 万余名负伤的俄军士兵为继续开战而游行示威，列宁对此甚感沮丧，但他已无回旋余地。

东线战场作战仍在继续，尽管逃兵人数大幅增长，到 5 月初，就有多达 200 万人当了逃兵。彼得格勒的夜生活也同样依旧继续。"歌照唱，舞照跳，"史学家约翰·惠勒-贝内特写道，"在'欧洲'酒吧，来自纽约的沃尔多夫-阿斯特里亚酒吧的调酒师吉姆继续供应他那著名的混合鸡尾酒。芭蕾舞季节里充满着显著的变化，卡尔萨温娜对其观众有着巨大的吸引力，而在歌剧方面，夏里亚宾的嗓音好得无与伦比。"①

德国惊恐地关注着俄国临时政府继续参战的决定。"我们已给俄国人送上许多良好建议，"霍夫曼在 5 月 12 日的日记中写道，"告诉他们要理智行动，缔造和平，但他们却似乎并不急于这样做。"杜马主席罗江科正在寻求途径激起战斗欲望。当月，他授权组建一个营的娘子军，该营营长为玛丽娅·博奇卡廖娃，她父亲为西伯利亚农民，在 1878 年还曾参加反抗土耳其人的战争，最高军衔为中士。1914 年，玛丽娅被拒绝参军。经成功向沙皇请愿后，她在东线战场上作战三年，负伤四次，三次

---

① 约翰·惠勒-贝内特，《1918 年 3 月的布列斯特-立托夫斯克，被遗忘的和平》，伦敦：麦克米伦公司，1938 年，45 页。

因作战英勇而荣立战功。娘子军营的建立影响极大，英国妇女参政论者埃米琳·潘克赫斯特赶到彼得格勒支持博奇卡廖娃的努力，而反战的布尔什维克党却对此予以谴责。

俄国继续参战的实力在各方面都受到削弱。在里加湾的佩尔瑙，一个团的士兵要求其团长撕去肩章上的军衔标志，"以此表示对波罗的海舰队兄弟们的同情"，该舰队已宣布他们支持革命。团长断然拒绝，随后就被谋害。俄整建制第120师的全体士兵，不仅在大规模集体叛逃行动中进入德军战壕，而且向德军指出了正和他们对峙的俄军炮兵连所在位置。5月27日，一名营长对诺克斯上校说，虽然他麾下士兵无意叛逃，但"后方的一切均已不复存在，运输车辆驾驶员、新兵训练营等等。我的士兵们绝对缺乏战靴，还因患病而减员。"

各协约国首都显然都已知晓美国参战在一年之内不会对战场产生任何影响。这对协约国而言是一场严重挫败，尤其是因为采用不加区分的潜艇战迫使美国参战的德国仍在继续几乎不遭惩罚地在海上横行。5月初，协约国及中立国宣布船运损失在4月份达到开战以来的最高程度：共有373艘舰船被击沉，总吨位达到873754吨。[1]

三年多的时间里，英国海军部一直抵制所有引入护航制度的呼吁，因为不愿看到战舰远离舰队，或无法参与重大海上作战，不论这些作战海域多么遥远。但德国无限制潜艇战不断扩大的战果，迫使劳合·乔治政府确立制度规定所有驶过大西洋的船只都应结队行驶，并由海军提供护航。一个由10—50艘商船组成的舰队——当中也许会附有一艘运兵船，可以由1艘巡洋舰、6艘驱逐舰、11艘武装拖网渔船和两艘鱼雷艇全程护航，其中两艘鱼雷艇各配备一个航空气球，其观察员坐于篮筐内查看水下的潜艇及鱼雷的航迹。

在5月24日开始实施护航制度后，德国潜艇击沉船只的规模才有所下降。在从弗吉尼亚的汉普顿锚地驶往英国的第一支船队中，损失的唯一一艘商船是落后于船队的商船。6月，60艘商船编成船队驶过大西洋，无一损失。在1917年5月—1918年11月用船队运过大西洋的110万名美军士兵中，只有637名因德国潜艇击沉船只而葬身海底。1918年2月，美国运兵船"图斯卡尼亚"号被鱼雷击沉时，该船所在船队共救起2397名船上士兵中的2187名。

---

[1] 事实上，这是两次大战当中船运损失最重的一个月。在次月（1917年5月），285艘协约国及中立国舰船被击沉，总吨位为589603吨，在随后的一个月（1917年6月），286艘协约国及中立国船只被击沉，总吨位为674458吨。

1917 年 5 月之后新确定七个船队集中地点。它们是新斯科舍的哈利法克斯，用于来自大湖区和圣劳伦斯的船只；巴拿马，用于来自澳大利亚和新西兰的船只；里约热内卢，用于转运阿根廷的粮食、给养和马匹，这维系着英国大量的战争需求；摩尔曼斯克，用于运往俄国的军用物资；塞得港和直布罗陀，用于跨地中海、东非和印度洋的贸易及兵员运送；以及非洲大西洋沿岸的达卡，用于来自东、南非及远东的贸易及战略物资的运送。

德国想让英国因饥饿而投降的希望破灭了，但尽管护航制度取得了成功，海战依旧艰苦卓绝：5 月 26 日，德国潜艇在阿尔及利亚海域击沉一艘英国医院船"多佛城堡"号，导致七名乘客葬身海底。在七年之后的 1921 年 6 月，该潜艇指挥官诺依曼上校在莱比锡战争罪法庭被指控犯有战争罪。他被判处四年监禁，但在监狱官僚的协助下，他在六个月后成功越狱，他的越狱得到德国媒体的喝彩，仿佛他是一位战争英雄。

在西线战场，尽管在阿拉斯出现惨重伤亡，但英国远征军经过六个星期的奋战，已将德军沿 20 英里宽的正面向后推了 2—5 英里，共发射炮弹 600 余万枚。参战的半数以上德军各师被迫进行一段时间的休整与恢复。

对曾在堑壕中作战的人们而言，他们曾有过许多深思的时刻和漫长的等待时间，可以用来思索这场战争的目的与后果。5 月 20 日，一位年轻的战士从西线战场致信父母："只有经过极大的进步，才能让这场战争中的所有可恶的浪费和不公找到理由——我只希望活下来的人们永远都不要忘记为取得这些进步付出了多大的牺牲。"这位士兵名叫诺曼·张伯伦，他的表兄是未来的英国首相。同样有时间反思的利福德·艾伦，却待在索尔兹伯里平原与世隔绝的牢房中，他是反征兵协会领袖，自上一年 8 月起就被关进监狱，5 月 25 日即将接受第三次军法审判。他在法庭上说："没有实质性理由阻止立即开展和平谈判。"

援引某内阁大臣新近发表的声明，开战以来"各国已有 700 万人战死，负伤者已达 4500 万人"，艾伦接着提出质问："现在实现和平与两年后再实现和平有何重大区别，以致让另外 700 万人的牺牲找到理由？"在未来数年，"各国人民将惊异地回顾，并逐步看清他们各自的政府是如何为实现如此微不足道的结果而许可并鼓动这一牺牲的"。艾伦补充说，将有良知的反战者关押狱中越久，"你们就越能使我们相信俄国自由的精神将不会仅仅局限于俄国的疆域之内。"他又被判处两年苦役，并被送到温彻斯特监狱服刑。

到 5 月中旬，黑格统率的军队取得了两年半之前打响堑壕战以来最大的推进。这些战绩包括仅在一个月的战斗中就夺回 61 平方英里德占领土，俘获 2 万余名士兵，缴获 252 门重炮。坦克已成为英军步兵推进不可分割的组成部分。德军首次坦克试验于 5 月 14 日在美因茨进行。两天后，重新发起的阿拉斯战役就宣告结束。

在萨洛尼卡战场，英军 5 月 8 日夜间发起攻击，打响了协约国一场新的攻势。和两星期前的攻击一样，此次攻击又因保加利亚军队的探照灯和炮火而挫败，最终沿两英里宽的正面只向前推进 500 码。次日，俄、塞、意、法军队，其中法军中还包括安南人和塞内加尔人，也在战线上的其余地点展开作战，特别是莫纳斯提尔以西和以北的地带。取得的战果很快就会失去，因为多数被占领的战壕都暴露于保、德和奥军队的炮火打击之下。保加利亚军队防线无法攻破。在德军重炮、奥军榴弹炮和保军火炮的守护下，4—5 月的攻击目标，那些有着响亮名字的高峰，依旧在保加利亚军队手中。正如研究此次战役的史学家艾伦·帕尔默所写："没有一名协约国士兵能够进至距恶魔堡垒中央塔楼'大王冠'两英里之内的地带；'眼'堡的防御土墙能够让哨兵再继续坚守 16 个月，他们会查看、计算和等待。"①

在平原地带，随着夏日的临近，英军撤至斯特鲁马（斯特里蒙）河后方，保留了河对岸的一系列桥头阵地，一旦保加利亚军队显出敌对活动迹象，这些阵地可以得到迅速增援。事实上，保加利亚军队欢迎这样的休战，并举出写有"我们知道你们要回到山里，我们也一样"的牌子。1917 年夏，英国驻巴尔干战地记者沃德·普赖斯评论说："以武力占领斯特鲁马河谷的唯一一支部队就是蚊子，它们的兵员要数以亿计。"另一个敌人也已到达巴尔干地区：5 月 18 日，萨洛尼卡战场上的俄军部队司令迪特里克斯将军表达了他对俄国国内消息对他的士兵产生的影响的关注。"俄国最新局势，"他写道，"使邮政交通变得更加缓慢和不确定，从后方传来的各种谣言和偶发的流言，又被成事不足者散播，这只能使士兵们的神经更加紧张，让他们担心，使他们的意志瘫痪。"

正当巴尔干地区的僵局继续时，意军在与奥地利对阵的战场上发起了第十次伊松佐战役。首次在意大利战场上参战的英军炮兵连，赢得了意军司令卡尔多纳将军田园诗般的嘉许："在战火的怒吼当中，能真切地听见英军的炮响。"战役持续了 18 天，虽然意军占领的许多山头又在奥军的反攻中失去，但意军依旧取得了胜利，共有 23681 名奥军被俘，

———————
① 艾伦·帕尔默，《萨洛尼卡的园丁》，伦敦：安德烈德意志出版社，1965 年，125 页。

其中军官有 600 余人。

在彼得格勒，临时政府陆军部长古奇科夫将军 5 月 13 日辞职，他警告说军队民主化有一个限制，"超过了这个限制就会注定瓦解"。5 月 15 日，彼得格勒苏维埃向"所有国家社会主义者"发表宣言，要求建立"一座舞台以实现没有吞并和赔偿的和平"。"社会主义者宣言"发表后次日，临时政府拒绝了所有和谈的呼吁，司法部长亚历山大·克伦斯基接受了继任陆军部长之职的任命。他的目标是再续俄军的进攻能力。

当日，在德国国会，宰相贝特曼-霍尔韦格向俄国提出了立即实现和平的要求。临时政府予以拒绝，但反战力量正在积聚。就在德国提议和谈的当日，一位在前一个月在加拿大监押的革命者抵达彼得格勒，他就是列昂·托洛茨基。与此同时，临时政府将彼得格勒苏维埃中六名温和派成员吸纳进来，他们都属于托洛茨基曾经领导的孟什维克党人，列宁和苏维埃布尔什维克成员和孟什维克有着不可调和的矛盾。

战争与革命不可避免地互相交织缠绕。临时政府中一位最为精力充沛的成员，刚被任命为陆军部长的亚历山大·克伦斯基，决心阻止俄国滑向混乱状态，也无法让俄国实现和平。5 月 19 日，他宣布不再接受高级军官辞职，所有不归队的逃兵都要受罚。三天后，他用取胜的勃鲁西洛夫取代了优柔寡断的阿历克谢耶夫将军的总司令之职，并于 5 月 25 日发布了进攻命令。但次日就有报道称，一日内就有 3 万逃兵从前线赶回基辅，正在返回俄国途中。

在 5 月底的奥地利，奥地利议会自 1914 年 3 月以来首次开会，波兰议员宣布他们支持波兰独立，而塞尔维亚、克罗地亚和斯洛文尼亚议员宣布组建一个"南斯拉夫议会俱乐部"。次日，为缓解民族主义者的不满，皇帝卡尔承诺将编制一部更以民族为中心的战后宪法。

反战情绪不仅见于 1917 年春季的俄国，也见于法军不断增加的逃兵人数当中。5 月 22 日，英国内阁批准了一项计划"反击英国境内的和平主义运动"。有良知的反对者要准备面对长期监禁的处罚，而不是在堑壕中作战。

第一批共 243 名美军士兵 5 月 18 日抵达英国。他们是某基地医院的军医和卫生员。5 月 26 日，第一批美军作战部队抵达法国。到这一星期结束时，已有 1308 人登陆。

第一批美军部队的到来，正值西线战场法军战区出现急剧变化，不断增多的逃兵现象，于 5 月 27 日演变为哗变。在西线战场，沿贵妇小径，多达 3 万名士兵离开堑壕和后备兵营退往后方。接着，在战线后方的四座城镇，士兵们不顾军官们发布的命令，占领大楼，拒绝再上前线。① 次日，在费尔昂塔尔德诺瓦火车站，哗变者想要登上开往巴黎的列车，但列车被禁止开动。两日后，在西线战场，数百名法军士兵拒绝进入前线战壕，而此时已经开战的法属摩洛哥部队迫切需要他们的支援。

5月28日，法军哗变进入第二日，美国远征军司令潘兴将军及其参谋人员搭乘英国汽船"波罗的海"号从纽约出发，赶往利物浦。在跨大西洋的航行中，潘兴决定计划组建一支兵力至少为100万人的军队，"使其尽快开赴法国"。法军最高司令部每日受到地区士兵哗变消息的困扰，感到"尽快"都似乎是遥不可及的前景。

6月1日，在米西奥布瓦，法军一个步兵团占领了整个城镇，并建立起反战"政府"。一个星期内，整个法军战区混乱不堪，因为哗变者拒绝重回前线。军事当局迅即采取行动：在贝当的部署下，出现了大规模逮捕与军法审判，共有23385人因哗变而被判处有罪。400余名士兵被判处死刑，其中50人被枪决，余者被送往法国殖民地服惩罚性劳役。对数百万步兵而言，他们当中不少人都已经参战三年有余，贝当迅速引进了改善措施，组织更长时间的休整，更多探亲假，还改善了伙食条件。"我最为急迫地开始压制严重违纪案件，"6月18日，贝当向麾下的指挥官们解释说，"我将继续坚持这种压制，但不会忘记它应适宜于在战壕中与我们共同战斗了三年的士兵，也不会忘记谁是我们的士兵。"六个星期后，哗变均已告终。"哗变以惊人的速度被平息，"一位史学家评论说，"贝当的哪种措施最有助于让军队与枯燥而又危险的无尽持续的战争共存，已经成谜。"②

哗变的规模显然已使法军最高司令部意识到士兵们不愿再经历重新发起攻势所受到的折磨。这就为西线战场上的英军部队增加了巨大的负担，他们很快就会首当其冲，在法国和弗兰德斯发起协约国的再次努力。"英军在第三次伊普尔（帕斯尚尔）战役中遭受的惨重损失，"一位首席英军史学家写道，"在一定程度上也是为了要将德军注意力从受到削弱的法军战区吸引过来才出现的。"③

在空中，一种新型战法于5月25日下午引入，当时23架德军飞机

---

① 这些城镇为苏瓦松、维莱科特雷、费尔昂塔尔德诺瓦和克夫尔。

② 科雷利·巴内特，《佩剑者，一战最高司令部研究》，伦敦：艾尔与斯波蒂斯伍德出版社，1963年，236页。

③ 约翰·基根，"放下武器的军队"，《泰晤士报文学增刊》，1994年5月13日。

从比利时的两个机场起飞，赶往伦敦。这些飞机都是"哥达"轰炸机，"哥达"之名更增加了恐怖。每架轰炸机都载有 13 枚炸弹。由于云层太厚，只有两架飞抵英国，但其中一架投下的五枚炸弹造成了比此前任何一次齐柏林飞艇袭击更大的伤亡。在肖恩克利夫的一座兵营，16 名加拿大士兵被炸死。在福克斯通，遇难者则是平民：16 名男子、30 名女子和 25 名儿童。空袭结束后，共有 95 人被炸死，192 人被炸伤，作战中又引入了一种新的元素，其顶峰直到 20 年后才为人所感知。"古时的耶和华神仍然无处不在，"阿尔伯特·爱因斯坦 6 月 3 日致信一位荷兰友人，"他将有罪者和无辜者一并杀死，他恐怖地盲目击杀他们，让他们没有感到任何罪孽。"

战场上的战争形成了怪异的对照，东西两线战场上惨烈的战斗伴随着大量逃兵、哗变和亲敌行为。在东线战场，霍夫曼将军在 6 月 1 日的日记中提到，"在许多作战地点"，所有企图与目的都是要实现停火，在其他地点，战斗仍在继续，"这真是一场怪异的战争！"

三天后，在巴黎，随着各处哗变的法军士兵显露了他们对战争的憎恶，法国陆军部长潘勒韦就估计法军在前线和巴黎之间只有两个可靠的师，都在 70 英里之外。为征募更多兵员，也为鼓动反同盟国情绪，法国政府就在潘勒韦发出警告的当天授权组建波兰军队，与协约国军队共同在西线战场作战。在华沙，波兰大学生为表达民族主义情绪，开始了罢课抗议。

在英国，6 月的第一个星期在利兹举行了一场反战会议。一份报纸在 6 月 4 日评论说："利兹作为一个城市，并未诚心欢迎今早召开于大剧院的民族工党与社会主义者会议。"前任（及下任）工党领袖拉姆齐·麦克唐纳提议通过的第一项决议，祝贺俄国人民取得革命的胜利。随后，又在欢呼声中发出呼吁，让代表们"救出克利福德·艾伦——就像俄国人民所做的那样"。出席会议的贝特兰·罗素对这 1000 名和平主义者的代表表示支持，他像在狱中的艾伦一样，声称"有良知的反对者们拒服兵役，已显示个人可以与国家的整体权威抗争。这是一个非常重大的发现，它强化了人的尊严"。

因拒服兵役或其他劳役而入狱的人们中有史蒂芬·霍布豪斯，一个富有的贵格教派家庭的成员，他放弃了继承的遗产，而为伦敦东区的贫民工作；还有科德·卡奇普尔，他也同属贵格教派，二战中他领导了一次对德国城市的空袭。

6 月 5 日，依据《选择性征兵法案》，美国全境开始了征兵登记工作，要招募 21—30 岁的所有男子服兵役。《纽约时报》宣称，该法案

"提供了制约国内某种不服管束的外来分子的一种长期亟须的途径",所指的是美国犹太人,他们的和平主义分子按照比例并不多于其他美国人。一位美国拉比坚称,征兵制是从摩西时代演变而来的一种制度。为支持这种主战观点,《诗篇》中还有一首两年前曾被英国犹太人援引用作参战理由的诗歌:"愿主赐福于我的力量,教导我用双手去打仗,还有用手指去战斗。"①

《选择性征兵法案》通过两个月后,犹太人占了美国武装部队的6%,而犹太人口仅占美国总人口的2%。

在西线战场,悲观的艾伦比已不在黑格麾下任指挥官,黑格于6月5日对手下的高级将领说:"德国人民的力量与耐力已被绷紧到了极限,有可能在今年就能达到其破裂点。"两日后,英国远征军发起了其在两个月之内的第二次攻势,进攻梅西讷-瓦显蒂岭上的德军战壕、坑道和工事。攻击于黎明时分发起后,出现了一次大爆炸,爆炸的巨响让15英里外德军占领的里尔都出现了恐慌。这是两年半之前首次抵达法国的隧道工兵连所付出努力的极致。

19枚地雷在德军前线下方爆炸,总爆炸威力达到500吨。英、加、澳三国隧道工兵花费了六个月的时间挖掘了这些通道,其中的一条长达2000英尺。被埋设最深的地雷位于德军战壕下方100英尺处。其中在斯潘布鲁克发生的一次爆炸,炸出了直径430英尺的坑洞。有两枚地雷未能爆炸,其中一枚1955年引爆,另一枚位于普卢赫斯提尔特丛林西北部的地下某处,其确切位置无从知晓,这引发当地民众的阵阵恐慌,我1970年及1971年到访该地区时,情况依旧。

梅西讷的爆炸产生了毁灭性的后果。据信,有1万名德军被当场炸死或被活埋。另有数千人受到惊吓或感到眩晕,7354人被俘。英军使用2266门火炮发起的轰击又增强了爆炸的后果。当时在地雷爆炸之后率军推进的有20岁的安东尼·艾登。"发起弹幕射击时,"艾登后来写道,"炮火的巨响就在瞬间让地雷的爆炸声归于沉寂,只是在这种渐强音中,我们还是能够听到陷于坑洞中的德军的尖叫声。我们无法对他们采取任何行动,因为我们正不惜一切代价维持着我们的弹幕射击。"艾登率领士兵紧随英军炮火弹幕前进,他们缴获德军一挺机枪,将全体机枪手生擒。"也许他们被地雷爆炸所震撼,忘记了及时展开射击。"

艾登所在连内当天上午仅有一名士兵战死,他必定是先于其他士兵冒进,试图打掉一个德军阵地。艾登回忆起和他擦肩而过时的情形:

---

① 《诗篇》第144章第1节。——译注

"那名士兵刚刚倒下，呈横'一'字伸展着卧倒在地面上，受了致命伤，已经失去知觉。我知道这名步枪手是我们最受信赖的士兵之一，不知为何，我当时一阵不可抑制的无法名状的痛苦。也许是因为他的身体躺在一个孤立无援的地点，也许因为这样一个恪尽职守的少年突然无谓地牺牲生命。他很有可能是被己方弹幕射击中的一块弹片击中的，但这也无法改变任何事。他已经完成出发时设定的使命，他用自己坚强的意志挽救了许多生命，为此却付出了自己的生命。"此事过去 60 年后，艾登又补充说："当时的场景一直鲜活地留存在我的记忆中。"

梅西讷岭地下的地雷爆炸在整个南英格兰造成了薇拉·布里顿所称的"清晨地震般的怪异震动"。次夜，她那被致盲的士兵朋友维克托死于医院。她正在国内休养的哥哥爱德华，已变成了另一个人，"陌生而骇人的爱德华，他从不微笑，琐事之外，他也从不言语，他似乎对我已无话可说，几乎注意不到我回来"。

地下爆炸发生四天后，德军放弃瓦显蒂和梅西讷，撤至更靠东面的一道新的防线。此次撤退是按照巴伐利亚亲王鲁普雷希特的命令有序而有意地展开的。后撤期间，在 6 月 8 日，一位 24 岁的德国飞行员取得了其首次公认的胜利。他所在的整个中队都在地面观看，他经过较长时间的缠斗，将一架协约国飞机击落。他就是赫尔曼·戈林中尉。①

一个星期后，前线的僵局又重新出现。1917 年 6 月，艾略特给《国家》杂志发去了一封他从一位军官处收到的信，这位军官没过完 19 岁生日就来到前线。他所见到的国内对前线情况的不了解令他愤慨，"如患麻风病般丑陋的地面，上面散卧着数百具年轻士兵肿胀焦黑的躯体，那腐肉发出可怕的恶臭"。他接着描述道："淤泥如同麦片粥，战壕就仿佛麦片粥中的浅浅裂隙——在日光下发出臭气的麦片粥。成群的苍蝇和绿豆蝇在块块腐肉上聚集。伤员在弹坑中和腐尸卧在一处：在炙热的阳光下，刺骨的寒夜里，在反复的炮火轰击中，都全然无助。有的士兵肚肠被炸穿，两肺被炸烂，双眼被炸瞎，脸上被炸得血肉模糊，还有人四肢被炸飞。士兵们在尖叫，在胡言乱语。伤者处于痛苦当中，悬挂在铁丝网上，直到友军喷出液态火焰，让他们如扑入烛火的苍蝇一样皱缩。"

"但这些只是言语，"这位军官在信的结尾处写道，"也许只能给听者传达一小部分的含义。他们战栗之后，就将一切忘却。"

各国政府不顾堑壕战中的现实恐怖，不顾俄国境内的混乱，不顾法

---

①　戈林 1922 年加入纳粹党。1933—1945 年间他担任德国空军司令。1946年的纽伦堡审判中他被判处死刑，但他在临刑前自杀。

军士兵的哗变，依旧毫不动摇地想要持续作战。南非的统帅斯马茨将军本身也是英国战时内阁成员，他主张英军在西线战场应尽早发动攻势；否则，他说，德军将"趁机重整旗鼓……如果我们无法突破敌军前线，我们就摧毁他们的斗志"。

按照黑格的命令，攻势定于6月10日发起。两天前，6月8日，劳合·乔治召集紧急内阁会议讨论斯马茨的观点。会前，内阁已经获悉法军哗变的详细规模。劳合·乔治提议立即推迟英军攻势。他认为，英国反而应该考察"能否与奥地利单独媾和"，这就会孤立德国，也许会让德国皇帝结束战争。劳合·乔治对同僚们说，他认为在"法军无法继续作战，且其后备部队身心俱疲"之时，英国单打独斗突破德军防线毫无意义。斯马茨不愿看到他提议的攻势被放弃，就请求询问黑格进攻有多少胜算。从西线战场传来了简短的电报："黑格乐观其成。"于是黑格就被请到伦敦来详细解释他充满希望的理由。

6月8日，伦敦战时内阁讨论会议召开当日，潘兴将军和他的司令部参谋抵达利物浦。为欢迎他们的到来，一份英国报纸对其读者说，虽然美英两国在1776年因为英王乔治三世的"普鲁士政策"而分开，此时普鲁士主义又将使两国团结在一起。《画报》援引了莎士比亚的话语鼓舞民众："此刻，令我们不满的严冬就因这个约克（纽约）的太阳而变为辉煌夏日。"其中充满善意，即使潘兴和他之后的杜鲁门总统一样，都来自密苏里州。

潘兴次日来到白金汉宫觐见英王乔治五世，英王"提到了战争的巨大花费，提到了大英帝国投入陆海军中的大量兵力，提到了他们遭受的重大损失"。他随后又提及有传言说美国很快就将升空5万架飞机。这一相当典型的对美国军力的夸大令潘兴尴尬万分，他对英王说："这些报道极度夸大其词，我们要在一段时间之后才能派遣飞机到欧洲参战。"当时美国仅有55架训练飞机，其中51架已经废弃，四架即将被废弃。

抵达伦敦第二日，潘兴得知德军击沉协约国运输船只，4—5月份的总吨位已达150万吨，这样英国就没有足够的运输能力将美国远征军运至法国，而且一旦他们抵达法国，也无法向他们运送充足的补给品。仅在潘兴渡过大西洋的11天中，就有15艘舰船被击沉于英国海域；事实上，潘兴所乘船只为防遭鱼雷袭击，就没有对频繁收到的求救信号做出任何回应。

6月9日，俄国临时政府拒绝了德国的停火提议。与此同时，为限制已经持续几乎一个月的法军哗变，实行了两项截然不同却并不互相排斥的政策。6月10日，被判处死刑的头两个哗变者被执行枪决。首次行刑九天后，贝当将军开始了与爆发过哗变的军团的人员进行个别谈话，这是令人望而生畏的使命。两个月中，他到访80多个师。这是一场长期而艰巨的任务。当月83位省长就各省会士气问题发送给巴黎内政部长的一份秘密报告显示，54座城市中士气"低落"或"漠然"，而有36座城市士气"遭到玷污"。

在意大利战场，特伦蒂诺地区日益受挫的争夺山头的战斗于6月10日重新发起，但意军逃兵将进攻的详细计划都透露给了奥军，于是奥军反攻取胜。意军向六座山峰发起进攻：只有奥蒂加罗山上一座6794英尺的山峰（被称作2101高地）被攻占。意军对奥蒂加罗山主峰发起的攻击最终取得了成功，俘获了1000名奥军，但直到此时，奥军仍占据着近旁6729英尺的山峰，及意军的另一主攻目标：卡米戈罗蒂山。后来，令意军惊愕的是，奥蒂加罗山被攻占两星期后，又被奥军夺回，还有近2000名意军被俘。三星期的战斗结束战役时，地图上的战线几乎未发生变化，但已有2.3万名意军和9000名奥军战死或负伤。

6月13日早上，战争再次殃及平民和城市的安宁世界，14架德军轰炸机从1.2万英尺高空袭击了伦敦，共投下100多枚炸弹，导致162名平民丧生，这是整个一战中英国首都遭受的最惨重的伤亡。在伦敦城内，薇拉·布里顿看到"几辆破败的商贩小车的开车人被炸得血肉模糊"。在波普勒的一所学校，15名儿童被炸死，27人终身致残。"这种'对无辜者的屠杀'是欧洲大陆上城镇和乡村之战中常见的恐怖场景，"一位最近研究伦敦东区历史的史学家写道，"但在伦敦，900年来没有任何事件能够与此相比。悲哀、震惊与愤怒，又一次演变为仇外。由于炸弹是在光天化日投下，人们认定那所学校本身就是一个目标。"[1] 事实上轰炸目标是附近的码头、仓库和铁路线。有些父母十分惊恐，就将孩子们送到伦敦之外，同时预先上演了二战中有组织的撤离。在被送出伦敦来到赖盖特地区的学生中，有年轻的威诺格拉茨基兄弟。[2]

当日，6月13日，潘兴将军抵达法国，在波洛涅登陆，乘火车赶往巴黎。他的到来是等待已久的、呼声甚高的推动协约国战斗力的先导。"他捕捉住了反复无常的巴黎群众，"一位观察家指出，"如果由巴黎来

[1] 艾伦·帕尔默，《东区，400年的伦敦生活》，伦敦：默里出版社，1989年，119页。

[2] 即后来的格雷德勋爵（生于1906年），1977—1982年任联合电视公司总裁，及戴尔冯特勋爵（生于1909年），首席剧场经理，曾任娱乐艺术慈善基金会主席。他们的弟弟莱斯利出生于1916年，后来担任戏剧机构"格雷德组织"首脑。

做主，他明天就能当选法国国王。"但一位曾在法国生活过的美国友人曾告诫过潘兴："血肉和忍耐力有一个坚持的限度。"法国人"即将达到这一限度"。

还要等上数月，也许长达一年时间，才能有足够多的美军在战线上就位，并造成一定的影响。6月16日与贝当举行的首次会谈中，潘兴在对话陷入冷场时突然听到贝当说："我希望这不会太晚。"此时，他是清楚法国人的意思的，但法国想要战斗的意志尚未终结。6月15日，就在潘兴到达法国后与贝当会面之前，法军飞行员约瑟夫·维耶曼上尉驾驶侦察机飞越无人地带，受到五架敌机攻击，他将对方全部击退，并继续展开侦察行动，这就为他的"英勇十字勋章"增加了一片棕榈叶。是法属摩洛哥士兵从战壕中看到了这一高超飞行技艺的展示后，才要为上尉请功的。

在对土耳其的战争中，皇家海军"马格纳姆"号游艇6月15日将两名巴勒斯坦犹太间谍送回安斯利特，他们已在塞浦路斯完成使用炸药的培训。他们的使命是炸毁海法至大马士革铁路阿富拉与德拉之间的路段。在更南面，大马士革至麦地那铁路安曼与德拉之间的路段被阿拉伯人炸毁，劳伦斯为他们提供了指导，使用的是英国炸药。英军飞机还对战线后方的土军阵地采取了行动。6月23日，从"皇后"号航空母舰和加沙附近机场起飞的飞机轰炸了图勒凯尔姆火车站、拉姆勒机场，及耶路撒冷德军司令部，该司令部位于橄榄山顶峰上的奥古斯塔维多利亚教堂和疗养院。炸弹对德国皇帝及皇后的一面大幅屋顶马赛克肖像画造成了巨大破坏。

在西线战场，葡萄牙远征军6月17日首次参战，作战地点是弗兰德斯。次日，英军在梅西讷开战。当日受致命伤的有1916年11月昂克尔之战的英雄弗赖堡的弟弟保罗·弗赖堡，他在被送往英国医院的途中死于波洛涅。

6月19日，道格拉斯·黑格爵士从法国越过海峡返回英伦，向战时内阁解释他不顾劳合·乔治的犹豫，而希望夏季攻势如期进行的理由。黑格认为德军还有六个月就会彻底枯竭。只需再奋力一击，战争就可能在1917年取胜。他得到了斯马茨将军的强烈支持。劳合·乔治做出了让步：下一步的攻势，一年前的索姆河会战以来规模最大的攻势，定于7月31日发起。

6月28日，埃纳河畔和凡尔登都爆发了激烈战斗，在埃纳河畔，英、加军队取得小规模进展，在凡尔登，德军攻占了某些法军坚守的战壕。

两天前，第一支大型美军分队抵达法国，兵力为 1.4 万人，于圣纳泽尔弃船登岸。但这并不会对战场产生任何影响。这些士兵首先需要训练，需要与三个月后到来的下一支分队会合。美国虽已参战，但美国在法国的努力却必要地集中于建设港口及训练设施、补给线和存储仓库。某些差距立即显示出来。某些炮兵到来时不仅未带来火炮，而且他们竟不知道那些火炮的外形及操作方法。许多步兵只是刚招募的新兵，因为多数常规军都被留在美国本土，以对仍在不断聚集的新兵造成潜移默化的影响。甚至连潘兴都因美军士兵的低劣素质而震惊。还有一次，一位法国将军走到一名"头发蓬乱的"美军哨兵面前。这位美国兵并未立正站好，反而把自己的步枪递给将军，在门口坐下给自己卷一根香烟。①

潘兴作为杰出的组织者，为新到来的美军士兵建立了训练团队网络，并启动了大规模供给及备战机器，以确保能让美军在 10—12 个月后参加前线作战。美军已经抵达，但人们常常问起："美军究竟在哪？"然而，7 月 4 日，美军部队穿行巴黎来到拉斐德墓前时，群众热情骚动。美军军官查尔斯·斯坦顿在聚集的巴黎市民面前宣称："拉斐德，我们来了!"② 这引发了更大程度的兴奋。人们按照拉斐德生前遗愿，是用从美国运回的土壤，将他埋葬在巴黎的。

1917 年夏，另有一个国家即将参战。6 月 12 日，亲德的希腊国王康斯坦丁将王位传给其次子。6 月 26 日，亲协约国的维尼泽洛斯任首相。此刻就等希腊加入协约国作战了。随后，在人心所向的协约国军队爆棚的幸运中，受到克伦斯基激励的勃鲁西洛夫于 7 月 1 日对东线战场上的德、奥军队发起了第二次攻势；7 月 2 日，希腊对同盟国宣战。

战争爆发近三年后，一个濒于崩溃的国家仍在重新发起攻势，而一个此前保持中立的大国正在卷入冲突当中。

---

① 唐纳德·斯迈思，《特级上将潘兴》，布卢明顿：印第安纳大学出版社，1916 年，30 页。

② 这句话经常被误认为是潘兴所说，他当时也在场，也曾发表讲话。曾在法国革命期间参与起草《人权宣言》的拉斐德，曾在美国独立战争中抗击英军，他死于 1834 年。

第十八章　西线僵局，东线混乱

1917 年 7—9 月

在俄罗斯帝国境内，没有了高高在上的沙皇，首都的权力仍在急于建成自由民主制度的临时政府和坚持革命主张的苏维埃之间分配。在1917 年 6 月 16—22 日召开的第一次工人士兵苏维埃会议上，有着781 名代表的布尔什维克党人强调战争应当终止。但以克伦斯基为陆军部长的临时政府提出计划，要尽快发动攻势。从彼得格勒返回伦敦的英国记者迈克尔·法布曼 6 月 28 日报告说"极端社会主义者势力因对协约国战争目的的不信任而有所增长"，而同样对协约国不祥的是，俄国铁路与所有车辆的"破败情况"，"正迅速摧毁着"交通途径。

7 月 1 日，大规模和平示威在彼得格勒举行。同日，1916 年攻势的胜利者勃鲁西洛夫将军，在东加利西亚沿 50 英里宽的正面展开攻势。俄军 31 个师在 1328 门重炮的支援下发起进攻，意图夺取西面 50 英里处的伦贝格。向德奥军队防守的前线发起的第一次猛攻中，俄军就俘获敌军1 万余人。战役次日，捷克特别旅中和俄军并肩作战的捷克军人，劝说他们对面属奥地利第 19（捷克）师的捷克军人倒戈。俄军部队中也有人丢弃武器，拒绝走上前线。他们站在那里"忧郁地抱着双臂"，约翰·惠勒-贝内特写道，"而他们的军官，在威胁与祷告均不奏效后，就朝这些沉默的士兵吐痰，然后独自向敌军冲去。"

在俄军向南发起的一次单独进攻中，科尔尼洛夫将军抓获 7000 名奥军俘虏，而德军后备部队的到来避免了整个防线的崩溃。但科尔尼洛夫持续推进，跨过德涅斯特河，夺取哈里奇和卡卢什，以进至喀尔巴阡山各隘口和匈牙利边境，俄军曾在开战后的数月中沿这一地带胜利前进。

俄军推进至勒齐亚尼，对东加利西亚油田构成了威胁。为防守勒齐亚尼，哲学家下士路德维希·维特根斯坦因所做的炮兵观察员的工作而赢得了银质勇毅勋章：在猛烈的炮火轰击下，他"在关键时刻"引导火炮射击，给俄军造成了重大损失。奥军7月23日开始推进，油田得以保全。但一切都开始对同盟国不利：在德军战线后方，原忠于德国，并曾在德军内部组建数个波兰军团的波兰军人，拒绝宣誓效忠德国皇帝。7月就有5000余人被逮捕，并遭到监禁。同时遭到逮捕的还有波兰军团长官约瑟夫·毕苏斯基，他支持麾下士兵弃绝对德国的忠诚。

驻华沙德国总督冯·贝泽勒将军7月21日请求毕苏斯基与德军协同行动时，毕苏斯基答道："将军阁下，你曾否在片刻之间想象一下，你将波兰的标志挂在了要使其窒息的手上，你决定这样来赢得这个民族的信任吗？波兰人知道普鲁士要勒住波兰的脖子。"被强迫担任德国主导的波兰领袖后，毕苏斯基反驳说："如果我和你们走，德国只会多一个人，而我会损失一个民族。"后来，毕苏斯基被监禁于德国，直至战争结束，他那些曾在东线各战场上和俄军顽强作战的士兵们都被囚禁于德军营中。

民族独立的雄心对同盟国的作战能力造成了重大阻碍，德国的波兰人问题和土耳其的阿拉伯人问题如出一辙。在奥斯曼帝国最南端，阿拉伯人对其奥斯曼主人的敌意正在产生效果。7月6日，2500名阿拉伯人击溃了防守红海北岸亚喀巴港的300名土军，当时劳伦斯也在场。这就让阿拉伯军队进入了英军在西奈半岛前线内的130英里处，此处的艾伦比将军已接到伦敦发来的指令，要在年底前进抵耶路撒冷，尽管他的前任指挥官曾多次久攻加沙不下。

劳伦斯穿过西奈沙漠，巧妙地避免了与所有土军巡逻队遭遇，于7月10日在开罗见到艾伦比，拿到了每月给阿拉伯人的补贴——价值20万英镑的黄金，随后该项补贴增加到50万英镑。因成功夺取亚喀巴，阿拉伯人被支付了价值1.6万英镑的黄金。① 艾伦比则于7月底遭遇一场人生悲剧，他接到一封电报称其子迈克尔已于西线战场战死，他头部被炮弹碎片击中，失去知觉五小时后死去。艾伦比流泪了；他的新同僚们发现他神情沮丧，"十分可怜"。在致他的妻子，以图给她安慰的信中，他写道："迈克尔早已实现了世界史上每个伟人立下壮志去实现的目

---

① 在1917年，这三笔款项分别相当于500万英镑（800万美元）、1300万英镑（2000万美元）和43.2万英镑（64.8万美元）。（译者按：本条脚注列出的应为1994年的价值。）

标——死时尊享荣宠、受到爱戴、取得成功，倾尽身体与心灵的精力。"迈克尔·艾伦比在西线战场作战 18 个月。他因作战英勇而荣获军功十字勋章。战死时他还不到 20 岁。

在英国，政府于 7 月 7 日同意成立女子辅助部队。这是首次让女性穿上军装，前往法国担任文员、接线员、勤务兵、厨师和防毒面具用法教导员。依据传统，只有男性能够取得部队军官委任状，所以女性志愿者均不能担任军官：负责者被给予"控制员"或"管理员"的衔级。组建女子辅助部队的深层原因是要将英法两国境内从事事务性工作的士兵解放出来，让他们到前线参战。

大批女性已在英国各地的弹药厂进行劳动。长工时、刺激性的烟气和低工资是这项工作的主要负面特征，但爱国主义口号对志愿者和对士兵一样强烈。"局势严峻，女性应当出力挽救危局"是伦敦一次"女性服役权利"游行中高举的旗帜，当时炮弹不足的消息于 1915 年夏在英国公开。在苏格兰格雷特纳，有 1.1 万名女性被雇用于国有无烟火药工厂，其中 1/3 在战前曾是家庭女佣。

女性在提供战争必要的弹药方面发挥了至关重要的作用。危险始终存在。生产 TNT 炸药的女性被戏称为"金丝雀"——TNT 中毒的一个症状是肤色变黄。61 名女性弹药工人因中毒而死，81 人死于工作期间发生的其他事故。在战争期间的爆炸事故中，有 71 名女性工人被炸死，其中一人死于格雷特纳工厂，69 人死于伦敦东区的西尔弗敦，这里的一次火灾引燃了 50 吨 TNT 炸药，摧毁了伦敦东区一平方英里的街区，造成了比一战期间伦敦遭受的所有空袭之和更大的损失。由于该工厂所有者是德裔创办的布伦纳蒙德公司，这就激化了仇外情绪。[①]

德军最高统帅部日益强调德国潜艇迫使协约国的作战能力在减弱。每月击沉协约国和中立国运输船只的统计数据尤其让鲁登道夫感觉到协约国持续作战的能力必定在减弱，因为运送战争给养和粮食的船只在各大洋及海域都被无休止地击沉。7 月 10 日，瓦尔特·拉特瑙在看望鲁登道夫时向他提出警告说，即使是击沉协约国运输船只的最高估计，也只是虚幻，因为英国正倾尽全力弥补损失的船只。拉特瑙还请鲁登道夫注意"美国有可能造出吨位比我们击沉的大得多的船只"。但作为军人的

---

① 阿尔弗雷德·蒙德爵士，后称梅尔切特男爵，1906—1928 年任自由党议员（1921—1922 年任卫生部部长），是路德维希·蒙德次子，路德维希的父亲麦尔·蒙德 1811 年生于卡塞尔附近的齐根海因。路德维希·蒙德娶了表妹弗丽达，弗丽达继承了一位科隆犹太银行家的遗产。

鲁登道夫不会被数字或预测所吓倒，他却对工业家拉特瑙说他尊重后者的言语，"但你要承认我将跟着感觉走"。

拉特瑙当时并不知道自己有多么正确，因为英国的船运专家阿瑟·索尔特恰恰就在组织拉特瑙警告中的弥补计划，到 1917 年夏，每次被击沉的吨位不需多久就可以补上。然而，在德国追求胜利的过程中，鲁登道夫所表达的"感觉"取代了事实和统计数据。

不仅有潜艇鱼雷，就连毒气罐似乎也已变成了德军最高统帅部的制胜法宝。7 月 12 日，西线战场上首度使用芥子气，是德军朝伊普尔附近的英军投放的。德军共打出 5 万余枚毒气弹，造成协约国 2000 余名官兵中毒，87 人被熏死。在接下来的三个星期里，德军打出了 100 万枚毒气弹，又毒死了 500 名士兵，导致数千人丧失行动能力，但英军防线依旧未被攻破。7 月 17 日，英军实施报复，发射了 10 万枚含三氯硝酸钾的毒气弹，导致 75 名德军丧生。此次报复也未能取得突破。1917 年 7 月，位于斯卡帕湾的英军战列舰"前卫"号上发生爆炸事故，炸死的英军士兵人数超过了芥子气和三氯硝酸钾毒气攻击的总和。此次突发的爆炸事故中，共有 804 名海军士兵丧生，仅有三人幸存。

在东线战场，德军从奥军手中接管了中部战区。"昨天的消息令我心倍感轻松，"霍夫曼将军在 7 月 17 日的日记中写道，"利茨曼将军已夺回卡卢什，这些地区援军充足，我们无可担忧。"① 两天后，德军沿 12 英里宽的正面突破了兹沃切夫俄军阵地。"局势正在按照计划推进，"霍夫曼 7 月 21 日写道，"我想要抓获更多的战俘，那帮家伙疯狂逃窜，让我们无法抓到，目前战俘仅有 6000 人，缴获的火炮仅 70 门。"

奥地利领土已被德军解放。"奥地利皇帝昨天曾来这里，"霍夫曼 7 月 23 日写道，"他举止显得有些傲慢无礼，当然不会为我们帮他们克复一个省而表示任何感激。"三天后，德国皇帝来到兹沃切夫，并从这里乘车赶往塔尔诺波尔。是他的军队，而不是奥地利军队，为同盟国夺回了东加利西亚。"当然，他心情非常愉快。"霍夫曼记录道。

和谈努力在夏季依旧持续，与年初一样成效甚微。7 月，英国武器制造商巴兹尔·扎哈罗夫爵士在瑞士与土耳其陆军大臣恩维尔帕夏举行密谈，提出如果土耳其单独与协约国媾和，就给土方提供价值 150 万美

---

① 1939 年 9 月，德军征服波兰城市罗兹，就为纪念利茨曼将军而将该城更名为利茨曼市。1940 年在该城设立犹太区，导致数千名犹太人忍受蓄意饥饿的折磨或死去（1941 年 1—6 月间为 5000 人，此后又有数万）。

元的黄金。① 恩维尔受到诱惑，但最终拒绝。在柏林，德国国会再次开会，以便为将战争进行到底而投票筹款。要求争取到和平时，德国不应吞并别国领土。7 月 19 日，德国国会以 212 票赞成、126 票反对和 17 票弃权的投票结果，通过了"和平决议"，决议敦促德国政府尽力争取"通过协商和永久和解实现和平"。但六天前继贝特曼-霍尔韦格任宰相的米夏埃利斯博士，却已成为参谋本部的被提名人和喉舌，他坚持德国不会谋求和平。他发表了对德国国会不屑一顾的言论："我认为像德国国会这样的机构不适于在战争期间根据自己的动议决定战与和的问题。"

所有有关和谈的思考也同样被德国皇帝所摒弃，他于 7 月 20 日接见了除独立社会主义党人外的德国各政党代表，这是近 20 年来的首次此类会见。皇帝慷慨陈词，对各位代表说起对英国发动"第二次布匿战争"的计划：整个欧洲要在德国的领导下，摧毁英国的世界霸权。② 温和派政党代表都颇感震惊；提及德军在加利西亚战场新近取得的胜利时，皇帝宣称："我的卫兵所到之处，民主将无处容身。"此时，代表们更加惊骇。德国国会和平决议无法引起德国统治者的兴趣。

英国工党前领袖拉姆齐·麦克唐纳试图让英国议会下院支持德国国会和平决议，但终以 148 票对 19 票未能如愿。麦克唐纳充满委屈地致信威尔逊总统，称美国保持中立更有利于实现和平。7 月 27 日，布尔什维克党人同情者在伦敦东区召开会议。这些人自称为伦敦苏维埃，他们的目的是要求立即结束战争。政府为鼓动当地居民扰乱会场，就安排让《每日快报》披露开会地点。政府还散发传单说一场亲德会议正在进行，还规劝市民："记住上一场空袭，要同他们周旋。"有 8000 人来了，其中还有身穿军服的士兵，他们冲击了会场，扰乱了会议。

6 月的最后一个星期以及整个 7 月，南斯拉夫各方代表在科孚岛上就建立一个部分位于当前奥匈帝国边界之内的新国家进行了磋商。前提是奥匈帝国会如期瓦解，而且塞尔维亚将重获独立。7 月 20 日签订的"科孚条约"，设想在战后成立一个由南斯拉夫三大民族——塞尔维亚人、克罗地亚人和斯洛文尼亚人——组成的联邦制国家，该国将由塞尔维亚王室统治。当地少数民族的语言与宗教权益将得到保障，而且将由

① 这笔钱在 1994 年大约相当于 1300 万美元，或 900 万英镑。
② 第二次布匿战争（前 218—前 201 年）中，攻打腓尼基（布匿）迦太基城的迦太基人，已在第一次布匿战争（前 264—前 241 年）中使西西里陷落于罗马，被迫让海外领土全部投降，变成附属纳贡的盟友。第三次布匿战争（前 149—前 146 年）以迦太基城被占领及彻底毁灭告终。

秘密普选制选出国民代表大会。

建立这样一个新国家的想法尤其对美国有吸引力，美国境内有许多南斯拉夫移民团体，而且美国认为在帝国框架的废墟之上出现民主的、民族凝聚的体系是一种值得欢迎的人类关系的进步。谈判期间及之后，在塞尔维亚人和克罗地亚人之间出现了尖锐而不可解决的冲突，塞尔维亚人想要通过贝尔格莱德取得支配地位，而克罗地亚人想要成立一个统一的南斯拉夫国家，而不是"大塞尔维亚"。

这种未来计划和战争持续引发的日常问题形成了鲜明对照。哗变和不满仍在威胁着多支军队的作战能力。俄国蕴含着对协约国作战能力的最大威胁，也使其通过征服实现和平的计划落空。7月16日，在列昂·托洛茨基的鼓动下，彼得格勒爆发起义，要求立即结束战争。喀琅施塔得的6000名海军士兵参加了起义，托洛茨基认为革命可能就此爆发，但正因劳累过度而休养的列宁却认为时机尚不成熟。滋扰持续了三天。7月18日，忠于临时政府、想要继续参战的后备军官冲入布尔什维克党机关报《真理报》报社，并将其捣毁。列宁害怕被捕乃至被害，四处躲避。

在东线战场，俄军的胜利突然终结。7月19日，霍夫曼将军在兹沃切夫以东发起反击，在俄军防线上冲开一条12英里长的缺口。6000余名俄军被俘；另有数千名俄军逃离战场。失败的消息传回彼得格勒时，利沃夫亲王辞去了总理之职，由克伦斯基取代。同日，进军变为撤退，还几乎演变为溃退。数万名俄军将武器一抛，逃离战区。数百名军官被杀害。协约国有两支装甲车部队在东线战场作战，一支属英军，另一支为比利时军队，部队的军官请求俄军逃兵返回前线，但始终未果。

奥、德军队开始向俄国边境进发。7月21日，英国皇家海军装甲车空中作战分队在塔尔诺波尔附近参加了俄国保卫战。7月23日，哈里奇和斯坦尼斯拉夫①两座城镇被收复，两天后，收复塔尔诺波尔，德国皇帝曾亲临此地目送奥军推进。7月28日，奥军抵达俄罗斯边城胡斯特时，面对的不是俄军有组织的抵抗，而是向东逃窜的4万名俄军逃兵。被克伦斯基任命为俄军总司令的勃鲁西洛夫将军被科尔尼洛夫将军取代，他发布的第一道命令就谴责了"某些部队"的背叛行为。

一个可能有助于俄国的领域就是英国在西线战场上发起的进攻，旨在将德军部队和火炮引出东线。黑格相信英军有能力在美军大规模到来之前在夏季突破德军防线。潘兴将军已经表明他想让他的军队在1918年

---

① 这两座城镇当时位于波兰境内，今属乌克兰。

夏季参战，届时准备战斗的美军兵力将达到 100 万人。甚至这 100 万美军也比华盛顿的陆军部以为自己能提供的兵力多出了一倍。黑格 7 月 20 日和潘兴初次会面，他在日记中写道："他早已经意识到法国人并不可靠。"

刚刚在东非稳扎稳打战胜德军部队的斯马茨将军，在伦敦的战时内阁争论说英国有道德义务于当年在西线战场发动攻势。重新进入政府担任军需大臣，暂未入战时内阁的丘吉尔，敦促劳合·乔治对西线战场上重新发动攻势的后果加以限制。"两军势均力敌，"丘吉尔警告首相说，"如有不同的话，那就是德军更强。他们后备部队更庞大，弹药更充足。无数坚固的防线，有多种多样的可能性，地形会造成巨大天然困难，构成了不可逾越的障碍。"

7 月 26 日，丘吉尔想到，并向陆军大臣米尔纳勋爵阐明的，就是美国将最终提供胜利所需的人力，下一次进攻应该推迟，或做出巨大限制，直到足够多的美军部队抵达法国，以使对德军力对比的天平发生倾斜。英国的主要作用将是制造这些美军所需的弹药、坦克和飞机，并提供船舶将人员与原材料运送过来。

这是为 1918 年乃至 1919 年制订的一项长期计划，要的是避免重复索姆河畔巨大的生命损失，也是为避免失败。然而，黑格却相信 1917 年秋季他能够在伊普尔取得一年前在索姆河不可能取得的成功：在美军大规模抵达战线之前，一次全面摧毁德军战壕的突破，随后就横扫德军防线，迫使德军后退 25 英里，撤往比利时腹地。有 200 多万人已经处于黑格的指挥之下。丘吉尔的警告就被置之不理。

自 7 月 12 日起，德军就在西线战场连续使用芥子气。英军医疗队全力以赴进行应对，但致死率依旧居高不下。负责一个移动实验室的麦克尼少校，记录了一个典型病例："1917 年 7 月 28 日早晨接触到芥子气。7 月 29 日晚间进入伤员转运站，患严重结膜炎，面部、颈部和阴囊灼伤。逐渐开始呼吸困难，接触毒气约 100 小时后死亡。"7 月 12 日之后的六个星期里，1.9 万名英军因芥子气而失去行动能力，其中许多人被致盲，649 人在遭到芥子气攻击 7—10 天内死亡。

1917 年夏季参战的英军军官中有西格弗里德·沙逊。他颈部受伤，被用数百列医院列车中的一列，反复穿过法国乡村，送到基地医院。车上还有另外 500 名伤员。"我对那列火车的回忆很奇怪，相当恐怖，"沙逊后来写道，"因为它运载的货物是人，在这些人的心中，他们所逃离的恐怖依旧在激烈地上演。我们许多人的靴子和衣服上仍然粘着战区结块的淤泥，每个绷带缠身的人都有着作战经历。虽然他们当中不少人都轻描淡写甚至逗趣地谈及这些，但这列火车上的气氛令人感到紧张而沉重。我听到几名受轻伤的军官的轻声谈话，他们兴奋地回忆起在旺库尔的惊险遭遇，他们在黑暗中被从战壕里炸了出来。他们闲谈声和列车前进的轰隆声与咚咚声混合一处——非常静谧而安全地——穿过周遭的阴郁。前线已在我们后方；但它可以揪住我们的内心，虽然那里仍在激战的现实随着列车向前开进的每一英里，逐渐在身后消失。"

沙逊被送回伦敦。到达查令十字火车站时，"一位女性递给我一束花和一张伦敦大主教写的传单，主教真诚地建议我过洁净的生活，并参加圣餐礼"。然后他的担架就被迅速放进一辆救护车，被送至一家军事医院。此前荣获过军功十字勋章的沙逊伤势很重，他本可以在国内服役。然而，他决定不去保持沉默并接受舒适的国内服役，而是辞去军职，大声谴责他所认定的错误的战争。1917 年 7 月沙逊在报纸上发表了一封信，信中写道，他相信"这场战争，在我参战时还是一场自卫与解放战争，此时已演变为一场侵略和征服的战争"，他接下来宣称："我曾亲历并忍受过士兵们的痛苦，我无法再为我认定邪恶而非正义的目的去助纣为虐延长这些痛苦。我并非抗议战争的发动，我抗议的是战士们为之而牺牲的竟是政治错误和虚伪。我代表那些正在受苦的人们抗议对他们实施的欺骗；我还相信我也许能够帮助打破国内大多数人心中麻木的满足，他们就这样看待他们并不参与的痛苦的延续，而他们自己却没有足够的想象力意识到这一点。"

7 月 23 日，沙逊进入克雷格洛克哈特神经衰弱军官军事医院。他很幸运，入院后并未受到军法审判。有影响力的声音开始对他声援，一位政府大臣在议会下院说"这位极其勇敢的军官"似乎"出了差错"。议员们不应寻求利用"处于这种心态的一名年轻人"。

黑格下定决心，在伊普尔突出部重新发起的攻势，在 7 月 31 日打响。在 3000 门火炮进行弹幕射击之后，英军九个师和法军六个师沿 15 英里宽的正面向前推进。他们的首个目标是帕斯尚尔村，距出发地点 4.5 英里。在战役的前两日，推进距离要比西线战场此前的历次进攻都远，在某一战区推进了 2.5 英里，其他战区则都推进了 1.5 英里。

英军部队在伊普尔突出部以付出惨重伤亡的代价，于 7 月 31 日及其后数日向前挺进，在某些地点将德军推后近一英里。这与黑格所设想的截然不同，而又更甚于该突出部此前展开的进攻。战役第三日负伤的英军军官中有诺埃尔·查维斯上尉，一年前他曾因在索姆河畔的无人地带内营救伤员而被授予"维多利亚十字勋章"。此时，再次将伤员运到地下掩体后，他又一次冒着猛烈的炮火进入无人地带照看伤员，就在他返回掩体稍事休息时，一枚炮弹也钻了进来。

掩体内几乎均为伤员，他们大都被当场炸死。将他们运进来并悉心照料的查维斯腹部被击中，在失血过多的情况下，他拖着身躯爬上台阶，费尽全力爬到另一个急救站，被送往伤员转运站后，一位来自伦敦盖伊医院的专科医生给他做了手术。两天后，他不治身亡。临终前，他向身旁的一位护士口授了他留给妹妹的遗嘱："向她转达我的爱，告诉她使命曾经召唤我，让我去服从。"

查维斯死后不久，他就被再度授予"维多利亚十字勋章"。[1] 他的弟弟克里斯托弗在 40 多年后向一位友人写道："我生命当中的每一天都仍在哀悼我的诺埃尔，这样的日子已经过了 40 年了……我似乎会反复思索诺埃尔的事，会感觉到他随时会迈步走进房来。"伊普尔突出部战场上还有查维斯的另一个弟弟战死——"被定为已死去的失踪者"。他的名字是艾登·查维斯，与其他 54896 名没有坟墓的士兵一道，被永久铭刻在梅宁门上。

经 7 月 31 日—8 月 2 日的激战，有 5000 余名德军被俘。然而，对德国皇帝及其指挥官们而言，危险并非来自西线战场。8 月 2 日，正当英军部队在伊普尔突出部占领新的阵地时，停泊在威廉港的德国战列舰"摄政王伊特波尔德"号上出现了麻烦：舰上的司炉工阿尔宾·科比斯带领 400 名海军士兵进入城中，对着大家高呼："结束战争！我们不想再打仗！"一位海军中士劝说这些士兵返回舰上。

并未出现暴力冲突。然而，有数百名海军士兵因所谓的"恶劣政治态度"而被送往海岸站，另有 75 人遭监禁。科比斯被判处死刑，被陆军行刑队枪杀于科隆。被执行死刑前，他给父母留言："我是带着对德意志军国主义国家的诅咒而死的。"和他同时被枪决的还有马克斯·赖希比奇，他在另一艘战列舰——"腓特烈大帝"号——上领导了一场抗议。[2] 还有一名海军士兵维利·韦伯也被判处死刑，但后来又被改判为

---

① 只有三人曾两度荣获维多利亚十字勋章（维多利亚十字勋章与勋带）：皇家陆军医疗队的阿瑟·马丁-利克（首次是在布尔战争中，第二次于 1914 年）、诺埃尔·查维斯上尉（两次均在一战中），以及新西兰步兵队的查尔斯·厄珀姆（两次均在二战中，首次在克里特岛，第二次在利比亚沙漠）。查维斯与厄珀姆两人为远房亲戚。

② 海军战史学家戴维·伍德沃德写道，1958 年的一次西德现役及退役军官会议被某位高级军官的发言搞得不欢而散，"他说比起希特勒海军中被控犯有战争罪的两大帝国元帅——雷德与邓尼茨，他更钦佩赖希比奇和科比斯。"戴维·伍德沃德，《权力的崩溃》，伦敦：阿瑟巴克出版社，1973 年，12 页。

15 年监禁，他在法庭上说："没有人想要发动一场革命，我们只是想被当人对待。"

就在德军舰队出现这些纷扰的当天，一名英国海军飞行员埃德温·邓宁中校却创造了军事历史，从斯卡帕湾的一个机场起飞，降落到了"暴怒"号航空母舰上，这是飞机首次在航母上降落。此前飞机也可以从航母的甲板上起飞，却只能用驳船、绞车拖上航母。五天后，他再次成功降落，但在尝试第三次降落时，他的飞机就滑过航母边缘，坠入海中，使邓宁由此丧生。

东线战场上，俄军仍在继续后撤。8 月 3 日，奥军夺回了切尔诺维茨（切尔诺夫策）。罗马尼亚战场上，俄第 4 集团军就在德军发起进攻前逃之夭夭。然而，俄军却希望能够在东线战场上找到一处据点，借以再次西进。7 月底，俄军在中部战区取胜，一场战斗中几乎将奥军一个兵力为 1.2 万人的整建制师全部俘虏，8 月 8 日，他们对据守科瓦尔的奥军发动攻击。在这片位于普利皮亚特沼泽地以南的战区，奥军面对的是兵力大大超过己方的俄军，86.3 万俄军攻击 48 万奥军，由此奥军自然惊慌失措。对德军而言，这是其盟友的一次典型的神经崩溃。霍夫曼将军评论说，奥地利军队就如同"满口极度敏感的牙齿，每次有风吹过，就会疼痛"。如同一年前一样，德军部队也奉命增援奥军。

俄军发起大规模攻势，某些团冒着猛烈的机枪和火炮的射击，推进达 17 英里。无人地带中俄军的尸臭极端恐怖，进攻的俄军就恳请德军指挥官马维茨将军停火，以便掩埋死者。马维茨无法同意。一位史学家评论说："再也没有比这片腐尸之林更能对未来的进攻造成更大威慑的了。"①

奥军抵挡住了俄军的进攻。科瓦尔攻势仍在继续，但奥军防线并未被突破。科瓦尔仍在同盟国控制之下。虽经反复努力，但俄军中央战区新任指挥官阿历克谢耶夫将军仍未能重复勃鲁西洛夫在 1916 年取得的突破。

为彰显协约国内部团结，8 月 6 日，约 3000 名俄军士兵抵达苏格兰因弗戈登港，以继续赶往西线战场。西线战场上的英军 8 月 10 日再次发起了伊普尔攻势，但四天后，推进就遇雨受阻。8 月 16 日，朗厄马克村被攻占，但德军又在反攻中将失地大部夺回。然而，英军仍拥有主动权，在攻占防守严密的德军碉堡时，坦克对他们帮助甚大，同时，法军还在凡尔登德军阵线上发起猛烈的牵制性进攻，并俘获 5000 余名德军。

① 诺曼·斯通，《东线战场》，伦敦：霍德与斯托顿出版社，1975 年，272 页。

8月18日，正当英法军队在西线战场稳步推进之际，意军又发起了其第11次伊松佐战役。三天后，意大利战场上的英国护士达伯农子爵夫人在日记中写道："营地已被潮水般涌入的伤员所淹没。仅昨天一天就有770名伤员被转移。"一个地点的伤员转运站用尽了担架。"士兵们似乎因饥饿与疲惫而消瘦……大量伤员头部中弹，还有人断腿断臂，但'腹部受伤者'目前较少。我有时怀疑前线军医会有意将他们弃置一旁。也许他们认为把无可救药的伤员送回来没有意义。最好是给那些有希望挺过来的人们一个公平的机会。但其中的一切都是悲哀与恐怖。"

8月18日，意军部队也在巴尔干地区采取了行动。执行的不是作战，而是救火任务，他们与各协约国部队一道在萨洛尼卡试图扑灭一场失控的大火。近半个城市被焚毁，8万人无家可归。英军基地司令部被毁，化为灰烬的还有储备的所有奎宁，而这正是对抗萨洛尼卡战场上的瘟疫之源——由按蚊传播的疟疾——所亟须的。一座装有手榴弹的军火库也发生了爆炸。史学家艾伦·帕尔默写道，对那些始终盼着能获准数日休假离开该城的士兵而言，"仍有可能欣赏到海湾的自然之美，并在城市后方的群山当中找到某种平静。但总有许多兴高采烈者想要更大的喧嚣，究竟是去蒙马特尔①，还是去巴比伦？——已经随烟消散。在整个战役结束之前，萨洛尼卡战场一片萧瑟"。

自8月18日发起新的攻击开始，意军攻占了五座山头，并俘获2万多名奥德士兵。在被送至海伦·达伯农所在的伤员转运站的人们中有一位来自汉诺威歌剧院的男高音歌手。"他那惨白的脸被一堆沾满鲜血的绷带遮盖。只能使用天然橡胶管从下方给他输液补充营养。似乎坏疽已经开始出现，然而他却写下焦虑万分的问询：让我们看看他究竟'还能否再度歌唱'。"8月24日，她写道："涌入的伤员如潮水上涨。"前一天夜里，有4000名奥军战俘走过，他们要被监禁在"奇维达莱的高墙电网之后。有些人很年轻，有些人长得像门的内哥罗（黑山）人，有些人长得像脸型扁平的卡尔梅克人——所有人都衣衫褴褛、疲惫不堪，无精打采地向前挪动。但他们似乎心态不错，时时发出笑声和歌声"。监禁，在和平年代代表着对个人自由的严重剥夺，在战时却意味着生存。

奥军8月28日发动反攻，却又被意军击退，并有1000名奥军被俘。奥军后撤至新的防线。意军占领了六英里的山区阵地。但意军也遭到了日益严重的逃兵问题，7、8两个月各有5000名意军当了逃兵。

---

① 蒙马特尔是巴黎北部一区，位于塞纳河畔半山腰上，19世纪末至20世纪初是市外村庄，常有艺术家光顾。——译注

　　西线战场上，英军最初的承诺并未得到贯彻。8月22日，300人死伤的代价仅能换回在梅宁路上推进880码的战绩，三个星期内伤亡人数就已超过6万人。这是令人毛骨悚然的惨重伤亡。对德国人而言，他们又一次击退了拥有数量优势的敌军发起的持续进攻，取得了胜利。

　　战场上出现的恐怖还有神经崩溃，这在战争打响的最初几个星期内就已有所表现，在1916年的索姆河及凡尔登会战期间急速加剧。1917年，西线战场上的英军战区建立了特别治疗中心，以处理不断增多的心理紊乱病例，尤其是歇斯底里症。这些中心被冠以其缩略名NYDN，代表的是并不算太坦率的"尚未确诊精神病"。确诊之后，还会为病人提供游戏与练习活动，其中有借书处，还会举办音乐会。这些中心的建立地点位于前线后方12—15英里处，这里听不到隆隆炮响。经治疗后，因作战经历而崩溃的人们就会被送回英国。

　　被认定虽有情绪波动，但仍可使用的人们就被转移至后方从事体力劳动。被认定适宜再次作战的人们就被送到康复之家，然后经过训练，被再度送入战壕。被送到这些治疗中心的人们有多达1/3只是出现了临时性障碍。他们头晕目眩、一言不发、听不懂问题，茫然无措，然后经过迅速康复，就能返回战壕。还有人终身精神崩溃。在英国，除六所平时能够治疗神经障碍的医院外，1917年与1918年又为军官设立六所、为其他人员设立13所医院，以专门治疗心理健康因作战经历而受损，并被永久送回国内的病人。

　　是否有办法走出西线战场上的僵局？8月14日，早在1915年1月初就主张打击奥地利出奇制胜，当时仍希望英国集中力量应对意大利战场的劳合·乔治，在同英王乔治五世的一位私人秘书的谈话中尖刻地指责了他的军事顾问们。他说英国犯下了"异乎寻常的错误，那就是没有在意大利大显身手以击垮奥地利，占领的里雅斯特，那样随后就能与奥地利握手言和"。9月4日，被召至伦敦与战时内阁会面的黑格坚持认为应当继续在西线战场上发动攻势。他的理由是：贝当曾请求英军持续发动进攻，以阻止德军猛攻那些仍因军队哗变而受到削弱的法军阵地。双方也讨论了来自意军的请求，要英军前去减小奥军可能发动的进攻的压力，劳合·乔治对此表示赞成，但黑格重申了他突破德军防线的信心后，就按既定计划行事。

　　9月的第一个星期，德军趁俄国境内局势混乱之机，在东线战场最边缘地带取得了两次胜利。9月3日，使用十万余枚毒气弹进行猛烈轰击之后，德军将俄军赶出了波罗的海港口里加。在罗马尼亚战场上的默勒谢什蒂，德军沿18英里宽的正面推进五英里，俘虏1.8万名敌军。

美军已开始抵达西线战场，但人数较少，任务有限。整个 8 月，潘兴将军都在其巴黎司令部，确定美军参战的基本架构，具体参战时间仍定于 1918 年夏。9 月 4 日，四名美军在德军对某英军基地的空袭中遇难，这是美军在法国首次发生的伤亡事件。次日，两名美国工兵在维修战线后方古佐库尔的轻轨轨道时被德军炮弹炸死。9 月 5 日，德潜艇"U-88"号在荷兰泰尔斯海灵岛外被英军水雷击沉，这是皇家海军的胜利，但其中也有美国人的功劳。

9 月 5 日，西线战场上出现了一个事件，其结果因某位史学家耐心细致的努力，终于在 1991 年真相大白。① 利物浦伙伴营的一名列兵詹姆斯·史密斯因开小差而被处死于坎摩尔。他于 1910 年参军，1915 年曾在加利波利半岛作战。1916 年奉命来到西线战场后，一枚德军炮弹爆炸曾将他掩埋在战壕中。1916 年晚些时候，他被指控违反军纪，并被收缴了两枚好品行徽章以示惩戒。1917 年 8 月，他当了逃兵，并被抓回，经审判，被判处死刑。奉命参加行刑队的有熟知史密斯的列兵理查德·布伦德尔。行刑者们齐射之后，发现史密斯还没有被打死。负责监督的军官按照传统应该使用自己的左轮枪再补上一枪，但他将自己的左轮枪递给了布伦德尔，命令他来补枪。布伦德尔执行命令后，换来的是从当天开始算起的十天假期。72 年之后，就在布伦德尔弥留之际，他的儿子听到他在一遍遍重复："怎么会这样得到休假？怎么会这样得到休假？"

9 月 6 日，潘兴将军把美国远征军司令部搬迁至肖蒙，这里紧邻美军可能的作战区域，让美军士兵进入备战状态的任务十分艰巨。当日，普安卡雷前来检阅美军士兵。出于必要，检阅场地是由代理参谋长乔治·马歇尔上尉在天黑之后选定的。② 晨光微曦中就能够看出场地不够平整，土块被翻起，还十分泥泞。法国总统对此不以为意，潘兴也同样如此，他的任务是将这些士兵训练为战士，他的信条是纪律与机敏。让潘兴和协约国更为头疼的是，美国陆军部长贝克坚称美军要在充分训练之后才能被派往前线。当一心想让美军尽快参战的克列孟梭被告知美军尚未准备妥当时，他就尖刻地回答说，这不是准备好与不好的问题——从没有人完全准备好——而是帮助法国的问题，法国已经疲惫不堪，一

---

① 这位史学家是格雷厄姆·默多克斯，此事载于其著作《利物浦伙伴营》，伦敦：利奥库珀出版社，1991 年，166—168 页。史密斯被枪决的事实已经于 1989 年被朱利安·普特科夫斯基和赛克斯披露于《黎明枪决》当中。

② 马歇尔在第二次世界大战期间任美军参谋长，1947—1949 年任国务卿，此间提出重建战后欧洲的"马歇尔计划"。

直在不停流血，亟须帮助。潘兴理解他的盟友们近乎绝望的需要，在 9 月 15 日的日记中写道："英军 7 月后半月发起的攻击中伤亡惨重，英军士气也不如两个月之前那样高涨。"

一个旅的俄军在巴黎以南 200 英里的拉库尔坦，正在就即将奔赴西线战场的使命而相互辩论。他们高举布尔什维主义的红旗，拒绝走入战壕。9 月 16 日，他们的营地受到忠于克伦斯基，想要继续作战的另一个旅的俄军攻击。很快此事就被称作"拉库尔坦屠杀"，事件中共有数十名俄军被打死。此前一日，克伦斯基就在彼得格勒宣布成立共和国。他决心维护自"二月革命"以来取得的自由和进步，决心让俄国在战火中重生，将其建成一个民主国家。但权力正在逐步而不可抗拒地向彼得格勒苏维埃转移，苏维埃一直以来都在塔夫利达宫召开会议。

潘兴将军到访拉库尔坦俄军军营时，将之描绘为"我曾见过的最差劲、最肮脏的地方"。东线战场上流传着一个有关俄军的笑话，反映了俄国在西方盟友当中最惨痛的失败："俄军今天后撤了多远？""14 英里，明天他们也会后撤同样的距离。""你是怎么知道的？""因为一个疲惫的德军一天只能走这么远。"

英军在伊普尔突出部的进攻于 9 月 20 日重新开始，当天的作战取得了成功。"我方所有目标都按计划实现。"弗赖堡写道。英军的目标仍是帕斯尚尔岭，它后面就是理想中的一马平川、能够势如破竹攻占的地势。英军用了七个星期才占据这道山岭，这七个星期也是英军战史上最为恐怖的七个星期。一次交战中，英军中士伯曼用刺刀杀死了某德军机枪位上的 11 名德军：他被授予"维多利亚十字勋章"。一位曾在战斗现场的美军骑兵在致妻子的信中写道："德军发射了一枚毒气弹，这让人们呕吐，他们摘下面具呕吐时，德军再向他们施放致命的毒气。这主意真聪明，不是吗？"①

战争中每天都有事件显示生死只在一线之间。一名德军中士 1916 年在凡尔登手臂被炮弹爆开的弹片击伤，后来又于 1917 年 7 月在罗马尼亚战场被一块炮弹碎片伤到手臂，同年秋季又第三次负伤，但伤势更为严重。他所在的排穿过无人地带向一条罗马尼亚军队战壕冲去时，与之遭遇的一名罗马尼亚士兵就在 30 步外向他开火，子弹在大动脉和心脏之间钻入了他的胸腔，然后在距离脊柱一指宽的位置钻出。在失血过多的情况下，他勉强跑回德军战壕。住院四个月后，他志愿申请担任飞行员，

---

① 这名骑兵就是乔治·巴顿上尉，他后来力主坦克运动战，1943—1945 年在北非、西西里和北欧均任美国高级军事指挥官，当时他被称作"铁血老将"。

获得批准，在战争的最后几个星期里参加了空战。他就是鲁道夫·赫斯。自1934年起直至1941年他戏剧性地乘飞机逃亡苏格兰之前，他都担任希特勒的副官，也是第三帝国忠实的拥护者。

另一位第三帝国的未来领导人也在1917年9月负伤，他就是约阿希姆·里宾特洛甫，后来担任纳粹德国驻英国大使，及德国的外交部部长，他曾在东西两线作战三年，被授予一级铁十字勋章，他因负伤而退出现役，退役时军衔为中尉。

第十九章　帕斯尚尔战役和俄国革命

1917 年 9—11 月

第三次伊普尔战役中，德军损失要比英军更为惨重。1917 年 9 月 26 日，在英军对多边形丛林发起攻击的第一天，鲁登道夫写道："一天的激战，不论怎样，我们都遭受损失。我们也许能够容忍丧失阵地，但我军战斗力再次被严重削弱。"

在英国，此类持续消耗的问题已经提出。虽然此处或彼处的德军被推后了 100 码，但伤亡人数仍在持续上升。9 月 27 日，皇家参谋总长威廉·罗伯逊爵士致信黑格："我承认我坚持下去最主要的原因是我看不到更好的办法，还有我的本能促使我去这样做，而我并没有能够为其提供支撑的有力论断。"次日，黑格在日记中写道："敌人已经摇摇欲坠。"这是他为持续下去而找到的惯用理由。

10 月的最初六天里，德军连续发动五次反攻，都被击退，攻击部队中有 4000 余人被俘。到 10 月 5 日，已有超过 2 万名德军被俘。但为取得如此的战果，英军付出了 162768 人伤亡的代价。黑格的两名最资深的将军——普卢默和高夫——都敦促他中止此次进攻，但他拒不听从。10 月 9 日，英军的进攻沿九英里宽的正面再次发起。其中一位参战者休·奎格利，在数日后从医院写给家人的信中提到了"军官们给我们说的都还是老一套——'轻而易举'，我估计如果我们能够旗开得胜，那后面就会很好打。但在弹幕射击开始时，我们都不知何去何从，究竟是往左还是往右……"

奎格利和战士们来到他们的第一个目标，"一段恐怖的胸墙，上面德军尸体狼藉"，后来一枚炮弹将他炸晕，很久他才苏醒过来。"继续前进之前的情景令我作呕：我排中士感到一名死去的军官脸上遮盖的钢盔位置怪异，在鼻子处下陷过深，于是他就将钢盔拾起，结果发现这具死尸的头的上半部已被掀开，鼻子以上的部位都被打碎，大脑、头骨和肌肉已被混为一团糊状物。"此外，奎格利还补充道："整个事件似乎还很有趣。你知道在巨大危险当中的人们会变得多么兴奋。我全然忘记了这些炮弹是要杀人而不是为了提供精巧的照明效果。"他在片刻之间望着飞射的弹幕，"我军的和德军的，仿佛这带给我们娱乐——换言之，这是一种疯狂的情绪"。这种疯狂情绪转瞬即逝。他所在排的一名士兵身背 500 发弹药，"一马当先，奋勇向前，还扭回身召唤我们，整体看来仿佛是在接受检阅。我最后看到他时，只见他双臂疯狂地紧紧抱住地面，鲜血从口内涌出，双腿和身体已经陷入满是泥水的弹坑"。

随后德军又发起大规模弹幕射击，并使用了芥子气和高爆炮弹。"我们前面的原野仿佛一团蔓延的火焰，"奎格利写道，"战士们向前推进时，他们仿佛在做噩梦，如同仰临一道烈焰升腾的峭壁。"射程过短的英军炮弹就在奋力挺进的一群战士身旁炸开。"但当污泥和烟尘散去之后，他们仍在那里，浑身污浊，但并未受伤。黏土在被雨水浸透后，就会吸住炮弹，似乎让弹片的威力大减。"就在此时，一枚德军炮弹在他们中间炸开。"我身旁的一名士兵，恐怖地尖叫着用双手捂住耳朵，他耳鼓被震碎，已经完全聋了。"继续前进后，奎格利本人被机枪火力击中。"四名战士用担架抬着我走在帕斯尚尔路上，途中满是被弹幕炸开的坟墓，尸体遍地。我还鲜活地记得一个场面：一名脸色苍白的德军战俘在照看一名脸色白得更惨的'卡梅伦'，他的腹部被击中。这名德军战俘冒着猛烈的炮火，始终不离不弃。"运送一名负伤的苏格兰士兵的两名战士被一枚爆开的榴霰弹击中。两人全部被炸死，那名负伤的苏格兰高地士兵幸存了下来。"唯一的问题是他跌入了一个恶臭的弹坑里。我也从担架上跌落过一两次，路面太差了，但给我抬担架的皇家陆军医疗队人员却很好，也无所畏惧，心地善良，一有颠簸就向我道歉。"

穿过一英里的泥地，将担架上的伤员运上板道，再运到前线急救站，需要多达 16 人协同努力。

10 月 12 日，正当协约国军队临近帕斯尚尔山岭时，暴雨将战场变为一摊稀泥。德军伤亡惨重，于是鲁登道夫被迫将从意大利战场调来的 12 个师调往弗兰德斯。由于雨骤泥深，黑格于 10 月 13 日取消了向帕斯尚尔之后地带发起的进攻。一位英国将军简短地评论说："淤泥让弗兰德斯无法开战，大雪让意大利无法开战。"帕斯尚尔战役的最后五天里，澳军抵达该村外围，他们共有 130 名军官和 2000 多名士兵阵亡，8000 人负伤。许多死者都是在负伤后落入泥中溺死的。

第三次伊普尔战役之后，协约国军队中的成就感要高于索姆河战役之后：付出了并不那么惨重的代价就占据了更多的土地。第三次伊普尔战役中死伤共计 244897 人，其中约 6.6 万人战死。①

对德军而言，第三次伊普尔战役对其实力与士气都造成了严重打击。他们的伤亡人数为 40 万人左右，几近英军的两倍。弗兰德斯战场上的德军参谋长冯·库尔将军后来评论以帕斯尚尔战役为巅峰的历次战斗时称之为"世界大战当中最伟大的殉难"，又补充说，"没有哪一个师能在这座地狱之中坚持两个星期以上。"

美军部队仍在训练，他们的兵力增长速度要慢于潘兴的设想，补给计划也因美军自身建设许多码头设施的需要而受到阻碍。10 月 3 日，在潘兴来到第 1 师视察时，美国前任总统之子小西奥多·罗斯福少校，就进攻敌军战壕进行了演习。随后，高级军官对演习进行了点评，但潘兴认定这些军官无能而勃然大怒。此时，乔治·马歇尔上尉出面求情，并就训练中的某些难题进行了解释。战斗的重担最终将落到美军肩上，但他们还没有完全准备好。"我怕我军当中的某些将官，"潘兴第二日致信陆军部长牛顿·贝克，"他们既无经验，也无能力与进取精神来准备让其部队参战，或在战斗条件下调遣部队。"

在海上，协约国的命运喜忧参半。10 月 2 日，波罗的海的俄军部队拒绝服从临时政府的命令，这使德军得以登陆里加湾中的两座大岛——达格岛和奥塞尔岛。正当德军运兵船准备继续上岛时，俄军布雷舰"普利皮亚特"号上的士兵却拒绝布雷。不过，在大西洋和地中海，船队护航制度却给协约国带来了良好的结果。9 月份的商船损失为全年最低，仅有 59 艘英国及其他协约国和中立国船只被击沉，但有 293 名英国商船船员随着这些沉船葬身海底。在陆地，各协约国正在经历不幸的岁月。到 10 月初，在伊松佐和特伦蒂诺战线上，意军逃兵人数已增至 7 万人。在巴勒斯坦，土耳其秘密警察破坏了为英国服务的犹太间谍网络，逮捕了其领导人萨拉·阿伦森。四天里，他们对她百般折磨，但她什么也不肯透露。10 月 5 日，她自杀身亡。

受萨拉·阿伦森兄长阿龙的热情与他提出的实际计划的影响，英国政府开始积极对待在巴勒斯坦以英国控制下的犹太复国主义实体取代土耳其统治的想法。1917 年夏，罗斯柴尔德勋爵向英国政府提交了在巴勒

① 索姆河战役死伤人数为 419654 人。不过英国官方历史指出："职员无力调查确切伤亡情况。"

斯坦建立犹太人民族家园的草案，这将给协约国各军队中的犹太人带来鼓舞，让他们把打败土耳其人视为重要目标。起初，英国政府并未迅速做出回应。但在 10 月 2 日，英国情报机构获悉柏林正在召开一场会议：德土双方正计划在巴勒斯坦为欧洲犹太人提供一个德国主导的犹太人民族家园。这就刺激英国去寻找一个能让协约国给犹太人提出更具吸引力的条件的方案。

整个 1917 年，捷克人的未来问题考验着维也纳的决策者和布拉格的民族主义者。8 月 4 日，法国政府宣布在法国领土上组建了一支捷克军队，这是人心所向的反哈布斯堡的声音。在维也纳，尽管存在协约国的诱因，但对少数民族做出真正的让步依然受到强大的反对。随着卡尔一世皇帝即位，捷克人的民族独立希望再次高涨，新皇最初采取的行动就包括将民族主义领袖卡雷尔·克拉玛日和阿洛伊斯·拉辛的死刑分别改判为 15 年和 10 年监禁。1917 年刚满 30 岁的新皇帝迅速改变了他叔祖父的旧命：任命了一位温和派宰相塞德勒；在三年多的时间内首次召集国会；并提议奥地利实行联邦制，其境内的捷克领土将实行自治。克拉玛日博士还被从监狱释放。

克拉玛日回到布拉格时，受到民众的夹道欢迎。但匈牙利人却绝不允许他们的疆域发生任何形式的改变，不仅否决了捷克人对斯洛伐克的领土要求，还否决了罗马尼亚及南斯拉夫独立建国的要求。但是，就连匈牙利人此时也被卷入迷惘混乱的网络当中，战争的未来令人捉摸不定。9 月 19 日，匈牙利独立党领袖卡罗伊提出了尽快结束战争的详细作战计划。

9 月 27 日，出现了令捷克人蒙羞的事件，在帝国议会内，奥地利议员卡尔·赫尔曼·沃尔夫回应一项捷克人提出的波希米亚领土统一的呼吁时，声称建立波希米亚的要求就是奥地利悲哀的根源。沃尔夫继续说，"新任宰相行事优雅，为人善良，考虑周密，平易近人，人们在高度文明的圈子内可以尽享这些品质，却不能对一只老虎表现出来，在小动物园里，人们不应利用承诺与爱抚展开工作，而只能用鞭子。"

会场上喧声四起，沃尔夫在 20 分钟内无法继续讲话，嘈杂过后，他又继续这一套论调。研究捷克建国愿望的史学家伊丽莎白·维斯克曼评论说："捷克人超级敏感——涉及其'奴隶'语言及其粗鲁无礼，这能博维也纳人一笑，但他们从未被比作动物。"议会程序无果，并出现了民众骚乱。在摩拉维亚的普罗斯捷耶夫（普罗斯尼茨）城进行的一场罢工中，奥地利士兵开枪打死 23 名工人，打伤 401 人。

德国皇帝极力想向土耳其表明尽管出现了威廉港海军哗变、国会怨声载道及伊普尔突出部的惨重伤亡，但德国仍决定将战争进行到底，他于是亲自来到君士坦丁堡。至少他可以信心十足地表明东线战场崩溃在即：自 10 月 6 日起，100 多万俄国铁路工人发动罢工，实际已无可能将部队送上前线。

1917 年 10 月，德军还取得了另外几次胜利。在西线战场上击退了法军发动的一系列进攻。在帕斯尚尔，尽管伤亡惨重，但德军守住了防线，而英军深入比利时的进军计划已经破灭。在波罗的海，德军对三个俄属岛屿发起两栖作战，即达格岛、奥塞尔岛和更小的月亮岛，动用了一个海军舰队，包括 11 艘战列舰、19 艘汽艇，共运送了 2.3 万名士兵和 5000 匹战马。这些岛屿由海军上将阿尔特法特守卫，但他的使命无法完成，因为他指挥的海军士兵中有革命党人。正如他后来对霍夫曼将军所说："布尔什维克宣传对普通群众产生了巨大影响。我守卫奥塞尔岛时，军队实际上就在我眼前土崩瓦解。"这些岛屿都被攻占，5000 名俄军被俘。

在德属东非，德军部队持续与英军作战，并准备在莱托–福贝克的领导下侵入葡属东非：在大片地理区域内与敌军发生多次摩擦后，莱托才最终于欧洲停战 14 天后宣布投降。在北海，两艘德军巡洋舰"布雷姆斯"号和"布卢默"号袭击并打乱了一支从挪威驶往设德兰的船队，仅在两小时内就击沉九艘商船，两艘英军驱逐舰"玛丽罗斯"号和"斯特朗鲍"号试图前来干预，但都被击沉，135 名船员葬身水底。同日，10 月 17 日，美国运输船"安蒂列斯"号被德军潜艇击沉，船上 67 人遇难。

当时游弋在摩洛哥海岸外的德国潜艇艇长马丁·尼默勒后来回忆起这些令人陶醉的日子。"10 月 20 日，夜幕降临时，我们在近岸处击沉了一艘不明——也许是英国的——汽艇，是在进行过舷炮互射后使用鱼雷将其击沉的。10 月 21 日，我们与另一艘英国汽艇进行了激战，该船最初朝我们驶来，随后就调转航向。那天是星期天，也算那艘汽艇走运，它渐行渐远之后，我们就停止开火。刚到午后，'格莱斐维尔'号汽船似乎轴承发热，于是减速，让我们得以重新开火，该船在海浪中靠岸。船员登岸后，我们就用炮火将船摧毁，船的残骸已让人分辨不出它曾是一艘汽艇。"①

这些都是德军取得的成功。同月，德军也遭遇了失败，包括 10 月

---

① 马丁·尼默勒后来担任柏林达伦教区牧师，一直勇敢反对纳粹主义。他于 1937 年被捕，先被送到萨克森豪森，随后又被送到达豪集中营。他于 1984 年逝世，终年 92 岁。

15 日 41 岁的舞蹈家玛塔·哈里在巴黎郊外被处死，罪名是给德国当间谍。①《泰晤士报》报道："舞蹈家玛塔·哈里今晨被枪决。今年 2 月她在巴黎被捕，7 月经审判，以为敌方做间谍，向敌军提供情报为由，被判处死刑……经查明，她经常在法国领土外约见恶名昭彰的德国间谍头子，确已将重要情报传递给德方，自 1916 年 5 月起就以此换取大笔现金。"她的真名是玛格丽塔·格特鲁达·策勒，自 1903 年她 23 岁起就在法国做舞蹈演员。

玛塔·哈里被处死四天后，德军精心策划的利用 11 艘齐柏林飞艇对英格兰北部各工业重镇进行的空袭发生了严重差错。一艘齐柏林飞艇将炸弹从伦敦上空投下，四艘飞艇被时速 60 英里的阵风吹得偏离航线，最终飞到了德占法国领土上空，一艘被法军防空火炮从 1.9 万英尺高空击落，一艘坠地着陆，一艘完好落入法军手中，还有一艘在地中海上空消失得无影无踪。

10 月 23 日，在埃纳河畔，法军对扼守贵妇小路的德军阵地发起了有限但持续的进攻。进攻发起前，先进行了六天（夜）的炮火轰击，其中美军炮兵操纵了法军一个炮兵连的 75 毫米火炮。主攻部队为法军 6 个师，80 辆法军坦克提供掩护，他们穿过满目疮痍的地面推进了 2 英里，俘获 1 万名德军，使德军失去了位于拉福的一个重要观察哨。法军此役攻占的地点有马尔迈松堡，这里原为堡垒，战前出售给一位建筑商，被用作采石场。采石场战役的胜利，被一位史学家称许为"像礼品包一样整齐、紧凑、令人满意；确为天赐的礼物，给一个疲惫而丧失勇气的国家带来了鼓舞"。② 德军不愿见到战斗拖延过久，就从贵妇小路后撤两英里，来到北面更低处的阵地。

德军计划在意大利战场发起进攻，大规模德军兵力已经投入此地和奥军一道要在伊松佐河畔取得突破。这是在人迹罕至的群山之间发动的第 12 次战役，但首先，其策划、规模及方式都由同盟国决定。开始就发动了四小时的炮火轰击，其中两小时是朝防护不充分的意军发射的毒气弹。意军因毒气而受损严重，就仓皇后撤达 14 英里。当日下午，德军部队进入卡波雷托（科巴里德）城。对意大利人而言，这个名字带着耻辱的含义，尽管他们绝无可能阻止这种势不可挡的进攻。

死亡无差别地在各军队中出现：这一个星期在伊松佐战死者包括 25

---

① 我在写作本章时，美国出现间谍丑闻，一份首要英国报纸登出玛塔·哈里的照片，标题为"一战的角色典型……"（《泰晤士报》，1994 年 2 月 24 日）。
② 科雷利·巴尼特，《佩剑者》，伦敦：西格内特出版社，1965 年。

岁的奥地利抒情诗人弗朗茨·雅诺维茨。在卡波雷托参战的还有隆美尔中尉，他于 10 月 25 日率领士兵攻占两座山头，俘获 3600 名意军。到当天结束时，德军共已俘获 3 万名敌军，缴获火炮 300 多门。次日，奥、德两军继续推进，奥军部队占领了马焦雷山。隆美尔经过 12 英里的推进，抵达海拔 5414 英尺的马塔约尔山顶峰。经过 52 个小时的战斗，他已俘获 9000 多名敌军，付出的代价是仅有 6 人战死。

　　就在当天，在奥德联军对意军连战连捷的第三日，黑格发起了英军夺取帕斯尚尔的最后一次尝试。鲁登道夫评论说："敌人像野牛撞铁墙一样朝我们冲过来。" 10 月 26 日，对帕斯尚尔展开的最后一次进攻打响了，劳合·乔治希望能挽回南线的意大利战场的崩溃，就命令西线战场的两个师不得延迟赶往意大利。要在意大利战场立即改变军事平衡态势已属无望：10 月 27 日，意军部队从其位于伊松佐河畔的阵地后撤。当日，意大利一位最激进的新闻记者墨索里尼就呼吁重新燃起爱国热忱。他写道，因为只要斗争持续，"我们就必须抛弃那伟大的字眼'自由'。"他于 10 月 27 日向读者发出劝诫："'面向敌人'。意大利人必须这样思考：'此刻并非危如累卵，此刻反而光荣而又艰巨。'"

　　面对米兰四处蔓延的失败主义与反战情绪，面对罗马的亲德倾向，英军驻意大利联络官塞缪尔·霍尔爵士备感沮丧，于是他找到墨索里尼，并获得英军情报机关许可，为他的报纸提供资金，并鼓励直言不讳地批判米兰人的和平主义文章刊出。"把它交给我吧。"墨索里尼对那位将英国资金转交给他的中间人说道。墨索里尼在他的编辑座椅上继续提倡勇气、抵抗、挑战与牺牲。在伊松佐河畔，意军已后撤至南面的乌迪内，法英部队匆忙赶来支援其盟友。

　　协约国各军在各处进行大规模战斗，每场战斗都对战争的后果有潜在的决定意义。10 月 30 日，加军士兵最终攻入帕斯尚尔，但他们付出了惨重伤亡的代价后，又被击退。未来的英军参谋长，皇家炮兵准将艾伦·布鲁克在几个星期后写道："那边的景象难以尽述，人们对其已变得麻木，而人们的内心却无法将其全部接受，这也许是一种福气。"在有墨索里尼发言的一次会议上，布鲁克回忆说："我简直不敢相信我的耳朵！他用了最美好的辞藻讲出了我军取得突破的胜算。我曾亲赴战场，心中想到这种最终结果是不太可能实现的。我确信他误判了情报，可能他从未亲自见到过战场上的景象。"

　　在巴勒斯坦，克雷斯·冯·克雷森斯泰因指挥的土军第 8 集团军，正准备阻止英军发动的第三次进攻——英军要将土耳其人赶出巴勒斯坦的南部边界。两次对从南面扼守巴勒斯坦的加沙地带的进攻都无果而终。然而，第三次进攻要有所不同，主攻方向也根本不是加沙。进攻前线进行了两个月的欺骗计划，旨在使土军通过偶然截获的假命令，确信主攻方向仍与此前一样是加沙。开战前三个星期，英军军官理查德·迈纳茨哈根就骑马赶到一座土军哨所，让那些士兵对自己展开追逐，就在他从视线中消失时，他就扔下一个沾着马血的军用背包，以使敌方以为他已经负伤。背包内装有精心伪造的对加沙展开下一次进攻的细节计划，另有一封来自情报部门的信件，指示说进攻比尔谢巴不切实际。

英军对巴勒斯坦的大举进攻，在艾伦比将军指挥下，于 10 月 31 日打响。受到欺骗的土军认定英军不会对他们驻守的比尔谢巴阵地发起大型进攻，却突然面对兵力为 4 万的攻击部队。土军司令伊斯梅特将军被迫将其后备部队拖入抗击敌人第一轮进攻的战斗中去。①

首批投入战斗的进攻部队是新西兰骑兵。战场上的一名英军下士科林斯在运送一名伤员返回安全地带时，手刃了 15 名试图阻止其赶回英军战线的归路的土军。澳大利亚骑兵全力发起冲锋，将锋利的刺刀挥作骑兵的宝剑。艾伦比对空中侦察格外关注，侦察结果显示土军防线上既无铁丝网，又无反骑兵壕。土军以为澳军是大部队的前锋，于是就逃回城内。澳军紧随其后，抓获 1000 多名俘虏。

攻占比尔谢巴后，加沙也被趁势拿下，开战前，十艘英法海军战舰再发起强大炮火轰击。即使在此刻，土德联军的实力也不容小觑。一艘德军潜艇靠近岸边，将其中两艘协约国战舰击沉。但当步兵、骑兵协同进攻加沙开始后，就横扫了前面的一切，克雷森斯泰因花了 25 个星期建成的工事，在 25 分钟之内就被攻占。人们发现主清真寺的光塔被用作炮兵观察哨时，就向小舰队下达朝该光塔开炮的命令，将其摧毁。

进入加沙城后，包括皇家第 39 燧发枪手营中特别招募的犹太士兵在内的英军看到城市已变为一片废墟。土军在撤走前已将城内洗劫一空。为阻断英军的进一步追击，土军在加沙以北的胡季，布设了奥地利榴弹炮和炮手。但艾伦比的骑兵毫不畏惧，朝着奥地利火炮和土耳其机枪直冲过去。多数炮手看到攻击部队轰鸣着冲上山坡，朝自己奔来时，都吓得浑身发软，向北逃去。其他人意识到自己即将被打败，而且要跑也来不及了时，就"发起近距平射"，正如艾伦比的传记作家雷蒙德·萨维

---

① 伊斯梅特 1919—1922 年任阿塔蒂尔克的参谋长，在安纳托利亚的伊纳尼村与希腊人战斗后，就以该村村名为姓。后来他在 1923—1937 年间任土耳其共和国首届总理，阿塔蒂尔克死后就任土耳其总统（1938—1950）。后来又于 1960—1965 年担任土耳其总理。他于 1973 年逝世，享年 89 岁。

奇所写："朝着成群涌上山坡的士兵射击，冲击之下，马匹倒在火炮上，内脏脱出，同时那些不肯退缩的炮手们也到了死期。"

英军共缴获了三门奥地利榴弹炮和九门野战炮。骑兵向炮兵挑战并已将其击败。骑兵继续这种横扫的冲锋，缴获土军机枪，"随后掉转枪口，驱赶正在后撤的土军"。冯·克雷森斯泰因和土耳其第8集团军几乎后撤到雅法。通往艾伦比的目标——耶路撒冷——的道路已经畅通。

在英国上空，10月31日，德军哥达飞机发起了一战中首次燃烧弹空袭。袭击未能取得成功，投下的83枚十磅重的燃烧弹造成的损失微乎其微，其中多数未能引爆。10名平民遇难。伦敦的防空火炮排列模式可以让一个炮连通知其邻近炮队对入侵轰炸机开始戒备，将某些入侵飞机赶走，同时打散了其他飞机。在20架入侵飞机中，有五架在返航后被迫坠机着陆。

美军部队此刻已准备好参战。他们11月2日夜间首次作战，当时一个美军步兵营将驻守巴尔提勒蒙的法军替换下来。次日凌晨3时，美军一个孤立前哨遭到了一小时的炮火轰击，随后，来自一个巴伐利亚军团的213人组成的攻击部队发动了进攻。美、德双方的兵力对比为1∶4，美军有三人战死：格雷沙姆下士以及恩赖特和海伊两位列兵。一人被枪弹打死，一人咽喉被割断，一人头骨被打碎。德国攻击部队随后撤退，他们当中两人战死，一人叛逃到美军一方，但他们还将12名美军俘虏带回德军防线。

人们发现该前哨的幸存者们"脸色苍白、扭曲，眼神困惑无助"。潘兴在得知遭到攻击后也黯然流泪。调查显示美军训练尚不充分，应该被调离前线。当地法军指挥官保罗·波尔多将军尖刻地怀疑"美军自卫时表现出的英勇与实力"。他的批评受到质疑后，他就将其收回，并请求将三名美军士兵的遗骸"留在这里，永远留给我们"。他宣称："我们将在他们的墓碑上铭刻，'这里长眠着为正义和自由而倒在法国领土上的第一批美军士兵。'路人将驻足脱帽。法国的旅人，以及来自美国盟友的游客到访法国时，会寻访我们的洛林战场，会特意来此，在他们的坟前致以敬意和谢忱。下士格雷沙姆、列兵恩赖特、列兵海伊，以法国之名，我感谢你们。愿上帝接受你们的灵魂。一路走好！"

在东线战场，战争迅速让位于革命。尽管新任俄国陆军部长维尔霍斯基在10月16日就向诺克斯上校声称："我们将重建俄罗斯军队，并使其可以在春季再战！"但诺克斯在两个星期后的日记中写道："俄军根本毫无希望再度参战了。"11月2日，在一定程度上希望俄国犹太人能受到他们的同胞的激励而继续作战，英国发表了外交大臣鲍尔弗勋爵发给罗斯柴尔德勋爵的信函——"鲍尔弗宣言",其中表明英国支持在巴勒斯坦"为犹太人建立民族家园"。引出这篇宣言的最终探讨,直接触及了如何激发俄国境内的爱国热情。

"各地传来的情报都表明,犹太人在俄国政局中扮演着极其重要的角色,"外交部资深官员罗纳德·格雷厄姆于 10 月 24 日致信鲍尔弗,"几乎每个俄国犹太人都是复国主义者,如果能使他们相信他们复国希望的成功取决于协约国的支持,以及将土耳其人驱逐出巴勒斯坦的前景,那么这样一股强大的势力就会为我所用。"于是他在 10 月 3 日安排三名首要复国主义者,其中包括弗拉基米尔·亚博京斯基,立即出发前往彼得格勒,以召集俄国犹太人加入协约国的作战大计。"遗憾的是,已经错失了许多宝贵的时间。"常任助理国务秘书哈丁勋爵当天写道。但他并没有过度沮丧,对鲍尔弗说:"如果能够巧妙利用俄国犹太人,那么局面仍有望于春季扭转。"

要扭转分崩离析的局面为时已晚。任何事物,不论它对少数民族多有吸引力,不论它在长期内拥有多大的诱惑力,都不足以抗衡无限膨胀的反战观点。11 月 3 日,彼得格勒得知波罗的海前线的俄军部队已扔下武器,开始和他们的德国"敌人"亲近。次日,克伦斯基自以为驻彼得格勒城外的 15.5 万俄军部队忠于政府,就命令该部队进城。11 月 6 日,部队拒绝进城。1000 余人组成的忠于政府的女子营在齐步走过街道,去接受克伦斯基的检阅时,受到其他士兵的嘲笑。当晚,布尔什维克党人占领了首都主要建筑:火车站、涅瓦河大桥、国家银行,以及其中的重中之重——电话局。

这个从波罗的海一直延伸到太平洋的庞大帝国此刻已经风雨飘摇,而 1914 年她支持塞尔维亚并与英法结盟也是战争的一大催化剂。11 月 7 日,1.8 万余名布尔什维克党人将临时政府各部部长围困在冬宫之内,冬宫守军仅有 1000 人。从喀琅施塔得赶来了投身革命的 9000 余名海军士兵。当天又赶来 4000 名海军及 9000 名陆军士兵,他们乘坐一艘布雷艇、两艘扫雷舰、两艘汽艇和五艘小型舰船赶到首都。同日,两艘俄军驱逐舰从赫尔辛基赶到:它们也宣布支持革命。

当晚 10 时刚过,停靠涅瓦河,由布尔什维克党人控制的"阿芙乐尔"号巡洋舰宣布它将向冬宫开炮,为急于显示其决心,它就打了几发空炮。到 11 月 8 日凌晨 1 时,布尔什维克党人已驱散守军,占领冬宫。当日,列宁当选为人民委员会主席,执掌了首都大权。托洛茨基任外交事务委员。

虽然难以置信,不过已成现实:存在六个月的临时政府就像它前面的沙皇一样确定无疑地被清除了。在莫斯科，赤卫队占领了克里姆林宫。克伦斯基乘坐美国大使馆汽车逃离彼得格勒，赶到普斯科夫，他希望能在这里召集忠于他的政府的军队。"他被迫借了一辆汽车，"诺克斯上校在日记中写道，"因为冬宫广场上停放的汽车里的磁发电机都在夜间被布尔什维克卸去。他向美国大使发去一条消息，请他在五天之内不要承认新政府，因为他要在此期间重整旗鼓，恢复秩序。但我想他不会回来了。"

命令与法令开始从新的权力中心流出。11 月 8 日发布的第一道法令就是"和平法令"，当晚由列宁对着欣喜若狂的群众宣读出来。但就在次日，当新任外长托洛茨基请求外交部将该法令翻译为外文并立即向国外公布时，有 600 名官员——前沙皇及临时政府的忠诚公仆——宣布辞职，迈步走出外交部大楼。次日，400 万份法令文本被发往前线，要求停止一切敌对行动。

俄军的作战能力此前是协约国在东线的一臂，至此就已彻底折断。

第二十章　战争与和平的条款

1917 年 11—12 月

俄国因革命爆发而停止动员，于是协约国奋力维持其在其他战场上的攻势。1917 年 11 月 5 日，俄国革命的消息传遍西线协约国时，协约国在意大利拉帕洛召开了内部会议，会上福煦指出意大利第 2 集团军已经"完全崩溃"，而第 1、3、4 集团军则"完好无损"。第 2 集团军的问题是士兵恐慌。面对奥军持续袭扰，军事秩序和军纪都已涣散。

意大利新任首相维多里奥·奥兰多请求英法提供援助。他对劳合·乔治说，"只提供某些援助"是不够的，"至关重要的是提供充分的援助"。当劳合·乔治说意大利继续参战"明显有利于"英法两国时，据劳合·乔治叙述，奥兰多"激情澎湃地答复说意大利要不惜一切代价这样做，即使要将他放逐到西西里岛也在所不惜"。劳合·乔治就此指出："他就是西西里人。"

意军决定后撤 60 英里，撤到皮亚韦河一线，并将奥军阻截在这里。"目前国内平静，"奥兰多对他的盟友们说，"意大利已经顺应了国土的沦丧，并对朝皮亚韦河的撤退泰然处之。"但奥兰多又警告说："只有守住了皮亚韦河一线，才能确保国内不出变乱。"因此，意大利的未来"取决于协约国此时制定的决策"。

意大利声称战场上奥军与意军的兵力对比是 811 个营对阵 377 个营，于是请求英法立即派遣 15 个师赶往意大利战场。福煦称这一估算是"可笑的夸张"，的确如此。劳合·乔治后来回忆说，提出这一估算"只是进一步表明了意军参谋本部陷入一片慌乱之中"。英法同意派遣八个师来援，但仅此而已。

这一决策最初让奥军取得了意料之外的胜利。11 月 8 日，从朱利安山和多洛米蒂山山头上直冲而下的奥军，占领了距威尼斯仅 37 英里的维托里奥维尼托。意军十天前就从卡波雷托开始后撤，撤到皮亚韦河一线时，东线战场就沦丧了 60 英里的阵地。意军后撤期间，隆美尔中尉在皮亚韦河上游的兰加罗恩村巧妙渡河，协助友军俘虏了 8000 名意军，缴获 20 门火炮。靠近该村时，隆美尔看到一位不久前被意军俘虏的德军中尉，此刻他正骑着骡子朝他走来，身后跟着数十名挥舞着白手帕的意军士兵。原来这名中尉随身带了一封意大利兰加罗恩守军司令写来的信，说要携守军与村庄投降。①

五天后，同盟国在意大利战场又取得了一次胜利：11 月 15 日，一个匈牙利师在皮亚韦河三角洲渡过该河，占领了距威尼斯 16 英里的卡瓦祖克赫利纳。然而，意军的战斗精神并未崩溃，11 月 15 日夜间，德军四个师在蓬泰皮亚韦附近渡过皮亚韦河，意军就将他们击退，并俘获 600 名俘虏。

在地中海东海岸，艾伦比在加沙和比尔谢巴俘获 4000 名土军，缴获 59 门火炮，就迅速朝他的目的地耶路撒冷进军。德军、奥军和土军对阵的是英军、澳军与新军，各军的人员全部远离故土。

11 月 8 日，协约国对滨海平原上的德军埃尔蒂纳机场发起空袭，将 11 架德军飞机炸毁于地面，数百名土军士兵因空战而惊恐，从前线逃散。11 月 9 日，一条截获的土军无线电情报显示土军严重缺少火车机车和卡车。被驱逐出比尔谢巴的土军后撤至犹太山区时，英军飞机朝他们的纵队投下炸弹，并用机枪扫射。

11 月 11 日，英国战时内阁因不习惯于每日收到推进如此神速的电报报告，就告诫艾伦比不要冒险这样延伸交通线。一旦他认为政治家都过于胆怯时，人们就告诫他 1915 年迅速朝巴格达推进的英军部队的命运，他们被驱赶到库特，遭到包围，最终被迫投降。但进军的势头和耶路撒冷的诱惑都同样无法遏制。11 月 15 日，澳大利亚、新西兰军队攻占了拉姆拉和利德两座城镇。后者是圣乔治·德·利德的十字军城，是屠龙师圣乔治的家乡，600 年前的英国十字军将他认作自己的保护神。新西兰骑兵于 11 月 16 日进入雅法。他们的下一个目标就是耶路撒冷。

俄国的参战能力已经终结，意军又被打到了皮亚韦河畔，法、英两国维持协约国作战事业的负担异常沉重。11 月 16 日，法国迎来了一位

---

① 1963 年 11 月，我途经兰加罗恩：村庄已经在一个月前因瓦伊昂大坝垮塌而被夷为平地。瓦伊昂大坝原为世界第三大混凝土建筑。在兰加罗恩及其下游的五个村庄里，共有 1809 人被淹死，其中包括 430 名学童。

新的、76 岁高龄的领袖，乔治·克列孟梭，尽管年迈，他却下定决心带领自己的国家走向胜利。作为总理和陆军部长，他迅速主导了法国的作战能力，像推动自己一样，驱使下属不断前进，但这几乎为时已晚。一封电报已从彼得格勒发往德国，收件人为"全体"，发件人署名托洛茨基，电报宣布新的苏维埃政府希望缔造和平。11 月 17 日，奥地利外交大臣切尔宁伯爵致信友人："尽早取得和平为我方的拯救所必须，而德军进抵巴黎之前我们不能取得和平——除非他们的东线战场偃旗息鼓，否则他们就不能进抵巴黎。"

这一时刻也完全可能迫在眉睫：11 月 19 日，布尔什维克党人呼吁所有战场都立即实现停火。次日，克列孟梭在法国议会下院轻蔑地说，他的政策是"战争，而且只有战争"。此时，聆听他轻蔑话语的人们中有英国军需大臣温斯顿·丘吉尔，22 年之后，他就会呼应这样的情绪，当时英国失去了主要盟友——法国，伦敦就像 1917 年俄国退出战争时的巴黎一样危机四伏。

就在克列孟梭发出严厉而轻蔑的话语的次日，同样严厉的话语也在绝密的情况下由劳合·乔治对威尔逊总统的特使豪斯上校说出。显然，潘兴将军在 1918 年夏季之前将 100 万武装完毕的美军送到欧洲的希望仍远未实现。最新的估计认定到 5 月最多只能运来 52.5 万人。美国也没有足够多的船运吨位来为他们运送给养和粮食，也许要等到 1919 年才能实现。能力低下也是其中一大问题：某些美军补给船在抵达法国时，只占用了不到 50% 的舱位。对英军而言，美军参战规模的缩小与延期都构成了一个打击。"我最好将事实坦诚地摆在你的面前，"劳合·乔治 11 月 20 日对豪斯上校说，"你们如果以为可以轻松愉快地训练好军队，以为美军 1918 年或 1919 年参战都无关紧要的话，那就会出现危险。但我希望你能理解这会带来天壤之别。"

就在劳合·乔治发出抗议的当天，英军在西线战场上发起了他们 1917 年的第三次进攻。进攻的目标为康布雷城及城后地带。25 万英军参与其中，沿着仅为六英里宽的正面推进，面对的是 25 万德军。英军司令为爵士朱利安·宾将军。300 架飞机参与了空中侦察与定位。但此役的主导性特征就是在战争史上坦克首次发挥了主体推进的作用；在最初的战斗中，就投入了 324 辆坦克。如此之多的坦克的介入最初取得了效果。它们可以压垮德军的带刺铁丝网，数小时后，英军就在整个六英里的攻击战线上全面突破德军防线。

"三道铁丝网就如同破烂麻床一般被一举穿过，"布朗上尉后来回忆说，"在其中切开了 350 条通道以供步兵通过。前线战壕的守军爬出坑道和掩体，以面对弹幕齐射的冲击和火焰，却看到带头推进的坦克几乎就在他们头顶。"布朗写道，这些钢铁怪兽的出现，"怪异而又令人惊恐。"

厄运来临让最初的胜利减弱，直至最终消失，因为坦克有自身的设计缺陷，短时作战之后，其履带就会损坏，另外德军作战也非常英勇顽强。在进攻发起地点与康布雷之间不到半程之处的弗雷斯盖尔，英军的空中侦察未能汇报德军布设的炮兵，炮火阻止了一个战区内坦克的推进，击毁 39 辆坦克。其中七辆被一名德军炮兵中士克鲁格打停，他独自一人操纵火炮直至被打死，他是一战英国军事报道中提到的唯一一名德军士兵。

加里豪斯堡的加拿大骑兵，领先所有协约国部队，朝马尼耶尔以北冲去，率先逼近康布雷。途中，他们俘虏了一整支德军工兵队。随后，遭遇到正向某些前进的坦克开火的德军炮兵时，他们就拔出马刀，发起冲锋。接着，他们就向下冲去，因为已经来到一段沉降路面，冲向一个德军机枪连。在此次快速冲锋中，有 50 名德军被打死，但加拿大骑兵就在这段沉降路面上被德军其他机枪手压制住。他们由此下马，让群马朝德军的阵线惊逃，又用马刀取得突破，成功奋战返回了马尼耶尔。斯特罗恩中尉，因在此次冲锋当中领导有方，后被授予"维多利亚十字勋章"。

康布雷战役的首日，坦克对战斗制胜起到了决定性作用，能够在敌军防线上打开具有决定意义的缺口。德军防线被突破，英军占领了五英里的阵地，还俘虏了 4000 名德军士兵。英国报纸宣称这场胜利是"这场战争中英军取得的最伟大的胜利"，也是"对德军的一次突袭"。

此役首日人们有了真正的成就感，但在弗雷斯盖尔和马尼耶尔遭遇的挫败也有不祥的恶兆。次日，德军一个师意气风发地从俄国战场赶来。该师从康布雷火车站急行，要去加强可能在当日完全投降的，在吕米伊（Rumilly）和克雷沃克尔之间的圣康坦（St. Quentin）运河一线。这就让英军的下步计划——骑兵突破——无法实施。宾将军得知德军这一新师已经守住防线后，就意识到骑兵无法再向前朝康布雷以东飞奔了：1914 年以前的战争中"飞奔而过"的景象与现实，在 1917 年不会再出现了。

在康布雷取得最初突破的消息，于 11 月 23 日甫一公开，就激起了前所未有的巨大反响，人们又重燃了打破堑壕战僵局，让协约国取胜的希望。在英国，教堂的钟声响彻大不列颠岛，以庆祝此次胜利。①

---

① 战争进行三年零三个月以来，此为首次。二战期间，教堂大钟本来是要在英国遭受入侵时鸣响的，但在 1942 年 11 月的阿拉曼战役之后鸣响，此时二战已进行了三年零两个月。

即使伦敦和纽约都在扬扬自得地欢庆，胜利却并未接踵而至。11 月 23 日，教堂钟声响彻英伦当天，英军宣布在康布雷俘虏德军战俘的总数已超过 7000 人。同时，英军的进攻却在经过布尔隆丛林的激战后，无法再进展一步。有 62 辆坦克参与了此次战斗，但坦克损失持续攀升，致使战斗实力及突袭效果丧失。

战斗的未来决定了布尔隆丛林的命运，黑格坚持要夺取该丛林，以便重新发起更大规模的攻击。在他的提议下，原本任务为趁坦克取胜之机乘马冲锋的骑兵，就下马作为步兵奋战。黑格对宾说，应该投入"任意数量的"这种兵力。进攻的决议传达到某军指挥官菲尔丁将军时，他就答道："我们将会竭尽所能，长官，但您让我们负荷过重。"

这种"负荷"最终无法完成，布尔隆丛林上方的高地久攻不下。德军发动了一次反攻，夺回了被缴获的 100 门火炮。在夺取默夫勒村的一场单独战斗中，三个爱尔兰营取得了成功，在 11 月 23 日黄昏时分，他们将德军赶出了该村 3/4 的地域。后来他们的一个连遭到布尔隆丛林西南的一个德军据点的猛烈机枪袭击。他们的困境被皇家飞行队的一名飞行员看在眼里，他俯冲袭击了该据点。德军朝他开火，他驾驶飞机坠毁身亡。士兵们没有忘记他英勇战斗的事迹。几个星期后，《泰晤士报》上的"讣闻"栏就出现了新的一则："某无名飞行员在 1917 年 11 月 23 日被击落，当时他正在袭击布尔隆丛林西南一个德军据点，以救助皇家爱尔兰燧发枪手营的一个孤立无援的连队。"死去的飞行员事实上是一名美国志愿者，格里格斯中尉，隶属第 68（澳大利亚）飞行中队。

在这片战场上空参战的还有里希特霍芬男爵所在的飞行中队。在方丹村以北，里希特霍芬本人又击落了一名英军飞行员，博迪中尉，他头部负伤，结果坠机着陆。博迪后来被碰巧在附近同样坠机着陆的友军飞行员救起。

11 月的最后一个星期，降下了第一场雪。坦克运动战又被徒手肉搏取代。11 月 27 日，英军试图夺取方丹时，就将坦克开上了它们还未适应的狭窄的街道。"方丹城中出现了恐怖的杀戮，"时任高级坦克军官的富勒少将后来写道，"我在战前用了三星期时间想象可能出现的结果，一直未能解决坦克参与村庄战斗的问题。我曾因缺乏这种远见而多次自责，但我从未想到陆军指挥官们会将坦克开进这种地方。"

一名德国军官从另一面观看了这场战斗，"装甲车已经开进村里，"他在报告中写道，"我们发现它们能够攻击，却无法坚守阵地。在狭小的街巷里，它们的火力没有回旋空间，而且它们的移动在四面都受到限制。它们在我军当中散播的恐慌消失了。我们开始了解它们的弱点。人们开始针锋相对地搜索、袭击它们。"德军已经发现投掷到坦克顶部或其侧面的单个手榴弹根本不起作用。"我们将数枚手榴弹捆绑在一起，"那名军官写道，"让它们在坦克下方起爆。"这种新式武器已经有了一个新的对手。

德军机枪手从北面扫射方丹，而英军机枪手则从南面对此处展开扫射。英国战地记者菲利普·吉布斯在《每日电讯报》上撰文指出："没有哪个人在村中现身后还能活过一秒钟。"开到村庄另一面，已经瞥见康布雷城的坦克又被撤回。进入该村的英军部队也被撤出。参与街头巷战的1500名近卫军中，只有不足500人返回最初的阵线。当日战死者中有诺曼·张伯伦，他的表兄，未来英国首相内维尔·张伯伦在私下出版的回忆录中描述了率领士兵抵达目标后，遭遇敌军猛烈机枪火力袭击时的情形："地面开阔，毫无遮蔽，发布的命令是后退约50码，走到一处战壕……不知究竟是后撤命令没有传达到他，还是他不愿后撤，最后，他和他的战士都已一去不返了。"

同日，11月27日，英军被迫中止作战，康布雷依旧遥不可及，英军骑兵无法通过战壕一线及铁丝网的后方。然而，新占领阵地却让英军获益，使其得以俯瞰北面德军占领下的一大片地带，这有利于将来展开的炮火攻击及未来有可能发起的攻势。德军甚至决议不让英军拥有这一优势。11月27日，就在黑格命令结束康布雷战役的当日，巴伐利亚鲁普雷希特亲王向德第2集团军的指挥官们发出了命令：11月30日进攻。

为准备此次进攻，11月28日，德军火炮朝布尔隆丛林内的英军阵地发射了1.6万枚炮弹，其中还包括毒气弹。进攻于11月30日如期发起。许多英军连队都战斗到人人战死，或全员负伤。然而，在战场上的南部战区，德军迅速突破了前方英军阵地。马尼耶尔被丢弃，然后德军炸毁了此处的大桥，以阻止协约国坦克在此跨过圣康坦运河。德军向前推进三英里，俘获6000名英军士兵，缴获火炮158门。德军将毒气弹与至少30架低飞进行空中支援的飞机相结合，取得了效果，正如坦克最初对英军有效一样。然而，在空中，英军最终获得了优势，空战中共有11架德军飞机和7架英军飞机被击毁。在其他地带，英军尽管后撤，但他们重整旗鼓，守住了防线。

在战场上的另一个地点，一处英军阵地被攻占时，一支仓促拼凑起来的后备部队投入了战斗，成员为司令部军官、传令兵、厨师、勤务兵和信号兵。"人们全部奋力苦战，"一位原参谋官曾写道，"到了12月2日，地面各处都散落着他们的尸体，已经和成堆的进攻者的尸体混杂一处了。"①

① 乔治·迪尤尔，《道格拉斯·黑格爵士的司令部》，伦敦：康斯特布尔出版社，1923年，卷I，412页。

康布雷战役，曾在作战首日为协约国带来莫大的激励，但就在两星期内，就已完全无法成为人们希望中的转折点。宾将军缴获了100门火炮，获得了晋升，高夫将军近40年后还不无尖刻地写道，钟声响彻英伦，人们都曾欢呼雀跃。但此役并未有，也不会有后续行动。宾发现他的先头部队已钻入一个狭窄的突出部。此处的布尔隆丛林对许多英军士兵而言已成了厄运的代名词。

骑兵并未通过德军防线，代价高昂的堑壕战僵局再次恢复。12月2日，黑格命令宾将军寻找一道稳固的冬季防线并立即后撤至此。此次后撤于12月4日夜间开始。宾将军利用两年前在加利波利半岛获得的经验，做到了后撤当中未有任何损失。但协约国在康布雷已经遭遇了重大伤亡：4.4万名英军与加军死伤。德军伤亡为5.3万人。

许多将被送往英国的英军伤员，只能坚持到被送至法国沿岸医院。薇拉·布里顿当时在埃塔普勒第24综合医院。12月5日，她致信母亲："我希望那些洋洋洒洒地写出这是一场圣战的人们，希望那些滔滔不绝地说起不论战争持续多久，无论付出何种代价都要将其继续下去的演说家们，能够看到一个病例——更不要说十个病例了——这就是在芥子气中毒后的早期阶段，他们就能看到这些可怜的人们全身烧伤，起了水泡，呈芥色溃烂，双目已失明——或暂时或永久，一切都粘连在一起，总是呼吸困难，发出的声音如同耳语，他们会说自己的喉咙正在闭上，他们知道自己将要窒息。对于这些严重病人，人们唯一确定的是他们坚持不了多久；他们或者早点离去，或者有望好转，但前者居多。"

在意大利战场，皮亚韦河以西的奥军在格拉帕山的山坡上作战，这里几乎位于维琴察、帕多瓦和波河所在平原的尽头。12月22日，他们夺取了海拔3176英尺的通巴山顶峰，但又被击退。更向西面，在环绕阿夏戈的群山之间，由于疫病击倒了进攻部队中的7000名士兵，奥军已无可能再次出击，卡尔皇帝命令停止攻击。皇帝自己的臣民也都已厌倦。12月25日，在布达佩斯举行的大规模游行示威中，有10万名匈牙利工人走上街头呼吁立即实现和平，并声援俄国革命。

军纪和环境将前线士兵排除于此类颠覆行动之外。11月26日，奥军对佩提加山发起进攻，结果导致这座山的顶峰七次易手。三个星期后，奥军抵达海拔5315英尺的阿索罗恩山顶峰，从山顶他们看到远处的平原尽收眼底、景象壮观，令人欲罢不能，但并非靠近意大利腹地。在整个进攻中一直率领他的高山营作战的隆美尔中尉，被授予"功勋勋章"。

在萨洛尼卡战场，英军利用从塞浦路斯成批带回的土军俘虏，修筑了一条50英里长的轻型轨道。前线的军用物资的营地有填充过炸药的气球保护，以防德军飞机前来空袭。其中的一枚气球炸死了德军战机飞行员埃施韦格中尉——"爱琴海之鹰"，他此前曾在空战中击落过 20 架协约国飞机。

俄国布尔什维克党人于 11 月 19 日呼吁所有战场实现停火，却无人响应。负责外交政策的托洛茨基敦促英法两国敞开谈判渠道，并威胁说如无法开始谈判，俄国将单独与同盟国实现停火。11 月 21 日，法国驻彼得格勒大使莫里斯·帕莱奥洛格就收到俄方发来的官方照会，告诉他布尔什维克政府已命令各战场立即停火，并试图开启与德国的谈判。

协约国依旧未予回应，11 月 27 日，英国驻彼得格勒大使警告伦敦：我们违背俄国意愿将它多留在战场上一天，就会使俄国人民更加憎恶我们。同日，三名俄国特使被蒙住双眼，在德温斯克附近穿过德军防线，代表彼得格勒前来进行停火的先期安排。还是在这以前，作为十分不满的表态，托洛茨基向全世界公开了 1914—1917 年间俄国与协约国签订的密约，包括放手让法国在西线取得德国领土，将奥地利和土耳其大片土地让给意大利，将罗马尼亚觊觎的土地交给该国，并将君士坦丁堡和海峡地带交给俄国自己。

"工农政府废除了秘密外交，摒弃了阴谋、密信和谎言，"托洛茨基当天从彼得格勒宣称，"我们渴望迅速实现和平，这样各民族才能协调一致，和睦相处。我们在全世界面前揭穿了秘密外交文件中表现出的统治阶级的所作所为，就是要转向工人阶级，呼吁他们接受我们的外交政策的基础：'全世界无产者，联合起来！'"

不仅布尔什维克党人在寻求结束冲突的途径，11 月 29 日，《每日电讯报》刊出了兰斯多恩勋爵发出的一封信，信上说：我们不想输掉这场战争，但延长这场战争将会使文明世界陷入毁灭，并无限增加早已饱受折磨的人类的痛苦。如果立即开始和谈，那么人们就能够在新年到来时通过持久而荣耀的和平的手段，来结束战争。一般报刊文章都谴责与德国人和谈的企图，但兰斯多恩勋爵在写给女儿的信中说："前线众多军官给我来信说对我的公开信表示欢迎。"这令他备感惊讶。

就在兰斯多恩的公开信发表的当天，新任德国宰相赫特林伯爵就对布尔什维克党人的停火呼吁表示了公开支持。德国皇帝甚至向他的新任外交大臣里夏德·冯·库尔曼建议，德国应尝试与俄国联盟。奥地利也对布尔什维克结束战斗的提议表示欢迎，对协约国而言，它却如同末日的幽灵。

同盟国此时得意扬扬。在意大利，威尼斯已在奥军的攻击距离之内。在东线战场，德军在将兵力超过 50 万的 52 个师，向西线转移。

12月1日，布尔什维克党人占据了莫吉廖夫俄军司令部，俄军最后一位战时司令官，44岁的杜赫宁将军被布尔什维克海军士兵从他的专列里拖出，他的臂章早已被撕去。他被打翻在地后，人们又继续对他拳打脚踢，最后一名海军士兵用两颗子弹将他打死，旁观者一片欢腾。正在附近将9.2万名捷克战俘整编为军队的捷克斯洛伐克领袖托马斯·马萨里克博士，后来回忆起杜赫宁的遗体在火车站被野蛮侮辱时的情形。杜赫宁曾批准捷克人组建一支军队和俄军并肩作战对抗同盟国。此刻，俄军自己却已放下武器，捷克人被迫尽可能地离开俄国，他们向东出发沿西伯利亚铁路狂奔5000英里来到符拉迪沃斯托克（海参崴），这是能让他们乘船返回欧洲的唯一一个俄国港口。

杜赫宁遇害当日，布尔什维克停火委员会离开彼得格勒前往东线战场。次日，就在整个战区全部正式停火的当日，该委员会在德温斯克穿过德军防线，随后就乘火车来到原俄军要塞布列斯特-立托夫斯克。他们在此会见了各国谈判人员：德国、奥地利、保加利亚和土耳其。从波罗的海一直延伸到高加索山脉的整片战区都将实现停火。

布列斯特-立托夫斯克的停火谈判持续了五天。两名资深布尔什维克谈判人员均为俄国犹太人：阿道夫·约费和托洛茨基的姐夫列奥·加米涅夫。代表团中另一成员，用于显示宽泛的共产主义哲学中两性平等的标志，是阿纳斯塔西娅·比岑科，她曾因谋害前陆军大臣而被判处流放西伯利亚17年，是布尔什维克对沙俄时代囚犯实行特赦后刚刚获释的。为符合革命需要，一名农民、一名工人和一名士兵也被包括在代表团之内。

12月6日，就在布尔什维克党人、德国人、奥地利人、保加利亚人和土耳其人仍在商谈如何结束他们之间的军事对抗时，罗马尼亚政府——其军队已被德奥联军打回该国东部边界——实现了一次停火。九天后，身在布列斯特-立托夫斯克的谈判者们就宣布结束一切东线战事。俄国已不再是交战国。

从波罗的海直到黑海，枪炮声都已停息。同盟国告别了自1914年以来就成为它们梦魇与重负的两线作战。接下来要做的就是与布尔什维克党人达成和平条约，以尽可能多地阻止其对领土的控制：列宁责成托洛茨基负责该项事务，谈判于12月22日在布列斯特-立托夫斯克开启。同日，德国皇帝视察了西线战场的德军部队，西线德军都盼着东线和平协议的益处能在这里被尽早看到。

俄国的崩溃不仅让德国受益，11月28日，爱沙尼亚宣布独立，12月6日，芬兰也宣布独立。但对布尔什维克党人而言，战争还远未结束，

12 月 9 日，他们向俄国南部的哥萨克人宣战，这个民族有着独立精神，拒绝接受新的革命政权。到 12 月底，布尔什维克党人又遭到了两位沙俄将领——库班的科尔尼洛夫将军和新切尔斯克的阿历克谢耶夫将军——率领的反布尔什维克俄军部队的抗衡。在乌克兰，乌克兰议会投票否决了列宁提出的将"红色"布尔什维克军队调往抗击"白匪军"的战场。12 月 24 日，布尔什维克和乌克兰军队的战斗打响。三天后，拉脱维亚宣布脱离俄国独立。12 月 31 日，"红军"占领乌克兰东部城市哈尔科夫。俄国内战开始。

这些事件远离西线战场，却对其造成了直接影响。12 月 6 日，正当布尔什维克和德国谈判人员仍在布列斯特-立托夫斯克就停火的最终条款进行协商时，英国兵役部长奥克兰·格迪斯向伦敦战时内阁提出警告说，一旦此次停火得以实现，德国就能将 90 万兵力调往西线，使自己有 11 个作战师的优势兵力。

德军将火炮由东线调至西线时，他们此时火炮总数与英法军队持平的态势，就将变为超出英法 2000 门的优势，其中野战火炮和榴弹炮超出 4000 门。这样的话，协约国的一切都将有赖于美国：美国的 12 个师如能在 1918 年投入作战，将会使天平再度朝着有利于协约国的方向发生微弱倾斜。但格迪斯强调说，如果要形成足以制胜的优势兵力，那么还应从英国再征募 100 万新兵。除征募新兵外，还可从军火工厂和船坞中征召兵员。能够参战的熟练军火工人将由女性或不适合服兵役的男子取代。整个国家必须进行再动员。同时，为使工人做出的牺牲看似公平，对因战争而在工商业中赚取额外利润的人们征收的税率由 1915 年的 40%增加到 80%。

在海上，船队护航制度开始对协约国发挥作用。11 月的海运损失为该年度最低，共有 126 艘船只被击沉，其中 56 艘为英国船。① 12 月还有四艘美军战列舰从美国开出，加入了英国联合舰队。大规模"造船运动"正在美国展开，要为 1918 年的战争需要提供船只。

12 月 9 日星期天一早，就在耶路撒冷北面的一条山谷内，两名英军士兵——列兵邱奇和列兵安德鲁斯，起来搜寻鸡蛋，希望找到某个被废弃的农场，或有农民愿意将蛋转让给他们。他们隶属从地中海一路奋战而来、此刻在距耶路撒冷三英里处安营扎寨的英军部队，准备在接下来的数日内从土军手中夺取该城。两人仍在搜寻食物，就看到一群身着杂色衣服的人们朝他们走来，有些穿着平民服装，有些穿着土军制服，他

---

① 到 11 月，殒命的英国海员人数就增加到 376 人。

们高举着一面大白旗。他们都是耶路撒冷要人，包括市长、牧师、拉比和伊马目，随身带着打开该城的钥匙。他们正在寻找可以接受他们投降的人。土耳其军队，连同其德、奥军官，都已向北面的纳布卢斯与东面的杰里科和约旦河逃去了。

英军就这样兵不血刃进入了圣城。700多年以前，狮心王理查就几乎是从这两位列兵所经之处走过的，但那时的理查国王却无法再前进一步。这两名列兵带着这些要人去见了一名中士，中士最终找到一位将军，得以让他们把钥匙交给将军。12月11日，根据伦敦三个星期前做出的精确指示，艾伦比步行走入耶路撒冷，以避免造成效法德国皇帝1898年乘马耀武扬威进城之嫌。艾伦比谨遵伦敦指令行事：在圣地前面显示谦恭，在城市上空不悬挂协约国旗帜；并派遣印度穆斯林士兵守护圆顶清真寺。伦敦战时内阁为艾伦比草拟的友好宣言，被用英、法、阿拉伯、希伯来、俄、希腊等语言宣读。艾伦比因此次胜利而精神振奋，这让他在西线战场三年的挫败和僵局有了救赎。在耶路撒冷，他获取了一只战斗的蜘蛛（装甲车），它的巨颚能咬断毒蝎之尾；他将其命名为"兴登堡"号。

占领耶路撒冷让协约国再度对胜利有了憧憬。在罗马，教堂钟声敲响，伦敦的罗马天主教大教堂也敲响了大钟。全世界的犹太人都感受到他们民族独立的曙光即将来到。阿拉伯人也感到兴奋：艾伦比之名在书写上与"先知"的阿拉伯语写法（Al Neby）极为相近。

英军在康布雷遭遇挫败后，某些英国报纸就将之和成功占领耶路撒冷进行了对照。《泰晤士报》称康布雷之战是"英国史上最恐怖的事件之一"，而且前景似乎更加黯淡。东线战场实现停火之后，德军部队持续被从俄国调往西线战场。意军正在英法的协助下守卫波河流域，威尼斯受到奥军下一步攻击的威胁。面对这些困难，英国领导人做出的回应是，积极商讨与奥地利，甚至与土耳其单独媾和的可能性。

经劳合·乔治批准，斯马茨将军前往瑞士，于12月18日在日内瓦郊外与前奥地利驻伦敦大使门斯多夫伯爵举行了三次会谈。斯马茨提议，如奥地利同意与协约国单独媾和，那么为对其做出回报，奥匈帝国将被完整保留，以使其抗衡位于中欧的德国。门斯多夫重复说奥地利不容探讨单独媾和的问题，出席日内瓦会谈的劳合·乔治秘书处成员菲利普·克尔就动身赶往伯尔尼，会见土耳其谈判人员洪伯特·帕罗迪博士。但土耳其也不愿考虑单独媾和的问题。德国的吸引力依旧强大，协约国行将溃败又让这一吸引力进一步加强。

随斯马茨前往日内瓦，并随克尔前往伯尔尼的英国外交官霍勒斯·

朗博尔德爵士记载："当然，我们和土耳其人的谈话受到了布列斯特-立托夫斯克和谈的左右。在最后一星期，我们从一些身处日内瓦的土耳其政府人员处确切得知，那场和谈让土耳其人对其帝国的未来充满了过于宏大的期望。他们不仅希望能够在德军的帮助下收复美索不达米亚和巴勒斯坦等地，还希望取得高加索部分地区，并与所谓的格鲁吉亚国家结盟。实际上，他们似乎真正相信突雷尼运动有可能发生。"恩维尔帕夏尤其希望能够将土耳其的统治扩展到俄属中亚的突厥语地区。①

布列斯特-立托夫斯克的和谈前景令德国的作战实力大增，来到瑞士的土耳其谈判人员就退出了谈判。就此次正在举行的谈判并未给出任何公开的暗示；事实上，12月4日，劳合·乔治发表演说指出，"在胜利和失败之间没有中间道路"。两个月后，在法国召开的一次协约国间会议否定了将外交武器用作实现和平的手段。12月15日，托洛茨基发出外交照会，宣称既然各协约国政府不愿开始和平谈判，那么布尔什维克党人就将与各国社会主义政党展开谈判；但这条照会遭到了各国的蔑视。

战争将要继续，这是政治家和爱国者的心声。"我禁不住经常为重压在我们生命之上的无比可悲的事情而感到忧郁，"12月18日，阿尔伯特·爱因斯坦致信一位荷兰友人，"我过去可以躲进我的物理学研究中去，而现在这样做也没有用了。"甚至连劳合·乔治私下也对正在采用的战法而感到不安，尽管他公开声言需要取得胜利。

自布列斯特-立托夫斯克停火协议签署以来，德、奥、土、保各方都急于同俄国签订和约以满足各自的多项要求。对布尔什维克党人而言，他们迫切需要确保其西部边界，并巩固国内革命成果。前来展开和谈的人们于12月20日抵达布列斯特-立托夫斯克。"由于俄国已开始单独和谈，"劳合·乔治当日在英国议会下院说，"俄国当然就必须独自负责其领土方面的条款。"

当晚，德国东线总司令巴伐利亚亲王、陆军元帅利奥波德在布列斯特-立托夫斯克设宴款待各国代表，其中包括奥地利外交大臣切尔宁伯爵，一位最早研究此次和谈的史学家约翰·惠勒-贝内特曾写道："整个画面充满了对照。餐桌上首坐的是满面胡须、身材敦实的巴伐利亚亲王，

---

① 土耳其战败后，恩维尔帕夏率领一支中亚孤军，试图唤起突雷尼语族人民的同情。1922年，他在土耳其斯坦与布尔什维克党人的小规模冲突中丧生，布尔什维克已在该地区全境建立了统治（该地区已被并入苏联，直至1991年苏联解体）。

他的右手边是约费，刚从西伯利亚一所监狱中释放出来的一名俄国犹太人。他旁边是切尔宁伯爵——守旧派的大领主与外交官、金羊毛骑士，深受考尼茨与梅特涅传统熏陶，约费低眉顺眼，轻声细语地向他吐露'我希望我们也能在您的国家激起革命'。"当晚，切尔宁在日记中简洁地评论说："我感到我们并不需要善良的约费提供的任何援助，就能在我国境内引发革命。假如协约国坚持拒绝实现和解的话，人民自己就能够做到这一点。"

正式和谈于 12 月 22 日开始。德国首席代表里夏德·冯·库尔曼对各位代表说："我们的谈判在佳节临近之时开始，真是有利的时机，这个节日数百年来给地球带来和平，给人类带来友谊。"对德国而言，布尔什维克俄国的弱点使其有机会通过和谈条约的法律细节、领土利益等方面获取远多于它在三年多的战争中获取的好处。

在意大利战场，奥军决心要在冬雪使山地战无法进行之前打败意军，而该年的雪已比往年迟了一个月。在最后的誓师大会上，康拉德将军对士兵们说他们将在威尼斯举行欢庆圣诞的弥撒。进攻于 12 月 23 日发起，事先使用毒气弹进行了大规模炮火轰击。在随后两英里的进军中，海拔 4183 英尺的罗索峰被攻占，还有 9000 名意军被俘。但意军于次日发起反攻，又将这些山峰夺回。当晚，天降首场大雪，使奥军目标无法实现，意军自己举办了庆祝圣诞的弥撒，感谢上帝对他们施以援手。而在前一日，视察东线战场的德国皇帝对德军说，1917 年的实践证明，上帝站在德国一方。

在英国的军事占领之下，耶路撒冷和伯利恒也举行了圣诞弥撒。圣诞节当天，土军从北面和东面进行了零星的炮火袭击，但似乎并未造成威胁。然后，就在 12 月 26 日午后晚些时候，德军和土军发动了进攻。首度参战、未曾经历过从比尔谢巴与加沙开始的令士气低落的后撤的土军，沿纳布卢斯路冲破了英军前哨。经过了 8.5 个小时，英军击退了土军从当天夜里到次日的一系列进攻。在沿杰里科路发起的一次进攻中，土军再次朝该城进发。在一片战场，700 名土军将英军一个 50 人的连队围困在当中，但这些英军在没有炮火支援的情况下，以一座古代修道院的废墟为掩护，一直坚守到 11 月 28 日早上援兵赶到。

艾伦比将土军击退，使其无法再染指耶路撒冷之后，就命令士兵于 12 月 28 日进军，去扫清城市外围。在该城以北十英里处停止进军时，共清点出战场上有 1000 具土军尸体。在抓获的 750 名俘虏中，爱尔兰部队抓获了许多德军军官。这些德国人很惊讶地发现和他们对阵的是白人士兵。原来为了激励他们相信战斗会很轻松，他们就被告知他们的敌人都是"印度人和埃及的渣滓"。

对那些在公海上航行的人们而言，死亡在圣诞时节也会不期而至。12月23日，一艘德国潜艇在爱尔兰海击沉了英国武装汽船"史蒂芬弗内斯"号，导致101人葬身海底，而在北海荷兰海域，三艘英国驱逐舰——"飓风"号、"洪流"号和"惊奇"号，驶入一片德国雷场时，就有252名海军士兵丧命。一个星期后，12月30日，英军驱逐舰"攻击"号在救助被鱼雷击中的运兵船"阿拉贡"号上的幸存者时，自己也触雷沉没：610名海员与士兵葬身水底。次日，另有198名英国海军士兵在他们所在船只"奥斯马尼"号触雷沉没时遇难：在一个星期多的时间内，海军死亡人数已超过1000人。12月，另有520名商船海员殒命。

1917年临近结束时，欧洲境内并无和平前景。甚至东线的停火也只是即将打响的内战的序曲，内战中也有其恐怖与过激行为。而且，布尔什维克党人对德方所坚持的布列斯特-立托夫斯克和谈中的苛刻条款并不满意。在战线后方，那些因粮食进口遭到海军封锁而陷入困顿的国家开始遭遇深重灾难。1917年在君士坦丁堡，有多达1万名城市居民死于物资匮乏。在奥地利，饥饿导致维也纳和布达佩斯爆发罢工与粮食骚乱，迫使政府从前线召回七个陆军师，并在1918年初持续如此，以防街头暴动。在德国，1917年有超过25万人饿死，而这要直接归因于英国实施的封锁。不仅战场上的士兵、公海上航行的海员，飞行员及战俘营中日益增多的人员，而且就连曾经繁荣的欧洲城市也在忍受着迁延过久的战争带来的折磨。

第二十一章　胜利边缘的同盟国

1918 年 1—3 月

俄国退出战争给协约国造成了重大危险，但这也未能让美国改变其审慎的政策。1918 年元旦，劳合·乔治急切敦促美国派来尽可能多的剩余部队，并在他们到达后立即将他们编入英法军队当中，潘兴将军对此进行了成功的反驳。

劳合·乔治认为德军正在策划，在经充分训练的美军于 1918 年夏投入作战之前，"就对协约国发出致命一击"。潘兴所持观点不同，"不要认为此时存在的危机会将我军的营与连编入英法军队，"他给华盛顿的陆军部长发电报说，"除非在重大危机出现时，我们不会这样做。"然而，潘兴将军却接受了贝当的要求，让已在法国的四个黑人兵团成为法国各师的核心部分。他们在战争结束前始终如此。

刚进入 1918 年，西线战场、萨洛尼卡战场和土耳其战场均未出现大规模攻势，而只是出现了以反复袭击和反攻为特征的零星战斗。在原东线战场，俄、德之间的和平谈判因新年到来而中断了 12 天。在每条战线后方，政治运动重新燃起，指望着协商、厌战和意料之外的事件演进满足各自独立建国的雄心壮志。然而，这些宏大希望当中有不少都要依靠一个前提条件，那就是奥匈帝国的瓦解，而这不是想当然就能实现的。

1 月 5 日，劳合·乔治在对英国工会致辞时称瓦解奥匈帝国并非协约国的战争目标。虽然他无法明确说出，但他仍希望让哈布斯堡帝国和德国摆脱干系。在哈布斯堡帝国边境之内，各民族独立运动仍在高涨。1 月 6 日，在布拉格，一场特别召集的会议在战前落成的市政厅——其建筑师曾试图表现捷克民族独立的渴望——举行，呼吁波希米亚和摩拉维亚的捷克领土实现独立。两星期后，生活于波希米亚苏台德地区的德语人群就呼吁自成一省。

如果不是民族独立，那么民族自决征兆就似乎对那些试图让协约国取胜的人们有利。1 月 8 日，威尔逊总统在对美国国会发表的演说中就基于十四个要点，列出了欧洲和平计划，这些要点在本质上都能带来民主与自由的前景。在未来，外交与条约制定都将"开诚布公"进行。在海上，要确保通航自由。经济壁垒要被移除，将在各国间"确立平等的贸易条件"。海军装备将被缩减。在殖民地主权问题上，"相关民族的利益要与即将确定其权威的政府的要求进行同等考虑"。德国必须退出一切俄国领土，比利时必须"让德军退出并复国"。法国一切领土必须被解放，"普鲁士 1871 年对阿尔萨斯-洛林地区造成的不公"应被"纠正"。意大利边界必须沿"可清晰识别的民族界限划定"，这就将奥地利的南蒂罗尔省划分给了意大利。奥匈帝国各民族应被给予"最为自由的自治发展机会"。罗马尼亚、塞尔维亚、门地内哥罗（黑山）应当恢复，塞尔维亚应获得入海通道。奥斯曼帝国的土耳其本土部分"应确保拥有主权"，但土耳其境内其他民族都应确保能够"自治发展"。应当建立一个波兰国家，"统一、独立、自治，可自由无限制地连通海洋"。最后，还必须成立各国之间的一个"整体联盟"，以"国家不分大小"的原则保障其政治与领土完整。

这"十四点"意图抗衡的是布尔什维主义在同盟国士兵中不断增长的吸引力，要显得比布尔什维克党人带来的和平更具有吸引力。然而，这"十四点"却未能充分满足各民族已被激发起的立国希望。奥匈帝国境内各少数民族将不会获得独立，而用威尔逊的话说，他们获得的是"最自由的发展机会"。许多捷克人和斯洛伐克人对此颇感失望。同时，南斯拉夫人独立建国的渴望也未得到威尔逊的认可与鼓励。奥地利将必须从塞尔维亚和门地内哥罗（黑山）撤出，但他并未提及另两个南斯拉夫民族：克罗地亚人和斯洛文尼亚人。威尔逊发表他的"十四点"之后，一个芬兰代表团抵达伦敦，希望取得英国对芬兰独立的支持。起初对德国保护的依赖已被弃置一旁。

寻找保护国的竞赛对双方都造成了影响，因为协约国与同盟国都在寻求可能加入冲突的新伙伴，或在试图孤立宿敌。芬兰使团抵达伦敦当日，同盟国与布尔什维克政府都承认乌克兰独立。拉脱维亚于 1 月 12 日宣布其脱离俄国独立。次日，列宁和斯大林颁布第 13 号革命法令，宣布对亚美尼亚的民族自决予以支持。在布列斯特-立托夫斯克，和平谈判经新年休会后又得以继续。此次俄国布尔什维克代表团由托洛茨基率领，他希望只有通过威胁引发世界革命才能对德、奥两国提出的以俄国为代价的大量领土要求进行限制。土耳其也派遣代表团来到布列斯特-立托夫斯克，力图收复1878年被俄国占领的安纳托利亚东部领土。

继续战争与结束战争的两种渴望，在每个国家都发生了冲突。但对协约国而言，人们仍公开宣称并广泛拥有取得胜利的道义上的必要性。1月10日，鲍尔弗在爱丁堡发表演说，宣称与"德国主导的和平"相比，战争的恐怖根本"无关紧要"。此时参战人员已近200万人，但英国政府还在策划再派遣42万人走上战场。

鲍尔弗发表演说后三日，和平主义哲学家贝特兰·罗素在一封私信中评论："世界已经糟透了。列宁和托洛茨基是仅有的亮点。"罗素的和平主义在英国只引发了少量回音。1月14日，英国步兵军官马克斯·普洛曼在西线战场负伤，返国休养后迈出了罕见的一步，他放弃了军职，向他的副团长写信称他对战争的憎恶"日渐加深，已使他坚信任何一场有组织的战争都是有组织的谋杀"。普洛曼补充道："我完全信奉'道成肉身'的教义（即上帝真正活在每个人的身体内），这样我就认为杀人就总是等同于杀害上帝。"

和战场上的杀戮一样，国内的饥饿与物资匮乏也同样引发厌战情绪。1月22日，基于细读英军截获的信件而写成的一份秘密报告显示"要求立即实现和平的信件数量激增"。在六天后的柏林，有40多万名工人举行罢工，要求停战。不到48小时，这些罢工行动就波及另外六座城市。德国当局迅速采取强硬行动，宣布在柏林和汉堡实行军事管制，并征召许多罢工工人参军。但因英国海军封锁而日益加重的饥饿却不会由于实施这两项措施而有所缓解。平民被迫吃狗肉和猫肉，猫又被称作"屋顶兔"。面包是用土豆皮和锯末的混合物制成。

在维也纳，人们更具试探性地谈起有可能进行的和平谈判。"据报道，今天外国人发表了更多演说，虽然温和但更加闪烁其词，"和平主义者克利福德·艾伦在1月28日的日记中写道，并评论说，"奥地利相当温和。他们为什么不坐在和平谈判桌边演讲，却非要在相隔数千英里的讲坛上，间隔数星期或数月发表演说呢？"这些"外国演说"是由奥地利外交大臣切尔宁伯爵，及新任德国宰相赫特林伯爵发表的，他们分别提及通过华盛顿"交换意见"（切尔宁），及探讨"军备限制"（赫特林）。《泰晤士报》评论说："两人丝毫都没有准备去满足协约国一致宣称不可或缺的要求当中的任何一个。"

1月20日，在达达尔海峡外进行的一次海战中，英军监测船"拉格兰"号被一艘德军战舰击中，导致127名英国海军士兵丧生。同日，在北海海域，两艘德国驱逐舰被英国水雷炸沉，一艘德国潜艇击沉了英国武装汽船"鲁汶"号，船上224人丧生。1月26日，三艘德国潜艇被击沉，两艘是在英吉利海峡，一艘是在圣乔治海峡。五天后的夜间，两艘英国潜艇在英国发生碰撞事故，两艇全部沉没，103名艇员遇难。1月29日，3架德国"巨人"轰炸机飞临英国上空发动空袭，造成20名平民负伤。次日夜间，31架"哥达"飞机飞到巴黎上空，投下267枚炸弹，造成259名巴黎人死伤。

潜艇加之空战就在那些本能地赞成某种形式的妥协和平的人们中间造成了敌意。"德国心态确实令人深感沮丧，"1月27日，赞成在战后赋予德国"平等经济地位"的前英国外交大臣爱德华·格雷致信友人，"我此刻不在其位，离开伦敦之后，要再对某某人怀有憎恨就令人十分不快，也比以往更加渴望和平，但我看不出如何才能与那些仍在主宰德国的人们实现和平。"

在东面，1月31日列宁就建立了苏维埃社会主义共和国联盟（简称苏联）。两星期后，又组建了第一支红色海军和第一支红色陆军（红军）。

越来越多的陆海军中，不满情绪日渐高涨。2月1日，驻拉弥亚城的希腊军队在接到要被派往萨洛尼卡战场的命令后，发动了兵变。他们的两名长官被处死。拉弥亚兵变当日，科托尔湾舰船上的奥匈帝国海军也发动了兵变。在两名捷克社会主义者率领下，6000名海军士兵高举红旗宣称他们追随布尔什维主义，但他们奏响的却是"马赛曲"，而非"国际歌"，而且相对于列宁的法令，他们的要求也更接近于威尔逊总统的"十四点"：自治（已由斯拉夫群体在维也纳会议上提出，不同于独立）、立即实现和平、不吞并领土、军人复员以及更好的生活条件。兵变者呼吁科托尔奥地利驻军及科托尔湾内停泊的德国潜艇艇员对其提供支持，但这一扩大兵变的企图被断然拒绝。奥地利海军当局知情后，就从伊斯特里亚省的普拉港派出三艘战列舰：800名哗变者从船上被带走，40人受到审判，4人被处死。

2月5日，在法国卢瓦尔河畔的阿罗讷，饥饿引发3000人的抗议示威，其后又爆发了打砸抢的骚乱。

1月18日，美军一个整建制师——第1师在圣米耶勒的昂索维尔战区进入前线。该师被派驻此地坚守防线，并参与进攻行动。德军一发觉他们对面的是美军，就试图打消他们的士气，对一个美军监听哨发动突袭，杀死两名士兵，打伤两人并俘虏一人。随后又在无人地带伏击了一支美军巡逻队，打死四人，打伤两人，俘虏两人。"让德军如此恣肆妄为真令人心烦意乱。"一位美军军官在1月30日的日记中写道。

每星期都有美军抵达法国，在潘兴警觉的注视之下，法国正在为美军及其物资兴建大型港口及基地设施。美国对战争的贡献此时虽仍未以军队参战为标志，却已成战事报道中的一个常见要素。2月5日，汤普森中尉成为在法国作战击败一架德军飞机的首位美军飞行员。同日，在爱尔兰海岸外，英国运兵船"塔斯卡尼亚"号被德国潜艇击沉：166名美国军人及44名英国船员葬身海底，这是第一批死于前往欧洲途中的美军士兵。

"战争是上帝为教化人类而采取的惩戒行动。"2月10日，德国皇帝对巴特洪堡的市民说。在三天后召开于洪堡的一次战争会议上，他又说世界范围内正有一场反德阴谋，其参与者当中有威尔逊总统支持下的布尔什维克党人、"国际犹太人和共济会大东方总会"。他并未提及有上万名犹太人及数千名共济会成员已在德军的行列当中为德国奋战而死。他似乎也未记起就在两个月前他曾给予布尔什维克党人经济支持的细节，其中包括对布尔什维克机关报《真理报》予以德国资金补贴。

德国皇帝发表讲话一个星期后，2月17日，在东线战场出现了一次戏剧性进展：布尔什维克党人与德方在布列斯特-立托夫斯克拖延过久的和平谈判破裂了。德国的条件令布尔什维克党人无法接受。德军立即准备在东线重新开战。"明天我们将针对布尔什维克党人发起敌对行动，"霍夫曼将军在当晚的日记中写道，"别无他法，否则这些野蛮人就将击败乌克兰人、芬兰人、波罗的海人，并将迅速组织起一支革命武装，将整个欧洲变为一个猪圈。"

重新开战后，德军52个师越过11月停火线，占据北面的德温斯克和南面的卢茨克，并沿俄国主要铁路干线东进。列宁意识到布尔什维克党人必须屈服于对方提出的一切条件。他对托洛茨基说："这不是德温斯克的问题，而是革命的问题。刻不容缓，我们必须立即签字。这只巨兽会迅猛跃起。"1月19日，霍夫曼收到列宁和托洛茨基署名的电报，表示接受在布列斯特-立托夫斯克提出的和平条款。霍夫曼此刻倒不急于接受这封电报，他甚至还因重新发起的军事行动要被迫中断而恼恨。于是他回复说，俄方对和约的接受应形成正式文本，并由信使穿过德军防线送达。与此同时，德军仍在继续向东推进。2月20日，德军部队攻入明斯克，将9000多名俄军士兵抓为俘虏。"俄军部队比我原想的还更加腐朽，"霍夫曼在当天的日记中写道，"他们当中斗志全无。昨天一名中尉率领六名士兵就俘虏了600名哥萨克士兵。"

战争整整持续了一个星期，德军充分利用了俄国的公路和铁路，仿佛他们就在国内旅行：124小时推进了150英里。"这是我所经历过的最滑稽的战争。"霍夫曼在 2 月 22 日的日记中写道，"我们将少数带有机枪及一门火炮的步兵送上火车，然后把他们推到下一个车站；他们就占领车站，俘虏布尔什维克士兵，再选出一些士兵，然后再继续。无论如何，这一程序都有其魅力与新意。"

列宁和托洛茨基知道一定要按照德国条件实现和平。但他们的书面请求在 2 月 21 日送到柏林后却被拒绝，德国人于 2 月 23 日发回通牒，提出了更为苛刻的要求。德国人知道俄国正以意料之外的速度解体。在沙俄芬兰地区，俄国红、白两军正在作战，芬兰民族领袖曼纳海姆就要求不论红军还是白军，所有俄军部队一律从芬兰撤出。2 月 23 日，布尔什维克党人对此予以接受。接下来，就在次日，列宁的人民委员会经过激烈辩论，这位革命领袖不惜以辞职相威胁，取得了 116 票对 85 票的结果，赞成德国提出的条款。中央委员会的投票结果更加不相上下：七票赞成，六票反对。在接受德国提出的任何条件这一议题上，与列宁、托洛茨基一道登上国际舞台的还有一个新的人物：约瑟夫·斯大林。

正当列宁及其同志准备正式离开战场并放弃俄国西部与南部大片领土时，美军部队正在西线战场参加其第一次作战行动。2 月 13 日，在香槟的比特德梅尼尔，美军炮兵连参与发起六小时的徐进式弹幕射击，法军随后发起进攻，突破德军防线，并俘虏 150 名德军。十天后，在德军占据的拉昂以南的谢夫尔尼，2 名美军军官和 24 名美军士兵要与法军部队一道参与突袭德军战壕。袭击持续了半个小时，25 名德军被俘。《泰晤士报》评论说，尽管"实际缘由并非至关重要——但 2 月 23 日将成为这场战争史上被永远纪念的日子之一。"

战争爆发三年半后，美国参战已成既定事实。美军参与首次突袭三天后，2 月 26 日，美第 42（彩虹）师参谋长在雷希库尔附近观察了法军对德军战壕发起的一次空袭。他陶醉于当时的激情当中，就参与了此次突袭，协助俘获了数名德军士兵，后因此被授予"英勇十字勋章"：这是美国远征军成员首次获此殊荣。他就是道格拉斯·麦克阿瑟上校。①一年前，美军部队正在招募期间，华盛顿政界曾担心美国个别州见到其他州成为某些特别师的招募地会愤愤不平。后来，就有人向陆军部长牛顿·贝克提议可由各州后备部队组建一个整建制师，由此避免各州间的

---

①　麦克阿瑟后来担任驻远东及菲律宾美军部队总司令（1941 年），及西太平洋盟军部队总司令（1942—1945 年）。1945 年 9 月 2 日，他接受日本投降，并担任驻日盟军司令（1945—1951 年）。1950—1951 年，他指挥联合国军在朝鲜作战。

嫉妒与摩擦。根据贝克的回忆，"站在一旁的麦克阿瑟少校说：'好吧，这就像一道彩虹一样横跨全国。'该师就由此得名。"

在东线，德军继续快速推进，占领了鲍里索夫、戈梅利和日托米尔。沿波罗的海，德军部队 2 月 24 日抵达多尔帕特（塔尔图），随后直奔雷瓦尔（塔林）进发，雷瓦尔的布尔什维克军队凿沉了俄 11 艘潜艇，以防它们被德军缴获；数小时后，德军就进入了这座爱沙尼亚港口城市。

德军在东线取得的节节胜利又让德国国内重新燃起爱国热情。曾有学术人士致信爱因斯坦驳斥其厌战情绪，爱因斯坦就在 2 月 24 日回信说："您那条顿式的耀武扬威与我的天性背道而驰。我宁愿与我的国人一道信奉耶稣基督的教义，而您与您的同类却认定它已过时。对我而言，忍受苦难要比诉诸武力更加易于接受。"[1]

2 月 25 日，德军抵达波罗的海沿岸的纳尔瓦郊外。此间，他们刚和超过 1000 人的布尔什维克军分遣队发生了短暂冲突。2 月 26 日，曾与德军并肩奋战一年零六个月的芬兰营赶回芬兰，来到瓦萨，恳求德国支持芬兰独立（已于前一年 12 月宣告），并将布尔什维克党人赶出包括其首都赫尔辛基在内的芬兰全境。次日，德军进抵沙俄军事大本营莫吉廖夫，同日，2 月 27 日，一架德军飞机在彼得格勒的丰坦卡河河堤[2]投下炸弹。

列宁同意在布列斯特-立托夫斯克继续和谈后，苏联代表随即返回，于 2 月 28 日再次抵达该城。然而，德军却拒绝应允在他们到达之日停止军事行动。霍夫曼坚称只能在条约签署之日结束战斗。谈判 3 月 1 日再度开启。布尔什维克党人已经别无选择，只能接受向他们提出的一切条款，其中包括土耳其收回沙俄于 1878 年吞并的阿尔达汉和卡尔斯两个地区。3 月 2 日，正当代表们仍在就和约细节进行协商时，德军就进入了布尔什维克党人一个月前刚刚攻占的乌克兰首都基辅。在波罗的海沿岸，德军攻占了爱沙尼亚最东部城镇纳尔瓦，这里距彼得格勒仅 85 英里。俄国首都已经制订计划，要将政府迁至莫斯科，列宁发布紧急命令，"要加强戒备，做好炸毁铁路、公路和桥梁的准备；聚集军队和武装分队；将武器运往俄国内地"。

德军看似已取得攻入彼得格勒之势。他们自布列斯特-立托夫斯克谈判最初破裂以来，在不到两个星期的时间内，已经俘获 6.3 万名俄军，

---

① "我的国人耶稣基督"。1917 年，罗曼·罗兰在日记中写道："值得注意的是，爱因斯坦是犹太人，这就解释了他采取国际主义立场以及发出严厉批评的原因。"

② 该地为俄罗斯重要贵族聚居区。——译注

缴获火炮 2600 门、机枪 5000 挺。这些武器将在西线战场发挥巨大作用。3 月 2 日一整天，德军都在继续东进。列宁和托洛茨基别无选择，只得命令其代表签署城下之盟。德军最高统帅部甚感宽慰：他们早已急于将德国军力调往西线战场。

3 月 3 日下午 5 时，德、俄和平条约在布列斯特-立托夫斯克签署。布尔什维克党人接受了战场上的残酷现实，放弃了对下列地区的一切主权：波罗的海地区、波兰、白俄罗斯、芬兰、比萨拉比亚、乌克兰和高加索地区，占俄国战前领土的 1/3，可耕地的 1/3，产煤区的 9/10，这些领土几乎全是 200 多年前的彼得大帝统治时期被沙俄吞并的。这回和 1916 年底布加勒斯特沦陷后一样，德国皇帝又开香槟庆祝。

按照"布列斯特-立托夫斯克条约"，除喀琅施塔得外，所有波罗的海俄国海军基地都被剥夺。俄国黑海舰队在敖德萨和尼古拉耶夫的战舰都应被解除武装并被扣押。布尔什维克党人还同意立即送还 63 万名奥地利战俘。他们还许可将俄国于 1916 年征服的亚美尼亚地区移交土耳其。① 亚美尼亚军人对遥远地带做出的这一决定奋力反抗，却遭到东进土军的迅速镇压。2 月 24 日，亚美尼亚军队被赶出黑海之滨的特雷布宗。3 月 12 日，他们又被驱逐出安纳托利亚高原上的埃尔祖鲁姆。

3 月 5 日，罗马尼亚人在布夫泰亚和同盟国签订条约，将南多布卢加地区割让给保加利亚，但也获得了战前沙俄的一个省份：比萨拉比亚，前提是要从布尔什维克党人的手中夺取过来。布尔什维克党代表大会次日在彼得格勒召开，在承认"布列斯特-立托夫斯克条约"的同时，将党的名称改为共产党。害怕德军再度沿波罗的海构成威胁，他们于 3 月 12 日将首都从彼得格勒迁至莫斯科。

虽然对协约国而言，西线战场的局势看似暗淡，但东地中海及空战中分别出现两个新情况，令协约国士气大振。2 月 21 日，艾伦比的军队将土军赶出杰里科后，就来到死海最北端，这里是地球最低点，距离海平面 1290 英尺。在西线战场，英军轰炸机飞行员在 2 月的四个夜晚轰炸了德军营房和机场，包括对梅斯附近的一座主要机库进行的成功袭击。

在英国，劳合·乔治和丘吉尔都在寻求新的战略以求在 1919 年打败德国。3 月 5 日，丘吉尔为了能在一年当中确保战胜德国，就向劳合·乔治保证说，他能在 1919 年 4 月前的 13 个月内生产 4000 辆坦克。他对

---

① 这是因土耳其战前青年运动的一位领导人塔拉特帕夏率领的出席布列斯特-立托夫斯克和平谈判的土耳其代表团的坚持而做出的。战后，他逃到德国，1921 年他被一名亚美尼亚人暗杀于柏林。

首相说，只有在英法两国"有了比德国更强大、更优良的军队"时，西线的胜利才会到来。"这是其他一切赖以存在的基础，我们没有理由不会在1919年拥有它。"

到1919年，美军将成为西线战场上的一个决定性因素。德国宣传机构对此心知肚明，就力图反复破坏法国对美军士兵的信任，并使人们对他们能做出多大贡献产生怀疑。3月5日，德国新闻广播播报了对几名新近被俘的美军士兵的审问记录。"他们年轻力壮，但没有多少斗志。对他们而言，这是纽约银行家们进行的一次冒险经营。他们对英国人敬而远之，却与法国人有着融洽关系。他们似乎没有一丁点儿军事行动意识，与久经战争考验的法军相比，他们看似愚蠢得不可救药。他们很高兴能够不再继续战斗。"三个星期后的一次广播还称法国军官"毫不掩饰他们对美军部队的失望"，他们"完全无法独立展开军事行动"。

1918年3月的第一个星期，同盟国发动了四次空袭行动。3月4日，奥军飞机轰炸了威尼斯、帕多瓦和特雷维索，但参与空袭的飞机损失了1/3。三天后，三架德国"巨人"轰炸机空袭了伦敦，一枚炸弹炸死梅达维尔一幢居民楼中的12人，另炸毁了400幢房屋。3月8日，"哥达"轰炸机在巴黎投下90多枚炸弹。巴黎人民没有出现惊慌，但有20万人出于恐惧，乘火车离开法国首都前往乡下。次日，一艘德军飞艇在那不勒斯意大利海军基地及钢铁厂上空投下炸弹。三天后，德军部队攻占敖德萨，在欧洲历史上首次出现了一个政权的控制范围从北海延伸到黑海的局面，这是连拿破仑都未曾实现的。

攻占敖德萨两星期后，德军部队进入黑海港口尼古拉耶夫，夺取一艘俄军战列舰、三艘巡洋舰、四艘驱逐舰及三艘潜艇，并控制了海军船坞。德军在东线的胜利史无前例且又完全彻底。3月8日，德国皇帝将波罗的海沿岸的库尔兰公爵领地变为其保护地。在中世纪这里曾是条顿骑兵领地。对德国民族主义的任何批评都无法得到容忍。3月中旬，原德国驻伦敦大使利赫诺夫斯基亲王撰写了长篇备忘录，说明了英国战前外交的合理性，并批评了德国处置危机的手段。此文在报上发表后就引起了德国国内的愤怒声讨。利赫诺夫斯基被迫辞去外交部门的职务。

英国仍在继续努力使奥匈帝国与德国分道扬镳。3月9日，斯马茨将军协同劳合·乔治的密友菲利普·克尔返回瑞士，要与奥地利特使亚历山大·斯克林斯基伯爵举行会谈。① 虽然斯克林斯基身为波兰人，但

---

① 斯克林斯基伯爵1906年进入奥匈帝国外交部，在战争期间的波兰三次担任外长，1925年11月—1926年3月任波兰总理。

他仍拒绝了斯马茨将军开列的和平条款，即"要通过让波兰人、捷克人、克罗地亚人及其他少数民族自治，公正对待哈布斯堡帝国领地内的所有民族"。谈判持续进行了五天，但后来奥地利人中止了谈判。克尔向朗博尔德解释了自己的观点：奥地利外交大臣切尔宁伯爵"可能意识到一旦他开启谈判，那么在协约国条件合理的情况下，舆论将会令他无法反悔；而且一旦他开启谈判，那就意味着或者单独媾和，或者奥匈帝国解体。"

有意与协约国和谈的奥地利人必须考虑到德军在战场上取胜的可能性，德军取胜将让他们受益。在后方，反战情绪与恐惧仍在蔓延。3月16日，一份奥地利警方报告提到在奥地利"出现了强烈而广泛的仇视德国的情绪"。但在3月19日，奥地利前任外交大臣布里安男爵在日记中写道："此刻无人想听到'和平'一词。一切都有赖于下一场进攻，仿佛每个人都义无反顾地将自己交托给命运的安排。"

3月9日，德军发起其最大规模且又至关重要的战争赌博：对西线战场上的英法部队发起大规模进攻，其最初阶段为系列炮火轰击。此前，西线战场上主动出击的往往都是协约国军队：在索姆河畔、伊普尔（帕斯尚尔）和康布雷。每次都在德军坚固的工事及防线面前难以为继。此时德军就要试图突破战壕防线。他们有着一个至高无上的考虑：要在未经战火消耗的美军大部队抵达战区之前取得胜利。整个西线战场都进行了系列炮火轰击，其中德军炮兵的一个目标是帕罗伊丛林的一个步兵哨所。这里在3月7日遭到炮轰，守军恰巧来自第42（彩虹）师。一个地下掩体内就有19名美军士兵被炸死。

7月9日，在圣康坦和伊普尔之间，德军的先期炮火轰击首先动用了50万枚芥子气弹和光气弹，总共施放毒气1000吨。同日，在迪费伊突出部，美军一个连在道格拉斯·麦克阿瑟上校率领下，冒着德军毒气攻击，占据了德军的一个机枪点，麦克阿瑟就被授予"杰出服役十字勋章"。3月11日，在德军的又一次毒气弹幕射击中，麦克阿瑟也与许多士兵一起中毒。他的伤势被判定为"轻微"，一星期之内就已康复。因曾作战负伤，他被授予"紫心勋章"。

战场上使用毒气引发了许多惊慌、恐惧、诈病和开小差的个案。这在德军中就促成一条他们自1917年底就开始施行的军规，即"所谓"的毒气中毒及未表现特定症状的疑似病例，都要在部队医疗检查室停留观察24—48小时，以确保在可能的情况下将他们送回作战部队。当地野战医院及伤员转运站不得收治此类病人。

3月19日，英军在圣康坦发起先发制人攻势，发射了85吨光气弹，毒死 250 名德军。随后，3 月 21 日，德军发动其大规模攻势。如果此役取胜，德国就能像在东线的谈判桌上一样，在西线战场上赢得战争胜利。

第二十二章　德国的最后一搏

1918 年 3—4 月

1918 年 3 月 21 日凌晨，鲁登道夫发起了旨在使德军在西线战场上取胜的攻势。他的目标是分别将英军与法军从索姆河畔和埃纳河畔驱逐出去，并像 1914 年那样对巴黎造成威胁。德国面对的形势一片大好。3 月 3 日，"布列斯特-立托夫斯克条约"签订后，俄国已经退出战争。两线作战，这个战前的梦魇与战中的现实已经终结。德国的铁路系统经前两年的完善，能够将此前被牵制于东线的部队迅速而高效地运往西线，同时被运去的还有"布列斯特-立托夫斯克条约"签署前德军深入俄国境内缴获的重炮与机枪。

在战术层面，鲁登道夫成功地使人认为此次进攻的主攻方向将在更南一侧。他出人意料地袭击英第 5 集团军，令黑格及其参谋人员措手不及，他们集中关注的是巩固更北面第 3 集团军的后备部队，防守海岸港口。与此同时，战役打响前夕，法第 3 集团军被调到英第 5 集团军东面 100 英里处，以防备并不存在的德军从该战场南区发起的扫荡式进攻。第 5 集团军阵地由此就比原来更加脆弱，也更加暴露。在军事实力方面，它也与敌相差悬殊，其下辖每个师都应有 1.2 万余人，但许多师实际人数刚刚过半。战争爆发三年半之后，兵员短缺仍是制约英军作战实力的一大因素。从兵力及人性角度看来，索姆河和帕斯尚尔两次战役遭受的损失已经濒临极限。

3 月 21 日进攻发起前进行的炮火轰击持续了五个小时。高夫将军回忆说，当天上午 10 时 05 分，在前线后方十英里处，"我在内勒的屋内突然惊醒，听到猛烈而持续的轰炸的巨响，我立即就想到这是粉碎性的冲击力。"德军作战中投入了 6000 多门重炮，它们密集的轰击中又加入了3000 门迫击炮。并动用了毒气弹以削弱英军炮兵的还击能力：在随后的两星期里，多达 200 万枚毒气弹如同骤雨般落在英军防线上。

德军攻势之猛令第 5 集团军无力承受。在争夺曼彻斯特山的战斗中，英军一个团打到了只剩最后一人和最后一颗子弹。该团团长埃尔斯托布中校在前方射击踏台上拒绝德军的投降提议时，他被用枪打死。他宁死不屈的消息广为传颂后，被追授"维多利亚十字勋章"。因英军坚守阵地直到最后一刻，许多村庄被整体摧毁，在其中的麦斯米村，一座德军公墓内就坐落着 23292 名德军的坟墓。距此一英里开外，勒维基耶村也同样被毁灭。

战役第二日，即 3 月 22 日，德军继续向前推进。英军曾一度以 25辆坦克反攻，但其中 16 辆遭到摧毁。当天英军还损失了 30 架飞机，而德军仅损失 11 架。在康布雷附近的博梅斯，英军两个师坚守一整天，但最终被击退：在当地公墓内长眠着 257 名战死的英军。在勒维降农场，一个师在被包围后奋战两天，遭到猛烈飞机空袭及火炮和迫击炮轰击，最终阵地失守。在鲁比，英军一个营遭到己方炮火误击，他们打退了德军七次连续进攻，最后违命后撤。在贝当古村附近的埃尔米山公墓长眠着近 1000 名英军士兵。第 5 集团军战区的德军撰写的一份报告显示了战斗的激烈程度，该报告结尾处写道："第 7 军堵住了全部的退路，他自己倒险些被全歼。" 3 月 23 日，三门由克虏伯公司特制的德军火炮开始从克雷皮昂拉昂诺瓦兹的一处炮位轰击巴黎，这里距巴黎城 74 英里。第一发炮弹于早上 7 时 16 分打出，在四分钟之后落在法国首都之内。德军共发射 20 多发炮弹，炸死 256 名巴黎市民。同日，英军后撤至索姆河畔。已返回柏林的德国皇帝宣称："战役已经取胜，英军被彻底打败。"

协约国完全有理由为德军进攻的规模与速度而惊恐。法军五个师紧急驰援防线南端的英军，但他们与英军都被击退。

协约国指望赖以扭转西线战场局势的美军此时尚未做好参战准备。3月 23 日劳合·乔治发电报给英国驻华盛顿大使雷丁勋爵，请他向威尔逊总统解释，按现存英国军力资源状态，"以当前的损失速度，我们只能在短期内为各师补充兵员"，因此"假如敌军今后转而进攻我方盟友，我们很有可能无力予以支援"。

劳合·乔治指示雷丁："你应恳请总统搁置一切牵涉过去协议解释的问题，尽快派遣步兵来援，而不必考虑运输及其他障碍。局势无疑已十分危急，假如美方此时延误，他们有可能会追悔莫及。"这封电报发至华盛顿，一经破译，雷丁就驱车赶往白宫。威尔逊立即接见了他，承认了时局的危急程度，并问自己可以做什么。雷丁答复说总统应直接给潘兴将军下令，将已在法国的美军部队与英法军队混编为旅，而不是去等待足够多的美军到来以编成独立旅。

"总统沉默半响，"雷丁之子写道，"他随后答复说根据宪法他有不经与内阁任何成员商讨就制定决策的权力，而且他已下定决心要发布必要的命令。不必多言。"大使之子评论道："就在这片刻之间，由这简短的对话而始，天平已朝着不利于敌人的方向倾斜。"威尔逊还将雷丁送至门口。随后，在说"再见"时，他就将手放在雷丁肩头，说道："大使先生，我会拼命尽我全力！"

3月24日，德军渡过索姆河，正要在英法两军之间钉入楔子，这给协约国最高统帅部造成了危机。黑格敦促贝当派遣更多法军部队援助英军。贝当拒绝，因为他害怕德军会对香槟境内的法军阵地发动单独进攻。激烈的辩论仍在继续时，战斗打响了。

3月25日，德军在英法两军之间的空隙取得突破，占领了巴波姆和努瓦永，多达4.5万名英、法士兵此时被俘。由于亚眠以东的英军防线受到了被攻占的威胁，他们于是组织起一支3000人的特遣部队以守住该线，其中包括500人的美国铁路工兵，他们在最危险的时刻奉命投入战斗。在伦敦，战时内阁讨论了让英军部队后撤至海峡港口的可能性。"十分明显的是，德国佬将要攻占亚眠，"罗林森将军在3月26日的日记中写道，"如果得逞，那他们就能切断英军与鲁昂和勒阿弗尔港的联系，并使我军与法军隔绝。如有必要，我们只能舍弃布洛涅和加来……"

罗林森也并非完全失去希望，"我们要进行激战，"他写道，"但我们知道，在别无退路的情况下，我们更应知己知彼。德军后备部队也不是无穷无尽。"第5集团军在不利条件下，在后撤期间发起的抵抗也足以证明德军遇到的困难。3月26日，在撤往佩罗讷的途中，高夫将军遇到一位负伤的将领，他麾下的师已大幅减员，高夫写道："（他们）变为一个小规模的疲惫不堪的旅。"这位将领还对他说："好了，我们打赢了！"他此言意指：德军以4∶1的优势兵力发动进攻，但面对英军英勇顽强的抵抗，已经心灰意冷，因为英军的反攻似乎让他们失去了一切。一名英军上尉率领20名士兵冲上前线，为保持精神振奋就高唱圣歌。他们靠近前方的德军时，德军就全部举手投降。另一名军官杰克逊准将率领他那死伤大半的旅冲向对面的德军士兵时，他吹起狩猎的号角，这就让德军后撤。

同日，3月26日，将领与军官们在杜朗召开紧急会议后，就将协约国部队的整体指挥权交给福煦元帅。他的第一个行动就是命令当时坚守圣米耶勒的法军部队向亚眠转移。贝当对守住该城前面的这条防线的可能性有所怀疑，提议在后方 20 英里建立一条新的防线；对这一悲观心态，福煦批驳说："我们必须在亚眠前面作战。我们必须在此刻所在位置停下脚步。我们虽没有能在索姆河畔阻止德军，但我们此时不能后退一厘米！"

在苏瓦松，德军不仅将法军赶过埃纳河，还迫使他们从蒂耶里堡东面向马恩河撤退，似乎 1914 年的局面又要重现。3 月 27 日，法军被赶出蒙迪迪耶，这里距巴黎仅 50 英里。然而，就在当日，努瓦永附近的法军部队阻止了德军的进攻，而在索姆河畔，英军抓获了 800 多名德军俘虏。英法两军之间仍有 10 英里的空隙，但福煦仍在尽力使其合拢，以他那不可效仿的方式宣称："决不能再失去一寸的领土。"

第 5 集团军仍在坚守其新防线时，该军司令高夫将军被解除了指挥权。3 月 28 日，他突然遭到解职，此时德军攻势已经发起七天，他于次日离开前线。两星期内，劳合·乔治就在议会下院声色俱厉地批评高夫将军及其军队犯下的"错误"。无能的将领及差劲的军队会被公众认可当作此次大撤退可以接受的诱因，而德军此次猛攻的实质、英军的猛烈还击，以及兵力不足等因素都已被忽视。十年后，伯肯黑德勋爵在《历史的转折点》一书中回忆起这两个危急存亡的星期时，就高夫将军写道："他以如此的果敢与勇气持续抗击、阻挡敌军的进攻，结果在最初的两个恐怖的星期过去后，阵地依旧岿然不动，鲁登道夫的最后一搏显然已经失败。亚眠得救了；巴黎得救了；海峡口岸得救了；法国与英国都得救了。"

3 月 30 日，英、澳、加军队发起反攻，夺回莫勒伊丛林大部，从此协约国军队的命运发生了转折。德军已来到亚眠以东 11 英里处，但无法攻占该城。他们在某些地带推进多达 40 英里，使协约国军队在索姆河战役中攻占的阵地又被悉数夺回，并抓获了 9 万名战俘，缴获大炮 1300门。但他们自身也遭受了惨重的损失，其进攻也已成为强弩之末。德军战死飞行员中有鲁登道夫最年轻的继子，他被击落于战场上空。随着战斗的持续，双方都全力以赴。丘吉尔奉命视察前线，以向后方报告协约国防线是否可以坚守，在此间福煦的决心与克列孟梭的勇气令他深受鼓舞。他向劳合·乔治发电报说，克列孟梭的精神与精力"不可战胜"。

所有旁观者都清楚德军在西线战场取胜将意味着协约国的失败。"最后一人也至关重要。"劳合·乔治 3 月 31 日向英国各领地做出评论。他们的军队中有许多已卷入战斗的中心。在法国，医护人员确保每月让 6 万名伤员返回战场重新投入战斗。两星期内，又有 10 万名新兵从英国赶到法国，他们当中有不少都是十八九岁，从未参战的年轻人。在经雷丁勋爵敦促后，每月会有 12 万名美军士兵从美国抵达法国。在被改造成运兵船来承担运送他们的任务的船只中，就有远洋班轮"阿基塔尼亚"号，该船在六次跨大西洋航行中，共将 9 万名士兵运抵法国。但西线战场上的援军并不完全属于协约国一方。4 月，德军将 8 个师从东线调至西线。

4 月 1 日，复活节后的星期一，战斗已连续进行了 12 天。英军部队再次推进，收复来福丛林，俘获 100 名德军。

4 月 2 日，由于劳合·乔治向威尔逊总统发出呼吁，同时也因丘吉尔求得法国领导人的帮助后克列孟梭进行的再次呼吁，潘兴将军终于同意让美军与英法部队混编为小建制编队，此时美军自己的兵力还远不足以成为集团军。该决策激发了协约国士气，虽然这意味着已在欧洲的美军大部队——还在以每月 12 万人的速度赶到——将不会立即投入战斗。这让协约国处境不妙：当日，仍在法国的丘吉尔给劳合·乔治发电报，报告了他曾咨询过的法国领袖与将领们的观点。他向劳合·乔治写道："法国认为德军确定无疑将会在整个夏季战斗到底，而且目前他们的资源也要多于我方。"

4 月 4 日，德军对维莱布勒特讷再度发起攻击，先以 1200 多门火炮进行轰击，出动 15 个师与协约国 7 个师对阵。起初，面对再次发起的猛攻，协约国军队出现恐慌。后来，英、澳军队将进攻者击退，而卡斯特尔-康蒂涅战区内的法军 5 个师也得以推进。次日，4 月 5 日，鲁登道夫就取消了索姆河攻势。他已决定永远放弃进攻亚眠，他在回忆录中指出"敌军的抵抗已令我们招架不住"。巴伐利亚的鲁普雷希特亲王后来写道："当天令人恼火的最终结果是我方进攻完全陷于停顿，不经周密筹备就将其持续下去肯定不会成功。"

尽管在索姆河畔遭到挫败，但德军在其余地区的作战能力依旧强大。索姆河攻势中断三天后，德军为完成其制订已久的计划，就准备沿更北面的英军阵地发起新的攻势，意图向利斯河畔的阿尔芒蒂耶尔发射 4 万枚毒气弹。德军目标为渡过利斯河，占领伊普尔突出部南区，并长驱直入加来与敦刻尔克之间的海岸。

返回伦敦后，丘吉尔认定德军志在必得，东线战场战事结束后，必然会再度发起新的军事攻势。4 月 7 日，他向战时内阁提交密函，提议设法说服俄国重新参战。派遣一位受人景仰的协约国代表，也许是美国前总统西奥多·罗斯福，前往俄国与布尔什维克党人共同制订重启东线战场的计划。通过向布尔什维克党人提供诸如"永远保卫革命果实"之类的方案，协约国随后就要制订计划，以使俄国为自己清除"德国带来的残酷而日益严峻的威胁，并重新参战"。俄国内战及德国对俄国的入侵可以被用于有利于协约国的方面。"我们决不能忘记，"丘吉尔解释说，"列宁和托洛茨基是带着脖子上的绞索进行着战斗。他们一旦离职，就会进入坟墓。让他们看到能够真正巩固权力的机会，看到防止反革命势力反扑的机会，那么他们再不抓住机会就太不明智了。"

丘吉尔希望英、法、美三国向布尔什维克党人提供援助与支持。"自我保存的需要将会迫使他们与我们同舟共济，假如他们可以借此实现目标的话。"要付出努力，"在东线重建某种反德势力。不论这项任务看似多么无望，都必须坚持不懈地进行下去，每支力量——美、日、罗马尼亚、布尔什维克——都应同时发挥其作用。"

但无人付出此种努力来重新开辟东线战场。4月9日，在西线战场，经过4.5小时的炮火轰击后，利斯河战役打响了。德军沿十英里宽的正面发动了进攻。和三天前索姆河畔的情况一样，英军被击退。葡萄牙的一个师也被击退，德军派遣四个师与其对抗，抓获6000名葡军战俘，并在英军防线上造成一条3.5英里长的豁口。德军先期发起的炮火轰击异常猛烈，葡萄牙军某营拒绝开赴前线进入战壕。德军向英军部队释放2000吨芥子气、光气和二苯氯胂后，又造成更大混乱，导致8000名士兵中毒，其中多人都被致盲，30人因中毒而死。

英国局势危急，4月9日，募兵制推广到爱尔兰，这一做法此前一直因爱尔兰民族主义者激烈反对而被政府搁置。诗人叶芝致信霍尔丹勋爵表达抗议："我昨日从报上读到30多万美军已于一个月之内抵达法国，在我看来，为了5万名爱尔兰士兵，英国再准备挖空一条国家间的战壕并在其中灌满鲜血，那就显得怪异而又荒唐了。"这也是叶芝的友人莱迪·格雷戈里的观点，他告知霍尔丹，如果征兵制被强加于爱尔兰，那么"妇女和儿童将站在他们的男子身前，帮他们挡住子弹，也不要让男子们被送到前线参战"。

爱尔兰独立并未被列入协约国议事日程：但在4月的第二个星期，协约国主办了一场"被压迫民族大会"，旨在鼓励德国及奥匈帝国境内臣服的少数民族"在战后主张其取得完全独立，成为主权民族国家的权利"。意大利早前曾希望沿达尔马提亚海岸进行大规模领土扩张，但迫于伊松佐河畔及特伦蒂诺战局的压力，仍接受了南斯拉夫各民族的独立权利。捷克斯洛伐克、南斯拉夫和波兰国民委员会代表都已在罗马并肩而坐，协约国出版界与学术界支持他们事业的人士也一并列席，其中报道此事的意大利新闻记者中就有贝尼托·墨索里尼。

在加拿大，曾在 1917 年底令众多男子拒服兵役的反战情绪，在 1918 年春又重新燃起。按照《募兵法》，曾命令 320 名男子在 3 月底到魁北克征兵中心报到，但其中至少 100 人未能如期报到。到 4 月 1 日，几乎全部"逃兵"都已被逮捕，这就导致反征兵暴乱分子将征兵部门所在大楼洗劫一空，并将之付之一炬。随后，他们还向奉命赶来驱散他们的军队开火。"暴徒使用步枪、左轮枪和砖头，"《泰晤士报》报道说，"军方认为有必要利用机枪将暴徒制服。" 4 名平民被打死。为平息局面，加拿大政府命令暂停逮捕拒服兵役者。

在西线战场，协约国部队战局每况愈下。4 月 10 日，英军被赶出梅西讷，该城是九个月前以高昂代价夺取的。英军各毒气连的几乎所有军官都因德军毒气弹而失去作战能力。其中一位军官唐纳德·格兰瑟姆就在当天的日记中写道："地狱依旧。德军在靠近贝蒂讷。每个人都要后撤。一塌糊涂。人人都想飞走。路上难民的景象十分恐怖。将很多装备都留在了后面的战壕里。"

六天中，协约国部队奋力守卫利斯河后方连续数道防线。4 月 11 日，黑格发布了他那著名的特别作战命令，他在命令中宣称："没有路线向我们敞开，我们只能杀出血路。每座阵地都必须战斗到最后一人：绝无退路。我们相信自己在进行正义之战，就要破釜沉舟，每个人都要奋战到底。"

护送美军横渡大西洋的人们中有欧内斯特·沙克尔顿爵士。1918 年 4 月随着船队从纽约出发回到利物浦后，他就在致友人的信中写道："我们共有 12 艘船，运送了 2.5 万名美军士兵。到危险区时，我们与 7 艘驱逐舰会合，这样做太棒了，因为次日我就遭到 2 艘潜艇袭击，但还没等它们发射鱼雷，我方一艘驱逐舰就投下一枚深水炸弹，炸烂一艘德国佬的潜艇；另一艘就落荒而逃。我们的船上有 3000 名士兵。"

这些美军部队还没有走上前线，协约国的英、澳、南非、新西兰和法军部队就被赶至更远之处。4 月 12 日，英军一个师被从意大利战场调回，投入西线战场作战。同日，在空中，170 架协约国飞机与德军飞机在梅维尔上空发生激战，损失了十架飞机，击落敌机五架。此次猛攻虽无法遏止，但德军亦因消耗而颇感力不从心。"我们都已精疲力竭，体力耗尽，"巴伐利亚亲王鲁普雷希特 4 月 15 日写道，"在这个已被彻底蹂躏的国度，我所到各地，我军都人困马乏，怨声载道，炸弹造成的惨重损失，尤其在马匹方面，是逃不出人们的视线的。"

4 月 15 日，英军撤出帕斯尚尔山岭，此地是五个月前付出惨重代价攻取的。黑格和福煦都呼吁美军立即投入战斗。三个星期前曾向法、英两国承诺将把能调遣的美军派往前线的潘兴将军，当日就对第 1 师的 900 名军官发表了演说："你们将遭遇一支野蛮的敌军，他们正因得胜而激动。要像个美国人一样面对他们。要打，要猛打，不停地打。你们不要去想'失败'一词的含义。"

空战也在持续，但德军并非总是占尽优势。4 月 7 日，"齐柏林" L-59 号飞艇刚刚在那不勒斯意大利海军基地及附近的钢铁厂投下 1.4 万磅炸弹，就突然意外起火，并在亚得里亚海上空爆炸，艇上 22 名乘员无一生还。4 月 20 日，德军最知名的战斗机王牌飞行员曼弗雷德·冯·里希特霍芬男爵——"红男爵"，在维莱布勒特讷东北德军防线后方击落了他的第 80 架协约国飞机，机上飞行员——19 岁的罗得西亚人刘易斯少尉成了战俘。但在次日，里希特霍芬在索姆河上空被加拿大飞行员罗伊·布朗上尉击落。他成功地使飞机降落于布赖至科尔比的道路旁，但附近的澳军士兵赶来时，他已经死了。一个英雄的死去之日，正是一个传说的诞生之时。①

---

① "红男爵"的英名载入了史册，也进入了语言。1994 年 1 月 11 日，《泰晤士报》报道英国正以财政原因提议裁减代号为"史努比"的皇家空军气象观测飞机时，这条报道标题为"皇家空军的史努比或已遭遇'红男爵'"。

第二十三章 "战斗，战斗，其他一切全部无关紧要。"

1918 年 4—6 月

1918 年 4 月 20 日，人们期待已久而又迫切需要的美军部队参加了圣米耶勒突出部的战斗。当日，已驻扎塞什普雷村一个月之久的两个连共 655 名官兵遭到 2800 名德军的袭击。德军近半数都属于受过特种训练的"突击"部队。美军面对四倍于己的优势敌军，损失惨重，匆忙后撤。德军进入塞什普雷后，将所见到的防御工事全部炸毁，然后又撤回至其最初防线。有 81 名美军战死，200 余人因毒气而失去战斗力，187 人负伤，另有 187 人被俘或失踪。

潘兴为他所认定的美军拙劣指挥而愤怒，即使这是因寡不敌众而造成的。他想要将某些高级军官撤职，经人劝说方才作罢，这些军官中就有一名拒绝发动反攻，却由法军司令帕萨加将军决定授予其及另外多人法军军功十字勋章，以振奋美军士气。劳合·乔治言辞尖刻，他写道："如果没有更富于作战经验的将官的引导，就建立起大体上属于业余水平的美军部队，那么这类结果就注定要频繁发生。"他是在说要由英法军官提供指导，正在负责美军第 7 师受训的英军大本营也表达了这一观点。这里做出的评论是"美军指挥官及其参谋人员几乎毫无受训经验"，而黑格则在日记中写道，1918 年春乃至夏季，要依赖美军的援助就等同于"犯罪"。

西线的战斗仍在继续时，皇家海军就制订了计划，要阻止德国潜艇将泽布吕赫运河隐蔽处用作进攻协约国北海航运船只的基地。虽然英军成功围捕了德国潜艇，但德国建造潜艇的速度几乎赶上了它们被摧毁的

337

速度。另外还制订了在 1918 年夏将大批美军部队及其给养运过大西洋的计划。福煦后来写道，封闭"一处敌军潜艇从中出动威胁协约国海运要道的虎穴"已十分必要。

泽布吕赫陆地六英里深处，通过运河与其相连的就是潜艇混凝土掩蔽坞，这里坚固异常，协约国空袭无法将其攻破。除这些掩蔽坞外，布吕赫基地内还有保养、维修及武装德军潜艇舰队所不可或缺的浮动码头、工厂和仓库。平均每天，在布吕赫基地会有 18 艘潜艇及 25 艘驱逐舰或鱼雷艇，因为运河的宽度及深度足以让轻型巡洋舰行驶。

4 月 23 日，圣乔治日，三艘老旧的英军巡洋舰在大批海军部队掩护下，驶过北海，它将被沉入水底，阻断潜艇进出其掩蔽坞。此次行动的策划者海军中将罗杰·基斯，在两年半之前曾热衷于利用海军在达达尼尔海峡发动新的进攻。舰队起锚时，基斯就向所有船只发出一条信号："圣乔治佑我英伦"，对此他的副官海军上校卡本特回应道："愿我们能扭断龙尾。"这是一次勇敢的冒险行动：此行期间共计有八人荣获"维多利亚十字勋章"。

扼守泽布吕赫港的加固防波堤遭到冲击，其许多设施都被损毁，通往该处的铁路高架桥被炸断。他们后来评论说："我们听说海军一支摩托化部队随后赶到，却不知道路桥已经炸开，他们就如同加大拉的群猪一般栽入海中。"

封锁所用船舶恰好被沉入运河入口，但三个星期里，德军就在这些船舶的周围挖掘出一条运河，这使德军潜艇得以重新在北海内外逞威。英军在此次突袭中共有 200 人战死，200 人负伤。为造成协约国内部分歧，德国宣传人员就在美国大肆批评说美军并未受邀参与此次作战行动。

一个由海军少将休·罗德曼指挥的美军作战中队，早已成为英军北海舰队的一个有机成分，但其军官与士兵都未被召集参与行动。卡本特上校后来解释说："如果我们将数十名美军官兵调往查塔姆——那里用于我军展开特种训练，原本并无海军船只，那样的话，人们就必然立即产生好奇心，随后就会做出评论，短时间内，这个秘密将为公众所知。"不过，曾在巴拿马运河区服役的罗德曼少将"却以其在救援方面的丰富经验令我们受益"。

英国公众热烈回应了泽布吕赫突袭的报道。当天还攻击了奥斯坦德运河入口，该运河也通往布吕赫潜艇基地，但对此次袭击则言之甚少。此次袭击也颇费兵力，但根本未能阻断运河入口。不仅战功，就连公众认可都更加频繁地归于胜利。

在西线战场，德军继续大举推进。4 月 24 日，德军利用 13 辆坦克支援，攻占维莱布勒特讷。同日，战场上首次出现坦克绞杀，英军坦克首次击毁其敌手，德军其余坦克逃散。随后七辆英军坦克继续向前，直捣德军步兵阵地，罗林森将军在日记中写道："它们大开杀戒，至少干掉了 400 人。"

4 月 29 日，德军再次发起袭击，沿十英里宽战线将 13 个师一字排开。他们再次迫使英法军队后撤一小段距离，然后就无法再前进一步。当晚鲁登道夫就将此次进攻叫停。三个星期内，德军共有 3 万余人战死，协约国方面战死者为 2 万人。德军打到海岸的计划，如同其 1914 年打到巴黎的方案一样，都中途搁浅了。

利斯河战役不仅是德军战场命运的转折点，也是其战斗士气的转折点。许多士兵精疲力竭，意志消沉，看不到攻破协约国防线的可能性。弗朗茨·斐迪南大公在萨拉热窝遇刺近四年：此时谁还能记得引发此次蔓延各地、吞噬一切的战争的缘由与后果、扭曲与转折及指控与反指控呢？只是加夫里洛·普林西普的行动却在望不到头的喋血中被加以演绎。4 月 28 日，22 岁的普林西普因肺结核死于奥地利堡垒城市特雷西恩施塔特的一家监狱医院里。军队外科医生扬·列维特博士为他提供了医疗救助，但仍无力回天。①

在曾经的东线战场，德军继续向布尔什维克党人已经撤出或势力薄弱的地区推进。4 月 5 日，他们占领乌克兰东部城市哈尔科夫。八天后，他们攻入芬兰首都赫尔辛基，这是原俄国芬兰省省会。一片宁静的彼得格勒虽然处于布尔什维克统治之下，且已失去芬兰的波罗的海沿岸陆德屏障，但作曲家普罗科菲耶夫怀着社会革新的热情创作的"古典交响乐"仍于 4 月 21 日首演。三天后，德军攻占克里米亚首府辛菲罗波尔。4 月 29 日，德军高级指挥官格勒纳将军在整个乌克兰建立军事统治，德国的战争努力将由此在 1918 年取得收获。② 两天后，德军占领黑海港口及火药库塞瓦斯托波尔。

为能在美军甫一抵达就能对其进行武装，英国军需大臣丘吉尔率领军需部除增加给新盟友生产的坦克、飞机之外，还大幅增加了弹药生产

---

① 25 年后，14 万名德国、捷克和奥地利犹太人被纳粹关押于特雷西恩施塔特。其中 3.3 万人死于营养不良和疾病，8.8 万人被遣送至奥斯维辛及其他死亡营后遭到谋杀。列维特医生 1942 年被关押于特雷西恩施塔特，1944 年被送至奥斯维辛，并被杀死于此地（他在两次大战期间曾任军事外科医学教授）。他是第二代基督徒，但按照纳粹对种族所下定义，这也救不了他的命。

② 后来在魏玛共和国时期，格勒纳任陆军部长，后任内政部长。他 1919年曾劝说新的魏玛共和国保留让军队可以如期扩张的形式。

量。5月初，丘吉尔就能为美军提供其夏季所需的225门重炮，另提供50门供其11月之用，后面这50门还要投入1919年的作战。协约国希望届时美军将能够扭转局势，因为预计到1919年夏，就将有300多万美军抵达欧洲。下一年的战局开始越发令策划者们心神不安。5月24日，英国坦克军官富勒中校制订了一份"一九一九计划"，设想在1919年利用5000辆协约国坦克，在西线战场实现重大突破。

为1919年进行计划时，德军1918年夏可能再次发起进攻的阴云依然笼罩。5月1日，为加强战线上各协约国军队的实力，就在海峡沿岸附近的阿布维尔，由克列孟梭主持召开了一次协约国领袖最高战争会议。首先由克列孟梭，随后就由劳合·乔治，最后由福煦恳请潘兴许可让现有美军立即进入前线。福煦甚至说，除非如此，除非派遣美军步兵与机枪部队进入前线，否则一切都将失去。潘兴态度坚决，他在会上尖锐而坦率地宣称："我认为美军不能完全听命于英法。"又补充说："我们一定要等到我们独立建成集团军之时。"

劳合·乔治原则同意美军单独编制，但又对潘兴说："然而，在此刻我们正处于也许整场战争中最具决定性的战役里。如果我们此役战败，我们就将需要船只来将英军与美军残部运送回国。"这一威胁对潘兴毫无作用，使得福煦对其愤怒发问："您宁愿冒险让我们被驱赶至卢瓦尔河畔吗？"潘兴不为这一措辞所动，回应说："是的，我愿冒险。而且，美军在此战中首当其冲的时刻终将到来，以这样的方式将我们的资源浪费掉并不明智。"福煦回应说，美军还未准备好参战，战争就可能已经结束了。会议在最后的争吵中告一段落：

劳合·乔治："您难道看不出除非我们取得这一支援，否则战争就要失败了吗？"

潘兴："先生们，我对此项计划进行过深思熟虑，我不受人胁迫。"

阿布维尔会议于5月2日继续进行。劳合·乔治在指出自3月21日以来英军已伤亡28万人，法军伤亡超过34万人之后，就对潘兴说："假如美国不来支援我们，那么也许就正中敌人的如意算盘。假如法英两国终要屈服的话，它们将会虽败犹荣，因为两国都要战斗到最后一人，而美国则在停战前投入战场的兵力还不如小小的比利时。"

潘兴在会上说美国是"独立"于其他协约国宣战的，因此必须"以强大军队"来面对这场战争。他还强调说："军人士气取决于在自己的旗帜下战斗。"他接着提出一个折中方案，克列孟梭和劳合·乔治别无他法，只得接受。1918年5月用英国船运过大西洋的13万名步兵和机枪手，6月运来的15万人，可以参加协约国一方作战，但7月份运来的兵力要被排除在外。美国海运设施将继续被完全用于组建起一支独立美军，在其做好准备时就独立进行作战。按照潘兴提出的折中方案，将有2/3的美军被独立编制，在准备好时走上战场。福煦颇感沮丧，克列孟梭恼羞成怒，劳合·乔治极度失望，他们致信英国驻华盛顿大使："我们一想到虽然兵已运来，却由于某位将军的短视及这位将军的政府无法命令他承担使命，从而让事情悬而未决时，真要把人逼疯了。"

在东面，德军仍在接二连三地取得胜利。5月7日，罗马尼亚和同盟国签署"布加勒斯特和约"，使同盟国实现了对多瑙河河口的军事控制。保加利亚收服了它在1913年的巴尔干战争中损失于罗马尼亚之手的海岸领土，这是该国作为德、奥两国的盟友攻打罗马尼亚所获的回报。5月12日，在比利时风景胜地斯帕，德国皇帝和奥地利皇帝为德、奥两国共同利用乌克兰签署协议。两天后，德国皇帝宣布立陶宛已从俄国的枷锁下解放出来，并同德国结盟。

5月，奥地利军队中开始出现民族主义情绪。5月12日，在施蒂里亚州的尤登堡市，及奥地利心脏地带都发生了兵变，一个步兵排攻占了兵营和弹药库，洗劫了粮仓，捣毁了电报、电话线。这个排士兵大都为斯洛文尼亚人。他们高呼："我们回家吧，战友们，前线的战友们也回家吧。战争现在必须结束，斯洛文尼亚人都来到我们中间。我们要回家，他们应该让我们吃饱，结束战争；拥护布尔什维克党人，面包万岁，打倒战争。"

此次兵变被迅速镇压，六名斯洛文尼亚人被处死。但兵变已经开始蔓延，数星期之间就又有一个鲁塞尼亚营与一支塞尔维亚部队发生兵变，但都被迅速粉碎。5月17日，在布拉格召开了一次"奥匈帝国境内被压迫民族会议"，虽然会议名称有挑衅性，但仍能正常召开，未受到干扰。四天后，捷克军人又在伦布尔克发动了第四场兵变。他们要求当局向他们支付被俄军俘房期间拖欠他们的军饷，否则他们就拒绝开赴前线。他们占领了该城，获得了当地捷克公民的某些支持，还威胁要向布拉格进军。一些人登上了开往布拉格的火车，宣布他们要在抵达之后"结束这场战争"，但他们的火车在中途就遭到拦截，他们也被缴械。接着进行了军法审判，十名捷克人被判处死刑，560人被判处监禁。哗变虽已结束，但当地总督以确定无疑的话语警告维也纳："假如叛乱分子成功开赴南方，并在这些地区的民众中得到支持——这绝非不可能，那么我们此刻面对的就有可能是波希米亚多地风起云涌的长期革命。"

在维也纳和柏林，当局必须要警惕革命的危险，同时积极回应任何求助自己去反对布尔什维主义的一切呼喊。在俄国南部，顿河哥萨克骑兵领袖克拉斯诺夫将军 5 月 16 日呼吁德国提供经济及军事援助以对抗红军。德国欣然应允,并向其提供了 1500 万卢布和 1.2 万支步枪。德国的势力就这样蔓延到俄国南部 1000 英里范围内。同日,在芬兰境内,芬兰民族领袖曼纳海姆将军率领 1.6 万人进入赫尔辛基。一个多世纪的沙俄统治,六个月的布尔什维克党人的控制,以及最近的德国军事占领都已告终。

身在柏林的阿尔伯特·爱因斯坦在发出建设战后统一的欧洲的提议之后,就发表了他的"广义相对论",却为未能参与对战争的抗议而担忧,1914 年和他共同签字的格奥尔格·尼古拉却始终参与其中,作出了巨大贡献。"绝对不会因为你端坐柏林从事理论研究工作,就会受到'任何责备',"尼古拉 5 月 18 日致信爱因斯坦,"假如哪个人有权作为现代的阿基米德,向战争的雇佣兵高喊:'不要干扰我的研究',那么那个人就是你!"① 尼古拉接着写道,他比"我们共同起草'致欧洲人宣言'时更加坚信,只有简单而纯净的欧洲思想得以延续,才有可能避免近在眼前的文化崩溃。"

五个星期后,尼古拉因其和平主义主张而遭到当局谴责与追捕,他乘飞机从德国逃到丹麦。在德国占领下的比利时,爱国报纸《自由比利时》印刷、发行已有三年,其发行网络广阔,操作令德国人颇感头疼。到 1918 年 1 月底,该报的所有 61 名发行人员已全部被捕,德国皇帝就向军方总督法尔肯豪森将军发去贺电,这份报纸将法尔肯豪森描述为"被派来以比利时这块悸动的肉为食的猛禽"。另按该报说法,皇帝本人是"撒旦陛下"。

5 月 15 日,这 61 人在布鲁塞尔受审。他们都被判处监禁,刑期从 10 年至 12 年不等。不久之后,这份报纸又重新出现,下一期为总第 143 期,基本上由阿贝·范·登胡特独自制作,他利用踏板印刷机印出了 7000 份,然后就安排在安特卫普进行重印。多份《自由比利时》甚至被偷运至德国的战俘收容营内。在其中的索尔陶战俘营,就有 400—500 名战俘朗读这份报纸,他们当中有一名比利时学生,保罗·范·泽兰,他还被选为所有囚犯的发言人。②

① 叙拉古公民阿基米德正在迦太基城外的沙地上画圆,以便讲授一堂几何课,此时占领军中的一名罗马士兵走过来命令他停下。他拒绝并对这名士兵说:"别碰我的圆,"然后就被杀害,尽管罗马将军此前曾发布命令要留他一命。

② 范·泽兰,1935—1937 年任比利时总理,第二次世界大战期间居住英伦。1949—1954 年担任比利时外交事务大臣期间,他为欧盟的形成发挥了核心作用。

在西线战场，在英德两国上空，5 月的空战都相当频繁。泽布吕赫港的船闸及德国境内的铁路联轨战都处于英国空袭目标之列。5 月 18 日，为报复德军飞机空袭英国城市，33 架英军飞机空袭了科隆，造成城区建筑严重损毁，导致 110 名平民丧生。次日夜间，28 架德军"哥达"轰炸机袭击了伦敦，导致 48 名平民遇难。其中有六架轰炸机在英军飞行员打击下起火坠落，另有三架在返回国内机场后坠毁。这些大型双引擎飞机经由肯特飞抵伦敦。"空袭警报是通过改变气压发出的，"当时年仅十岁的英国学童德斯蒙德·弗劳尔后来回忆说，"当光柱升起再降下两次时，所有的窗帘都必须关起来。"

这些德军轰炸机不论从哪一方向飞往伦敦，都必须穿越巧妙布局的高射炮火力网，在乡村地带排列成巨大的矩形方框。弗劳尔还记得小时候空袭开始时的情形，高射炮"持续朝在头顶轰鸣着的庞然大物怒吼；弹片'啪嗒啪嗒'如雨点般落下，但父亲仍不顾一切到外面四处看究竟发生了什么，我们苦苦哀求他进来也无济于事。一天夜里，我醒了很久，一直在听一架轰炸机被困于火力方框之内的反复呻吟声，它想逃出，但不能如愿——最后被击落，嗡嗡声停止后，我才又继续沉沉睡去。"

德军自 5 月 19 日起连续四天对法军弹药库发起空袭，共毁掉协约国弹药 1.2 万余吨。5 月，德军对埃塔普勒铁路桥进行空袭，有数枚炸弹偏离目标，击中一艘英国医院船，炸死数名伤兵及照看这些伤兵的护士。女子辅助部队中的九名成员也被炸死：她们在法国的任务包括指导使用防毒面具、文书工作及担任军营内的厨师。

双方空袭的规模都还较小，但已经成为一种新的、有效的战法，其效力一直在得到提升。5 月的第三个星期，英国亨得里-佩奇公司生产的轰炸机——被称作"血腥致残者"，袭击了位于奥帕乌的德国化工厂，位于曼海姆的毒气工厂及位于卡特豪斯的铁路工厂与机车。5 月 22 日，九架德军"哥达"轰炸机飞临巴黎。猛烈的高射炮火力将其中八架赶走，但其中一架飞过了火力网，投下数枚炸弹，炸死一人。《泰晤士报》报道说："试图逃脱的轰炸机与集中火力要将它们击落的火炮之间激动人心的对决持续了整整半个小时。"

巴黎 6 月又遭到了三次空袭，战区上空也出现了大规模空战。6 月 2 日，德军声称于当日击落 13 架协约国飞机，德方损失飞机 17 架，德军飞行员赫尔曼·戈林被授予"功勋勋章"。次日，英国为英勇地进行空战的人员设立了一种新的军功章，即"杰出飞行十字勋章"。一个月前的 5 月 9 日，希特勒因作战异常英勇，就获颁了德军团奖状。

德国人已控制战前俄国的两个最繁荣的区域，乌克兰和波罗的海地区。他们已协助芬兰人将布尔什维克党人赶出了芬兰，为确保芬兰独立成功，德军就滞留芬兰。5月27日，独立的格鲁吉亚共和国在德国的保护下建立。但德国并非唯一的反布尔什维克军事堡垒。5月23日，英国战时内阁通过决议，派遣560多人的部队前往阿尔汉格尔斯克港，另派600人赶赴摩尔曼斯克，以保护两地的英国军用物资，这些物资是先前作为英国对俄军做出的军事贡献而经由北极圈被运到俄国的。[1] 英国还协助训练了数十万名反布尔什维克的俄国人，让他们有望抵御布尔什维克在未来发动的进攻。三天后，"布列斯特-立托夫斯克条约"使所有奥地利战俘获释，于是6万名捷克军人长途跋涉穿越西伯利亚，来到俄国远东地区，他们就剑拔弩张地反对布尔什维克党人。

这些捷克军人在近四年的时间内一直都是同盟国军队的有机组成部分，此刻宣布支持协约国，建立一个捷克军团，决心从远处见证同盟国毁于战火，并将捷克斯洛伐克建成一个独立国家。他们甚至还想赶回欧洲再和协约国并肩作战，但他们在1918年5月的最后一星期马上要打的一仗却是与布尔什维克党人开衅。5月27日，他们攻占了西伯利亚城镇车里雅宾斯克，四天后，又攻占了彼得罗巴甫洛夫斯克和托木斯克。

德军最高统帅部仍未放弃在西线战场攻破协约国防线的希望。5月27日，鲁登道夫再次尝试，希望能重复两个月前取得的最初胜利，乃至直捣巴黎。当天凌晨，4000门火炮沿24英里宽的战线开火，第三次埃纳河战役就此打响。在法国的贵妇小道战区，进攻部队攻破防线后推进纵深达12英里，将法军四个师全部消灭。

在苏瓦松和兰斯之间，德军再度突破了英法军队各四个师的阵地，不到六个小时就已进抵埃纳河畔。在拉尔奥布瓦莱彭塔维村，英军的一个营与一个野战炮兵连尽管遭遇优势火力攻击，但仍拒绝后撤。"火炮持续射击，抵抗始终不断，直到人人战死或被俘。"

到5月28日结束时，协约国战线上已被钉入一条40英里宽15英里纵深的楔子。当日阵亡的英军士兵中有伯特伦·卡特兰少校，他自1914年起就在西线战场作战，"此事本身就是幸存的奇迹。"他女儿后来写道。[2] 同日，德国皇帝视察了"加利福尼亚阵地"——克罗讷附近的一个瞭望哨，1814年拿破仑曾在此见证他击败各国联军所取得的最后一次

---

① 英国还为这些贡献拿出了一张账单，共计7570亿英镑，但列宁及布尔什维克党掌权后，就宣布拒绝偿付沙俄及临时政府时期的一切外债。

② 卡特兰少校的两个儿子（其中一个是议会议员）1940年在西线战场的敦刻尔克大撤退中相隔一天战死。他的女儿巴巴拉·卡特兰成为一名高产作家。

胜利。1918 年，尽管德军攻势猛烈，但并非所有战区的协约国军队都被击溃，当日在索姆河畔的康蒂涅，一个整建制旅的近 4000 名美军发起了美军的首次持续进攻。法军除提供 368 门重炮及迫击炮，一支火焰喷射器小队为其穿过村庄提供火力支援外，还提供了空中掩护。为美军开道的是 12 辆重型法军坦克。每名美军士兵都背负了 220 发子弹，三条沙袋，两枚手榴弹、一枚枪榴弹，两只水壶、野战口粮，以及两条巧克力和解渴用的一个柠檬和口香糖。

进攻前先发起两小时的火炮弹幕射击，康蒂涅很快就被攻下。火焰喷射器尤为有效。美军士兵许伯纳回忆起看到一名德军士兵从地下掩体内跑出时的情形，"就如同我在堪萨斯见到过的起火的草堆中跑出的兔子一般。"那个德军跑出 15 码远后，倒地身亡。①

康蒂涅村已处于美军控制之下。潘兴指示"决不放弃一寸土地"。在 72 小时内，德军连续发起七次反攻。随后的战斗中，有 200 名美军战死，另有 200 人因德军施放毒气而失去战斗力。由于持续受到炮火轰击，加之连续三天作战带来的疲劳，美军士兵们按照其司令官汉森·埃利上校的说法，已变得"半疯，暂时性精神错乱"。一名美军中尉开始疯狂扫射自己的战友，直到一枚德军炸弹将他炸死。经过三天的战斗与轰击后，美军已经筋疲力尽。埃利上校后来回忆说，援军终于来到时，"他们只能蹒跚着后撤，眼窝深陷，面颊干瘪，如果谁稍微停一下，就会立即昏睡过去。"

美军守住了康蒂涅，这就产生了三重影响：它使德军失去一个重要的瞭望阵地，使潘兴更有理由让美军独立作战，同时，按照一位美国军事专家的说法，他给德军带来了"一个冰冷的预兆，迎接他们的并非如他们所想的是一群业余的乌合之众"。

尽管美军在康蒂涅取胜，但德军仍在持续推进。5 月 29 日，德军攻入苏瓦松。到此次猛攻进入第三日，已有 5 万多名法军被德军俘虏，德军还缴获了 650 门火炮和 2000 挺机枪。5 月 30 日，德军在蒂耶里堡附近进抵马恩河畔。当晚，潘兴与福煦和其高级参谋官共进晚餐。他后来回忆说："很难想象还会有比这些人更加沮丧的一群军官。他们坐在那里几乎一言不发，都在思索着这场战争中也许最为艰难的局势。"

6 月 1 日，德军距巴黎只有 40 英里，而 4 月份时他们仍在距巴黎 50

---

① 许伯纳军衔最后升为少将，在西西里、诺曼底和北欧指挥美军第 1 步兵师。"我对他印象不太好。"帮助本人校对本书稿的美国人在本书打印稿上的此处评价道。

英里开外。6月2日，他们攻占了扼守兰斯的一座堡垒——庞佩尔堡。但法军发起反攻将该堡垒夺回，还缴获了四辆坦克。同日，最高战争会议在凡尔赛召开。同 1914 年一样，法国政府再次准备迁出巴黎，撤往南部。数万名巴黎人也像 1914 年一样逃离首都，1940 年他们还要再次出逃。

法国再次恳求潘兴立即将美军部队调往法国战区分崩离析的前线，并暂时与英军部队合并。潘兴一如既往地不愿放弃美军独立作战的前景，也不愿看到这一前景被改变，就拒绝了一切相关要求。忧心如焚的福煦反反复复地说道："战斗，战斗，其他全部无关紧要。"在凡尔赛开会期间，法方请求 6 月让 25 万美军参战，7 月再让另外 25 万美军参战，潘兴回应说除已准备登岸的三个师外，美国境内就只有 263852 名经受过训练的士兵了，这令与会者吃惊不已，因为该数字远少于协约国想象，但这确是真实准确的数字。美国对协约国兵力可能作出的巨大贡献到战争结束才能准备好，也许要等到 1919 年。"那么，当前计划实施后，我们就无法指望从美国得到任何实际的援助，"克列孟梭评论说，"这太令人失望了。"那些当前计划设想的是每月投入 12 万—15 万美军，仅此而已。

对于将其余美军在未经受训练的情况下就送到欧洲的提议，潘兴坚持说他们应当在美国完成训练。"士兵们在法国进步更快。"福煦回答说。当劳合·乔治提议让美军在英国受训时，潘兴回答说在此事上他"决不放弃我的特权"。

英法领袖对美军总司令失去了耐心，当潘兴提议法国动员起下一梯队的法国青年时，劳合·乔治插话说："哎呀，潘兴将军，难道您真的愿意让这些孩子们走进战壕吗？"潘兴怒火中烧，回答说："首相先生，您刚才却提议让不如这些法国男孩子们这样训练有素的美国青年们走进战壕。我不知道二者究竟有何区别。"

潘兴坚持己见。美军部队要在美国受训。此前在阿布维尔达成的协议条款都将得到遵守，只是他同意将人数稍作增加。在法军最需要援助之处，潘兴将于 6 月向战场投入 17 万人，7 月投入 14 万人，一人也不能再多。其余预计到来的 19 万人，将成为未来潘兴亲自指挥的美军部队的支援与保障系统的一部分。

作战的需要就令该协议立即生效，美军部队就奉命从蒂耶里堡以东赶往马恩河畔，炸毁一座大桥，以防德军渡河南下。他们还奉命穿过莫村，赶往德军所到距巴黎最近的地点。途中他们遇到数千名多为村民与农场主的难民，这些人正逃离进犯的德军，并连续不断有大量法军三三两两地逃出战区。

美军守住了防线。他们以逸待劳，德军已连续作战六天，精疲力竭，而且战线拉得过长，补给不济。而且美军不仅守住了防线，还展开了小规模推进，这就立即提升了法军及法国民众的士气。贝当的一位参谋官，法国人让·德·皮埃尔福理解并体会到了这一反应。他后来写道："我们都有这样一种印象：那就是我们即将看到一次了不起的大换血。生命气息如潮水般涌来，要激活法兰西垂死的躯体。"

在英军战场，弗赖伯格将军参加了 6 月 3 日的战斗，并身负重伤。"我在一场小规模战斗中被一枚大号炮弹打伤，"他致信友人，"我遭到了强烈冲击；它将我甩出十几英尺之外，使我腿部和头部受伤。在伤员转运站，医生已将碎片从我体内取出。这真是一场折磨。"他身旁病床上的那名士兵"两条腿和一只手臂都被截肢"。

协约国为协助遏止德军进攻，就从萨洛尼卡战场调来 1 万法军和 1 万英军。在萨洛尼卡战场，保加利亚逃兵曾向协约国提出警告说保军会马上发起进攻，但由于保军内部发生兵变，此次进攻就被迫取消。1918 年夏季，对同盟国而言，局势无法令人乐观。在 5 月 20 日的匈牙利，2000 名匈牙利军人在佩茨兵营内拒绝走上前线，并占领了营房和军械库，他们的哗变得到了当地煤矿工人的支持。于是当局调来三个忠诚的团以镇压此次兵变。

受到战争蹂躏和革命洗礼的俄国正在变为一个新的战区。6 月 3 日，德军两个营登陆了波季（Poti），要为克里米亚当局提供支援。次日，150 名皇家海军陆战队员在俄国北部港口贝辰加登陆，以保护协约国物资并支援当地反布尔什维克分子。同日，德国皇室成员符腾堡公爵接受了立陶宛王位。但另一位德国亲王，巴伐利亚的鲁普雷希特王储，却敦促德国宰相赫特林伯爵，趁德、奥两国在西线军事上仍处于蒸蒸日上之时，与英、法、意三国开启和平谈判。他的请求被驳回，宰相回应说至少法国仍有崩溃的可能。

政治战争与军事战争齐头并进。6 月 3 日，英、法、意三国宣布全面支持波兰、捷克和南斯拉夫建国。次日，受到英国鼓动的犹太复国运动领袖哈伊姆·魏茨曼博士就在亚喀巴港附近与阿拉伯起义领导人埃米尔费萨尔会面，共同制订了似乎令人满意的阿拉伯人对在巴勒斯坦建立犹太人民族家园的支持计划。一位英国高级将领在此次会面后记载，促成此次会面的劳伦斯及魏茨曼两人都认为，"阿拉伯人起义及犹太复国双方政策的战线将会在不远的将来会合一处。"在接下来的一星期内，阿拉伯人再次发起进攻，将马安的土耳其守军拦腰截断。艾伦比麾下军队当时已来到雅法以北的海岸平原地带，等待向耶路撒冷以北进发，其中 5000 名巴勒斯坦犹太人已被武装起来，他们当中有许多生于俄国。

"对和犹太人取得的任何善意谅解，我都表示欢迎，"亚喀巴会议一个月后，费萨尔致信马克·塞克斯，他继续写道："我承认某些无知的阿拉伯人鄙视犹太人，但无知者在各处都一样，而且在整体上这类事件与犹太人在更发达国家的遭遇相比还不算太过分。"就在此时，在乌克兰各地的城市和乡村，数千名犹太人正在被反布尔什维克的白军谋害，他们有史以来的反犹主义，加上所谓布尔什维克党高层存在犹太人引发的新的仇恨，这使 15 年前的暴力屠杀再度展开。

6 月 3 日，德军在若尔戈讷使用八条巨型梯子，将其像消防云梯一样交叠，伸过马恩河对岸，渡过了马恩河。每节梯子宽度仅容两人并排向前爬行。渡过之后，就立即放下另外 14 条梯子，并以六挺机枪建立一个小型桥头阵地。此刻仿佛 1914 年 8 月又已重新来过，西面六英里处的蒂耶里堡，就要受到马恩河两岸的夹击。但在蒂耶里堡，美军两个师在两天前就已投入战斗，还是由美军部队对该桥头阵地发起攻击。100 名德军被俘。余者被迫乘船返回或游回对岸。

同日，在蒂耶里堡另一侧，该城西面五英里处，在德军对贝洛丛林的进攻中，美军进行了顽强抵抗。美海军陆战队旅奉命投入战斗时，中士戴利高呼："快冲啊，狗崽子们。你们还想长命百岁吗？"到当天结束时，已有 1807 名海军陆战队员战死。当有人提出让美军后撤的问题时，据说一位美军军官愤而宣称："后撤个鬼！我们才刚刚赶到呢！"

在法国议会，克列孟梭反思了这种精神，就于 6 月 4 日高呼："我要在巴黎城前奋战，我要在巴黎城中奋战，我要在巴黎城后奋战。"他还说起"我们掌握之中的最终胜利，只要我们足够顽强，我们最终的胜利就将指日可待"。并非每名旁观者都这样满怀信心。就在克列孟梭发表议会演说的当日，英国战时内阁秘书，前皇家海军陆战队员莫里斯·汉基爵士就在日记中写道："我的观点与此相左。德军比协约国军队打得更好，我无法排除发生灾难的可能性。"

第二十四章 协约国反攻

1918 年 6—8 月

1918 年 6 月 3 日，法国密码破译员乔治·庞文破译了德军绝密无线电信号，了解到德军定于 6 月 7 日在西线战场上的法军战区发起进攻的细节。该无线电情报还显示此次进攻将于蒙迪迪耶与贡比涅之间发起。德军再次来到距巴黎 45 英里处。6 月 6 日，德军发起此次新的进攻前夕，英军部队在其战区内推进至兰斯以南，将德军赶出布利尼村。在交战各军上空，1000 架英法飞机持续对敌展开激战。当晚，6 架英军轰炸机空袭了梅斯和蒂永维尔的德军铁路编组场。

6 月 7 日午夜，德军准备发起进攻，而法军由于截获了信号情报，早已对此进行了戒备。由于有了预警时间，法军就先于德军十分钟发起了大规模炮火轰击。然而，德军发起的袭击更加猛烈，共打出 75 万发芥子气、光气和二苯胺氯胂毒气弹：共计施放 1.5 万吨毒气。近 4000 名法军士兵因此而失去战斗力，32 人被毒死。

6 月 8 日凌晨 4 时 30 分，德军步兵发起进攻，推进五英里有余，抓获 8000 名俘虏。6 月 9 日，他们又推进两英里，迫使法军撤离数个据点。潘兴当日正与克列孟梭会面，就被问及他如何看待此役的结果。"好吧，总理先生，"他答道，"目前看来局势不容乐观，但最终的胜利必定是属于我们的。"克列孟梭显然受到此话的鼓舞，就握住了潘兴的手。"您真的这样认为吗？"他问，"我很高兴您能这么说。"甚至连毫不气馁的法国之虎，也有产生怀疑的时刻。

6 月 10 日，德军推进至拉西尼以南，迫使法军后撤到昂提伊尔波特，此处距贡比涅仅五英里，距巴黎有 45 英里。此时丘吉尔因军需事务而滞留法国首都,当日下午他致信妻子:"蒙迪迪耶—努瓦永战场上关键而又残酷的战斗已打响了一整天,最新的报道(5点30分)显然令人满意。此处不存在突袭,而只有实力的较量——我们有手中的军队及充足的后备物资,战线就得以坚守。"接着,丘吉尔又有所预示地写道:"如果在该战区法军无法将其遏止,那么我方下一步该采取何种措施就难以定夺了。"

丘吉尔的巴黎之行目的在于计划协调英、法、意、美四国军队在1918年秋及1919年春的弹药需求。鲁登道夫也在策划1919年的作战,他下达命令要求大幅增加飞机产量,1918年7月—1919年4月间,每月要生产300架。当日,在努瓦永—蒙迪迪耶战场,600架法军飞机和200架英军飞机参加了战斗。协约国有38架飞机被击落,德军飞机被击落5架。

6月11日,协约国发起反攻,美军投入两个师,法军投入四个师。和此次动用的163辆坦克一样,空中支援也是此役的有机成分。1000多名德军士兵被协约国俘虏。步兵们从此不再孤军奋战,虽然皇家空军当日的一次投弹失误炸伤了八名法军士兵,炸死75匹战马。约40架协约国飞机被德军击落,德方损失19架飞机。

苏瓦松以西,德军五个师于6月12日发起进攻,但战果微不足道,拥有近200辆坦克的法军再次占有优势。同日,经过为期近四天的战斗,鲁登道夫就中止了此次进攻。然而,协约国军队却持续向前推进。6月14日,法军首次大规模使用芥子气。

甚至连电影也被当成作战的一个要素。6月14日,威尔逊总统本人就被迫对已拍成美国电影的杰勒德大使著作《我在德国的四年》提出批评,影片内有德军对比利时战俘施以野蛮暴行的血腥镜头,这些镜头却是在新泽西拍摄的。但好战热情仍是募兵中不可缺少的成分:两天后,社会主义运动领袖尤金·德布斯因发表煽动性反战演说,就遭到逮捕,并被判处十年监禁。其他地区的社会主义者们也都群情激愤:6月17日,面包配给减少之后,维也纳发生骚乱,在布达佩斯,出现了争取更高工资的暴动场面。

在东线,德军继续在原沙俄帝国的广袤领土上延伸其控制。6月12日,他们占领格鲁吉亚首都第比利斯。奥军部队为德国实际吞并乌克兰提供支援,就在俄国南部俘虏了1万名俄国布尔什维克党人。但在意大利战场上出现了规模最大的角力,6月15日,奥军发起了大规模进攻,55个师从阿夏戈高原和格拉帕山发起攻击,另51个师则渡过皮亚韦河进击。

当日，路德维希·维特根斯坦参加了奥军作战。在一场激烈的火炮与机枪对决中，他外出巡逻以对局势进行报告。他的两名巡逻队员负伤后，他就协助将他们送回。其后不久，正当他守在自己的炮位时，一枚炮弹就将军官及三名炮手掩埋在掀起的泥土之下。维特根斯坦就负责起这门火炮，为此他就被提名奥地利的最高荣誉勋章：金质勇敢勋章。"他出色的英勇行为，"嘉奖令写道，"沉着、冷静及英雄主义使他赢得了士兵们的一致赞赏。他以实际行动完美诠释了忠诚与军人使命的实现。"

6月16日，《观察家报》报道，皮亚韦河沿岸意大利守军"发起首次猛攻，就立即夺回了某些小块阵地，这些阵地是在战斗初期沦陷的"。薇拉·布里顿以老练的眼光解读着这篇报道，她的哥哥爱德华此时正在意大利前线作战，她就不祥地想到"'几个小块阵地'沦陷后，不论在多短的时间内被收复，都像历次撤退时一样，意味着守军曾遭到突袭，敌军曾暂获成功"。六天后，她才收到那封害怕收到的简短而又按标准格式写好的电报："遗憾地通知您，十字勋章获得者布里顿上尉6月15日战死于意大利。"他是在率领士兵夺回一条战壕后不久，被狙击手打来的子弹击中头部而死的。"这真的似乎是最后的讽刺，"他的妹妹写道，"因为他竟被他最仰慕的小提琴手弗里茨·克莱斯勒的同胞杀死。"薇拉·布里顿在失去了未婚夫和两个最好的朋友后，又失去了她的哥哥。

奥军于6月15日发起的进攻未能取得突破。在皮亚韦河前线，最初的炮火轰击中弹药不继，而且德军还未能向其提供奥地利曾希望使用的光气弹。在阿夏戈战区，意军截获的情报使其得以在奥军发起炮火弹幕射击之前四小时就先期开炮。在此役最初阶段，防守部分意大利战线的英法军队被奥军击退。但协约国军队发起胜利反攻，俘获1500名奥军。在格拉帕山战区，奥军推进3300码后被制止，随后意军发起反攻，将其击退。

将专列停靠莫兰，等待匆忙赶往前方见证胜利的奥地利皇帝卡尔，心中焦虑万分。正午时分，他打电话给哈布斯堡帝国最成功的一位指挥官，陆军元帅斯韦托扎尔·博罗耶维奇，却被告知："蒂罗尔的军队已被打败，已尽失所占的阵地，并被打到了最初发起进攻的一线。"世代为哈布斯堡帝国作战的博罗耶维奇却是一名塞尔维亚人。

在意大利战场，协约国军队有着空中优势。600多架协约国——英国与意大利——飞机就在此役的第一、二两天渡河的奥军部队当中引发了大混乱。6月16日，英、意军队继续反攻，英军俘获了728名奥军，而意军则解救了此役首日被敌俘虏的200名己方士兵。6月20日，意军击落了飞越皮亚韦河上空的 14 架奥地利飞机。接着，奥军在发起此次进攻五天后，就开始后撤，此时多达 50 架英军飞机对他们展开袭击，让他们的撤退危险重重。

到 6 月 24 日，最后的奥军部队也已撤至皮亚韦河北岸。在阿夏戈和格拉帕山战区，奥军也未能取得通往平原的突破。同日，德国外交大臣里夏德·冯·屈尔曼就在德国国会说，议员们不应指望"仅从军事决策方面就能彻底结束这场战争"。德国皇帝被这种"失败主义"所激怒，就将屈尔曼免职，反而代之以一位资深海军军官——海军上将保罗·冯·欣策。

6 月 17 日，美军仍在西线战场上的贝洛丛林内与德军交战，福煦元帅就请求潘兴将军将美军 5 个师调去增援法军的 20 个师：法军每个师由美军一个团支援。福煦对潘兴说人们在问："美国人在哪？他们在干什么？"法军部队已因德国再度发起的进攻而精疲力竭，需要激励。潘兴仍拒绝以这样的方式分散他的军队，就对福煦说美军部队在自己人的领导下就能做到"事半功倍"。

潘兴认识到英法军队在奋战近四年后所经受的紧张压力，以及此前多次进攻乃至当年 3 月的德军攻势造成的人员损耗。他还知道西线战场上的 300 万协约国军队对抗的是 350 万德军。"协约国完了，"6 月 19 日他就这样直白地致信豪斯上校，"在战争中唯一能够维持住它们（特别是法国）的就是我们要有足够的军力来采取行动。"美国的任务在潘兴看来就是要在 1919 年赢得战争的胜利。如果美国届时无法取胜，那么协约国就有可能媾和。为保证美国能在 1919 年取胜，他就希望将 80 余万人的美军部队扩充到 300 万人，在 6 月 19 日发给华盛顿陆军部的一封电报中，他就请求将美军 66 个师，共计 250 余万人于 1919 年 5 月 1 日前运抵法国。他写道，这一点"至少是应该想到的"。

美军的问题依旧棘手。3 万多名美军被由 13 艘船组成的船队运至英国，加拿大总理罗伯特·博登随船队渡过大西洋，6 月 21 日，他致信渥太华的一位同僚："法国的战局十分严峻，战争的问题也许要取决于美军部队被组织、训练及装备起来的速度。"博登已应允美方请求，即有着长期作战经验的加拿大军官要协助训练部分美军士兵。"问题是，"他解释说，"要在美军做好大举出击的准备之前，守住西线战场的防线。"他所见到的美军都是"优秀青年，热衷于投入战斗"。他还警告说，接下来的两个月"将是令人万分焦虑的时期，一场恶战在所难免"。

已经投入战斗的美军部队表现卓越，尽管他们尚属首次参战。6 月 26 日，在贝洛丛林，三个星期前拒绝后撤的海军陆战队队员最终将这片丛林攻下。战斗中美海军陆战队旅的 1 万人中死伤过半。丛林边缘的战争公墓内，长眠着 2288 名美军士兵，还镌刻着另外 1060 名没有坟墓的士兵的英名。数百码远之处的另一座公墓内，坐落着 8624 名德军的坟墓。

新的对手给德军留下了深刻的印象。"我军轻武器的效果并未在实质上制止步兵的推进。"一位德军情报官在战斗间歇时写道。他继续写道："美军的勇气依旧没有动摇。"战斗结束后，潘兴探视了伤员。遭到毒气袭击的士兵双目蒙着绷带在病床边立正站好：他们当中有人再也看不见了。潘兴的传记作者讲述了《克利夫兰实话报》上报道过的一个故事，说的是潘兴来到外科病房时的情景，他"走到一位名叫吉米的士兵的病床前，这名士兵刚在前一天做了手术，他就抱歉地张开枯焦的双唇：'我不能给您敬礼了，长官。'潘兴注意到他的右侧袖子瘪了下去。'不，'他答道，一边用手轻轻抚过这位少年蓬乱的头发，'是我该给你敬礼'。"①

此刻在法国已有 80 万美军，但并未独立建成美国集团军，这给潘兴的梦想与意图带来了沉重的打击。他们全都在法军和英军军团指挥官的统帅下作战。只有行政与给养由美军自己负责。让美军部队投入战斗的呼吁已经在法国境外蔓延。6 月 27 日，一个美军步兵团在意大利热那亚港登陆：该团奉命在 9 月底前投入战场。同时，意军两天后在阿夏戈战场发动进攻，收复了三座山头，并俘虏了 2000 多名奥军士兵。当月，意大利战场上出现了第一位战死的美军，他是红十字会救护车驾驶员爱德华·麦基中尉。

6 月 27 日，驶离加拿大的英国医院船"兰达弗里城堡"号在距灯塔岛 116 英里海域被德国潜艇用鱼雷击中，共有 283 名乘客罹难，其中某些还是被打死于水中。只有 20 名乘客因救生艇才得以幸存。船上 97 名护士及医院人员中，仅有 6 人活了下来。死者当中还有 14 名加拿大护工姊妹。

1918 年 6 月，453 名商船海员在船只被鱼雷击沉后遇难。在空中，当月共有 505 架协约国飞机及 153 架德军飞机被击落。6 月 27 日，作战中首次出现成功跳伞个案：德军飞行员施泰因布莱歇尔中尉被英军击落于索姆河上空，他伞降至安全地带。

---

①　唐纳德·斯麦思，《特级上将潘兴》，布卢明顿：印第安纳大学出版社，1986 年，141 页。报纸文章标题为："战场护士讲述身残步兵与'黑杰克'之间的故事"。

在西线战场，法军试图逆转德军前一个月取胜的局面。《泰晤士报》评论说："紧张程度堪比德国发起前次猛攻之前，即 3 月 21 日及 5 月 27 日的情况。"6 月 30 日，法军在昂布里尼以南，使用新型的 5.5 吨坦克发起攻击，采取德军此前的惯技，即侧翼快速推进，再回锋攻打被包围在当中的敌军。直到此刻他们才搜索藏身洞内的德军士兵，抓获 1000 名俘虏。

在战线后方，一个新的幽灵开始让士兵与平民都不得安宁。从 6 月起，流感开始在印度和英国肆虐，随后就出现了大爆发。流感传到西线战场后，就给这里带来了大混乱。在法国，死于流感的美军士兵要多于被敌军子弹打死的。①

1918 年 7 月初，在法国的美军士兵及军事人员总数已达 100 万人。他们的给养正以每天 2 万吨的速度进入法国港口。7 月 1 日，美军部队进攻了蒂耶里堡以西三英里的沃村，表现出了极大的勇敢与顽强。空中、地面照片与当地的一名石匠提供的情报帮助他们以最少的损失攻占了该村。

7 月 4 日，美国独立日，为西线战场运兵需要而开展的全国范围"造船运动"已达高潮，95 艘船只在美国船坞下水，其中 17 艘在旧金山。同日，威尔逊总统在弗农山庄②发表演说，宣布协约国有四大目标：粉碎专制政权，民族自决，国家道义等同个人道义，以及为防止战争而建立和平组织。

7 月 4 日，美军部队在索姆河畔与澳军并肩作战，攻占了一英里多的阵地，夺取阿麦尔村，并抓获 1472 名德军俘虏。在此次进攻中首次实现了向部队空投给养：英军飞机向澳军机枪手投下了 10 万发弹药。

当晚，法军在欧特雷希附近发动了两次连续的进攻，沿三英里宽的正面攻占了 1300 码的阵地。《泰晤士报》两天后报道说："在遍布当地的采石场洞坑中，法军抓获了整整一个营的参谋人员，还有负责电话、电报、救护的全体人员，甚至还有一名在团内供职的厨师。"

在意大利战场，意军 7 月初在皮亚韦河三角洲连战连捷，使 3000 名奥军士兵成为俘虏。第二名在意大利战场被击中的美军士兵是一名 18 岁的美国红十字会救护车驾驶员——欧内斯特·海明威。7 月 8 日，他在地下掩体内向意军士兵分发巧克力时，被一枚奥军迫击炮弹击中。他被授予意军银质英勇勋章。"这是此处绝好的一家医院，"他两星期后从米

---

① 1917—1918 年战死的美军士兵总数为 48909 人，而死于流感的士兵却已超过 6.2 万人。

② 弗农山庄又译维农山庄，是美国国父乔治·华盛顿的故居，位于美国弗吉尼亚州北部的费尔法克斯县。——译注

兰写信，"大约有18名美国护士照料四个病人。一切都很好，我很惬意，米兰最优秀的外科医生正在给我疗伤。"炮弹碎片已钻进他的右脚和膝盖，还有他的头骨和手部。

海明威的信还细数了他收集到的纪念品："我经历了这场大仗，有了奥地利卡宾枪和弹药；德、奥两国勋章；军官自动手枪；德军头盔；大约一打刺刀；星壳手枪与军刀，还有你能想象到的一切东西。我所能有的纪念品在数量上受到的唯一限制就是我背负不了太多，因为奥军与战俘死者众多，整个地上都是黑压压一片。这是一次伟大的胜利，向世界显示意大利人也能成为了不起的战士。"站在海明威身前，承受了炮弹冲击的意军士兵双腿被炸飞，很快就死去了。根据美军官方战史记载，炮弹爆炸后，海明威来不及照顾自己，"就向被炸成重伤的意军士兵提供了慷慨的帮助，直到他们全被转移之后，他才允许救护人员将自己抬走。"①

7月晚些时候，纽约《克利尔》杂志刊载了一张四个月前拍摄的照片，画面上一名美军伤兵，躺在西线战场的一副担架上，一名军官正在给他包扎头部。虽然这张照片并不血腥，也未显示惨不忍睹的伤口，但它仍令美国人惊异，他们更习惯于见到的照片是伤兵们舒适地靠在病床上，其中一人在拨弄着班卓琴，其余伤兵向他投来微笑，护士们尽心地在一旁照顾他们。

在远东，仍在返欧中途的捷克军团士兵已抵达俄罗斯太平洋港口符拉迪沃斯托克（海参崴），他们在此于6月29日推翻了当地的布尔什维克政权。次日，经美国同意，托马斯·马萨里克就在匹兹堡代表他的捷克同胞签署协议，规定在未来的捷克斯洛伐克国家内，斯洛伐克人将实现自治并成立自己的法院，斯洛伐克语将被认定为其官方语言和教育语言。两个星期后，就在奥地利海关大楼正对面的布拉格格雷戈尔大厅内，宣布建立捷克斯洛伐克国民议会。

捷克军队已控制符拉迪沃斯托克（海参崴），于是协约国就于7月6日宣布该港口为协约国保护地。伍德罗·威尔逊当日甚至提议派遣1.2万名日军前往解救"这些捷克人，以使其得以继续返回欧洲战区的旅程"。日本接受了他的提议。② 次日，在符拉迪沃斯托克（海参崴）西

① 海明威后来在小说《永别了，武器》中也叙述了这段经历。
② 7月12日，21900吨的日本战列舰"河内"号因意外爆炸事故在德岛湾被炸毁。舰上有700人罹难。两天后，7月14日（巴士底日），一艘德军潜艇用鱼雷击中运兵船"杰姆纳"号，导致442名法国海员及士兵在地中海昔兰尼加（拜尔盖）外海域丧生。

面 1000 英里处，捷克军队在赤塔附近打败红军，占领西伯利亚城市伊尔库茨克。正如德国在俄国南部与高加索独霸一方，协约国也在成为俄国远东和西伯利亚的主宰者。7 月 10 日，英国政府宣称英军一个团将从香港起锚驶往符拉迪沃斯托克（海参崴）。

六天后，被废黜的沙皇父子及其多数家人都被谋杀于叶卡捷琳堡，这让协约国的反布尔什维克情绪更加强烈。

7 月 11 日，德军制订了在西线战场重新发起最后的进攻的计划。德军士兵中流感爆发，于是德军最高统帅部曾考虑推迟进攻，但最终决定按计划如期进行。"人们还对德军战场寄予厚望。"德国驻维也纳大使 7 月 11 日向柏林报告，他补充说，"甚至连单独媾和的希望也已不复存在了。"1914 年，奥地利曾信心满怀地指望德国能在它粉碎塞尔维亚时挡住俄国的进攻，此刻却已成为被德国裹挟的附庸。

在西线战场，协约国军队用到了一种新型的毒气战法，使用火车车厢装运毒气钢瓶，再沿窄轨铁路将火车开到战区，然后卸下这些车厢，用人力将其推到距前线 0.25 英里处。7 月 12 日，5000 多只毒气钢瓶就以这种方式被同时投放。唐纳德·格兰瑟姆负责此次进攻。自毒气连队创设之初起就在其中服役的下士马丁·福克斯描述了当时的情况："零时到来后，显然条件已经适宜。这样在午夜 1 时 40 分，格兰瑟姆就'废掉'了整列火车。起爆剂如同阵雨般落下时，人人都站在后方远处观望。随后就出现了恐怖的'咝咝'声，此时毒气已开始大量释放。灰色的浓重烟雾滚滚而去，逐渐散开、变宽，这是引人敬畏的景象。我们望着它涌过我方阵线，持续向无人地带飘去。像这样充满威胁的云雾我们此前从未亲眼见过。在敌方防线之上，毒气带越散越宽，将其完全淹没。"

格兰瑟姆上尉对此次多重袭击的效果感到满意，就在日记中写道："我们通过机车附近的装置引爆了火车。有壮观的毒云。"有关德军数百人伤亡的报告证实了这种成就感。但采取这一新战法的士兵也面临着危险。福克斯下士叙述说，回程时，没等人员全部上车，火车就已开动。"我跑到车前头也无济于事。火车加速时，某些卫兵才刚刚挤上那节无盖货车。它以骇人的速度穿过平原返回，而不少士兵则仍在苦苦挣扎，仍在从钢瓶中渗漏出的毒气很快就将他们吞没。他们的防毒面具救了他们，这是一次有惊无险的旅程。"

美军毒气连与英军毒气连密切配合。虽然潘兴及其参谋人员都不赞成使用毒气，但到 1918 年夏，西线战场上专司毒气钢瓶的美军就有 3400人。不过战场上的合作常与最高指挥层的冲突同时存在。国家荣誉有时遮蔽战场上急迫的需求。7 月 14 日，由劳合·乔治主持，在苏塞克斯丹尼召开会议，会上黑格说法方要求调遣英军四个师以便共同构成维特里勒弗朗索瓦附近的法军后备部队，他请求英国政府支持他对此予以回绝，结果他如愿以偿。

甚至在英国领土上，西线战场的冲突也并不十分遥远。在丹尼会议的一次午后小憩期间，与会者来到南部丘陵散步。"我们可以十分真切地听见，"其中的一位与会者，加拿大总理罗伯特·博登写道，"炮火在法国轰鸣；据说这种声音是通过石灰石和海水传过来的。以这种方式触及冲突当中的恐怖现实令人内心沉重而压抑。"

德军在西线战场重新发起的进攻于 7 月 14 日午夜打响。其时间选择已被许多德军战俘透露，他们多数来自阿尔萨斯。由于有了这条情报，法军及美军炮兵就能先于德军半小时对德军前线密集的战壕及其进攻出发点进行轰击。① 即便如此，德军的弹幕射击仍令人望而生畏。向美军第 42（彩虹）师驻守的蒂耶里堡旁的战区打出了 17500 多发毒气弹，共计有 35 吨炸药。

德军推进时，就发现法军已为抵挡他们而挖好一条假战壕，仿佛构成了真正的障碍，但分派的兵力极为单薄。德军的炮火轰击在很大程度上白白浪费了。这一计策是由贝当设定的。德军迅速攻占了这条伪装防线，杀死了仅有的几名象征性的守军，他们虽未死于先前的炮火轰击，但实际上仍是一支自杀性部队。后方远处的"真"战壕内兵力充足，几乎没有受到炮火的损伤。德军逼近这条防线时，就遭到法军和美军的猛烈火力袭击。"他们见到我方真正防线的障碍时，"一名美军军官回忆说，"就都已经筋疲力尽，失去协调，杂乱不堪，不经重新组织与增援就无法继续作战。"这名军官就是彩虹师参谋长道格拉斯·麦克阿瑟。后来他还写道，此役之后"人们的身躯在带刺铁丝网上扭动的景象"常令他难以平静。

尽管新的计谋给德军带来了致命损失，让德军出现众多伤亡，但在 7 月 15 日凌晨仍有 1000 余名美军士兵因德军施放毒气而失去战斗力。许多人被致盲，但仅有 16 人被毒死。当日战死的另一名美军是飞行员昆廷·罗斯福，美国前总统西奥多·罗斯福之子。他的飞机在沙默里村附近被击落。据说他由于眼睛近视，而（并非首次）错误地飞入了敌军飞行中队。"只有适于生存者才能不畏惧死亡，"前总统就其子这样写道，

---

① 同样，1943 年英国信号情报（厄特拉）提供了先期情报，结果就使俄军能够在德军发起其在二战中的第三次大规模攻势之前数小时，首先对德军在库尔斯克周围的阵地发起炮火轰击。

"逃避生命的欢乐与生活的义务的人没有去死的资格。"这些话后来被镌刻在华盛顿波托马克河中一座岛上的西奥多·罗斯福纪念碑上。

其他纪念碑则记载了这一星期发生的战斗。马尔福村内的一座纪念碑记录着新西兰军中的失踪者，而在尚布里希，一根古罗马石柱守护着意大利士兵的公墓，他们在意大利将军率领下和法军一道守卫兰斯，最后全部战死。将领们都认可士兵们作战的英勇。"显然德国人在我军防线上已经折戟，"古罗将军发电报给法第 21 军——该军也包括美军彩虹师，"不论将来德军如何猛攻，他们就是无法逾越。"

7 月战役开始前一日，已失去创始人及继任者的里希特霍芬飞行中队，又迎来了新任主官——赫尔曼·戈林。在 7 月 16 日击落一架协约国飞机后，他在此战中就已取得 22 次胜利，这让他得到了十天的休假。当日凌晨，德军的炮火轰击转向驻守香槟的法军和美军部队，共向这里打出了9000 吨芥子气、光气和二苯胺氯胂毒气。当天早晨，德国皇帝莅临兰斯东北 45 英里处的梅尼勒皮诺瓦的德第 1 集团军观察哨，亲眼观看此次轰击。

两天里，德军似乎有望最终取得决定性突破。然而在战场的某一战区，法军炮手成功击毁了来犯的所有 20 辆德军坦克。在另一战区，3600名美军面对的是两倍于己的优势敌军，结果他们徒手肉搏，守住了阵地。在空中，225 架法军轰炸机朝德军架设在马恩河上的浮桥投下了 40 多吨炸弹，损失了 25 架飞机，但进攻仍在继续。

在蒂耶里堡东面，美第 3 师炸毁了德军铺设在该战区马恩河上的所有浮桥，使其赢得了"马恩河岩石"的称号。德军继续向河边靠近时，美军步兵和机枪手们正在等候，就将他们全部射倒。一名德军军官后来写道："我从未见过如此之多的死人，从未见过如此恐怖的战斗场面。"第 3 师师长约瑟夫·迪克曼将军对此次屠杀也有着相似的记忆。他后来写道，到 7 月 16 日正午，"在第 3 师眼前，除死者外，已看不到德军。"美军虽然取胜，但也付出了惨重的代价。阵地战的恐怖本质对战胜者和失败者都造成了同样的影响，双方的伤员都同样脆弱而又恐惧。"有人诅咒、咆哮，就只能被捆绑在他们排出的污物上，"一位美国军医官后来写道，"有些人剧烈颤抖……有人听到炮响就发抖或悄悄溜走，显然已被吓坏，其他人则默不作声站在那里，忘记了周围的一切。"

除美军外，意军也被调到西线战场协助制止德军的进攻。7 月 17日，德军进抵南特伊尔普尔西，意军就将其击退。在德军各司令部，情绪远不如 3 月乐观。"士气相当低落，"作战处的默茨·冯·基尔海姆上校记录说，"此后还将发生什么？这是个难题。"次日，即 7 月 18 日，就从协约国一方传来了答案，福煦发动了协约国反攻，它以使用 2000 门火炮,沿 27 英里宽的正面发起的弹幕射击开始。200 多辆坦克参与了此次进攻。德军防线失守,并被驱赶了 4.5 英里。德军 2 万人被俘,400 门重炮被协约国军队缴获。若尔戈讷被美军夺回,六个星期前,德军正是从这里渡过马恩河的;随后美军立即与法军一道向北开赴费尔昂塔尔德诺瓦。

7 月 18 日,交托给第 1、第 2 师的美军作战区域恰好位于苏瓦松以南。进攻以徐进式弹幕射击开始,一位美军目击者、飞行员埃迪·里肯巴克从他的飞机上观看了此次弹幕射击。他后来回忆说,此次轰击在稳步朝德军战壕推进时,就仿佛在大把大把地将地面撕裂。"人们知晓卧于战壕中无法逃脱——无情的弹雨缓慢逼近他们的藏身之处却只能等待——这真是一种邪恶的折磨,我不知道战壕内的敌军士兵们为何不会完全被吓得疯掉。"

里肯巴克观看时,一枚炮弹"径直落入我面前的战壕内,将它撕开,将它剖成了一个 30 英尺宽的坑。接着一名德军士兵就从这里跳出战壕,抛下步枪,没命地向后方战壕内的安全区域跑去。他还没跑出十码远,一枚高爆炮弹就落到他跟前。我看到他没等炮弹爆炸,就停下来,赶紧用双臂护头。接着他就在烟尘当中被掀飞,消失得无影无踪,爆炸就这样发挥了作用。烟尘散尽后,这名士兵已经踪迹全无了"。

这名美军飞行员继续飞行时,美军士兵已离开战壕,穿越被炸得面目全非的德军防线。德军殚精竭虑,奋勇拼杀,试图阻止这支新的敌人继续推进。潘兴的传记作者援引马文·泰勒的日记,描绘了靠近一处德军机枪阵地时的情形,马文"在这里遇到一个已经死去的德军机枪手,尸体坐在自己的武器上,手指仍放在扳机之前。他被踢翻,前额上被打了一枪,咽喉部位又被捅了一刀。这挺机枪射程极远,许多美军都在靠近时被打死。泰勒心地善良,他看到这具死尸时也哈哈大笑,似乎这名机枪手罪有应得"。

到 7 月 18 日夜幕降临时,德军对巴黎的威胁已经解除,法军第四天的进攻结束时,估计已有 3 万名德军被打死。参战的法军部队中有法国外籍军团中的一个团,该团在当天的战斗中有 1/4 的志愿兵战死或负伤。该团的一位英雄,自 1914 年起就在军团内作战并于 1917 年荣获法国荣誉军团勋章的原德军士兵、军士长马克斯·埃马努埃尔也在这个星期作战。他的右臂与右肩被一枚德国炮弹掀去。正当基地医院为他举行最后的仪式,他的忠实战友们为他的逝去而默哀时,他竟恢复了意识。他经历了一系列手术活了下来,还活到了高龄。

英军于 7 月 19 日进击弗兰德斯,收复梅泰朗,并抓获 300 名德军战俘。在苏瓦松战场，法、美军队继续推进，又俘获了 3000 多名德军士兵，缴获 150 多门火炮。德军 6 月攻占、并对其寄予厚望的突出部已经防守不住。7 月 21 日，他们就放弃了蒂耶里堡。"从未对我军士兵的人格力量、士气和体能耐力提出过如此之高的要求。"德军中尉赫伯特·祖尔茨巴赫在 7 月 21 日的日记中写道，"被调来时，他们急行军长途跋涉，在炎热天气里不得休息，原以为发动进攻即可打开局面，结果又陷入大规模防御战当中。他们已尽职尽责，他们行军、奋战。恐怖的一天即将结束；真的让人心神不安，尽管进行了毫不间断的激战，但我竟然还活着！"

7 月 22 日，德军后撤五英里有余，甚至在 23 日仍受到追击，英军坦克与步兵在当日的推进中共俘获近 2000 名德军士兵。此前，德军从未被击退如此之远的距离。7 月 15 日，他们都仍在期待在两个月内收到协约国提出的和平提议，因为巴黎届时将被他们收入囊中。"那是在 15 日，"德国宰相格奥尔格·冯·赫特林后来写道，"但到了 18 日，我们当中最乐观的人也知道大势已去。世界历史在三天之内已被演完。"

7 月 22 日，德国皇帝巡视了兴登堡设于阿维讷的前沿司令部，并在此听取了有关此次进攻失利及协约国大举反攻取胜的陈述。当晚，皇帝近侍发现他情绪低落。"你们必须体谅，我是个战败的统帅，"他对他们说。次日一早，他就向周围的人们讲了他在晚上做的一个梦：他在英、俄两国的皇亲，及自他 1888 年登基以来所任命的每位德国大臣和将军都走到他面前，对他极尽嘲讽。他的梦中只有一人，他的表妹、挪威的莫德皇后——英王乔治五世最小的妹妹，对他表现出了友善。

7 月 25 日，皇家空军部队向战场上的亚眠战区德军防线后方投下了近 300 吨炸弹。7 月 26 日，德军部队开始从其原胜利地带后撤，地面上，协约国坦克、骑兵仍在追击，协约国飞行员持续从空中对他们进行滋扰。其中一名飞行员爱德华·曼诺克少校，是一战中功勋最为卓著、取得过最大成功的英军飞行员，他共击落过 72 架敌机。曼诺克击落他的第 73 架敌机时，正带领一名年轻的新西兰飞行员唐纳德·英格利斯中尉，以向他传授技艺，随后他打破了自己订下的一条规则，飞到他的取胜地点查看敌机残骸。正当他低飞观看刚取得的战果时，战壕中的德军就向他开火，将飞机击落，它触地时起火爆炸。曼诺克和英格利斯都当场遇难。曼诺克因一年多以来的英勇作战，被追授"维多利亚十字勋章"。[1]

---

[1] 维多利亚十字勋章几乎总是为某一特定英勇行动而颁授。在一战中，另一名飞行员伦纳德·切希尔也和曼诺克一样，因在一定时期内的一系列行动而荣获维多利亚十字勋章。切希尔获此殊荣是因为他进行了卓越的领导。

　　7月28日，美军进入费尔昂塔尔德诺瓦，这是德军在四个月前迅猛突进时攻下的重镇。美军从费尔昂塔尔德诺瓦继续东进，进攻了德军扼守的两座村庄——塞林日和塞尔吉。敌军是令人生畏的普鲁士近卫军，他们频繁发动反攻。最终美军定下计谋，从塞林日后撤，仿佛他们将要全面撤退。随后，一名美军战地记者就报道说："普鲁士军人激情满怀，随意走动，疏于防范。"撤到该村三面的美军很快就将其包围。"普鲁士近卫军顽强抵抗，试图突围——结果只有一人被俘。各条街道上都是死者和正在垂死挣扎的士兵。没有人举手投降，他们全部都像猛虎般作战。无情的普鲁士人和不屈不挠的美国年轻人遭遇。夜晚来临时，美军在经历了前所未见的惨烈战斗之后，守住了所有阵地。"

　　普鲁士军人两次夺回该村，又两次被美军赶走。随后，美军也将塞尔吉村攻占。"真的是美国历史上最伟大的一天。"那位战地记者总结道。这群德军在后撤时仍能给美军带来重大伤亡，并不断向追兵发起还击。7月31日，在讷伊战区，德军打出34万发芥子气弹，毒死68名法军士兵，并使3000多人失去战斗力。同日，在英国，各领地总督们和劳合·乔治与其他资深大臣召开会议，探讨战局。其中的两位与会者——米尔勋爵和斯马茨将军——认为1919年将出现兵力不足的问题，协约国由此将无法发起制胜的攻势，他们还暗示直到1920年才有望取得战争的胜利。

　　在另一方，当被赫特林伯爵问及德军究竟能否发起攻势时，鲁登道夫答道："在这场战争中，我曾让军队五次后退如此之远，但每次都能最终击败敌人。难道我方的第六次后撤就无法取胜吗？"

　　7月31日，法军找到的一名德军逃兵说他所在师及另外几个师当天都在后撤。8月2日凌晨，在塞尔吉附近，美军彩虹师听到无人地带对面传来车轮滚滚之声后，参谋长麦克阿瑟就走到两军之间的区域，所见到的景象就被他称为"伤兵们的呻吟与哀号"，他们显然是被后撤的战友们抛下的。

　　麦克阿瑟估计他经过了至少2000具德军尸体。他不时停下来查看死伤者，就发现共有六个不同的德军师级标志。侦察期间，突然火光一闪，他发现一挺德军机枪正向他瞄准，但机枪手们并没有开火，于是他就爬到这挺机枪旁。"他们死了，全都死了——那名中尉胸部中弹，中士腹部至背部被洞穿，下士的头已被打掉，只有一段颈椎露在外面。"德军防线已被抛弃。为此次战果，麦克阿瑟就被授予他的第四枚银星勋章。

当日晚些时候，他率领士兵对德军新防线发起胜利进攻。[1] 八天当中，彩虹师的损失为 566 人战死，2000 余人负伤。

在更北面，德军奋力抵抗以防守苏瓦松。但到 8 月 4 日，法军经过激烈战斗，将德军赶出该城，并抓获 3.5 万名战俘，另缴获 700 门火炮。法军此次胜利在规模上与两年前德军在东线战场的胜利相当。此刻已轮到德军后撤至新的防御阵地了。全程参与整个后撤作战的德军中就有希特勒下士。8 月 4 日，他因"个人英勇及整体品德"而被授予一级铁十字勋章。这对于一名下士而言是一种不同寻常的褒奖。希特勒将这枚勋章一直佩戴到死。提名为他颁发勋章的副团长胡戈·古特曼上尉是一名犹太人。[2]

希特勒取得他一生引以为傲的荣誉当天，他的一位未来对手，时任美国海军部副部长的富兰克林·罗斯福，第一次，也是唯一一次走上了西线战场。他从华盛顿赶到欧洲以商讨海军在伦敦、巴黎和罗马的战略与补给问题后，就来到了他期待已久的战场。在马勒伊昂道尔村，后来被他所称的"敏锐的海军嗅觉"告诉他，他已抵达战区。传来的是死马的气味。他很快就路过了它们的尸骸。"清扫队还没有来得及在它们身上撒下石灰"，他的一位传记作者写道，"德军曾于前夜据守该村，他们的尸体已被堆叠起来，等待掩埋。"[3] 一个美军炮兵连正在轰击德军防线，距离此处约四英里远。罗斯福用其中一门火炮开火，瞄准的是北面八英里处的巴佐什铁路联轨站。一架侦察机报告说炮弹已命中目标。罗斯福后来评论说："就算我打死了德国兵的话，具体打死了多少，我将永远也无法知晓。"

滞留战区时，罗斯福看到美军一个团撤出战线。18 年后的 1936 年，他在一篇公开演说中提及此事："我曾见过战争。我曾见过陆战与海战。我曾见过伤员身上流出的鲜血。我还见过遭毒气袭击的士兵费力地干咳。我曾见过淤泥当中的死者。我曾见过被毁灭的城市。我曾见过 200 名一瘸一拐、筋疲力尽的战士退出战线——他们是 48 小时前被派上前线

---

① 除麦克阿瑟外，参加此次反攻的美军还有威廉·多诺万（二战期间任战略情报局 OSS 局长，中央情报局之父），以及西奥多·罗斯福的另一个儿子小西奥多·罗斯福（1944 年登陆日随首批美军登陆诺曼底的唯一一名将军）。美军战区中还有法国出生的皮埃尔·泰亚尔·卡丹，他后来成为耶稣会杰出人类学家与哲学家，当时他用担架抬伤员，并因在前线果敢坚毅而获得法国荣誉军团勋章。

② 似乎古特曼在希特勒上台之后就移民加拿大。

③ 特德·摩根，《罗斯福传》，纽约：西蒙和舒斯特出版社，1985 年，197 页。

的兵力为1000人的一个团的幸存者。我曾见过孩子们因饥饿而死。我曾见到过母亲们与妻子们的痛苦。我憎恨战争。"一战结束后不久，罗斯福致信一位正在编制"一战校友纪念册"的校友："我认为我应名列'参战的'第1师人员，尤其是因为我从另一面看到他们作战，还躲过了鱼雷和炮弹的轰击。"

离开战场前，罗斯福在蒂耶里堡法军司令部用餐。次日，他就前往南锡以检阅美国海军陆战队旅，然后又前往凡尔登战场凭吊。他拜谒了一座战争公墓，察看了弗勒里村的废墟。在前往杜奥蒙堡途中，他的同行人员遭到炮击，德军前沿防线仅在一英里开外。旅程中，他还记录道有某些被抓住的意大利逃兵，就被送到法国修路，以示惩戒。返回美国之前，他又赶去罗马。①

8月5日，德军第16艘齐柏林飞艇被英军飞行员罗伯特·莱基上尉击毁，它是在克罗默海岸外的北海上空被击落起火的。②该飞艇属于其最后一种型号，装有七台引擎，艇上22名乘员无一生还，其中还包括最成功的齐柏林飞艇指挥官之一，彼得·施特拉塞尔，他曾荣获军功勋章，当时担任的是飞艇部队总司令。一年之前他曾写道："如果英国人可以让我们相信飞艇攻击毫无价值，并由此使我们放弃，那么他们就会解除了一个严重的问题，并在得胜之后在我们背后嘲笑我们。"

施特拉赛尔所在的齐柏林飞艇，是被击落的最后一艘。英国东海岸已经严密设防，自爱丁堡至霍夫不间断的一带，设立了警报控制中心、本土防御飞行队及探照灯站点，任何前来空袭的齐柏林飞艇执行的都已变为自杀式使命。虽然施特拉塞尔频繁对这些防御措施表达公开的鄙视，但却并未能救他一命。

在西线战场，德军经前四个半月的反复拉锯战已经精疲力竭，但他们仍未放弃战斗。8月6日，他们在索姆河畔的莫兰库尔发动反攻，再度占领大片阵地并俘虏250名英军士兵。但在斯帕的德军最高统帅部内却出现了失败情绪，士气丧尽，不敢再战。8月7日，默茨·冯·库伊尔恩海姆注意到了鲁登道夫"完全懈怠的情绪"，就指出："这景象毫不惹人注意。假如协约国注意到我们的怠惰，那我们就悲哀了。如果我们不能够振作起来，那么我们就已打输了这场战争。"

在俄国，捷克部队已于7月24日抵达伏尔加河畔，攻占列宁的出生

① 1921年，罗斯福罹患脊髓灰质炎（小儿麻痹症）。1929—1933年，他担任纽约州州长，1933年担任美国总统，直至1945年去世。
② 1944年，已晋升为空军元帅的莱基担任加拿大皇家空军参谋长。

地及肥沃的粮食产区辛比尔斯克。① 捷克军队此时占据一条从伏尔加河延伸至太平洋的长达 3000 英里的漫长战线。7 月 25 日，他们攻入叶卡捷琳堡，11 天前，沙皇正是在此被谋害的。次日，法军部队在摩尔曼斯克与英军会合。德军已占领里海和黑海的俄国海岸。布尔什维克党人正奋力维持其在中部的统治。

在美国，造船"运动"在两年内已使悬挂美国旗帜的船只数量翻了一番，此刻又已开足马力，以确保到 1919 年中期能够满足协约国航运所需。8 月 5 日，第一艘船在霍格岛的新船坞下水，这里的沼泽地已被改造为 50 个而不是通常的 5 个造船平台。霍格岛的造船工人们拥有自己的银行、邮局和一份周报。

在分布于太平洋沿岸的西雅图到大西洋沿岸纽波特的 16 个独立船坞，船只正在按照紧急程序进行制造。在纽马克，原来的盐碱滩已被改造为 28 座造船平台，150 艘完全相同的预先定制船舶被制造完成，每艘重 8000 吨。在新泽西州卡姆登，人们用 27 天造好一艘 5000 吨的船，然后又用 10 天对其进行装备。在哈里曼，为造船而特别建成一座有 30 条街道的城镇，这里在两年内共造出 60 艘完全相同的排水量 9000 吨的船只，可以同时开工建造 12 艘船。进行这一巨大努力的船厂工人的口号由美国紧急舰队公司董事长查尔斯·施瓦布提出："向德国开船，拯救美国。"

8 月 7 日，法、英及殖民地军队定于次日在西线战场发起新的进攻。即将参战者中有纽芬兰人赫德利·古德伊尔中尉，他的哥哥雷蒙德 1916 年在索姆河畔战死，另一个哥哥斯坦利 1917 年在伊普尔附近战死。"此刻已到了进攻前夜，我一直在想念着家中的您，"古德伊尔致信母亲，"但我退步反观，还因记忆而惆怅，因为如果在明天的进攻中万一我遭遇不测，悲哀将令您的生命更加暗淡无光。"此次进攻将是福煦所称的"解放新的德军防线"系列进攻中的第一次，旨在将德军沿 15 英里宽的战线击退。古德伊尔知道此次进攻至关重要，就告诉母亲："明天展开的打击定会标志着潮流转向……我要与数千名在自由受到威胁时置个人生死于度外的人们一道，为了自由而出击。"

正如古德伊尔所写的，亚眠战役成了一个转折点。他和他的加拿大同胞推进六英里，占领 12 座村庄，俘虏 5000 名德军，缴获 151 门火炮。

---

① 辛比尔斯克位于下诺夫戈罗德市东南，1922—1992 年间称为乌里扬诺夫斯克。以纪念 1870 年生于此处的弗拉基米尔·伊里奇·乌里扬诺夫·列宁。——译注

在攻打让泰尔时，古德伊尔"身先士卒"，是他所在连最后一名未曾负伤的军官。"我指挥着世界上的 8 挺机枪及最精锐的 150 名士兵。我命令每支枪都要开火……我们用了十分钟才取得火力优势……我感到最佳冲锋时机已到，于是我就下令，小伙子们就端着刺刀冲了过去……我毫不留情——直到他们停止战斗，然后我也无心去朝他们开枪。"

澳大利亚军队当天也取得了胜利，占领七座村庄，俘虏近 8000 名德军，缴获 173 门火炮。抵达威勒河畔巴佐什铁路联轨站时，美军工程兵冒着猛烈的机枪火力，用树干捆绑在一起造好浮桥，让美军部队通过被填满带刺铁丝网的五英尺深的河水。"我们已达我方实力的极限，"德国皇帝当天对鲁登道夫说，"战争必须结束。"然而，在他看来，战争还应在德国战场上取得进展时结束，以使其至少实现其最小"战争目标"。

8 月 9 日，鲁登道夫对一位军方同僚说："我们再也无法赢得这场战争，但我们也不能输掉。"当日，意大利飞行员加布里埃莱·丹农齐奥冒险大胆飞行 625 英里来到维也纳上空，并向奥地利首都投下 20 万张传单，呼吁其市民摆脱"普鲁士的奴役"。同日，英国政府承认捷克斯洛伐克国民会议为"未来的捷克斯洛伐克政府的当前托管机构"。英国是第一个采取措施的协约国政府，这样就更加加剧了战线后方哈布斯堡帝国腹地的骚动。①

到 8 月 10 日，协约国在西线战场的攻势已进入第三天，2.4 万名德军已经被俘。在空中，新成立的陆军合作飞行中队的飞行员与观察员飞到后方区域，并报告德军防御态势及德军援兵动向。在其中的一架飞机上担任飞行员的是弗雷德里克·韦斯特上尉，由亚历克·哈斯拉姆中尉担任他的观察员，他们遭到七架德军飞机的袭击。韦斯特腿部被三枚爆炸子弹击中。在几乎被切断的情况下，这条腿仍然控制着飞机。韦斯特将这条腿移开，后来虽受到了德军机枪的持续射击，最终仍将飞机开回基地。次日，他向长官进行了简短的汇报："长官，昨天上午 11 时 45 分，因敌我力量悬殊而飞回降落。一架德军飞机追踪我降至 25 英尺高度。哈斯拉姆脚踝受伤。我失去左腿。已做手术。祝大家好运。"

就在同一天，8 月 10 日，当德军新的七个师前来换防时，一群醉酒的德军士兵就朝他们叫喊："你们延长战争究竟想要干什么？"没人知道这场战争究竟要持续多久；丘吉尔当日还对劳合·乔治说，坦克军团到 1919 年 6 月还将需要 10 万人，他正在为该军团制造坦克。次日，兴登堡

---

① 直到 9 月美国才承认捷克斯洛伐克国民会议。虽然该委员会以巴黎为基地，但法国直到 10 月才对其加以承认。

和鲁登道夫对新任海军参谋长、海军上将舍尔说，只有依靠德国潜艇才有望赢得这场战争。"再发动进攻也无取胜可能，"8月12日，鲁登道夫对自己的一位参谋人员说，"将领们都已无处立足。"8月14日在斯帕召开的德国枢密院会议上，他还提议立即开始和平谈判。奥地利皇帝、匈牙利国王卡尔也持同样观点，卡尔的高级军事顾问警告德国皇帝说奥匈帝国"仅能持续作战到12月"。

鲁登道夫在斯帕表现的悲观次日就得到了他的一位资深将领的回应，他就是巴伐利亚王储鲁普雷希特。鲁普雷希特从弗兰德斯致信巴登的马克斯亲王："我们的战局已经迅速恶化，我感到我们熬不过今年冬季；灾难甚至有可能提前到来。"他最大的担忧是协约国庞大的资源："美国人正在以我们从未想到过的规模增加，"他写道，"此刻已有31个美国师抵达法国。"

德国最高统帅部害怕在当年年底之前就战败。然而，在伦敦，劳合·乔治对1918年的作战结果乃至1919年的战斗前景感到悲观，他准备于8月16日面向各领地总督发出一篇备忘录，要将西线战场上的决战推迟到1920年。7月31日，他才被劝止将这一论断提交英国各领地，因为有同僚害怕这种态度会使战斗士气在1919年春松懈。

协约国1919年的作战计划开始加大势头。8月14—15日，新成立的协约国间军需委员会在巴黎开会。与会的高级美国官员为代表陆军部的协约国政府驻美国采购办主任爱德华·斯退丁纽斯。[①] 他同意美军将于1919年接受英法混合武器，并说他将增大船队运力，运送更多美军渡过大西洋来到欧洲，以充分利用英法增大规模的军需产能。一家坦克工厂已经在法国的沙托鲁建立，以便为美军和英法军队生产1919年所需坦克。

1918年夏，其他计划也都全面展开。"梅特林克曾说过蜜蜂的上帝就是未来，"代表英国出席协约国间军需会议的丘吉尔写道，"在军需部，我们都是地狱的蜜蜂，我们用纯粹的屠杀要素来填充我们的蜂房。多年之后，再读到这些我们曾积极投身其中的通过机器和化学手段大规模杀人的计划时，我们都会感到震惊。"1918年，德国能产出"更大量的刺激性芥子气，而我们的产量也在与日俱增。虽然每三个月，100%的员工都会出现被烧伤或出水泡的偶发事故，但我们从不缺乏志愿劳动的工人。"

8月16日，法军登陆符拉迪沃斯托克（海参崴）八天后，美军部队

---

① 斯退丁纽斯（1900—1949）是美国实业家，后任国务卿。——译注

也在此登陆。次日，从波斯向北赶来的一支英军部队进入黑海岸边城市巴库，这就对高加索的德军和布尔什维克党人构成了威胁。"假如协约国在俄国扶植起一个沙皇，"霍夫曼将军在 8 月 22 日的日记中写道，"俄国的大门就将对我们关闭。"五天后，德国的命运出现重大转折，他们成功说服布尔什维克俄国签订一份补充条约，布尔什维克党人在其中承诺将在俄国北部抗击协约国军队。列宁与德国皇帝为了他们所认定的民族利益就联起手来，正如整整 21 年后，斯大林和希特勒签订"互不侵犯条约"一样。根据 1918 年 8 月 25 日订立的条约，德国将完全控制黑海上的红军海军舰船。

假如巴库重新回到布尔什维克之手，那么俄国就必须将石油产量的 1/3 供给德国。作为回报，德国将阻止芬兰袭击俄国。9 月初，乌克兰的反布尔什维克政权与俄国签订了经济协议。

俄国退出了战争，让德国获得了维持其战争努力的最后一次机会，同时也激励了欧洲各国境内希望所有交战国的无产阶级在一定程度上抛下武器以示抗议的人士。在英国，许多像克利福德·艾伦这样的和平主义者，都因拒服兵役而被关押，他们就认识到由知识分子呼吁和平仍有其局限。1918 年 8 月的一天深夜，身在爱丁堡的艾伦乘电车回家。"电车顶层呈现一种微醺的状态，"他在日记中写道，"人们兴奋异常，还对德国人表达了极大的憎恨。我们这些和平主义者面对的是怎样的一群民众啊。战争的精神已迅速变为等同于足球赛观众的情绪，以及无尽的仇恨。"

不为英国和平主义者所知，也不为英、法及德国政府所充分理解的是，战争已经接近尾声。然而，作战的习惯以及四年间"无尽的仇恨"带来的影响，却使伦敦、巴黎和柏林继续思考着重新发起进攻、内线防御，以及 1919 年的战争。

第二十五章 潮水转向

1918 年 8—9 月

1918 年 8 月的第二个星期，协约国军队在西线战场大举进攻，德军就被赶出了昂特伊波特村，这里位于贡比涅以北，恰是德军 6 月攻势所到之处的最南端。1918 年 8 月 17 日，德军对面的法军又对拉西尼发起攻击，这里同样也是在 6 月被攻占的。法军对拉西尼发起六次进攻，但是都被击退，且伤亡惨重。但到 8 月 20 日，法军已兵临该城郊外。当日，福煦感到已充满信心，就致信克列孟梭说他能够确保在 1919 年取胜。

在整个西线战场，德军士气都很低落。8 月 20 日，首次参战的英军少尉艾尔弗雷德·达夫·库珀，先于手下士兵来到一处铁路路堤旁。"向下望去，我看到一名士兵正朝路堤另一侧跑去。"他在日记中写道，"我就用我的六响枪朝他开一枪。结果我又看见两名士兵小心地从后方向我靠近。我用我当时能想起来的德语向他们呼喊，让他们投降并举起手来。他们立即就这样做了。他们显然没有意识到我是孤身一人。他们举着双手，走上路堤，我惊讶地发现后面还跟着别人。他们一共有十八九人。他们如果朝我猛扑过来，那么他们也绝对安全，因为我仅凭一把左轮手枪肯定寡不敌众，我的士兵们离我还有 80 码远。然而，他们就像羔羊一样跟我回来，路上我基本上都在匍匐前进，以躲避铁路另一面的火力。他们当中有两名红十字会成员还走上前来帮我的伤员包扎了伤口。"①

---

① 达夫·库珀当时年仅 18 岁。1938 年在内维尔·张伯伦内阁中担任第一海军大臣的库珀辞去职务以抗议《慕尼黑协定》。丘吉尔的战时内阁初期，他担任信息大臣。1944 年，担任英国驻法国民族解放委员会代表届满之后，他就担任英国驻法国大使。

法军的主攻目标拉西尼于 8 月 21 日被收复。同日，索姆河畔的进攻再度发起时，黑格就表示他确信在 1918 年结束前胜利就能到来。同日，英军部队前进两英里有余，俘获德军 2000 人。

8 月 22 日，达夫·库珀再度参战。"我们集结整队准备进攻时，"他在日记中写道，"我们只有十个人，而且高潮是我发现我们的中士排长已经烂醉如泥，而前一天他还是一副生龙活虎的样子。他也和我们一起进攻，但直到第二天我们才再次见到他。攻击本身打得很漂亮，打得激动人心——是我生命中最值得回味的时刻之一。我们通过一颗星星及在我们右侧硕大的洒下银辉的满月辨明方向。我欣喜若狂，感到无上荣耀，也无所畏惧。我们赶到目标——敌军战壕时，我几乎难以相信：时间过得太快了，仿佛只是片刻之间。我们在那里看到了很多德军的死尸。活着的人都投降了。"

虽然索姆河畔德军兵力超过协约国，双方分别有 42 个师和 32 个师，但协约国军队有着明确目标，甚至感到兴高采烈。索姆河畔一个 1916 年曾发生最激烈战斗的地点被攻陷。提普瓦尔岭于 8 月 24 日被攻占。当日，在柏林，弗里斯贝格将军在国会预算委员会发言称德军最高统帅部都相信仍会取胜时，回应他的是"充满蔑视与嘲讽的哄堂大笑"。"为了媾和，德国将会付出很大代价，"霍勒斯·朗博尔德爵士当天从伯尔尼向伦敦报告说，"但他们还未进入接受我方谈判条件的心态。"

德军每天都在被打退。8 月 25 日，马默茨丛林被攻占，这里在 1916 年曾爆发残酷战斗，出现惨重伤亡。8 月 26 日，德军沿 55 英里宽的正面后撤十英里。只因鲁登道夫害怕出现全军覆没的危险，才拒绝了他的高级将领们提出的后撤至更远之处的请求。8 月 27 日，英军部队攻占德尔维尔丛林，这里也是 1916 年中出现屠杀与惨败的战场。两天后，德军开始撤出弗兰德斯，将他们四个月前刚刚占领的城镇与村庄、山川与河流统统放弃。鲁登道夫已决定采用纯粹的防御战略，要不惜一切代价守住兴登堡防线。

时任帝国参谋总长的亨利·威尔逊爵士在伦敦与战时内阁会晤之后就焦虑不安地给黑格发去一封电报，警告他说："假如我方攻打兴登堡防线而不能取胜的话，那么战时内阁就非常担忧我军会遭到沉痛的惩罚。"此时此刻防线两边都已把"谨慎"当作口令。没有人想再度经历刚结束的为期四年的间断性大规模屠杀。8 月 30 日，奥地利首相布里安伯爵就通知柏林当局说奥地利意图独自开启和平谈判。到 9 月初，据估计奥军逃兵已达 40 万人，他们多数逃离的是意大利战场，但也从巴尔干及帝国各处的军营内逃出。

西线战场上的德军得不到任何喘息之机。8 月结束时，协约国军队又对他们发起了猛攻。四年前曾在撤往马恩河途中以两个营的兵力取得后卫作战胜利的芒然将军，此时用法军一个师对抗苏瓦松以东的德军部队，并将德军打回埃纳河对面。当日，美军攻占了苏瓦松北面五英里处的瑞维尼。8 月 31 日，澳军部队攻占了佩罗讷，迫使德军放弃在圣康坦山上已被加固的阵地。进攻部队当日就有八人荣获"维多利亚十字勋章"。两天后，9 月 2 日，加拿大军队在德罗库尔—魁昂道岔一带攻打兴登堡防线。经过四个小时激战，他们突破了最后一条，也是最牢固的一条德军防线。此次进攻中，有七人荣获"维多利亚十字勋章"。

9 月 3 日，福煦发布命令，要沿整个西线战场，发起持续进攻。与此相对，鲁登道夫则于当日发布密令，以阻止休假的德军发表失败主义言论。"柏林公众的情绪并不乐观。"霍夫曼将军在日记中写道。三天后，9 月 6 日，德军已完全从利斯突出部撤出。9 月 8 日，鲁登道夫又命令从圣米耶勒突出部后撤。此时，恰好法、美军部队准备对该突出部发起大规模进攻。

鲁登道夫下达撤退命令时，协约国军队已集结起 300 余门火炮及 4 万吨弹药，以备进攻之需。为应对不可避免会出现的伤员问题，就在铁路专用线上调集了 65 列转运列车。医院中还准备了 2.1 万张病床。为将部队、火炮和弹药运至前方，他们用 10 万吨碎石重新铺成了 15 英里长的道路，另外还建成了 45 英里的标准轨距（四英尺八英寸，即 1435 毫米）铁路及 250 英里窄轨铁路。

甚至在圣米耶勒攻势仍处在最后的准备阶段时，福煦和黑格就已将各自的战略眼光投放到更具雄心的计划之上——要在伊普尔和索姆河战场取得突破。这就意味着潘兴希望黑格会调配给他的用于圣米耶勒攻势的 300 辆重型坦克将无法运到，而且潘兴原要求法国提供 500 辆轻型坦克，但法国仅生产了 267 辆。前一个月所取得的胜利促使福煦和黑格想到有限的攻占战壕线之外的问题，即把突出部边缘打平。8 月，英、法、美军队共俘虏 1.5 万名德军士兵，缴获 2000 门火炮及 1.3 万挺机枪。英法都希望在 9 月底发起攻势以取得更大战果。黑格 9 月 10 日路过伦敦时就要求陆军部提供骑兵，及用于增加机动性的各类弹药，以便进行一种新型战争——运动战，他预计这种战法在"最近的将来"就会出现。

9 月 10 日，在德国，已从倦怠和忧郁中醒来的德国皇帝向埃森的克房伯工厂内的弹药工人们发表了演说。他本希望以这篇演说唤起工人们支持战争的热情，但当他讲到任何散播谣言或散发反战传单的人都应被绞死时，工人们都陷入沉默。

9 月 11 日，美军开始了将德军赶出圣米耶勒突出部前的最后备战。数日前，德军就已将他们的某些重炮从俯瞰该城的丛林中撤走。德军最高统帅部中了美军设下的计谋，他们相信主攻将在别处对米卢斯发起。进攻米卢斯的作战命令的部分副本曾在贝尔福被扔进一只字纸篓内，并有意让一名德国特工找到，并进行了"正确"破译，这对美军而言十分有利。

不过战斗依旧相当激烈。"只要有一辆坦克能向前冲，美军坦克就决不放弃，"小乔治·巴顿中校 9 月 11 日命令士兵，"坦克的存在将能挽救数百名步兵的生命并杀死众多德国兵。"① 9 月 12 日战役打响时，20 多万名美军士兵在 4.8 万法军的支援下，如疾风骤雨般沿一条 12 英里长的战线向前推进。英、法坦克未能到位，但这也无碍于他们取胜。进攻中，美军炮手共打出 10 万发光气炮弹，致使 9000 德军失去战斗力，50 人被毒死。共有 1483 架飞机在战场上空作战，数量之多前所未有。美、法、意、比、葡及巴西飞机都参与其中，而且全部由美军指挥。

德军无力与这些数字抗衡，也早已失去美军所拥有的新鲜感与激情，许多美军士兵都是首次参战。"向前冲！"彩虹师的"疯狂比尔"威廉·多诺万上校这样激励着他的士兵，"你们究竟以为这是什么，难道是梦醒时分？"在 48 小时之内，美军就已抓获 1.3 万名俘虏，缴获火炮 200 门。有些俘虏以不同寻常的方式被抓获。在布永维尔，美军中士哈里·亚当斯看到一名德军跑进一个深挖的地下掩体内。他的手枪里当时仅剩两颗子弹。他将两颗子弹都打在掩体入口处，朝那人叫喊让他投降。那名德军走出来，后面还跟着另一个，让已经没有子弹的亚当斯倍感惊讶的是，接着从里面走出来越来越多的士兵，最后掩体内的全部 300 名德军士兵都向他投降。他只带着自己的那把空枪，就驱赶着他们返回了美军阵线。当人们看到这支纵队走来时，一开始还以为是德军发起了反击。

9 月 13 日正午时分，法军部队进入圣米耶勒。数小时后，贝当来到潘兴的指挥所，两人就并肩走入城中。贝当向城内居民解释说，虽然是法军部队解放了该城，但他们是作为美第 1 集团军一部完成使命的，美

---

① 巴顿在二战期间担任坦克指挥官，在突尼斯和西西里取得了赫赫战功。1944 年，他指挥美第 3 集团军从布列塔尼出发，绕过巴黎，沿马恩河越过他曾于 1918 年战斗过的区域，渡过莱茵河，穿过巴伐利亚北部进入捷克斯洛伐克。1945 年 5—10 月，他担任巴伐利亚占领军司令。1945 年 12 月，他死于他那辆 1938 款凯迪拉克豪华座驾与一辆军用卡车的相撞事故。

军士兵在侧翼取胜，才使得该城的解放成为可能。被解放者中有一名爱尔兰少女，艾琳·亨利，她 1914 年来到城中学习法语，就被困在其中长达四年之久。让当地居民错愕的是，德军竟然将城内所有 16—45 岁的男子掳走。驱赶这些男子向东行进十英里后，德军又将他们放回。当晚，美军进入蒂奥库尔，就将奥托·施梅恩卡泽教授抓获，一份法文公报称他是"德国毒气专家，将氯气用作一种文明折磨方式的人"。

同日，美军进入埃塞城内时，就被眼前的情景惊呆了。据时任旅长的麦克阿瑟回忆，"一匹供德军军官骑乘的战马已被套上马鞍及装备，正立于马厩当中，一组火炮已经装弹完毕，还有军乐队的一整套乐器及乐谱"。美军感到很难说服城中居民从藏匿之处走出：他们根本不知道美国士兵参加了战斗。

当夜，麦克阿瑟在副官陪同下越过德军防线，用双筒望远镜察看了梅斯城的动静，发现该城似乎防守并不严密。他就立即向上司提议发起突袭，要将圣米耶勒攻势延及这个更远处的目标，取得更大战果。"已出现一个千载难逢的机会，可以在其最关键部位打破兴登堡防线。"他后来写道。麦克阿瑟所持这种观点及其想继续进军直取梅斯的愿望，得到了第 1 集团军作战官乔治·马歇尔上校的支持。但福煦、贝当和黑格都已在策划两星期后在其余地点发起协约国协同攻势，他们不想因"不成熟的"攻势而干扰即将发动的重大战役。

将圣米耶勒突出部打退及解放圣米耶勒城本身，就已算得上是重大胜利。德军盘踞该突出部已达四年，此前曾击退过法军对这里发起的两次进攻。此次胜利看似毫无瑕疵。《曼彻斯特卫报》评论说："此役是有史以来最为迅速而干净利落的战斗，其最能打动人心的特征也许就是，美军领导人的精确、技艺与想象力丝毫也不逊色于他们部队的精神。"美军士兵终于赢得了他们应得的认可与尊重。然而，直到临终之前，麦克阿瑟仍坚信在圣米耶勒取得胜利后，应当一鼓作气，拿下梅斯。"如果我们当时抓住了机会，"他后来写道，"那么我们本可以挽救死于阿贡讷森林幽暗的深处的数千名美国人的生命。"

麦克阿瑟的执着与圣米耶勒之役取胜时暴露出来的问题形成了对照。就在他主张继续进军的当天，他所在师参谋长就警告说士兵们缺衣少食。后勤问题迫使巴顿中校的坦克等待 32 小时才加完油，以走完九英里的征程。9 月 15 日，克列孟梭来到圣米耶勒突出部时，道路上的混乱与交通阻塞令他震怒。"人们想让美军部队来到，"他后来不无嘲讽地写道，"结果他们来了。任何看到蒂奥库尔令人绝望的交通拥堵的人，包括我在内，都会做证说他们没有更早一点来到，真是值得庆幸的事。"

对即将于两星期后发起的下次进攻最为不祥的是，一份德军情报报告总结说："美军尚未积累足够的经验，因而他们发动的大规模攻势并不足为惧。截至目前，我方士兵都高估了美军的实力。"圣米耶勒之役已经取胜，但"大规模攻势"仍未到来。

在法军和英军战区，协约国军队也在圣米耶勒攻势期间对兴登堡防线发起了数次小规模进攻，还击退了德军发起的一系列反攻。但德军并未后撤。有关协约国取胜的流言最终也被揭穿：位于已加固的德军防线最南端的摩泽尔河畔帕尼村，曾被报道已经被美军在圣米耶勒攻势期间占领，但直到战争结束，该村仍在德军手中。该村战争纪念碑旁，竖起了一块牌子，纪念的是开战两个月后被德军"无缘无故"杀害的一名15岁的少年。纪念碑本身描绘的形象是一名士兵牵着他的狗。

9月11日，4500名美军在阿尔汉格尔斯克登陆。同日，英军在摩尔曼斯克附近击败红军之后，就沿德维纳河挺进25英里。9月14日，协约国军队向萨洛尼卡突出部发起进攻，首先对保加利亚军队驻守的阵地发动了六小时的炮火轰击。在北面60英里处的斯科普里德军司令部，隆隆的炮声能够隐约听见，在宁静的清晨，如同远方传来的私语声。然而，和西线战场频繁出现的情况一样，此次炮火轰击虽能摧毁敌军铁丝网，却基本上未能伤及机枪位与炮位。在法军与塞内加尔军队一侧的塞尔维亚军队拔出刺刀，冲上陡峭的维特伦山时，最后的进攻才终告胜利。

同日，奥地利请求各协约国、美国及中立国同意在中立国领土上"秘密而不承担义务地交换意见"，以期尽可能实现和平。美国当即拒绝了此项提议，英法两国随后也做出同样表态，甚至连德国政府也被此举惹恼。战争还将继续，还要消耗掉数百万人的生命能量。和平主义者克利福德·艾伦也表现出了厌战姿态，就于9月14日谒见了英国工党党魁吉姆·米德尔顿，他在日记中写道："吉姆显然因战争的伤痛而崩溃。整火车的伤兵带着装具，戴着头盔，轰鸣着离开维多利亚和滑铁卢，驶过他在温布尔登的家的景象几乎在他头脑中萦绕不去。他的生活已失去所有的乐趣与欢笑。"

9月15日，战斗在马其顿持续一整天，此时表现最为突出的是一个南斯拉夫师，他们表现出了南斯拉夫人迫切的决心——克罗地亚人、斯洛文尼亚人、塞尔维亚人、波斯尼亚人、门的内哥罗（黑山）人和马其顿人，他们按照地域团结一致，将奥军赶出莱巴赫（卢布尔雅那）、阿格拉姆（萨格勒布）、贝尔格莱德、萨拉热窝和斯科普里。9月15日，该师士兵在越过原希腊与塞尔维亚边境时，就暂时中断了进军，彼此相拥，他们还拥抱了和他们并肩作战的法军士兵。结果他们马上收到继续作战的命令：战斗还远未结束。

当日，3.6万名塞尔维亚、法、意军士兵对阵1.2万名保、德军士兵。然而，保加利亚机枪手作战顽强，法军就在萨洛尼卡战场上首次动用火焰喷射器，以将他们驱逐，这迫使守军从三座山峰上撤下。次日，9月16日，保加利亚第2集团军司令卢科夫将军，就对奥地利伸出的和谈触角表达了积极的兴趣。但他的国王与总司令斐迪南沙皇却回复说："出去，在你当前的防线上战死吧。"

两个保加利亚团9月16日哗变，他们再也无心战斗了。曾经的坦嫩贝格英雄、德军司令冯·朔尔茨将军就命令他的德国同胞，正指挥后备部队的吕特尔将军与其参谋军官一起端着手枪走上战场，以阻止保加利亚军队溃退。事实表明多数保加利亚人都不愿再战时，冯·朔尔茨就命令开始有限后撤。向兴登堡提出的求援信号被传给奥军参谋长阿茨·冯·施特劳森将军，但他自己也兵力不足，无法劳师远征，去应对这个几乎已被遗忘的战区。唯一能指望的军队是德军驻克里米亚半岛的一个旅，该旅就奉命从海路赶到保加利亚的瓦尔纳港，再从陆路穿过保加利亚进入马其顿，花在路上的时间就至少需要两个星期。

9月18日，英军与希腊军队在多伊兰湖发起进攻，然而却出现挫败：英军一个营——南威尔士边民营的士兵在抵达大库罗内山山顶后，就因保加利亚军队猛烈的机枪火力而被迫后撤，却不幸跑入英军施放的毒云当中。曾三度负伤被俘的营长伯吉斯中校后来被授予"维多利亚十字勋章"。英军三个营对比普岭发起攻击，但保军强大的机枪火力再度逞威，结果仅有1/3的进攻部队返回了进攻发起地点所在的峡谷。在一处作战地点，保军炮弹引燃了大片草地，当时火借风势，就迫使希腊克里特师从山坡向下奔去。

经过两天的战斗，多伊兰城已到了协约国军队手中，小库罗内也已被攻下，但大库罗内仍由保加利亚军队坚守。随后，9月20日，保军奉命撤退。英、法及希腊军队来到他们四天前徒劳地攻击过的阵地，看到这些地方已被放弃。比普岭、大库罗内和曾经怒视协约国防线两年的"魔鬼之眼"——曾嘲弄过一切想要攻占它们的企图，此刻无害而又毫无价值。战死于数日前未能成功的战斗中的死者，就卧在他们倒下之处，无人掩埋。

保加利亚军队在马其顿的失败导致保加利亚首都索非亚出现骚乱，首都卫戍部队发生兵变。9月23日，另外三座保加利亚城市也发生骚乱，革命学生建立了苏维埃。忠诚的保加利亚士官生被调来以驱散索非亚哗变军人（正如士官生也曾奉命维持彼得格勒的旧政权），德军一个师对该项任务提供了支援，他们刚刚从克里米亚抵达保加利亚，再想去对马其顿战局造成影响为时已晚。

9月25日，英军部队进入保加利亚，两天后在制造业小城拉多米尔宣布成立保加利亚共和国，宣布由农民领袖亚历山大·斯坦博利斯基担任总统。然而，尽管斯坦博利斯基获得了1.5万名士兵的支持，但他却无法攫取首都的权力：在索非亚以北十英里处的弗拉达亚战斗三天后，共和国军队被击败，斯坦博利斯基（他1919年在鲍里斯国王殿上担任首相）潜逃。

此次流产革命仍在继续时，保加利亚一直觊觎的马其顿首都斯科普里就落入法军手中。茹伊诺·甘必大将军指挥的摩洛哥骑兵用六天完成了最后的57英里的征程。茹伊诺·甘必大是法国政治家莱昂·甘必大的侄子；1870年，莱昂·甘必大乘气球离开被围困的巴黎，组织起法国地方武装抗击普鲁士入侵者。此刻轮到了德军后撤，守住巴尔干地区的一切希望破灭了，同盟国腹地的南路事实上已向挺进的协约国军队敞开。命运似乎总是眷顾胜利者，当茹伊诺·甘必大率领骑兵兵不血刃进入斯科普里时，刚派出的奥地利第9师已登上火车，再行驶50英里即可抵达该城。

9月16日，威尔逊总统拒绝了奥地利提出的和谈请求。次日，克列孟梭也对其加以拒绝。9月19日，德国提出的基于不允许比利时提出归还被占领土及赔款要求，而向比利时提出的单独和解提议，被比利时人拒绝。在西线战场，协约国军队依旧在继续推进。在截至9月24日的七天内，英国远征军抓住了3万名战俘，这比此前的战争中的每个星期都多。9月25日，德国皇帝在对400名潜艇军官发表的演说中严厉谴责了叛国行径，就在两星期前，他的潜艇就为贯彻他的无限制潜艇战政策而在英吉利海峡不经警告就用鱼雷击沉了联合城堡航运公司的"高威堡"号班轮，导致154人丧生。

9月17日，在巴勒斯坦，一名印军中士逃离艾伦比的军队，越过耶路撒冷以北的土军防线。他说两天之后就将发起大规模攻势。包括穆斯塔法·凯末尔在内的土军指挥官相信了他的话，但利曼·冯·桑德斯却不肯相信，结果没有进行特别准备。9月19日午夜，英军就开始了炮火轰击。接着，在9月20日破晓时分，艾伦比继续了他一年前夺取耶路撒冷后就被中止的北向进攻。数小时后，他率领的步兵就已突破土军防线，骑兵在迅速向北穿越海岸平原。

空中力量在艾伦比的再次推进中发挥了重要作用。当天清晨，皇家空军和皇家澳大利亚空军袭击了位于阿富拉、纳布卢斯和图勒凯尔姆的德、土军电话电报局，切断了利曼·冯·桑德斯将军与其指挥官之间的一切联系。位于杰宁的德军主要机场也已陷于瘫痪。在艾伦比的骑兵突进的七天里，对公路、铁路及部队集结地点的空袭就完全打乱了土军与德军的防御计划。

9月20日，艾伦比的军队进入伊茨雷埃勒山谷，经两日战斗共抓获7000名俘虏。土军士气低落，急于放弃抵抗。在海法—大马士革铁路线上的阿富拉，一个印度骑兵团冲击土军阵地，打死50人，抓获500名俘虏，损失为一人负伤，12匹战马被打死。在《圣经》中记载的神魔交战的战场米吉多，土军接到要全力抵抗的命令，但只有9名德军步兵开了火。这些士兵远离故土，两挺机枪就已让他们哑掉。英军驱兵策马赶到拿撒勒，这里的3000名守军在9月21日凌晨全部被俘。进攻部队仅在一天之内就驱驰40英里。

冯·桑德斯将军身着睡衣逃离拿撒勒。土军无意又无力抵抗，就纷纷向北、向东逃窜。当日，两支土军纵队也在后撤，一支从图勒凯尔姆，另一支从纳布卢斯出发，走过了萨玛利亚的群山与峡谷。两支纵队都遭到了英军与澳军飞机的空袭。一部澳军战史记载，两英里长的一支土军纵队正打算从图勒凯尔姆赶往纳布卢斯："一名飞行员接一名飞行员，按照严格的秩序，投下炸弹，然后就在机上观察员的协助下，用机枪扫射这些不幸的土军。弹药耗尽后，飞行员们就飞回机场加油、装弹，然后返回继续展开屠杀。有些飞行员当天连续出击四次。"[1]

在更东面，当天英军还对试图从纳布卢斯赶往约旦河的土军发起了更猛烈的空袭。这是一战中最具毁灭性的空袭。土军沿着狭长的瓦迪阿拉谷地逃亡时，50多架飞机就对他们及其辎重队投下炸弹，并用机枪扫射。土军奋力向河边赶去时，9吨多炸弹被投下，还打出了5.6万发机枪子弹。轰炸机首先炸毁了纵队前头的汽车，这样余下的人们就必须暂停。随后飞机又巧妙地摧毁了停在路上的车队，又在惊恐万状的士兵们试图逃下干河道的陡堤或向其上爬去时，用机枪扫射他们。[2]

次日，即9月22日，英军又对从瓦迪阿拉赶往约旦河的土军发起第二轮空袭，他们投下了四吨炸弹，并从空中打出了3万发机枪子弹。皇家空军史学家琼斯曾写道："在路上的某一段，运行中就被废弃的卡车

---

① 格莱特和查斯·巴雷特，《澳洲人在巴勒斯坦》，悉尼：安格斯与罗伯逊出版社，1919年，36页。

② 同日，在萨洛尼卡战场，700多名保加利亚军人在试图穿过科斯图利亚峡谷逃回保加利亚时，被皇家空军空袭炸死。

向前冲去，撞到刚被炮队抬到其他引车上的火炮上，车辆不断撞击在一起，就使卡车与火炮掉落峭壁，直至落地才停止下坠。整个山谷内，遍地都是被炸烂的人与马的尸骸。"某些参与轰炸后撤土军的飞行员从空中见到的景象令他们作呕，就请求不再继续出击。

土军被英军的空中力量和协约国骑兵的神速所征服。9月22日，艾伦比问沙漠骑兵军团司令已抓获多少俘虏，当被告知已有1.5万名土军被俘时，他笑着对那位司令说："这对我不算什么！我想向你要3万俘虏。"他的愿望得到了满足。9月23日，他的500名骑兵攻占了海法港，然后继续策马北上，进入了十字军之城阿卡。同日，在瓦迪阿拉，又对试图赶到约旦河的土军发起了第三轮空袭，投下了6吨多炸弹，打出了3.3万发机枪子弹。在为期三天的空袭中，炸毁的车辆中有50辆卡车、9门火炮和840辆四轮马车。数百名土军士兵被打死。空袭造成的死亡人数已进入一个新的高度。

9月25日，澳、新军队渡过约旦河，进入位于柏林—巴格达铁路线上的安曼。共计有2750名骑兵参加了此次进攻，抓获2563名土军俘虏，在一个星期之内，就使埃及远征军负责看守的战俘人数激增至4.5万人。一名被俘德军军官愤愤不平地对审问他的人们说："我们试图掩护土军后撤，但就算只为保住他们自己的脑袋，他们也应当尽力作战。最后我们都认定他们不值得我们去为他们而奋战。"

9月25日午夜前半小时，距离战役打响还不足两星期，圣米耶勒攻势刚刚结束十天，法、美两军的37个师就发起了新的、更有野心的攻势。目标为阿贡讷森林的此次攻势沿默兹河发起。在事先进行的炮火轰击中，美国远征军打出了800枚芥子气和光气炮弹，导致1万余名德军丧失战斗力，毒死278人。近4000门火炮投入了战斗，一位美国史学家评论说："其中没有一门产自美国。"①

有一位美军炮兵连长是哈里·杜鲁门上尉。"自凌晨4时至上午8时，我打出了3000发75毫米炮弹，"他后来回忆说，"星期五晚上我就睡在我的炮兵连阵地右侧丛林外缘，如果我凌晨4时没有醒来、起来的话，我就将已不复存在，因为德军对我的睡处进行了弹幕射击！"

六小时的炮火轰击持续了一整夜。到9月26日凌晨5时30分，700多辆坦克开始推进，步兵紧随其后，将德军逐出三英里。夜间曾进行有效轰击的火炮随后徐徐前进。"正当我们进至一条路堤下方的路段时，"

---

① 唐纳德·斯迈斯，《特级上将潘兴》，布卢明顿：印第安纳大学出版社，1986年，195页。

杜鲁门后来回忆说，"一枚法国制 155 毫米炮弹从我头顶飞过，顿时周围人声嘈杂，我却感到一阵耳鸣，听不清究竟出了什么事。"

到 9 月 27 日上午，已有 2.3 万余名德军被俘。同日，在康布雷附近，英国远征军进攻了兴登堡防线。1000 多架飞机支援了此次进攻，共投下 700 吨炸弹，从空中发射机枪子弹 2.6 万发。夜幕降临时，进攻部队已抓获 1 万名战俘，缴获 200 门火炮。甚至按照西线战场的标准，德军的损失也令人震惊：一天当中就有 3.3 万人被俘。但阿贡讷森林中的战斗显示德军不愿屈服，遭到顽强抵抗的美军也损失惨重。正如美军士兵们所说："那里每个该死的德军不是有机枪，就是有大炮。"德军发起的一次反攻还让美军一个师陷入恐慌，混乱溃逃。

按照西线战场先前的标准，美军已经取得胜利。9 月 27 日，蒙福孔被攻下，而贝当原以为德军会在这里坚守到冬天。其后又挺进了六英里，但已制订的计划过于好高骛远，这使挫败更加令人蒙羞。

9 月 28 日，黑格命令英军对伊普尔突出部的德军发起大规模攻势：第四次伊普尔战役打响了。500 架飞机参与其中。当日在吉卢维尔特作战的新西兰军队中就有九次负伤的弗赖伯格将军，他致信友人："我骑在马上（一匹丑陋的德国白马），指挥我的旅，冒着弹雨前进，直到它被打死。"地面部队推进迅速，瓦显蒂当日被攻陷，4000 名德军投降。比利时军队也于 9 月 28 日参战，以微弱损失收复帕斯尚尔，一年之前这里曾发生恐怖屠杀。

当晚，鲁登道夫就向兴登堡施压说德国必须立即寻求停火。不为兴登堡和鲁登道夫所知的是，劳合·乔治和他的陆军大臣米尔纳勋爵仍不相信英军的进攻速度意味着德国可以被打败，都还坚持让黑格缩小攻势规模，以便为 1919 年的战斗保存实力。在英国，对 1919 年的战斗的关注正在加强。"我永远也忘不了 1918 年 9 月底穿过英格兰北部一家大工厂时的情景，"军火专家乔治·迪尤尔后来写道，"我见证了我方一种新的马克Ⅷ型坦克的装甲板的生产，以及使用德军机枪火力对其进行的检测；然后我又继续来到当地另一家工厂，目睹了驱动这种超级坦克的发动机的生产与检测。马克Ⅷ型坦克注定要投入战斗；但假如战争持续，英国就会在 1919 年早春之前装配起大量该型坦克并将其投入战场。"

在萨洛尼卡战场，1 万余名保加利亚及德军士兵在 9 月的三个星期里被俘。9 月 28 日，保加利亚面对已踏上其领土的英、希军队，就开始与萨洛尼卡的英、法军当局展开停火谈判。保加利亚是同盟国中首个终止战斗的国家。鲁登道夫在斯帕与兴登堡商讨时，坚持认为德国也应要求与协约国达成停火。次日，9 月 29 日一早，这两位曾经所向披靡，令人闻之色变的德国将领，就去面见德国皇帝，并直言战争无法继续下去了。

鲁登道夫和兴登堡向皇帝解释说，问题不仅是德军士兵已失去斗志，又已无力再战，而且威尔逊总统极其不愿与皇帝本人和其军事将领们展开任何形式的谈判。为大胆解决军事实力及政治民主化问题，皇帝就签署一份宣言，确立了议会政治。仅在一天时间内，德国的军国主义与独裁体制就接近终结。

然而，战斗仍在继续，最激烈的战斗就发生于默兹河—阿贡讷战场。9月29日，战役进入第四天，美军部队被迫暂停进攻，部分原因是德军不屈不挠的抵抗，部分原因是美军补给、交通线中出现了令人难以置信的混乱。"他的士兵们死得很英勇，"一名探访潘兴司令部的法军写道，"但他们并未进军，或进展极小，却损失惨重。美军所代表的这一巨大士兵群体事实上已经陷入瘫痪。"

当日执行侦察任务的保罗·马兹在查看美军一个营的司令部时，看到一群美军士兵似乎正在后撤。他骑着摩托车上前询问。"他们真的是在后撤，"他后来写道，"但只是因为他们联系不到任何人；他们没有任何消息，他们的多数军官都已在进攻中战死。我让他们当中的一部分待在原处，将机枪对准战场，然后命令余者继续前进，回到他们的战友当中，他们都立即照做了。他们并未陷入任何恐慌，而只是因缺少具体指令而信步返回。"

保罗·马兹回到营部以便通报这些士兵的情况时，"令我惊奇的是，这里破烂不堪，仿佛刚刚经历过一场地震。三具尸体横陈其中，被用袋子盖住半边，他们原是我离开时站在地下掩体入口处的那个哨兵和当时与我说话的两名军官。下面就坐着上校一个人，正在擦拭眉毛。'嗨，上尉，这当然就是战争。'我进来时他这样评论道。"

9月29日，哈里·杜鲁门的炮兵连也参加了战斗。"我向三处敌方炮兵阵地开了炮，"他后来回忆，"摧毁了一处，并使另外两处受损。上校团长威胁我说要对我进行军法审判，因为我向第35师战区外地带开了炮！但我救了位于我们左翼的第28师中的某些士兵，他们1948年对我表达了感谢！"[1]

当日，美军战线后方，运送必需给养物资的车辆拥堵异常严重，克列孟梭在前往法第4集团军途中驱车驶向蒙福孔时，他的车道就完全被

---

[1] 1945年，罗斯福总统逝世时，杜鲁门（作为副总统）继任美国总统，1948年他当选美国总统。

美军卡车堵住，某些卡车司机就告诉他他们已经陷于这场交通堵塞当中两个晚上了。然而，不论美军的交通拥堵给克列孟梭带来多大不便，美国对战争的贡献已在德军最高统帅部留下了印记。9月30日，鲁登道夫对赫尔曼·冯·库尔将军说："我们无法与全世界作战。"

保加利亚战场上的战斗于9月30日正午结束。保加利亚已陷入混乱，马其顿获得解放，德军增援的可能已经不复存在，包括两星期前就想寻求停战的卢科夫将军在内，已抵达萨洛尼卡的保加利亚谈判代表们别无选择，只得接受协约国向他们提出的条件：撤出希腊与塞尔维亚领土，交出所有战争武器，德、奥军队撤离，由协约国占据保加利亚境内战略要地，并使用保加利亚铁路以向北进军，几乎全部保加利亚军队解除武装。

保加利亚的崩溃对德国和奥地利造成了打击，两国突然被切断了与其盟友土耳其的所有陆上联系。协约国通向多瑙河的道路也已敞开。通过击败其盟友而使德国受到削弱的想法，让伦敦和巴黎极度兴奋。"第一根支柱已经倒下，"英国内阁大臣莫里斯·汉基爵士评论说。

在西线战场，战斗依旧愈演愈烈。9月29日，英军部队顺利渡过圣康坦运河，动用了船舶、浮桥和从运河渡口取来的3000只救生圈。5000多名德军士兵被俘，另缴获火炮100门。次日，在伊普尔战场，英军已推进至距梅宁两英里地带，四年中英军始终未能夺取该城。在英、法两军战区，又俘虏了1.8万名德军，并缴获200门火炮。只有美军被迫在阿贡讷停止进攻，但他们也计划在一星期之内重新发起进攻。

9月27日，艾伦比的骑兵已从巴勒斯坦驰骋过了戈兰高地，进入叙利亚。大马士革仅在60英里之外。当日，在更东面的塔法斯村，土军与德军部队为报复阿拉伯人起义军进行的成功滋扰，就残酷杀害了数百名阿拉伯妇女和儿童。次日，9月28日，在有数千贝都因人参加阿拉伯军队的德拉，负伤的土军士兵与俘虏就被谋杀以示抗议，这就引发了在屠杀发生时进入城中的印军骑兵的强烈反阿情绪。第4骑兵师在事件总结中写道："阿拉伯人冷酷地屠杀了他们遇到的每个土耳其人。"

次日，1500名土军在萨萨挡住了艾伦比的去路，迫使此次进攻停滞两日。到9月30日下午晚些时候，艾伦比就已踏上赶往大马士革的征途。当晚，土耳其当局就放弃了这座奥斯曼帝国已经统治了数百年的城市。10月1日，艾伦比的骑兵已在12天内骑行400多英里，即将取得战果。当日来自澳大利亚西部的第3轻型骑兵旅抵达该城郊外时，土军突然响起一阵枪声，但无人被击中，于是指挥官奥尔登少校就决定继续前进。奥尔登命令士兵们拔出马刀，就策马朝土军主兵营奔去，那里驻扎着数千名土军。"在那片刻之间，敌军的决定仍悬而未决，"一位澳大利亚史学家记载，"但望见澳大利亚的高头大马飞奔而来（土军和当地人从未停止过对我们高大战马的赞叹），看到寒光闪烁的马刀，听到脚踏马镫之声，就迅速做出了决定。"[1] 澳大利亚军官后来回忆说："一秒之间，土军的枪声就停息下来，换成市民的热烈掌声。"但突然又响起了枪声，但这回开枪的是阿拉伯士兵，他们为数百年的土耳其统治终于终结而欢欣鼓舞。两小时后，"阿拉伯的劳伦斯"乘坐他的劳斯莱斯轿车，在印军骑兵的护卫下赶到。

阿拉伯人和德鲁兹派穆斯林在 24 小时里大肆抢掠。随后，艾伦比将军就离开设于加利利海滨太巴列的司令部，驱车行驶 120 英里崎岖的道路，过了约旦河，进入戈兰高地来到大马士革，将埃米尔费萨尔任命为当地政府首脑，并于当晚返回太巴列。留待政治家们告知费萨尔的是，按照 1916 年马克·赛克斯和弗朗索瓦·乔治·皮科协商达成的密约条款，叙利亚、黎巴嫩及包括产油的摩苏尔在内的美索不达米亚北部，都要在法国的控制范围之内。

10 月 1 日，正当英国远征军准备扫清兴登堡防线上的最后障碍，而美军正准备在阿贡讷发起新的进攻时，鲁登道夫就恳请德国皇帝立即发出和谈请求。当晚，德军部队撤出朗斯和阿芒蒂耶尔。在康布雷北面，加拿大军队已于此前五天内俘虏 7000 多名德军，缴获 200 门火炮。鲁登道夫对他的参谋人员说，德军"已受到斯巴达克同盟社会主义思想的'严重毒害'"。虽然鲁登道夫有所夸大，但就在前线士兵仍在坚持奋战时，那些正在德国休假，或即将奉命返回战场的人们，当然极易成为最极端的政治煽动的猎物。斯巴达克同盟领袖卡尔·李卜克内西和罗莎·卢森堡都要求立即实现和平，并结束君主专制。对他们而言，曾经行得通的英国模式，即民主君主制或议会君主制，并非万灵药：他们的目标是建立社会主义共和国。

德国战场失利，城市暴动，其崩溃似乎近在眼前，这让列宁极度兴奋，他在这一星期内就致信革命战友斯维尔德洛夫和托洛茨基，告诉他们国际革命的局面即将出现。为帮助各国无产阶级挣脱枷锁，他就要求布尔什维克党建立一支由 300 万人组成的军队。然而，在普斯科夫，原沙俄军官和获释俄军战俘正在德国的保护下，组建一支反布尔什维克的军队。同期，在北海海域，约 200 名德国海军接掌了俄国战列舰"沃利

---

① 威尔逊和查斯·巴雷特，《澳洲人在巴勒斯坦》，悉尼：安格斯与罗伯逊出版社，1919 年，47 页。

亚"号，以及四艘俄国驱逐舰和两艘鱼雷艇。德国在东线的阴谋要比其在西线的胜利更加长久。

10月1—4日，各协约国军队在西线战场各战区全面进攻。兴登堡防线上32英里的一段被完全占领。但在协约国取得此次胜利的同时，还传来了美军战区陷入重大困境的消息。10月4日，他们新发起的进攻遭到了毁灭性的德军机枪防御，用美军士兵的话说，"一挺该死的机枪接着另一挺！"当日，一支刚过500人的美军部队守卫着战线前方一条半英里长的峡谷内的一处险要阵地，此时就被兵力远超他们的一股德军包围。两天当中，这支美军持续受到进攻和炮火轰击。第二天，他们断粮之后，又误遭美军自己的炮弹弹幕轰击，于是他们放出了最后的一只信鸽，捎信给后方的美军士兵，让他们不要朝自己人开炮。随后，德军对峡谷中的美军士兵使用火焰喷射器，但不少美军攀爬而出，将这些德军打死。美军统帅部认为一切都已结束，就宣布这些战士"失踪"。当晚，德军后撤。这些被称作"失踪营"中的人们并没有被打败：在540名守军中，有360人战死。到次日午后，幸存者们就走下山坡，进入美军防线。

在海上，被德国寄予厚望的潜艇战仍在继续，又制造了更多悲惨事件。10月2日，西班牙汽船"弗兰科利"号在卡塔赫纳外海域被击沉，船上292名乘客葬身海底。两天后，日本班轮"平良"号在爱尔兰海岸外被鱼雷击沉，292名乘客葬身海底。同一星期，英吉利海峡中的撞击事故导致一艘武装商业巡洋舰"奥特朗托"号沉没：舰上1000名美军士兵中，有431人不幸罹难。

第一场德国革命爆发于10月2日，但它并非发生于街头，而是发生于会议室内，德皇的第二个堂弟，巴登的马克斯亲王当选了德国宰相。只有在德皇答应两个条件之后，马克斯亲王才同意就职：今后只有议会才有权宣战、媾和；德皇剩余的对陆、海军的任何控制都要即行废止。当日，在柏林枢密院会议上，兴登堡重申了鲁登道夫前一天（他们当时身在斯帕）提出的立即实现停火的建议。"军队等不了24个小时了，"兴登堡对皇帝说。马克斯表达了异议。但他不想抛弃立场来与协约国展开谈判。"我希望我能够克制悲观情绪，恢复信心，"他后来写道，"因为我本人仍坚定确信，尽管我军实力有所缩减，我们仍能在数月之内阻止敌军践踏祖国领土。"

兴登堡回应说，战局要求立即实现停火。马克斯亲王尖刻地说，假如局势如此不堪，那就让军队在战场上竖起白旗。由于兴登堡和此前英国方面的基奇纳一样，也缺乏为自己的观点辩护的能力，而只能对其加以强调，结果就没能达成任何决议。他需要鲁登道夫发来消息，以表明应该采取何种措施及其理由。鲁登道夫的意见当天下午通过兴登堡拨打的电话传到了柏林。消息称萨洛尼卡战场的崩溃"不可避免地削弱了我军在西线战场的后备力量"，而且因无法扭转数日前战斗中"损失惨重"的局面，"为免除德国人民及其盟友们付出更多无谓的牺牲"，立即实现和平已经刻不容缓。这封有兴登堡署名的鲁登道夫的信件，在结尾处清晰地列出了战场上的观点："过去的每一天都要以数千名英勇士兵的生命为代价。"此话适用于过去的 1500 天中的几乎每一天。

马克斯亲王仍希望能推迟向协约国提出停战要求。10 月 3 日，他警告兴登堡说，急于停火就意味着要失去阿尔萨斯-洛林，以及波兰人占大多数的东普鲁士。德国的这些领土损失都隐含于威尔逊总统的"十四点"当中。兴登堡再次给鲁登道夫打来电话，只是要向宰相回报说，失去阿尔萨斯-洛林对统帅部而言尚可接受，但在东面的任何领土损失都不能答应。一位史学家评论说："能够日益明显地看出宰相读过'十四点'，而最高统帅部则不然。"①

此刻马克斯亲王就决定自行其是。10 月 3 日，他将两名社会党议员请到内阁议事，其中一位名叫菲利普·沙伊德曼的议员对他说了一句颇有哲理的话："终结恐怖要胜过没有终结的恐怖。"为避免出现恐怖局面，停火绝对必要。10 月 4 日，向国会通报实现和平的必要，并取得奥地利对他刚认识到不能再拖延的事务的支持后，马克斯亲王就致电华盛顿请求停战。

同日，在法国小城特鲁瓦方丹召开的法、美两国间会议上，在 1919年底或 1920 年初击败德国而运送美军部队与物资渡过大西洋的计划被制订。两位资深与会者为福煦元帅和美国陆军部长牛顿·贝克。他们一致同意在整个 1918 年冬季加大航运力度，以便在来年夏季前使美军拥有足够的物资供其在 1919 年发动大型攻势。

9 月，美国制造了 297 门火炮。随后为 1918 年 9—10 月定下的目标——刚过 1000 门，也如期达到，1919 年 1—4 月间的生产目标仍为1000 门。在未来六个月中及其后这段时间里，其余每种军需品及物资的生产目标也都按照同样的增速制定。甚至当时就由美军在整个法国境内开建扩展的电话、电报网络，以便增进并加速与前线的通信，同时汲取阿贡诉挫败的教训，确保在 1919 年一举成功。

10 月 4 日，法、美两国在特鲁瓦方丹达成的协议提出了在 1919 年最

① 　约翰·惠勒-贝内特，《木头巨人兴登堡》，伦敦：麦克米伦公司，1936 年。

初数月内取得巨大军事进展的希望。正当潘兴的部队奋力维持默兹河畔的主动权时，他们的统帅却在计算要为 1919 年的此次大决战向法国投入多少个师。实际动用兵力 336 万人：比当时已经到位的多 200 万人。他们已经踏上征程。

第二十六章　同盟国的崩溃

1918 年 10—11 月

10 月的第一个星期，在塞尔维亚腹地曾经的萨洛尼卡战场上，奥军不顾保加利亚的"背叛"而依旧奋战。然而，鲁登道夫却认识到塞尔维亚和法军部队穿越塞尔维亚马其顿地区，向北朝多瑙河和贝尔格莱德推进时给同盟国带来的危险。不过在柏林和维也纳，依旧存在硬着头皮拼一场的本能。10 月 4 日，德国和奥地利就向威尔逊总统发出"和谈照会"，请求他同意停火。正如马克斯亲王所希望的，德、奥两国在照会中明确指出，这并非投降，也不是提出停战条件，而只是在不伤及德、奥两国利益的前提下结束战争的尝试。

威尔逊研究这份照会时，战争仍在继续。10 月 5 日，3000 多名奥军在萨洛尼卡战场被俘。战争的延续也引发了德国境内公众的不满。10 月 6 日，在哥达召开了斯巴达克同盟会议，人们要求立即在德国结束君主专制，建立苏维埃。此时他们的领袖卡尔·李卜克内西仍在狱中。

随着大帝国的解体，各国子民的斗争更加激化。10 月 7 日，在德占华沙，此前一直由德国控制的摄政会议，就援引了威尔逊总统提出的民族自决原则，宣布成立"自由而独立的"波兰国家。然而，其权威却受到另两个波兰人集团的挑战，即设于克拉科夫的名称怪异的"波兰清算委员会"，以及卢布林的左翼波兰共和国临时人民政府。[①] 德军不愿看到

---

① 1944 年，同样在利沃夫，苏联建立了以共产党为主的波兰民族解放委员会（被称作"卢布林波兰"），起初西方盟国拒绝承认其为未来波兰政府，但到战争结束时就被迫接受。

他们征服波兰的战果就此全面崩溃，就将毕苏斯基囚禁于东普鲁士监狱内。乌克兰人则决心不让东加利西亚被划入重建的波兰境内，就在利沃夫成立乌克兰国民大会，而波兰人和乌克兰人之间的战争就在整个地区内开始了。

陷入混乱的德国暂且没有向反帝运动屈服，也未做出投降的决定。10月7日，华沙宣布成立独立波兰国家时，德国《福斯报》就发文呼吁在战场上进行最后的军事努力。这篇由实业家瓦尔特·拉特瑙撰写的文章，目标是让德国采取最强硬的立场，并由此展开平等和谈。"所有能拿起武器的人们都要从办公室内，从哨所中，从仓库里清扫出来，全员出动，不分东部和西部，共同保卫家园。"拉特瑙写道，"我们今天要占领军、要俄国远征军还有何用？在此刻，西线战场上，我军兵力还不足所需总兵力的一半。我们的战场在销蚀，我们就将其恢复，那么我们就会收到不一样的和约条款。我们要的是和平，不是战争，但也不是投降带来的和平。"

受到这句推理的震撼，马克斯亲王就向兴登堡和鲁登道夫问起，按照拉特瑙提出的清洗式发掘部队的方式，能否提供"充足的援兵"。鲁登道夫表示怀疑，从务实的观点看来，"它将引发我们难以承受的动荡。"他于10月8日答复说。但拉特瑙并未放弃，他致信新任陆军部长朔伊希将军，指出如果德国撤离威尔逊总统要求的地区，包括整个比利时和阿尔萨斯-洛林，这就要"终结我们的防御能力，并使我们处于敌方的恣意摆布之下"。

加固西线战场上的德军阵地的争论正在变为学术问题。10月8日，威尔逊总统拒绝了德国和谈照会。他重申，实现停火的首要条件就是从所有被占领土撤军。直到比利时或法国领土上没有德军部队，直到塞尔维亚境内不再有奥、德军队，这场战争才有望结束。当日在阿贡讷的沙泰勒希谢里附近，一名从前因宗教原因自觉反战的美军中士艾尔文·约克参加了战斗。他所在巡逻队被十倍于己的敌军包围时，约克仅凭一己之力就打死了28名德军，并俘虏另外132名，还带回了35挺机枪。被一位师级将领问及他杀死了多少德军时，他答道："将军，想到还有打不中的子弹，我就痛苦；他们全都位于极近的射程内——50—60码。"在评价他的战友们的枪法时，他说道："除了没打中天空外，别的什么都打中了。"然而，他原本却是个登山运动员。"现在对我而言，射击大目标完全不成问题，"他解释说，"他们总要比火鸡头大多了。"

同样在10月8日，中士约克取得战果那天，英军在圣康坦和康布雷之间，沿20英里的战线发起进攻，第二次康布雷战役打响了。进攻的烟幕由皇家空军投下白磷烟幕弹造成。一天之内，英军三个集团军在 82 辆坦克的支援下，推进了三英里，俘虏 1 万名敌军，缴获火炮 150 门。美军一个师也在朝康布雷推进的途中俘虏了 1500 名德军，缴获火炮 30 门。

新的攻势发起还不到 24 小时，兴登堡防线就全线沦陷。10 月 9 日，加拿大军队进入康布雷。103 年前，威灵顿公爵曾在击败拿破仑后接受该城投降。1870 年，德国将其占领；1914 年 8 月之后，他们再次控制该城。此刻它又一次成了自由的法国城市。一个英国骑兵师，在前所未见的八英里飞奔后就来到勒加多郊外，向前驰骋途中共抓获 500 名俘虏。

1914—1915 年，乃至 1918 年，英军被从这些战场赶出，到此时他们又马不停蹄地重新进入并从中穿行。炮兵上校艾伦·布鲁克 10 月 9 日视察了朗斯。"毁灭之后，满目荒凉，"他写道，"我爬上一堆石块，这里代表着原教堂所在地，然后向下俯视这块废墟。我可以这样花上数天时间想象这里的每个角落曾经发生的惨剧。如果石块会说话，能够叙述它们见证的事件，能够描绘他们从濒死者脸上读出的思索，那么我不知道还会不会再有战争。"①

次日，在英国住院期结束，并已返回战壕的英军军官、诗人威尔弗雷德·欧文，就从前线致信友人："我旁边的这名少年，头被打穿，伏在我身上半小时了，血染透了我的肩膀。"不过，欧文又写道，他还充满信心，"我们已经在一位天使般的一等兵帮助下打哑了几挺机枪，随后就在一座碉堡里举行了一场无比荣耀的简短的和平谈判。"他在 30 码开外用自己的左轮手枪击毙了一名德军，余者就"微笑着"向他投降。1917 年，欧文在战壕中作战六个月，导致神经崩溃，失去战斗力，返回英国，但他一直想要回到前线，就向母亲解释说："我出来就是为了帮助这些少年，直接的帮助就是作为军官率领他们奋勇前进；间接的帮助就是作为辩护人，注视着他们遭受的苦难，将他们的事迹传扬。"但堑壕战继续造成伤亡，正如他在后来的家书中写的："我的知觉已被烧焦；我在写阵亡通知信件时无法再将香烟从我口中取出。"

10 月 10 日，人们得知在前两个月当中已有 2 万名美军在法国死去，他们不是死于作战，而是死于流感和肺炎。甚至在各国军队准备发起协约国认定的最后总攻之时，死亡也在从内部悄然降临于他们的行列。但即将到来的胜利令人难以抑制。在艾伦比作战地域，大马士革已于九天

---

① 22 年后，时任集团军司令的布鲁克来到同一地点，面对的是德军朝敦刻尔克的迅速进击。重读自己 1918 年发表的评论，他写道："石块依旧无言。我们正在进行第二次世界大战。"

前被攻陷，英军的一个师 10 月 8 日进入贝鲁特。

被奥地利占领三年之后，塞尔维亚也在发生天翻地覆的事件。主要由波希米亚和摩拉维亚人组成的奥军第 9 师，对同为斯拉夫人的塞尔维亚人表示了同情，不再是一支有效的作战力量。10 月 10 日，塞尔维亚军队 25 天进军 170 英里，攻入德军防守的尼什。有报道称，一支德军部队在普里兹伦附近的山区失踪，当时该部队正赶往阿尔巴尼亚海岸。

协约国战线上的每个国家都在相机而动。10 月 10 日，潘兴统率的美第 1 集团军终于成功将德军全部赶出阿贡讷森林。然而，战斗进展并不像美军预计的那样顺利，亦未取得突破。弹药、粮食及其他关键物资仍因道路拥堵而无法运到前线。此外，战马的缺乏变得愈发严重。潘兴估计他至少还需要战马 10 万匹。但当他问福煦法国能否提供 2.5 万匹战马时，福煦竟告诉他向美国去要这些战马。这根本就不可能；因为已没有足够的航运能力。"战马短缺问题很快就会变得极端严重。"潘兴的高级军需官报告说。

贝当对美军补给不济给出的回应是提议裁撤潘兴的美第 1 集团军，美军做出的战争贡献仍限于军及师的层级，无法获得足够补给的各师就应被拆分并入"法国各集团军"。当时参战的美军 30 个师中，已有 10 个师被并入法、英军队，在法、英指挥官统率下作战，只有 20 个师由潘兴率领。但潘兴和他的第 1 集团军仍继续奋战。他们不会将自己解散，也不承认自己已被给养问题击败。

10 月 11 日，德军部队开始系统从西线战场后撤，但他们并未放弃抵抗。10 月 12 日，兴登堡为使德军更加坚决地进行抵抗，就宣称争取对德国有利的停火条款将取决于前线成功的军事抵抗。同日，德国政府接受了威尔逊总统提出的谈判条款，即从法国和比利时撤军。德国出生的犹太复国主义者阿图尔·鲁平在日记中写道，他在君士坦丁堡听到这条消息后就"走了很远很远的路，并一直不停地自言自语'和平！这有多么重大的意义啊！'"

鲁平表现出的兴奋，和其他数百万人一样，仍为时尚早。威尔逊总统还没有收到德国接受他所提的条件的同意书，英法军队就在比利时境内的迪克斯迈德和库特赖之间发起了新的攻势。为提供空中支援，美军轰炸机就空袭了比利时腹地的德军交通线。五天当中，新的攻势已推进 18 英里，抓获俘虏 1.2 万人，缴获火炮 550 门。

德军依旧在为他们控制下的法国城市奋战，不愿不经奋战就轻易撤出他们已统治四年有余的区域。但在 10 月 31 日，伯纳德将军与芒然将军率领的法军部队就将德军逐出了拉昂城，解放了 6500 名法国平民，并继续向北胜利进军。拉昂的解放成了一个转折点：这个城市在大战之初就频繁听到隆隆炮响，其后 1500 余天里面对的是屈辱的被占领的命运。

10 月 13 日，在苏塞克斯丹尼市的一所私宅内召开的会议上，劳合·乔治向他的资深陆、海军顾问及数名高级内阁大臣谈起，他害怕停火会使德国获得"喘息之机，他们也许会趁机重新组织，以图东山再起"。根据会议简报，他随后就"鉴于世界和平的观念，提请与会者考虑，在军事上实际击败德国，让其人民真正尝到战争的滋味，是否会优越于就在当前其军队仍在外国领土上盘踞之时让德国投降的问题"。

在伯尔尼，曾于 1914 年在柏林使馆任职的霍勒斯·朗博尔德爵士也担心此时与德国媾和会操之过急。他于 10 月 14 日致信外交部："如果我们还没有在西线战场上对其进行彻底的重拳出击，就被叫停，那将是万劫不复之事。我们应当将其打回他们那个凶残的国度，因为这是让德国及其人民明白战争的真正含义的唯一途径。"当天早上，在伊普尔突出部负伤的德军士兵中有希特勒下士，他在韦尔维克村附近被英军毒气弹暂时性致盲，后被转移到波美拉尼亚帕萨瓦尔克的一家军事医院。

同日，已经越过阿贡讷森林的美第 1 集团军再次发起了对默兹河的攻势。最初的战斗进展不顺。"希望到明天得到更好的战果。"潘兴在当晚的日记中写道，又补充："这一希望没有特别的原因，只是如果我们持续打击，德军终将被迫屈服。"但德军持续用高爆炸药和毒气弹轰击美军阵地，并为每一寸土地而奋战。10 月 15 日，潘兴视察了第 3 师部队，随后在蒙福孔稍停，他当时看到该师美军"组织涣散，显然已丧失斗志"。[1]

潘兴麾下已有 100 余万人，战线长达 83 英里，于是他就从中分出一个第 2 集团军，但问题依旧严峻。战马短缺使炮兵难以移动。据信有多达 10 万人已成"掉队者"，他们在战线后方游荡，远离迫切需要他们以形成攻击实力的部队。某些士兵还藏身于地下掩体内：第 3 师师长就下令如果这些人拒绝从地下掩体走出，就准许向他们所在的地下掩体内投掷炸弹。

死于流感的人数仍在上升。10 月 15 日，德国宣布已有 1.5 万名柏林人死于流感。四天后，在西线战场，曾击落 34 架德军飞机的加拿大王牌飞行员奎格利上尉就死于流感。除欧洲外，亚、非两洲也受到影响。在孟买就有 1000 多人病死。在美国，死亡人数也在攀升。在维也纳，28

---

① 唐纳德·斯麦思，《特级上将潘兴》，布卢明顿：印第安纳大学出版社，1986 年，114 页。

岁的表现派画家埃贡·席勒也被淹没于这场瘟疫当中。当月在伦敦，一星期之内就有2225人死于人们所称的"西班牙流感"：多于四年中齐柏林飞艇及飞机空袭造成的死亡人数。

10月14日，协约国在巴黎承认了以托马斯·马萨里克为首的一群坚决的流亡人士组成的捷克斯洛伐克国民会议成为未来捷克斯洛伐克国家的临时政府。两天后，为维护哈布斯堡帝国的统一，奥地利皇帝卡尔进行最后的挣扎，他宣布境内七个主要民族全部获得联邦自治权：捷克人、斯洛伐克人、波兰人、克罗地亚人、斯洛文尼亚人、塞尔维亚人和罗马尼亚人。史学家伊丽莎白·威斯克曼写道，这次迟到的授权，"就如同从坟墓中发出的声音"。就连仍在想方设法与协约国和解的奥地利人也无法下定决心将以罗马尼亚人为主的特兰西瓦尼亚地区从匈牙利割让给罗马尼亚。

卡尔皇帝发表声明之后四日，威尔逊总统坚持奥地利子民的"自治"不再充分满足他们的民族自决权实现的需要。此刻威尔逊总统声称美国已开始为捷克斯洛伐克及南斯拉夫人承担了义务，要使其突破帝国内部的自治和联邦聚合体。这就让奥地利帝国的生存遭到了致命一击。

正当领土方面的讨价还价触及由来已久的民族独立的希望之时，西线战场上的战斗仍在继续。10月16日，美军朝默兹河畔挺进时，道格拉斯·麦克阿瑟指挥的一个旅就奋力攻占了沙蒂永海岸。该旅居高临下，击退了德军为将其夺回而发起的多次反攻。在罗斯少校率领的一个营，约瑟夫·弗鲁厄特下士独自一人袭击了一个机枪阵地，随后他效法艾尔文·约克，俘获了68名德军士兵。麦克阿瑟后来回忆起此次战斗的残酷。"军官倒下后，中士们奋勇当先继续指挥，"他写道，"连队减员后变为排，下士就接管指挥之职。最后，罗斯少校的1450名士兵及25名军官中，仅剩下300名士兵和6名军官。"但高地守住了。"人们不论向哪里望去，前途都一片暗淡，"一位德军连长当天写道，"难道一切真的均已断送？就这样结束真的太凄惨了。"

10月17日，美军在勒加多以南沿十英里宽的战线挺进，抓获5000名战俘，缴获火炮60门。同日，英军一弹未发就占领了里尔城。德国海军撤离了奥斯坦德和泽布吕赫。但就在这一危急时刻，某些德军将领似乎与现实背道而驰。当天，海军大将铁毕子就致信马克斯亲王，敦促利用每一个能够找到的人来对西线战场进行"坚决救援"，并将潜艇战"无情地进行到底：每名德国人都必须理解，假如我们不继续战斗，我们就将沦为敌人拿工资的奴隶。"受到德国皇帝召见以探讨该如何答复威尔逊总统时，鲁登道夫宣称德国能够，也应该继续战斗。他说协约国要想取得突破也"不太可能"。再等一个月，严冬就会让战斗中止。巧妙地后撤至以安特卫普及默兹河一线为基地的新的防线，就会让德军拥有策划于 1919 年春对协约国防线发起新攻势的能力。

马克斯亲王并不确信，但鲁登道夫毫不怀疑。他说，在 1919 年的德军攻势中，比利时将再度变为战场，"那么 1914 年的战斗与此相比将如同儿戏"。德国陆军大臣海因里希·朔伊希将军指出自己至多可以为 1919 年的攻势提供 60 万援兵，但他随后又警告说假如罗马尼亚向德国的石油输出被切断的话，那么德军就将只能再坚持六个星期的战斗。这只是当时讨论中首次出现的现实主义暗示。第二个此类暗示出现于次日，10 月 18 日，鲁普雷希特亲王在致马克斯亲王的信中描述了他麾下部队的惨状，缺少炮兵支援，缺少弹药、燃料、马匹和军官，最后总结道："在敌军攻入德国之前，我们就必须取得和平。"

10 月 18 日，先前曾确信胜利会在 1918 年到来的黑格，在战时内阁的一个委员会发言称，德国完全有可能将西线战场的新防线守到 1919 年。但德国的作战能力已接近枯竭。同日，按照 9 月 30 日停火条款，最后一支德军部队撤出保加利亚。次日，1200 名德国顾问及军事专家开始撤离美索不达米亚，同时撤走的还有他们的飞机、火炮和运输车辆。在奥军占领的塞尔维亚中部，某些德军部队仍在作战，对帕拉钦的塞尔维亚军队发起反攻，但多数曾在萨洛尼卡战场参战的德军部队都正在翻山越岭赶往亚得里亚海。

同日，海军上将希尔命令所有德军潜艇返回其德国基地，此举就终结了德国长久以来怀有的试图通过海战使英国就范的希望。最后一枚鱼雷由一艘德军潜艇于 10 月 21 日发射，其导致英国小型商船"圣巴查姆"号在爱尔兰海沉没，船上 8 人遇难，他们是当月遇难的 318 名英国商船水手中的最后一批。

比利时的整个海岸线此时都到了协约国之手。但德国政府依旧负隅顽抗。10 月 22 日，马克斯亲王坚称德国将不会接受"暴力和平"。赔偿已经成为停火谈判的新主题：就在这一星期，比利时政府就宣称它要求德国支付近 4 亿美元的赔款，以弥补所造成的损失。[①] 为缓解德国国内日益高涨的不满及共和主义的威胁，德皇就宣布对政治犯实行大赦。君主制不可调和的反对者李卜克内西也在被释放者之列。2 万余人来到柏林车站欢迎他归来。从莫斯科关注着这些事件的列宁，就胜利地宣布："三个月前，我们就说过德国将会发生一场革命，但当时人们却对我们

---

① 1994 年这笔款项超过 100 亿英镑（150 亿美元）。

嗤之以鼻。"

10月23日，驻意大利奥军发生兵变：克罗地亚军队夺取了阜姆港。① 此次兵变遭到镇压。10月25日，匈牙利民族主义领袖米哈伊·卡罗伊伯爵在布达佩斯建立匈牙利国民会议，奏响了奥地利与匈牙利完全分裂的序曲。此事远比任何克罗地亚人兵变更能损害帝国基本结构的完整。

在整个10月，威尔逊总统从他居于美国的有利地位遥控全局，依旧处于停火谈判的核心位置。德国政府10月20日向华盛顿发出最新照会，但直到22日，美国才收到该照会，德国政府此时同意放弃潜艇战。威尔逊总统10月23日将该照会再度发回大西洋对岸给克列孟梭和劳合·乔治，同时提议协约国准备谈判条款。

威尔逊总统所处地位有着巨大的力量。美军在未来战场上可能发挥的作用令德国极度警觉。10月24日，左翼的《工人报》提请其读者注意，每天都有1万名"生龙活虎、衣食无忧、装备精良的美军士兵抵达欧洲，每月就有30多万人，"该报接下来就问道，"人们是否希望在此种情况下继续作战，以致牺牲数十万年轻人的生命，由此毁灭国内余下的所有成年男子，并危及他们的未来吗？"

10月25日，四个协约国高级将领福煦、黑格、贝当和潘兴，在桑利斯开会，商讨具体的停火要求。将领们最关注的问题是使德国在实现停火后，也许是初春，丧失继续作战的实力。为防出现不可收拾的僵局，他们坚持认为所有德军火炮及一切铁路物资都应上缴协约国。但德国究竟是否会在如此的条件下投降，仍无统一意见。黑格仍相信，虽然德军在近期战斗中遭遇惨败，但他们未被击败，在后撤过程中还将能够建立新的、有效的防线。然而，协约国军队在黑格看来却"相当疲惫不堪"。随后他又谈起美军，让潘兴十分窘迫。美军"还未获组织，还未能编队，就因其对现代战争的无知而蒙受重大损失"。在下一场战斗中，"不能对其抱有过多期望"。

潘兴不顾这一批评，指出，由于美军补给线在大西洋沿岸延伸3000公里，停火条件中还应包括让德国上缴其所有潜艇。与会者表示同意。福煦不认同黑格表达的德军还未被击败的观点，他指出，自7月15日以来，已有25万多名德军被俘，4000门火炮被协约国缴获。德军在沿整个战场后撤。这支军队不仅"连续三个月来每天都遭到痛击，而且他们在肉体和精神上都已被彻底击败"。

---

① 阜姆港，今按照斯拉夫语称作：里耶卡。——译注

　　德军最高统帅部也持同样观点，不过仍居斯帕的兴登堡和鲁登道夫却因威尔逊总统坚持提出其停火条款而焦虑，正处于最后的对抗行动的边缘。他们对威尔逊的要求置之不理，用电报形式向所有集团军群司令下发通知，声称德国不应该提出停火条件，而且这也无法让军队接受，并命令军队"奋战到底"。威尔逊的要求"对我军人员而言，不过是对我们全力持续发动反击的挑战"。协约国付出多大的牺牲都无法"割裂德军战场"。一位集团军指挥官发表抗议后，这封电报就被撤销，但此时一名恰巧是独立社会党员的军用无线电操作人员已经在科夫诺将电文发送给了他在国会中的党内同志。

　　在10月24日的意大利战场，协约国军队再次发起了攻势，它以1400门火炮对格拉帕山周围的奥军阵地发起轰击为起点，共有51个意大利师参与此次进攻，另有英、法、捷克和美军部队参战。奥军防御依旧顽强：他们的73个师还没有准备放弃。

　　在皮亚韦河畔，英军部队参加了争夺帕帕多波利岛的激战。他们都是西线老兵，这就使他们有了独特视角。他们的一位牧师写道："在这里，新奇的战斗方式极大地缓解了紧张情绪。在法国，堑壕战有种内在的丑陋与残酷。淤泥、板道，爬出战壕途中经过的死马，火炮令人作呕的咆哮与怒吼，所有这一切都造成一种不同寻常的效果，令人难以忍受，只好尽力压抑对当时场景的任何思索。然而，在这里，情况却截然不同。数月以来，营中的好事者一直一心求战。火炮完全沉默。林间大道已全部披上秋季的盛装。首先，河水的流淌当中就存在探险的成分，而且，我们打击的敌人早已为我们所鄙视，这一切都将我们从受压抑的重负中解放出来，一年前在帕斯尚尔山岭，即使最勇敢的心也能够感知压抑。"

　　克罗斯又补充道："战士们出来就是要去结束战争，为奥地利军人自萨拉热窝那次引起灾难的刺杀事件之后犯下的罪行而给予其致命一击，人人都感觉到，虽然远征是一场赌博，但为了赌注值得去冒险。"帕帕多波利岛被攻占，但暴雨和洪水令英军寸步难行。当日在群山之间，意军收复了奥军在一年前占领的阿索隆山，但随后又被敌军夺去。

　　10月25日，德军报纸发表了已被取消的发自斯帕的"奋战到底"电报。被激怒的马克斯亲王前去面见德皇，要求或者鲁登道夫辞职，或者政府全体辞职。鲁登道夫也赶到柏林，面见德皇，要求拒绝接受威尔逊最近发出的照会。他说，如果国内人民支持战场上的军队，"那么战争仍能持续数月时间"。

　　鲁登道夫得到了兴登堡的支持，更重要的是，海军参谋长希尔上将也支持鲁登道夫。但德皇却被鲁登道夫直接向军队发电报的行为激怒，还带着怒气和嘲讽对他吼叫："阁下，我必须提醒您，您面对的是您的皇帝。"

鲁登道夫认识到此刻已无法继续战争，他也不被许可将战争继续下去，于是他辞职。发动战争的国家已失去其统帅。傀儡兴登堡依旧留任，德皇拒绝了他的辞职请求。但最高统帅德皇本人，也已变为傀儡，因为马克斯亲王政府仍在继续寻求协约国能够接受的条款。继鲁登道夫任军需总监的格勒纳将军是现实主义者，他认识到德国已丧失继续作战的能力。

在土耳其战场，谢里夫·侯赛因率领的阿拉伯军队已抵达阿勒颇城外围，这是叙利亚最北端的阿拉伯人城市。艾伦比的军队也已逼近，他的骑兵急于夺取该城，要为骑兵穿越叙利亚画上完美的句号。驻防阿勒颇的是穆斯塔法·凯末尔。10月25日，在城内阿拉伯人发动起义，准备作为自由人与他们的解放者里应外合时，凯末尔就敦促他的军队逐街战斗。此战中，与他对峙的阿拉伯军队司令为前土军军官努里·赛义德。[1]

入夜时分，凯末尔意识到在守卫奥斯曼帝国的这一南方堡垒上，他已无能为力，于是他就命令撤出。他知道阿拉伯或协约国军队继续追击就将进入土耳其腹地。于是他就在阿勒颇北面五英里处，命令部队转身，这并非为了与进攻的敌人对垒，而是要避开土耳其未来的最南端疆界。在哈里坦，他转而投入战斗，指挥手下的3000名土、德军士兵，阻止了艾伦比的先头部队，迫使两支印度骑兵部队——焦特布尔及迈索尔长矛骑兵队——后撤。

在意大利战场，奥军仍在寸土必争，防守着他们的山区阵地。但在10月26日，首个分崩离析的迹象出现了，当时匈牙利三个师请求被调回匈牙利。他们的要求获得批准，结果不到24小时，他们就已撤离。同盟国的第三条支柱土耳其也已陷入一片混乱。10月26日，艾伦比的骑兵进入叙利亚北部城市阿勒颇。土军向安纳托利亚撤退。在美索不达米亚战场，1000名英军骑兵在两天内进军83英里。

10月26日，三名土耳其谈判代表抵达爱琴海中的穆德洛斯岛，开始了停火谈判。与他们同去的还有汤森将军，自两年半之前库特被攻陷后，他就被囚禁于君士坦丁堡附近，土耳其人请求他协助实现停火。谈

---

[1] 和凯末尔一样，努里·赛义德也毕业于君士坦丁堡参谋学院。1922年，他在伊拉克政府担任国防部长，1930年后，他曾数次担任伊拉克总理。他亲英反共，后于1958年被暴徒暗杀。

判在"阿伽门农"号战列舰上举行，该舰在三年半之前曾参与炮轰达达尼尔海峡。和西线战场一样，在爱琴海开启和谈也并不与停战同步。

土耳其谈判代表抵达穆德洛斯岛后 48 小时，英军部队已经进至保加利亚的德德亚加奇港——此处距土耳其边境仅十英里，并已公开其向土耳其欧洲部分进军的意图。其余英军部队已逼近阿德里安堡，该城原属土耳其，后于 1913 年被割让给保加利亚。

战斗和谈判在各个战场此起彼伏。在意大利战场，一场激烈战斗正在进行。奥军发起一次反攻就俘获了 600 名意军。10 月 27 日，意军和英军成功渡过皮亚韦河，抓获奥军俘虏 7000 余人，这成了此役的转折点。军人哗变也蔓延开来，当时奥军就有两个师中大部分士兵拒绝发动反攻。卡尔皇帝意识到他除了撤出、后退及逃窜外，已经别无指望。"我的臣民不愿，也不能再将这场战争继续下去了。"他当日给德国皇帝发电报说，又补充道："我已无可更改地下定决心要请求单独媾和，立即实现停火。"

当日，不仅奥地利人不愿再战。德国公海舰队发布了入海再与英国舰队进行最后的决一死战的命令，伦敦将这道命令破译后，海军部上下一片哗然，但该命令受到德国海军士兵的抵制。希尔上将竭尽全力劝说海军将士前去战斗。他说："舰队再打一场光荣的战斗——哪怕战斗到死——就会播下德国未来新舰队的种子，一支舰队如果被套上屈辱和平的镣铐，它就将没有未来。"

但海军士兵们都执意不从。"我们不再到大海去，我们的战争已完毕。"他们齐声高喊。离港的命令被下达了五次，也被漠视了五次。海面舰船上的司炉工们就将锅炉内的火熄灭。1000 名哗变者被逮捕，致使整个舰队无法移动。"我们的士兵造反了，"舰队司令、海军上将冯·希尔在日记中写道，"即使天气条件允许，我也无法开展作战行动。"前海军参谋长铁毕子大将因帝国海军当日未能挑战英军而恼怒，就经过深思而写道："德国人民不了解大海。在命运攸关的时刻，他们却不使用其舰队……我们的子孙能否再承担这项任务，依旧隐藏于黑暗的未来当中。"

10 月 27 日，在西线战场，美军一个炮兵连正在从一个前线阵地向另一个阵地转移，正如连长哈里·杜鲁门上尉后来回忆的，当时"法文版《纽约先驱论坛报》已被分发到前线。用粗字体印着的头条大标题告知我们停火已经启动。突然，一枚德制 150 毫米炮弹在道路右侧炸响，另一枚就在左侧炸响。"一名中士评论说："上尉，那些该死的德国佬还没看过这份报纸。"

10月28日，奥地利请求协约国许可实行停火。1914年信心十足地向塞尔维亚开战的人们此刻在政治及军事上都已到了山穷水尽的地步。当日，意军在皮亚韦河畔俘获3000名奥军。傍晚时分，奥地利军队奉命后撤。在亚得里亚海滨的波拉港，四名年轻奥地利海军军官登上一艘德军潜艇，请求搭乘潜艇去德国。"为什么?"有人问他们。"我们想要为德国而奋战到底!"他们答道。

奥地利提出的停火请求激起了布拉格民族主义活动的最后一次高潮。三个月前，就在格雷戈尔大厅成立的捷克斯洛伐克国民会议又在此处开会，行使了政府职权，通过电话向赫拉德恰尼城堡区内的奥地利官员下达命令，让他们将权力移交给它，并宣布捷克国家独立。当晚，城堡区内的奥军士兵放下武器，公务人员则放下钢笔。没有疆界，未经国际承认，未经维也纳批准，有的只是处于其控制之下的首都地区，一个捷克国家实体就已形成。

10月29日，正当奥军部队从皮亚韦河向塔利亚门托河撤退时，6000多架意、法、英军飞机空袭了漫长而缓慢后撤的士兵、辎重和火炮纵队。奥军对此次野蛮空袭完全没有任何防护。仅皇家空军就向后撤的奥军投下数千枚炸弹，打出机枪子弹5万发。19岁的英军军官伯纳德·加赛德后来回忆起飞临空袭地点时的情景。"沿路到处都是炸烂的汽车及车上散落的东西，死马有的腿被炸飞，有的肚子被炸开，士兵们在道路上被炸死，逃到野地里躲避飞机炸弹及机枪子弹的人们就被打死在野地里，不知为何，他们口袋中的物品也散落一地。我不想细说我见到的场面，真是太恐怖了。"此次袭击重复了一个月前对撤往约旦河畔的土耳其军队的空袭。

奥地利停火直到11月4日才开始生效。与此同时，后撤仍在继续，协约国对后撤奥军的空袭也在继续。

在西线战场，潘兴将军仍在担心德国会有能力在春季再次挑起战争。他在10月30日表达的观点是协约国仍要继续进击，直到德军投降。"停火，"他警告说，"将重振久已低迷的德军士气，使其有能力重新组织并进行后期的抵抗。"但劳合·乔治和克列孟梭对潘兴提出的让德军无条件投降的观点不屑一顾，他们相信即使德军仍未放下武器，也能给德国施加强硬而极端苛刻的条件。福煦也不害怕潘兴所恐惧的那类德国军事复苏。"我不是为了进行战争而进行战争，"福煦对威尔逊总统特使豪斯上校说，"如果我能通过停火获取我们希望强加给德国的条件，我就满意了。一旦这一目标得以实现，没有人有权再流一滴血。"

与德国展开的停火谈判仍将继续，战斗也同样如此。10 月 30 日，铁毕子致信马克斯亲王："敌人完全能够评估我方实力，如果我们过早解除武装，他们不会对我们更加仁慈，反而会更加粗暴、野蛮，因为要在胜利的狂喜之余，再加上对我们的一丝蔑视。"铁毕子认为假如德国决定拒绝协约国的条件，那么"基于再战的需求将产生最强烈的心理效果"，而这对德国有利。他相信，假如德国拒绝已经提出的和平条款，那么"因战争而疲惫的敌国人民将感到可怕的失望"，这将可与"增强我方战场上的英勇抵抗的实力"相提并论。这一持续对抗、延长战争的呼吁最终被马克斯亲王否决。

在西线战场，战斗仍在继续。10 月最后数日内参战的英军士兵中有诗人威尔弗雷德·欧文。他随所在营通过德军刚刚撤离的村庄前进。令欧文愤恨的是，协约国领导人拒绝了德国先前提出的尝试性谈判的请求。"这里的平民是可怜、肮脏而又谄媚的一个群体，他们当中有些人怕我们，这也难怪，因为三星期前我们曾对这里进行过炮轰。"他 10 月 29 日致信同为诗人的西格弗里德·沙逊，"我有没有告诉过你在上一个村庄一晚上就有五名健康的少女被吓死？英法两国那些没能让敌军和平后撤的人们此刻正在让年迈的法国农民和可爱的法国儿童牺牲在我们的炮火之下。伯明翰的妇女制造的炸弹此刻正在埋葬距此不远处的幼童。"有传闻说奥地利已经投降。"听到这些传言，新兵们都欢呼雀跃，但老兵们只是猛吸烟斗，继续擦枪，置之不理。"

甚至在德、奥军队都在后撤，已被德国控制四年的区域获得解放的时候，战争仍在继续。10 月 30 日，艾伦·布鲁克上校来到了杜埃的军人公墓，这里自 1914 年底以来一直由一支德军部队维护，"看着那些坟墓，不论他们属于法军、英军、俄军，还是德军，都得到了同样精心的照看。"在公墓的中央，德国人竖起了一座巨大的石碑。"在三块墙角石上，各有法、英、德三国的椭圆形装饰顶冠，每块墙角石面向的都是各自的国家。"在每块墙角石的正面上方都用拉丁文写着"为了祖国"，而在其底部则分别用法、德、英三国文字镌刻着：谨以此纪念英勇的战友。

意大利战场上，战斗仍在继续。10 月 30 日，3.3 万余名奥军被俘。在西线战场，德军一个师拒绝执行开战的命令。在维也纳，奥匈帝国政府仍在寻求与协约国实现停火。

哈布斯堡帝国正在土崩瓦解。布拉格的捷克国民会议已于 10 月 28 日宣布捷克斯洛伐克独立，次日，斯洛伐克国民会议在斯瓦季马丁宫开会，加入了此前并不存在的政治实体，同时坚持在斯洛伐克地区行使

"自由自决"的权利。①

同在 10 月 29 日，克罗地亚议会在阿格拉姆宣布克罗地亚和达尔马提亚自此成为"斯洛文尼亚人、克罗地亚人和塞尔维亚人的民族主权国家"的一部分，该国和捷克斯洛伐克一样，也使欧洲地图面貌一新。在斯洛文尼亚城市莱巴赫和波斯尼亚首府萨拉热窝，也都发表了类似宣言，随着南斯拉夫国家的形成而将这些地区连成一片。为求与时俱进，德语的城市名阿格拉姆就被改成斯拉夫语的萨格勒布，而莱巴赫则改称卢布尔雅那。

10 月 30 日，奥地利阜姆港宣布实现独立并要求被并入意大利，而在两天前，（从阿格拉姆）该港口就已被宣布成为南斯拉夫国家的一部分。奥地利皇帝、匈牙利国王卡尔邀请卡罗伊伯爵组阁，布达佩斯的匈牙利人就抓住了实现其自身独立存在的机会。卡罗伊组阁后，就在卡尔皇帝的许可之下，结束了自 1867 年起就将奥匈两国合并的联系，还通过与塞尔维亚境内的法军部队开始停火谈判，从而验证了匈牙利新取得的独立地位。10 月 30 日，奥匈帝国已成往事，皇帝卡尔就将奥地利舰队交付南斯拉夫各族，将多瑙河小舰队移交匈牙利。在维也纳，工人、学生针对君主专制本身发起游行示威。当晚，奥地利停火谈判代表团抵达意大利，下榻帕多瓦附近的朱丝蒂别墅。

在穆德洛斯岛外的"阿伽门农"号战列舰上，土耳其谈判代表与以英国东地中海海军司令威姆斯上将为首的英国谈判人员正在制定土方停火协议的最后细节，该协议将于次日正午生效。汤森将军也参加了将土耳其最终击败的行动。

停战协定的签订就结束了美索不达米亚的战争，此战已使原汤森所辖部队来到摩苏尔城门外。英军在美索不达米亚作战的四年中，死于作战及疾病的人员为 1340 名军官和 29769 名士兵。巴勒斯坦和叙利亚境内的战事也已结束，此时英军已进至阿勒颇以北，来到土耳其腹地安纳托利亚最边缘地带。

根据穆德洛斯停战条款，土耳其必须向协约国战舰开放达达尼尔海峡和博斯普鲁斯海峡，接受对达达尼尔海峡和博斯普鲁斯海峡港口的军事占领，同意复员土耳其军队，释放所有战俘，撤出广袤的阿拉伯各省，这些地方只有一小块处于协约国控制之下。数月后，《泰晤士报》评论

---

① 斯洛伐克在 20 世纪曾两度取得独立地位：1939—1945 年曾是纳粹德国总督辖区；1993 年 1 月，继东欧剧变之后，它又从 1945 年之后的捷克斯洛伐克国家当中分离出来。

说："此次停战的不足之处在于它并未使安纳托利亚的土耳其人真正认清他们所遭受的彻底失败，而且它并未就亚美尼亚人的安全做出充分的规定。"

10月30日，土耳其投降日，也出现了一场戏剧性进展，即德国皇帝离开柏林赶往斯帕。在这偏远的比利时风景胜地，他请政治家们探讨自己退位，由幼子继位，让德国归摄政理事会治理的可能性。国会的大部分政党都赞成这一进程。他们后来认定德皇将被迫牺牲自己，以使他的王朝得以存续。但普鲁士内政部长德鲁兹博士前往斯帕，向皇帝本人直陈上述观点时，皇帝勃然大怒。"就凭您一位普鲁士官员，怎能使这一使命与您在您的国王面前发出的誓言相调和？"

在兴登堡的全力支持下，皇帝拒绝逊位。德鲁兹觐见皇帝时在场的格勒纳将军声嘶力竭地强调（因为德鲁兹耳背），他的君主不应辞职，并说自己另有计划。德鲁兹离去后，他说皇帝应该"亲临前线，不是去检阅部队或授勋，而是去慷慨赴死。他应该进入某个正处于炮火猛攻的战壕当中。如果他负伤的话，德国人民对他的看法将会完全改变"。兴登堡认为这种想法极其拙劣。皇帝本人的观点没有被记录下来。

在西线战场，协约国军队在各处的攻势都持续迅速突进。10月31日，英军进抵斯凯尔特河。其余战场上也都在进行最后的总攻前的备战。

10月31日，在亚德里亚海岸的波拉港，南斯拉夫人接掌了卡尔皇帝移交给他们的奥匈帝国战舰。随后，令他们感到恐怖的是，他们看到一艘意大利鱼雷艇向停靠锚地的"联合力量"战列舰发射了鱼雷，该鱼雷艇拒绝承认这些战舰已不再属于敌军舰队。数百名海军士兵葬身水底。同日，塞尔维亚军队抵达其首都贝尔格莱德城外高地，他们在六个星期内从萨洛尼卡战场一路高歌猛进，沿途解放了自己的乡村与城镇。从贝尔格莱德上方的制高点，他们能够见到船队将奥军士兵运过多瑙河，运到匈牙利一侧上岸。次日，他们向沿多瑙河游弋的匈牙利巡逻艇开炮。四年之前，第一次世界大战就是由奥军向位于这些高地的塞尔维亚阵地开炮打响的。

美军策划11月1日在默兹河畔发起新的攻势。紧张备战之下，士兵们却倦怠无力。道格拉斯·麦克阿瑟描述了当时的情形，他们"沉闷地使自己为下次奉命奔赴前线做好准备"，他们两个星期前付出惨重代价而攻占的沙蒂永海岸依旧可以望见，此时，他们心中无法摆脱"那些梦魇般的日子"。训练他们的人们希望通过口号和劝诫来营造一种新的激情。"端掉机枪的最佳方式就是上去端掉它们。奋力向前。""失败没有借口。""没有人会累得无法再向前迈一步。"

美军的进攻发起前一星期内，一艘战列舰的标准装备，即三组 14 英寸海军炮，就被安装于火车车厢上，从 25 英里距离之外，将每枚重达1400 磅的炮弹打入德军防线。进攻发起前两日，美军炮兵首次将芥子气投入实战，向与他们对峙的德军各师打出了总重达 41 吨的 3.6 万发毒气弹。距离美军战区最近的 12 个德军炮兵阵地中，有 9 个被摧毁。随后，经过两小时的密集炮火弹幕射击后，美军于 11 月 1 日凌晨发动了进攻。低飞的美军飞机用机枪扫射了炮轰中未受损伤的德军防线。高飞的美军轰炸机则空袭了德军交通线、物资及战线后方的士兵营地。

"敌军防线第一次被彻底突破。"潘兴评论说。德军溃逃。美军列兵拉什·扬回忆说："道路和原野上四处散落着德军的尸骸、马匹、火炮、运输车辆、火炮前车、钢盔、炮管和刺刀。"到当天结束时，显然德军已无力重新组织或发起反攻。同日，即 11 月 1 日，就在埃纳河以北的巴诺涅和勒库夫朗斯附近，法军部队已进入兴登堡防线后方设立的三道防线当中的第一道。

在柏林，政治活动也变得愈发激烈，斯巴达克同盟成员发出了废除君主专制的强音。皇帝 11 月 1 日在斯帕向马克斯亲王的特使评价了这一要求："我做梦也想不到自己会因数百名犹太人和 1000 名工人而被迫放弃王位。"后来他又尖刻地补充说："把这句话告诉你在柏林的主子们。"马克斯亲王听到皇帝的观点后不为所动，他已通知美国德国政府正在等候停火条款。

和 10 月 31 日停火生效时的奥斯曼帝国一样，哈布斯堡帝国也已分崩离析。11 月 1 日，萨拉热窝城宣布成为南斯拉夫"民族主权国家"的一部分，四年零五个月之前，哈布斯堡帝国皇储正是在这里被暗杀的。同日，鲁塞尼亚人宣布独立。① 维也纳和布达佩斯都爆发了革命。10 月31 日，前匈牙利首相蒂萨伯爵被赤卫队暗杀于布达佩斯。11 月 2 日，由东线调至西线战场的德军没有参战，反而发生哗变。在维也纳帝国美泉宫的一个匈牙利步兵团擅离职守，返回匈牙利。同日，立陶宛国民议会取消了将符腾堡公爵作为国王的选举，这就认可了同盟国的崩溃，及其所代表的一切内涵。

协约国最高军事会议，仍对德国达成停火的意愿有所怀疑，就于当日探讨并通过了 1919 年春季进攻巴伐利亚的计划。进攻将主要由意军发

---

① 1919 年鲁塞尼亚被并入捷克斯洛伐克；1939 年被匈牙利吞并；1944 年成为苏联领土；1991 年成为独立乌克兰最西部。截至 1994 年 5 月，它仍未能取得独立。

起，并由部分英、法军队提供支援。协约国的作战实力正处于巅峰：1918 年 10 月，英国就制造了近 5000 挺机枪，同时又为 11 月生产了 5000 挺。

奥地利停战协定签署于 11 月 3 日，并于次日生效。在维也纳，红色革命仍在继续。"各地欢庆世界革命的第一天的时刻即将到来。"列宁 11 月 3 日在莫斯科的一场支援奥地利革命者的群众集会上宣布。在基尔，3000 名德国海军士兵和工人高举红旗。基尔地方长官、原海军上将苏雄，曾于 1914 年向俄国波罗的海港口开炮，将土耳其拖入战争，此时命令忠于政府的士官生镇压叛乱。八名哗变者被打死，但叛乱仍在继续。

在意大利战场，意军于 11 月 3 日攻入特伦特城。在特伦蒂诺被俘的 3000 名奥军中就有路德维希·维特根斯坦。同日，协约国同意了德国提出的在西线战场停火的正式请求，但这里的战斗仍在继续。在意大利战场，11 月 4 日下午 3 时，一切战斗均已停止。

同日，英、加军队沿自瓦朗谢内至吉斯之间 30 英里的战线，在西线战场发起进攻。新西兰师率队进攻距比利时边境不足五英里的高墙环绕的凯斯诺古城。德军奋力守城，击退了新西兰军队，于是攻城者就决定在围城之后转而去进攻更东面的德军炮兵阵地。然而，在这里的约利梅茨与埃比涅两村，德军猛力抗击。于是新西兰士兵就向凯斯诺城中散发传单，让城内德军投降，但全然无效。接着新军就尝试直接攻城，在墙外一处竖起 30 英尺高的云梯，士兵们鱼贯攀登而上。最终进城之后，他们俘虏了 2500 名德军，缴获火炮 100 门。

战线后方，德国海军兵变仍在蔓延。11 月 4 日，又有数千名海军士兵，众多工厂工人及 2 万名驻军加入前一天的 3000 名哗变者当中。数千名海军士兵从基尔赶到柏林，并在柏林举起哗变的大旗。11 月 5 日，吕贝克和特拉沃明德的海军也宣布支持革命。次日，汉堡、不来梅、库克斯港和威廉港的海军也竞相效尤。身在斯帕大本营的德皇曾考虑派遣作战部队收复基尔，但被他身边的人们劝止。

11 月 4 日，协约国将领们集会，商讨下一步的进攻行动。法军将在十天后的 11 月 14 日向洛林境内发起进攻。美军同意为此次行动提供六个师，条件是让他们以美国集团军的身份参战。此时，德、奥两国境内革命的呼声仍在高涨，列宁在 11 月 6 日评论说："德国已经起火，奥地利大火已经失控。"同日，在柏林，德国社会主义者领袖弗雷德里希·埃伯特提议仍在斯帕的德皇"应于今天，或最迟明天"逊位。

继 11 月 1 日在默兹河畔取胜之后，美军持续进击，11 月 6 日进抵正对色当的河岸：进军过快，混乱频发，指挥某步兵旅的道格拉斯·麦克阿瑟，就被己方当俘虏抓住。警觉的美军哨兵以为他是德军军官，用枪指着他将他带了进来。麦克阿瑟脱去他那顶不同寻常的松垂的军帽，摘下长围巾后，这一错误很快就被发现。当天出现了持续不断的混乱，相互矛盾的命令，部队相互冲撞，而长期存在的给养短缺问题仍在恶化。在一个师中，马匹短缺严重，人们就被迫套上马具将车辆拉到前线。但后方区域出现的混乱，再加上相关医护人员已处于"强度极限"的警告，都无法遮掩取得胜利的规模。同日，加拿大军队进入比利时，俘虏1750名德军，他们占领这片领土刚好四年有余。

格勒纳将军在前线停留四天后，于11月6日回到斯帕亲自向德皇提出警告，宰相则给皇帝发来电报，同样警告说最迟必须在9日之前签署停战协定。"即使星期一都将过迟。"格勒纳警告说。他基于过去数日来的亲身经历，对时局的考察判断令人毛骨悚然：舰队发生哗变，革命一触即发，政府威信扫地，以致军队都拒绝向革命者开枪。

次日，11月7日早晨，德国停战谈判代表齐集斯帕。中央党领袖马蒂亚斯·埃莎贝格尔作为马克斯亲王政府成员，极为勉强地同意率领代表团成行，由此（我们现在了解）就在自己的死刑执行令上签了字。人们不太确信埃莎贝格尔会有勇气越过法军防线，还曾让一位并不出名的军人冯·京德尔将军做好准备代尽职。当日上午，福煦收到德军最高统帅部发来的无线电消息，通报了代表名单，并请求"根据人道利益原则"，他们到达法国后"暂停双方对抗"。福煦对这一要求置之不理。正午时分，代表团离开斯帕赶往前线，途经法军控制地带。他们在这里得知谈判将在贡比涅森林内举行。

战场上的士兵们仍在战斗，四年多来的每一天他们都这样度过。但德国代表团抵达法国的消息传来就立即在后方催生了战争已经结束的流言。当天下午在布雷斯特港，法国海军士兵将军帽扔到空中，兴高采烈地呼喊："战争结束了！"还开炮庆贺。在港的美国记者罗伊·霍华德正准备乘船返回美国，就向美联社纽约分社发电报说停战协定已于上午11时签署，战斗已于下午2时停止。他还另外补充说美军已于当日上午"攻占色当"。

由于有五个小时的时差，霍华德的电报到达纽约时刚好可以发在各报下午版上：

和平来到
战斗结束

当天的《圣迭戈太阳报》头版大标题这样写道：排字工激动不已，排错了'战斗'一词。美国各地数百座城镇开始了欢庆。在纽约，恩里科·卡鲁索出现在他的酒店窗口向极度兴奋的人群高唱"星条旗永不落"。在芝加哥，一名比利时男高音走上舞台，中断了正在彩排的歌剧，他流着欣喜的泪水高喊："停战了！停战了！和平实现了！"此刻，交响乐队首先奏响《星条旗》，随后又演奏了各交战协约国的国歌。

11月7日午后和傍晚，停战协定已经签署的消息就在古巴、阿根廷和澳大利亚传开，人们奔走相告，四处欢庆。消息传到华盛顿时，兴奋的群众汇集白宫，向总统欢呼。第一夫人敦促总统走到门廊前向群众致意。总统知道消息必定不实，就拒绝出门。同时，一封发自美联社巴黎分社的电报被送到霍华德手中："停战报道不实。陆军部绝对否认，并宣称敌方特命全权代表仍在途中通过防线。到晚间才能与福煦会面。"

在西线战场，各协约国军队的进攻持续了一整天，德军的抵抗也同样如此。当美第42师巡逻队进入特罗西和瓦德兰库尔两村——此处与色当隔默兹河相望——时，猛烈的德军火炮和机枪火力将他们击退。

柏林国会的多数社会主义议员都要求皇帝逊位。这项要求被否决后，他们就从国会集体辞职，并号召举行全德范围的总罢工。在慕尼黑，普鲁士犹太人、列宁的追随者库尔特·艾斯纳宣布成立巴伐利亚苏维埃共和国，而他的职业身份是《慕尼黑邮报》的戏剧评论人。在科隆，投身革命的海军士兵占领了城市，和早前在基尔一样，也在科隆升起了红旗。

德皇因德国的崩溃，因其祖父与俾斯麦半个世纪之前创立的帝国体系的瓦解而陷入绝望。马克斯亲王通过电话促请他退位时，他就冲着电话怒吼着拒绝。11月8日夜间，海军上将冯·欣茨赶到斯帕，告诉他他所钟爱的海军将不再服从他的命令。作为四年来同盟国作战激情的偶像，德国皇帝此时已经崩溃，他引以为傲的帝国世界已变为一片废墟。

第二十七章　最终停战

1918 年 11 月 9—11 日

1918 年 11 月 9 日上午，德国停火谈判人员抵达贡比涅森林。德国军方代表温特费尔德少将的父亲曾于 1870 年制定法国投降条款：法方对派出此人的原因有过不少猜测。但当魏刚将军领着这群德国人走进福煦的火车包厢时，他们带来的显然都只是失败的氛围。"当我看到他们在面前，"福煦后来写道，"沿桌子对面排成一列，我就对自己说：'这就是德意志帝国！'"

在斯帕，这个帝国的统治者正在为了自己的未来而奋争。当日上午他再次看到冯·欣茨时，就对他挖苦地评论说："我亲爱的海军上将先生，海军已经适时地悄然离我而去。"皇帝终于认识到他已失去海军的支持，他原想将苦心经营起的海军当作打垮英国的利器。但又是什么导致他自 1887 年起就亲自统率的陆军节节败退？还能否再利用陆军恢复德国国内秩序，进而维持君主制度？他说，他愿意率领陆军冲杀，不是去西线战场的残余阵地，而是要去基尔、慕尼黑和柏林，去镇压兵变与革命。11 座德国城市都已飘扬起红旗。其中包括五个主要港口。有兴登堡在其左右，他将要为帝国恢复秩序。

在征求格勒纳将军的意见时，他毫不含糊地指出，在德国国内无法取得军事行动的胜利。革命者已经控制了主要铁路枢纽。距此最近的德国城市，20 英里外的艾克斯拉沙佩勒（亚琛），已处于叛军控制之下。德国控制的最近的比利时城镇，不到 10 英里外的韦尔维耶也同样如此。如果命令陆军前去作战，陆军不会服从。已经没有后备部队。

皇帝似乎不太明白局势已极其严峻。他首先考虑立即派军平定韦尔维耶和艾克斯拉沙佩勒的叛乱。接着，他又提出停火谈判期间自己在斯帕静候，一俟谈判完成，他将仍作为皇帝率军重返柏林。格勒纳接下来的话就让皇帝的幻想破灭，他说："在将领和司令们的率领下，军队会平静而有秩序地开赴国内，在皇帝陛下率领下则不然，因为军队已经不再支持皇帝陛下了。"德皇发表抗议，随后就请他的高级将领们将上述声明写成文字。将领们予以拒绝。"难道他们没有在我面前立下军人誓言吗？"皇帝问。格勒纳答道："今天的忠诚誓言已经没有了实质内容。"正在激烈争论之时，柏林守备司令发来的电报被送到，上写："全军叛逃。完全失控。"当时是 11 月 9 日上午 11 时。午后，其他电报纷纷接踵而至，每封都给德皇的权威与未来带来了灾难。柏林的马克斯亲王为留存君主制，宣布皇帝已经退位，并已建立摄政理事会。随后，马克斯亲王引咎辞职，将宰相职权交给社会党领袖弗雷德里希·埃伯特。另一封电报显示斯巴达克同盟已经占领皇宫，还说卡尔·李卜克内西已在皇宫的台阶上宣布德意志苏维埃共和国成立。作为回应，社会党领袖沙伊德曼在国会台阶上宣布成立社会主义共和国。返回德国之路已被革命者堵住。甚至斯帕的士兵们都建起一个布尔什维克委员会。

在斯帕，另一名访客宣布来到。他就是海军上将希尔，他为加强人们忠君的决心就对皇帝说如果他退位，那么帝国海军就将失去领袖。"我已不再拥有海军。"威廉皇帝尖刻地评论说。"深深的失望在这几个字中回响。"希尔后来回忆说。此刻已到了下午 5 时。皇帝心意已决。他要在次日上午前往荷兰，开始流亡。

在贡比涅森林，停火谈判持续了一整天。当埃莎贝格尔试图解释德国国内如火如荼的革命，以及布尔什维主义侵入欧洲，直逼西方的威胁时，他是在以这样的危险为理由请求开出宽大的条件。福煦答道："您已患上失败者的通病。我不怕。西欧将找到自卫及抵御这一危险的途径。"埃莎贝格尔再次提出德国政府的请求，即只要谈判正在进行，及在德国代表寻求获取更好的条件时，西线战场就应停火。"不，"福煦答道，"我在此代表已提出各自条件的各协约国政府，停战协定签署后才能停止敌对行动。"

由此，战争依旧继续，但德国已无力通过其战场行动来影响谈判结果。在协约国 8 月初发起攻势后的 100 日内，打破德国实力的并非战线后方的分歧与革命，或后来的民族主义及纳粹政治家宣称的政治阴谋，而是协约国方面的军事优势。在那 100 天里，英军部队及殖民地军人共俘虏 18.6 万德军，缴获火炮 2800 门；法军俘虏 12 万人，缴获火炮 1700 门；美军俘虏 4.3 万人，缴获火炮 1400 门；比利时军队俘虏 1.4 万人，缴获火炮 500 门。总计俘虏德军 36.3 万人，缴获火炮 6400 门，分别占德军参战兵力的 1/4，火炮总数的 1/2。德国的作战能力，甚至保卫其疆域的实力，都将会不日崩溃。

在海上，最后阶段的海战仍在进行。在直布罗陀外海，英国战船击沉了德国 "U-34" 号潜艇，1915 年以来，该潜艇已经摧毁了 121 艘协约国商船。在特拉法加角海域，德国 "UB-50" 号潜艇击沉了英国 "不列颠尼亚" 号战列舰，舰上 40 名海军士兵罹难。①

在 11 月 9 日的战场上，美军在洛林取得小幅推进。即使在德军后撤之时，他们仍留下小股轻机枪步队断后，阻止美军攻上每一道山岭。战场上伤亡极少，但当天有数千人因流感而在后方死去，其中就有法国诗人纪尧姆·阿波里奈。

当日，富兰克林·罗斯福在法国染上的急性肺炎已经康复，他在自己的海德公园寓所内考虑辞去海军副部长，而去当一名普通海军士兵。他此次到访欧洲及视察北海及法国大西洋沿岸的美军战舰及海军设施，已让他初尝作战滋味。他不确信德国会接受协约国的停火条件。"大家似乎一致认定德国佬已病入膏肓，会接受任何条件，"他 11 月 9 日致信一位在哈佛大学读书时的室友，"但我个人并不像某些其他人那样笃定确信。假如这些条件被拒绝，战争又继续下去，我想我无疑会参加海军。"

11 月 10 日，加拿大军队进入蒙斯，四年之前，英国远征军的 "可鄙老兵" 曾在此首次投入战斗，并被击退。当日在其余地带，美军作战行动包括渡过默兹河及在布里埃盆地附近对阵德军部队。美军一个黑人师参加了布里埃盆地的战斗，伤亡惨重。当日在海上，一艘英国扫雷艇 "阿斯科特" 号在英国东北海域被德军潜艇用鱼雷击中，53 名艇员葬身海底。正当这些最后的死者标示着战争自身永存的无益时，德皇离开了他在斯帕的大本营，流亡荷兰。自此，他再未踏上过德国的土地。有人警告说驻守列日的德军可能生变，于是皇帝离开载他前往荷兰的火车，然后继续乘汽车穿行僻静道路和乡村小路。

11 月 10 日夜间，柏林有消息传到贡比涅：德国政府已接受停战条款。德国将立即撤出比利时、法国、卢森堡和阿尔萨斯-洛林。这些地区曾被遣送、关押、扣为人质的所有居民都将被遣返。德军将上缴 5000

---

① "UB-50" 号潜艇司令、海军上校库卡特曾于 1916 年接受利比亚塞努西部落民众赠送给他的两头骆驼，将它们装在潜艇水雷舱内，驶过地中海运至奥地利港口波拉，后来这两只骆驼成为当地动物园明星。

门重炮及火炮、2.5 万挺机枪、3000 门迫击炮和 1700 架飞机。德军将撤出，并由协约国占领整个德国西部直至莱茵河左岸，此外协约国还将占领对岸的三座桥头堡：分别位于美因茨、科布伦茨和科隆。德国"要在36 日之内将车况良好的"5000 台德国铁路机车及 15 万节火车车厢、5000 辆卡车送交协约国。东线的所有德军部队，包括俄国境内的在内，都要撤回德国 1914 年的国界之内。所有的黑海港口都要撤出，所有被缴获商船都应归还。所有潜艇都应移交，同时移交的还有六艘战列巡洋舰、十艘战列舰、八艘轻型巡洋舰及五十艘驱逐舰。德国还将被要求为其"在比利时和法国北部造成的损害进行赔偿"。

贡比涅德国代表们通宵达旦研究这些条款的最终细节，然后于次日，即 1918 年 11 月 11 日上午 10 时 30 分签署了这些条款。"一个 7000 万人口的大国受到了伤害，但并未灭亡。"德国代表团长马蒂亚斯·埃莎贝格尔发表声明，称这些条款将给德国带来饥馑和混乱。这是一战中的第四次，也是最后一次停战。福煦立即通过电报及电话向各协约国将领通报消息："法国时间 11 月 11 日上午 11 时，整个战场停止一切敌对行动。"这一时刻到来时，西线战场上的一切战斗都将中止。此时，德皇这个被许多人认定的战争的主要发动者，已经踏上中立国荷兰的领土。

11 月 11 日整个上午，战斗仍在继续。早上 6 时 30 分，签字的消息就已传到美第 1、第 2 集团军司令部。但指挥官们命令战斗要持续到 11 时。"在最后那几个小时里战死或致残的士兵付出的是无谓的牺牲，"一位美国历史学家写道，"对他们的不当处置在战后还引发了国会调查。"[1] 在凡尔登以东的埃梅维尔村附近，哈里·杜鲁门所在炮兵连当日也参加了战斗。"我奉命开炮，一直打到上午 10 时 45 分，"他后来回忆说，"那时我射出了最后一炮。"他当时使用了一种新型炮弹，射程为 11000米，而普通的 75 毫米火炮的最远射程为 8800 米。协约国的作战实力即使到了最后的时刻，仍在进行着完善与改进。

当天上午，英军为其一个旅设定的目标是要在莱西讷夺取登德尔河上的一座桥梁，以防德军将其炸毁；该旅已在五个星期内从利斯河推进至斯凯尔特河，即将来到登德尔河畔。行动命令在上午 9 时 30 分送达，要到 11 点钟才能完成。多次负伤的弗赖伯格将军率军展开行动，正当他一马当先向前冲锋，德军前哨就朝他开火，一颗子弹击穿了他的马鞍。最终抵达该桥并将其占领后，该旅还俘虏德军 3 名军官和 100 名士兵。

---

[1] 唐纳德·斯麦思，《特级上将潘兴》，布卢明顿：印第安纳大学出版社，1986 年，232 页。

弗赖伯格因此次行动为其战时优异服务勋章上又赢得了一条特殊荣誉金属勋带。后来，莱西讷的一条街道被用弗赖伯格的名字命名。此时已经临近上午 11 时。

在蒙斯以东的维尔苏海讷村，加拿大列兵乔治·普莱斯也像数百万自己的战友一样，在等待战争的结束。此时是 10 时 58 分。突然德军狙击手打出的一颗子弹炸响，将普莱斯打死：他是西线战场上最后死难的士兵之一，也是战死于一战中的 60661 名加拿大士兵之一。

"军官们将表掐在手中，士兵们面带他们作战时的那种严肃的表情沉着等待着，"约翰·巴肯写道，"在 10 时 58 分，就在南非旅对面，在英军抵达的最东地点，一名德军机枪手在不间断打完一条子弹带的子弹后，我们看到他在自己的机枪旁起立，摘下钢盔，鞠躬，然后缓慢地走到后方。"

片刻之后，手表的指针指向 11 时。两年前，巴肯的一个兄弟战死，巴肯写道："出现了一种钟充满期待的沉寂，搂着又传来一阵怪异的、荡漾开去的声音，远离前线的观察家们将之比作一阵轻风的声音。那是士兵们从孚日山脉面向大海的欢呼声。"① 在埃迪·里肯巴克所在的美军飞行中队，一位飞行员兴奋得手舞足蹈，高叫着："我活到战争结束了！"另一个在里肯巴克耳边叫喊："我们再也不会挨枪子儿了！"

"全结束了，停战协定已经签字。"英军第 8 师某连的一位军士长对士兵们宣布（他们的连长在前夜头部负伤）。"停火是什么，老兄？"一名士兵问道。"掩埋死者的时间。"另一个答道。

在已驶离纽约 12 小时的"毛里塔尼亚"号运兵船上，4000 名美军士兵正在前往参战的途中。当乘务长宣布停战在即时，某些士兵就表达了因自己启程过迟而无法参战的失望。在伦敦，为纪念炮火停息的时刻而鸣响了礼炮。数十万人涌上街头。仍为自己的哥哥和未婚夫战死而感到悲哀，无法高兴起来的薇拉·布里顿被米尔班克医院的一位护士姊妹招呼出来。"我机械地跟着她走到路上。我傻傻僵直地站在那里，威斯敏斯特胜利的礼炮声早已换成远处传来的高声欢呼。

在罗切斯特，正当大教堂的钟声为庆祝战争的结束而响起时，露茜·斯托尔斯正在家中为自己的四个儿子都在作战结束后平安归国而感恩。电话铃声响起。一个朋友通知她，她的二儿子弗朗西斯已于前夜因伤恶化而死去。在北威尔士，罗伯特·格雷福斯刚刚听说他的两位朋友

① 约翰·巴肯，《国王的恩泽》，伦敦：霍德与斯托顿出版社，1935 年，203 页。

已经战死。两个月前，他的妹夫就已战死。他后来写道，停战的消息传来，"我就独自走上罗德兰（威尔士弗洛登古战场）沼泽上的堤坝，想着死者而诅咒、啜泣。"

长时间里，悲戚的回忆和兴高采烈、醉眼迷离的欢庆相互碰撞。街道上一群群民众载歌载舞、欢呼雀跃。在伦敦，大批民众聚集特拉法加广场，还有许多人涌向伦敦林荫路。在整个欧洲，停战的消息每到一处，庆祝活动也随之而至。11 岁的英国男孩德斯蒙德·弗劳尔回忆说："我们身穿睡衣，在花园旁游行，吹响了会响的一切东西，敲响了一切能敲的东西，比如茶盘。"

胜利使各协约国首都的欢乐都显而易见地爆发。"谁会嘲笑或嫉妒这种无法抑制的神情恍惚？"丘吉尔十年后问道，"每个协约国都情同此心。"五大洲每个战胜国的首都、城市都以自己的方式复制了伦敦的场景与声音。这段时间很短暂，对其记忆也转瞬即逝，它的流逝与其开始一样突然。已经抛洒了过多的热血，已经消耗掉过多的生命精华。每个家庭都产生了过宽而又难以填补的裂隙。在数十万人向其心灵渴望的成就致意的可怜的欢乐过后，觉醒的震撼和幻灭之感就迅速袭来。人们仍在从得到保障的安全、已恢复的和平、保全的荣誉、工业成就带来的舒适，以及士兵还乡中获得满足，但这些已经成为背景，其中也混杂着那些永远无法还乡的人们所带来的痛苦。当晚在唐宁街 10 号，劳合·乔治对共赴晚宴的宾客们说他完全赞成绞死德国皇帝。出席晚宴的丘吉尔却不愿苟同。

在法国，潘兴仍感愤怒，因为他的建议没有被采纳，结果战争未能持续到德军在战场上放下武器。"我料想我们的战斗已经终止，"他评论说，"但再战数日会造成多么重大的区别……我害怕德国还不清楚自己已被打败。如果我们再用一星期，定会让他们得到教训。"德国人感到自己被签署停战协定的人们出卖了，他们在谈判桌前将胜利拱手送与协约国，因为此时他们的军队依旧保有武装，战壕依旧有人员驻守，机枪仍然在位，士兵依旧占据着法国和比利时领土。同日，德第 3 集团军司令冯·艾内姆将军就对士兵说："战火已经停止。未被击败……你们是在敌国领土上结束的这场战争。"

第二十八章　媾和与纪念

1918 年 11 月 11 日，停战日到来之际，奥地利已失去帝国，德国也已没有了皇帝。"军国主义和官僚政治已在这里被彻底废除，"阿尔伯特·爱因斯坦当日从柏林致信母亲，又补充道，"当前的领导人似乎完全胜任其职责。"但战败国面临的职责极其巨大：与左翼革命力量和右翼军国主义作战，复苏遭到战争蹂躏的经济，在战败的屈辱中维持国家士气，承受日益沉重的"战争罪"负担，收复在最后时刻失去的土地及自信心的渴望，以及搜寻替罪羊。

对战胜国而言，和平的负担也同样巨大，其中就包括向从战场归来的陆海空军士兵做出过的让他们过上更美好生活的承诺。胜利者与失败者同样要忍受战争带来的失去亲人、战友的伤痛，这是医疗与社会进步根本无法抚平的。"我不知道能够活下去究竟是快乐还是悲哀，"弗赖伯格将军 11 月 18 日致信一位英国友人，当时他正率领士兵穿过比利时朝德国边界挺进，"我只知道我活了下来并不是我的错。"

12 月 1 日早上，第一支英军部队进入德国。陆军元帅黑格在他的最终报道中写道，这是"永远值得纪念的见证收获希望与四年半以来英勇作战硕果"的一天。讽刺的是，正如黑格所说，这也是补给局面变得"严峻"的一天：士兵们进军速度过快，给他们运送粮食的列车未能及时赶到。于是胜利者被迫休整三天，然后才能继续展开胜利推进。

12 月 1 日，美军部队越境进入德国时，他们因法国北部战区被毁灭的村庄、农场和德国"精心养护的田园与繁荣的乡村之间的鲜明对照"而诧异。这些士兵都已被雨水淋透，疲惫不堪：他们已在雨中连续行军两个星期，才来到莱茵河畔的城镇，这里未经历过战争的洗礼，居民们对征服者的到来十分反感，他们愈发相信，这些士兵并未在战场上将德国打败，而是由于他们自己的领导人未能挽回革命与共和主义的局面，从而让这些人有机可乘，实现停火。庞大的奥匈帝国已经分崩离析，在首都维也纳饥饿迅速加剧。为尝试取得协约国援助，市政当局派遣英王乔治五世的一位表兄、原奥匈帝国驻伦敦大使门斯多夫伯爵前往伯尔尼，以会晤霍勒斯·朗博尔德爵士。"如果五年之前有人对我说，"朗博尔德致信国王的私人秘书，"门斯多夫伯爵会来到我的房间，恳请我向维也纳送粮，我会说这人肯定是疯人院中的住院病人。"和数百万父母一样，国王的私人秘书也在战争中失去了一个儿子：他的独子约翰·比格战死于 1915 年的西线战场。

四个战败帝国的残骸与碎片上迅速崛起了数个新国家。1918 年 12 月 1 日，停战三个星期之后，在协约国军队进入德国当日，"塞尔维亚人、克罗地亚人和斯洛文尼亚人的王国"在贝尔格莱德宣告成立。新国家的疆域内有众多少数民族，其中有 50 万匈牙利人和 50 万德意志人，他们承袭了奥地利在战场上的失败。它的国境内还有数十万罗马尼亚人、阿尔巴尼亚人、保加利亚人和意大利人。在理论上，根据威尔逊的计划和新成立的国际联盟的民族法律，这些新的少数民族当中的每一个都要比战前的帝国境内的少数民族得到更好的保护。

在两次大战之间，新成立的南斯拉夫国家得以存续，并在一定程度上出现繁荣。其摄政者，曾率领塞尔维亚军队完成 1915 年史诗般的后撤，并始终在萨洛尼卡作战的亚历山大，就在 1921 年其父逝世后继承王位。他努力营造对统一南斯拉夫的爱国热忱，于 1929 年将国名改为斯拉夫语的"Yugoslavia"（南斯拉夫），但这一努力于 1934 年中止，他在对法国展开正式访问期间，被右翼克罗地亚民族主义者暗杀于马赛。其子彼得又将统一的南斯拉夫维持了七年，直到 1941 年，德军又像 1915 年的奥地利一样侵占了塞尔维亚，克罗地亚宣布了独立。①

1918 年 12 月 4 日，从法比边界出发的英军部队，终于抵达科隆，建立一块占领区。九天后，12 月 13 日星期五，他们通过霍亨索伦大桥，来到莱茵河东岸。霍亨索伦王朝的末代皇帝此时流亡荷兰已有一个月有余。

自实现和平首日起，战败的耻辱和严重的经济困境就在刺激着德、奥、匈三国的革命与狂热力量。德国出生的犹太复国主义者阿图尔·鲁平在 12 月 7 日的日记中写道："在世界史上真的从未有过哪一个民族，

---

① 1945 年南斯拉夫再度统一，到 1991 年又一次分裂：克罗地亚首先宣布独立，斯洛文尼亚、波斯尼亚和马其顿随后也宣布独立。

在敌军尚未踏足其领土，而恰恰相反，其军队仍在敌国领土深处之时，就面临如此苛刻的停战条款，并承认自己彻底战败。街上的普通人无法理解究竟突然之间发生了什么，感到全然不知所措。"

12月13日，威尔逊总统来到欧洲。他曾提出过导致战争在最后数星期内持续的条件，在德国备受谴责的停战条款也是源自他提出的那些条件。他还代表着100多万人的军队，1918年夏季的战局在很大程度上取决于他们的到来。他本要派遣多达300万人的军队，要在1919年或1920年取得战争的胜利。此刻，他构想的新欧洲就要在谈判桌前得到检验，将在和平条约中或被奉为圭臬，或遭到玷污。令等待向总统致意的士兵们懊恼的是，他并未去察看他们曾战斗、牺牲并最终坚守住的战场，他拒绝在战斗最为惨烈的蒙福孔战场检阅部队，而当他来到朗格勒检阅美军部队时，又找借口推掉了计划中的在阅兵结束后举行的庆祝晚宴。他的战场将会是巴黎和会，他的对手则是从前的盟友：法国的克列孟梭和英国的劳合·乔治。

协约国的战俘们正在重返家园，许多人都因在被俘期间遭到严酷对待，又被本国不闻不问而感到愤怒。12月14日回到英国的战俘中有利弗·鲁滨逊，他1916年在英国上空击落一艘德国飞艇，荣获"维多利亚十字勋章"，但一年后他本人被击落于法国的德军防线后方。他回来时，背驼得很厉害，令朋友们惊骇不已：甚至得依靠一根手杖来行走。回国几天后，他染上了流感，17天后他因病逝世，在这场所有交战国都无一幸免的瘟疫中，共有15万名英国军民被其吞噬。

阿道夫·希特勒遭受英军毒气攻击，双目暂时失明，康复后，他于12月18日返回慕尼黑自己所在的团。德国战败令他怨由心生，使他对德国所谓的敌人充满了恶意。巴伐利亚的新主人是库尔特·埃斯纳领导的社会主义者和犹太人。"我想我都认不出这座城市了。"希特勒七年后在《我的奋斗》中写道。他将怒气撒在他所称的那些"使人堕落的希伯来恶人"身上：要将他们当中的1.2万—1.5万人，置于"毒气之下"，还有参与巴伐利亚社会主义政权的所有政客和新闻记者："喋喋不休者""毒虫""革命中作伪证的罪人"，他们应该全被消灭。"为将这些害群之马灭绝干净，应该无情动用一切军事力量。"

1919年1月6日，1万名德国马克思主义者与革命群众聚集柏林，期待着革命的爆发。经过一整天激烈的争论，他们的一位最强势的领袖罗莎·卢森堡敦促她的斯巴达克同盟追随者们要在获取充分的民众支持后再去夺取政权，但她已无力控制群情高涨的革命者。爆发战斗后，她和卡尔·李卜克内西都被右翼的议会军俘虏、杀害。罗莎·卢森堡的遗体被抛入运河，直至五个月后才被收殓。她成了共产党的英雄，在她遇害 70 年后发生了东欧剧变，这使她走下神坛。①

1918 年 1 月 18 日，和平会议在巴黎召开。对德国人而言，这一日期的选择意味着侮辱：1870 年 1 月 18 日，德意志帝国在民族重生的满足中大张旗鼓地宣告成立。为使德国代表更易屈从于压力，法国坚持持续实施对德国的封锁。英国记者斯科特评论说"法国的报复与商业嫉妒似乎没有止境"，这也反映了已经出现的英法间的敌意。

导致协约国产生分歧的一大领域是德国原殖民地问题，这些殖民地已全被征服，并不再归还，于是人们决定建立国际联盟委任统治制度，将委任统治权授予各战胜国。按照这些委任统治条款，要强加某些特定条件：如在非洲和太平洋委任统治地，严令打击奴隶贸易。土耳其领土也要按照委任统治制度被瓜分，法国得到了叙利亚和黎巴嫩，英国则得到了美索不达米亚（伊拉克）和巴勒斯坦，英国已致力于在巴勒斯坦西半部建设一个犹太人民族家园。南非对协约国战争努力做出了贡献，得到的回报是获得了原德属西南非洲（今纳米比亚）的委任统治权。喀麦隆和多哥兰②都在英法之间进行了分割。太平洋中的德国殖民地都是1914 年战争爆发时夺取的，日本取得了马里亚纳、卡罗林和马绍尔群岛的委任统治权，新西兰取得了德属萨摩亚，澳大利亚得到了德属新几内亚的委任统治权。磷酸盐储量丰富的瑙鲁岛，历来是澳大利亚、新西兰，甚至连英国都想要得到的地方，最终必然地变为"大英帝国"的委任统治地。

有几个战胜国颇感失望。比利时无法取得德属东非的任何部分，它曾占领该地并有意将其吞并，而只是获得了内陆的非洲领土卢旺达—乌隆迪（今东非国家布隆迪）。葡萄牙也想得到德属东非，但由于英国已决意将其收入囊中，就只能勉强满足于得到莫桑比克北部的"基翁加三角地"。意大利请求不受约束地介入阿比西尼亚（今埃塞俄比亚），但这里并非德国领地，意大利的要求无法实现。意大利提出获取北非与东非的要求也遭拒绝，因为要满足这些要求，英法两国就要付出代价。最为心满意足的国家要属英国，瓜分德国殖民地和土耳其帝国带来的，用英国外交大臣鲍尔弗的话说，是"一张更多红色点缀的世界地图"。

对巴黎和会的结果感到不满的人当中还有一名 25 岁的越南人阮爱

---

① 1991 年 10 月我在利沃夫，那天，这座当时属于乌克兰的城市，街名已经改变，我看到"罗莎·卢森堡大街"路牌被拆下，换上了"大教堂大街"。

② 多哥兰，西非一地区，其西部已成为加纳。——译注

国，1914年大战爆发时，他是伦敦卡尔顿饭店的一名厨工。巴黎和会在凡尔赛召开期间，他请求谒见威尔逊总统，意图向总统提交一份文件，要求为越南人民争取"自决权"，越、法两国人在法律面前平等、组织与集会自由以及废除强制劳动：是名副其实的越南"十四点"。"法国人称之为一枚炸弹，"一位越南人后来回忆说，"我们则称之为一声惊雷。有人如此勇敢地挺身而出，要为我们伸张正义，我们怎能不对其充满仰慕。"

阮最终未被获准递交这些主张。40年后，已更名胡志明的他，成了越南民族领袖，又决心将法国势力逐出越南。他在巴黎的失意过去50年后，又要与美国的全部军事力量相抗衡。[1]

1月25日，巴黎和会设立损失赔偿委员会，其任务为调查每个战败国应为其在战争期间造成的破坏而向战胜国"支付多少"赔款。法、英、意代表都认为他们可以收回所有战争开支。比利时代表担心按照这一方式比利时将处于下风：该国战争支出相对较少，但它的城镇与乡村都经历了四年残酷的被占。英国鉴于德国曾对其展开四年的潜艇战，就想将海运的损失也包括在内，另外还有德军空袭造成的损失。有关赔偿的探讨仍在继续时，又出现了一种调和的声音：损失要等两年后再进行评估。劳合·乔治后来解释说，这样就会有时间"使心绪平静下来。这还会让因战争而上涨的物价有时间降下来，从而减少估价的基础，并朝着正常的方向发展"。

这一在实际需支付的赔款数额方面做出的缓和姿态并未让德国人得到些许安慰，同时，赔款期限被延长至1961年5月1日也并未让德国人感到轻松，因为1921年5月1日之前仍需支付10亿英镑。对德国人而言，赔款的概念本身就令人难堪，其明确的含义不仅是在战场上遭遇厄运就要受到经济上的惩罚，而且正如协约国提出的赔偿条款的前言部分明确指出的，德国支付赔款还因为它要对战争本身负责。协约国的陈述被德国人简化为"战争罪"，其原文为："德国承认，为德国及其盟友因对协约国及相关国家政府及其人民发动侵略造成的所有损失与伤害负责。"

"……德国及其盟友……发动侵略战争"：这十余字引发了罕见的令

---

[1] 在伦敦更为不同寻常的墙牌当中，有一块就被钉在矗立于卡尔顿饭店原址（位于草市南端）的大楼外，使人回想起胡志明曾在这里劳动。胡志明在其中劳动时的卡尔顿饭店是劳合·乔治和温斯顿·丘吉尔频频光顾的晚宴场所。该饭店在二战中被一枚德国炸弹摧毁。

人忧心忡忡而又充满暴力的回响，其高潮是重开战端，结果"1914—1918 年大战"就不得不被更名为"第一次世界大战"，其后继者则被称作"二战"。相隔短短 20 年的两次世界大战之间的纽带，就是这条德国眼中的"战争罪"条款，被该国极端主义政治家所扩大，希特勒设定的目标就是在战火烈焰中将其摧毁，这位前下士即将把自己的使命视为对协约国及相关国家（其中三个，即意大利、罗马尼亚和日本将在二战中成为他的盟友）实施报复。

德国资深代表布罗克多夫-兰曹伯爵在凡尔赛发表的开场白中宣称："我们被迫承认只有我们犯有战争罪；这一认可从我口中说出就是谎言。"协约国报界谴责了德国的这一"羞辱"，《每日邮报》告诉其读者："自此以后，无人会将德国佬看作文明人或诚心悔过者。"布罗克多夫-兰曹又继续指出，协约国对德国的封锁仍未解除。他说："11 月 11 日之后，这场封锁又造成了数万非战斗人员丧生，他们是在我们的对手完成征服并稳操胜券之后，被有意残忍地害死的。当你们谈及罪行与惩罚时，就想想此事吧。"

协约国坚持说，到和约签署之后对德国的封锁才能解除。《泰晤士报》指出，假如条约无法签署，那么除封锁外，还要加上对德国全境的占领，以此作为发出威胁的武器。曾在 1909 年就发出警告说战争会使胜利者与失败者同样严重受损的诺曼·安杰尔，就谴责将"对儿童、弱者、病人、老人、妇女、母亲们和残障者"的持续封锁用作威胁武器的做法，说这与击沉"卢西塔尼亚"号客轮同样恶毒。

在德国境内，右翼势力试图重申自己的主张。2 月 21 日，库尔特·埃斯纳在前往慕尼黑议会途中，背后遭到枪击身亡：刺客是 22 岁德国贵族、安东·阿尔科-瓦利伯爵。随后发生的暴力行动包括在普赫海姆附近谋杀 50 名获释俄国战俘。从城中天主教俱乐部内逮捕 21 名天主教徒，并在监狱中将他们枪杀。屠杀苏维埃试验的 3 名领导人，以及为 8 名被监禁的右翼分子遭到杀害而实施报复。正当右翼势力有所抬头之时，希特勒在慕尼黑找到了工作，为陆军效力以劝说归国并集中到莱希费尔德营的战俘们，摆脱失败主义情绪并背离左翼。他将"犹太的马克思主义世界阴谋"的堕落影响用作主题，煽动起一种新的民族主义骚动，而这在 1914 年的破坏力量中并不存在。

协约国占领军依旧驻莱茵河畔。但数百万士兵正在被悄无声息地解除动员，并被遣送回国。某些人将无法从战争经历带给他们的心灵伤痛中康复。有些人的参战经历给他们筑起了一座心理的囚笼，让他们始终无法从中自拔。有些人将开启新的生活，那场战争将离他们越来越远。

有些人则将别人的健忘当作自己的痛苦之源。

甚至在伤势康复时——有些人在医院内缓慢好转，也会出现令人痛苦的事件。2 月 23 日，美国志愿兵卡罗尔·卡斯泰尔斯，就在鲁昂的一张军医院病床上给他的父亲写信，谈到了那位曾痛斥他和与他共同住院的军官们的夜班护士，她发怒的原因只是他们在伤痛难忍时想要"打扰"外科医师。"军官们都恨她，"卡斯泰尔斯写道，"一天晚上她进来时，他们发出尖叫和嘘声。她就说：'我原以为你们都是军官、绅士，但看来我到了马厩当中。'人人都笑了。看着他们真感到奇怪，他们动弹不得，包裹着绷带，卧在那里，是任人摆布的提线木偶，手臂和腿部成锐角，都用夹板固定，用穿过天花板上垂下的滑轮的吊绳固定住，臂与腿的末端都挂着沙袋。看着他们都处于这些诡异痛苦、残酷而又不可想象的姿势，给人一种怪诞的感觉，他们的病床随他们发出歇斯底里的笑声而摇摆。"

荣归故里的美国士兵们发现他们的显赫战功在家乡竟几乎不为人所知，这也令他们颇觉震惊。1919 年 4 月 25 日，被改造成运兵船的德国班轮"海中怪兽"号驶临纽约港码头时，在最后数星期内指挥彩虹师的麦克阿瑟将军惊讶地发现，登上跳板迎接他的不是赞不绝口、仪态万方的政要，而是一名小男孩，还问他这些人是谁。"我们是著名的第 42 师。"他答道。男孩随后还问他他们是否到过法国。麦克阿瑟后来写道："在令人感伤的沉寂中，在无人注视之下，甚至也没有孩子们欢迎，我们齐步走下码头，然后四散开去——这是彩虹师悲哀、凄凉的结局。"

在巴黎和会上，劳合·乔治开始对正在商讨的苛刻条款是否明智产生怀疑，而以克列孟梭为首的法国人却坚持采用这些苛刻的条款。3 月 25 日，劳合·乔治在枫丹白露度过一天时间，以理清自己认定的德国应受的对待。在他于当天结束时撰写的一份备忘录内，劳合·乔治宣称他的心头大事是缔造永久的和平，而不是让和平仅持续 30 年。对德采取惩罚措施换来的可能会是短暂的和平。但假如德国人得不到安抚，他们就可能投入布尔什维克党人的怀抱，俄国布尔什维克将取得的优势是"拥有了世界上最善于进行国家资源调配的组织者们的组织天赋"。

劳合·乔治警告说，一旦战争的最初冲击消逝，"和平的维护将取决于不掺杂愤怒的理性，持续引起爱国、正义、公平竞争及取得赔偿的精神……我们的和平应该由以法官的精神、不掺杂个人感情或利益而做出裁决的人们授予，他们也不能执迷于野蛮的世仇，因为世仇往往要经过毁灭、造成伤痛及屈辱才能昭雪。"

劳合·乔治接下来又批评了那些当时正在起草的条款，它们也许会成为"始终存在的刺痛之源"。他指出赔款问题越早消除越好。他反对将德国人置于外族统治之下，害怕这样一来"我们将会使阿尔萨斯-洛林遍布欧洲"。他强调说德国人"高傲、机智，有着伟大传统"，但根据条约要将他们来统治的人们都是"被他们认定为低自己一等的民族，而且其中某些民族，无疑在目前，是确定符合这种标签的"。

居于"枫丹白露备忘录"核心的是，劳合·乔治对按计划完成条约定稿可能带来的危险的警告。他写道："我强烈反对从德国统治之下转移出更多德意志人，让他们处于别国统治之下。除德国之外，我无法想象更大规模的未来战争还有其他导火线，他们当然已经证明自己是世界上最有力、最强大的民族之一，现在竟然要被众多弱小国家包围，其中不少国家的民族从未为自己建立一个稳定的政府，当其中每个国家都包含众多的德意志人，都在叫嚷着与他们的祖国相统一……一场新的东欧之战。"

英国首相的论断掷地有声，3月26日，对"枫丹白露备忘录"进行讨论时，克列孟梭冰冷地评论说："如果英国方面如此急于安抚德国，他们就应面向海外……在殖民地、海军及商业方面做出让步。"尤为令劳合·乔治气恼的是克列孟梭所作评论，说英国人是"海洋民族，从未经历过侵略"。他愤而反驳："法国真正在意的只是但泽港德意志人被移交波兰。"

这些尖刻的争吵显示英法两国之间正在产生裂痕。对克列孟梭而言，要想针对人口已多出法国一倍的德国取得有远见的保护，这一条约似乎是绝佳机会，一定要通过有意严厉的行动向德国显示企图报复将得不偿失。劳合·乔治认为这是导致未来冲突发生的诱因。从枫丹白露回到巴黎后，他徒劳地反驳将所有以德意志人为主的区域移交波兰。他的抗议未能减弱法国最大化缩小德国领土的决心。

就有关如何处置德国问题展开的辩论仍在继续时，又继续进行了一系列纪念活动，这使胜利者与失败者同样回想起四年的冲突中出现的分裂、痛苦与仇恨。1919年5月7日，就在德国代表在凡尔赛收到和约草案的当日，伊迪丝·卡维尔的遗体被用"罗伊娜"号驱逐舰运回英国。八天后，一场悼念仪式在威斯敏斯特教堂举行，观者如堵。包括大量学童在内的街头群众，在载着她的灵柩的炮车经过时，都肃然起敬，注目观看。

《泰晤士报》写道："卡维尔护士的灵柩经过伦敦街头时，一种强大的肃穆笼罩各处，而在正午时分街上通常都有吵闹声。"为了纪念这位伟大护士，加拿大命名了洛基山脉中的卡维尔峰，美国在科罗拉多州命名了卡维尔冰川。在伦敦，她的雕像在特拉法加广场北面竖起；揭幕后的数月当中，人们会站在附近让路人对她脱帽致敬。

5月29日，凡尔赛德国代表团向和会提交备忘录，对拟议的条款表示抗议。在同意"先于其他国家"解除武装的同时，他们还希望战胜国也能废除征兵制并"按照同样比例"裁减军备。他们愿意放弃对阿尔萨斯-洛林拥有的主权，但想要在此地举行一次公民投票。在同意支付一定限度的赔款的同时，他们特别谴责了战争罪的观念，并要求对战争责任进行公正调查。这些要求都遭到拒绝。对战争罪的否认触及了英国的痛处。"我无法接受德方观点，"劳合·乔治后来写道，"除非就我方参战的理由做出彻底让步。"回顾"迫使我们与比利时、塞尔维亚、法国和俄国共同患难"的考量，他"毫不怀疑同盟国集团是罪魁祸首"。

协约国向德国代表们做出的回答毫不含糊："整个战争期间，以及开战之前，德国人民及其代表人物都支持了战争，对其充满信心，购买了战争债券，服从了其政府的每一道命令，不论这些命令有多么野蛮。他们共同承担了其政府政策的责任，因为如果他们愿意，随时都可使其发生颠覆。假如该政策取得成功，那么他们就将像欢迎战争爆发一样热情欢呼。此时他们已经战败，领袖也已变更，他们更不应在此时伪装出要逃避自己所作所为带来的后果才属正义。"

对协约国而言，战争的伤痕以及胜利的来到都正在眼前，容不得做出别样的回应。1919年5月30日，西线战场上第一座美军战争公墓在叙尔纳建立，并被奉献给没有已知坟墓的士兵，其中共有1551座坟墓，墙上还镌刻着974位失踪者的英名。德国有罪似乎不言自明，但德国人并不想承认他们的"所作所为"需要诉诸"正义"。6月，兴登堡返回汉诺威家中，开始撰写回忆录，将德国的崩溃归咎于国内战场上的分裂与革命，而不是军队身上。这就是"背后挨一刀"的传说，在接下来的十年里，许多德国政策都对其加以援引，其中还有希特勒，兴登堡1925年任魏玛共和国总统，他在任期内的最后一任总理就是希特勒。

1919年6月，巴黎和会继续就其每日议程进行激烈商讨时，反日耳曼情绪似乎也在加强，仿佛协约国外交官和谈判人员是即将发表谴责的陪审团，以及将要做出评判的法官。6月11日，英方参与者、史学家菲舍尔在致友人的一封私信中写道："巴黎的道德氛围并不令人鼓舞。所有小国都出面寻求更多领土，法国自然而然地害怕德国会复苏，会展开报复行动。我本人的观点是此时激情仍然过于高涨，无法取得持久解决，但假如条约能够原封不动地签署，人们的情绪将会平息，并能逐步引入再调整与完善措施，会给欧洲带来稳定前景。"

通过安抚取得稳定前景依旧遥远，在欧洲与曾经的东线战场都同样如此。6 月 17 日，三艘英国海岸鱼雷艇，在海军上校戈登·斯蒂尔、海军上尉戴雷尔-里德和海军上尉阿加率领下在喀琅施塔得俄国海军基地外海域，进入海军防线。一进入港口，戴雷尔-里德被打死，斯蒂尔和阿加继续驶入，用鱼雷击中一艘布尔什维克巡洋舰。二人都被授予"维多利亚十字勋章"。

多个国家对俄国进行了干预：英、法、意、捷克、罗马尼亚、塞尔维亚、日本、拉脱维亚、德国、芬兰和美国军队全部参与，另有反布尔什维克的俄国人和俄国哥萨克人。英国为俄国反布尔什维克武装力量提供了 50 余万支步枪和 5 亿发弹药。英国士兵，包括一个分队的毒气施放专家被派往俄国北部，其中有唐纳德·格兰瑟姆，他还利用执行此次任务的机会研究了当地地质。

协约国代表离开巴黎前做出的最后决定之一就是中止这场新的、遥远的、不断使其付出高昂代价的冲突。美军撤离阿尔汉格尔斯克和符拉迪沃斯托克（海参崴）前，已有 174 人战死或因伤死去。1919 年 11 月 18 日，在第一次世界大战的最后一场英勇行动中，美军军官西德尼·格雷夫斯少校在敌我双方交火中拯救了一大批俄国平民。他被授予"杰出服役十字勋章"。

即将处于捷克斯洛伐克和波兰统治下的德意志人的命运与未来，在 20 年后竟演变成公开且广为人知的二战开战理由，希特勒 1938 年夏与 1939 年夏，分别变成了这两地德意志人的捍卫者。1919 年 6 月 15 日，苏台德地区讲德语的波希米亚、摩拉维亚和西里西亚等地——即将被并入捷克斯洛伐克的奥地利领土部分——的代表们向巴黎和会提交一份备忘录，抗议其主权被移交捷克。"我民族永远无法容忍这种被支配的命运。"他们宣称。六天后，1919 年 6 月 21 日的《福斯报》在提及已处于波兰人统治下的德意志人时写道："西普鲁士及东部边疆即将被从普鲁士划归波兰，从这些地区向德国中西部各省的逃亡人数与日俱增，仍滞留那里的德意志人心情十分沮丧。"在即将形成的德国东部边界上，城镇因难民涌入已变得"拥挤而凶险"。"在皮瓦（施耐德米尔），一个个家庭都被驱赶进马厩或其他完全不适合人类居住的建筑内。"

苏台德地区的 350 万德意志人，以及即将形成的波兰走廊内的数十万人，都无望逆转当时即将定型的决策方式。巴黎和会上，德方代表继续寻求对条约加以修正，但协约国一方则不容对其进行协商。随后，6 月 21 日，德国舰队司令、海军少将冯·罗伊特命令凿船自沉，该舰队自停战协定签字以来，就一直被扣留在斯卡帕湾。

正午 12 时 16 分，第一艘沉没的是"腓特烈大帝"号战列舰。两年前，该舰曾是德国公海舰队首次哗变的焦点。到当日下午 5 时，已有 74 艘德国战舰——其中 16 艘为当时最大型舰船——沉入海底。讽刺的是，"飞隼"号拖船上的一群苏格兰学生目睹了整个场景：他们正在近海游玩，十分激动地以为眼前的场景是为他们展开的大规模海军表演。附近的数艘英军小艇试图强力迫使德军船员返回战舰并阻止它们下沉，无果之后，他们从近旁的数艘英国小船上开枪，击毙了八名德国海军士兵。下午 5 时，最后一艘德国战舰"兴登堡"号沉入海底。有四艘舰船未等下沉就被英军拖到岸边。海军上将希尔写道，凿船之后，"投降的污点就已经被从德国舰队的荣誉之盾上抹去"。

6 月 22 日，凡尔赛德国代表同意签署除"战争罪"条款之外的其余条款。正当协约国领袖们打算对这一最终的挑战行动做出回应时，他们收到了斯卡帕湾德国舰队凿船自沉的消息。于是他们决定不仅拒绝对条约条文进行任何更改，还限德方在 24 小时内签字。德方代表请求给予 48 小时期限时，劳合·乔治对同僚们直言"经再三权衡，他感到德军在奥克尼郡外海沉船使他无法满足德方要求"。凿沉这些船只就是"违背诺言"。德方请求遭到拒绝。

德方签字还有另一障碍。德国政府不愿面对因授权签约而受到民众指责，于是集体辞职。新成立的魏玛共和国总统弗雷德里希·埃伯特拒绝承认该政府辞职。他随后就问兴登堡和格勒纳（继鲁登道夫任参谋长），假如协约国发起新的进攻，德国能否自卫。兴登堡走出房间，以免提及不可避免的结局，即德国已经无法自卫。留在屋内的格勒纳将军说出了真相：在东线，德军阵地"尚可"，而在西线，则已"无望"。

协约国设定的期限还剩四个小时，德国政府终于同意签署"凡尔赛和约"。签字时，德国还进行了最后的抗议："魏玛共和国政府怀着愤怒，已从协约国及相关国家政府的通报获悉，后者决心以纯粹的武力迫使德国接受毫无实质意义的和平条款，其追求的目标是从德国人民手中夺走荣誉。德国人民的荣誉将不受任何暴力行动损害。德国人民在经历了过去数年的恐怖苦难后，已无力使用外部行动来捍卫这一荣誉。屈服于强大的武力，但不会因此而放弃其对前所未闻的和平正义条款的观点，魏玛共和国政府由此宣布愿意接受并签署协约国及相关国家政府加强的和平条款。"当这一不妥协，而又"屈服"的消息传到凡尔赛的协约国谈判者桌前时，他们下令开炮庆祝。次日，鲁登道夫在柏林写完了他的战争回忆录，他要将其献给"那些信仰德国之伟大而倒下的英雄们"。

1919 年 6 月 28 日，"凡尔赛条约"在德国和"主要协约国与相关国家"之间签署：27 个战胜国代表在这份 200 页的文件后面签上姓名。[1]按照该条约，德国在领土及经济上都受到惩罚。其东、西两面领土都受到缩减，其陆、海、空军被解散，其战争责任在对其施加的赔款——尤其对法国和比利时——义务方面进行了表达。第 42—44 条禁止德国在莱茵兰地区驻防，并禁止其在该地区驻军。第 80 条规定，"未经国际联盟理事会同意"，德国不得与奥地利合并。第 100—106 条将但泽港从德国主权下移除，并使其成为新成立的国际联盟保护下的"自由市"。第 119、120 条共计五行文字，剥夺了德国的一切海外殖民地。第 170 条禁止德国进口任何武器、弹药或战争原材料。第 191 条禁止德国建造或购买潜艇。第 198 条禁止德国陆、海军拥有任何空中部队。

德国将被剥夺再次发动战争的能力。按照条约第 231 条，德国与其盟友被迫接受由其与盟友"对战胜国强加的"战争所导致的损失与损害的"责任"。这就是战争罪条款，它也成了赔偿要求的序言，对此，德方谈判代表们曾激烈反对。包括英国经济学家凯恩斯在内的协约国谈判人员认为赔偿条款过于苛刻。

"凡尔赛和约"签订之后的每个星期都有各种仪式，让胜利者想起自己的伤痛，使任何修正条约的话语都无法说出，也使人们无法承认条约并不公正，当时包括凯恩斯在内的少数人正在就该问题争论。

7 月 14 日，"条约"签署 16 天后，德国侵害邻国的实力似乎永远终结，巴黎于是举行胜利游行，人们将攻陷受人憎恶的巴士底狱与德意志帝国的崩溃联系在一起。当日，1000 名法国老兵——失明、跛腿和肢残者们——首先开始行进。随后各协约国士兵、乐队、司令都从凯旋门下列队前进，途经香榭丽舍，来到协和广场。在这里，斯特拉斯堡雕像自 1871 年以来首次揭幕，随后，游行队伍又前进至共和广场，1879 年的法国革命就在此取得胜利。

游行队伍以两名乘马的人率领，他们是自 1914 年 8 月以来执掌权力或接近权力核心的陆军元帅福煦与霞飞。11 支协约国军队，每支 1500人左右，如同奥运会入场式一般，按字母顺序行进。此次胜利庆典当中，

---

[1]　"主要协约国家"为美国、英国、法国、意大利和日本。"相关国家"以比利时、葡萄牙和罗马尼亚为首。其余国家都曾对德宣战，它们是玻利维亚、巴西、中国、古巴、厄瓜多尔、希腊、危地马拉、海地、汉志（今沙特）、洪都拉斯、利比里亚、尼加拉瓜、巴拿马、秘鲁、波兰、塞尔维亚-克罗地亚-斯洛文尼亚国（南斯拉夫）、暹罗（今泰国）、捷克斯洛伐克和乌拉圭。

美军一马当先，在乘马的潘兴将军带领下首先前行，随后是比利时、英国、捷克、希腊、意大利、日本、葡萄牙、罗马尼亚、塞尔维亚和波兰军队，最尾部的是法国军队，法国土地上发生过如此众多的惨烈战斗，法国的损失也是所有这 11 国当中最大的。游行行列中没有布尔什维克俄国的位置，它在关键时刻退出帝国主义战争，使战场局势急剧恶化。其中也没有为中国预留位置，它于 1917 年向德国宣战，中国劳工在那时仍在清除战场上的铁丝网和未爆炮弹。至于战败各国——奥地利、保加利亚、德国和土耳其，次日就可以在各自报纸上读到此次胜利游行的完整记录。

当日在巴黎观看庆典的人们当中有威妮弗雷德·霍尔特比，她曾于 1914 年 12 月亲眼看见德军对斯卡伯勒区的空袭，当时她还是一名学生。后来她到法国服役，担任护士。她的传记作者薇拉·布里顿描绘了当时的情形："当天威妮弗雷德去叫那名敦实的法国洗衣妇时，就发现这位原来活泼开朗、爱说话的健硕妇女此时正在她的小屋花园内的一棵樱桃树下啜泣，因为她的儿子再也不能回来采摘挂满枝头的成熟的果实了。这次偶然对现实的回忆是否使她想起 1914 年 8 月 3 日，拉德斯顿那醉酒的老妇同她说过的话，战争就是'血腥地狱'？至少，在她回到约克郡后就发现，对某些人而言——她暂未将自己归入其中，战争的悲剧还远未结束，或才刚刚开始。"

1919 年 9 月 1 日，美军最后一个作战师离开法国，从布雷斯特港起航。在此前数月里，每月都有 30 万名美军士兵自东向西渡过大西洋返回美国。每名归国士兵都收到退伍证明、一套军装、一双鞋、一件大衣和 60 美元的奖金。350 余万人经历了这一程序。滞留法国的只是少数士兵，他们负责维护军人公墓、监督遗骸的收殓、身份识别、埋葬及纪念。1.6 万人的美国占领军也被派往德国，以作为协约国在莱茵地区军事存在的一部分，基地位于科布伦茨。

战俘们开始获释。此时，战俘营中已有数万人死于流感爆发。到 1919 年秋季，1918 年 11 月初被俘的 30 万奥军战俘中，已有多达 3 万人在囚禁中死去。在最终返国的人们当中就有哲学家维特根斯坦。

在英国，遭关押的"有良知的反战者们"也在获释，只是进展缓慢。1919 年 3 月，仍有 1200 人被关在狱中，3400 人在英国特别营地内从事另类劳役。作为对他们的观点做出的集体惩罚，他们在战后五年内被剥夺了议会及地方政府选举中的选举权。

9 月 10 日，奥地利与协约国及相关国家签订了"圣日耳曼尔条约"。它向意大利割让了南蒂罗尔、伊斯特利亚、达尔马提亚一部及其亚得里亚海诸岛。布科维纳被割让给罗马尼亚。前南斯拉夫人各省——斯洛文尼亚、克罗地亚、达尔马提亚大部、波斯尼亚及黑塞哥维那划归南斯拉夫，使萨拉热窝——加夫里洛·普林西普刺杀弗朗茨·斐迪南大公事件发生地——处于斯拉夫人统治之下。匈牙利的独立和波兰与捷克斯洛伐克一样，得到认可，将前奥地利西、东加利西亚各省，包括克拉科和伦贝格两城在内，都割让给波兰。① 将包括讲德语的苏台德区在内的前奥地利波希米亚和摩拉维亚各省割让给捷克斯洛伐克。奥地利陆军要被裁减至3万人，它不得成立空军，也被禁止与德国合并。

11月27日，保加利亚在讷伊签订了其和平条约。其在爱琴海唯一的出海口色雷斯被移交给协约国，协约国后来又将该城交给希腊。黑海岸边的一条狭长地带——南多布罗加——被归还罗马尼亚。南斯拉夫取得了斯特鲁米察和察里布罗德两块飞地。保加利亚不得拥有飞机、潜艇，陆军人数要限制在2万人，且均须为志愿兵。赔款每六个月支付200多万金法郎，分37年还清，一直要偿还到1957年。此外，五年内南斯拉夫每年还将从保加利亚获取5万吨煤炭。

在匈牙利，九个月的共产党统治带来的天翻地覆，以及贝洛·库恩实行的恐怖领导推迟了媾和的进行。但在1920年6月20日，曾是同盟国重要成员的最后一大片区域也接受了战败的条款，对已经付诸实施的一系列重要决定表示了同意。根据"特里阿农条约"，捷克斯洛伐克取得了原匈牙利的斯洛伐克及鲁塞尼亚两区。特兰西瓦尼亚被移交罗马尼亚，这引发了一场持续时间长达75年的怨愤。巴纳特地区被移交南斯拉夫。匈牙利陆军不得超过3.5万人。匈牙利不再拥有出海口，虽然其前海军仍在亚德里亚海，在其执政海军上将霍尔蒂率领下进行明目张胆的活动，霍尔蒂曾在战争的最后一年担任奥匈帝国海军总司令。

1919年11月19日，美国参议院拒绝批准"凡尔赛条约"。对于那些希望美国不仅会帮助维护该条约，还会对欧洲政治、经济复苏做出重要贡献的人们而言，这带来了重大打击。一位英方人员后来写道："整个'条约'确立于这样一个假设之上，即美国不仅会签约，而且会成为其积极的执行者。我们已经劝说法国放弃在其与德国之间建立缓冲国家的主张，以换取美国提供军事支援的保证。整个赔偿问题的解决要在欧洲主要债权国代表的赔偿委员会监督之下进行。整个'条约'框架都是由威尔逊先生本人经深思熟虑提出来的，目的在于使美国的合作在其中

---

① 两城名称的波兰语形式分别为 Kraków（克拉科夫）和 Lwów（利沃夫）。

发挥至关重要的作用。"①

十年后，克列孟梭冷嘲热讽地致信美国人，此时他依旧怒火中烧："你们对战争的干预，对你们而言，不过是团结的一种过度展示，你们能够轻易摆脱战争，因为你们只付出了 5.6 万人的生命代价，而不是136.4 万人战死。不论通过组织国际联盟，企图以魔法最终解决所有国际安全问题，还是通过撤出欧洲计划，你们认为你们可以依靠'单独媾和'来摆脱所有困难。但所有这些并非都表里如一，让人轻易得偿所愿。世界各国虽然被天然或人为的疆界所阻隔，但都只有一个星球供自己支配，这个星球上的所有元素都处于团结的状态之下，人类发现，自己根本无法被排除在这条规则之外，甚至在其内心最深处的活动当中，人类也对这种普遍的团结进行着最高级的见证。在你们的海洋、冰雪和太阳的屏障之后，你们也许可以将自己一时隔绝于与你们同等的地球公民之外，虽然我曾在菲律宾发现过你们，在地理上你们不属于那里……"克列孟梭最后又写出了一句临别忠告："并非激情使你们投入我们的火线；实际原因是德军令人恐慌地进行的持续进攻。"

"凡尔赛条约"于 1920 年 1 月 10 日生效，此时距美参议院将其否决仅七个星期时间。自此欧洲将独自采取措施，制定条约各款的实施方案，并在条约破裂时可决定采取或不采取行动。国际联盟也随着条约的生效而建立，成立之时该组织就已漏洞百出，俄国无法成为其成员，德国暂被排除在外，中国则因日本不顾各协约国抗议吞并其山东省而愤愤不平，该省原被德国盘踞。但国际联盟是数百万人赖以不经战争而解决国际争端的希望所在。这些希望在 26 条的联盟公约中进行了概述，公约为在出现无缘无故的入侵的情况下进行集体磋商和集体行动提供了依据。

第 16 条，拟用于对入侵造成威慑，规定针对联盟某成员国的战争行动将被视为对所有成员国的战争行动，各成员国海、陆、空军将联合起来"捍卫联盟公约"。第 23 条旨在限制武器贸易，以确保"公正对待"当地居民、打击毒品和白人奴隶贸易，并就国际疾病防控进行了规定。

联盟公约代表的是胜利者建立并守护新世界秩序的最高渴望。但四年战争造成的混乱，不可能一蹴而就地得到平息。联盟的每方面工作都成了辩论乃至争议的对象。甚至在新成立的民族国家中——它们都生成于战前少数民族的建国渴望，战后新出现的少数民族权益又不断遭到侵蚀，国际联盟给他们带来的只是希望而非现实。波兰和捷克斯洛伐克境内讲德语的少数民族、罗马尼亚和捷克斯洛伐克境内的匈牙利民族、波

---

① 哈罗德·尼科尔森，《媾和》，伦敦：康斯特布尔出版社，1933 年，207 页。

兰境内的乌克兰民族都有着 1914 年之前引发战争的那类怨恨。旧的帝国体系已一去不返，但这些体系下悬而未决的某些问题仍在引发关注，有时还会带来痛苦。

四大帝国在 1918 年瓦解，帝国统治者也都大权旁落。"凡尔赛条约"签订之后，协约国发出了一份需移交协约国一方的"战犯名单"，为首的就是当时流亡荷兰的德国皇帝。荷兰政府拒绝了将其引渡的一切要求，正如皇帝本人在 1940 年希特勒的军队横扫荷兰时，也拒绝了丘吉尔提出的让他在英国避难的好意，而满足于在德国占领下生活，最终在流亡中死去。

土耳其变为共和国，由其战争英雄穆斯塔法·凯末尔领导。奥地利和匈牙利两国都对哈布斯堡家族置之不理，将他们的宫殿与城堡变为博物馆。俄国沙皇已被布尔什维克党人杀害，随着红军势力的壮大，他们又重新控制了多数前沙俄帝国领地，包括乌克兰大部、高加索和中亚，为取得这些目标，他们进行了残酷的内战，并展开了恐怖的报复。

1919 年就已十分激烈的德国国内暴力行动并未有所减弱。这个战败的国家已成为谋求通过军国主义方式解决其问题的人们的猎物：那些无法接受失败条件或失败现实的人们疯狂夺权，或至少扰乱现存政权。1920 年 3 月 15 日，在德累斯顿左右两派之间进行的一场武装冲突中，一颗子弹损毁了茨温格美术馆的一幅鲁本斯创作的名画。在致该城居民的一封公开信中，奥斯卡·考考斯卡恳求公民们"在别处，比如荒原上的射击场"作战，"那里的战斗不会使人类文明陷入危险当中，"他补充道，"在人类无法对其提供保护之处，画作不会自己逃开，而且协约国可能会以我们无法欣赏名画的价值为借口，从而将我们的美术馆洗劫一空。"

魏玛共和国经历了数次将其摧毁的企图而幸存下来。右翼势力夺权的尝试遭遇了失败：1920 年 3 月卡普在柏林发动未遂政变，希特勒 1923 年在慕尼黑发动啤酒馆暴动。希特勒那次未遂暴动发生当天，默默自觉地站在希特勒支持者行列中的就有知名的战争英雄鲁登道夫将军，他随着暴动领导者们企图突破警戒线进入音乐厅广场。希特勒的 16 名追随者和 3 名警察在冲突中丧生。"慕尼黑暴动确定无疑地清除了希特勒及其国家社会主义党羽。"《纽约时报》评论道。魏玛共和国再次恢复了其权威，接下来的十年之内的大部分时间里，魏玛共和国继续存在。魏玛共和国时期，德国对赔款数额进行了限制，并依据 1925 年的"洛加诺公约"加入了欧洲安全体系。但 1933 年，希特勒及其纳粹党将当时稳定的状态一扫而空，而假如这种平稳一直存在下去的话，德国将有可能在没有新的战争的情况下最终重返正常生活轨道。

第二十九章 "……纪念那位伟大战友。"

在整个欧洲，在所有爆发过战斗之处，或在曾经有人因战争而献出生命的城市和乡村，人们不断建起纪念碑，它们或小或大，如在维米岭上和索姆河畔，就建起了巨大的纪念碑。这些纪念碑中有不少常常被理想化，单从外表看不出它们被用以纪念这场冲突。在布达佩斯，一位被击毙于战场的骑兵雕像，直至今天，仍足蹬马镫，如同从十字架上复活的耶稣一般手放胸前，昭示着通往天堂之路，带死者从战争的乌云中走入永生的荣光。这名骑兵的利剑与头盔，都落于地上，战马蹄边。雕像题词为："从对基督的信仰，从英雄抛洒的热血中，诞生了祖国。"

1920年7月8日，在英国议会下院的一场辩论中，丘吉尔回忆起西线战场上战斗中的一个常为人所忽略的一面。"我们曾一遍又一遍看到，"他说，"英军军官和士兵在最猛烈的火力下朝敌方堑壕冲去，冲入敌军阵地时，他们半数已被击倒，等待他们的是确定的漫长而血腥的一天，炮火轰鸣，炮弹在四周炸响——我们曾见到他们在如此关头取出地图与手表，对计划适时调整达到最细微的程度，我们还曾见到他们对俘虏不仅表现出仁慈，而且表现善意，在对待俘虏时恪守克制原则，仅惩罚那些应受战争的苛刻规律严惩的人们，而放过那些可能得到征服者宽待的人们。我们曾见过他们不顾个人安危，竭尽全力抚慰与协助伤员。他们曾数千次地这样做。"

1920年夏，图哈切夫斯基率领的红军在3月将邓尼金将军的反布尔什维克军队击败于俄国南部后，就将兵锋直指波兰。波兰人对东面领土仍抱野心，就攻到了基辅。图哈切夫斯基将他们赶回西面，几乎已追到华沙时，波兰呼吁英法援助。法国向波兰派遣的军事顾问，以帮助抵御布尔什维克大军的猛攻，其中就有戴高乐上校，1917年他和图哈切夫斯基都做了德军俘虏,当时戴高乐曾给图哈切夫斯基授课。

一个星期后,8月4日,在一战爆发六周年纪念日当天,劳合·乔治向俄国派驻伦敦特使发出最后通牒:向华沙的进攻必须停止,否则英国将出兵捍卫波兰,正像它曾在1914年捍卫比利时一样。48小时后,劳合·乔治的参战意愿就变得毫无必要,因为15万波兰军队已在距华沙仅15英里的拉济明将图哈切夫斯基的攻势挡住。对于重生的波兰而言,这要归功于维斯瓦河的奇迹。到8月15日,毕苏斯基已将20万名俄军击退至布格河,将他们击败于布列斯特-立托夫斯克,并俘获7000名俄军。10月12日,布尔什维克党人同意停火。他们再次被一个西面邻国击败。随着此次战败,1914年8月以来维斯瓦河以东几乎持续不断的激烈军事冲突也已告终。①

波兰军队随后又大举入侵,造成的后果是俄波两国通过1921年的"里加条约"确定两国边界,条约将大片立陶宛、白俄罗斯和乌克兰西部领土并入波兰东部地区。波兰在战后欧洲各国中独一无二,因为它在西面取得了德国领土,在南面获得奥地利领土,在东面又收进俄国领土,在领土方面已经心满意足了。而俄国在其布尔什维克领袖统治之下,依旧致力于收复那些在布列斯特-立托夫斯克割让给德国而尚未夺回的领土。

某些作战行动仍在继续。在阿富汗,英国镇压了一场叛乱,恢复了其对阿富汗埃米尔的影响力。在安纳托利亚,土耳其与希腊的军事斗争,在希腊战败,众多希腊人被赶出土耳其腹地时达到高潮。在摩洛哥,法国继续试图征服撒哈拉沙漠中的摩洛哥人部落:欧战终结11年之后,41名军团士兵在吉哈尼战死,这在法国引发了震惊与愤怒。

战后在伸张正义与拨乱反正方面取得的一个短暂的成功就是建立了独立的亚美尼亚。这是签订于1920年8月10日的"塞夫尔条约"做出的重要决策之一。这个遍体鳞伤的民族将成为曾对他们施加巨大伤害的奥斯曼帝国的整个东部的主宰者。虽然土耳其人仍据守埃尔祖鲁姆城,但亚美尼亚领导人博戈·努巴尔帕夏向协约国领袖们保证说他很快就能将他们驱逐出去。此外,在原奥斯曼帝国与沙俄交界地带,在俄国1878年征服的区域,一个新的亚美尼亚已经确立,这里将与"塞夫尔条约"中划定的亚美尼亚领土相合并,建都卡尔斯。亚美尼亚将再度崛起,并重铸其昔日辉煌。

---

① 但当地人遭受的苦难还远未结束:乌克兰出现饥荒,随后又有斯大林的大清洗,后来还有对数百万俄罗斯人展开的谋杀或将他们遣送至西伯利亚。

根据"塞夫尔条约"，美国将成为亚美尼亚保护国，条约特别规定新亚美尼亚国家的疆界将由威尔逊总统裁定解决。虽然在正式条约中做出了规定，但这一纸空文的胜利却十分短命。1920年9月，美国不再直接介入欧洲及小亚细亚事务之后，土耳其军队攻入新的亚美尼亚，仅用六星期就将其征服。同时，布尔什维克军队从东面进入原沙俄领地。独立的亚美尼亚已不复存在，此时距其取得国际承认还不到一年时间。1921年3月，苏联人与凯末尔统治下的土耳其人经协商签订"莫斯科条约"，建立土耳其与苏联之间的新的边界，在该边界两侧的亚美尼亚人再度处于异族统治之下。

"塞夫尔条约"的其他受益者也都因自己在安纳托利亚建国的渴求无法满足而感到失望。库尔德人被赋予区域自治权，有权在一年之内脱离土耳其，但国际社会中根本无人愿意为他们提供更进一步的庇佑。安纳托利亚西部的士麦那地区被让给希腊，但经过一系列血腥战斗之后，希腊人又被从中逐出，最终加利波利半岛的胜利者穆斯塔法·凯末尔获得了"土耳其之父"的称号。"塞夫尔条约"已成了形同虚设的规定，大战结束刚刚两年，各协约国就再次开始与土耳其磋商以求达成新的和平条约。

安纳托利亚之外，"塞夫尔条约"构成了原奥斯曼帝国领地内确立的领土解决方案的基础。汉志（沙特）独立建国。叙利亚变为法国委任统治地，这令希望在此建国的阿拉伯人颇感悲哀。巴勒斯坦和美索不达米亚成了英国委任统治地。在巴勒斯坦的委任统治条款中体现了1917年11月的鲍尔弗宣言：建立犹太人民族家园，并邀请各地犹太人移民此处。20年后，生活在巴勒斯坦的犹太人从土耳其时代的5万人增加到50万人。巴勒斯坦阿拉伯人也通过移民而成倍增加，他们对英国人向犹太人做出的承诺怀恨在心，就于1936年发动了反抗英国人的暴动。在巴勒斯坦委任统治地东部，亦称跨约旦河地带，犹太人被排除在外，埃米尔阿卜杜拉被赋予实质权威。

战后余波中，暴力行动反映了战争及失败造成的某些怨恨。1921年8月26日，曾于1918年与福煦磋商停火的马蒂亚斯·埃莎贝格尔，在巴登附近的一片丛林中散步时被两名民族主义狂热分子杀害。1922年6月24日，被极端分子指控勾结协约国使其打败德国的瓦尔特·拉特瑙（他1916年曾支持将70万名比利时劳工送到德国劳动），被民族主义反犹分子杀害于柏林。

在俄国境外，共产党人推翻战后政府的努力在各处均告失败。建立于布达佩斯和慕尼黑的共产党政权都被摧毁，在布达佩斯发生的事件要更加血腥。在意大利和西班牙，右翼势力相继掌权，意大利以墨索里尼为首，西班牙则以普里莫·德里维拉为首，他们致力于剿杀以各种面目出现的共产主义。

缔造和平的进程用去的时间要长于战争本身。战争持续了四年零三个月，但直到战争结束四年零八个月后的 1923 年 7 月，土耳其的西侧边界才最终划定。穆斯塔法·凯末尔在 1920 年 9 月撕毁"塞夫尔条约"，侵占亚美尼亚，在安纳托利亚的库尔德斯坦地区重建土耳其统治，并将希腊人从爱琴海海滨的士麦那逐出，他随后同意签署"洛桑条约"，并对其加以恪守。根据该条约，土耳其将在从爱琴海东岸至亚拉腊山西坡的 1000 英里的安纳托利亚地区维持统治。协约国在"塞夫尔条约"中体现的，将土耳其欧洲部分、君士坦丁堡及海峡地带排除在土耳其控制之外的计划全部落空。加利波利依旧处于土耳其控制之下，1915 年土军就在该半岛上初次显示他们不容遭到轻易或毫无代价的进攻。

1918 年后，在人们的期盼之中，欧洲迎来了一段和平时期，国际联盟伸出了保护之手。人们没有选择用陆、海、空军维持和平，而是裁军。在每个多民族国家内部，少数民族权利都由联盟公约的"民族条款"进行维护，并由现代宪法相关条款提供保障。现代性本身就要基于探讨、妥协、调整、仲裁、常识、经济上的相互依存，以及在谈判桌前解决争端的愿望。玩世不恭者可能会感到所有这些要素在 1914 年之前就已在欧洲存在。

战后世界中，条约将构成新疆界独立与圣洁的法律框架（但有人就会质问：难道比利时 1914 年前的疆域没有得到条约的保护?）。1920 年 8 月，捷克斯洛伐克和南斯拉夫签订条约，迈出了新建的中欧诸国建立相互承认、共同防卫的小型协约国的第一步。一年后，罗马尼亚也加入其中。1925 年，"洛加诺公约"在英、意两国支持下，确定了曾经历过三次激烈争夺的法、德边界。"洛加诺公约"还保障比利时边界不容侵犯。与此同时，波兰和捷克斯洛伐克这两个新国家又与法国订立了军事同盟，使其边疆得到更进一步的巩固。感到怨恨的国家，尤其是德国与匈牙利，企图通过国际联盟的庇佑雪耻泄愤。公民投票，一人一票制的民主式运用，已经在战争刚刚结束的时期内，调整了法德之间及波兰与捷克之间的边界。夺取土地，不论是 1919 年意大利从南斯拉夫夺取阜姆（里耶卡），1920 年波兰从立陶宛夺取维尔纳（维尔纽斯），还是 1923 年立陶宛从德国东普鲁士夺取梅默尔（克莱佩达），都令国际社会不悦：这些事件是在新时代里要去避免的先例，但又确定无疑地在新时代发生。

战后时期绥靖主义也开始泛滥，其核心致力于呼吁实施普遍裁军。由于德、奥、匈、土四国已被各项条约有效解除武装，绥靖主义者们就向战胜国，尤其是法国施压，要使其将军备缩减至最低水平。在"洛加诺公约"为避免未来的法德战争而提出法律与外交框架方案的 1925 年，随着其蕴含的反响，人们又发起了一场"反征兵宣言"运动，签字者中就有阿尔伯特·爱因斯坦和圣雄甘地。他们写道："强迫人们献出生命，或违背意愿在无法认定行动正义时致死他人，是对人类尊严的贬低。自认为有权迫使其公民参战的国家，绝对不会真正尊重他们的生命在和平当中的价值与幸福。而且，通过征兵，军国主义侵略的精神在所有男性公民最易受影响的年龄被植入他们的脑海。通过为战争而训练会使人认为战争不可避免，甚至令人向往。"

条约、文明行动、贸易、裁军：这些持久和平的指针是否能够与 1914 年前田园牧歌式岁月中的某些方面发生呼应，抑或它们只是生发于四年多的苦难与毁灭之中的新实用主义的表象？1920 年 11 月 15 日，在国际联盟大会首次会议上，一项在两年之内不增加军备的提案被六个国家否决：它们是法国、波兰、罗马尼亚、巴西、智利和乌拉圭。这些国家甚至不愿尝试短短两年的正式延期。德国依据"凡尔赛条约"解除武装后，法国成了欧洲备战程度最高的国家，这种不平等也引发了德国的怨恨。1928 年 8 月 4 日，英国对德宣战 14 周年纪念日，1914 年就来过柏林的霍勒斯·朗博尔特再度来到德国首都，此次他是作为驻德国大使向德国总统兴登堡递交国书。当日午后，他在环绕使馆的街头信步。"那里几乎四处无人。我散步途中遇到了两名身材矮小的士兵，他们代表的是国防军，当时人数被限定于 10 万人。曾经不可一世的德国军事机器已经暂时报废，但正如它随后表现出的，它当时只是暂时报废。"

11 年后，这段"暂时时期"就已结束，当时德国的一位新的民族领袖，那位曾于 1918 年在西线战场因受毒气攻击短暂失明的前下士，决心力图通过重新武装、全国动员、恐怖、暴政、外交和战争来逆转战败的裁决。战争结束十年后，他已成为一个不容小觑的德国政治人物，以刺耳的腔调谈及复仇、再武装、收复失地，以及将他为自己与国家选定的替罪羊——德国犹太人——从德国生活中清除出去的必要。1925 年，希特勒在《我的奋斗》中写道，假如 1918 年用毒气杀死数千名德国犹太人，那么德国就能避免战败的命运。他全然不顾曾参加德军的数十万犹太人已被证实的爱国热忱，也想不起 1914—1918 年间阵亡的 1.2 万名德国犹太士兵。

战后的阶段持续了两个十年，在第一次世界大战和第二次欧洲战争之间的每一年，人们都如履薄冰。这 20 年间，战争文学反映了有关于它的一切情感，从爱国热情与民族自我主张到个人灾难与幻灭。历史、小说、电影、戏剧和诗歌、音乐、绘画和卡通，甚至还有邮票，都反映了那场持续四年的战争，并将之呈现在曾参与其中的数百万人的眼前，另外数百万人则曾从国内在报纸和新闻短片中看到它，并通过参战者的信件和返国休假了解到它。几乎每位将领都试图对自己的行为进行描述和辩护。数千名参战者讲述了战争中各种不同的片段。数万个被遗忘的光荣时刻又被重新挖掘出来，正如 1923 年，芒然将军就在《人与事》当中叙述了 1914 年 8 月，当法军阵地几乎全线溃退时，他重新夺回翁纳耶村时的情形。那是战争最初数星期内的一次英勇行动。

甚至在战争的瓦砾还未被清除出战场时，这些战场就已成为方兴未艾的旅游业的中心。在战争刚刚结束的岁月里，造访这些战场的往往都是搜寻亲人坟墓或寻找他们最后作战地点的人们。薇拉·布里顿为寻找其未婚夫的坟墓，于 1921 年来到西线战场。她雇了一辆亚美尼亚汽车，"就一头闯入了一连串弹痕累累的道路，两旁尽是奇形怪状的枯树树干，它们被剥光的、破损的枝条仍直指天空，无声地控诉着人类对人类以及自然的无情与残忍。"

1927 年 7 月 24 日，比利时国王阿尔贝一世出席了梅宁门的开放典礼，为纪念失踪者而建的巨大纪念碑取代了战火纷飞的岁月里伊普尔出口处的两座石狮。[①] 仪式结束时，萨默塞特轻骑兵的军号手们吹响《最后一岗》，随后，苏格兰卫队的风笛手们又吹奏了哀歌。《最后一岗》的旋律每天傍晚响起，这是按照伊普尔警察局长范登布拉姆布舍的提议进行的。直至今日，伊普尔消防队的喇叭手们依旧每晚吹起该曲。为此人们还从英国募集了资金，以确保每天傍晚吹奏《最后一岗》的传统能够永远流传下去。

每年都要举行新的令人印象深刻的仪式，每年都有新的庄严的纪念碑拔地而起。1928 年 11 月 4 日，福煦和魏刚都来到苏茹亚堡，出席为 3888 名在自马恩河后撤途中战死的英军士兵而建的纪念碑的揭幕仪式，这些没有坟墓的士兵的亲友们，终于可以来到这里祭奠他们。现在他们的英名都镌刻在一面白色石墙上。

1931 年 7 月，曾于 1914 年指挥英第 5 集团军的将军——胡伯特·高夫爵士在伦敦会晤了比利时国王阿尔贝一世。"我料想陛下一定公务繁忙吧？"高夫问。"噢，是啊，我一直在为给我的职业留下的唯一一项事业而不停奔忙。"国王答道。"那是什么事业，陛下？"将军问。"为战争纪念碑揭幕！"国王答道。从这一事例中亦可窥见参加战争纪念碑开放仪式在当时已成常态。

两次大战期间的岁月中，人们频繁注意到"荣誉"一词，而有时又

---

① 目前，这两尊石狮被安放于澳大利亚堪培拉。

对其加以排斥。"战争的起因总是被错误地展现，其荣誉伪诈，其荣耀俗艳，"1933年，薇拉·布里顿在回忆录《青春作证》中写道，"但对精神忍耐力的挑战，为共同目标而激起的面对共同危险的强烈自觉，仍在诱惑着那些刚成长到能被爱、友谊和冒险不断召唤的年龄的少男少女们。"她反思说，在这种"激发的自觉"持续之时，"人类已知的任何感情似乎都无法拥有堪比这种被放大的激情的吸引力"。她担心，无法将文明从"危险的毁灭的力量"中拯救出来，除非能为建设性思维与试验的理性程序，赋予那神圣的爱的元素，它就如同灿烂的阳光，穿过层层乌云，使战争在偶然之间熠熠生辉。薇拉·布里顿在战争中失去了她的未婚夫、她唯一的哥哥和她最要好的两个朋友。在她担任护士的两年中，她曾照料过直接从战场上送回来的危在旦夕的伤员。二战结束后，曾在索姆河畔作战的老兵休·鲍斯特德在读到这段话时评论道："我见惯了人类对彼此的所作所为——非洲和阿拉伯地区的凶残行径，但首要则数西线战场上的屠杀。这对思索战争的任何人而言都显而易见；不那么明显的就是'这种被放大的激情的吸引力'。这才是任何国际联盟或联合国面临的真正问题。"

"西线战场上的屠杀"，在埃里希·马里亚·雷马克的小说《西线无战事》（1929年）中，被描绘给欧洲内外的广大公众，该书真实再现了一群德军士兵的生与死。它腔调幽怨，叙述直截了当："贝尔廷克胸部受了伤。不久一块弹片又把他的下巴给切去了，而这块碎片还有足够的力量钻入勒尔的屁股。勒尔一边哼哼，一边用一只手臂支撑着，血流得很快，谁也帮不了他。正像一根慢慢流尽的软管，两三分钟后他就瘫软在地上了。他在学校里是一位那么出类拔萃的数学家，可是现在又有什么用处呢？"

雷马克的书于1929年1月在德国出版，两个月后又在英国出版。它的标题来源于叙事者之死，他战死于1918年10月的一天，"这天整个战场一片寂静，当日战报只有一句话：'西线无战事'。"1930年，好莱坞的环球影城将该书拍摄成电影。[①] 电影首映时，美国《综艺》杂志写道："国际联盟能够进行的最佳的投资就是买下该片全部的播出带，并用每

① 《西线无战事》是最早的有声电影之一，正如电影艺术史学家巴里·诺曼指出的，该片是由刘易斯·迈尔斯通执导的一部伟大的反战电影，"它没有应公众的要求做出让步而带上一个幸福的结局；它也不应有这样的结局，因为毕竟战争终究没有幸福的结局……影片最后一个镜头中，一名士兵伸手要去触摸蝴蝶，随后一颗敌军子弹给他造成致命伤。这一镜头仍展现了所有电影中的一个最生动、最令人难忘的时刻。"该片荣获两项奥斯卡奖：最佳电影奖和最佳导演奖。其主演卢·艾尔斯在二战期间成了有良知的反战者。

一种语言将其复制出来，拿到每一个国家去放映，直到'战争'一词被从字典中消除。"

研究第一次世界大战起源及其进程的人们怀有的众多希望之一就是这场战争会带来世界大同的国际合作体系。1929 年 6 月 15 日，德国历史学家，德皇威廉二世传记的作者埃米尔·路德维希在其作品的导言中，就这场战争的起源写道："本书展现的是 1914 年 7 月各国民众和平的意图。它可以强化某种仲裁法庭思维，这并非乌托邦，而是正在现实中形成——并非永远无法解决的问题，而是近期经验不可避免的结果。"路德维希认为除借助这样的法庭和仲裁的概念外，要想向前迈进，别无他法："只有这一种选择，或者现在去做，或者等待下一场战争。"

仲裁与协商确已开始在战后的分歧中得到认可，但这一进程过于缓慢，而且最终为时已晚。1932 年 7 月 8 日，各国在瑞士洛桑达成协议，据此德国事实上已被免除了支付赔款的义务。德国当时已高达 250 亿美元的债务，被缩减至 20 亿美元，而且有明显迹象表明这些剩余欠款也不必全额缴清，当然原定的支付期限，即 30 年后的 1961 年，还可后延。但英国驻柏林大使霍勒斯·朗博尔德博士却说出一番并不吉祥的评论。"一定要记住，"他在致伦敦外交部的信中说，"德国人一贯的特征就是从德国观点出发，绝不承认任何安排能够完全令人满意。"希特勒和他的纳粹党当然无意承认"洛桑条约"有助于德国。谴责"凡尔赛条约"成了他下一场选战的重大平台，六个月后在他成为德国总理之时，这个目标则更是被大肆宣扬。

"马恩河与凡尔登的伟大战绩将永载战争史册，"克列孟梭在其 1930 年首次出版的《胜利的辉煌与苦难》一书中评论说，"然而相互屠戮不能成为人们生活中心无旁骛之事。文明的荣耀是它能够使我们——偶尔——过上近乎正常的生活。停火只是大幕落下与升起之间的空隙。"克列孟梭在写这番话时，停火已经过去 12 个年头。还有 9 年，大幕就要再次升起。

对原战胜国而言，停战是有关强大实力的反复回忆，但对被它们打败的那些国家来说，停战却意味着屈辱。1932 年 11 月 11 日，在贡比涅森林中的一片空地上，为庆祝停战协定签署 14 周年举行了隆重仪式。福煦将军用于停战谈判的那节火车车厢也被运到这片空地，一座停战纪念碑也已落成，它表现的是德国鹰被一剑斩下，其铭文记述了德意志帝国夸下的海口是如何就在这一地点最后落空的。这节车厢被保存于特别的车库内，以为其遮风挡雨。近八年之后，1940 年 6 月，它又被从车库中运出，被希特勒用来与法国签订他那份停战协定。为举行签字仪式，那座令德国蒙羞的纪念碑被用一面大幅卐字旗仓促遮盖。这节车厢随后又被当作缴获的战利品运回柏林。1945 年 4 月,它在柏林以南 50 英里处埃尔斯特韦达和格罗斯海因之间的一段铁路线上失踪,据说英军进行的某一次空袭已将其摧毁于此处。现在在贡比涅森林内的那节车厢只是与原来那节相似,并按照 1918 年的原样复原了其中的大多数陈设。

1933 年希特勒在德国掌权后,对新战争的恐惧和备战并行不悖。德国的重新武装虽被"凡尔赛条约"定为非法,却已急切地开始。人们从新的角度看待第一次世界大战的方方面面。德国的罪行,不论是入侵比利时,还是其在战争期间的行径,都被矢口否认。1935 年 5 月 7 日,"卢西塔尼亚"号客轮被击沉 20 周年纪念日,纳粹报纸《人民观察家》采访了最早发现"卢西塔尼亚"号的军官卡尔·舍尔布。他辩称击沉该船是要报复英国实行的"饥饿封锁"。他还说潜艇收到的命令只是"要给疑似英国运兵船造成尽可能多的损害"。他认为施维格舰长并未犯下屠戮无辜的罪行:"他只是在履行自己应尽的职责。"

施维格舰长已无法参加此次辩论:他于 1917 年秋执掌"U-88"号潜艇时在海上失踪。假如他活到战后,他就很可能会受到协约国的审判,那将让两次大战之间的德国又增添一个气愤的理由。

这场战争在各国政府部门及军队大本营之间打了 4 年,但图书和杂志却就这场大战之中的争议,在接下来的 40 年中进行了再斗争。时间的流逝让痛苦愈加分明。1936 年,劳合·乔治在其战争回忆录的最后一卷中,写到了英军的指挥官们:"如果将军们曾事先亲眼看到他们的命令造成的屠杀的话,我方将军们下令开展的某些对不可能攻取的阵地的进攻就永远不会被包括在内。"两年后,在删节本的前言中,他写到自己担任首相时出现的情形:"我看到了普通人那令人难以置信的英雄主义是被怎样浪费于假正经训练的生手(他们实际上所受训练并不是要让他们成为通晓现代战争实况的专家)的无能……浪费于狭隘、自私和毫无想象力的战略与恐怖而又无望的疯狂进攻造成的屠杀中。"

第二次世界大战中各国的领袖与将领都曾以某种方式卷入第一次世界大战。希特勒与墨索里尼曾在堑壕中作战。1939 年 9 月,战争爆发时的英国内阁的 22 名成员中就有 7 人曾于一战期间在西线战场上荣获过军功十字勋章。一位大臣,德拉沃尔伯爵,在 17 岁时曾是有良知的反战者,此时他却选择参加海军商船护航队。[①] 只有一人因当时太过年轻而

————

① 德拉沃尔伯爵有两个儿子,其中之一托马斯·萨克维尔在 1943 年执行空袭任务期间据报失踪,估计已经战死,时年 20 岁。

未曾参战。几乎所有人都在大战中失去过弟兄或亲人。内维尔·张伯伦十分亲近的侄子诺曼，就在 1917 年战死。

第一次世界大战的东线、西线和塞尔维亚战场又分别于 1939 年、1940 年和 1941 年被德国占领。这些曾在 1914—1918 年间发生过最为惨烈的战斗的战场变成了纳粹占领区的一部分。占领军在这些地方对平民犯下的新的暴行完全遮蔽了先前那场战争的残酷。在上西里西亚东部，原奥匈帝国驻军砖砌的坚固的房屋与骑兵兵营——1914 年帝国士兵们就从这里启程远赴东线战场对俄军展开厮杀——在二战中成了奥斯维辛集中营的核心所在，有多达 100 万人被害死于此处：至少有 80 万名犹太人、数千名苏军战俘、波兰政治犯和来自另外十多个国家的俘虏。另一座奥匈帝国兵营，曾监押加夫里洛·普林西普直至他在此死去的 18 世纪驻军城镇特雷西恩施塔特，在 1941—1944 年间关押并害死了 3.3 万多名犹太人。另有 8.8 万名犹太人被从这里遣送至东方后再加以杀害。

德军在 25 年当中第二次征服比利时和法国北部之后，面对的就是为前一场战争而建的数千座纪念碑。其中的一座尤为令德军反感：为 1915 年最早死于德军毒气攻击的法国士兵而建的纪念碑。这座纪念碑位于比利时斯滕斯特拉特，表现的是三名士兵。一名士兵用几乎如耶稣通常采用的姿势背靠十字架，只是他用手掐住自己的咽喉。另外两人因受到毒气伤害，就在十字架的基座上痛苦地扭曲着身体，雕像铭文描述了"窒息性气体的首批受害者"。德国占领当局给比利时人下达命令，让他们用水泥将这些人像与铭文都遮盖起来，但水泥很快开裂、脱落，又将三名士兵与铭文显露出来。1941 年 5 月 8 日，这场毒气攻击过去 26 年之后，德国人强迫比利时工人埋设炸药，将纪念碑从其底座上炸掉。

第二次世界大战刚刚结束，时任英军译员的赫伯特·祖尔茨巴赫正在对一群德军战俘发表演说。一战期间，他参加德军作战，并获得一级铁十字勋章。但作为犹太人，他在希特勒上台后被迫离开德国，1939 年参加英军。1945 年，他在苏格兰康姆雷担任上士，这里拘押着 4000 名德军战俘。1945 年的停战日到来前夕，他给他们朗读了约翰·麦克雷的《弗兰德斯战场》一诗。随后他又告诉他们停战日当日应进行怎样的庆祝活动："假如你们同意我的提议，就在 11 月 11 日当天在你们的阅兵场上列队行进，向所有国家的死难者致敬——你们的战友，你们先前的敌人，所有为了自由而在德国集中营被杀害的斗士——并发出如下誓言：'此类杀戮决不能再次发生！这是我们最后一次受骗，最后一次被出卖。我们德国人并非优越种族。不论身为何种种族，信仰何种宗教，上帝面前人人平等。我们已遭遇过无尽苦难，我们已认识到狂妄自大会带来何种后果……在今年，1945 年 11 月 11 日上午 11 时这个沉默的时刻，我们发誓要作为良好欧洲公民返回德国，并在有生之年致力于民族和解与维持和平……' "

1984 年 9 月 22 日，法德两国在凡尔登公开和解。"为做出和解姿态，"《泰晤士报》在一幅现场照片下方报道说，"密特朗总统和赫尔穆特·科尔总理在法国和西德国歌在凡尔登奏响时相互握手，这里是第一次世界大战发生最激烈战斗的战场之一。在瞻仰法军士兵坟墓之前，密特朗先生和科尔先生来到孔桑瓦，向德军死难者致敬，孔桑瓦是德军公墓集中区域之一。"科尔总理的父亲曾于 1916 年在凡尔登作战，密特朗总统 1940 年曾在凡尔登附近被德军俘虏。

第一次世界大战造成的破坏程度，从战死士兵的人数角度而言，超过了有史以来的其他一切战争。下表列出了各国战死或因战伤而死的人数。这些数字难以做到精确，而且它们也不包含战争的所有受害者。以塞尔维亚为例，死难的平民人数（8.2 万人）要多于此处列出的军人。在美军中，死于流感的人数（6.2 万人）要多于战死者。1914—1919 年间死于大屠杀的亚美尼亚人人数超过 100 万人。死于协约国封锁造成的后果的德国平民人数据估计超过 75 万人。

按照最低估计，主要交战国战死者人数如下：

德国：180 万人	俄国：170 万人	法国：138.4 万人
奥匈帝国：129 万人	英国：74.3 万人	意大利：61.5 万人
罗马尼亚：33.5 万人	土耳其：32.5 万人	保加利亚：9 万人
加拿大：6 万人	澳大利亚：5.9 万人	印度：4.9 万人
美国：4.8 万人	塞尔维亚：4.5 万人	比利时：4.4 万人
新西兰：1.6 万人	南非：0.8 万人	葡萄牙：0.7 万人
希腊：0.5 万人	门地内哥罗：0.3 万人	

一战的战败者——同盟国集团——在战场上损失了 350 万名士兵，胜利者协约国则损失了 510 万名士兵。平均下来，一战中每天就有 5600 名士兵战死。人们常怀着恐惧之心回想起索姆河战役发起的第一天，当日就有 2 万名英军士兵战死。一战中，平均每四天就有如此之多的士兵战死。

从这场战争的最后时刻起，它造成的人类苦难就已嵌入了各社会的存续所依赖的基本结构当中。各国的伤员本身构成的战争遗产要直至他们本人去世，或直至与他们相伴、守护他们残缺的躯体与心灵的人们去世后才能终结。停战前十天,和平主义者克利福德·艾伦在日记中写到生活于萨里郡与他相邻的一幢小屋中的一名少女和一名退伍士兵。"他失去了双腿,用机械轮椅支撑自己欢快地到处移动。一天傍晚,他坐着同自己的新娘交谈时,水壶中的水突然沸腾溢出。他忘记自己已失去双腿,就一跃而起去抓水壶,结果他从轮椅前摔下,残肢触地,钻心疼痛。"

原战斗人员在战后遭遇到的人生苦难各不相同。前交战国中有数十万儿女看着自己的父亲在身体上的伤痛无法愈合的情况下忍受痛苦、枯萎凋零,最终死去。1922年初,有多达5万名原英军士兵因弹震症后遗症而接受政府津贴。按照该比例在所有各国军队中进行计算,人们即可算出多达25万人在心理上遭到了战争的损害。还有人在受到最危急的重伤后康复,并正常生活多年。威尔士军官图德·威廉斯中尉在索姆河战役期间,曾于1916年9月被一枚炮弹抛起后活埋。他手下的士兵将他挖出。一块碎片已经打进他的右肺,最终停留在他的心脏瓣膜外围。尽管旧伤数次复发,但他仍能自1929年直至1935年去世前担任一所文法学校校长。去世一年前,他住进医院时,给他检查的放射科医生看到那块碎片随每次心跳进进出出时就已感到被震慑住了。威廉斯共有兄弟四人,他们每人都曾参战,并最终幸存下来。

最后一批曾参加一战的人们此时正在出现于讣闻名单当中。他们的每个故事都反映了那场遥远战争的不同侧面。1991年2月2日,英国《福利报》发表了蒙蒂·韦斯特罗普上校的讣告。索姆河战役期间,韦斯特罗普在德尔维尔丛林内头部受了重伤,返回战壕时恰逢阿拉斯战役,在进攻弗雷努瓦时腿部中弹。他用七个小时才爬出满是淤泥的无人地带,途中还躲过了数支德军巡逻队,才最终回到英军战壕。他死时距离自己的95岁生日还有一个月。

1992年8月24日,澳大利亚最后一位一战王牌飞行员乔治·琼斯去世。他曾作为列兵在加利波利半岛作战,随后他就在西线战场担任飞行员,共飞行出击113次,击落七架德军飞机,其中包括在一次飞行作战中击落的两架。尽管背部受了重伤,他仍于1918年10月重返战场,在停战前又击落两架敌机。1942年,他升任澳大利亚空军参谋长,最高军衔为空军中将,去世时享年95岁。

这几则讣闻一经发布就位列于被我留下的数十则讣闻当中。甚至就在我写作本章之时,点卯仍在继续,如同一声声闷鼓。1994年1月31日,《每日电讯报》上发布的讣闻中就有95岁的托马斯·格拉斯,他曾于1914—1917年间在米德尔塞克斯团作战,还有98岁的阿尔伯特·弗兰克·巴克利·布里奇斯,他曾于1916年参加日德兰海战。1994年2月

19 日,《泰晤士报》发布了 96 岁的鲁滨逊的讣告,他曾任该报夜间版助理编辑,在 1918 年的阿拉伯人起义期间,他被一发土耳其炮弹炸起后,就被弃置荒野,任他自生自灭。1994 年 5 月 26 日的《泰晤士报》上发布了特伦斯·康纳上校的讣告。1916 年,康纳曾在美索不达米亚的杜杰勒战役中与土军对阵,次年还参加了收复库特的战斗,并负伤。近 30 年后,他在第二次世界大战中的缅甸建立功勋,于 1945 年 3 月率领自在美索不达米亚作战起就跟随他的团(第 26 旁遮普团)从日军手中夺回了密铁拉机场。他死时享年 99 岁。

第一次世界大战的措辞在其爆发 80 年后依旧构成日常对话的一个特征:遭到"连珠炮"式的抱怨、受到表格的"轰击"、加入"行列"、来到"火线"与"登顶"(跃出战壕)等等都是与我们相伴而行的有关战争的画面与用语。与一战爆发 50 年之前的美国内战一样,第一次世界大战将对其残酷现实早已远去后的一代代人的公共意识持续造成冲击。

第一次世界大战爆发 80 周年纪念日恰好与第二次世界大战的一个重要转折点——1944 年诺曼底登陆 50 周年纪念日同在一年。在撰写本书的最后一个星期里,我来到诺曼底,在距离海滩数英里的内陆地带,偶然发现了一座英军公墓内的一块第二次世界大战的墓碑。它纪念的是 30 岁的皇家炮兵中士安·巴伯,他于 1944 年 8 月 2 日战死,当时距一战爆发已近 30 年了。他的父亲 1918 年战死于法国时,他年仅 4 岁。墓碑上的铭文为:

> 安·巴伯亲爱的儿子
> 其父战死于 1918 年
> 葬于孔代
> 永远怀念

对死者的怀念将 20 世纪的两次世界大战联系在一处,也使我对曾经作战的个人与那些守护着他们的记忆的人们之间的联系了然于胸。所有的战争最终不过被简化为统计数字、战略,以及有关其起源与后果的辩论。这些辩论固然重要,但更重要的却是那些曾在其中战斗过的人们的生命故事。